Thomas Faltin
Die Nacht von Samhain

Fern läutet, fern, der Sterne Chor
Eduard Mörike

Thomas Faltin

Die Nacht von Samhain

Der Kampf um den heiligen Bund der Kelten

Roman von der Schwäbischen Alb

Landhege-Verlag

© 2014 by Landhege-Verlag GbR, D – 74193 Schwaigern
www.landhege-verlag.de

1. Auflage 2014

Das Werk einschließlich aller seiner Teile ist urheberrechtlich geschützt.
Jede Verwertung außerhalb der engen Grenzen des Urheberrechtsgesetzes
(auch Fotokopien, Mikroverfilmung und Übersetzung) ist ohne
schriftliche Zustimmung des Verlages unzulässig und strafbar.
Dies gilt auch ausdrücklich für die Einspeicherung und Verarbeitung
in elektronischen Systemen jeder Art und von jedem Betreiber.

Gestaltung des Einbandes: Ilona Bucher, Berlin
Foto Luchs: www.shutterstock.com ©animalphotography.ch
Kartenzeichnung: Nadine Schurr, Stuttgart
Schrift Samhain: GoblinHand ©WolfBainX (Vigilante Typeface Corporation)
Satz: Dörr und Schiller GmbH, Stuttgart
Druck und Binden: CPI books GmbH, Ulm

Druck ISBN: 978-3-943066-31-9
EPub ISBN: 978-3-943066-32-6

Kapitelverzeichnis

Die Nacht von Samhain

1.	Der große Frevel	7
2.	Die graue Mauer	25
3.	Der letzte Luchs	67
4.	An der Habichtshöhle	114
5.	Leben aus der Glut	155
6.	Wetterwende	195
7.	Im Kloster	249
8.	Reise durch die Zeit	278
9.	Flucht über den Damm	322
10.	Samhain	348
11.	Das Gottesurteil	389
12.	Riusiava stirbt	428
13.	Der neue Hüter des Bundes	457

KARTE DES HEILIGENTALES

Meinen Söhnen Arthur und Julius
Möge der Waldläufer in ihnen lebendig bleiben

1. Der große Frevel

Ein Geräusch ließ die Gestalt am Boden zusammenzucken. Hatte es in den alten Haselnusssträuchern wirklich im Laub geraschelt, oder bildete er es sich nur ein? Ganz traute er seinen Sinnen nicht mehr, denn seit Stunden hatten er und sein Kumpan vor sich hin gedöst, das Gewehr vor sich liegend, die Flügelsicherung gelöst. Um der ersten Herbstkälte zu entgehen, die aus der Erde in ihre Körper kriechen wollte, hatten sie eine dicke Schicht Fichtenzweige ausgebreitet. Darauf lagen sie einigermaßen bequem, aber jetzt am Ende der Nacht waren ihre Glieder steif vor Kälte und die Hände gefühllos, und der Rücken und die Beine schmerzten vom langen, beinahe reglosen Ausharren. Der Mann stieß den Begleiter neben sich leicht mit dem Ellenbogen in die Seite und nickte mit dem Kopf in die Richtung, aus der das Rascheln gekommen war. Dieser schreckte leicht zusammen, war aber sofort hellwach; er sah kurz in das Gesicht des Anderen, deutete das Nicken richtig und griff ganz langsam nach seinem Repetierer. Erkennen konnten beide nichts im Unterholz. Vielleicht hatte sich nur ein Kaninchen aus seinem Bau gewagt und hoppelte vorsichtig zum Waldrand. Oder war es wieder ein Fuchs, der leichte Beute witterte? Der Wald ist nachts voller Geräusche.

Im Osten zog die Morgendämmerung herauf. Kaum wahrnehmbar war das graue Licht zwischen den mächtigen Eichen, die wohl noch Herzog Ulrich gekannt hatten, der vor fast fünfhundert Jahren hier oft gejagt hatte. Die vierzehn moosüberwachsenen Eichen mit ihren weit ausladenden Ästen standen wie in einem Kreis zusammen. Niemand konnte mehr sagen, wer diese Riesen einst als zarte Schösslinge gepflanzt hatte, und niemand wusste mehr, woher ihr Name stammte. Aber alle Jäger und Wanderer nannten die Eichen ehrfürchtig nur den Rat der Weisen.

Wie ein bleiernes Tuch lag der nahende Morgen über dem Wald, und vom Boden stieg leichter Nebel auf, der alles noch schemenhafter erscheinen ließ. Aber die beiden Männer waren es gewohnt, zu jeder Jahres- und Tageszeit im Wald unterwegs zu sein. Und jetzt, seit das Geräusch sie aufgeschreckt hatte, nahmen sie den Wald kaum noch wahr, die Kälte war vergessen, und sie konzentrierten sich auf jenen dunklen Haselnussstrauch, von wo das Rascheln gekommen war. Doch nichts rührte sich mehr, und nichts war im großen Grau zu erkennen. Hatten sie also doch Geräusche gehört, die es gar nicht gab?

Es ist ein mühsamer Fußmarsch hierher ins hintere Auener Tal. Zwei Stunden braucht man über einen steilen Pfad über grobes Geröll bis zum Heiligensee, der in einer Windung des Albtraufs liegt und an drei Seiten von steilen Felshängen umgeben ist. Zwar hatte man einst einen Forstweg angelegt, doch seit das Gebiet vor vielen Jahren zum Bannwald erklärt worden war und nicht mehr genutzt wird, verfällt der Weg zusehends. Und sowieso hätten die beiden Männer nicht mit dem Geländewagen herfahren können – das wäre zu auffällig gewesen und hätte Spuren hinterlassen. Der Heiligensee ist kein kleiner See; man hätte lange gebraucht, um von einem Ufer zum anderen zu schwimmen. Das Wasser wirkt durch die moorigen Quellen auch am Tag schwarz und undurchdringlich. Manch düstere Sage rankt sich um den See, wie jene von einem jungen Mann, der vor unvordenklichen Zeiten auf der Suche nach einem Edelstein in das Wasser hinabgestiegen und nie zurückgekommen war. Die Geister des Sees hätten ihn bei sich behalten, sagt man. Selten kommt jemand hierher, und nie sieht man einen Schwimmer im Wasser. Die kleine Insel in der Mitte des Sees bleibt deshalb immer verwaist, auch weil sie so entfernt wirkt, dass man die Bäume auf ihr nur schemenhaft wahrnimmt. Die Männer waren rechts am Ufer entlang gegangen und hatten nach einer weiteren Stunde das Ende des Tals erreicht. Hier gab es keinen Hochsitz mehr, der ihnen die Nacht ein wenig angenehmer gemacht hätte, und sie hatten nicht gewagt, einen provisorischen Stand zu bauen. Sogar das Reisig hatten sie mit einer kleinen Handsäge abgetrennt, um nicht auf sich aufmerksam zu machen. Denn was sie vorhatten, war Frevel, der streng geahndet würde.

Ihr Marsch war auch deshalb so beschwerlich gewesen, weil sie für ihre Jagd einen Köder hatten mitschleppen müssen. Unter den dicken, fast waagerecht wachsenden Armen einer der alten Eichen lagen verstreut einige große Felsblöcke, die einst aus dem Trauf gebrochen und bis hierher herabgestürzt waren. Auf dem mittleren dieser Felsblöcke hatten die beiden Männer am Abend die große Hinterkeule eines Rehbockes platziert, nur dreißig Meter von ihrem Anliegeplatz im Gebüsch entfernt. Der Schlegel war schon einige Tage alt und roch nach Aas, und genau das sollte er auch. Die Männer wussten zwar, dass das Tier, auf das sie warteten, nur selten Kadaver fraß. Es bevorzugte, selbst zu reißen. Doch diese Keule war ihre einzige Chance; denn ihre Beute war zu intelligent, um sich einem Jäger zu stellen. Mehrmals hatten sie nachts Füchse und Marder verscheuchen müssen, die das Reh hastig annagten und gierig das weiche Fleisch verschlangen. Die beiden Männer warfen Steine nach ihnen, bis die kleinen Beutejäger widerwillig abzogen.

Jetzt erahnten sie einen Schatten, dort drüben, woher das Geräusch gekommen war; es war ein Schatten, der sich ganz langsam bewegte. Nun stützte sich auch der andere Mann auf seine Ellbogen, um das Tier mit dem Gewehr ins Visier nehmen zu können. Er schob den kleinen Hebel nach vorne, mit dem das Gewehr entsichert wurde. Er spürte, wie das Jagdfieber in ihm erwachte. Alle seine Muskeln spannten sich an, das Blut floss rauschend durch seine Adern, und ein Prickeln lief durch den Körper. Den

Männern war klar: Selbst für einen Dachs war dieser Schatten zu groß, und so geräuschlos bewegten sich nur ganz wenige Tiere im Wald. Wildkatzen gehörten dazu, aber sie bekam man nie zu Gesicht. Und dieses Tier war größer, viel größer als eine Wildkatze. Jetzt kam es zaghaft aus seiner Deckung hervor. Es blieb wieder stehen, hatte längst begriffen, dass die Beute nicht davonrennen würde und es sich deshalb nicht länger anschleichen musste. Aber es blieb misstrauisch. Regungslos verharrte das Tier, nur die Ohren zitterten leicht. Die letzten vier Meter bis zu dem verendeten Reh waren freies Gelände, denn die Eichen beschatteten den Boden so sehr und fingen den Regen so früh oben in ihren Wipfeln ab, dass hier nicht einmal mehr Farnkraut wuchs. Es gab nur Laub, dichtes Laub, das selbst der lautloseste Jäger nicht am Rascheln hindern konnte.

Die beiden Männer hielten den Atem an. Es gab keinen Zweifel mehr. Der Schatten besaß hohe Hinterläufe, so dass das Hinterteil den Rist und fast den Kopf überragte. Es war ein Luchs. Es war ihr Luchs! Sie sahen deutlich den kurzen Stummelschwanz, der nervös zuckte, den massigen Körper und die großen Pranken – hier wagte sich der größte Beutegreifer dieser Wälder aus der Deckung. Die Männer konzentrierten sich auf die nächsten Sekunden. Der Luchs machte noch einen kleinen Schritt und entschloss sich dann, alles zu wagen. Mit zwei Sätzen gelangte er zu der Keule, stützte sich mit den Vorderläufen auf dem Felsblock ab, schaute sich noch einmal sichernd um und biss dann einen Fleischbrocken samt rauem Fell aus der Keule.

Der Mann, der das Geräusch als erster gehört hatte, schoss zuerst. Das Zielen war schwierig in der Dämmerung, und so war die Kugel nicht tödlich. Sie musste in den Hinterlauf geschlagen sein, denn es war, als würde dem Luchs das Hinterteil wie durch einen gewaltigen Luftdruck weggerissen. Er fiel hart neben den Felsblock, blieb aber nur einen Wimpernschlag lang liegen. Es ging nun um sein Leben. Schnell gelangte er auf die Beine und versuchte, mit ausladenden Sprüngen das Dickicht zu erreichen. Doch das linke hintere Bein gehorchte ihm nicht mehr, er stürzte mehr, als dass er rannte. Ein schreiender Schmerz brach sich in seinem ganzen Körper Bahn. So groß war dieser Schmerz, dass sein Denken sich benebelte und er begann, alles zu vergessen, was zu ihm gehörte – die Höhle, Ragnar, der Bund. Wie dumm war er, in eine solche Falle zu tappen. Da durchschnitt der zweite Schuss den heraufziehenden Morgen. Schwer atmend lag der Luchs auf der Seite, die gelben Augen flackerten. Er konnte sich nicht mehr bewegen und erwartete sein Schicksal.

Zögernd kamen die Männer näher. »Ein zähes Vieh«, sagte der eine mit gepresster Stimme, der man nicht anhörte, ob Wut oder Scham sie so verdunkelte. »Gib du ihm noch eine, und dann nichts wie weg. Herrgott noch mal, drei Schuss sind zwei zuviel.«

Der andere Mann ließ den Luchs nicht aus den Augen, während er einen Revolver aus einer Tasche zog und dem Tier aus zwei Metern Entfernung den Fangschuss gab. Ohne jede Rührung drückte er ab.

»Der tut nichts mehr«, sagte er dann so abschätzig, als wolle er vor sich selbst den Ein-

druck verscheuchen, etwas Unrechtes getan zu haben. Sie schulterten ihre Gewehre und zogen rasch durch den Wald in Richtung Heiligensee ab.
Den Luchs ließen sie liegen.

Es war früher Morgen, als Arthur erwachte. Im Hof draußen knirschten Räder im Kies, ein Auto kam zum Stehen, zwei Türen wurden zugeschlagen. Arthur wand sich mit einer Drehung aus dem Bett und ging zum Fenster. Etwas musste passiert sein. Denn so früh fuhr sonst selten ein Auto die steile Schotterstraße herauf zum Forsthaus, und der Vormann im Revier, Michael, dessen Stimme Arthur jetzt als erstes hörte, liebte das Frühaufstehen ganz und gar nicht. Er ging der Jagd deshalb immer abends nach und meinte, wenn sich die anderen in der Morgendämmerung auf die Pirsch legten, scherzhaft: »Schleicht ihr nur. Das Wild ist aber genauso intelligent wie ich und hüpft nur abends durch den Wald.«
Arthurs Zimmer lag im zweiten Stock des Turmes, der dem Forsthaus an der Stirnseite sein charakteristisches Aussehen verlieh. Der Turm war irgendwann links an das Gebäude mit seinen sichtbaren Fachwerkstreben und dem großen Eingangsportal angebaut worden. Er überragte das Haus um weniges, hatte aber nur im Erdgeschoss eine Verbindung zum Haupthaus. Wenn Arthur hinüber ins Büro seines Vaters wollte, musste er zuerst die Treppe im Turm hinuntergehen und dann im Haus wieder ein Stockwerk hoch. Unter ihm wohnte sein Bruder Julius – er war zwei Jahre jünger als Arthur, nervte meistens mit seiner Besserwisserei und schlief sicher noch tief und fest. Arthur blickte hinunter in den Hof, wo es noch fast dunkel war. Die hohen Fichten rings um den Hof schirmten das Tageslicht wie ein riesiger Palisadenzaun ab, und auch die kleine Kapelle, die etwas abseits neben dem Forsthaus stand, lag im Schatten. Sein Vater Erik trat jetzt aus der Tür und ging langsam die vier Stufen in den Hof hinab; auch er hatte die Motorengeräusche gehört.
»Was ist los?«, fragte er Michael, als der ausgestiegen war. Doch die Frage war überflüssig. Erik sah schon die Plane auf der offenen Ladefläche des Geländewagens. Unter der Plane zeichnete sich ein größerer Gegenstand ab, und Erik wusste sofort, dass es ein toter Luchs war, der darunter lag.
Wieder ein Luchs.
»Kilian hat mich aus dem Bett geholt«, sagte Michael und deutete auf seinen Kollegen. »Er war heute Nacht allein unterwegs und hat den Kadaver gefunden.«
Erik nickte, in Gedanken versunken. Ein paar Sekunden lang sagte niemand etwas, dann fragte Erik tonlos: »Wieder oben am See?«
Michael antwortete gar nicht auf die Frage – es sprudelte förmlich aus ihm heraus. So aufgewühlt hatte Arthur den Jäger selten erlebt. Normalerweise war der dicke Michael, wie Arthur ihn insgeheim nannte, ein humorvoller Mensch, der unzählig viele Witze kannte und Arthur noch nie einen zweimal erzählt hatte. Er schien immer bester Laune zu sein, vor allem aber war er aufrichtig und nahm auch vor Erik, seinem

Vorgesetzten, kein Blatt vor den Mund. Für beides mochte Arthur ihn, ja sogar für die Selbstgespräche, die er immer führte, wenn er längere Strecken im Wald zu Fuß zurücklegen musste. Michael maulte dann immer vor sich hin. Jetzt aber war seine Stimme klar und wurde immer lauter: »Wir müssen endlich etwas unternehmen, Chef – das ist der dritte Luchs in einem Monat.«

Erik ging langsam zum Geländewagen, ohne Michael anzuschauen. Der ließ seinem Groll freien Lauf. »Es sind immer dieselben, jedes Mal ist es die gleiche Munition. Patronen ohne Rand und mit Acht-Millimeter-Kaliber, wahrscheinlich schießen sie mit einer Repetierbüchse. Und jedes Mal lassen sie das Tier liegen – es scheint ihnen eine verdammte Freude zu machen, den Luchs einfach abzuknallen. Ich verstehe das nicht. Ich kann das nicht verstehen.«

Erik zog die Plane mit einem Ruck von dem Kadaver. Man hätte fast meinen können, er wollte sich damit selbst aus seinen Tagträumen reißen. »Er ist schon ein paar Tage tot«, sagte Michael jetzt. »Deshalb riecht er etwas streng, und wirklich vollständig ist er auch nicht mehr. Die Füchse …«.

»Wo genau habt ihr das Tier gefunden?«, fragte Erik nochmals. Er wanderte mit den Augen über den Kadaver und strich zuletzt sogar mit der Hand über den Kopf, als würde er das Tier trösten wollen. »Es ist noch ein sehr junges Tier, ein Weibchen«, meinte er, »es ist erst letztes Jahr geboren …«

Michael stutzte. »Woran siehst du das?«, fragte er. Aber Erik zuckte nur die Achseln. Es spielt keine Rolle mehr, sollte das heißen.

»Wenn das so weiter geht, wird es der letzte Wurf gewesen sein, den es im Tal gegeben hat«, meinte Michael. »Das ist doch ein Irrsinn. Diese Tiere sind so wertvoll, und da kommt irgendjemand daher und knallt sie einfach ab. Einfach so.« Er konnte sich nicht beruhigen, so sehr tobten die Trauer und die Wut in ihm. »Wir haben ihn am Rat der Weisen gefunden; die Jäger konnten sich ziemlich sicher sein, dass sie dort ungestört sein würden.«

Kilian hatte das Gespräch bisher verfolgt, ohne ein Wort zu sagen. Er hatte sich an die Laderampe gelehnt, und nur seine Augen wanderten immer wieder von Erik zu Michael und zurück. Vermutlich hielt er sich zurück, weil er noch nicht lange im Tal war und nicht als vorlaut gelten wollte. Aber eigentlich sprach er überhaupt wenig, machte jedoch jede Arbeit, ohne zu murren. Erst vor zwei Monaten war er aus dem Hohenlohischen hierher gewechselt; dort hatte er bei einem reichen Waldbesitzer als Jäger gearbeitet. Lange war er aber dort auch nicht gewesen – ursprünglich stammte Kilian wohl aus dem Osten. Erik hatte ihn genommen, weil ihm der junge Mann mit seinen klaren Augen gefallen hatte und weil er einen weiteren Mann gut gebrauchen konnte.

»Hast du irgendeine Spur entdeckt?«, sprach Erik ihn direkt an.

»Nein, Herr Wiegand. Nichts. Außer den Patronen, die wir im Luchs gefunden haben.« Kilian stellte sich aufrecht hin, da er plötzlich im Mittelpunkt stand.

»Es sind wohl mehrere gewesen. Das Reisig, das sie gegen die Kälte auf den Boden gelegt hatten, reichte gut für zwei oder drei.«

Erik nickte wieder. Er blickte auf und sah, dass Arthur oben aus dem Fenster schaute. Er bedeutete ihm mit der Hand, den Aussichtsplatz zu verlassen und zurück ins Bett zu gehen. Als Arthur nicht sofort reagierte, schickte er einen zornigen Blick hinauf zum Turm und scheuchte ihn mit beiden Händen weg.

»Chef, hast du eine Ahnung, was das für Leute sind?«, fragte Michael mit wütender Stimme. »Wilderer sind es keine, denn sie schießen nur Luchse – wer Fleisch haben will, holt sich doch lieber ein paar Rehe. Trophäenjäger sind es auch keine, denn sie lassen die Tiere liegen. Wer tut so etwas?«

»Irgendjemand, der ein Interesse daran hat, dass es keine Luchse im Heiligental mehr gibt«, meinte Erik. »Und er ist seinem Ziel bereits sehr nahe.«

Tatsächlich wusste niemand, wie viele Tiere noch durch das abgelegene Gebiet hinterm Heiligensee streiften. Erik war immer stolz darauf gewesen, dass sein Tal zu den letzten Zufluchtsorten der Luchse gehörte – häufig kamen Biologen im Tarnanzug oder hohe Ministerialbeamte in Halbschuhen, um sich von Erik den Wald zeigen zu lassen. Dabei waren Luchse überhaupt nicht anspruchsvoll; sie benötigten nur genügend Wild, das sie jagen, und ein genügend großes Gebiet, durch das sie wandern konnten. Dagegen achteten sie nicht darauf, ob der Wald dicht oder licht, naturnah oder bewirtschaftet war.

Im Tal hatte es immer ein stilles Einverständnis aller gegeben, dass man die Luchse in Ruhe ließ. Denn auch wenn nicht alle sie mochten, so waren doch alle stolz darauf, diesen letzten großen Beutegreifern Europas eine Heimat sein zu dürfen. Bauern und Jäger, Wanderer und Waldbesitzer – sie respektierten den Luchs. Bis jetzt.

Arthur hatte nur ein einziges Mal einen Luchs in freier Wildbahn gesehen, obwohl er so oft mit Erik oder Michael durch den Wald schlich. Aber Luchse waren scheu und intelligent, sie mieden den Menschen, weil sie noch nie Gutes von ihm zu erwarten hatten. Doch einmal, als Arthur mit seinem Vater am Heiligensee auf dem Heimweg eine Pause einlegte und sie beide in den Uferwiesen vor sich hin dösten, hatte sich aus dem Schatten des Waldrandes ein Tier gelöst. Es war ein großer Kuder, wie man zu den Männchen sagt, der wie in Zeitlupe einen Fuß vor den anderen setzte, ganz auf der Hut, ob er sich ins Freie wagen konnte oder nicht. Erik und Arthur verhielten sich still, drückten den Kopf tief ins hohe Gras und durften dem Luchs so einige Minuten lang zusehen, wie das Tier ans Ufer schlich, sich langsam am Wasser niederließ und trank. Arthur hatte nach diesem Erlebnis mehrere Bücher über Luchse gelesen, obwohl er sonst wenig in Büchern schmökerte und lieber draußen im Wald unterwegs war.

Als Arthur jetzt zurück ins Zimmer ging, stand Julius schlaftrunken und gähnend an der Tür und fragte: »Arthur, warum bist du schon wach?« Arthur war überrascht, dass Julius etwas gehört hatte. Denn Julius hatte eigentlich einen Schlaf wie ein Bär: Abends lag er schon nach wenigen Sekunden in tiefen Träumen, und morgens musste

Erik ihn oft richtig wachrütteln, weil er sonst nie rechtzeitig aufstehen würde. Arthur dagegen wachte früh auf und war sofort hellwach. Er musste immer in Bewegung sein, und er traf schnelle und beinahe instinktive Entscheidungen. Julius dagegen ruhte in sich; er überlegte lange, bis er sich zu etwas entschloss – das aber setzte er dann mit Bedacht um. So unterschiedlich die Brüder waren, so häufig stritten sie deswegen miteinander. Arthur tadelte Julius, wenn der auf sich warten ließ. Julius wiederum ärgerte sich oft darüber, dass Arthur so spontan war. Man kann doch nicht stundenlang überlegen, wenn ein Sturm hereinbricht und die Tannen bedenklich über einem zu schwanken beginnen, sagte Arthur, dann muss man doch schnell hinauslaufen aus dem Wald. Erik musste lauthals lachen. Julius dagegen sah im Wald auch einen Raum, den man ordnen und bewirtschaften konnte. Für den Fall eines Sturmes hätte er längst eine kleine Schutzhütte errichtet.
Jetzt winkte Arthur seinen kleinen Bruder zu sich, und gemeinsam schlichen sie wieder zum Fenster. »Sie haben wieder einen toten Luchs gefunden«, erklärte er.
»Wir müssen endlich etwas unternehmen«, sagte Michael gerade, und das konnte man, obwohl Michael der Untergebene war, als Befehl verstehen. »Wenn du willst, lege ich mich in den nächsten Nächten oben mal auf die Lauer. Du machst doch auch mit, Kilian, oder?«
Kilian nickte: »Ja, klar bin ich dabei.«
Doch Erik schüttelte den Kopf. »Ich muss das erst mit dem Bürgermeister und der Polizei besprechen. Wir leben doch nicht mehr im Mittelalter, wo jeder selbst den Wilderern nachstellen und sie an Ort und Stelle aufknüpfen kann.«
»Niemand will irgendjemand aufknüpfen«, konterte Michael. »Aber das Gleiche hast du auch nach dem ersten und nach dem zweiten Kadaver gesagt, und was ist passiert? Nichts.« Man spürte, dass Michael Eriks Antworten nicht mochte, ja dass er sie für Ausflüchte hielt. »Die Polizisten haben keine Ahnung. Und was ich vom Bürgermeister halte, brauche ich dir wohl nicht mehr zu sagen.«
Karl Zoller, der Bürgermeister, war in der Tat nicht bei allen beliebt. Auen ist ein kleiner Ort, schon lange gibt es dort keinen hauptamtlichen Bürgermeister mehr. Karl Zoller war eigentlich Bauunternehmer; er hatte sich nicht lange bitten lassen, als man ihm den ehrenamtlichen Posten als Schultes antrug. Für den alt eingesessenen und zu Reichtum gekommenen Auener war das wohl keine Ehre, sondern eine Selbstverständlichkeit.
Erik legte seinen alten Hut mit der schmutzigen gelben Schärpe auf die Rampe des Autos und setzte sich mit einem leisen Seufzer daneben. Trotz der frühen Stunde war er schon vollständig angezogen. Wahrscheinlich war er, als Michael und Kilian angekommen waren, schon längst wach gewesen und wäre bald aus dem Haus gegangen. Er trug, wie fast immer, seine abgewetzte hellbraune Lederhose. Es war keine Hose, wie die bayerischen Jäger sie tragen, mit Latz und Hirschknöpfen, sondern eine eng genähte, bis zu den Knöcheln reichende Hose, wie Waldläufer im alten Kanada sie an-

hatten. Selbst für einen Förster war das ein eher ungewöhnliches Aussehen, zumal Erik nie ohne seinen Hut, an dem eine einzelne schwarz-braun gestreifte Sperberfeder steckte, aus dem Haus ging.
Die Kollegen in der Forstverwaltung in Lässingen schüttelten oft den Kopf über Erik. Aber mit der Hierarchie und den Uniformen hatte sich Erik schon immer schwer getan. Er liebte es, im Wald zu sein; deswegen war er Förster geworden. Wie viel Meter Fichtenholz in diesem Winter geschlagen werden mussten, wo der Wildverbiss mit einem Zaun gestoppt werden sollte, welche Wildschweinstrecke erzielt werden könnte – das interessierte ihn nicht wirklich. Es war eine lästige Pflicht, nicht mehr, und er war froh, dass Michael ihm so viel abnahm.
Doch in dieser Sache mit den Luchsen tat sich Erik schwer. »Du weißt, dass Zoller selbst ein Teil des Waldes oben am See gehört. Und er ist der Bürgermeister – ich muss ihn wenigstens unterrichten.« Er wirkte selbst nicht überzeugt von seinen Worten, und deshalb fügte er hinzu: »Ich mache das gleich heute. Dann können wir morgen immer noch etwas unternehmen.«
Michael murrte, ihm gefiel der Aufschub ganz und gar nicht. Aber er verkniff es sich, noch etwas zu sagen. Nicht, weil Erik sein Chef war, sondern weil der ein Dickschädel war und seine Meinung selten änderte.
»Ganz wie du meinst«, knurrte er nur und gab Kilian einen Wink, einzusteigen.
»Was sollen wir mit dem Kadaver tun? Sollen wir ihn nach Stuttgart ins Naturkundemuseum bringen? Dann kann man ihn ausstopfen, so dass die Menschen nach uns wenigstens noch im Museum einen Luchs anschauen können«, sagte er sarkastisch und fügte hinzu: »Bald können sie dann dazuschreiben: ›Der letzte Luchs im Land ist von Wilderern erlegt worden – und niemand hat etwas dagegen unternommen.‹«
Erik schloss die Augen; er wirkte müde und verzweifelt und wusste nicht, wie er Michaels Zorn dämpfen konnte.
»Michael«, sagte er in flehendem Ton: »Du kannst nicht erahnen, wie sehr mich der Tod der Luchse schmerzt. Aber …«
»Was, aber?«, hakte Michael sofort ein.
»Ach nichts«, sagte Erik und winkte ab. »Bitte bringt den Luchs wieder hoch ins Heiligental. Er soll dort bleiben, wo er gelebt hat.«
Michael nickte nur kurz und zornig. Dann knallte er die Autotür zu und fuhr so schnell davon, dass die Kieselsteinchen im Hof links und rechts davonspritzten.

Als Arthur und Julius sich angezogen hatten und hinunterkamen in die Küche, saß Erik am Esstisch und starrte gedankenverloren in seine Kaffeetasse. Julius drückte sich neben ihn auf den Stuhl. Er mochte es, seinem Vater nahe zu sein; aber er war niemand, der das zugegeben hätte. Oft gab er sich distanziert, fast abweisend; nie warb er Zuneigung ein. »Guten Morgen, Papa«, sagte er mit seiner weichen Stimme, die wie aus Samt wirkte. Fast hörte sie sich an wie das Schnurren einer Katze.

»Guten Morgen, mein Kleiner«, antwortete Erik und strich Julius sanft über den Rücken. Er wusste, dass Julius es gerne geschehen ließ. Das war ihr Morgenritual.
»Habt ihr gut geschlafen?«, fragte Erik.
Arthur und Julius nickten nur andeutungsweise. Das war jetzt nicht wichtig.
»Was ist mit dem Luchs passiert, der auf dem Auto lag?«, fragte Julius stattdessen unumwunden.
»Ein böser Mensch hat ihn erschossen«, meinte Erik. Und nach einer kurzen Stille fügte er hinzu: »Wir wissen nicht, wer es war. Aber es macht mich traurig, denn ich mag die Luchse sehr und will nicht, dass sie sterben.«
»Niemand will das – außer dem Mörder«, sagte Julius. »Aber was kann man tun?«
Er erwartete keine Antwort, sondern hatte die Frage eher an sich selbst gestellt.
Arthur stand am Herd und machte sich und seinem Bruder Milch warm, er holte Toastbrot aus dem Brotfach, schob es in den Toaster und stellte Butter und Honig auf den Tisch. Arthur machte häufig das Frühstück für seinen Bruder mit, denn Erik war morgens oft schon aus dem Haus.
Die Küche war in diesem Männerhaushalt das Herz des Hauses. Am wuchtigen langen Eichentisch frühstückten sie, dort saßen sie jeden Abend und lasen, und dort führten sie alle ihre Palaver durch. Ein gewisses Chaos beherrschte den Raum. Die eine Seite des Tisches lag voll mit Zeitungen, Müslitüten und Kugelschreibern. Überall an der Wand hingen Fotos und ausgerissene Bilder, die Arthur und Julius im Laufe der Jahre aufgehängt hatten. Die Arbeitsplatte der Einbauküche war belagert von Gewürzbehältern, Suppenpackungen und Obstschalen, in denen Tomaten, Trauben und Äpfel vor sich hin schrumpelten.
Auch Dinge, die Arthur und Julius mochten, hatten in der Küche ihren festen Platz. In einem kleinen Regal im obersten Fach stand eine große Blechdose, auf der ein dunkelblauer Nachthimmel mit vielen hell scheinenden Sternschnuppen zu sehen war. Sie alle drei nannten sie nur die Zauberdose, weil dort die Süßigkeiten versteckt waren. An der Tür des Kühlschrankes hing ein Forstkalender. Jeden Morgen durften die Jungen ein Blatt abreißen und erfuhren, wie man einen Fisch ausnimmt, wie man einen Unterstand gegen den Regen baut oder wie lange ein Fichtensamen braucht, bis aus ihm ein Baum wird. Und auf der kleinen Küchentheke stand, ganz hinten an der Wand, der Rahmen mit dem Bild ihrer Mutter. Sie hatte lange schwarze Haare, helle blaue Augen und ein verschmitztes Gesicht, lächelte auf dem Foto aber etwas traurig in die Kamera. Manchmal wurde das Bild fast ganz verdeckt von den vielen Ablagerungen des Alltags. Dann passierte es, dass Arthur oder Julius, wenn sie nach der Klebstoffflasche oder einem Tintenkiller suchten, das Foto wie einen kleinen Schatz wiederentdeckten. Vor allem Julius saß oft gedankenversunken da und träumte von den Tagen, als Franziska noch bei ihnen gewohnt hatte.
Jetzt setzte sich Arthur an die andere Seite des Tisches und schob Julius die Tasse mit der warmen Milch hin. Dann schüttete er Kakao hinein und rührte um. Dabei ließ er

seinen Vater nicht aus den Augen. Er wusste genau, dass Erik wegen der Luchse sehr beunruhigt war; genau deshalb verstand er nicht, warum sein Vater so untätig blieb.

»Warum tust du nicht, was Michael vorgeschlagen hat?«, fragte Arthur jetzt: »Ich finde, es kann nichts schaden, sich mal genauer im Wald umzusehen.« Erik hob den Kopf und schaute seinen ältesten Sohn durchdringend an. Ihm war die leichte Rüge in den Worten nicht entgangen. Er sagte aber nur: »Einen Luchs zu töten ist kein Kavaliersdelikt. Die Tiere stehen unter strengem Schutz; wenn man die Wilderer erwischt, kommen sie wahrscheinlich sogar ins Gefängnis dafür. Da können wir doch nicht auf eigene Faust ermitteln. Die Behörden müssen zumindest Bescheid wissen.«

»Wann gehst du zu Zoller?«, fragte Arthur. Zumindest darauf wollte er ihn festnageln: dass er mit dem Bürgermeister sprach.

»Gleich nachher«, antwortete Erik einlenkend, »ihr lasst mir ja sonst doch keine Ruhe.«

Arthur nickte nur, ohne etwas zu sagen. Er liebte seinen Vater, er liebte ihn über alles. Aber seit Franziska gegangen war, hatte Erik sich verändert. Früher hatten sie alles miteinander besprochen. Erik war bedächtig in allen Gesten gewesen – es war, als wüsste er immer genau, was er tun musste. Arthur liebte ihn vor allem für diese Ruhe, für diese Sanftmut. Und für die Freiheit, die sein Vater ihm ließ. Erik hatte ihm gezeigt, wie man im Winter eine Schneehöhle baut, in der man die Nacht verbringen kann. Er lehrte ihn alle Spuren des Waldes, vom zerpflückten Tannenzapfen eines Eichelhähers bis zum Verbiss der Rehe an jungen Trieben. Er blieb mit ihm nachts im Wald, um den Stimmen zu lauschen.

Aber seit einigen Monaten hatte Erik all seine Kraft verloren. Er redete wenig, ließ sich treiben, verschob vieles auf den nächsten Tag. Es war, als sei das Vertrauen in sich selbst versiegt. Er packte die Dinge nicht mehr an, sondern ließ sie geschehen. Und er fragte oft nicht einmal mehr, was Arthur und Julius trieben. Er war ein anderer geworden. Das beunruhigte Arthur am meisten.

Eine halbe Stunde später saßen die beiden Jungen in ihrer Waldburg, wie sie ihre selbstgebaute Hütte nannten. Sie lag nur zehn Minuten vom Forsthaus entfernt im Wald. Wenn Arthur rannte, konnte er den Weg in sechs Minuten schaffen; das hatte er mehrmals ausprobiert. Am Hang hatten Regen und Wind zwei mannshohe Felsblöcke freigelegt – dazwischen hatten Arthur und Julius ihre Hütte eingerichtet. Mit Latten und Ästen, Nägeln und Scharnieren, Dachpappe und einem Schloss hatten sie einen Rückzugsort gebaut, der zu drei Seiten von Fels und Erde umgeben war; nach vorne besaß er ein Fenster und eine abschließbare Tür. Erik hatte als Förster beide Augen zugedrückt, als Arthur einige dicke Äste von einer Fichte absägte, um sie als Sparren für das Dach zu benutzen. Und er hatte den Jungs geholfen, alles einsturz- und regensicher zu machen. Der Raum war so groß, dass eine kleine Bank für zwei Personen, ein winziger Tisch und ein Holzregal darin Platz hatten. In diesem Regal hatten die

beiden alle ihre Naturschätze aufgestellt, die sie im Wald gefunden oder von Erik geschenkt bekommen hatten. Da war das beinahe vollständige Skelett eines Fuchses – Arthur hatte es in einer kleinen Höhle entdeckt, in die er gerade eben so hineinkriechen konnte. Da waren Versteinerungen von großen Ammoniten, die man zu Dutzenden in einem Hang ganz in der Nähe finden konnte. Es gab eine alte rostige Kette mit einem Verschluss daran; Erik war der Meinung, sie sei Teil eines Ochsenjoches gewesen, mit dem vielleicht vor vielen hundert Jahren die Rinder der Bauern durch den Forst gezogen waren. Julius hatte Scherben eines Trinkgefäßes gefunden, das womöglich Jäger vor langer Zeit zurückgelassen hatten. Arthur sammelte die Federn des Habichts, des Eichelhähers, der Krähen und des Waldkauzes; er hätte mehrere Indianerhäuptlinge damit ausstatten können. Viele Steine waren in dem Regal ausgestellt, darunter so Wertvolles wie ein Bergkristall, aber auch scheinbar wertlose Steine wie Flusskiesel. Für Arthur war die Form und die Farbe wichtig: Ihm gefiel ein vom Wasser rundpolierter grauer Kiesel, durch den ein weißer Einschluss wie eine Schlange mäanderte. Das Stück, das Arthur am meisten schätzte, kam dagegen nicht aus dem Wald und nicht vom Fluss, sondern war ein Geschenk Eriks: Es sah aus wie ein sehr flacher Stein mit einer rauen Oberfläche – in Wirklichkeit handelte es sich um ein Stück Mammutelfenbein, das mindestens zehntausend Jahre alt war. Erik hatte es bei einem der letzten Elfenbeinschnitzer erstanden. Sie nutzen, da der Zahn der Elefanten nicht mehr verwendet werden darf, die Stoßzähne der Mammuts, die in den kurzen arktischen Sommern in Sibirien freigelegt werden. Für Arthur war es ein Wunder, dass dort noch Abertausende von Mammuts im Permafrost schliefen. »Kein einziger Stoßzahn ist im Eis Sibiriens bisher verrottet«, erklärte Erik ihm damals: »Die Zähne aller Mammuts, die jemals in Sibirien gelebt haben, sind dort noch vorhanden.«
Arthur und Julius waren im Wettlauf zur Hütte gerannt; jetzt mussten sie erst zu Atem kommen. Keuchend lehnten sie mit dem Rücken am Felsen, der die Hütte links begrenzte. Dann kam Julius gleich zum Thema.
»Arthur, ich habe nachgedacht«, sagte er.
»Ich auch«, antwortete Arthur: »Aber sag du zuerst.«
»Ich glaube, wir sollten Mama anrufen und mit ihr reden. Sie muss zurückkommen, damit Papa nicht mehr so komisch ist.«
Arthur winkte ab. »Das sagst du jedes Mal. Aber du weißt doch, dass das nichts nutzt. Sie kommt nicht wieder.«
»Wieso bist du dir da so sicher?«
»Weil wir sie schon mehrmals gefragt haben. Und jedes Mal hat sie gesagt, dass sie uns liebt und dieses ganze Zeugs – aber dass sie nicht mehr bei uns wohnen will.«
»Aber so kann es doch mit Erik nicht mehr weitergehen. Er wirkt krank – und er unternimmt nichts gegen die Wilderer.«
Arthur nickte, sagte aber nichts. Er drehte das Elfenbein in seinen Fingern, das im Laufe der Jahrtausende eine ganz braune, erdene Farbe angenommen hatte.

Dann sagte Julius: »Gut, und wie geht dein Plan?«
»Wir müssen das Geheimnis um die Luchse lösen. Das ist die dringlichere Aufgabe.«
»Was hast du vor?« Julius war klar, dass sein Bruder längst einen Entschluss gefasst hatte.
»Ich bin mir sicher, dass Michael heute Nacht oben am See und am Wasserfall sein wird und aufpasst«, sagte Arthur. »Auch wenn Papa es verboten hat.«
»Verstanden – aber Michael wird uns niemals mitnehmen«, erwiderte Julius. »Es ist schon gefährlich genug ohne uns – wenn etwas passiert, wäre er der Dumme.«
»Genau deshalb werde ich heute Nacht alleine hinaufgehen. Wenn ich plötzlich bei Michael auftauche, trägt nicht er die Verantwortung.« Arthur schluckte beim Gedanken an diese Idee. Natürlich war er schon oft nachts im Wald gewesen, er würde den Weg hinauf zum Rat der Weisen im Dunkeln finden. Aber es war etwas anderes, wenn man wusste, dass Wilderer unterwegs waren.
Julius starrte ihn mit großen Augen an. Er war für einen langen Moment sprachlos.
»Dann komme ich auch mit«, sagte er schließlich und richtete sich auf, wie um sich selbst Mut zuzusprechen.
»Du bist ja fast noch ein Baby!«, rief Arthur: »Das kommt überhaupt nicht in Frage.«
»Natürlich komme ich mit. Sonst werde ich deinen Plan einfach verraten«, sagte Julius leichthin. »Und hör' auf, mich Baby zu nennen«, fügte er giftig hinzu.
Arthur gab sich geschlagen. Er kannte seinen Bruder gut genug, um zu wissen, dass der seine Drohung wahr machen würde. »Einverstanden, du bist dabei. Aber wehe, du heulst mir die Ohren voll oder machst vor Angst in die Hose, dann lasse ich dich alleine im Wald. Verstanden?«
Julius nickte mit großem Ernst.
Sie verließen die Waldburg, versteckten den Schlüssel an jenem Ort, den nur sie beide kannten, und eilten zurück zum Forsthaus. Sie mussten sich vorbereiten.

An diesem Abend gingen Arthur und Julius früh schlafen. Erik hatte, wie so oft in letzter Zeit, wenig erzählt von seinem Tag, und nur auf Nachfrage von Julius erwähnte er, dass er und Zoller sich noch nicht entschieden hätten, was zu tun sei. Die Polizei sei informiert. Arthur hatte nicht nachgehakt; er wollte keinen Argwohn wecken. Die Brüder gähnten mehrmals nachdrücklich, und schon gegen 20 Uhr lagen sie unter ihren Decken. Ende September war es fast dunkel um diese Uhrzeit, und Erik fiel nicht auf, dass die beiden so früh ins Bett drängten.
Zehn Minuten später schlichen die beiden Jungen die Treppe hinunter und zum Hinterausgang des Turms hinaus. Sie konnten nicht warten, bis Erik sich in sein Schlafzimmer im Erdgeschoss zurückgezogen hatte. Der Weg hinauf zum Wasserfall war zu lang.
Das Forsthaus lag zum Glück ebenso wie der Heiligensee am Hang der Alb, am sogenannten Albtrauf. Er ist ein einzigartiges Naturdenkmal: Steil brechen die Hänge von

der Albhochfläche mehr als zweihundert Meter ins Vorland ab. Im Morgendunst, wenn man den Trauf aus einiger Entfernung betrachtet, wirkt er wie ein sagenhafter Ort, wie eine mythische Barriere, hinter der ein anderes, ein fremdes Land beginnt. Eduard Mörike, der schwäbische Dichter, hatte den Albtrauf als »blaue Mauer« bezeichnet, und das traf das Unzugängliche, das Wundersame, das Magische an dieser Landschaft gut.

Arthur und Julius querten den Trauf nun auf halber Höhe – nur um über den Sattel zu kommen, der die Burg Hohenstein von der Albhochfläche trennt, mussten sie leicht bergauf gehen. Dann verlief der Weg bis zum Heiligensee wieder leicht bergab. Während die Jungen durch den Forst gingen, kam die Nacht vollends herein. Das orangene Band im Westen verschwand und wich einem erst hellblauen, dann immer dunkler werdenden Azur des Himmels. Der Halbmond hatte schon länger am Himmel auf die Nacht gewartet; jetzt erstrahlte er in blassem Gelb über den Fichten und warf lange Schatten auf den Waldboden. Dann traten die Sterne aus der Dunkelheit des Firmaments, und Arthur suchte nach seinen alten Freunden, dem Großen Bären, dem Orion und dem Abendstern, der Venus. Es war für ihn immer noch unvorstellbar, dass die Sterne als einziges Ding in dieser Welt einen wirklichen Blick in die Vergangenheit erlauben. Da das Licht der weit entfernten Sterne oft Jahrzehnte oder Jahrtausende bis zur Erde unterwegs ist, kann es sein, dass der Stern, den man gerade sieht, längst weitergewandert ist oder gar nicht mehr existiert. Der Mensch sah direkt das Vergangene. Die Amphitheater der Römer, die Burgen der Ritter, die Kathedralen der Städte, sie alle hatten sich immer wieder verändert, waren umgebaut worden oder längst zu Ruinen verfallen. Bei den Sternen war das anders, sie boten ein offenes Fenster in eine andere Zeit: Arthur musste staunen, wenn er an jene unwirklich fernen Himmelskörper dachte. Vielleicht liebte er die Venus deshalb so sehr.

Arthur trug den Rucksack, in dem er alles Notwendige verstaut hatte – eine Kleinigkeit zu essen, eine Flasche Wasser, zwei Regenjacken und Mützen gegen die Kälte der Morgendämmerung. Denn vermutlich würden sie bis dahin unterwegs sein. Julius ging nur einen Schritt hinter ihm. Jeder hatte eine Taschenlampe in der Hand, doch sie hatten sie nicht eingeschaltet; es war hell genug im Wald. In seiner anderen Hand hielt Arthur ein großes Offiziersmesser, das eine ausfahrbare Klinge hatte. Mit einem Klick auf einen Knopf schnappte die Klinge seitlich heraus und stellte sich fest. Es war ein Geschenk Eriks zu seinem zehnten Geburtstag. Er hielt das Messer nicht aus Angst vor dem dunklen Wald und seinen Geheimnissen in der Hand, sondern nur, weil er sich nicht sicher sein konnte, auf jene Menschen zu stoßen, wegen derer sie hier waren. Dabei wusste er gar nicht, ob er fähig wäre, das Messer gegen einen Menschen zu verwenden.

Nach knapp zwei Stunden lichtete sich der Wald und sie traten auf die Lichtung des Heiligensees. Sie setzten sich ans Ufer und schauten auf das Wasser, auf dem das Licht des Mondes tanzte und sich in leisen Wellenbewegungen verlor. Es war so still, dass man meinte, den Wald atmen zu hören. Ein großes Glücksgefühl durchfloss Julius in diesem Moment, und er tastete nach Arthurs Hand. Nicht, weil er Schutz suchte. Das Knacken trockener Zweige im Dickicht und die unergründlichen Schatten machten ihm weniger Angst als er befürchtet hatte. Vielmehr genoss er den Ort, dessen Ruhe und Friedlichkeit, und es war ihm, als sei er dem Wesen der Natur in dieser Nacht ganz nahe. Sie beide waren ein Teil dieser Natur, und fast war es, als spräche sie. Leicht drückte Arthur die Hand, als Zeichen, dass er verstanden hatte. »Magische Dinge können geschehen«, hatte Erik einmal zu Arthur gesagt. »Aber nicht so leicht wie im Märchen. Es ist schwer, den Zugang zur anderen Welt zu finden.« In diesem Moment, da sie zum allerersten Mal nachts allein im Wald waren, ahnten sie, was er meinte.

Sie vergaßen, etwas zu essen, und gingen nach einigen Minuten schweigend weiter. Nun führte der Pfad wieder in den Wald hinein und deutlich spürbar bergan. Nach einer weiteren Stunde kamen sie in die Nähe des Rates der Weisen. In der Ferne hörten sie das leise Rauschen des Wasserfalles. Arthur machte ein Zeichen, dass sie von nun an vollkommen still sein mussten. Zwar glaubte er kaum, dass sich die Wilderer an gleicher Stelle erneut auf die Lauer legen würden. Aber wo sonst sollten sie die Spur aufnehmen? Vielleicht kamen die Wilderer wenigstens an diesem Ort vorbei, um das Revier eines weiteren Luchses auszukundschaften, denn andere Wege gab es im Hochtal kaum. Und würde Michael nicht ähnlich denken und ebenfalls zunächst hier heraufkommen? Arthur verließ den Pfad und machte einen weiten Bogen um die alte Baumgruppe. Sie hatten beschlossen, sich etwas oberhalb im Dickicht zu verbergen und abzuwarten. Die Baumkronen waren dicht und ließen wenig Licht durch, so dass sie sich nur vorsichtig vorwärts tasten konnten; außerdem mussten sie bei jedem Schritt vorfühlen, um nicht durch knackende Äste und raschelndes Laub auf sich aufmerksam zu machen.

Endlich hatten sie einen guten Platz entdeckt. Ein großer mannshoher Felsen, der von dichten Haselnusssträuchern umgeben war, bot ihnen eine gute Deckung. Vor ihnen lag die Lichtung mit dem großen Ring der Eichen; sie hatten sie ebenso gut im Blick wie den Pfad, der in leichten Serpentinen den Hang heraufführte. Eigentlich hatten sie erwartet, dass der Luchskadaver wieder an den Felsblöcken liegen würde; Erik hatte Michael und Kilian schließlich den Auftrag gegeben, ihn zurückzubringen. Doch von dem Tier war keine Spur zu sehen. Gut zweieinhalb Stunden waren sie marschiert, und es war noch lange bis Mitternacht. Sie richteten sich deshalb auf eine lange Nacht ein, aßen etwas geräucherte Wurst mit Brot und tranken von dem Apfelschorle, das Arthur am Abend in eine Flasche gefüllt hatte. Nichts geschah, und ihre Erregung ließ allmählich nach, während ihre Müdigkeit zunahm. Julius gähnte mehrmals und musste dabei an sich halten, um keine Geräusche von sich zu geben. Langsam verstrich die Zeit, die Geisterstunde ging vorüber, schwer schleppte sich der Zeiger von Arthurs Uhr auf zwei Uhr morgens, und immer schwerer wurden seine Augenlider. Julius war eingedöst, und auch Arthur konnte sich kaum noch wach halten – als plötz-

lich der Luchs auf die Lichtung trat. Arthur riss die Augen auf, und in seinen Gliedern rauschte auf einen Schlag das Adrenalin. Hellwach war er jetzt. Er stieß Julius an und hielt ihm zugleich den Mund zu, um jeden Ausruf von Erschrecken oder Überraschung zu unterdrücken.
Doch der Luchs hatte sie längst entdeckt. Es war ein großes ausgewachsenes Tier mit bernsteinfarbenen Augen, das sah Arthur selbst im Mondlicht, und um sein Maul spielte ein Hauch von Traurigkeit, schoss es Arthur durch den Kopf. Für einen Moment schaute das Tier ruhig in ihre Richtung. Es zeigte keine Furcht, und es strahlte keine Gefahr aus – es flüchtete nicht, und es schien sie auch nicht angreifen zu wollen. Das aber begriffen die Kinder nicht gleich, ihnen hämmerte das Herz in der Brust. Was würde geschehen? Sie wussten beide, dass ein Luchs nur im äußersten Notfall Menschen attackiert. Und doch waren sie nie einem Luchs so nahe gekommen und ihm so ausgeliefert gewesen. Leichte Panik stieg in ihnen auf. Der Luchs kam mit bedächtigen Schritten heran, langsam, abwägend. Doch als er nur noch etwa fünf Meter von ihnen entfernt war, zitterten plötzlich seine Ohren, er wandte den Kopf, horchte – und war mit wenigen Sprüngen im Unterholz verschwunden.
Den Kindern blieb keine Zeit, um Atem zu schöpfen. Denn was der Luchs längst gehört hatte, hörten nun auch sie: Im Dickicht schritt jemand, die Lichtung umgehend, auf sie zu. Es musste ein Mensch sein, denn das leise zippende Geräusch war eindeutig. Es entsteht, wenn kleine Äste an der glatten Oberfläche einer Hose oder Jacke entlangstreichen und nach hinten wegfedern. Arthur und Julius drückten sich eng an den Felsen und hofften, die Haselnusssträucher würden sie schützen. Der Mensch blieb kaum zwei Meter von ihnen entfernt stehen und spähte auf die Lichtung hinaus. Er hatte sie anscheinend noch nicht bemerkt. Vielmehr schien er selbst darauf bedacht zu sein, nicht entdeckt zu werden. Denn im Weitergehen passte er nun auf, leise zu sein und bog alle Äste links und rechts von sich weg. Das Gewehr hatte er auf den Rücken gehängt.
Julius stupfte Arthur an – und auch Arthur hatte es bemerkt. Die kleine gedrungene Gestalt und das Gewehr mit dem kurzen Lauf: Das konnte nur Michael sein. Julius warf ein Steinchen ins Gebüsch, damit sich der Jäger nochmals umdrehte. Dann gab es keinen Zweifel mehr: Dem Mann stand ein grauer Dreitagesbart im Gesicht, und nun hörten sie auch Michaels dunkles Brummen, das er immer ausstieß, wenn sich ihm etwas nicht erschloss oder wenn ihm etwas verdächtig vorkam. Tatsächlich ließ Michael langsam das Gewehr über die Schulter gleiten; er war in Alarmbereitschaft.
Arthur zog Julius hinter den Felsen; er wollte sicher sein, dass sie aus der Schusslinie waren, bevor er redete. Michael hätte leicht, und angesichts der Umstände ganz zu Recht, unbedacht reagieren können. Erst jetzt rief er ihn leise an.
»Michael, tu' das Gewehr runter. Wir sind's – Arthur und Julius!«
Der Jäger stand für einen Moment völlig verdattert da; man sah ihm an, dass er seinen Ohren nicht traute.

»Wer ist da?«, fragte er und machte einen Schritt auf den Felsen zu, das Gewehr noch immer halb erhoben.

»Arthur und Julius«, rief Arthur: »Wir hatten die gleiche Idee wie du. Wir wollten nach den Wilderern schauen.«

Jetzt sank der Lauf des Gewehres zu Boden, und Julius schob sich als erster aus der Deckung.

»Nicht schimpfen«, rief er mit demütiger Stimme. »Wir müssen die Wilderer doch fangen.«

Michael schnaubte »Gott verdamm mich!« sagte er dann. »Ich kann es nicht glauben. Seid ihr es wirklich? Stehen dieser Arthur und dieser Julius, eigentlich zwei große Hosenscheißer, wirklich morgens um zwei Uhr im Wald, mehrere Stunden von ihrem Bett entfernt? Ich kann es nicht glauben.«

»Wir wollten spionieren, ob die Wilderer wiederkommen. Wir mussten doch etwas tun«, sagte Arthur, als sei dies die natürlichste Aussage der Welt. Und Julius fügte bekräftigend hinzu: »Wir kämpfen für die Luchse. Wir lassen das nicht zu.«

Michael schüttelte den Kopf. Er fasste mit einer schnellen Bewegung beide Jungen mit einer Hand im Nacken und schüttelte sie ordentlich durch.

»Weiß euer Vater, dass ihr hier seid, ihr Ausreißer?« rief er, und ohne auf eine Antwort zu warten, sagte er: »Natürlich weiß er es nicht, weil ihr genauso gut wie ich wisst, dass er das niemals erlaubt hätte.«

»Michael«, rief Julius und versuchte, sich mit beiden Händen aus dem Griff zu befreien.

»Und was machst du dann hier?«, ging Arthur in die Offensive: »Du hast ebensowenig einen Auftrag wie wir. Also hör endlich auf, uns zu schütteln wie einen Apfelbaum im Herbst.«

Mit einem tiefen Grummeln ließ Michael die beiden los und schaute sie nacheinander mit finsterem Blick an.

»Also lassen wir das. Ich bringe euch nach Hause und werde eurem Vater nichts verraten, wenn ihr versprecht, nie wieder so einen Blödsinn zu machen. Hört ihr!«

Die Jungen schwiegen, aber keiner von beiden wagte es, Michael die Stirn zu bieten. ›Du verrätst nichts, und wir verraten nichts‹, lag es Arthur auf der Zunge. Aber er wagte es nicht, so frech zu sein, grummelte stattdessen ein kaum verständliches »Einverstanden«. Und schnell fügte er hinzu: »Hast du etwas entdeckt? Eine Spur, einen Köder oder so was, meine ich.«

»Nein, rein gar nichts. Die werden nicht so blöd sein, heute schon wieder den Luchsen nachzustellen. Die müssen doch damit rechnen, dass etwas gegen sie unternommen wird. Aber es ließ mir einfach keine Ruhe. Ich musste irgendetwas tun.«

»Siehst du, so ging es uns auch«, meinte Julius in einem Ton, als sei damit alles gesagt. Genau in diesem Moment donnerte ein Schuss durch den Wald. Er kam von weiter oben, aus der Richtung des Wasserfalls, aber der Knall war so laut, dass der Schütze nur wenige hundert Meter entfernt sein konnte.

»Gott verdamm mich«, hauchte Michael schon wieder, »die sind wirklich so blöd. Ich muss hinterher. Schnell.« Michael wollte davon rennen, da besann er sich und zeigte mit dem Zeigefinger abwechselnd auf Arthur und Julius: »Ihr beide versteckt euch wieder in diesem Gebüsch und macht dort keinen Mucks. Wenn die Wilderer hier vorbeikommen, seid ihr in ernster Gefahr. Also hört auf mich, dieses eine Mal.«

»Dann ist es doch besser, wenn wir mitkommen«, rief Arthur.

»Auf keinen Fall. Wer weiß, wie die Wilderer reagieren, wenn wir unvermittelt auf sie stoßen. Die geben nicht ruhig ihre Personalien ab und lassen sich von uns reuig zur Polizei bringen.«

Arthur nickte.

»Also: Ihr bleibt hier. Und wehe, ihr haltet euch nicht an unsere Abmachung. Dann Gnade euch Gott.«

Schon war er weg. Arthur und Julius duckten sich unter die Haselnusssträucher und horchten in die Nacht. Dem Schuss folgte eine beinahe unheimliche Stille, die das laute Geräusch im Nachhinein fast unwirklich erscheinen ließ. Als hätten sie sich den Knall doch nur eingebildet. Sie blieben angespannt, der Wald nahm plötzlich etwas Bedrohliches an, und in jeder Sekunde hätten sie in gewaltige Schwierigkeiten geraten können. Was würde geschehen, falls die Wilderer doch herab kamen und sie entdeckten? Arthurs Herz schlug wild. Waren sie zu weit gegangen und hatten sich mit ihrem Mut selbst in Gefahr gebracht?

Lange fünfzehn Minuten geschah gar nichts. Dann hörten sie Schritte, die sich rasch näherten. Die Person oder die Personen machten sich nicht die Mühe, leise zu sein. Blattwerk raschelte, Zweige knacksten. Die Wilderer?

»Kommt raus, es ist alles in Ordnung«, hörten sie Michael. Er schnaufte schwer, und sein Gesicht war rot vor Anstrengung. Doch die Jungen achteten nicht darauf.

»Hast du sie gesehen?«, fragte Julius.

Michael schüttelte den Kopf.

»Nein, ich habe noch gehört, wie sie Richtung Wasserfall gerannt sind. Wahrscheinlich werden sie später versuchen, in einem großen Bogen wieder in das Tal zu kommen. Das heißt zumindest, dass sie sich hier auskennen müssen. Ein ortsfremder Jäger würde den Weg niemals finden.«

»Dann lass' uns irgendwo auf sie warten«, sagte Arthur.

»Auf keinen Fall«, sagte Michael energisch. »Jetzt in der Nacht werden wir die Männer niemals finden. Und außerdem habe ich das hier.«

Er nickte mit dem Kopf in Richtung des Gegenstandes, den er in beiden Händen hielt. Erst jetzt fiel Arthur und Julius auf, dass Michael auch deshalb so schwer atmete, weil er diesen Klotz vor sich her getragen hatte.

»Was ist das denn, um Himmels Willen?«, fragte Julius.

»Das«, sagte Michael stolz, »ist ein Fußabdruck des Wilderers. Ich habe den weichen Boden mit meinem Messer ausgestochen und auf einen dichten Tannenzweig gelegt. Jetzt müssen wir ihn nur noch heil nach Hause bringen.«
Und als niemand mehr etwas erwiderte, fügte er kategorisch hinzu: »Also Abmarsch.«

2. Die graue Mauer

Arthur erwachte wie aus tiefer Trance. So spät waren sie ins Forsthaus zurückgekehrt, dass die ersten Krähen schon auf den Zweigen krächzten. Bleiern fühlten sich seine Glieder jetzt an, und selbst als er die Augen aufschlug, fühlte er sich immer noch weit weg von dieser Welt. Doch jemand rüttelte stark an seinen Schultern und wollte gar nicht mehr damit aufhören.
Es war sein Vater, der ihn mit großem Unverständnis anstarrte. »Es ist gleich Mittag, Arthur, was ist los mit dir?«
Arthur streckte sich unter der Decke, zog die Zehen an und spannte seine Arme fest an.
»Sonst stehst du doch auch mit den Hühnern auf«, sagte Erik. »Ich war schon mit Michael im Wald. Julius ist auch noch im Bett. Seid ihr krank?«
»Mit Michael?« Arthur war plötzlich hellwach, und die Bilder der letzten Nacht tauchten in seiner Erinnerung auf. Er riss die Decke zur Seite und setzte sich auf.
»Geht es ihm gut? Ich meine, was macht er?« Arthur verhaspelte sich, und Erik zog seine Brauen noch stärker kraus.
»Na, da gibt es wohl ein ganz großes Geheimnis«, meinte er, ohne allerdings weiter in Arthur zu dringen. »So, raus jetzt aus den Federn – ihr könntet euch mal nützlich machen und etwas zum Mittagessen kochen.« Jetzt war es Arthur, der seinen Vater befremdet ansah.
»Pardon, natürlich erst, nachdem ihr gefrühstückt habt«, meinte Erik und lächelte. »Auf jetzt.«
Arthur schlappte zu Julius hinunter, der sich gerade anzog und dabei so laut gähnte, als mache er Vorübungen zu einem Tarzan-Schrei. Arthur blinzelte ihm zu: »Kein Wort zu Papa, verstanden?«
Aber Julius grummelte nur etwas vor sich hin. Er hasste es, wenn Arthur ihm oberlehrerhaft kam. »Pass du nur auf, dass du dich nicht verplapperst.« Dann zog er an ihm vorbei hinunter in die Küche.
Erik hatte ihnen Kakao warmgemacht. Noch halb in Gedanken versunken, saßen sie am Tisch und schlürften die süße Milch. Erik setzte gerade seinen Hut auf und wollte zur Tür gehen, da fiel Julius' Blick auf den Lokalteil der »Schwäbischen Post«. Erik zerrte ihn immer als erstes aus der Zeitung, weil ihn Politik und Sport kaum interessierten. Jetzt stach die Schlagzeile Julius so sehr in die Augen, dass die Worte wie ein

Feuer durch sein Gehirn fegten. Er riss die Zeitung an sich und begann zu lesen. Diese Schlagzeile würde alles ändern in ihrem Tal.
»Bürgermeister Zoller plant Stausee im oberen Tal«, lautete sie.
Arthur hatte sie jetzt auch gesehen und befahl seinem Bruder mit tonloser Stimme: »Lies vor.«
»Der Heiligensee und das obere Tal könnten schon in wenigen Monaten überflutet sein. Bürgermeister Karl Zoller hat gestern in Lässingen bei einer Pressekonferenz konkrete Pläne vorgestellt, wie der Grünbach durch eine Mauer aufgestaut werden und sich das obere Tal in eine Seenlandschaft verwandeln könnte. ›Das Wasserkraftwerk könnte die gesamte Gegend mit Strom versorgen‹, sagte Zoller bei der Präsentation: ›Und der See würde zu einer Touristenattraktion, der Abertausende von Besuchern anzieht.‹ Ministerpräsident Stefan Hutmacher unterstützt das Vorhaben, wie er gestern mitteilen ließ: Das Kraftwerk werde in der Bauphase und auch im späteren Betrieb Hunderte von Arbeitsplätzen schaffen und das Land unabhängiger machen vom Atomstrom. Das Projekt überzeuge deshalb auch durch seine ökologische Ausrichtung.«
Julius las stockend, aber in diesem Fall machte das nichts, denn die Worte brauchten sowieso lange, bis sie im Gehirn der beiden angekommen waren.
»Wie meint er das: ökologisches Projekt?«, sagte Arthur mit von Unglauben brüchiger Stimme. »Ökologischer als jetzt geht es doch nicht: Der Wald ist Naturschutzgebiet, die Luchse sind streng geschützt.«
Betroffen blieb er einen Moment sitzen. Dann sah er, dass sein Vater bereits weggegangen war, und stürzte hinaus auf den Hof. Erik saß im Jeep und ließ gerade den Motor an. Arthur hämmerte an die Beifahrerscheibe, presste die Zeitung dagegen und schrie laut: »Hast du das gewusst, Papa? Hast du von der Staumauer gewusst?« Er schrie, vor Wut, vor Ohnmacht, vor Unglauben.
Erik warf einen kurzen Blick auf die Zeitung, dann stellte er den Motor wieder ab. Seine Schultern sackten ein, als er ein lautes Seufzen ausstieß und ausstieg.
»Ja, ich habe es gewusst«, sagte er schließlich mit sanfter Stimme.
»Seit wann?« Arthur schrie immer noch. »Seit wann hast du es gewusst?«
»Schon einige Zeit. Das Projekt wurde mit größter Geheimhaltung geplant. Man wollte damit erst an die Öffentlichkeit, wenn die Pläne fertig und die Verträge unter Dach und Fach waren.«
Arthur wusste nicht, was ihn mehr empörte: dass ihn sein Vater so hintergangen hatte oder dass sein Vater bei einem solchen Projekt mitmachte.
»Hör zu, ich kann deine Wut verstehen«, meinte Erik. »Mir ging es ganz ähnlich, als ich zum ersten Mal vom Stausee gehört habe. Aber der große See wird das Tal noch schöner machen, das Kraftwerk wird in der Staumauer drin sein und kaum zu sehen sein …«

»Das ist nicht dein Ernst, Erik, oder?« zischte Arthur nur. »Du machst dich nur über mich lustig. Bitte sag' es.«
»Nichts kann immer bleiben, wie es ist. Und es ist doch besser, dass die Natur im Tal erhalten bleibt. Es standen durchaus noch andere Projekte zur Diskussion.«
Arthur konnte nicht glauben, dass sein Vater so sprach. Natürlich hatte sich Erik in den letzten Monaten verändert, aber dass er das, was ihm immer am wichtigsten war, das Tal, den Wald und die Tiere, jetzt mit einem Handstreich einfach aufgab, das war unbegreiflich.
»Erik, du bist doch der Förster hier. Die Tiere erwarten von dir, dass du dich für sie einsetzt.«
»Wir werden die Luchse einfangen und anderswo wieder auswildern, das verspreche ich dir.« Erik sah ihn mit traurigen Augen an.
»Ja, das wirst du sicher tun«, sagte Arthur hart. »Wenn sie bis dahin nicht alle tot sind.«
Dann wandte er sich um und rannte davon, ohne sich noch einmal umzublicken. So sah er nicht, dass Erik das Gesicht in seine Hände nahm und am ganzen Leib zitterte. Es war eine Verzweiflung in ihm, die er niemals zuvor gespürt hatte.

Arthur rannte so schnell, dass das Atmen schmerzte. Instinktiv war er in den Wald gelaufen und sah jetzt ihre Waldburg zwischen den Bäumen auftauchen. Die Wut auf Erik war gewaltig, Arthur konnte nicht verstehen, wie sein Vater alle diese furchtbaren Ereignisse so gleichgültig hinnehmen konnte. Der Staudamm durfte niemals Wirklichkeit werden. Das durfte nicht geschehen.
Es tat gut, zu rennen und sich zu verausgaben. Der Zorn floss ab mit der Kraft, die er zum Rennen aufwenden musste, und strömte hinaus in die Natur.
Doch plötzlich wurde Arthur aus seinen Gedanken gerissen. Was war das? Aus den Ritzen an Fenster und Tür seiner Hütte drang ein grünliches, warmes Licht – es waren fließende Strahlen, ganz so, wie Sonnenlicht durch die Krone eines Apfelbaumes fällt und je nachdem, wie sich die Zweige und Blätter bewegen, mal heller, mal dunkler auf die Wiese scheint. Es wirkte lebendig, dieses Licht, als tanzte es im Waldhaus über die Wände. Doch das konnte nicht sein – es gab dort keinen Strom, und die Taschenlampen, die Arthur und Julius dort deponiert hatten, konnten niemals ein so helles Licht hervorbringen, das selbst jetzt am Tag deutlich zu sehen war und viel wärmer und intensiver strahlte als das Sonnenlicht.
Jemand musste in ihre Hütte eingedrungen sein. Arthur fühlte, wie sich ihm die Nackenhaare aufstellten. Die toten Luchse, das seltsame Staudamm-Projekt, die Geheimniskrämerei seines Vaters – irgendetwas ging hier vor, was er nicht begriff. Etwas, das ihn bedrohte. Vielleicht waren es die Wilderer, die sich hier versteckt hielten? Sein erster Impuls war, umzudrehen und zu fliehen. Doch dann besann er sich. Langsam tastete er sich heran, während das Licht weiter zwischen den Ritzen hindurch schim-

merte und zu tanzen schien. Jetzt war Arthur nur noch wenige Schritte von der Tür entfernt – und stellte erstaunt fest, dass das Schloss unversehrt und die Tür fest verriegelt war. Auch der Holzladen vor dem Fenster, den sie stets von innen mit einem Haken verschlossen, schien nicht beschädigt zu sein. Was ging da vor? Er machte einige Schritte zurück und entschloss sich, seine Anwesenheit zu verraten.
»Ist da jemand in der Hütte?«, rief er mit möglichst fester Stimme, was allerdings nicht ganz gelang.
Nichts rührte sich, es kam keine Antwort, und Arthur hörte auch sonst keine Geräusche.
»Das ist unsere Hütte, Sie haben da drin nichts zu suchen«, sagte er jetzt schon etwas mutiger.
Doch es blieb ruhig. Arthur spurtete in einem großen Bogen zum Versteck in einer nahe gelegenen Nische zwischen zwei Felsen, wo sie den Schlüssel deponierten. Er lag immer noch dort. Wo kam das Licht dann her? Er nahm seinen ganzen Mut zusammen, ging hinüber zum Eingang und klopfte mit der flachen Hand kräftig gegen die Tür. Doch als wäre dies ein geheimes Zeichen, verschwand das Licht plötzlich. Es war, als hätte man einen Schalter umgelegt, und nur für einen kurzen Moment war ein schwaches Nachglühen zu sehen. Dann war der Spuk vorüber.
Arthur öffnete schnell das Schloss und riss die Tür auf. Dann verharrte er einen Augenblick. Es war niemand da, Arthur war sich ganz sicher. Er spürte es. Er schlüpfte hinein und sah sich um. Nichts war verändert: Die Bank und der Tisch waren nicht verrückt worden. Die Taschenlampen waren ausgeschaltet, und das Glas war so kühl, dass das Licht nicht von ihnen ausgegangen sein konnte. Im Regal lagen alle seine Schätze so, wie er es in Erinnerung hatte. Dennoch nahm er einzeln jeden Gegenstand in die Hand und begutachtete ihn von allen Seiten, doch er konnte nichts Ungewöhnliches erkennen. Das Mammutelfenbein, der Bergkristall, der Fuchsschädel – was hätte da schon leuchten können?
Arthur setzte sich auf die Bank, lehnte sich an den rauen kalten Felsen und versuchte, seine Gedanken zu ordnen. Bald begann er zu zweifeln, ob er das Licht wirklich gesehen hatte. Vielleicht war es im vielfältigen Lichtwechsel des Waldes doch eine Täuschung gewesen und er hatte das Sonnenlicht gesehen, das durch die Fichten am Rande der Lichtung auf den Waldboden fiel? Nein, er schüttelte den Kopf, irgendwie war etwas anders gewesen.
Ein Geräusch riss ihn aus seinen Überlegungen. Er hörte Schritte, die über das Gras der Lichtung in Richtung Hütte kamen. Panik stieg in Arthur hoch. Er war gefangen; es war zu spät, die Flucht zu ergreifen. Er schnellte hoch und hastete in Richtung Ausgang, doch da stand die Person schon vor dem Eingang.
»Hoppla, was ist denn mit dir los, Arthur? Du rennst mich ja über den Haufen!«, lachte eine weibliche Stimme. Jetzt war bei Arthur die Verwirrung der Gefühle komplett. Die Wut auf seinen Vater, das Staunen angesichts des Lichts, die Angst vor

dunklen Gestalten – und nun eine plötzliche tiefe und warme Freude, die ihn durchflutete.

»Franziska, du? Wie kommst du hierher? Ich dachte …« Er konnte nur noch stammeln, und als seine Mutter sich jetzt zu ihm herabbeugte, da sagte er einfach gar nichts mehr, sondern umklammerte sie heftig, und sie drückte seinen Kopf an sich und ließ ihre Finger, so wie sie es früher immer gemacht hatte, durch seine struppigen Haare gleiten. In seinem Magen verfestigte sich ein Kloß, der schwer und schmerzlich drückte und zugleich wärmte und nährte.

»Na, die Überraschung ist mir ja gelungen«, sagte Franziska und strich Arthur die Tränen aus dem Gesicht. »Ich freue mich, bei euch zu sein.«

Franziska war eine ganz zierliche Frau, mit langen schwarzen Haaren, die ihr über die Schultern fielen, und mit schmalen Händen, die Arthur ganz besonders mochte. Heute hatte sie das Haar mit einem Band zum Zopf gebunden, und sie trug ein kariertes Hemd, wie es Waldarbeiter oft anhaben.

Erst jetzt wurde Arthur gewahr, dass Julius mit gekommen war. Er stand ganz nah bei seiner Mutter und strahlte; Arthur wusste, dass sein Bruder die Mutter noch mehr vermisste als er selbst.

»Wie kommst du hierher?«, wiederholte Arthur seine Frage.

»Ich hatte in Auen zu tun, und sowieso war es längst an der Zeit, bei euch mal nach dem Rechten zu sehen.«

»Und, findest du, dass alles seinen rechten Gang geht?«

»Ja«, sagte Franziska gedehnt, als müsse sie lange überlegen: »Ihr zwei seht prächtig aus, da mache ich mir keine Sorgen. Aber sonst bin ich mir nicht so sicher.«

Julius nickte mit Bestimmtheit.

»Hast du schon gehört? Jemand erschießt im Tal die Luchse …«

»Und der Bürgermeister will hier alles überfluten und einen Staudamm bauen«, fügte Arthur aufbrausend hinzu.

»Ich habe es heute Morgen in der Zeitung gelesen. Das war auch ein Grund, herzukommen. Im Rathaus ist von heute an ein Modell des Staudammes ausgestellt, und das wollte ich mir unbedingt ansehen. Ich kann es noch gar nicht richtig glauben.«

»Und warst du schon im Rathaus?«

»Nein, ich wollte zuerst zu euch.«

»Dann kommen wir mit«, sagte Julius. »Ich will das auch sehen, denn eines weiß ich ganz bestimmt: Wir werden das nicht zulassen.« Er schaute zu Arthur herüber und zwinkerte ihm kaum merklich zu. Das sollte heißen: Den ersten Schritt haben wir in der vergangenen Nacht schon unternommen, aber das bleibt unser Geheimnis.

»Von mir aus gerne«, sagte Franziska, »sofern Erik nichts dagegen hat. Sagt mal, wo steckt er eigentlich? Im Forsthaus ist er nicht.«

»Ich glaube, er ist mit Michael unterwegs«, sagte Arthur. »Er wollte die Bäume markieren, die im Winter gefällt werden sollen.«

Franziska nickte.

»Wie geht es ihm denn? Ist er … ich meine, ist er immer noch so? Ihr wisst schon.«

»Ja«, brauste Arthur auf. »Er hat sich nicht einmal aufgeregt, als er das mit dem Staudamm erfahren hat. Stell dir das mal vor! Er muss doch als Erster für die Tiere im Tal eintreten.« Arthur schwieg einen Moment. »Ich bin so wütend auf ihn. Er hat uns nicht einmal etwas gesagt, obwohl er es schon länger wusste.«

Franziska ließ sich auf die Knie nieder und nahm die beiden Jungs in den Arm. »Ich glaube, Erik ist krank«, sagte sie ernst. »Irgendetwas bedrückt ihn.«

»Warum geht er dann nicht zum Arzt?«, meinte Julius.

»Vielleicht ist es etwas, das ein Arzt nicht heilen kann«, antwortete Franziska leise.

»Oder es ist etwas, das nur du heilen könntest«, meinte Arthur und schaute seiner Mutter direkt in die Augen. »Du weißt schon.«

»Ja, mein Schatz«, sagte Franziska und berührte mit ihrer Stirn die seine. »Aber daran liegt es nicht, glaube ich.«

»Warum bist du dir da so sicher?«, fragte Julius. »Du könntest es doch mal ausprobieren und für eine Woche zurückkommen.«

»Erik und ich, wir verstehen uns einfach nicht mehr. Glaubt mir, es ist besser so, für uns alle.«

Arthurs Augen blitzten. »Wie kannst du so etwas sagen? Woher willst du wissen, was das Beste ist für mich.« Wieder wallte Wut in ihm auf.

Aber Franziska ging nicht darauf ein. »Bitte passt auf Erik auf«, sagte sie nur. »Ihr seid jetzt große Jungs. Das ist eure Aufgabe.«

Und da beide Jungs ihrem Blick auswichen und auf den Boden starrten, fügte sie hinzu: »Na kommt, wir gehen zurück zum Forsthaus. Wenn Erik nicht da ist, schreiben wir ihm einen Zettel, damit er weiß, wo ihr seid. Einverstanden?«

Arthur und Julius nickten. Arthur verschloss die Waldburg und legte den Schlüssel zurück an die geheime Stelle.

Rasch holte er die beiden dann ein, zupfte seine Mutter am Ärmel und fragte:

»Sag mal, warst du vorher schon einmal da, um mich zu suchen?«

»Nein«, meinte Franziska, »wieso fragst du?«

»Ja, weil …«, meinte Arthur. Aber dann besann er sich. Franziska würde es kaum glauben, dass die Waldburg von innen heraus geleuchtet hatte. Und irgendwie spürte er, dass er das besser für sich behalten sollte.

»Ach nichts. Ist nicht so wichtig.«

Als sie am Forsthaus ankamen, blieb Arthur abrupt stehen: Auf der Treppe saß Marie und winkte ihnen zu.

»Was will die denn hier?«, fragte Arthur mit unverkennbarer Abneigung.

Marie wohnte nicht weit entfernt von seiner Mutter, und weil Maries Vater über ein paar Ecken verwandt war mit Franziska, kam sie immer mal wieder mit. Sie schienen

sich gut zu verstehen, wie Arthur missmutig feststellte. Marie war ein paar Monate älter als Arthur, und schon deshalb konnte er sie nicht leiden, weil sie immer die Klügere markierte. In ihrer verwaschenen Jeans und mit den blonden Zöpfen sah Marie aber wirklich cool aus – doch Arthur wollte sich dafür überhaupt nicht interessieren.
»Sei nicht so, Arthur«, sagte seine Mutter.
Aber er schaute sie nur mit zornigen Augen an und lief dann weg.
Franziska verdrehte die Augen. Ihr war klar, dass sie Arthur erst mal alleine lassen musste. Wenn er wütend war, half kein Reden – er brauchte dann einfach seine Zeit, bis die Wut verraucht war und er wieder normal denken konnte.
Einen Moment später kam Arthur hinter dem Haus hervor. Er schwang sich auf sein Fahrrad und radelte davon, ohne seine Mutter oder die Kinder eines Blickes zu würdigen.
Franziska seufzte. »Na, dann lasst uns mal aufbrechen«, sagte sie. »Vielleicht treffen wir Arthur unten in Auen wieder.«

Sie hatte sich nicht getäuscht. Als sie am Rathaus ankamen, sah sie Arthurs Fahrrad an einer Laterne angebunden. Sie hatte bewusst getrödelt, um Arthur wenigstens den Triumph zu gönnen, vor ihnen da zu sein. Er hatte das Herz am richtigen Fleck, so wie Erik auch. Zumindest früher war das so gewesen.
Das Modell des künftigen Stausees war im Flur des ersten Stockes aufgebaut, und es war bereits von Menschen umlagert, als sie die Treppen hinaufkamen. Der Zeitungsartikel hatte für Aufsehen gesorgt, das war nicht zu übersehen.
Franziska sah Arthur nicht auf den ersten Blick, aber dann entdeckte sie ihn ganz vorne an der Glasscheibe, die das Modell auf vier Seiten schützte. Er schaute ganz kurz zu ihr herüber, und seine Augen funkelten immer noch. Aber sie sah, dass sie jetzt wieder eine Chance hatte, mit ihm zu reden. Julius und Marie drängten sich durch die Menge nach vorne, Franziska winkte Arthur mit dem Zeigefinger heran. Scheinbar widerwillig folgte er ihrer Aufforderung.
»Was hältst du davon?«, fragte sie.
Arthur schwieg eine Weile, dann sagte er: »Der Stausee ist riesig. Er würde das gesamte Tal ausfüllen, vom Tannenbühl bis zum Wasserfall. Der würde dann direkt in den See stürzen. Und die Staumauer soll fünfzig Meter hoch werden, stell' dir das mal vor! Und natürlich bauen sie eine große Straße hinauf, zuerst für die Baufahrzeuge und später für die Touristen, die Bootfahren wollen.«
Franziska nickte.
Aus Arthur sprudelte es weiter heraus. »Alles wäre verschwunden. Unser Heiligensee, die Wiesen, der Wald, die Tiere. Alles würde im Wasser versinken.«
»Du hast Recht. Das darf nicht passieren. Und ich glaube, viele Menschen sehen es ganz ähnlich wie du. Schau doch mal.«
Tatsächlich waren viele Menschen aus Auen in aufgeregten Gesprächen gefangen. Sie

zeigten mit den Fingern auf manche Punkte des Modells, um sich dann darüber zu ereifern, wie unmöglich das gesamte Projekt war. Andere zuckten mit den Schultern. Sie sahen die Arbeitsplätze, die mit dem Projekt geschaffen würden – zunächst für die Baufirmen, und später für alle Menschen im Ort.

»Man kann Ferienwohnungen einrichten und sie an die Leute vermieten, die für ein Wochenende zum Baden kommen«, sagte ein Mann.

»Na und, was hast du von deinem Geld, wenn diese Staumauer den ganzen Tag das Dorf beschattet und man den Himmel vor lauter Beton nicht mehr sieht. Da fühlt man sich wie in einem Gefängnis«, konterte ein anderer.

Es fehlte nicht viel, dass es handgreiflich wurde.

Besonders ein Mann war so wütend, dass sein Kopf hochrot angelaufen war und er laut herumschrie.

»Ich lebe seit sechzig Jahren in Auen«, rief er, »ich kenne fast jeden Baum im Tal und jeden Fels. Dieses Tal gehört zu den wenigen Naturflecken, die die gesamte Gegend noch zu bieten hat. Und genau der soll jetzt geflutet werden? Ich kann gar nicht verstehen, wie die Behörden so etwas genehmigen können. Da wurde doch wieder überall geschmiert, um das durchzubekommen.«

»Ach Jakob, du immer mit deinen Verschwörungstheorien«, rief ein anderer älterer Mann. »Die Zeiten ändern sich, das müssen wir Alten einfach akzeptieren.«

»Rede nicht so einen Stuss, Hermann«, ereiferte sich dieser Jakob, den Arthur nur vom Sehen kannte. »Die Menschen ändern die Zeiten, nicht das Schicksal. Und hier sind irgendwelche Leute am Werk, die vor allem ihr eigenes Bankkonto im Blick haben.« Vor Wut kickte er gegen einen der Füße des Modells, so dass die kleinen Bäume zitterten und einige Männchen aus den Booten fielen, die man auf die blau angemalte Fläche gesetzt hatte, welche den Stausee markieren sollte.

»Jetzt reicht es aber!«, rief da eine laute Stimme scharf aus dem Hintergrund. Alle Leute drehten sich um und blickten zur Tür. Arthur stand ganz in der Nähe des Ausgangs, und der Mann, der zuletzt gesprochen hatte, stand direkt neben ihm. Es war der Bürgermeister.

Karl Zoller baute sich im Türrahmen auf. Er war recht klein und so dick, dass man glauben konnte, er trage eine große Kugel unter seinem blauen Wams spazieren. Zoller hatte einen modernen dunklen Anzug an, aber er wirkte völlig deplatziert darin. Denn das Wams mit dem altmodischen Muster sah aus wie aus einem anderen Jahrhundert. Ein dünner goldener Reif um Zollers Hals lugte unter dem Hemdkragen hervor; Arthur hatte nie zuvor etwas Vergleichbares an einem Mann gesehen, zumal die beiden Enden des Ringes wie Köpfe von Schafsböcken aussahen. Zoller trug einen ausufernden Schnurrbart, der Arthur angesichts der Körperfülle des Bürgermeisters noch stärker an ein Walross erinnerte. Zoller hatte zwar eine ziemlich hohe Stirn, fast schon eine Halbglatze; die übrig gebliebenen Haare aber waren sehr lang und bildeten einen kleinen Zopf, der Zoller in den Nacken hing. In der linken Hand des Bürger-

meisters qualmte eine Zigarre vor sich hin. Die rechte Hand nestelte unwirsch an einem Kettchen, das an einem der Knöpfe des Wamses festgemacht war – allem Anschein nach trug Zoller in einer der Westentaschen seine Taschenuhr.
Er schaute sich um, und sein Blick blieb an dem Mann hängen, der mit Vornamen Jakob hieß.
»Brüllen Sie hier so herum?«, schnauzte der Bürgermeister.
Doch der Mann ließ sich nicht einschüchtern. »Ich brülle nicht herum, sondern ich äußere meine Meinung zu einem haarsträubenden Projekt, das so hoffentlich nie verwirklicht wird.«
Er sah Zoller direkt ins Gesicht, machte sogar einen kleinen Schritt auf ihn zu und sagte dann fest: »Wie kann es sein, dass die gesamte Bevölkerung vor vollendete Tatsachen gestellt wird? Wie kann es in einem freiheitlichen Staat sein, dass alle Pläne im Geheimen erstellt und alle Genehmigungen im Geheimen erteilt werden und die Bürger überhaupt nicht gehört werden. Das ist tiefstes Mittelalter!«
Zoller zuckte leicht mit den Schultern.
»Das ist alles rechtsstaatlich verlaufen. Alle Genehmigungen sind einsehbar. Der Gemeinderat hat dem Projekt mehrheitlich zugestimmt. Und bei der konkreten Umsetzung werden wir die Bürger natürlich in die Planung einbeziehen. Vieles ist noch längst nicht endgültig entschieden. Alle sind eingeladen, ihre Ideen einzubringen.«
Jakob schnaubte nur.
»Diese Pseudo-Beteiligung können Sie sich sparen. Sie ziehen dieses Ding durch, und Sie sind doch der eigentliche Nutznießer davon. Oder wollen Sie etwa behaupten, dass Ihre Baufirma keine Aufträge bekommen wird?«
Ein Raunen ging durch die Menschen angesichts dieses direkten Vorwurfs. Zoller versuchte ruhig zu bleiben, doch man sah ihm an, dass er seinen Unmut mühsam unterdrückte. »Das wird sich zeigen«, sagte er. »Mein Unternehmen wird sich wie jede andere Firma korrekt um die Aufträge bewerben. Die Firma mit dem besten Preis-Leistungs-Verhältnis wird den Zuschlag bekommen.«
»Das Ergebnis kenne ich jetzt schon«, sagte Jakob: »Das ist ein ganz übles Ding, das hier abläuft.«
Zollers Gesicht zuckte kurz vor Ärger. Dann schien er sich entschieden zu haben, die Konfrontation anzunehmen.
»Wollen Sie etwa sagen, dass ich als Bürgermeister persönliche Interessen verfolge?« Der drohende Unterton war nicht zu überhören.
Einen kurzen Moment blieb alles still. Die Menschen sahen auf die beiden Kontrahenten, die sich beide auf ihre Weise in Rage geredet hatten.
Jakob zögerte einen Moment, dann sagte er völlig ruhig: »Ja, genau das will ich damit sagen.«
Karl Zoller nickte kurz, als ob er nachdenken wollte. Dann rief er: »Viktor! Oskar!«
Auf das Kommando hin traten zwei bullige Männer nach vorne, die bisher hinten an

der Wand gestanden hatten. Arthur hatte sie gar nicht bemerkt. Sie hatten Oberkörper wie Kleiderschränke und sahen aus wie Bodyguards. Nur fehlten ihnen die üblichen Sonnenbrillen und die schwarzen Anzüge, sie trugen gewöhnliche Jeans und weiße T-Shirts. Was Arthur auffiel, waren die kleinen Totenköpfe aus Silber, die sie am Ledergürtel hängen hatten. Viktor, der etwas Größere von beiden, hatte schulterlanges welliges Haar; er war ein Hüne von Mann, groß und beeindruckend. Oskar sah etwas gedrungen aus; er hatte ein sehr ovales Gesicht und deutlich kürzere dunkle Haare. Beide Männer hatten blaue Strähnen im Haar, wie es Teenies gefällt. Auf beiden Seiten lief dieser blaue Streifen über die Schläfen, aber bei diesen Männern wirkten sie nicht modisch, sondern eher furchteinflößend. Kriegsbemalung war das Wort, das Arthur dazu einfiel.

»Warum braucht der Bürgermeister eigentlich Leibwächter?«, fragte Arthur seine Mutter leise, die genau so gespannt wie alle anderen dem Disput gelauscht hatte.

»Ich habe keine Ahnung«, sagte Franziska, »vielleicht sind das nur zwei Bauarbeiter aus seiner Firma.«

Der eine ging nun auf Jakob zu und sagte, ohne eine Miene zu verziehen: »Sie gehen jetzt.« Es war keine Aufforderung, es war als Tatsache zu verstehen.

Jakob schaute an den beiden Männern vorbei auf Zoller. »Was hier geschieht, ist skandalös. Sie unterbinden eine Debatte, die ihnen nicht gefällt, mit mehr oder minder offener Gewalt. Das werde ich nicht hinnehmen.«

Zoller schwieg. Die beiden Männer wussten anscheinend, was sie zu tun hatten. Ohne eine weitere Aufforderung griffen sie sich Jakob, nahmen ihn von beiden Seiten unter die Arme und drängten ihn die Treppe hinab. Jakob war so konsterniert, dass er nicht einmal mehr protestierte.

»Jeder kann in Auen seine Meinung äußern«, hörte Arthur den Bürgermeister noch sagen. »Aber dies hat mit Respekt und Anstand zu geschehen. Ansonsten bin ich gezwungen, dafür zu sorgen, dass die öffentliche Ordnung eingehalten wird.«

Arthur ging den Männern nach; er wollte sehen, was sie mit Jakob vorhatten. Zu seiner Überraschung warfen Viktor und Oskar den aufmüpfigen Bürger nicht einfach aus dem Rathaus. Vielmehr drängten sie ihn unten im Erdgeschoss in eine Nische, wo Viktor Jakob mit seiner breiten Hand an die Wand drückte und murrte: »Bürschchen, so eine Show ziehst du nicht ein zweites Mal ab. Du hältst in Zukunft die Fresse, ist das klar?« Oskar, der immer wieder Richtung Treppe lugte, nickte dazu eifrig mit dem Kopf, lächelte dümmlich und sagte mehrmals hintereinander nur: »Heh, du! Heh, du!« Jakob bekam es jetzt doch mit der Angst zu tun, das konnte Arthur, der zwischen den Sprossen des Treppengeländers hindurchlugte, genau sehen. Er gab aber nicht klein bei, wie es Viktor und Oskar erwarteten. Vielmehr wollte er etwas erwidern, doch der Schlag, den Viktor nun ausführte, war so hart, dass Arthur das Knacken des Knochens hören konnte. Das Nasenbein musste gebrochen sein, und Blut rann heftig aus Jakobs Nasenlöchern, der in sich zusammengesunken war und wirkte, als würde

er gleich ohnmächtig. Gerade wollte Arthur laut um Hilfe rufen, da packte Viktor sein Opfer und schleifte ihn mit sich zur Rathaustür. Er öffnete die Tür und sagte mit eiskalter Stimme: »Du bist leider zuhause die Treppe hinuntergefallen. Eine andere Version will ich nicht hören. Ansonsten geht unsere nächste Begegnung nicht so glimpflich aus. Und jetzt: Verzieh' dich.«
Jakob stolperte die Treppe hinunter, begleitet von einem geckernden »Heh, du!« Oskars.
Arthur war erschüttert. Als er langsam wieder in den ersten Stock hinaufging, kamen ihm viele Menschen entgegen. Anscheinend hatte Zoller die Besichtigungszeit vorerst für beendet erklärt. Auch Franziska war mit suchendem Blick auf der Treppe zu sehen. »Skrupel hat der keine«, sagte seine Mutter, als sie Arthur im Getümmel entdeckt hatte. Aber Arthur hörte gar nicht richtig zu, auch als Julius und Marie aufgeregt durcheinander sprachen. Eines wusste er jetzt: Mit offenem Visier würde es schwer werden, dem Bürgermeister gegenüber zu treten. So konnte man den Staudamm nicht verhindern.

Wie immer, wenn Arthur nachdenken musste, setzte er sich in Bewegung. Es fiel ihm in solchen Situationen schwer, an einem Fleck zu sitzen und zu grübeln. Er war jemand, der die Dinge erfahren musste, sie begreifen musste. Sie im Kopf herzuleiten, war nicht seine Sache. Er musste umhergehen, durch den Wald rennen oder sich – wie jetzt – aufs Fahrrad setzen. Unterwegs sein, immer weiter gehen. Dann kamen die Dinge in Fluss.
Von Auen wäre es einfacher gewesen, auf der Straße nach Osten zu fahren und dann durch den Wald zum Forsthaus hochzutreteln. Arthur zog es vor, die kaum längere, aber viel beschwerlichere Route über den Heiligensee zu nehmen. Der Weg vom See nach Hause, den sie gestern Nacht zu Fuß gegangen waren, war so von Wurzeln übersät, dass man an vielen Stellen absteigen und schieben musste. Doch so weit kam Arthur gar nicht. Am Heiligensee kam ihm die Idee, gar nicht nach Hause zu fahren. Es war später Nachmittag, und er hatte plötzlich den Wunsch, alleine zu bleiben. Eine große Traurigkeit war über ihn gekommen. Er spürte unbewusst, dass sich mit diesem Tag vieles in seinem Leben ändern würde. Das Gefühl setzte sich in seinem Bauch fest, alles dort war verhärtet und fühlte sich kalt an. Wie gut wäre es jetzt, wenn Erik da wäre, dachte Arthur. Früher hätte sein Vater gewusst, was zu tun wäre. Früher hätte er mit Arthur und Julius Pläne geschmiedet, er hätte gelacht und Zuversicht verbreitet. Und er hätte alles getan, um diesen Staudamm zu verhindern.
So sehr fehlte der alte Erik. Arthur musste lächeln, als er sich daran erinnerte, wie sie morgens oftmals im Bad miteinander gelacht hatten, weil Erik gerne beim Rasieren sang, am liebsten Opernarien. Dabei hatte er eigentlich gar kein Talent. Schon lange waren diese Scherze vorbei, Erik war verstummt und mochte es gar nicht mehr, dass überhaupt jemand anwesend war, wenn er im Bad versuchte, die bleierne Müdigkeit

der Nacht abzuschütteln. In seinem Schmerz fing Arthur an, sich zu beschäftigen und baute zwischen den ersten Fichten des Waldes, der an dieser Stelle fast das Seeufer berührte, ein Lager auf. Ein Lager, so wie er es mit Erik viele Male aufgestellt hatte. Wie oft waren sie zu dritt durch das Tal gestreift und hatten gespielt, sie seien überfallen worden und hätten gerade noch ihr nacktes Leben retten können. Der Wald gibt alles, was man braucht, hatte sein Vater immer gesagt. Er hatte sie eingeweiht in die Geheimnisse der Natur.

Zuerst brauchte Arthur ein Beil, um Äste abhacken zu können – er hatte heute nicht einmal sein Taschenmesser dabei. Also suchte er am Seeufer zwei flache und einen etwa handtellergroßen rundlichen Kieselstein. Einen flachen Stein legte er auf den runden Kiesel, dann stellte er sich breitbeinig vor dem Stapel auf und schleuderte den zweiten platten Stein mit aller Kraft zu Boden – der obere Stein zersplitterte dabei in drei mittlere und viele kleine Teile. Arthur war zufrieden, als er die Stücke untersuchte. Ein kleines Stück war so scharf, dass man es als Messer verwenden konnte. Eines der großen Teile hatte ebenfalls eine so glatte Abbruchfläche, dass es als Beil taugte.

Jetzt war Arthur in seinem Element, und er fühlte sich seinem Vater ganz nah. Es war beinahe so, als stünde Erik neben ihm und schaute ihm zu. Arthur lächelte, und zugleich musste er ein paar Tränen verdrücken.

Heftig hackte er mit seinem Beil einige Äste der nebenstehenden Fichte ab. Das war beschwerlicher als mit einer richtigen Axt; aber es ging. An einem abgehackten Ast ließ er einen etwa zwanzig Zentimeter langen Fortsatz stehen – dieses Werkzeug sollte ihm als Grabstock dienen. Er hackte damit den Boden unter der Fichte auf der Länge von knapp zwei Metern auf, schaufelte die Erde mit den Händen heraus und füllte die Vertiefung mit altem Laub so hoch auf, dass sich ein weiches Polster ergab. Das war sein Bett. Die übrigen Äste lehnte er so geschickt an den Stamm der Fichte, dass sie ineinander verhakt waren und einen breiten Fächer bildeten, den er mit frischen Buchenzweigen bedeckte. Die Blätter waren sein Dach und würden ihn notdürftig trocken halten, falls es heute Nacht regnen sollte.

Dann streifte er eine Stunde durch den Wald, um sich etwas zu essen zu besorgen. Zuerst schnitt er mit seinem Steinmesser am Seeufer einige Rohrkolben am Seegrund ab. Wenn er die äußeren grünen Häute abzog, kam ein weißer markiger Stängel zum Vorschein, der ähnlich schmeckte wie Champignons. Auf einer Lichtung fand Arthur wilde Möhren, dann stieß er auf eine große Himbeerhecke, die voller Früchte hing. Lange wanderte Arthur um die Ranken herum und stopfte sich den Mund voll – er liebte den süß-säuerlichen Geschmack der Himbeeren. Auf dem Rückweg kam er zuletzt an einem Haselnussstrauch vorbei. Er stopfte sich die Taschen voll mit Nüssen, machte es sich unter seiner Fichte gemütlich und zertrümmerte die Nüsse mit einem kleinen Stein, um sie dann mit Wonne zu verspeisen.

Arthur fühlte sich wohl, als er in sein Lager kroch und tief in das trockene Laub einsank. Die Sonne ging langsam unter. Wenn er sich auf den Bauch drehte, konnte er hinüber zum See schauen, wo das Schilf am Ufer Spalier stand und leise im Wind flüsterte. Immer wieder blitzten Strahlen der untergehenden Sonne zwischen den einzelnen Halmen hindurch zu ihm herüber. Es war, als berührten sie ihn. Eine Nachtigall übte in einem Gebüsch am Ufer ihr reichhaltiges Repertoire. Und weiter entfernt erkannte Arthur einen Rehbock, der gerade aus dem Wald trat und seine abendliche Äsung begann.

Wie friedlich dieser Ort ist, dachte Arthur, während er die letzten Nüsse in den Mund schob. Der Mensch gehört doch eigentlich hierher und nicht in Städte voller Beton, Lärm und Neonlicht. Für ihn selbst war es, seit er denken konnte, klar gewesen, dass er Förster werden wollte wie sein Vater. Er wusste, der Wald ist kein Paradies: Die Tiere jagen und töten sich, viele Junge überleben die ersten Wochen nicht, und wenn ein Tier sich verletzt, hat es meist keine Chance mehr. Aber was Arthur beruhigte, war dies: Jeder kannte diese Bedingungen – sie waren überschaubar, und man konnte sich darauf einstellen. Die Regeln waren klar. Auf die Menschen konnte man sich nie einstellen. Und sowieso verstand er die moderne Welt nicht mehr richtig, sie war ihm zu kompliziert, zu technisch, zu grau geworden. Für ihn musste das Leben einfach sein, einfach und begreifbar.

Aber seine Gedanken schweiften ab. Wie sollte er sich verhalten gegen diesen Staudamm, überlegte er. Er hatte großen Respekt vor Jakobs Widerstand. Aber Arthur ahnte, dass es nicht sein Part war, den öffentlichen Protest zu organisieren. Plötzlich fiel ihm wieder der tote Luchs ein, den Michael auf seiner Ladefläche zum Forsthaus gebracht hatte. Hatten die Wilderer etwas mit dem Staudamm-Projekt zu tun? Auf den ersten Blick konnte Arthur keinen Zusammenhang erkennen, aber das musste nichts heißen. Er wollte die Luchse schützen, das war sein innigster Wunsch – und deshalb musste er in diese Richtung denken. Der Schuhabdruck, den Michael entdeckt hatte, war damit die einzige Spur, die er verfolgen konnte. Gleich morgen, dachte Arthur noch, während ihm vor Müdigkeit schon die Augen zufielen, musste er zu Michael gehen. Es galt, den Besitzer des Schuhs zu finden.

Dann vermischten sich Wirklichkeit und Traum, und Arthur sah wieder Erik neben sich. Sein Vater lachte, und ihm stand ins Gesicht geschrieben, wie stolz er auf seinen Sohn war. »Ein richtiger Waldläufer«, sagte Erik, und Arthur wurde es ganz warm im Bauch. Und dann erinnerte er sich, schon fast schlafend, an einen Satz, den Erik immer zu ihm gesagt hatte, wenn Arthur etwas nicht auf Anhieb gelang – wenn der Stein nicht zersplitterte, wenn das Feuer wieder ausging oder wenn er den Baum, den er erklimmen wollte, wieder herunterschlitterte.

»Gib niemals auf«, sagte Erik dann. »Du musst immer einmal mehr aufstehen als du hingefallen bist.« Warum also hatte Erik aufgegeben?

Irgendwann wachte Arthur auf. Er fröstelte, denn schließlich hatte er keine Decke, sondern konnte sich nur ein wenig in das Laub eingraben. Aber das war es nicht, was ihn hatte aufwachen lassen. Er spürte vielmehr die Nähe eines Menschen oder eines Tieres. Schnell kämpfte er gegen seinen Reflex an, aufzuspringen und sich umzuschauen; das Laub würde so stark rascheln, dass er sich sofort verraten würde. Es war dunkel im Wald. Nur von der Lichtung her fiel Mondlicht zwischen die ersten Bäume, was die Umgebung noch gespenstischer machte. Die Fichten warfen fahle Schatten, die weiter hinten im Wald im tiefen Dunkel aufgingen.

Ganz langsam richtete sich Arthur auf. Zuerst stemmte er nur die Hände ins Laub und presste es fest auf den Boden. Dann hob er den Oberkörper, alles im Zeitlupentempo. Jetzt zog er sich, indem er den Stamm umfasste, wie ein Ertrinkender aus seiner Grube. Und schließlich schwang er die Beine auf den Waldboden neben seiner Lagerstätte. Das Herz schlug ihm hoch im Hals. Obwohl er den Wald kannte und ihm vertraute, fühlte er eine seltsame Nähe, die ihn verwirrte.

Er blickte sich um und suchte angestrengt in der Nacht nach dem, was ihn erschreckt hatte. Waren die Wilderer zurück? Dann konnte es in den nächsten Minuten um ihn geschehen sein, zumindest, wenn sie genauso skrupellos waren wie Zollers Leibwächter.

Doch dann sah Arthur ihn. Er saß draußen auf der Lichtung, mitten auf einem kleinen Erdhügel, vielleicht dreißig Meter von Arthur entfernt. Der Luchs versteckte sich nicht vor ihm – im Gegenteil, einen auffälligeren Platz als diesen vom Mondlicht beschienenen Hügel gab es im weiten Umkreis nicht. Ruhig saß der Luchs da, fast entspannt, wie schon beim ersten Mal, als sie sich gestern Nacht begegnet waren. Denn davon war Arthur überzeugt, dass es sich um den gleichen Luchs handelte. Seine Größe und seine Erhabenheit waren einzigartig. Den Kopf hatte der Luchs etwas zur Seite gelegt; es sah aus, als schaute er voll belustigter Neugier auf Arthur, so als wollte er sagen: ›Na, bist du endlich wach? Ich warte hier schon ziemlich lange.‹

Arthur erkannte sofort, dass er sich getäuscht hatte. Von diesem Tier ging keine Gefahr aus – das Kribbeln entsprang, wie er jetzt mit Staunen wahrnahm, fast schon einer unbestimmten Vorfreude. Es war, wie wenn jemand verspricht, ihm ein Geheimnis zu verraten, und die Lösung nun schon ganz nahe ist.

Langsam ging Arthur auf das Tier zu, und der Luchs, der ihn nicht aus den Augen ließ, stellte sich auf. Sie schauten sich an, voller Neugier, aber auch mit etwas Scheu. Arthur erkannte, dass die Brust des Luchses ganz weiß war. Dort, wo sonst rötliches Fell und schwarze Tupfen in die Brust eines Luchses hineinliefen, war bei diesem Tier alles weiß. Arthur staunte über die Schönheit und Würde des Luchses, und er war sich bewusst, welch kostbaren Moment er gerade erlebte.

Ohne nachzudenken, näherte sich Arthur weiter dem Luchs. Der Körper des Tieres spannte sich an, bereit zur Flucht oder zum Angriff, wenn es in Gefahr geraten sollte. Aber dann verließ es bedächtig seinen kleinen Feldherrenhügel und schritt ebenfalls

auf Arthur zu. Was geschah hier, ging es Arthur durch den Kopf. Er hatte keine Antwort, aber er spürte, dass er die Magie des Augenblickes nicht zerstören durfte.
Ganz nah waren sie sich nun schon, vielleicht fünf Meter trennten sie noch. Arthur hatte beide Arme etwas vom Körper abgestreckt, um dem Luchs zu zeigen, dass er keine Waffen hatte und keinen Angriff beabsichtigte. Doch in diesem Augenblick zerrissen die Lichtstrahlen eines Autos die Szene. Sie huschten zitternd und schwankend über die Lichtung, streiften kurz den Luchs und Arthur, um sich dann im Dunkel des Waldes zu verlieren. Jetzt tauchte auf dem holprigen Pfad am See hinter einer Kuppe ein Jeep auf, der sich schnell näherte.
Der Luchs blieb noch einen Moment lang unschlüssig stehen und schaute Arthur wie fragend an. Dann entschloss er sich zur Flucht – er schnellte direkt an Arthur vorbei, ihn fast berührend, und war im Wald verschwunden. Zum zweiten Mal schien es, als habe der Luchs ihn gesucht; zum zweiten Mal waren sie in ihrer Begegnung gestört worden.
Aber Arthur hatte keine Zeit zum Nachdenken. Auch er hastete instinktiv zurück in den Schutz der Bäume. Es kamen nicht viele in Frage, die zu dieser Zeit und unerlaubterweise mit einem Fahrzeug den Weg heraufkamen. Doch die beiden Männer hatten Arthur bereits gesehen und kamen nun über die Wiese langsam herangefahren. Der Jeep hielt an. Die Scheinwerfer leuchteten in den Wald hinein, und die Männer stiegen aus.
»Arthur?«
Arthur hatte sich hinter den Stamm einer alten Buche gedrückt, um nicht gesehen zu werden. Jetzt entspannte er sich – es war sein Vater. Doch er trottete nur langsam aus dem Wald heraus, weil er sich auf heftige Vorwürfe gefasst machte und schon ein trotziges Gesicht aufsetzen wollte. Am Steuer des Jeeps hatte Michael gesessen. Der Jäger hatte sich an die Motorhaube gelehnt und harrte dem Kommenden – vermutlich erwartete auch er ein ordentliches Spektakel.
Doch Erik lief auf Arthur zu und nahm ihn ganz fest in die Arme. »Mein Gott, Arthur, ich dachte schon, du wärst weg«, sagte er ganz leise und mit zitternder Stimme. »Ich dachte schon, sie hätten dich mitgenommen.« Er ließ Arthur lange nicht mehr los und presste Arthurs Kopf an seine Brust. Aber obwohl Erik so nahe war, schien es Arthur, als wäre sein Vater ganz weit weg und spräche wie durch einen dichten Nebel zu ihm.
»Bitte, versprich mir, nicht mehr über Nacht im Wald zu bleiben – im Moment ist es einfach zu gefährlich.«
»Wen meinst du mit ›sie‹?«, fragte Arthur befremdet und verwirrt. »Wer soll mich mitnehmen? Und wohin?«, fragte er.
Erik sah seinen Sohn lange an und schüttelte dann den Kopf.
»Die Menschen sind wegen des Staudamms aufgebracht. Und du weißt selbst, dass irgendwelche Wilderer durch den Wald schleichen. Man weiß nicht, was geschehen kann.«

»Ich habe keine Angst, Erik. Ich habe keine Angst.« Arthur betonte das ›ich‹ so stark, dass er vor allem damit sagen wollte: ›im Gegensatz zu dir‹.
Doch Erik ignorierte den Vorwurf. »Du solltest nicht mehr hier herumstreunen«, sagte er noch einmal. »Nicht in diesen Zeiten. Ich bitte dich darum.«
Erik fasste Arthur an beiden Schultern, um dessen ganze Aufmerksamkeit zu bekommen.
»Versprichst du es mir?«, fragte er. »Ich sorge mich sehr um dich.«
»Ich kann es dir nur versprechen, wenn du mir hilfst, den Staudamm zu verhindern«, antwortete Arthur. »Wir dürfen das nicht zulassen, und du bist der Hüter dieses Waldes. Du müsstest an erster Stelle stehen.«
»Ach, Arthur«, seufzte Erik. »Das verstehst du nicht. Und ich habe keine Lust, diese Debatte mitten in der Nacht erneut zu führen. Lass uns nach Hause fahren – ich bin müde, so müde.«
Er stand auf und ging vor Arthur hinüber zum Wagen. Während Erik einstieg und ihnen den Rücken zuwandte, blickte Arthur in Michaels Gesicht. Es drückte Belustigung über Arthurs Alleingang aus, aber auch Besorgnis.
»Was war das für ein Tier, das ich da vorhin im Scheinwerferlicht gesehen habe? Warst du in Gefahr?«
Arthur schüttelte den Kopf.
Im Weggehen sagte er, als sei es das Selbstverständlichste von der Welt: »Es war ein Luchs mit einer ganz weißen Brust. Ich habe ihn Ragnar getauft«, flüsterte Arthur.

Am anderen Morgen hing im Forsthaus der Haussegen schief. Julius sprach kein Wort mit Arthur, und wenn er an ihm vorüberging, schaute er ihn mit blitzenden Augen an.
»Was ist?«, fragte Arthur unschuldig, »du warst doch mit Marie beschäftigt. Das hast du jetzt davon.«
Sein Vater war auch nicht gesprächiger. Er hatte Arthur schlafen lassen und kam gegen Mittag vorbei, um nach dem Rechten zu schauen. »Wir sprechen uns heute Abend nochmals, Arthur«, sagte er in einem Ton, der nichts Gutes verhieß. »Jetzt habe ich keine Zeit. Im Wald stehen schon die ersten Demonstranten und schlagen Plakate an die Bäume. Das kann noch heiter werden.«
»Wirklich? Wo denn?«, fragte Arthur aufgeregt.
»Am Ende der Straße in Richtung Heiligensee, am Tannenbühl. Es sind sicher fünfzig Menschen, die meisten aus Auen. Wie das nur weitergehen soll …«.
Arthur führte die Debatte aber nicht weiter; das Thema war vermintes Gelände.
»Ist Michael bei dir?«, fragte er beiläufig.
»Nein, er überwacht mit Kilian die Abfuhr der Buchen unterhalb der Burg Hohenstein.«
»Ich fahre vielleicht mal hinüber mit dem Rad, wenn du einverstanden bist.«
Eigentlich fragte er nie, wenn er irgendwo herumstromerte, tagsüber sowieso nicht.

Aber im Moment erschien es Arthur ratsam, seinem Vater das Gefühl zu vermitteln, der habe die Lage im Griff.
»Ja, mach nur«, sagte Erik, um dann aber, plötzlich wieder sehr ernst, hinzuzufügen: »Falls dir irgendetwas Ungewöhnliches oder Verdächtiges auffallen sollte, bitte sag mir Bescheid. Klar?«
»Ja, geht klar.«
»Ich weiß nicht, ob du das verstehen kannst, Arthur. Aber für einen Vater gibt es nichts Schlimmeres, als sein Kind in Gefahr zu wissen. So etwas wie heute Nacht – das will ich nie wieder erleben. Ich hatte Angst, Arthur.«
Arthur nickte. »Es tut mir leid, ich wollte dir keine Sorgen machen.«
Julius hatte die ganze Zeit dabei gestanden und das Gespräch verfolgt. Jetzt sagte er: »Ich finde, Arthur hat eine ordentliche Tracht Prügel verdient. Soll ich das für dich übernehmen, Erik?« Und ohne eine Antwort abzuwarten, gab er Arthur einen Tritt gegen das Schienbein und boxte ihn in die Seite. »So, und das ist erst der Anfang.« Dann rannte er lachend davon. Denn leider war er immer noch der Kleinere – und zog in handfesten Auseinandersetzungen mit seinem Bruder meistens den Kürzeren.

Von der Burg Hohenstein sind lange Zeit nur einige wenige Mauerreste übrig gewesen; die Anlage aus dem zwölften Jahrhundert war immer stärker verfallen und zuletzt nur noch eine hübsche Ruine gewesen. Der Hohenstein liegt auf dem südlichen Ende einer Halbinsel, die weit aus dem Albtrauf herausragt. Ein Rücken, aus dem immer wieder hohe senkrechte Felsen herausblitzen, verbindet diesen Sporn mit der Albhochfläche – oder doch nicht ganz: Der Rücken senkt sich Richtung Alb weit hinab in einen Sattel, den alle nur den Steiner Sattel nennen, und steigt dann erst steil hinauf zur Hochfläche des Mittelgebirges. Der Platz, auf dem die Burg steht, ist seit undenklichen Zeiten für die Menschen attraktiv gewesen, denn von dort oben kann man das gesamte Tal der Lauter kontrollieren. Als der Schwäbische Albverein im Jahr 1912 damit begann, die Ruine zu befestigen und ein erstes schlichtes Gebäude auf dem Gipfelplateau zu errichten, fand man bei den Bauarbeiten sogar Fundamente einer keltischen Besiedelung aus dem ersten vorchristlichen Jahrhundert. Oppidum nennen die Archäologen eine solche stadtähnliche Siedlung, nach Julius Cäsar, der in seinem Bericht über den Gallischen Krieg alle größeren und befestigten Orte der Gallier als Oppida bezeichnete. Schon vor mehr als zweitausend Jahren hatten also dort oben Menschen gelebt. Unterhalb des Plateaus liegt eine Höhle, die ein großes, gut drei Meter hohes Felsportal aufweist. Um zum Eingang zu kommen, muss man den Bergsporn nach unten queren und dann von unten einige Meter über große glitschige Felsbrocken wieder hinaufklettern. Die Höhle ist nicht sehr tief – schon nach dreißig Metern senkt sich das Felsendach steil herab und macht ein Weiterkommen unmöglich. Wo das Dach auf den Lehmboden trifft, ist ein etwa ein Meter breiter Riss entstanden, der in eine unergründliche Tiefe führt. Dort hatten die Archäologen, die die

Bauherren der Albvereinshütte damals herbeigerufen haben, ebenfalls Untersuchungen angestellt. Tatsächlich hatten die Wissenschaftler in dem Riss die Knochen von mehr als zwanzig Menschen entdeckt, daneben Dutzende von Schwertern, Messern und Schilden, die stark verbogen, verbeult und zertrümmert worden waren, bevor man sie in die Tiefe geworfen hatte. Viele der Knochen waren gesplittert, manche Schädel wiesen Löcher auf – es waren wohl besiegte Feinde gewesen, die man an dieser Stelle grausam umbrachte, zerteilte und die Überreste ins Dunkel warf, um sie so den Göttern zum Opfer darzubieten – zur Ehrung, als Dank für den Sieg oder um Unheil abzuwenden. Auch die unbrauchbar gemachten Schwerter waren für keltische Kultplätze nichts Ungewöhnliches. Vermutlich waren es die Waffen der Feinde. Doch auch außerhalb von Kriegszeiten muss es Opferungen gegeben haben – denn auf dem Grund der etwa zwanzig Meter tiefen Kluft fanden die Archäologen sogar die Gebeine von Säuglingen. Ob sie eines natürlichen Todes gestorben waren und hier ihre Reise ins Jenseits antraten, oder ob auch sie von Menschenhand starben und geopfert wurden, weiß niemand. Arthur und Julius waren mit ihren Eltern oft herabgestiegen in die Charlottenhöhle, wie sie heute genannt wird, und in ihrer Fantasie sahen sie die Keltenkrieger neben sich stehen und zuschauen, wie ein Druide mit bemaltem Gesicht einen Knaben an den Riss führte, ihm die Kehle durchschnitt und in die Tiefe warf.

Vom Forstweg aus konnten Arthur und Julius die Burg nicht sehen – der dichte Buchenwald verhinderte den Blick hinauf bis zum Gipfelplateau. Längst hat der Albverein die alte Burgbefestigung rekonstruiert, so dass heute das Plateau wieder mit einem ovalen Mauerring ganz umfriedet ist. Darin eingelassen sind mehrere Gebäude, in denen ein Gasthaus und Zimmer zum Übernachten untergebracht sind. Sogar eine kleine Kapelle gibt es, mit einem steilen Dach und zwei stählernen Reitern. Daneben erhebt sich ein Turm, unter dessen Haube sich ein offener Rundgang befindet, von dem aus man den Heiligensee, den Wasserfall am Trauf und das gesamte Tal überblicken kann. Auch die kleine Lichtung, auf der das Forsthaus stand, ist erkennbar, wenn auch das Gebäude selbst im Waldmeer verborgen bleibt. Unzählige Male waren Arthur und Julius mit ihren Eltern von zuhause aus zum Hohenstein gewandert, hatten sich dort ein Eis erbettelt und waren dann, wie junge Hunde durch den Wald streunend, über große Umwege wieder heim gegangen.

Arthur und Julius hatten nun den Steiner Sattel überschritten, sie hörten schon die Forstmaschinen und mussten mit ihren Rädern nur dem Lärm folgen.

Die Forstleute rückten das letzte Holz, das sie im vorigen Winter geschlagen hatten, ins Tal. Bald würde die nächste Saison beginnen, dann brauchte man Platz an den Liegeplätzen. Michael notierte sich die Nummern, die auf den kleinen roten Plastikschildchen an der Frontseite der Stämme standen. Kilian stand einige Meter entfernt an einem gewaltigen Sattelzug. Per Kran hievte er die Stämme auf den Anhänger und schaute dabei missmutig zu den Kindern herüber. Er schien ein Nicken anzudeuten, aber Julius war sich nicht sicher, ob Kilian sie tatsächlich grüßen wollte.

»Dein Vater hat gestern eine Mordsangst gehabt«, begann Michael ohne Vorrede, während er sich zwischen Arthur und Julius drängte und die beiden mit seinen breiten Händen den Forstweg hinab schubste. Arthur sah aus den Augenwinkeln, wie Kilian noch stärker die Augenbrauen runzelte, dann aber seine Arbeit fortsetzte. »Klar, jeder Vater ist in Sorge, wenn der Sohn abends nicht nach Hause kommt. Bei dir war das ja nicht das erste Mal, und mir war eigentlich sofort klar, dass du dich im Wald herumtreibst. Aber Erik war ganz außer sich. Da ist verdammt noch mal etwas im Busch, sonst will ich Heinz heißen«, meinte Michael und blieb jetzt stehen. »Habt ihr eine Ahnung, was das sein könnte?« Er schaute den beiden tief in die Augen.

Julius ließ seinem Bruder keine Chance, ihm zuvorzukommen. »Ich habe lange darüber nachgedacht. Ich bin mir ziemlich sicher, dass das etwas mit dem Staudamm zu tun hat.«

»Ja, klar«, meinte Arthur, »aber was? Hast du Schlaumeier auch darüber nachgedacht?«

Julius ließ sich nicht provozieren, sondern meinte nur ganz ruhig: »Ja, das habe ich. Ich glaube, Erik hängt da irgendwie mit drin. Vielleicht hat Zoller ihm Geld gegeben, damit er mitmacht, und jetzt hat Erik ein schlechtes Gewissen. Oder er hat Zoller bereits gesagt, dass er es sich anders überlegt hat, und jetzt fürchtet er, der Bürgermeister räche sich an ihm – oder an uns.«

Michael sah Julius lange an. Dann meinte er: »Ganz schön schlau für so ein junges Bürschchen. Aber deine Meinung von eurem Vater ist nicht gerade hoch, wenn ich das mal anmerken darf.«

Julius ließ das nicht gelten. »Du weißt doch selbst, wie er seit Monaten rumläuft – da stimmt doch irgendetwas schon lange nicht.«

Arthur verkniff sich einen Kommentar. Doch überzeugt war er nicht. Er konnte sich kaum vorstellen, dass sein Vater, der diesen Wald über alles liebte, ihn für Geld verraten würde. Aber eine bessere Erklärung hatte er nicht.

»Wie auch immer, Arthur«, sagte Michael jetzt. »Seid jedenfalls vorsichtig in Zukunft. Und sagt wenigstens mir Bescheid, wenn ihr wieder einen Ausflug plant. Ich habe nämlich keine Lust, mir alle Nächte um die Ohren zu schlagen.«

Arthur nickte – er hatte niemandem Ärger und Aufregung bereiten wollen. Er war einfach nur einer Eingebung gefolgt.

»Lassen wir mal Erik beiseite«, sagte Michael. »Ich möchte zunächst mal wissen, wie das mit dem Luchs heute Nacht war. Nicht einmal ich habe in den letzten Jahren einen lebenden Luchs hier zu Gesicht bekommen – und dir hüpft gleich einer auf den Schoss. Da wird doch der Hund in der Pfanne verrückt.«

Arthur zuckte mit den Schultern. »Ja, du hast Recht. Aber so blöd es sich anhört: Ich hatte den Eindruck, der Luchs wollte etwas von mir. Er kam mit Absicht zu mir.« Er schaute Michael und Julius ins Gesicht, um daraus deren Reaktion abzulesen. Er konnte ja selbst kaum glauben, was geschehen war. Aber Julius musste seinem Bruder recht geben – in der Nacht zuvor hatte er dieses Gefühl ebenfalls gehabt.

»Hattest du den Eindruck, die Katze sei krank gewesen. Oder verwundet?« Michael suchte weiter nach einer natürlichen Erklärung.

»Nein, auf keinen Fall. Das Tier strotzte vor Kraft. Und es hat einige Meter von mir entfernt darauf gewartet, dass ich aufwache. Ich glaube, es saß schon lange da.«

»Du spinnst«, meinte Michael, »was sollte der Luchs von dir gewollt haben?«

»Das weiß ich auch nicht. Er kam auf mich zu, und ich ging auf ihn zu. Ich weiß nicht, was passiert wäre, wenn wir ganz nah voreinander gestanden hätten. Aber irgendetwas wäre passiert.« Seinen Augen sah man an, dass er die Szene in der vergangenen Nacht noch einmal erlebte.

»Wenn ihr eine halbe Stunde später gekommen wärt, dann würde ich die Antwort kennen«, fuhr Arthur fort. »Aber eines weiß ich auf jeden Fall: Der Luchs kam als mein Freund.«

»Es geschehen wirklich seltsame Dinge in diesen Tagen«, meinte Michael nur. »Ein paar Verrückte schießen die Luchse über den Haufen, und zu dir kommt freiwillig einer.« Er schüttelte den Kopf. »Aber ich glaube auch, dass das ein gutes Zeichen ist. Und ich glaube, dass ich noch ein gutes Zeichen entdeckt habe.«

Die Jungs schauten ihn fragend an. »Nun sag schon«, drängte Julius.

»Ich habe eine Spur, wem der Stiefelabdruck gehören könnte.«

»Wirklich«, platzte Arthur heraus. »Kennen wir ihn?«

»Und ob«, meinte Michael geheimnisvoll und ließ seinen Blick über ihre Köpfe hinweg zum Lastwagen gleiten, wo Kilian gerade den letzten Stamm auf den Anhänger lud.

»Kilian?«, platzte Julius heraus. »Welchen Grund sollte er haben, wahllos Luchse zu erschießen – er würde doch sofort gefeuert, wenn das herauskäme?«

»Erinnere dich an deine eigene Theorie«, sagte Michael: »Welchen Grund sollte Erik haben, das Staudammprojekt plötzlich zu befürworten?«

Julius schwieg. Geld? Sicherlich verdiente ein Forstarbeiter kein Vermögen; ein junger Mann kann da eine Gehaltsaufbesserung vielleicht gebrauchen.

»Und irgendwie seltsam ist Kilian auch«, platzte Arthur heraus, als ob er die Gedanken von Julius gelesen hätte. »Er redet kaum und schaut immer so böse. Ich traue ihm das zu.«

»Wir sollten vorerst niemandem etwas zutrauen. Jeder gilt als unschuldig, solange er nicht überführt ist«, warf Michael ein. »Aber ich habe gestern mal einen Blick auf seine Stiefel geworfen, als er sich in der Mittagspause auf einem Stamm ausruhte und die Beine von sich streckte. Auf die Schnelle kann man natürlich nie einwandfrei entscheiden, ob es wirklich dasselbe Profil ist«, räsonnierte Michael laut. »Aber mein Bauch sagt mir, dass es die Stiefel sein könnten, die wir suchen.«

Arthur und Julius schauten ihn erwartungsvoll an. »Und was bedeutet das?«, meinte Arthur. »Ich meine, was tun wir jetzt?«

»Ihr fahrt nach Hause und schlaft wieder einmal in eurem Bett – zwei Ausflüge genü-

gen erst mal.« Dann holte er tief Luft und sagte verschwörerisch: »Ich hätte da einen Plan. Aber es könnte gefährlich werden.«
»Wie sieht dieser Plan aus?«, wollte Julius wissen.
»Euer Vater reißt mir den Kopf herunter, wenn es schief geht. Aber wir müssen wissen, wer der Wilderer ist. Ich glaube, dann lüftet sich auch ein Teil des Geheimnisses, was derzeit im Wald geschieht. Seid ihr dabei?«
Arthur schluckte ein wenig, aber dann sagte er mit fester Stimme: »Ich bin dabei.«
Julius zögerte noch, aber dann sagte er: »Ich bin auch dabei – aber ich will zuerst wissen, was du vorhast, Michael.«
Michael schmunzelte. »Also hört zu: Ich hole euch morgen um drei Uhr am Forsthaus ab, dann erkläre ich euch alles. Und jetzt haut ab – ich glaube, Kilian wird langsam misstrauisch.«
»Zurecht, wie ich finde«, meinte Julius nur.
Wenige Augenblicke später hatten sich Arthur und Julius auf ihre Räder geschwungen, Kilian kurz zugewunken und waren auf den Waldweg Richtung Heimat eingebogen.
Seit der Begegnung mit Ragnar war Arthur noch entschlossener als zuvor, den Luchsen dabei zu helfen, im Tal zu überleben. Dennoch hatte er ein mulmiges Gefühl, als er mit Julius vor dem Haus in Auen stand, in dem Kilian wohnte. Es war früher Abend, und eigentlich konnte nichts schief gehen. Doch seine Anspannung wuchs, und er drehte den Schlüssel, den er in der Hand hielt, nervös hin und her. Julius schien äußerlich ruhig; er stand nur da und schaute auf das Fenster, das zu Kilians Wohnung im zweiten Stock gehören musste.
»Kann's losgehen?«, fragte Arthur mit belegter Stimme, und Julius nickte nur leicht.
Kilian wohnte in einer ruhigen Seitenstraße, und sie mussten durch einen großen Garten mit hohen Holunderbüschen gehen, bis sie zur Eingangstür gelangten. An den Klingeln konnte man abzählen, dass es in dem Haus sechs Wohnungen gab, auf jeder Etage zwei. Der Plan war denkbar einfach. Michael hatte Kilian gestern den Hausschlüssel aus der Jacke gestohlen und ihn in Lässingen, wo er ohnehin im Forstamt zu tun gehabt hatte, nachmachen lassen. Noch vor Kilians Feierabend schmuggelte er den Schlüssel wieder zurück. Und jetzt hatte Michael seinen Kollegen auf ein Bier eingeladen. »Komm, ich stelle dir im Hirschen mal ein paar Leute vor, damit du dich hier einlebst«, hatte er gesagt: »Ich hole dich in einer Stunde zuhause ab.« Dass Kilian sich eher widerwillig auf den Weg gemacht hatte, das konnten Arthur und Julius nicht ahnen. Ihre Aufgabe lautete: Sie sollten sich in der Wohnung die Stiefel schnappen und ihn mit dem gefundenen Profil vergleichen, das Michael auf ein Blatt Papier abgezeichnet hatte.
Julius schaute nochmals auf das Handy, das Michael ihm geliehen hatte. Er hatte ihnen mit einer SMS signalisiert, dass alles in Ordnung und die Wohnung leer war. »Ragnar rennt«, stand darin – das war das ausgemachte Zeichen. Der Schlüssel passte, und die beiden Jungs gingen so entspannt wie möglich hinein. Sie wollten wie Besu-

cher erscheinen, nicht wie Diebe. Im Zweifelsfall konnten sie immer sagen, sie hätten Kilian besuchen wollen. Was Julius aber mehr Kummer bereitete als die mögliche Gefahr, war, dass sie Kilians Vertrauen ausnutzten, dass sie ihn täuschten. Bei jemandem, der Luchse umbrachte, war das vielleicht in Ordnung. Aber was war, wenn Kilian gar nichts mit der Wilderei zu tun hatte, fragte sich Julius. Dann hätten sie Kilian in gröbster Weise hintergangen. Julius fühlte sich deswegen ein wenig schäbig.

Sie stiegen die Treppen ins zweite Obergeschoss hinauf. An der rechten Wohnungstür stand der Name Kilian Langer auf dem Schild. Langsam öffneten sie die Tür, bereit, umgehend die Flucht zu ergreifen, falls doch jemand in der Wohnung sein sollte. Doch es blieb alles ruhig. Gerade, als sie in den Flur treten wollten, hörten sie aber Schritte im Erdgeschoss. Jemand machte unten die Eingangstür auf und stieg die Treppe hinauf. Schnell zogen Arthur und Julius die Tür hinter sich zu und wagten kaum zu atmen. Die Schritte machten aber in der ersten Etage Halt, sie hörten das Klimpern eines Schlüsselbundes, dann ging eine Tür unter ihnen auf. Die beiden Jungs atmeten auf – es war nur ein anderer Bewohner gewesen, der nach Hause kam. Einen Moment blieben sie noch stehen, um sich zu beruhigen.

Dann standen sie im Flur von Kilians Wohnung. Es war ein kleines Appartement, vermutlich nur mit zwei Zimmern. Sie hatten erwartet, dass es nicht sehr aufgeräumt sein würde – Kilian lebte alleine, und es dürfte selten Besuch kommen. Wenn Arthur an sein Zimmer dachte: Da lagen die ausgezogenen Kleider auf dem Boden herum, man stolperte über aufgeschlagene Bücher und rutschte auf Stiften aus, die er am Vortag für ein Bild gebraucht hatte. Hier aber war es so sauber, dass Arthur und Julius sich erstaunt umschauten. Die kleine Küche, die am Ende des Flurs zu sehen war, sah aus, als würde sie selten benutzt: Auf dem Spültisch stand nicht einmal eine Kaffeetasse. Das Bett war akkurat gemacht, wie sie beim Spickeln in das Zimmer zur Linken feststellten. Und im Wohnzimmer waren sogar die Kissen auf der Couch ordentlich hingestellt worden. Eigentlich interessierte sie diese Sauberkeit nur am Rande, doch hatte sie etwas zur Folge, mit dem sie nicht gerechnet hatten: Nirgendwo waren Schuhe zu sehen, und schon gar nirgends dreckige Stiefel.

Mit Michael waren sie vorher alle Details durchgegangen; er wollte sicher gehen, dass alles schnell ablief und die Jungs nicht in Schwierigkeiten gerieten. Doch bei ihrem Gespräch waren sie wie selbstverständlich davon ausgegangen, dass Kilian seine Schuhe im Flur stehen hatte. »Sicherlich gibt es eine Garderobe mit Schuhschrank oder eine kleine Plastikwanne, in der die Stiefel abtropfen können«, hatte Michael gesagt. Doch sie hatten sich getäuscht. Zwar stand in einer Ecke ein kleiner Kleiderständer, doch daran hingen nur eine blaue Strickjacke und ein grünes Regencape.

»Was tun wir jetzt?«, fragte Arthur. »Irgendwo muss er seine Schuhe doch haben.«
»Du schaust in der Küche und im Wohnzimmer nach, ich nehme Schlafzimmer und Bad«, antwortete Julius knapp. »Schau in alle Schränke, in der man Schuhe unterbringen könnte. Aber mach' schnell, ich will hier so schnell wie möglich wieder raus.«

Arthur nickte und knöpfte sich als erstes die Küche vor. Dort vermutete er noch am ehesten, dass man Schuhe hinräumen könnte. Aber Arthurs Verblüffung wuchs eher noch, als er den Raum betrat. Fast hätte man meinen können, es würde gar niemand in der Wohnung leben, so unpersönlich war sie. Vermutlich hatte der Eigentümer die Wohnung möbliert vermietet, denn an dem kleinen Esstisch mit Eckbank fand Arthur nichts, das irgendwie zu Kilian passen könnte. Der geblümelte Stoff und ein Christuskreuz in der Ecke, um das sich einige vertrocknete Ähren rankten, dies würde man jedenfalls eher in der Wohnung eines Rentners vermuten. Arthur öffnete den Schrank unter der Spüle, doch fand er nur einen leeren Abfalleimer. Auch in den anderen Schränken – nichts. Beim Hinausgehen warf Arthur einen Blick aus dem Fenster, um sich zu vergewissern, dass keine Gefahr drohte; und er suchte mit den Augen auch den Balkon ab. Das Fenster ging direkt auf die Straße hinaus; man müsste Kilian sehen, wenn er vorzeitig nach Hause käme.

Julius ging es in den anderen Räumen nicht anders. Mit jedem Schrank, den er öffnete, wuchs die Beklemmung, dass er sich viel zu weit in das Leben eines anderen gedrängt hatte. Was ihn wunderte, war der Umstand, der nicht einmal im Kleiderschrank auf Kilians Arbeitskleidung stieß – von Schutzjacken oder grünen Latzhosen keine Spur. Nach kaum einer Minute trafen Arthur und Julius im Flur wieder zusammen. In der ganzen Wohnung hatten sie kein einziges Paar Schuhe entdeckt.

»Entweder wohnt Kilian gar nicht hier«, sagte Julius, »oder er ist derart auf Sauberkeit bedacht, dass er ständig am Putzen ist. Seine dreckigen Arbeitsklamotten habe ich auch nicht gefunden.«

»Du hast Recht, aber wenn Kilian nach der Arbeit nach Hause kommt …«, grübelte Arthur, »… wo könnte er die benutzten Sachen hintun?«

Beide überlegten, während ihre Unruhe wuchs. Die Zeit verrann, und sie hatten nichts erreicht. Dann stieß Julius seinen Bruder kräftig an. »Mensch«, sagte er, »ist doch eigentlich klar: Er bringt die Sachen gar nicht in die Wohnung, sondern deponiert sie irgendwo, wo sie seinen Ordnungswahn nicht stören.«

»Und wo könnte das sein?«

»Es gibt eigentlich nur zwei Möglichkeiten …«

»Mach's nicht so spannend, Julius«, rief Arthur.

»Na, entweder lässt er sie in seinem Auto – dann müsste er sich aber auch dort umziehen, was komisch wäre. Oder er nutzt seinen Keller, um dort alles Dreckige zu deponieren.«

»Du hast Recht, aber wir wissen nicht, wo sein Kellerraum liegt.«

»Es gibt nur sechs Parteien hier im Haus; so schwer dürfte es also nicht sein. Doch mir ist ehrlich gesagt ganz schön mulmig zumute.«

»Mir auch. Aber einen schnellen Versuch ist es vielleicht wert. Schließlich war das mit dem Keller deine Idee, du Superhirn. Wenn wir den Raum nicht auf Anhieb finden, zischen wir ab.«

Julius war einverstanden. Sie schauten sich noch einmal um, ob sie keine Spuren hinterlassen hatten – jeder kleine Dreckklumpen, der sich von den Schuhen gelöst hätte, würde hier auffallen –, dann zogen sie die Tür hinter sich zu und horchten in das Treppenhaus hinaus.

Nichts rührte sich, und so schlichen sie die Treppen hinab und an der Haustüre vorbei. Die schwere Stahltür in den Keller war nicht verschlossen. Arthur fingerte im Dunkeln nach dem Lichtschalter, und als sich die Neonröhre blinzelnd einschaltete, erkannten sie, dass sie Glück hatten. Entlang des Kellerflurs lagen links und rechts sechs Holzverhaue, die ihren Inhalt nur unzureichend verdeckten. Arthur und Julius gingen langsam an den Räumen vorbei und linsten zwischen den Latten hindurch. Es waren an den Türen keine Namen angebracht, und so mussten sie versuchen, aus den verstauten Gegenständen auf den Eigentümer zu schließen. Umzugskartons, Fahrräder, eine alte Stehlampe, Autodachträger, Skier und Regale voller Krimskrams waren zu sehen, die jedem und niemandem im Haus gehören konnten. Doch dann winkte Julius seinen Bruder zum letzten Verschlag auf der rechten Seite.

»Komm her, Arthur« rief er leise: »Das ist es.«

Tatsächlich – dieser Raum musste Kilian gehören. Er war fast leer und diente nicht wie sonst zum Lagern von alten Möbeln und Gegenständen, die man meist nie wieder brauchen würde. In dem Raum stand vielmehr an der hinteren Wand ein blechener Spind. Daneben war eine Garderobenleiste mit vier Haken angebracht, an denen mehrere Arbeitsjacken hingen, warme für den Winter und dünne gegen den Sommerregen. Eine Waschmaschine und ein paar Schnüre zum Aufhängen der nassen Kleidung konnten die Jungs erkennen. Ihr Herz schlug schneller, als sie entlang der Wände, akkurat aufgereiht, ein Dutzend Paar Schuhe entdeckten – normale Straßenschuhe, aber auch feste Arbeitsschuhe und drei Paar Stiefel mit langem und kurzem Schaft. Kilian zog sich also immer hier unten um, bevor er in seine Wohnung ging. Da die Schuhe an der Wand zum Flur standen, hätten die Jungs sie durch die Lattenzwischenräume hindurch berühren können. Mehr aber war nicht möglich. Denn die Tür war durch ein Vorhängeschloss abgesperrt. Arthur und Julius blickten sich an, dann schaute Julius auf seine Uhr.

»Wir sind fast schon eine halbe Stunde hier. So langsam ist mir nicht mehr wohl bei der Sache«, meinte er. »Lass' uns abhauen. Mission gescheitert.«

Arthur zögerte. Auch ihm war mulmig zumute – er hatte sich das alles viel einfacher und schneller vorgestellt. Aber so kurz vor dem Ziel aufgeben? Er betrachtete das Schloss von allen Seiten.

»Es ist kein besonders starkes Teil«, meinte er. »Und vor allem: Der Haken ist nur mit zwei Holzschrauben an einer Latte angebracht. Die Zeit haben wir noch …«

Er fingerte sein Taschenmesser aus der Hose. Mit einem kleinen Kreuzschraubenzieher drehte er die Schrauben langsam aus dem Holz; es war mühsam, weil das Werkzeug nur einen kurzen Stiel hatte und eigentlich zu klein für diese Schraubenköpfe war. Immer wieder rutschte der Schraubenzieher ab.

»Beeil' dich«, rief Julius, während er alle paar Sekunden zur Tür schaute. »Es kann jeden Moment jemand kommen.«

Endlich hatte Arthur die beiden Schrauben gelöst; das Schloss hing jetzt samt Schließvorrichtung an der Tür, die sich nun problemlos öffnen ließ. Sie huschten hinein, Arthur nahm den Rucksack von den Schultern und holte das Blatt hervor, auf dem das Profil in Originalgröße zu sehen war. Der Abschnitt an der Ferse war allerdings nicht klar zu erkennen, da der Abdruck verwischt war, als die Schuhe aus dem Matsch gezogen wurden.

Julius nahm den ersten rechten Stiefel in die Hand, drehte ihn auf den Kopf und hielt ihn dicht an das Papier, das Arthur mit seiner Taschenlampe zusätzlich beleuchtete, denn die Kellerlampe ergab nur ein ganz trübes gelbes Licht. Das Muster des Stiefels, den Michael im Wald entdeckt hatte, zeigte an den Außenseiten kleine Rechtecke, die nach innen zogen; die Flächen in der Mitte waren mit Kreuzen von gleichen Seitenlängen überzogen. Dieser erste Stiefel, den Julius in der Hand hielt, kam nicht in Frage. Er hatte ein Profil gleich großer Noppen, die abwechselnd nach vorne und nach hinten gerichtet waren. Auch der zweite Stiefel, einer mit kurzem Schaft, war nicht der richtige. Beim dritten Stiefel aber sah Julius sofort die Übereinstimmung. Die Rechtecke, die Kreuze – beides war zu sehen.

»Das ist er«, hauchte Julius. »Genau das gleiche Muster.«

Arthur nickte. In ihm wallte eine große Aufregung auf. Sie schienen einen der Wilderer tatsächlich überführt zu haben. Aber es wuchs auch seine Beklemmung. Kilian hatte keine Skrupel gehabt, die Luchse abzuschießen. Welche Skrupel sollte er haben, zwei naseweise kleine Jungs zumindest kräftig in die Mangel zu nehmen, wenn er sie hier entdeckte?

»Jetzt nichts wie raus«, sagte Arthur mit tonloser Stimme. »Mehr brauchen wir nicht.«

Julius stellte den Stiefel zurück auf das Papier, das Kilian ausgebreitet hatte, um die Schuhe darauf abtropfen zu lassen. Sofort aber nahm er beide Schuhe wieder weg, um freie Sicht auf das Papier zu haben – was er sah, überraschte ihn so sehr, dass ihm der Mund offen stehen blieb.

»Arthur, sieh dir das an«, rief er.

Es war ein Prospekt mit Fotos, auf denen altertümliche Waffen abgebildet und ausführlich beschrieben waren. Julius blätterte die Seiten durch: Er sah Schwerter, Dolche, Messer, Speere und Lanzen. Auf einem Bild war ein langer Eisendolch zu sehen, der am Ende des Griffes einen Dreizack aufwies; die beiden äußeren Zacken waren allerdings abgerundet und erinnerten an die Hörner eines Stiers. Der Griff selbst war mit Linien verziert, die aus einzelnen gestanzten Punkten bestanden. Auf dem oberen Teil der Klinge waren verschiedene Muster eingraviert. Eine Linie im Zickzack war von zwei geraden Linien eingefasst. Parallele kurze Striche liefen um beide Seiten des Dolches herum. Und zwischen zwei anderen geraden Linien waren in regelmäßigem

Abstand Punkte eingestanzt. Ein eigenwilliges geometrisches Muster.

»Sieht wirklich komisch aus«, sagte Arthur. »Warum beschäftigt sich Kilian mit solchen mittelalterlichen Waffen?«

Julius blickte noch immer auf das Bild. »Ich glaube, dieser Dolch ist nicht mittelalterlich. Ich erinnere mich, dass wir so etwas Ähnliches im Stadtmuseum in Lässingen gesehen haben. Weißt du noch, da waren doch Funde aus der alten Festung auf dem Hohenstein.«

»Ja«, meinte Arthur, »Ich erinnere mich.«

»Und das waren Sachen aus der Keltenzeit. Vielleicht zweitausendfünfhundert Jahre alt. Ich hatte bisher nicht den Eindruck, Kilian interessiere sich für Geschichte.«

In diesem Moment summte das Handy – eine SMS war eingetroffen. Aber es war zu spät, sie zu lesen, denn ein Geräusch ließ sie erstarren: Die Eingangstür schien geöffnet zu werden.

»Verdammt«, rief Arthur. »Schnell raus hier.«

Sie stellten Magazin und Schuhe wieder zurück, hasteten aus dem Kabuff, schlossen notdürftig die Tür und gingen zur Kellertür, um zu horchen. Julius sah Arthur mit großen Augen an. »Da kommt jemand herunter. Was machen wir jetzt?«

Arthur drehte sich um seine eigene Achse, den Kellerraum nach einem Versteck absuchend. Er spürte, wie Panik in ihm aufstieg. In wenigen Sekunden würde jemand die Kellertür aufmachen und sie entdecken. Wenn es Kilian war, mussten sie das Schlimmste befürchten. Was würde er mit ihnen machen? Arthur fingerte in seiner Hosentasche nach seinem Taschenmesser. Er würde sich wehren. Er würde versuchen, Kilian abzulenken, damit zumindest Julius fliehen könnte. »Du haust ab, sobald sich die Gelegenheit bietet. Verstanden?«

Dann rannte Julius den Flur entlang und rüttelte an den Türen der anderen Kellerräume. Am Kabuff, das dem von Kilians direkt gegenüberlag, ließ sich die Tür tatsächlich öffnen – sie war nicht verschlossen, sondern nur in den etwas verzogenen Rahmen geklemmt.

»Komm' schnell«, rief Julius. Die beiden hasteten in den Raum und zogen die Tür hinter sich zu.

›Das Licht‹, durchfuhr es Arthur. ›Wir haben vergessen, das Licht auszumachen.‹

Doch zu spät. In diesem Moment öffnete sich quietschend die Kellertür, und Kilian trat in den Flur. Er blieb kurz stehen und schaute auf den Lichtschalter. Vielleicht hatte er gar nichts bemerkt, sondern wollte nur wie üblich seine Schuhe und seine Jacke im Keller deponieren. Vielleicht dachte er sich auch nichts dabei, dass Licht brannte; ein Bewohner konnte vergessen haben, es auszumachen. Langsam ging Kilian zu seinem Verschlag, während er in der Jackentasche nach seinem Schlüsselbund fingerte. Arthur und Julius hatten sich in dem fremden Raum in aller Eile hinter einen Schrank gekauert. Sie konnten vor Angst nicht mehr klar denken, in ihrem Kopf drehte sich alles. Ihr Versteck war so notdürftig, dass Kilian sie sofort entdecken

würde, wenn er nur durch die Latten schaute.
Aber vorerst war Kilian damit beschäftigt, unter seinen vielen Schlüsseln den richtigen für den Kellerraum herauszusuchen. Fast schon automatisch wollte der junge Mann das kleine Schlüsselchen in das Schloss stecken, als er bemerkte, dass die Verankerung herunterhing. Er blickte einen Moment lang konsterniert auf das Schloss. Dann schaute er mit einem Ruck hoch, blickte sich lange im Kellerraum um und ging, als ihm nichts Verdächtiges auffiel, in sein Kabuff, um zu überprüfen, ob etwas fehlte. Langsam, schleichend, kam er nach einer Minute zurück in den Kellerflur. Arthur und Julius sahen seinen fahlen Schatten, der von dort in ihr Versteck hereinfiel. Julius drängte sich eng an Arthur, und es war zu spüren, wie er zitterte.
Kilian ging auf seiner Seite den Flur langsam hinauf. Seine Lippen waren zusammengekniffen, sein Gesichtsausdruck war hart. Seine linke Hand ließ er an den Latten entlanggleiten, was ein leises ratterndes Geräusch erzeugte. Sonst war nichts zu hören, Kilian ging so leise, dass seine Schritte stumm blieben. An jedem Verschlag blieb er kurz stehen und spähte hinein, ob etwas Verdächtiges zu entdecken sei. An der Kellertür wechselte er auf die andere Seite, und während das leise Schnarren von Kilians Fingern immer näher kam, suchte Arthur Julius' Hand und drückte sie fest. Egal, was passiert, ich bin bei dir, sollte das heißen.
Schon war Kilian an ihrem Verschlag angekommen, gerade näherte er sein Gesicht den Latten, um hindurchzuschauen, als eine Stimme von oben zu hören war.
»Kilian, bist du da unten? Ich habe etwas vergessen.«
Kilian drehte sich um, einen Moment zögernd, ob er die Stimme ignorieren und besser den letzten Raum absuchen sollte. Es war die Stimme von Michael, der an der Eingangstür stehen musste – sie klang verunsichert. Kilian rief, wenn auch mit hörbarem Widerwillen: »Ich bin hier unten im Keller. Ich komme.«
Mit schnellen Schritten ging er hinaus, und die beiden Jungs hörten, wie Michael sagte: »Entschuldigung, dass ich nochmals störe. Ich wollte dir nur sagen, dass du morgen gleich in die Lauchhau fahren kannst, um dort das Holz aufzuladen. An der Burg Hohenstein sind wir ja so gut wie fertig. Den Rest holen die Leute, die die Holzlose gekauft haben, direkt ab.«
Kilian ging gar nicht darauf ein.
»Bei mir ist eingebrochen worden«, sagte er in schneidendem Ton. »Es ist passiert, während wir zusammen waren.« Das Treffen schien nicht sehr harmonisch abgelaufen zu sein, fuhr es Arthur durch den Kopf. Sonst wäre Kilian nicht so schnell wieder zurück gewesen, und sonst würde er nicht so mit Michael reden.
»Wie, eingebrochen?«, fragte Michael. »In deine Wohnung?«
»Nein, unten in meinen Keller. Das Schloss wurde weggeschraubt. Ich glaube aber nicht, dass etwas fehlt.«
Michael schwieg einen Moment. Dann sagte er: »Du solltest das trotzdem der Polizei melden. Ich fahre dich hin, wenn du möchtest.«

Arthur und Julius verharrten noch immer unbeweglich hinter ihrem Schrank. Sie hofften inständig, dass Kilian Michaels Angebot annehmen würde – das wäre ihre Chance, zu entkommen.
»Nein, das ist nicht nötig«, sagte der. »Ich melde den Einbruch zunächst mal telefonisch. Ich bin müde und will ins Bett. Gute Nacht also.«
Michaels Argumente waren am Ende.
Resigniert wünschte er Kilian ebenfalls eine gute Nacht, dann fiel die Eingangstür ins Schloss.
Arthur und Julius rechneten mit dem Schlimmsten. Sie waren allein mit Kilian, und sie hatten keine Möglichkeit mehr, ihm zu entwischen. Kilian kehrte zurück in den Keller, doch zu ihrer großen Überraschung gab er die Suche auf. In seinem Kabuff zog er lediglich die Schuhe aus und schlüpfte in Pantoffeln, die dort ebenfalls in Reih' und Glied gestanden hatte. Dann verließ er den Keller und machte hinter sich das Licht aus.
Die beiden Jungs blieben lange noch in ihrem Versteck. Es konnte eine Falle sein, und Kilian wartete hinter der Kellertür auf sie. Fast eine halbe Stunde wagten sie nicht, sich zu rühren. Dann tastete sich Arthur durch den stockdunklen Keller zur Tür, horchte nochmals lange – er nahm seinen ganzen Mut zusammen und öffnete sie einen Spalt. Nichts geschah. Also streckte er seinen Kopf hinaus ins ebenfalls dunkle Treppenhaus. Kilian schien tatsächlich in seine Wohnung gegangen zu sein. Arthur wartete noch einen Moment, dann holte er Julius nach. Sie schlichen die Treppe hinauf und ließen die Eingangstür geräuschlos ins Schloss gleiten. Dann rannten sie schnell durch den Garten davon, hoffend, dass Kilian nicht gerade aus dem Fenster sah.
Direkt hinter der nächsten Straßenecke liefen sie Michael in die Arme. Er war außer sich vor Sorge und hatte sich nicht von der Stelle gerührt.
»Mein Gott«, sagte er nur leise, »wie konnte ich euch nur in eine solche Gefahr schicken.«
Aber Arthur antwortete möglichst kühl: »Er war es. Wir haben den Beweis.«

Am nächsten Morgen stellte Erik den Kindern wortlos das Frühstück hin. Natürlich war ihm nicht entgangen, dass seine Söhne etwas im Schilde führten, im Geheimen irgendwelche Ziele verfolgten und Michael dabei seine Finger im Spiel hatte. Seinem mürrischen Gesicht war anzusehen, dass ihm das missfiel. Doch er zog es vor, zu schweigen. Arthur sah seinen Vater an, wie der mit halb geschlossenen Augen und ziemlich abwesend am Tisch saß. Seine Haut war fahl, seit mehreren Tagen hatte sich Erik nicht mehr rasiert. Arthur wusste nicht, was er denken sollte; seine Gefühle gingen wild durcheinander. Einerseits war er verärgert und enttäuscht, mit welcher Willenlosigkeit sein Vater das Staudammprojekt hinnahm. Andererseits wuchsen seine Sorgen um Erik. So kraftlos, so müde, so traurig hatte er ihn noch nie erlebt. Doch das Schlimmste war: Ihnen beiden fehlten die Worte, um offen darüber zu reden. Wo war ihre Verbundenheit? Ihr tiefes Vertrauen, ihr Wissen, dass sie sich ohne Worte

verstanden? Und vor allem ihre gemeinsame Liebe zum Wald, zu den Tieren, zu den letzten Luchsen im Tal – wo war sie hin? Es zerriss Arthur das Herz, wenn er an die früheren unbeschwerten Tage dachte. Jetzt schien Erik wie abgeschnitten von der Welt zu sein, wie abgetrennt von allem, was er früher geschätzt und geliebt hatte. Wie eingesperrt in sich selbst. Ein tiefes Erschrecken ließ Arthur erschaudern.
»Ich muss heute wieder rüber zum Tannenbühl«, sagte Erik mit schwerer Zunge. »Die Leute im Ort wollen wieder demonstrieren, und Zoller wird dazukommen, um nochmals mit ihnen zu sprechen. Ich muss deshalb gleich weg.«
Julius nickte. »Aber es gab doch letztes Mal schon Ärger. Ich hätte den Bürgermeister nicht so eingeschätzt, dass er sich das nochmals antut.«
»Er ist nicht so schlecht, wie ihr denkt. Im Grunde will er das Projekt nicht gegen den Willen der Menschen durchziehen. Ich hoffe, dass er ihnen heute konkrete Vorschläge macht, wie sie sich einbringen können.«
Julius lachte. »Diese Vorschläge hätte er vor einem Jahr machen sollen. Aber er kann doch nicht im Ernst glauben, die Menschen lassen sich vor vollendete Tatsachen stellen und sind dann zufrieden, wenn sie bei Kleinigkeiten mitreden dürfen.«
»Warten wir's ab«, meinte Erik nur.
»Und was ist, wenn es wieder zum Streit kommt?«
»Die Polizei wird auch da sein. Zur Sicherheit.«
Jetzt mischte sich Arthur ein. »Die Rede von Zoller möchte ich gerne hören. Nimmst du uns mit zum Tannenbühl?«
Erik schaute seinen Sohn mit großen Augen an, und es war ihm anzusehen, dass er versucht war, den Kopf zu schütteln. Dann sagte er nur: »Von mir aus. Dann könnt ihr schon keinen anderen Quatsch machen.« Arthur sprang sofort auf und rannte los, um seinen Rucksack zu holen. Erik aber rief ihm nach: »Aber nur unter zwei Bedingungen. Ihr haltet euch am Rand auf und verschwindet, wenn es Ärger geben sollte. Und zweitens: Ihr haltet euch raus. Und zwar komplett – ich will meine Söhne nicht in den Reihen der Protestierer sehen, verstanden? Ich würde sonst zum Gespött der Leute, wenn die Söhne des Försters gegen den eigenen Vater auftreten.«
Julius und Arthur wussten, dass Erik mit diesem Argument recht hatte. Sie nickten deshalb nur. »Geht klar«, meinte Julius.
Der Tannenbühl ist ein bewaldeter Hügel nördlich von Auen. Bis hierher kann man mit dem Auto Richtung Heiligental fahren; dann endet die asphaltierte Straße und geht in einen holprigen Forstweg über, der sich bald im Nirgendwo verliert. Eine rot-weiße Schranke zeigt unmissverständlich an, dass es nun nur noch für Fußgänger weitergeht. Am Tannenbühl enden auch die Felder und Wiesen, die von den Auener Bauern bewirtschaftet werden. Hier setzt der Wald ein, und der Hügel bildet sozusagen eine erste Bastion des Forstes: In einer Wellenlinie schwingen sich die Tannen hinauf bis zum Gipfelchen. Rechts ist in einiger Entfernung die Burg Hohenstein zu sehen, und wenn man zurückschaut, erkennt man, wie das Land langsam abfällt hinunter in

das Tal der Lauter.

Eine Wiese kurz vor der Abschrankung war von den Demonstranten zum Parkplatz umfunktioniert worden. Dutzende von Autos standen dort, dahinter waren sicherlich dreißig größere und kleinere Zelte aufgestellt worden, und ein lautes Gewimmel herrschte auf der Wiese und der Straße, als Eriks Jeep im Schritttempo durch die Menge glitt und um die Schranke herumkurvte. Einige Meter dahinter stellte Erik den Wagen ab, schnaufte kurz durch und stieg aus. Seinen Hut ließ er auf dem Rücksitz liegen. Vielleicht zweihundert Menschen hatten sich versammelt. Sie stellten gerade ein Holzgerüst fertig, auf dem sie ihren Protest zum Ausdruck brachten. Es war mehr als zwei Meter hoch und ebenso breit, und die zusammengenagelten Bretter waren mit dem Spruch versehen worden: »Hände weg von unserem Tal – sonst setzt's was!« Andere Demonstranten hatten Leintücher beschrieben, sie an Holzstangen befestigt und diese Transparente auf den Wiesen aufgestellt. »Hier geht alles den Bach runter«, war auf einem zu lesen. Oder: »Hallo Betonköpfe – baut eure Hirnfürze anderswo«. Oder: »Kein Staudamm im Heiligental – der Tsunami der Bürger wäre gewaltig«.

Arthur und Julius gingen langsam durch die Menge, um sich alles genau anzuschauen; eine beinahe feierliche Stimmung erfasste sie, denn sie waren stolz, sich insgeheim solidarisch erklären zu können mit diesen Menschen, die aus ihrem Alltag herausgetreten waren und die hier gegen etwas kämpften, das sie als großes Unrecht ansahen und das sie empörte. Der Schleier des Gewöhnlichen war zerrissen. So etwas hatte es noch nie im Heiligental gegeben.

Arthur erkannte in den vorderen Reihen Jakob. Er war also doch gekommen, er hatte seine Angst vor den Schlägern Zollers überwunden. Seine Nase war hinter einem dicken Verband verschwunden, aber in seinen Augen blitzte es. Arthur war beeindruckt vom Mut dieses Mannes, den selbst direkte Aggression nicht schrecken konnte.

»Wie heißt dieser Jakob denn richtig?«, fragte er deshalb einen der Demonstranten.

»Das ist doch der Häfner«, meinte der Mann. »Den kennt man doch.«

Schnell ging Arthur zu Häfner hinüber und zupfte ihn an der Jacke, damit der Mann auf ihn aufmerksam wurde. Dann sagte er nur: »Herr Häfner, ich habe im Rathaus im Erdgeschoss alles mit angesehen. Sie sind ein sehr mutiger Mann. Und keine Sorge: ich werde nichts verraten.«

Häfner lächelte, doch bevor er etwas erwidern konnte, war Arthur wieder in der Menschenmenge verschwunden. Scheinbar hatte Jakob sogar eine Führungsrolle eingenommen, denn er erklärte anderen Demonstranten, wo diese ihre Plakate aufstellen konnten und wie sie sich zu verhalten hatten. »Wir bleiben friedlich«, sagte er gerade, »lasst euch nicht provozieren und provoziert auch selber niemanden. Wir machen es besser als die anderen.« Mit den anderen meinte er wohl die vielleicht fünfzig Polizisten, die sich am Rand der Demonstration betont lässig aufgestellt hatten und dem Treiben zuschauten. Viele waren in schwarzen Uniformen erschienen und hatten einen Helm mit Visier auf; an der Seite baumelte ein schwarz glänzender Schlagstock. Mit den anderen, so dachte Arthur, meinte Jakob aber sicherlich auch den Bürgermeister – und seinen Vater.

Tatsächlich war Erik, kaum dass er ausgestiegen war, in heftige Dispute verwickelt worden. Einige Menschen, darunter auch viele ältere, umringten Erik und redeten auf ihn ein. Viele kannten den Förster persönlich, manche pflegten eigentlich ein beinahe freundschaftliches Verhältnis zu ihm. Erik war einmal eine Respektsperson in Auen gewesen. Jetzt aber wischte die Wut über den Staudamm bei vielen jegliche natürliche Zurückhaltung hinweg. »Erik, das ist doch ein Naturschutzgebiet – du musst doch schauen, dass dein Revier erhalten bleibt«, rief ein Mann, und ein anderer ergänzte sofort: »Hier geht's nur ums Geld, bei diesem Filz solltest du nicht mitmachen.«

»Beruhigt euch«, meinte Erik und legte demjenigen, der ihn geduzt hatte, die Hand auf die Schulter. »Das Tal wird auch hinterher noch ein Naturschutzgebiet sein; ja es gibt Überlegungen, es sogar über den Albtrauf hinaus auf die Hochfläche auszudehnen. Und ihr könnt mir glauben, für mich hat die Natur oberste Priorität. Ich glaube nicht daran, dass sich das Projekt noch verhindern lässt. Ich hoffe aber, dass die Natur unterm Strich nicht schlechter gestellt sein wird als heute.«

»Das ist doch ein Schmarren, Erik«, meinte der Mann und wischte die Hand von seiner Schulter, »hier versinken unzählige Hektar Naturschutzfläche im Stausee, und du redest davon, das mache der Natur nichts aus. Wie kannst du nur einen solchen Unsinn verzapfen! Du solltest lieber auf unserer Seite sein.«

Arthur sah, wie schwer seinem Vater die Diskussion fiel. Früher hatte er sich mit Lust und Wonne in Debatten gestürzt, und nicht selten hatte er, nur aus Freude am Debattieren, den Widerpart in einem Gespräch übernommen. Nur wer zuhört, erfährt etwas, pflegte er oft zu sagen. Jetzt aber hätte sich Erik wohl am liebsten davongestohlen, und nur das Pflichtgefühl hielt ihn an Ort und Stelle.

»Die Hänge an drei Seiten des Staudamms bleiben von jeder Bebauung frei, und es wird nur noch einen Fußweg geben – für viele seltene Vogelarten wird dies ein Paradies werden. Und auf der Hochfläche wird auch das Schalenwild gute Bedingungen vorfinden. Mein Ziel ist es, dass die Erweiterung genauso groß sein wird wie die Fläche, die man durch den See verliert.«

»Verkauf' uns nicht für dumm«, sagte der Mann mit zunehmendem Zorn in der Stimme. »Die Albhochfläche ist ausgeräumte Landschaft, dort gibt es nur noch Felder und Wiesen und kaum noch einen Busch, geschweige denn einen Wald …«

»Ja, aber was noch nicht ist, kann ja noch werden«, rief Erik.

Arthur hatte mit Staunen zugehört, aber eigentlich tat ihm sein Vater vor allem leid. Er konnte sich des Eindrucks nicht erwehren, dass Erik selbst nicht wirklich an das glaubte, was er sagte. Und dass er kaum die Kraft hatte, um der Wut, die aus den Demonstranten sprach, etwas entgegenzusetzen.

Arthur war deshalb froh, als die Aufmerksamkeit der Menschen sich von Erik abwandte und alle gespannt auf die Straße hinunterschauten, wo die dunkle Limousine des Bürgermeisters heranrollte. Die Menschen klopften gegen die Scheiben und johlten, als der Chauffeur den Wagen langsam durch die Menge hindurch steuerte und mittendrin stehenblieb. Zoller ließ die Scheibe herunter und sagte möglichst jovial: »Na, nun macht mal ein bisschen Platz, damit ich aussteigen kann.«

Zoller lächelte siegessicher, fand Julius, als der schwergewichtige Mann sich aus der Rückbank hochstemmte und auf die Straße hinaustrat. Seine beiden Begleiter, Viktor und Oskar, schälten sich ebenfalls aus dem Auto. Sie blickten mürrisch in die Menge und stellten sich hinter ihren Chef, der nicht den Anflug von Furcht oder Verunsicherung zeigte. Es war, als kenne er sich aus mit solchen Situationen, in denen er sich einer Vielzahl von Gegnern gegenübersah und in denen mehr notwendig war als nur schöne Worte.

»Ihr seid gut organisiert, das muss man euch lassen«, meinte er nun lächelnd, ohne irgendjemanden direkt anzusprechen. Er begutachtete die Plakate, die Anstecker, die Gesichter. Jakob Häfner hatte sich langsam durch die Menschen nach vorne gearbeitet, aber Zoller war nicht willens, den Disput mit ihm wieder aufzunehmen. Er drehte sich weg und ging gemächlich hinüber zu den Polizisten, wobei die Demonstranten eine Gasse für ihn öffneten, die Zoller aufrecht durchschritt, als sei es ein Ehrenspalier. Er wechselte einige Worte mit dem Polizeiführer, der sein Visier hochklappte und kurz nickte, als Zoller ihn ansprach. »Gab es bisher irgendwelche Unregelmäßigkeiten?«, fragte Zoller schließlich, und der Polizist antwortete: »Nein, die Menschen sind absolut friedlich. Wir sind beinahe überflüssig hier.«

»Trotzdem Danke, dass Sie nach dem Rechten sehen«, meinte der Bürgermeister, schaute sich um und entdeckte in der Nähe der Schranke Erik, zu dem er sich augenblicklich auf den Weg machte.

»Wie beurteilen Sie die Lage?«, fragte Zoller, ohne sich mit Begrüßungsformalitäten aufzuhalten. Er drückte sein Rückgrat durch, um etwas größer zu erscheinen, und die Finger seiner rechten Hand nestelten an seiner Wamsjacke herum. Es war, als knetete er seine Taschenuhr kräftig durch.

»Die Leute fühlen sich hinters Licht geführt – das nehmen Sie Ihnen noch mehr übel als den Staudamm selbst«, gab Erik zurück. »Taktisch war es vielleicht ein Fehler, dass die Bürger vor vollendete Tatsachen gestellt worden sind.«

»Na, solche Einschätzungen sollten Sie lieber mir überlassen, Wiegand«, sagte Zoller leise, weil er nicht wollte, dass Umstehende das Gespräch verfolgen konnten. »Haben Sie schon mal ein öffentliches Anhörungsverfahren mitgemacht? Das dauert ewig – so kommen Sie nie zum Bauen.«

»So aber vielleicht auch nicht. Oder wollen Sie Ihre Bagger direkt durch den Menschenpulk fahren lassen? Ich glaube, manche werden hier nicht mehr weggehen. Haben Sie die Zelte dort hinten gesehen?«

»Ja, das habe ich – aber keine Sorge. Ich werden den Menschen ein Angebot machen,

das sie nicht ablehnen werden. Gibt es hier ein Podest oder sonst etwas, wo ich mich draufstellen kann?
Erik zuckte mit den Schultern. »Sie können sich auf die Ladefläche meines Jeeps stellen, wenn Sie möchten.«
Zoller schätzte die Höhe der Ladefläche kurz ab, dann sagte er: »Lieber nicht – ich würde mich nur zum Affen machen, wenn ich versuche, dort hinaufzuklettern. Außerdem steht Ihr Auto hinter der Schranke – das nenne ich einen taktischen Fehler. So zeigen Sie jedem gleich, auf welcher Seite Sie stehen.«
Er schaute sich um und entdeckte am Rand der Straße einige Stämme, die dort für den Abtransport aufeinandergestapelt waren. Er ging hinüber und stieg möglichst aufrecht einige Stämme hinauf, musste sich aber letztlich doch mit den Händen festhalten, um auf dem entrindeten Holz nicht auszurutschen. Fast oben angekommen, stellte er schließlich einen Fuß auf den obersten Stamm und stützte sich auf seinen Stock, dessen Spitze er wie ein Schwert in das Holz rammte. Wie ein Feldherr sah der kleine Mann jetzt aus, und während er abwartete, dass die Menge sich beruhigte, blickte er über die Menschen hinweg wie über eine feindliche Armee.
»Liebe Mitbürger«, rief er schließlich mit fester Stimme, »ich danke euch, dass ihr heute hierher gekommen seid.« Er wartete einen Moment ab, damit sich dieser vielleicht unerwartete Satz setzen konnte.
»Es wird euch nicht wundern, dass ich den Staudamm weiter für ein gutes Projekt halte. In Auen fehlen die Firmen, einige sind zuletzt sogar weggezogen, weil sie lieber in einer Stadt angesiedelt sein wollen, in der die Autobahn oder ein Zuganschluss nicht weit sind. Auen ist eine arme Gemeinde – und das würde auch so bleiben, wenn wir nichts unternehmen.«
Er machte wieder eine Pause und schaute in die Gesichter, aus denen aber nichts zu lesen war. Die Mienen waren meist versteinert; man traute Zoller nicht, und diese Argumente hatten sie seit dem Bekanntwerden des Vorhabens schon oft gehört.
»Die Energiewende, weg vom Atomstrom, befürwortet sicher auch ihr. Das bedeutet aber, dass wir nicht nur neue Windräder bauen, sondern auch die Wasserkraft besser nutzen müssen. Der Stausee speichert grüne Energie, und das ist es doch, was wir alle wollen. Der Staudamm ist deshalb wichtig für das ganze Land, aber er ist noch wichtiger für uns alle.«
»Er ist wichtig vor allem für Dich«, rief einer der Männer, der ziemlich weit vorne stand: »Du machst den meisten Reibach damit.«
Zoller ließ sich nicht aus dem Konzept bringen.
»Er ist wichtig auch für jeden einzelnen von euch. Denn der Tourismus ist die eine Seite, die Geld nach Auen bringen wird. Jeder von euch hat die Chance, etwas daraus zu machen und Anteil an diesem Reichtum zu nehmen. Bietet Ferienwohnungen an, macht Cafés auf, lasst die Sommerfrischler bei der Heuernte dabei sein. Die andere Seite aber ist wie gesagt der Strom, den der Staudamm liefern wird. Wasserkraft ist ge-

fragt in diesen Tagen. Wir haben deshalb mit dem Betreiber der Anlage, den Schwäbischen Energiewerken, vereinbart, dass Auen einen Anteil von 25,1 Prozent am Kraftwerk halten wird. Wir entscheiden mit dieser Sperrminorität mit, was im Tal geschieht – und vor allem, wir profitieren auch mit, denn die Anlage wird einen sehr guten Gewinn abwerfen.«

»Geld ist nicht alles«, rief eine Frau dazwischen.

»Das stimmt«, meinte Zoller, »aber es ist auch nicht nichts. Ich räume ein, dass wir die Bürger bei diesen Entscheidungen ein wenig überfahren haben. Das Angebot war zu lukrativ, und wir mussten schnell zugreifen. Ich habe nun aber gestern Abend in einer Dringlichkeitssitzung gemeinsam mit dem Auener Gemeinderat entschieden, dass wir für die Bürger einen Ausgleich schaffen wollen.«

Arthur, der bisher eher wenig interessiert an der Schranke gelehnt hatte, richtete sich auf. Jetzt kam es, das Angebot.

»Die Gemeinde Auen könnte das Kapital, das wir benötigen, um unseren Anteil einzubringen, sowieso nicht aus freien Mitteln finanzieren. Wir hatten eigentlich vor, das Geld bei der Hohensteiner Bank aufzunehmen. Jetzt bieten wir aber allen Bürgern an, sich direkt am Staudamm-Projekt zu beteiligen. Ihr könnt fast jede beliebige Summe anlegen, und die Schwäbischen Energiewerke garantieren euch – ich betone: garantieren – vom ersten Tag an eine jährliche Zinsgutschrift von acht Prozent. Das ist beinahe der vierfache Satz, den ihr derzeit für eine gute Anlage bekommt. Natürlich gehört zu dieser Anlage auch das Stimmrecht. Wir werden eine Genossenschaft »Auener Staudamm e.V.« gründen, in der die Gemeinde und alle privaten Anteilseigner versammelt sind und die deren Interessen wahrnimmt. Ich fordere euch auf: Macht den Staudamm zu eurem Projekt. Ihr gewinnt doppelt: Ihr redet mit, wie die Sache verwirklicht und später betrieben wird. Und ihr findet jedes Jahr ein hübsches Sümmchen auf eurem Bankkonto vor. Der Staudamm gehört euch.«

Zoller lächelte. Das würde einschlagen, da war er sich ganz sicher. Tatsächlich war in die Menge Ruhe eingekehrt – viele waren verblüfft über diese Wendung der Geschichte. Julius und Arthur dagegen schauten sich mit offenem Mund an. »Das ist schon dreist«, sagte Julius dann zu Arthur: »Er glaubt, die Leute kaufen zu können.«

Arthur nickte. Jetzt erhob sich ein leises Gemurmel, die Menschen hatten die erste Überraschung überwunden und begannen, über Zollers Rede zu diskutieren. Dieser holte sich die Aufmerksamkeit aber noch einmal zurück, indem er die Hand erhob, sie einmal kreisen ließ und dann noch lauter rief: »Ich weiß, darüber müsst ihr zunächst einmal nachdenken. Es ist ein Angebot, das für jeden gilt und das vorerst zeitlich nicht befristet ist. Jeder soll Zeit haben, es gründlich zu prüfen. Im Rathaus wird von morgen an eine Broschüre mit allen Daten ausliegen, und im Rathaus lassen sich die Anteile direkt zeichnen. Ich danke euch für euer Wohlwollen.«

Er wollte von seinem Stapel heruntersteigen, doch da donnerte eine Stimme über die Wiese: »Hier geht es nicht um Geld, Zoller, aber das werden Sie vermutlich nie begreifen.« Es war Häfner, der mit zornigem Gesicht nach vorne drängte, wobei er einige Demonstranten unsanft beiseite schob. Viktor und Oskar richteten sich auf, bereit, ja begierig, auf den kleinsten Wink Zollers hin einzugreifen. Aber Zoller blieb ganz ruhig. Im Gegensatz zu Häfner: Der war noch aufgebrachter als bei der ersten Begegnung im Rathaus. »Hier geht es um ein einzigartiges Tal mit all seinem Reichtum. Das ist ein Kapital, das unermessliche Zinsen bringt. Das ist ein Kapital, das sich nicht veräußern lässt. Diese Zinsen kann man nicht in Euro und Cent bemessen; sie fließen nicht aufs Bankkonto, sondern in die Seele der Menschen. Wir wehren uns gegen die Zerstörung dieser wundervollen Natur.« Häfner stand nur noch einen Meter vor Zoller, der wieder auf der Wiese angekommen war und äußerlich ganz gelassen den verbalen Ausbruch seines Gegenübers verfolgte. »Sie bieten uns jetzt eine Mitsprache an. Aber das ist eine Farce. Denn über den Staudamm selbst wird es keine Abstimmung mehr geben, habe ich Recht? Wir wollen das Projekt insgesamt verhindern und nicht darüber debattieren, ob die Staumauer grün oder rot angestrichen wird. Können Sie das nicht verstehen?«

Häfners Wut war so groß, dass beim Reden Spucke aus seinem Mund herausgeschleudert wurde, und ein wenig traf Zoller auch auf seiner blauen Weste. Der beachtete das nicht; er hatte anscheinend aus der ersten Begegnung gelernt und ließ Häfner den Aggressor sein.

So sagte Zoller nur in fast heiterem Ton: »Finden Sie nicht, dass jeder Bürger selbst entscheiden sollte, wie er sich verhalten will? Wir leben in einem freien Land, und wir sollten zunächst abwarten, wie sich die Menschen entscheiden. Sollte keiner Anteile zeichnen, so wäre das für mich ein Zeichen, dass die Auener Bürgerschaft im Ganzen das Projekt nicht will. Dann müssen wir reden. Aber ich bin überzeugt, dass viele Auener dem Staudamm Gutes abgewinnen können. Und dann sollten auch Sie das akzeptieren, Häfner. Wir haben schließlich lauter mündige Bürger vor uns. Oder nicht?«

Und ohne eine Antwort abzuwarten, ging er zu seiner Limousine. Sein Auftritt war beendet. Doch da stellte sich ihm plötzlich Arthur in den Weg, der selbst nicht wusste, was ihn trieb.

»Und was ist mit den Luchsen, Herr Bürgermeister?«, fragte er, versuchend, möglichst ohne Aufregung zu sprechen. Sein Herz aber raste, denn jetzt richteten sich die Blicke aller Menschen auf ihn. Die ganze Zeit war diese Frage durch seinen Kopf gespukt, doch er hatte nicht vorgehabt, sie laut auszusprechen. Wie von selbst war er Zoller entgegengegangen und hatte das Wort an ihn gerichtet. Er wusste in diesem Moment, dass es eine große Enttäuschung für seinen Vater war, weil er sein Versprechen brach. Er sah kurz hinüber zu Erik, in dessen Gesicht sich Erschrecken spiegelte. Schnell wandte Arthur seinen Blick wieder ab. Er wollte es zu Ende bringen.

»Das Heiligental ist das letzte Rückzugsgebiet der Luchse im ganzen Land«, sagte er. »Es wäre mit dem Staudamm verloren. Dabei haben die Luchse hier schon gelebt, als niemand von uns je geboren war, und auch Generationen und Generationen vor uns nicht. Es ist ihr Land, und sie haben ein Recht darauf, hier zu sein.«

Karl Zoller nickte beinahe anerkennend mit dem Kopf. Dann beugte er sich etwas zu Arthur herunter und fragte mit spöttischem Blick: »Na, sag mal, wer bist du denn?«

Arthur antwortete kurz und knapp: »Ich bin Arthur Wiegand.«

Karl Zollers Augenbrauen gingen hoch. »Etwa der Sohn des Försters?«

Arthur bejahte kurz und Zoller sagte süffisant, zu Erik hinüberblickend: »König Arthur – ein sinniger Name, Wiegand. Respekt.«

Arthur ließ sich von diesem Einwurf, den er nicht verstand, nicht irritieren und fasste noch einmal nach: »Was ist mit den Luchsen?«

Zoller schien jetzt doch seine ruhige Haltung zu verlieren. Doch in diesem Moment griff Erik ein, fasste Arthur am Arm und versuchte ihn wegzuziehen. »Komm, Arthur, das ist keine Angelegenheit für Kinder. Wir gehen.«

Doch Zoller ließ das nicht zu: »Nein, nein, Wiegand. Lassen Sie ihn nur«, sagte er mit eiskalter Stimme. Widerwillig ließ Erik seinen Sohn los.

»Als Sohn des Försters bist du ein wichtiger Junge, und deshalb werde ich dir erklären, was ich davon halte. Die Luchse« meinte Zoller, »werden meiner Meinung nach von selbst nach oben auf die Alb ausweichen, wenn der Wasserspiegel langsam steigt …«

Arthur ließ ihn nicht ausreden. »Sie wissen doch genauso gut wie ich, dass die Luchse auf der Alb keine Lebensgrundlage haben. Es gibt dort nicht genügend Wild für sie.«

»Mag sein«, meinte Zoller, »dann können wir sie immer noch einfangen und umsiedeln.«

»Wenn sie bis dahin nicht von Wilderern abgeschossen wurden«, sagte Arthur, jetzt doch etwas lauter als er es gewollt hatte.

»Denen werden wir schon noch auf die Schliche kommen«, entgegnete Zoller und sah Arthur durchdringend an. »Das solltest du ganz unsere Sache sein lassen.« Der Bürgermeister lächelte, aber es war ein erstarrtes Lächeln, so, dass sich der Satz wie eine Drohung anhörte.

Erik zog Arthur endgültig weg. »Das reicht jetzt, Arthur. Es ist genug.«

Arthur folgte ihm widerstrebend.

Zoller rief hinter ihnen her: »Ein selbstbewusstes Bürschchen, das Sie da zum Sohn haben, Wiegand. Sie können stolz auf ihn sein.«

Arthur sah seinen Vater an. In dessen Augen stand Panik.

Auf der Heimfahrt sprach Erik kein Wort, und das war für beide Jungs schlimmer, als wenn er ein heftiges Donnerwetter über sie ausgegossen hätte. Er saß hinter dem Lenkrad des Jeeps und starrte abwesend auf die Straße – mit seinen Gedanken war er in einer anderen Welt. Julius machte innerlich mehrere Anläufe, ihn zu fragen, warum er so sauer sei. Aber er brachte nicht den Mut auf, den Bann zu brechen, der Erik umgab. Am Forsthaus angekommen, blieb Erik einen Moment sitzen und sagte dann mit matter Stimme: »Bitte haltet euch aus dieser Sache raus. Ihr wisst nicht, auf was ihr euch da einlasst.« Er wartete nicht auf eine Antwort seiner Söhne. Vielmehr stieg er aus und stand draußen im Kies der Hofauffahrt. Er wirkte verloren, erschöpft; es war, als hätte er mit allem abgeschlossen. Dann gab er sich nochmals einen Ruck, konzentrierte sich auf die Wirklichkeit und fügte hinzu: »Ich bitte euch sehr darum. Denn ich habe nicht mehr die Kraft, euch zu schützen.« Er versuchte, zu lächeln, wie um sich zu entschuldigen. Dann ging er hinüber zur kleinen Kapelle, die seit mehr als vier Jahrhunderten neben dem Forsthaus stand. Auf dem weiß getünchten Gebäude tanzten die Schatten der Tannenzweige, die leicht im Wind schaukelten, und auch das kleine Glöcklein im Dachreiter bewegte sich ganz sanft, ohne dass der Klöppel am Metall anschlug. Es war, als könnten nur die Eingeweihten den hellen Klang der Glocke vernehmen. Erik öffnete die grobe Zimmermannstür, die in die Kapelle führte. Er ging oft dort hinein, wenn er alleine sein oder nachdenken wollte. Er schaute sich nicht mehr um, als er die Tür hinter sich schloss. Arthur und Julius blickten sich lange ratlos an. Dann sagte Julius: »So kann es nicht mehr weitergehen. Wir müssen etwas unternehmen.«

Am Abend versuchte Julius, seine Mutter zu erreichen. Er ließ es lange klingeln, doch als der Hörer endlich abgenommen wurde, war nicht Franziska, sondern Marie am Apparat.

»Ist Franziska nicht da?«, fragte Julius, irritiert darüber, dass Marie sich bei seiner Mutter anscheinend so zuhause fühlte, dass sie das Telefon abhob.

»Sie ist vor einer Minute weggegangen. Ich weiß nicht, wohin.«

Einen kurzen Moment lang herrschte auf beiden Seiten der Leitung Schweigen. Julius kämpfte mit sich; auch er spürte nun die Verärgerung, dass Marie mehr mit seiner Mutter zusammen war als er selbst. Doch er wollte nicht ungerecht sein und versuchte, den aufkommenden Zorn zu unterdrücken. Deshalb sagte er so ruhig wie möglich:

»Weißt du, wann sie wiederkommt? Ich sollte unbedingt mit ihr sprechen.«

»Nein, aber ich kann ihr einen Zettel hinlegen, damit sie dich morgen früh gleich anruft.«

»Das wäre nett.« Wieder Schweigen. Und dann konnte Julius es sich doch nicht verkneifen, nachzufragen: »Und du hütest solange bei meiner Mutter die Sofakissen, damit sie nicht zu viel Staub ansetzen?«

Julius konnte förmlich sehen, wie Marie stutzte, denn sie sagte zunächst gar nichts. Dann aber meinte sie mit der gleichen freundlichen Stimme wie zuvor: »Ich war bei deiner Mutter, weil ich ihr etwas sagen wollte, was ich für wichtig hielt. Jetzt ist sie gerade weg, und ich hatte schon den Türgriff in der Hand, als das Telefon klingelte. Zuerst wollte ich gar nicht rangehen, aber dann habe ich es eben doch gemacht.«

Julius gab ein undeutliches Brummen von sich; richtig zufriedenstellen konnte ihn diese Antwort nicht.

»Weißt du, Julius, ich finde es nicht fair, dass ihr sauer auf mich seid«, sagte Marie direkt. »Ich bin nicht schuld daran, dass eure Mutter weggegangen ist.« Sie schwieg einen Augenblick, dann fügte sie hinzu: »Glaub mir, es tut mir sehr leid für dich und Arthur.«

Die Wut verrauchte bei Julius fast ebenso schnell wie sie gekommen war. Marie hatte Recht – sie konnte nichts dafür. Er sollte zornig sein auf seine Mutter oder vielleicht auf seinen Vater. Aber Marie hatte damit nichts zu tun.

Julius wechselte deshalb das Thema. »Was war denn so wichtig, dass du es gleich Franziska erzählen wolltest?«, fragte er.

»Ich war heute Nachmittag beim Ferienprogramm der katholischen Kirche im Kloster Waldbronn. Warst du schon mal dort?«

»Klar, jeder war schon mal in dem alten Kartäuserkloster, was soll daran schon besonders sein?«

»Wir hatten viel freie Zeit, und deshalb bin ich in die Bibliothek gegangen, um zu fragen, ob ich mir einige der Bücher anschauen darf. Diese alten Schinken, die irgendwelche Mönche vor hunderten von Jahren von Hand geschrieben haben, das finde ich faszinierend.«

»Da hast du Recht, mir geht das auch so. Aber worauf willst du hinaus?«

»Stell dir vor, der Bibliothekar hat mir ein paar der ältesten Bücher gezeigt. Sie erzählen meist von religiösen Dingen, viele sind einfach nur kunstvoll gemachte Bibeln. Aber es war auch eine historische Chronik unserer Gegend dabei. Da steht drin, wie das Kloster aufgebaut wurde, wie Lässingen zur Stadt erhoben wurde, wie im Dreißigjährigen Krieg alles verwüstet worden war und kaum noch ein Mensch hier gelebt hat. Der älteste Eintrag ist aus dem Jahr 1167, und über viele Jahrhunderte haben immer wieder andere Mönche die Chronik fortgeführt. Alles ist auf Latein, aber der Bibliothekar hat mir einiges übersetzt. Wobei: sein Latein war ziemlich schlecht, wie ich fand. Er hat ganz schön gestammelt.«

»Interessant, aber ich verstehe immer noch nicht, was du mir eigentlich sagen willst.«

»Jetzt hör mir halt zu, anstatt mich dauernd zu unterbrechen.« Marie schnaufte. »Es sind in dem Buch immer noch viele Seiten frei. Aber ganz am Ende hat einer der Schreiber einige Seiten wieder beschrieben – es ist auch eine Chronik, aber eine Chronik, die von Ereignissen in der Zukunft erzählt. Es sieht aus wie eine Spielerei eines Mönches, der zu viel freie Zeit hatte. Aber eine Stelle hat der Bibliothekar mir übersetzt, weil er sie so kurios fand. Dort steht geschrieben, dass ein sehr alter Mann eines Tages im Heiligental eine hohe Mauer aus flüssigem Stein bauen werde und das Tal in den Wassern der Bäche verschwinden werde.«

Julius sagte nichts mehr, so erstaunt war er. »Der Mönch redet von unserem Staudamm, oder?«, fragte er schließlich stammelnd.

»Genau. Der Bibliothekar hat von dem Staudammprojekt in der Zeitung gelesen und sich an diese Zeilen erinnert, die er vor langer Zeit einmal gelesen hatte. Er hat sich richtig gefreut, dass ihm jemand zugehört hat.« Marie machte eine Pause, dann fragte sie: »Julius, glaubst du, dass das etwas zu bedeuten hat? Ist ja schon komisch, dass jemand vor Jahrhunderten so etwas hinten in ein Buch reinschreibt.«

»Weiß man denn, aus welcher Zeit der Eintrag stammt?«

»Nein, nicht genau jedenfalls. Der Bibliothekar hat nur gesagt, dass die Schrift einer anderen sehr ähnelt, die ziemlich am Anfang des Buches auftaucht. Dann würde das für das elfte oder zwölfte Jahrhundert sprechen. Aber anscheinend haben die Mönche mit einer sehr stilisierten Schrift geschrieben, so dass man die Handschriften nicht genau unterscheiden kann.«

»Wahrscheinlich handelt es sich um einen Zufall. Woher soll ein Mönch, der vor achthundert Jahren gelebt hat, wissen, dass heute ein Staudamm gebaut werden soll. Das kann ich mir nicht vorstellen. Stand denn noch irgendetwas anderes dabei?«

»Ja, schon. Es war sicher noch eine ganze Seite in dem Buch beschrieben. Aber ich musste zurück zu meiner Gruppe. Ich kann deshalb nicht sagen, wie es weiterging.«

»Und der Bibliothekar? Er kannte die weiteren Passagen doch sicherlich schon?«

»Nein, nicht wirklich. Es sei schon viele Jahre her, dass er die Seiten gelesen habe, und es war ihm nur diese eine Stelle mit dem flüssigen Stein wieder eingefallen, als er die Zeitung gelesen hatte. An den Rest konnte er sich nicht erinnern, und zum Übersetzen fehlte die Zeit.«

»Na ja, ich weiß auch nicht so recht, ob das wichtig ist. Selbst wenn es eine Prophezeiung wäre: Dass ein Staudamm gebaut werden soll, wissen wir schließlich ohne diese Chronik. Was hat denn Franziska dazu gesagt?«

»Sie fand das sehr seltsam, aber sie musste schnell weg. Wir haben deshalb gar nicht richtig darüber gesprochen.«

»Gut, wir bleiben in Kontakt. Und vergiss nicht, meiner Mutter Bescheid zu geben.«

»Ja, das mache ich. Und Julius …?«

»Was ist?«

»Ich habe ein komisches Gefühl bei der Sache. Am liebsten würde ich gleich morgen nochmals ins Kloster fahren. Der Bibliothekar hat mir gesagt, ich könne jederzeit wiederkommen. Er ist ein bisschen ein Kauz, aber sehr nett.«

»Jetzt warte erst mal ab. Im Moment sind andere Dinge wichtiger.« Julius dachte vor allem daran, dass sie mit Michael über Kilian sprechen mussten. Wenn sie den Wilderer dingfest machen konnten, waren sie womöglich einen entscheidenden Schritt weiter. Marie fragte nicht nach, und so setzte Julius nur hinzu: »Vielleicht komme ich dann sogar mit. Alte Bücher finde ich auch ziemlich spannend.«

Später trafen sich Julius und Arthur in der Waldburg. Arthur tat Maries Geschichte schnell als dummes Zeug ab, und Julius wurde das Gefühl nicht los, dies lag mehr an Marie als an der Geschichte. »Bücherkram, mit dem kommen wir nicht weiter«, meinte Arthur nur. Er hatte in der Zwischenzeit mit Michael vereinbart, dass sie morgen Kilian zur Rede stellen wollten. »Wir treffen uns am Nachmittag am Holzplatz. Da sind wir ungestört.« Was sie wegen Erik unternehmen wollten, blieb dagegen offen – sie waren beide ratlos und hofften deshalb darauf, dass ihnen ihre Mutter weiterhelfen konnte. »Franziska ruft mich morgen sicher zurück«, sagte Julius.

Es dämmerte schon, als Julius zurück zum Forsthaus ging. Arthur wollte noch kurz zurückbleiben, um die Burg und seine Sammlung durchzuschauen. Das Licht, das er gesehen hatte, ließ ihn nicht los, und von irgendwo musste es schließlich ausgehen. Aber obwohl er in alle Ecken sah und jeden Stein mehrmals in der Hand umdrehte, konnte er nichts entdecken. Achselzuckend verschloss er das Häuschen und machte sich auf den Heimweg.

Julius war in der Zwischenzeit zuhause angekommen. Er sah, dass nur in Eriks Büro Licht brannte; vermutlich wird er über irgendwelchen Plänen sitzen, welches Holz wann aus dem Wald geholt und zu welchem Preis an welches Sägewerk verkauft wird, dachte Julius. Auf dem Weg in sein Zimmer überlegte Julius, ob er einfach hinaufgehen und sich ohne Gruß schlafen legen sollte; Erik war so seltsam gewesen am Nachmittag, dass Julius keine große Lust verspürte, mit ihm zu sprechen. Doch dann gab sich Julius einen Ruck und wollte gerade an die Tür klopfen, als er von drinnen ein leises Stöhnen hörte. Julius erschrak. Er stieß die Tür auf und was er sah, ließ ihn erstarren: Erik lag gekrümmt neben seinem Schreibtisch auf dem Boden; er schien von Schmerzen geschüttelt, denn immer wieder verkrampfte sich sein Körper in kurzen stakkatoartigen Bewegungen. Unverständliche Laute drangen aus seinem Mund, die sich abwechselten mit tiefem Stöhnen. Er muss vom Stuhl gekippt sein, durchfuhr es Julius, und er sprang hinzu, kniete sich neben seinen Vater nieder und rüttelte ihn sanft an den Schultern.

»Erik, hörst du mich? Kannst du mich verstehen? Was ist mit dir?« Eine Welle der Angst schoss durch ihn hindurch. Was war nur passiert? Was sollte er tun?

Erik reagierte zunächst nicht. Erst als Julius ihn auf den Rücken drehte und ihm direkt in die Augen sah, schien Erik aus großer Ferne in seinen Körper zurückzukehren und seinen Sohn wahrzunehmen.

»Was ist mit dir?«, rief Julius noch einmal.

»Julius«, stieß Erik hervor, »hilf mir, mich ins Bett zu bringen. Hilf mir, bitte«, presste er hervor.

»Ich rufe den Notarzt an, du brauchst einen Arzt.«

»Nein, keinen Arzt, es wird bald wieder besser werden«, sagte Erik. Jedes Wort bereitete ihm Mühe. »In der Schublade, ganz oben, da ist ein Fläschchen. Hol das …«.

Julius schaute sich um. »In welcher Schublade? Vom Schreibtisch?«

Erik nickte matt. »Ja, im Schreibtisch …«

Julius riss das Fach auf und wühlte in der völlig unaufgeräumten Schublade herum. Ein Fernglas, ein Taschenmesser, eine Gebrauchsanweisung für einen Kompass, weiter hinten tatsächlich auch Tabletten in Blisterpackungen – und da, ganz hinten, ein

kleines braunes Gläschen mit einem Schraubverschluss.
»Ich habe es, Erik. Soll ich dir das geben?«
Erik nickte. »Zehn Tropfen, gib mir zehn Tropfen.«
Julius rannte, so schnell er konnte, in die Küche hinunter, um einen Teelöffel zu holen. Seine Hände zitterten so, dass er Angst hatte, die Flüssigkeit zu verschütten. Es war eine dunkelbraune, fast schwarze Flüssigkeit, die auf den Löffel tropfte. Dann hob er Eriks Kopf ein wenig an und flößte ihm die Tropfen ein.
»Gleich wird es besser gehen«, sagte Erik leise. »Lass' mich noch kurz hier liegen, dann bringst du mich ins Bett, ja?«
Julius nickte. Dann nahm er die Hand seines Vaters und drückte sie, während ihm Tränen über die Wangen liefen. Wo war Arthur nur? Noch niemals in seinem Leben hatte er sich so alleine, so hilflos gefühlt. Was war nur mit seinem Vater – er schien ein todkranker Mensch zu sein, der zunehmend verfiel. Eine schwarze Ahnung schlich sich in Julius' Gedanken, die sich einnistete in seinem Gehirn und alles in ihm verfinsterte. Würde sein Vater sie bald auch verlassen, anders als ihre Mutter, aber doch verlassen?
Erik drückte mehrmals Julius' Hand, um ihm zu signalisieren, dass er es jetzt mit dem Aufstehen versuchen wollte. Julius wischte sich die Tränen mit dem Ärmel weg und unterstützte seinen Vater, der sich langsam aufsetzte, sich am Schreibtischstuhl auf die Knie mühte und dann schwerfällig auf die Beine kam.
»Hilf mir ein wenig beim Gehen«, bat er seinen Sohn.
»Soll ich nicht doch einen Arzt anrufen?«, fragte Julius noch einmal.
»Nein, bitte nicht. Ein Arzt kann mir nicht helfen. Ich muss schlafen. Morgen wird es mir ein wenig besser gehen.«
Schritt für Schritt geleitete Julius seinen Vater hinunter in dessen Schlafzimmer im Erdgeschoss. Es dauerte eine halbe Ewigkeit. Endlich waren sie am Bett angekommen, und Erik ließ sich hinabsinken und zog die Decke über seinen Körper, der immer noch zuckte.
»Hol mir noch eine Decke, Julius. Mir ist kalt«, sagte Erik.
Lange saß Julius noch am Bettrand und schaute seinen Vater an. Erik war so entkräftet, dass er nach wenigen Minuten eingeschlafen war. In seinem Körper aber rumorte es weiter, wenn zum Glück auch stetig weniger. Die spastischen Krämpfe ließen nach, und auch das Abbild der Schmerzen wich allmählich aus Eriks Gesicht. Die Tropfen schienen tatsächlich eine Wirkung zu besitzen. Ein wenig Hoffnung kehrte in Julius zurück, und doch wünschte er sich, dass endlich Arthur zurückkommen würde. Sollte er ihn holen?
Schließlich entschied Julius, sich neben Erik ins große Ehebett zu legen, damit er es gleich bemerken würde, falls der Anfall zurückkehren würde. Er wollte nur schnell noch im Büro die Tropfen holen, denn vielleicht bräuchte er sie heute Nacht noch einmal. Als er oben das Fläschchen verschloss, fiel sein Blick auf ein kleines Buch, das

65

offen auf dem Schreibtisch lag. Erik musste darin gelesen haben, bevor er zu Boden gefallen war. Es war ein altes Buch, in Leder gebunden, das längst fleckig geworden und an manchen Stellen aufgesprungen war. Julius strich über die gewellten Seiten – sie bestanden aus dickem holzigem Papier, wie er feststellte, und sie waren schon so häufig umgeblättert worden, dass die Ecken dennoch ausgefranst und verschlissen waren.

Er versuchte zu lesen, was auf den Seiten stand. Doch es gelang ihm nicht. Es war kein Latein, es waren nicht einmal lateinische Buchstaben. Es waren lediglich kleine Striche, die in für ihn unverständlicher Weise neben- und übereinander standen oder sich kreuzten und berührten. Julius schlug die erste Seite auf, weil er dort auf eine Erklärung hoffte.

Doch das Buch besaß keine Überschrift.

3. Der letzte Luchs

Arthur hatte sich anders entschieden. Er war nicht zum Forsthaus zurückgegangen, nachdem er die Waldburg abgesperrt hatte, sondern war weiter hinein in den Wald marschiert, Richtung Steiner Sattel. Bald hatte er zu rennen begonnen, denn eine innere Unruhe trieb ihn vorwärts. Schon nach kurzer Zeit kam er am Sattel an, wo er nur eine Minute innehielt, um zu Atem zu kommen. Es war dunkel geworden in der Zwischenzeit, aber Arthur hätte den Weg mittlerweile fast mit verbundenen Augen gehen können, so oft war er in den vergangenen Jahren hinüber gewandert zum Heiligensee, alleine, mit Erik, mit der ganzen Familie. In dieser Zeit hatte er ohne wirkliches Zutun Wegmarken festgelegt, die ihm anzeigten, welche Passagen er schon hinter sich hatte und wie lange es noch bis zum See dauern würde. Da war die alte Hutebuche, unter deren ausladendem Blätterdach Arthur immer gerne eine Pause einlegte. Früher hatten die Auener ihre Schweine im Sommer heraufgetrieben, die sich von den Bucheckern ernährten und alle neuen Pflänzchen wegbissen. So war eine einzeln stehende, sicher zweihundert Jahre alte Buche übrig geblieben, deren braunes Laub einen dicken weichen Teppich bildete. Arthur liebte es, langsam hindurchzugehen und dem seidenen Rascheln der Blätter zuzuhören. Da war die kleine Quelle, die aus dem Hang trat. Ein Förster vergangener Zeiten hatte sie gefasst; jetzt lief das Wasser aus einem Stahlrohr in einen großen ausgehöhlten Baumstamm und von dort quer über den Weg weiter den Berg hinab. Gerade in so stillen Nächten wie heute konnte Arthur das Plätschern des Wassers schon von weitem hören. Es war ein magischer Klang – das Wasser, das Urelement, der Ursprung allen Lebens, verkündete in der Dunkelheit von seiner sanften Kraft. Und da war, schon jenseits des Steiner Sattels, jene kleine Höhle, in der sie bei Regen oft Schutz suchten. Man musste vom Weg nur wenige Schritte weg eine kleine Karstrinne hinaufgehen. Dort am Ende hatten das Wetter und der Winter im Laufe der Zeit eine Ausbuchtung ausgewaschen, die so niedrig war, dass selbst Arthur sich bücken musste, um hineinkriechen zu können. Nach wenigen Metern endete der Gang bereits.

An keinem der drei Orte hielt Arthur heute an. Er wollte weiter, in der Hoffnung, seinem Luchs erneut zu begegnen, ohne dass er dieses Mal wieder verscheucht wurde. Eine innere Stimme sagte ihm, dass Ragnar etwas von ihm gewollt hatte, und Arthur drängte es herauszufinden, was es war. Eine große Aufregung überkam ihn, als er schon nach einer guten Stunde schwer atmend aus dem Wald trat und der See und die

Lichtung vor ihm lagen. Arthur ging am Waldrand entlang hinüber zu dem Lager, das er vor drei Tagen hier gebaut hatte. Alles stand noch, wie er es verlassen hatte: die Kuhle mit dem verwelkten Laub und die schräge Abdachung mit dem Reisig, die ihn vor Wind und Regen schützen sollte. Er würde bei Gelegenheit wiederkommen, dachte er, richtiges Werkzeug mitbringen und das Lager so ausbauen, dass er es immer mal wieder benutzen konnte. Es war ein guter Platz, im Wald versteckt und doch mit guter Sicht über die Wiesen und den Heiligensee.

Arthur suchte mit den Augen die kleine Erhebung, auf der Ragnar gesessen hatte. Sie war leer, und überhaupt konnte Arthur kein lebendes Wesen auf der freien Fläche rund um den See erkennen. Nur die Bäume auf der Insel wogten leise im Wind. Kurz fühlte er Enttäuschung aufsteigen, doch dann beschloss er, weiter ins Tal hineinzugehen, hinauf zum Rat der Weisen. Dort hatten die Wilderer das junge Weibchen erschossen. Später konnte er hierher zurückkehren und notfalls erneut sein Lager benutzen und dort die Nacht verbringen. Das würde die Kluft zwischen ihm und Erik weiter vergrößern. Aber Arthur tat dies alles in dem unbestimmten Gefühl, seinem Vater zu helfen – auch wenn er nicht einmal ansatzweise wusste, auf welche Weise dies gelingen könnte. Die Wilderer, der Staudamm, die Krankheit seines Vaters. Hing das nicht alles irgendwie zusammen, überlegte er, ohne eine Antwort zu finden.

Er wollte gerade über die Wiesen zu dem Pfad hinübergehen, der hinaufführte zum Talschluss, als er im Wald ein Geräusch hörte. Es war nicht das Knacken eines Zweiges gewesen, nicht das Kullern eines Steines – Arthur konnte kaum sagen, welchen Ursprungs das Geräusch war, so fein erschien es ihm. Er blieb stehen und blickte zwischen den Bäumen angestrengt hindurch, doch es war zu dunkel, um etwas zu erkennen. Vielleicht hatte er sich getäuscht, dachte Arthur, und nahm seinen Weg wieder auf. Er beschleunigte den Schritt und war bald wieder in dem Trab, in dem er von der Waldburg hierher gekommen war. Die Lichtung lag hinter ihm, leicht bergauf rannte er den Pfad entlang, als er rechts von sich zwischen den Fichten erneut ein Geräusch vernahm und nun, als er hinüber blickte, auch einen Schatten zu erkennen glaubte. Eine freudige Erregung erfasste ihn. Es schien ihm, als sei er eins mit diesem Wald, als verschmelze er mit der Dunkelheit der Nacht, als verschmelze er mit allen Wesen im Wald. Es waren diese seltenen Momente des Glücks, ja der Seligkeit, die ihn immer wieder in die Natur hinaus zogen. Nur hier war der Mensch ganz. Es war, als erinnere man sich an jene Zeit, als der Mensch sich seiner selbst noch nicht bewusst war und Mensch und Natur noch nicht geschieden waren.

Ragnar trat nun aus dem Wald auf den Pfad, machte noch ein paar kurze Schritte und blieb vor Arthur stehen. Den Kopf leicht erhoben, den linken Vorderfuss wie zum Sprung nach vorne gestellt, den kurzen Schwanz waagerecht ausgestreckt – eine große Spannung war in dem Tier zu erkennen. Lange schauten sich Arthur und Ragnar in die Augen und beobachteten sich; beide wollten noch einmal prüfen, ob sie wirklich nichts voreinander zu befürchten hatten. Arthur zeigte, zum Zeichen seiner Friedfertigkeit, die leeren Innenflächen seiner Hände vor. Ragnar verharrte unbeweglich, doch dann öffnete sich sein Maul, und das Tier begann mit kehliger, aber klar zu verstehender Stimme zu sprechen: »Es ist gut, dass du gekommen bist, kleiner Mensch. Ich habe auf dich gewartet.«

Arthur blieb vor Überraschung der Mund offen stehen. Mit allem hatte er gerechnet – damit, dass der Luchs ihn suchen würde, dass er ihn nicht angreifen würde, dass er ihm vielleicht sogar etwas zeigen wollte. Aber nicht damit, dass der Luchs sprechen konnte. Das war doch gar nicht möglich, so etwas gab es nur im Märchen.

»Wundere dich nicht«, sagte Ragnar, als hätte er die Gedanken Arthurs erraten. »Du wirst noch häufig staunen, bis ich dir alles erzählt habe über diesen Wald und seine Geheimnisse.« Ein leises Knurren beendete diesen Satz, das aber nichts Bösartiges an sich hatte; Arthur erkannte daran lediglich, dass es für Ragnar ungewohnt war, die Menschensprache im Maul zu führen und dass er immer mal wieder für einen Augenblick in die Sprache der Luchse zurückfiel.

Nur langsam löste sich Arthur aus seiner Erstarrung. »Entschuldige, ich glaube immer noch, ich befinde mich in einem Traum. Wie kann es sein, dass ein Luchs auf einen Menschen zugeht? Dass ich keine Angst vor dir habe? Und dass du sogar sprechen kannst?«

»Das sind viele Fragen für den Anfang. Aber du wirst bald noch mehr davon stellen. Hör zu: Ich habe mich nach langem Überlegen entschlossen, deine Nähe zu suchen und dich anzusprechen. Denn wir sind alle in großer Gefahr – die Luchse, der ganze Wald und auch ihr, dein Vater und du selbst, kleiner Mensch.«

Ragnar machte einen Satz auf einen Felsen. Dort setzte sich der Luchs in aller Ruhe auf die Hinterläufe. Wie majestätisch er da saß, dachte Arthur. Und wie schön er war mit seiner reinen, weißen Brust.

»Dieses Tal gehört den Luchsen und dem Wald, seit die Zeit begann. Doch nun kommen Menschen, um den Luchsen nachzustellen und um sie zu töten. Und sie haben ihr Ziel fast erreicht.« Der Luchs machte eine kurze Pause, denn was er dann sagte, fiel ihm schwer: »Es gibt keine anderen Luchse mehr im Heiligental. Ich bin der Letzte meiner Art. Diese Menschen seien verflucht, denn sie ehren den Boden nicht, der sie hervorgebracht hat. Aber ich weiß, dass nicht alle so sind wie die Jäger des Luchses. Deshalb komme ich zu dir.«

Arthur war wie benebelt; er verstand so wenig von dem, was Ragnar ihm sagte.

»Wo sind sie alle hin, die vielen Luchse? Ist das alles das Werk der Wilderer?«, fragte er schließlich.

»Ja, sie haben viel mehr ermordet als ihr wisst. Viele Körper habt ihr gar nicht gefunden.«

Arthur überkam eine große Traurigkeit. So weit war es also gekommen. Aber ihn beschäftigte eine andere Frage, die er unbedingt loswerden musste:

»Du sagst, du kommst zu mir? Wie kommst du ausgerechnet auf mich?«

»Du liebst diesen Wald, fast ebenso wie wir es tun. Das haben wir immer gespürt, wenn wir dich beobachtet haben. Wir waren uns schon häufig nah, auch wenn du unsere Gegenwart nicht bemerkt hast. Vor allem aber bist du der Sohn des großen Waldmenschen, der unser Freund war und der nun krank ist und Heilung sucht.«
»Ich verstehe nichts, Ragnar. Was weißt du von meinem Vater? Wieso kannst du sprechen? Und wie sollte ich dir helfen können?«
Der Luchs straffte sich, und aus seinen Augen sprach eine große Überraschung.
»Ragnar? Wieso nennst du mich Ragnar?«, knurrte er.
»Entschuldige«, sagte Arthur, »das ist mir herausgerutscht. Als ich dich vorgestern zum ersten Mal sah, kam mir dieser Name in den Sinn. Ich finde, er passt gut zu dir, denn er drückt Stärke, Wildheit und Mut aus. Aber ich hätte den Namen nicht ohne dein Einverständnis benutzen dürfen. Wie heißt du wirklich?«
»Dies ist mein richtiger Name – aber du hast ihn eigentlich nicht kennen können. Das ist eigenartig, sehr eigenartig.«
»Vielleicht habe ich das Wort irgendwo aufgeschnappt«, versuchte Arthur eine Erklärung.
»Nein«, antwortete Ragnar. »Das zeigt nur ein weiteres Mal, wie richtig es war, dich aufzusuchen. Du scheinst besondere Fähigkeiten zu besitzen.«
»Dann darf ich dich also tatsächlich Ragnar nennen? Und ich heiße Arthur.«
»Natürlich darfst du mich Ragnar nennen, kleiner Mensch namens Arthur.«
»Könntest du mir nun die ganze Geschichte von Anfang an erzählen – warum du sprechen kannst, und woher du von der Gefahr durch den Staudamm weißt?«
»Ja, du hast Recht. Du kannst von dem allesamt nichts wissen. Also, hör zu. Dieses Tal ist gesegneter Boden. Vor langer Zeit schworen Tiere, Bäume und Menschen in diesem Tal einen Eid, dass sie sich gegenseitig achten und in Frieden miteinander leben würden. Zum Zeichen ihrer Freundschaft schufen sie drei Figuren, die magische Kräfte haben. Sie sehen aus wie ein Baumstamm mit dreifacher Krone – ein Menschengesicht, ein Tierkopf und eine Baumkrone sind an den Seiten zu erkennen.«
Er zeichnete mit der Vorderpfote einen etwa handtellergroßen Strich in den Sand und machte drei Erweiterungen oben.
»Wer eine dieser Figuren besitzt, kann Krankheiten heilen, das Wesen der Dinge erkennen und Liebe begründen – aber auch Krankheiten auslösen, blinden Hass säen und Menschen beherrschen. Doch seit vorerdenklichen Zeiten weiß niemand mehr, wo sich diese Figuren befinden. Seit sie verschwunden sind, herrscht Zwietracht zwischen den Menschen und der Natur. Auch wir Tiere haben den Ort, wo unsere Figur aufbewahrt wurde, vergessen – das Wissen ging unter in den Zeiten, als wir alle nur noch auf der Flucht vor den Menschen waren und beinahe ausgerottet wurden. Wir alle kämpften damals ums Überleben; es war keine Zeit, um alte Geschichten zu erzählen. Und die Bäume, sie sprechen schon lange nicht mehr. Seit Jahrhunderten sind sie stumm.«

Arthur konnte kaum glauben, was er hörte. Er hatte sich am Wegrand niedergelassen und lauschte den Worten Ragnars, die wie eine Beschwörung durch die Nacht hallten.
»Es gab eine Zeit, als Menschen, Tiere und Pflanzen in Eintracht miteinander lebten?«, fragte er leise. »Das muss wunderbar gewesen sein.«
»Das war es vermutlich«, sagte Ragnar. »Aber niemand von uns hat diese Zeit erlebt.«
»Und was bedeuten diese drei Figuren nun?«
»Einer der Menschen muss eine Figur wiedergefunden haben. Wir Luchse haben schon lang gespürt, dass die Stele Kräfte aussendet. Vielleicht stellten die Wilderer uns deshalb nach. Doch es sind böse Kräfte; der Mensch hat die dunkle Seite der Figur geweckt. Seither sind wir unseres Lebens nicht mehr sicher. Leider weiß auch ich nicht, wer die Wilderer sind. Ich bin ihnen nicht auf die Schliche gekommen.«
Ragnar schwieg einen Moment. Dann sagte er:
»Aber ich bin nicht allein deswegen zu dir gekommen. Ich wollte dir vor allem sagen, dass dein Vater von der bösen Kraft dieser Figur beherrscht wird. Diese Kraft fließt durch alle seine Adern und tötet seinen Lebenswillen. Er war unser Freund, und deshalb will ich dir sagen: Du musst ihm helfen, sonst stirbt er. Und zwar bald.«
Arthur erschrak. Das war es also, was Erik so verändert hatte. Ein dunkler Geist hatte sich seiner bemächtigt und zog ihm alle Energie aus dem Körper.
»Was kann ich tun, um meinem Vater zu helfen? Ich bin doch nur ein Junge.«
Ragnar schüttelte kaum merklich den Kopf, begleitet von einem leisen Fauchen. »Du bist kein kleiner Junge, du hast das Herz eines Luchses. So wie dein Vater es früher auch hatte. Du musst die Figur finden und sie dem Besitzer wegnehmen, um den Bann zu brechen, der auf deinem Vater lastet. Aber sei vorsichtig, denn die Figur ist mächtig – sie wird deine Absicht erkennen und ihren Besitzer warnen.«
»Aber … wer ist denn ihr Besitzer?«
»Das wissen wir nicht mit Bestimmtheit. Aber es ist vermutlich derselbe, der auch den Wald bedroht. Es kann nicht anders sein.«
»Karl Zoller!«, entfuhr es Arthur. »Er steckt also dahinter.«
»Zoller? Wer ist das?«
»Er ist der Bürgermeister vom Ort unten. Und er ist es auch, der den Staudamm bauen will. Das ganze Tal soll geflutet werden – wusstest du das?«
Ragnar schwieg einen Moment. »Nein, das wusste ich nicht«, sagte er leise, und Arthur schien einen kurzen Anflug von Resignation in der rauen Stimme zu hören. »Wir haben nur gespürt, dass bald nichts mehr so sein wird wie bisher. Das ist eine schlechte Nachricht in einer Kette von schlechten Nachrichten. Wann soll es soweit sein?«
»Die Bauarbeiten werden in wenigen Tagen beginnen. Schon in wenigen Monaten soll die Barriere fertig sein und das Tal langsam geflutet werden. Wir haben nicht mehr viel Zeit.«
Ragnar sagte nichts. Diese Neuigkeit schien ihn tief zu treffen.

»So bald? Das hätte ich nicht gedacht«, meinte er dann.
Er sprang von dem Felsen herunter und kam ganz nahe zu Arthur heran, der sich auf die Knie niederließ und tief in die bernsteinfarbenen Augen Ragnars blickte:
»Versuche herauszufinden, ob Zoller die Figur besitzt. Das ist jetzt das Allerwichtigste.«
»Ich werde es tun. Aber du sagst selbst, dass es sehr schwer werden wird. Ich weiß nicht, ob ich es schaffen werde.«
Ragnar nickte. »Als Luchs kann ich nicht aus dem Wald. Hier kann ich an deiner Seite kämpfen, und vielleicht wird es eines Tages dazu kommen. Draußen, jenseits des Waldes, könnten wir dir wenig helfen. Aber es gibt vielleicht etwas anderes, das dir Schutz geben kann.«
»Was meinst du?«
»Es ist etwas, das du schon längst besitzt. Es muss in deinem kleinen Haus im Wald verborgen sein, denn ich habe es manchmal dort leuchten sehen.«
Arthur war baff. »Es leuchtet?«, fragte er. »Ich habe das Licht auch einmal gesehen.«
»Es leuchtet immer dann, wenn es bereit ist, dir zu helfen. Es hat aber meines Wissens keine eigenen Zauberkräfte, sondern es verstärkt nur eine Eigenschaft, die bereits vorhanden ist. Kluge Menschen macht es klüger, hinterhältige Menschen macht es noch hinterhältiger. Es muss ein Stein sein. Mehr weiß ich nicht darüber. Die Geschichten der Alten sind immer weiter erzählt worden, aber in der Zeit der Verfolgung ist vieles von dem alten Wissen verloren gegangen. Was ich über den Stein weiß, habe ich vor einiger Zeit geträumt. Ich weiß deshalb nicht, ob es wirklich wahr ist.«
Der Luchs schüttelte leicht den Kopf, wie um sich aus tiefen Gedanken zu befreien.
»Aber jetzt geh'. Du wirst mich immer finden, wenn du mich finden willst.«
Ragnar stellte sich auf die Füße, und für einen Moment schien es Arthur, als würde der Luchs lächeln.
»Sag' mir noch – wie kommt es, dass du sprechen kannst? Dieser Wald scheint voller Wunder zu sein, so dass mich nichts mehr überraschen kann. Aber neugierig bin ich schon.«
»Es gibt eine besondere Quelle an einem besonderen Ort. Wer von diesem Wasser trinkt, vermag fremde Sprachen zu verstehen – und sie auch zu sprechen. Diese Quelle stammt aus der Zeit, als die drei Figuren gemacht wurden. Man hat erzählt, in jenem Wasser seien die Figuren gereinigt worden, nachdem der Meister sie geschnitzt hatte. Seither bewahrt diese Quelle einen kleinen Teil der Magie der Figuren. Aber ich habe keine Ahnung, ob diese Geschichte stimmt.«
»Würde auch ich die Luchse verstehen, wenn ich von diesem Wasser trinken würde?«
»Ja, das wäre so. Aber niemals würden wir die Quelle verraten. Und sowieso hält die Wirkung nur kurze Zeit an – dann verschwindet alles Verstehen wieder im Nebel zwischen den Arten. So, und jetzt geh' nach Hause. Ich habe dir schon mehr verraten als ich wollte. Und außerdem braucht dein Vater dich. Es geht ihm nicht gut.«

Arthur klopfte sich den Staub von der Hose und erhob die Hand zum Gruß.
»Danke, Ragnar. Ich bin stolz, dass du mich ausgewählt hast.«
»Das könnte sich schnell ändern«, sagte der Luchs leise knurrend. »Deine Aufgabe ist gefährlich. Aber es ist für uns alle wichtig, dass dein Vater wieder gesund wird. Er hat vielleicht das Wissen, den Wald zu retten. Ohne ihn …«. Ragnar machte eine Geste mit dem Kopf, auf die Bäume, auf Arthur und auf sich selbst deutend.
»Ohne ihn sind wir alle verloren.«

Als sich Arthur mitten in der Nacht dem Forsthaus näherte, hoffte er, sich unbemerkt ins Bett schleichen zu können. Doch er fand das halbe Haus erleuchtet vor – irgendetwas stimmte tatsächlich nicht, das hatte Ragnar richtig vorhergesagt. Auf der Eingangstreppe entdeckte er Julius, der auf der obersten Stufe saß, mit dem Oberkörper an die Säule gelehnt und offensichtlich schlief. Arthur berührte seinen Bruder nur sanft an der Schulter, da fuhr Julius hoch, und nachdem er einen Moment gebraucht hatte, um aus dem Nirgendwo des Schlafes wieder in der Gegenwart anzukommen, gab er Arthur mit großem Schwung eine klatschende Ohrfeige. Arthur war völlig überrascht und wollte gerade zum Gegenangriff übergehen, als Julius rief: »Wo bist du gewesen, du Idiot?! Du hast gesagt, du kommst gleich nach. Ich hatte solche Angst!« Er verdeckte sein Gesicht mit den Händen und begann wie ein kleines Kind zu schluchzen.
Arthur vergaß die Ohrfeige sofort und fragte nur, Schlimmes fürchtend, mit harter Stimme: »Was ist passiert, Julius? Sag mir, was ist passiert?«
Julius zog seine Nase hoch und versuchte, sich zu beruhigen. Das ganze Entsetzen, seinen Vater hilflos am Boden vorzufinden und sich selbst so ohnmächtig zu fühlen, hatte ihn noch einmal übermannt. Jetzt sprudelte es aus ihm heraus: »Erik ist heute Abend zusammengebrochen, aber ich sollte keinen Arzt holen. Ich habe mich so alleine gefühlt. Irgendwann habe ich es nicht mehr ausgehalten und habe mich hierher gesetzt, um auf dich zu warten. Warum bist du nicht gleich gekommen?« Wieder liefen Julius die Tränen über die Wangen.
Arthur erinnerte sich wieder an die Worte Ragnars. Die Kraft der alten Figur würde Eriks Lebenswillen töten. ›Er braucht dich jetzt‹, hatte Ragnar gesagt. Arthur war nicht bewusst gewesen, dass dieser Umstand so schnell eintreffen würde. »Was hast du dann getan?«, fragte Arthur, dem Impuls noch widerstehend, hineinzulaufen und nach Erik zu schauen.
»Ich habe ihn ins Bett gebracht. Er hatte irgend so ein Fläschchen mit Medizin, das hat er genommen. Danach wurde es etwas besser. Jetzt schläft er … Aber ich glaube, wir müssen etwas tun.«
»Ja, Julius, wir müssen etwas tun. Und ich weiß mittlerweile auch, was. Ich war am Heiligensee – und hatte dort eine unglaubliche Begegnung. Rate mal, mit wem.«
Er wartete Julius' Antwort nicht ab, sondern rannte jetzt hinauf in Eriks Schlafzimmer, um mit eigenen Augen zu sehen, wie es ihm ging. Erik schlief, und seine Atem-

züge waren ruhig und gleichmäßig. Doch in seinem Gesicht konnte Arthur lesen, was sein Vater zuletzt durchgemacht haben musste: Die Wangen waren schlaff und kraftlos, die Haut war trocken und rissig, und tiefe Schatten zeichneten sich unter den geschlossenen Augen ab. Eriks Mund stand leicht offen, und hin und wieder entglitt ihm ein leises Stöhnen, das wie aus einer anderen Welt herüberzukommen schien. Arthur setzte sich an den Bettrand und schaute seinen Vater lange an. Es war ein seltsames Gefühl, wie sich die Rollen umgekehrt hatten. Nun war der Vater der Schutzbedürftige, und Arthur und Julius mussten Verantwortung für ihn übernehmen. Sie mussten jetzt für ihn sorgen.

»Ich glaube, er wird erst einmal durchschlafen. Im Moment sollten wir ihn einfach in Ruhe lassen. Und morgen früh werde ich mit Michael telefonieren. Und dir erzähle ich jetzt, was ich erlebt habe.«

Die beiden Jungen schliefen noch lange nicht. Sie hatten so viel zu besprechen – Arthur erzählte vom sprechenden Luchs Ragnar und vom verzauberten Vater Erik, Julius führte seinen Bruder hoch ins Büro zu dem Buch mit den unverständlichen Zeichen. Es war, als seien sie in eine andere Welt getreten, und Arthur kam der Satz in den Sinn, den Erik häufig zu sagen pflegte: »Es ist nur ein dünner Nebel, der uns trennt von Dingen, die wir nicht begreifen.« Dieser Satz hatte nun eine ganz andere Bedeutung erhalten. Und beide spürten: Dies war erst der Anfang.

Michael hatte sich am nächsten Morgen sofort in seinen Wagen gesetzt, als Arthur ihm vom Zusammenbruch Eriks erzählte. Jetzt schob Michael seinen wuchtigen Körper in die Küche, und sogleich war der Raum mit seiner beinahe greifbaren Wärme gefüllt. Es tat gut zu wissen, dass da jemand war, auf den man sich verlassen konnte.

»Ihr macht Sachen. Euch darf man wirklich keine Sekunde alleine lassen«, sagte Michael, nachdem die beiden ihm ihre Erlebnisse der vergangenen Nacht berichtet hatten. »Wenn ihr mich nicht mit so ernsten Augen anschauen würdet, würde ich euch kein Wort glauben.«

Als Erik oben aufwachte, standen sie alle um sein Bett herum und lächelten.

»Wie geht es dir heute Morgen?«, fragte Arthur erwartungsvoll.

»Besser«, meinte Erik und rieb sich den schmerzenden Nacken. »Es ist, als hätte ich mir gestern einen Vollrausch angesoffen. In meinem Kopf herrscht immer noch ein Tohuwabohu, und meine Glieder schmerzen, als hätte ich über Nacht Rheuma bekommen.«

»Soll ich dir einen Kaffee bringen?«, fragte Julius. »Und ich mache dir auch gerne ein Honigbrot dazu.«

»Was für eine Vorzugsbehandlung«, meinte Erik. »Habt ihr über Nacht einen Erste-Hilfe-Kurs samt psychologischer Patientenbehandlung absolviert?«, frage er scherzend. Seine Stimme war aber noch immer belegt, und man spürte, wie schwer ihm das Sprechen fiel.

»Wir möchten, dass du bald wieder gesund wirst«, meinte Julius: »Es sah recht ernst aus gestern Abend.« Dann rannte er hinunter in die Küche und kümmerte sich um das Frühstück für Erik.

»Es ist sicherlich nichts Ernstes, das war nur ein kleiner Schwächeanfall«, meinte Erik. Ganz offensichtlich wollte er die Sache herunterspielen. »Vielleicht habe ich zuviel gearbeitet in den letzten Tagen. Der Staudamm drückt mir doch etwas auf die Schultern, das muss ich zugeben.«

»Mach dir keine Sorgen«, meinte Michael. »Vielleicht ist es besser, du ruhst dich einige Tage aus. Ich kümmere mich schon um das Geschäft.«

»Ja, mal sehen, wie es mir später geht. Am liebsten würde ich gleich wieder hinaus in den Wald. Die Arbeit lenkt mich wenigstens ab.«

Michael nickte verständnisvoll. Er und die Jungen waren überein gekommen, Erik vorerst nichts von den bösen Kräften zu sagen, die Zoller auf ihn ausübte. Er sollte erst wieder auf die Füße kommen. Aber am Morgen hatten sie lange darüber diskutiert: Warum hatte Zoller gerade Erik in seine Fäden der Macht verstrickt, warum hatte er gerade ihn ausgeschaltet? Die einzige plausible Antwort für sie: Erik hätte sich unter normalen Umständen gegen das Staudamm-Projekt gewehrt, und deshalb hatte Zoller vielleicht in ihm den schärfsten Gegner vermutet. Vielleicht aber steckte noch mehr dahinter. Lange standen Michael, Arthur und Julius später vor dem alten Buch, das oben auf dem Schreibtisch lag. Es müssen Runen sein, murmelte Michael. Etwas Besseres kam ihm nicht in den Sinn.

Julius zuckte ungläubig mit den Schultern. »Wir könnten doch Erik ganz unschuldig fragen, was er da für ein tolles altes Buch auf dem Schreibtisch liegen hat. Das verrät uns schließlich nicht«, meinte Julius.

Doch als er kurze Zeit darauf nochmals ins Büro hineinlugte, war das Buch verschwunden. Es lag nicht mehr auf dem Tisch. Erik musste es, nachdem er aufgestanden war und sich angekleidet hatte, weggeräumt haben. Sie verzichteten deshalb darauf, ihn nach dem Buch zu fragen – er schien es lieber vor ihnen zu verstecken.

So blieb, bei aller Herzlichkeit zwischen den vieren, doch eine gewisse Distanz. Jede Seite verbarg ein Geheimnis und spielte der anderen etwas vor. Aber sie durften kein Risiko eingehen. Und Erik war ein Risiko, solange Zoller über ihn herrschte.

Erik hatte letztlich doch entschieden, sich zu schonen. Er wolle zuhause bleiben, verkündete er deshalb – er brauche aber keinen Aufpasser. Sollte etwas sein, werde er Michael auf dem Handy anrufen, versprach er. So ging am späten Vormittag jeder seines Weges, denn die Jungen hatten jedem eine Aufgabe zugeteilt. Julius wollte mit dem Fahrrad und dem Bus nach Lässingen in die Bücherei fahren. Vielleicht würde er dort etwas über die Runen herausfinden können. Michael hatte vor, gegen Abend mit Kilian auf Wildschweinjagd zu gehen. Dabei wollte er ihn zur Rede stellen. »Findest du das eine gute Idee?«, hatte Arthur noch eingewandt. »Du willst ihn als Wilderer entlarven, wenn er gerade ein Gewehr in der Hand hält?« Michael hatte aber abgewinkt – es sei ziemlich schwer, jemanden mit einem Gewehr zu erschießen, der direkt neben einem stehe, hatte er gelacht.

Arthur schließlich ging hinüber in die Waldburg, um nach dem magischen Stein zu suchen, von dem Ragnar gesprochen hatte. Lange saß er vor den Regalen und führte jeden Stein nahe ans Gesicht heran. Vielleicht konnte man an einem unscheinbaren Detail erkennen, dass eine größere Kraft in ihm steckte. Da war der handgroße Flusskiesel, dessen weißes Material in der Mitte einen Finger breit vom Wasser abgeschliffen worden war. Ein Stein mit Wespentaille – das war der Grund dafür gewesen, dass Arthur ihn an der Breitach mitgenommen hatte, als sie einmal einige Tage im Allgäu verbracht hatten. Da war der Stein aus den Dolomiten, den Arthur am Piz Boé gesammelt hatte. Er fand es faszinierend, dass dieser Stein auf fast dreitausend Metern Höhe aus abgestorbenen Korallen bestand, die vor Jahrmillionen in einem tropischen Meer gelebt hatten. Da war der tiefschwarz glänzende Obsidian, den Erik ihm aus Island mitgebracht hatte. Arthur hatte den Fundort mit dem seltsamen Namen auf einen Zettel geschrieben und auf den Stein geklebt: In Hrafntinnusker war dieses Lavagestein abgekühlt und hatte den glasartigen Obsidian gebildet, dessen Kanten so scharf waren wie ein Messer. Da war der bräunliche Stein, der die Form eines kleinen Dinosauriers hatte. Auf der Oberseite hatten sich gelbe Mineralien in kleinen Platten abgelagert; es sah aus, als seien es die Schuppen des Sauriers. Da war der Bergkristall mit seinen fünf in verschiedene Himmelsrichtungen strebenden Säulen. Er blitzte in allen Regenbogenfarben auf, wenn man ihn gegen die Sonne hielt. Ihn hatte Arthur am ehesten in Verdacht, der Stein der Steine zu sein, denn schrieb man dem Bergkristall nicht seit alters her Heilkräfte zu, und übte dieses durchsichtige Mineral nicht auf jeden Menschen eine große Faszination aus? Ein Stein, und doch so transparent wie Luft. Und da war der kleine schwarz schimmernde Turmalin, der auf der Vorderseite so glatt poliert aussah, als sei er von Menschenhand gemacht. Zwischen den schwarzen Teilen gab es helle Einschlüsse, die teilweise ebenfalls durchsichtig waren. Richtig gesprenkelt sah der Stein aus. Arthur hatte ihn am Ufer des Heiligensees gefunden, wo er zwischen normalen grauen Kieseln herausgefunkelt hatte. Arthur wollte den Stein schon wieder ins Regal zurücklegen, da erkannte er, dass der Turmalin im Sonnenlicht, das durch Tür und Fenster fiel, matt schimmerte. Einer Intuition folgend, legte er den Stein beiseite.

Arthur prüfte alle seine weiteren Steine. Zuletzt aber blieben nur der Bergkristall und der Turmalin übrig, die er als Träger des Lichts in Betracht zog. Er packte sie einzeln in eine alte Zeitungsseite ein und steckte beide in die Hosentasche. Es war besser, sie immer bei sich zu tragen, dachte Arthur.

Es dämmerte bereits, als Michael den Jeep am Ende der Forststraße unterhalb der Burg Hohenstein abstellte. Sie stiegen schweigend aus, schulterten ihre Bockbüchs-

flinten und wanderten noch etwa einen Kilometer weiter in den Wald hinein. Am Ende ging es weglos durch dunklen Tannenwald. Michael mochte solche Waldgegenden nicht besonders, denn das dichte Reisigdach ließ kaum Licht auf den Boden fallen – kein Kraut konnte hier mehr wachsen, selbst die untersten Zweige der Tannen waren dürr. Und so wirkte unter den Bäumen alles tot und abgestorben. Laubwald war ihm lieber. Nach einigen Minuten kamen Michael und Kilian zu einer kleinen Lichtung, die auf allen Seiten von Tannenwald begrenzt war; doch auf der Lichtung selbst war noch der letzte Schimmer der untergehenden Sonne zu spüren, der sich in den Schlehensträuchern und Hagebuttenbüschen verfing. Kilian war in den letzten Tagen mehrmals hier gewesen und hatte Bucheckern und Mais ausgestreut, um die Wildschweine anzulocken. Und er hatte eine spezielle Uhr für die Jagd aufgestellt, die an einer Schnur befestigt war und die immer dann stehenblieb, wenn ein Tier die Schnur beim Vorübergehen anzog. So wussten die beiden Jäger, dass die Wildschweine meistens gegen Mitternacht auf die Lichtung kamen. Um nicht von den intelligenten Tieren bemerkt zu werden, richteten sie sich aber frühzeitig auf ihrem Anstand ein. Der Hochsitz stand in der letzten Reihe der Tannen. Über eine steile grobe Stiege gelangten die beiden Männer von unten in den Korb. Ein braunes Tuch verdeckte die offene Vorderseite; so konnten sich die Jäger bewegen, ohne gleich vom Wild entdeckt zu werden. Erst wenn die Jagd beginnen sollte, wurde der Vorhang weggeschoben.
Kilian stieg behände voran, während Michael einige Mühe hatte, die Leiter hinaufzukommen. Die Sprossen ächzten unter seinem Gewicht. Oben angekommen, ließ sich Michael schnaubend auf die Bank fallen und meinte: »Na, nu stell mal die Gewehre in die Ecke; auf diese Anstrengung hin müssen wir erst mal einen Schluck trinken.«
Er setzte seinen Hut mit dem Saubart an der Schärpe ab und fächelte sich etwas Luft zu. Dann zog er einen silbernen Flachmann aus der Seitentasche seines grünen Jagdrocks, entstöpselte die Flasche und reichte sie Kilian: »Trink mal. Ein kleiner Schluck schadet der Zielgenauigkeit nicht.«
Kilian schaute ihn mit undurchdringlicher Miene an. Michael wurde einfach nicht schlau aus ihm. Auch bei dem Abend im »Hirsch« war es vor allem Michael gewesen, der erzählt und geredet hatte. Kilian hatte zugehört und hin und wieder ein eher mürrisches »Jaja« von sich gegeben. Von ihm selbst erfuhr Michael kaum etwas.
»Hast du schon immer im Wald gearbeitet?«, fragte Michael. »Ich meine, drüben im Osten, von wo du ursprünglich herkommst.«
Kilian schüttelte den Kopf und ließ sich Zeit mit der Antwort. »Nein, ich habe mal dies, mal das gemacht. Aber hier gefällt es mir jetzt«, sagte er mit einer Miene, die eher das Gegenteil vermuten ließ.
Kilian nahm einen Schluck aus dem Flachmann; der scharfe Schnaps brannte in seinem Mund und seiner Kehle. »Verdammt, was ist das denn für ein hartes Zeugs?«
Michael lachte leise. »Das ist bester heimischer Whiskey. Gebrannt unterhalb der Burg

Hohenstein im wunderschönen Auen. Nicht nur die Schotten können einen echten Single Malt machen. Ich liebe dieses Zeugs!« Er lachte nochmals und steckte den Flachmann wieder in seine Tasche zurück. »Das wird uns noch warmhalten heute Nacht, glaub mir.«

Dann saßen sie einige Minuten schweigend da. Nur hin und wieder schob Michael den Vorhang beiseite und spähte hinaus auf die Lichtung. Mittlerweile war es dunkel geworden. Draußen konnte man noch schemenhaft die Büsche und Bäume erkennen; drinnen im Hochsitz aber sah man kaum noch die Hand vor Augen. Das Gesicht des Kollegen verschwand für Michael zunehmend im Nichts. Dabei hätte Michael es bei dem Gespräch, das er jetzt plante, gerne im Blick gehabt, um reagieren zu können, wenn dies nötig werden sollte. Die Gewehre jedenfalls standen auf Michaels Seite, so dass Kilian zuerst an ihm vorbei musste, wenn der sich eines holen wollte. Doch dazu würde es nicht kommen, da war sich Michael ziemlich sicher.

»Wie viel hast du eigentlich in deinem früheren Job verdient?«, fragte Michael in beiläufigem Ton. »Ich meine, hat es sich wirklich finanziell gelohnt, deine Heimat zu verlassen?«

Die Antwort kam nicht sofort und eher widerwillig. »Klar hat es sich gelohnt«, meinte Kilian, »der Unterschied ist enorm.«

»Tatsächlich? Man sollte meinen, wir lebten mittlerweile in einem geeinten Deutschland, aber bei den Löhnen ist das wohl immer noch nicht der Fall. Wie viel macht das denn aus? Zwanzig Prozent?«

»Ne, das ist deutlich mehr. Das ist fast das Doppelte hier.« Kilian machte wieder eine Pause. »Ist schon ganz schön ungerecht, dass man für die gleiche Arbeit so ungleich verdient.«

»Wärst du lieber in Meißen geblieben? Wer lebt denn dort noch von deiner Familie?«

»Meißen ist wirklich schön. Die Elbe ist schon ein richtiger Fluss, und es gibt an manchen Stellen noch kleine Fähren, mit denen man übersetzt. Und das Land ist wenig besiedelt, die Wälder sind groß. Es macht Spaß, dort Forstarbeiter zu sein, auch wenn in dem Sandboden fast nur Kiefern wachsen.«

»Und deine Familie?«, hakte Michael nach.

Er erhielt keine Antwort.

»Entschuldigung«, sagte Michael deshalb, »ich will dich nicht ausfragen. Aber irgendwas muss man ja reden, wenn man eine ganze Nacht zusammen auf dem Hochsitz wacht. Sonst schlafe ich ein.«

»Geht klar«, meinte Kilian.

Michael schob den Vorhang ganz zur Seite. Jetzt würden auch die Schwarzkittel ihre Bewegungen in dem dunklen Korb nicht mehr erkennen. Nur noch leiser mussten sie jetzt sprechen – wobei Kilian lieber ganz schwieg. Er knüpfte seine Jacke zu, schlang beide Arme um den Körper, lehnte den Kopf an die Rückwand und versuchte etwas zu dösen. Erst nach einer Viertelstunde begann Michael wieder zu flüstern, und was er

sagte, kam so unvermittelt, dass Kilian sich abrupt aufrichtete: »Sag mal, Kilian, hast du eine Ahnung, wer die Wilderer sein könnten?«
»Warum fragst du mich das? Ich kenne hier kaum eine Menschenseele. Ich weiß das am allerwenigsten.« Seine Stimme war hart und abweisend.
»Ich dachte nur«, sagte Michael so ruhig wie möglich, »auch wenn dein Gehalt jetzt besser ist als früher – ein wenig dazuverdienen ist immer attraktiv.«
Der Satz hallte lange in dem dunklen Raum nach.
»Daher weht der Wind«, sagte Kilian schließlich, hörbar aus der Fassung gebracht. »Du willst mich also doch ausfragen – zuerst im Hirschen, und jetzt hier auf dem Hochsitz. Es ist halt wie immer: zuerst heucheln sie Freundschaft, und dann gehen sie auf dich los.«
»Ich gehe nicht auf dich los. Du bist ein tüchtiger Arbeiter. Aber ich will diese Wilderer fassen, und du bist leider nicht mehr unverdächtig. Wenn du etwas weißt oder etwas loswerden willst, dann ist jetzt die Zeit dafür gekommen.«
Kilian stand auf, Michael hörte das Holz ächzen. Schnell stellte er sich ebenfalls hin, um mit seinem massigen Körper den Weg zu verstellen.
»Wo willst du hin?«, fragte er barsch.
»Ich gehe nach Hause. Ich habe es satt, mich vor dir rechtfertigen zu müssen. Könnt ihr mich nicht einfach in Ruhe lassen? Habe ich nicht jeden Tag ordentlich meine Arbeit gemacht? Hast du jemals Grund zur Klage gehabt? Lass mich einfach in Ruhe. Der Rest geht dich nichts an.«
Michael drückte Kilian mit Bestimmtheit zurück auf die Bank und ließ seine große Hand auf dessen Schulter liegen – du bleibst hier, sollte sie besagen.
»Das stimmt, du machst deine Arbeit gut. Du kennst dich beim Holz aus, du denkst mit, und du bist ein verdammt guter Jäger. Ich mag dich eigentlich, obwohl du ein komischer menschenscheuer Kauz bist. Aber in dieser Sache gibt es ein großes Problem mit dir. Ich habe Grund zu der Annahme, dass du zu den Wilderern gehörst.«
»Du spinnst«, sagte Kilian nur. Seine Stimme war zornig, aber auch resigniert. Michael spürte an seiner Hand keinen Widerstand mehr, Kilian schien nicht mehr davonrennen zu wollen. Also tastete Michael nach seinem großen Rucksack und holte aus der Deckeltasche seine Taschenlampe. Wer Wildschweine jagen will, sollte kein Licht machen – aber das war Michael jetzt egal. Er wollte Kilian ins Gesicht sehen, und er wollte ein Geständnis von ihm. Also knipste er die Taschenlampe an, doch im Lichtkreis saß keiner, der wie ein ehrloser Luchsmörder aussah. Kilian hatte das Gesicht in seinen Händen vergraben, und er schluchzte leise vor sich hin. Michael tat er leid, doch er verdrängte dieses Gefühl und suchte im Rucksack nach dem großen Blatt Papier, auf dem der Abdruck des Stiefels zu sehen war.
»Zieh deinen linken Stiefel aus«, sagte er barsch. »Ich werde dir etwas zeigen.«
Kilian hob seinen Kopf und blickte ihn verständnislos an.
»Nun mach schon«, sagte Michael, »ich will das Profil deines Stiefels sehen.«

Er hielt das Papier Kilian direkt vor das Gesicht. »Schau her, das ist der Schuhabdruck von einem der Wilderer. Wir haben ihn oberhalb des Heiligensees gefunden, als die Wilderer wieder zuschlagen wollten; ich war nur fünfzig Meter von ihnen entfernt. Vielleicht war ich nur fünfzig Meter von dir entfernt, denn ich glaube zu wissen, dass du den gleichen Stiefel anhast.«

Kilian nickte matt, dann folgte er Michaels Aufforderung und zerrte an der Ferse seines Stiefels, bis dieser sich vom Fuß löste. Kilian stellte ihn auf den Kopf und hielt ihn direkt neben den Abdruck. Es war eindeutig – die Profile waren identisch.

»Du solltest mir jetzt die Wahrheit sagen«, forderte Michael den jungen Mann auf: »Was hast du mit dem Tod der Luchse zu tun?«

Kilian schniefte noch einmal, dann sagte er: »Ich gehöre nicht dazu. Ich schwöre es.«

Michael wartete ab, ob Kilian weitersprechen würde. Doch der schwieg.

»Dann beweise es«, meinte Michael hart. »Dann beweise mir, dass du unschuldig bist.«

»Wie soll ich das tun, verdammt? Ich weiß nicht, immer werde ich verdächtigt. Steht in meinem Gesicht etwa geschrieben, dass ich ein Verbrecher bin? In Meißen hat mich der Förster entlassen, weil er glaubte, ich hätte Holzdieben den Lagerplatz der besten Stämme verraten. Dann bin ich zu den Soldaten gegangen, doch wurde ich nach einem Jahr gebeten, mich nach etwas anderem umzuschauen. Ich war der beste Schütze in der ganzen Kompagnie, und also musste ich es sein, der die Kurzwaffen aus dem Panzerschrank geklaut hatte. Dann kam ich hierher, und nun glaubst auch du, dass ich Dreck am Stecken habe. Woran liegt das nur, kannst du mir das sagen?«

»Du bist ein Einzelgänger. Du bist misstrauisch, und du machst die Menschen misstrauisch. Aber in diesem Fall ist es anders: Dein Stiefel hat dich verraten.«

Wie zum Beweis nahm er Kilian den Schuh aus der Hand und stellte ihn in den Abdruck. Er würde wie angegossen passen.

Doch das tat er nicht, wie Michael mit Verblüffung feststellte. Der Abdruck war deutlich größer als Kilians Stiefel; die Stiefelspitze schaute auf dem Papier deutlich unter Kilians Schuh hervor. Auch Kilian erkannte, dass etwas nicht stimmte, und sprang auf. Die beiden Männer schauten sich an, auf eine Reaktion des anderen wartend. Schließlich dämmerte es Michael, und er fragte: »Welche Schuhgröße hast du?«

»Zweiundvierzig«, antwortete Kilian. »Und welche Schuhgröße ist das?«

»Ich weiß nicht, vermutlich vierundvierzig oder fünfundvierzig. Verdammt, daran habe ich nicht gedacht.«

Kilian riss Michael den Schuh aus der Hand und zog ihn wieder an.

»Und jetzt? Bin ich immer noch der Verbrecher? Bringst du mich immer noch zur Polizei?«

Michael war verdattert. »Ich glaube, ich muss mich bei dir entschuldigen. Du kannst in jener Nacht tatsächlich nicht der Wilderer gewesen sein. Es tut mir leid.«

»Diese Stiefel kann man in jedem Supermarkt kaufen. Immer günstig und in allen Größen vorrätig«, schrie Kilian.
»Es tut mir leid«, sagte Michael nochmals. Er versuchte Kilian zu beschwichtigen, aber gleichzeitig hatte er Verständnis dafür, dass der sich verletzt und gedemütigt fühlte. »Es sah so eindeutig aus.«
»Eindeutig!«, schrie Kilian. »Ja, es sieht immer eindeutig aus. Ihr macht es euch immer so leicht.«
Er versuchte, Michael zur Seite zu schieben. »Lass' mich jetzt gehen. Ich will gehen.«
Plötzlich kam Kilian ein Gedanke, und er hielt inne.
»Woher weißt du überhaupt, dass meine Stiefel dieses Profil haben? Wie kannst du das wissen?«
»Ich habe sie mir angesehen, als wir gestern beim Holzmachen waren«, antwortete Michael nicht ganz überzeugend.
»Ich habe die Schuhe den ganzen Tag nicht ausgezogen. Wie solltest du da das Profil erkennen können? Nein, jetzt wird mir alles klar: Die Sache mit dem Abend im Hirschen kam mir gleich komisch vor. Und bei mir im Keller war das Schloss abmontiert. Da steckst du doch dahinter, oder? Gib es zu, du hast einen Spion zu mir geschickt, um einen Beweis für deine Wilderer-Theorie zu bekommen.«
Michael sagte nichts, doch Kilian redete sich immer mehr in Rage. Er war wie von Sinnen.
»Wer ist jetzt der Verbrecher? Der, der sich ein Paar Stiefel gekauft hat, oder der, der in ein Haus einbricht? Weißt du was, Michael. Ich hatte geglaubt, du wärst anders. Ich hatte geglaubt, hier könnte ich endlich einmal einige Zeit bleiben. Aber auch das war nur eine Illusion.«
Er schubste Michael mit aller Kraft beiseite und kletterte hinunter. Dann rannte er davon, ohne sich noch einmal umzublicken.
»Kilian, bleib' da. Ich fahre dich zurück nach Auen.«
Niemand antwortete. Michael setzte sich seufzend auf die Bank und tastete nach seinem Flachmann. Er konnte einen Schluck gebrauchen. Denn tatsächlich fühlte sich Michael ziemlich elend. Er fühlte sich wie ein Schurke.

Julius hatte in der Bücherei nicht viel herausgefunden. Seine Hoffnung war auch nicht sehr groß gewesen. Denn er hatte die Zeichen in Eriks Buch nur kurz gesehen und hatte sie sich nicht so gut einprägen können, als dass er sie in Lässingen hätte mit den Runen vergleichen können, die er in einem Band über germanische Kulturen fand. Zumindest konnten sie nach seinen Studien nun sicher sein, dass die Abbildungen der Dolche in Kilians Keller und die Runen in Eriks Buch – falls es überhaupt welche waren – nicht aus derselben Zeit stammten, denn in Mitteleuropa wurden Runen erst ab etwa dem Jahr 600 nach Christus verwendet und dann auch nur für kurze Inschriften. Die keltischen Dolche waren fast tausend Jahre älter. Letztlich brachte sie diese Erkenntnis aber keinen Schritt weiter.

Julius war aufgeregt wie ein kleines Kind, als er und Arthur am späten Nachmittag über den Steiner Sattel zum See hinüberrannten – der Begriff Waldläufer hatte mittlerweile eine völlig neue Bedeutung für sie erhalten. Julius bestürmte ihn mit Fragen nach Ragnar, doch auf viele wusste Arthur selbst keine Antworten. Wie lange lebte Ragnar schon im Tal? Wie lange hielt die Wirkung des sprechenden Wassers an? Und war Ragnar einverstanden, dass Julius mit ihm kommen würde?

Dieses Mal hatten sie den Heiligensee noch nicht einmal erreicht, als Ragnar unvermittelt aus dem Wald auf den Pfad trat und vor ihnen stehen blieb. Als er ihre verdutzten Gesichter sah, meinte er nur: »Ich begleite euch schon lange durch den Wald. Meine Wege sind weit, und meine Ohren hören vieles, das noch weit entfernt ist.«

Julius hatte die Augen aufgerissen und war unwillkürlich einen Schritt zurückgetreten, als Ragnar so plötzlich vor ihm stand. Der Kopf des Luchses reichte ihm beinahe bis zur Brust. Ohne große Mühe hätte er den Jungen anspringen und umwerfen können; diese Kraft, aber auch die Erhabenheit im Blick des Tieres schüchterten Julius ein. Zumal Ragnar nun wieder dieses leise Knurren hören ließ, das, auch wenn es nicht bedrohlich gemeint war, auf Ragnars wilde Natur verwies. Der Respekt Julius' war Ragnar sicher.

Der trat aber noch einen Schritt vor und sagte freundlich: »Julius, ich freue mich, dich kennen zu lernen. Willkommen im Wald.«

Die Verblüffung des Jungen steigerte sich noch. »Woher kennst du mich?«, fragte er.

»Ich kenne dich, beinahe seit du geboren bist. Dein Vater hat euch so oft mitgenommen in den Wald; da seid ihr mir vertraut, auch wenn ihr mich nie gesehen habt.«

»Du hast uns beobachtet?«, fragte Julius nach, der zunehmend ruhiger wurde.

»Beobachten ist das falsche Wort. Es hört sich an, als ob ich euch in irgendeiner Weise verdächtigt hätte und euch nicht traute. Es war eher so, wie ein Freund der Familie auf die Kinder aufpasst, die das erste Mal alleine auf den Waldspielplatz dürfen.«

Arthur und Julius lächelten. »Und was ist mit Erik? Hast du ihn auch ›beschützt‹?« Arthur sprach das Wort so aus, als sei es nicht ganz treffend, aber als falle ihm der richtige Begriff nicht ein.

»Mit Erik ist es anders. Er weiß, wer ich bin. Ihn brauchte ich nicht zu beschützen.«

»Er hat mit dir gesprochen?«, fragte Julius. Er konnte kaum glauben, was Ragnar sagte.

»Ja, wir waren Freunde. Erik weiß alles, was ihr auch wisst – und noch viel mehr. Er hat mich oft um Rat gefragt, wenn es eine Veränderung in seinem Revier geben sollte. Erik besitzt etwas, was den meisten Menschen längst abhanden gekommen ist: Er hört die Stimme der Natur; er fühlt sich als Teil von ihr und nicht als ihr Beherrscher. Erik ist ein außergewöhnlicher Mann. Er war der Erste und Einzige in hunderten von Jahren, den die Luchse für würdig befunden haben, dass er von ihrer wahren Identität erfährt. Ihr könnt stolz sein, seine Söhne zu sein.«

Arthur war sprachlos. Erik hatte also seit langem das Geheimnis der Luchse gekannt, ihnen aber nie etwas verraten. Vielleicht hatte er, wenn sie gemeinsam im Wald übernachtet hatten, die Nähe Ragnars sogar gespürt und in sich hineingelächelt, seine Söhne aber im Unklaren gelassen. Er wusste nicht, was ihn mehr verblüffte: wie Erik es geschafft hatte, diesen Umstand so lange geheim zu halten oder wie sehr Erik doch ein Waldmensch war – noch viel stärker als er immer geglaubt hatte.

Julius riss ihn aus seinen Gedanken. »Das klingt ja alles wunderbar. Aber es erschreckt mich nun umso mehr, mit welcher Gleichgültigkeit Erik die Verfolgung und den Tod der Luchse hinnimmt.«

»Ja, du hast Recht, Julius«, sagte Ragnar. »Auch mich macht dies sehr traurig. Aber es zeigt, wie stark der schlechte Einfluss der Figur auf Erik ist. Er ist jetzt ein anderer Mensch. Seine wahre Natur ist gefangen hinter einem Abbild, das dieser Zoller erschaffen hat.«

»Ragnar, ich muss dich etwas fragen«, meinte Arthur. Er erzählte davon, wie Julius Erik auf dem Boden gefunden hatte, wie Erik kaum noch sprechen konnte und völlig abwesend war. »Hast du eine Erklärung dafür, dass er gerade gestern diesen Anfall bekam?«, fragte Arthur zuletzt.

Ragnar antwortete nicht gleich. »Ihr sagt, gestern Nachmittag hätten sich Zoller und Erik auf der Demonstration getroffen?« Die beiden Jungs nickten.

»Vielleicht lag es daran, dass Erik sich so über mich aufgeregt hat«, sagte Arthur. »Er wollte unter allen Umständen verhindern, dass ich mich in die Reihe der Demonstranten stelle und noch mehr, dass ich mit Zoller spreche. Beides ist ihm nicht gelungen. Ich fühle mich schuldig.«

»Er hat Angst um dich. Denn er weiß, wie gefährlich dieser Zoller ist – und es wäre schlimm für ihn, wenn einer seiner Söhne ebenfalls in dessen Bann geraten würde.« Ragnar schwieg einen Moment, dann sagte er: »Es war tatsächlich nicht klug von dir, auf dich aufmerksam zu machen. Zoller kennt dich jetzt. Der Überraschungseffekt ist nicht mehr auf deiner Seite. Als Luchs weiß ich, wie stark dieser Vorteil sein kann.«

Arthur schaute betreten nach unten. Ragnar hatte natürlich Recht, aber er hatte wieder einmal sein loses Mundwerk nicht im Zaume halten können.

Doch Ragnar fuhr fort: »Ich glaube aber trotzdem nicht, dass du der Auslöser von Eriks Krise warst, Arthur«.

»Nicht?«, fragte Arthur ungläubig. »Warum nicht?«

»Ich glaube, es war die Nähe zu der unheilvollen Figur. Ihre Macht wirkt umso stärker, je näher die Figur dem verzauberten Menschen kommt. Legt der Besitzer seinem Feind die Figur direkt auf den Körper, so kann der daran sterben. Und zwar binnen weniger Minuten. Sie kann einen kranken Menschen umgekehrt aber auch auf diese

Weise heilen. Sie zerstört und heilt, sie verdunkelt und erhellt, sie löst Hass oder Liebe aus – es hängt alles von der Absicht des Besitzers ab.«

»Das heißt also, dass Erik gestern der Figur sehr nahe gekommen sein muss. Habe ich das richtig verstanden?« Man sah Julius an, wie es in seinem Kopf arbeitete.

»Genau«, bestätigte Ragnar. »Weißt du, was das bedeutet?«

Julius lächelte. »Ich glaube schon. Es bedeutet, dass Zoller die Figur bei sich getragen haben muss.«

Ragnar nickte. »Du bist schlau. Und welchen Schluss ziehst du daraus?«

Julius überlegte noch einen Moment. Dann sagte er: »Es gab für Zoller gestern eigentlich keinen besonderen Grund, die Figur bei sich zu führen. Er wusste, dass Erik da sein würde; aber er musste ihm nicht noch mehr Leid zufügen als er es ohnehin schon tat. Erik gehorchte ja. Also hatte der Bürgermeister die Figur nicht wegen Erik dabei. Für die Demonstranten wollte er sie vermutlich auch nicht benutzen – ihnen hat er ja das finanzielle Angebot gemacht und sie auf diese Weise ködern wollen …«.

»Jetzt spuck' schon aus, was du sagen willst, Julius!« Arthur konnte seine Ungeduld kaum zurückhalten.

»Ist doch klar, Bruderherz. Zoller ist die Figur so wichtig, dass er sie immer bei sich trägt. Er hält sie nicht an einem besonderen Ort versteckt, sondern der sicherste Ort ist für ihn seine eigene Umgebung. Vermutlich deshalb hat er die beiden Leibwächter dabei. Er hat nicht Angst um sich, sondern um die Figur. Verstanden?«

Arthur staunte nicht schlecht. »Respekt, kleiner Bruder. Das hört sich ziemlich logisch an.«

Ragnar verfolgte den Wortwechsel mit einem Lächeln.

»Das bedeutet zum Glück aber auch, dass Erik nicht mehr akut gefährdet ist, solange er Zoller aus dem Weg geht«, sagte der Luchs dann. »Und, habt ihr schon einen Plan, wie ihr die Figur in eure Hände bekommen wollt?«

Julius zuckte mit den Schultern, aber Arthur sagte nur mit großer Entschlossenheit: »Bisher nicht. Aber jetzt habe ich eine Idee. Wir müssen nur bis morgen warten.«

Sie kamen gerade noch rechtzeitig. Die Feier sollte gleich beginnen. Draußen vor der romanischen Bernhardskapelle von Auen hatten sich nur wenige Bürger mit Plakaten eingefunden, um bei dieser Gelegenheit gegen den Staudamm zu protestieren. Arthur wusste nicht, ob die Auener genügend Pietät besaßen, um die Einweihung der restaurierten Kapelle nicht zu stören – oder ob das finanzielle Angebot Zollers bereits seine Wirkung vollzog. Julius hatte in der Schwäbischen Post gelesen, dass der Bürgermeister am heutigen Sonntag in einem Gottesdienst samt anschließendem Festakt die Kapelle der evangelischen Kirchengemeinde übergeben werde. Vielleicht, so hoffte Julius, ergab sich in dem Gedränge eine Möglichkeit, an Zoller heranzukommen.

Pfarrer Sebastian Grauer breitete gerade die Arme aus und segnete die Gemeinde. In der Kapelle hatten nur etwa fünfzig Menschen Platz. Aus diesem Grund stand das

Portal weit offen, so dass die vielen Menschen auf dem kleinen Vorplatz zumindest ein wenig von der Zeremonie mitbekamen. Am Rand der Menschentraube sah Arthur Jakob Häfner, der ein Schild erhoben hielt: ›Jeden Euro für die Bernhardskapelle – keinen Cent für den Betondamm‹, stand darauf. Er wirkte ein wenig verloren, und er sah angespannt und müde aus. Seine Nase war noch immer durch ein Pflaster verdeckt, und das Gesicht war immer noch etwas geschwollen. Der Spruch auf dem Schild spielte darauf an, dass Karl Zoller auch bei der Kapelle mehrere Hüte aufhatte. Er weihte heute das Gebäude nicht nur als Bürgermeister ein. Er hatte sich auch, für viele überraschend, vor einem Jahr bereit erklärt, einen großen Teil der Restaurierungskosten zu tragen – nur deshalb hatte die Gemeinde sofort mit den Bauarbeiten beginnen können. Dabei hatte sich Zoller zuvor wenig für das religiöse Leben in Auen interessiert. Mit Grauer stand er eher auf Kriegsfuss, weil der den rüden Charakter des Bürgermeisters ziemlich offen kritisierte. Das Bauunternehmen, das die Sanierung der Krypta ausführte, hieß natürlich Karl Zoller GmbH. So minimierte der Bürgermeister zumindest seinen finanziellen Aufwand, indem er nur das Personal weiterbezahlen musste. Die Maschinen standen sowieso auf dem Hof.

Die Bernhardskapelle war weit über Auen hinaus bekannt. Es hatte sich nicht nur eine Wandmalerei aus dem ersten Drittel des 15. Jahrhunderts erhalten, die Szenen aus dem Leben des heiligen Bernhard von Clairvaux zeigte. Bernhard war einer der geistigen Väter des Zisterzienserordens, und seine Lehre der Armut und der Entsagung übt bis heute auf viele Menschen eine gewisse Magie aus. Karl Zoller gehörte allerdings gewiss nicht zu diesen Menschen. Darüber hinaus war vor allem die Krypta ein seltenes Kleinod. Sie war immer wieder umgebaut und erweitert worden, aber ihre Ursprünge verloren sich, eine Rarität für Süddeutschland, im Dunkel der Geschichte. Die Archäologen vermuteten aufgrund einiger zweitausend Jahre alter Knochen, dass der Ort unter der Kapelle zuvor schon als ein nichtchristliches Heiligtum genutzt worden sein könnte; ob es von Germanen, Römern oder Kelten errichtet worden war, das konnte niemand sagen.

Arthur und Julius vereinbarten, dass Julius sich nach vorne drängen sollte, um Zoller im Auge zu behalten. Ihn kannte Zoller noch nicht. Gerade hatte der weltliche Teil der Einweihungsfeier begonnen; Zoller trat zu einem kleinen Rednerpult vor dem Altar und begrüßte die Gemeinde, bedankte sich für die große Anteilnahme der Bürger und freute sich überschwänglich, dass er seinen kleinen bescheidenen Anteil am Erfolg der Sanierung habe beisteuern dürfen. Julius fand es abstoßend, wie der Bürgermeister, dessen Körperfülle ebenso groß war wie sein Selbstbewusstsein, den bescheidenen Samariter spielte. Immer wieder zeigte Zoller auf verschiedene Teile der Kapelle, um auf eine besonders schwierige Arbeit am Kirchendach, in der Apsis oder an den Fenstern hinzuweisen. In seiner linken Hand rauchte die unvermeidliche Zigarre, in der Kirche eigentlich ein unglaublicher Affront. Zoller schien das Vergehen aber überhaupt nicht zu bemerken; wann immer er auf einen Gegenstand deutete, zog der Rauch kleine Linien in die Luft. Etwas Klebriges haftete an allen seinen Sätzen, mit denen sich Zoller angeblich allein in den Dienst der Gemeinde stellte. Julius ließ ihn nicht aus den Augen, während er angestrengt darüber nachdachte, welchen eigenen Vorteil der Bürgermeister hatte daraus ziehen können, dass er sich in der Kirche finanziell engagierte. Links und rechts des großen Rundbogens, der den Altarraum vom Kirchenschiff trennte, hatten sich die beiden Leibwächter Zollers postiert. Sie hatten sich an diesem Tag in einen grauen Anzug gezwängt und sahen darin aus wie Bauern an ihrem Hochzeitstag – bemüht um das Außergewöhnliche, aber doch verhaftet im Bodenständigen. In der ersten Reihe der Kirchenbänke saßen die Honoratioren aus Auen und Lässingen, die Gemeinderäte und Amtsleiter, der Dekan und der Landrat; alle hörten scheinbar aufmerksam und mit einem immer wiederkehrenden gewichtigen Nicken dem edlen Spender zu.

Zollers Rede ging zu Ende, und andere Grußworte folgten, während die bunten Lichtfelder der bemalten Fenster langsam über den grau-rötlichen Stein der Mauern wanderten. Mit dem gemeinsamen Choral »Lobet den Herrn« war auch dieser Teil der Feier vollbracht. Da durchzuckte Julius eine Idee. Die Menschen erhoben sich von ihren Plätzen und strebten nach draußen, manche auch nach vorne, wo Stehtische aufgebaut wurden und sich einige adrett aussehende junge Frauen in dunklen kurzen Röcken anschickten, Prosecco und Orangensaft zu verteilen. In diesem Durcheinander schob sich Julius weiter nach vorne, bis er wie zufällig an Karl Zoller vorbeiging und, als wäre ihm eben etwas eingefallen, stehenblieb und mit unschuldiger Miene fragte: »Herr Bürgermeister, können Sie mir sagen, wie spät es ist?«

Karl Zoller, der sich gerade einem Gespräch mit dem Landrat hatte zuwenden wollen, schaute kurz irritiert umher, bis er Julius entdeckt hatte. Dann setzte er sein Festtagslächeln auf, beugte sich etwas herab und sagte: »Tut mir leid, mein Kleiner – ich habe nie eine Uhr bei mir. Ich lese die Uhrzeit aus dem Sonnenstand.« Er lachte und drehte sich dem Landrat zu, ohne auf eine weitere Reaktion des Jungen zu warten.

Über Julius' Gesicht huschte ein diebisches Lächeln. Er boxte sich zu Arthur durch, der gerade weiter nach vorne kam. Julius packte ihn am Ärmel und zog ihn in eine der kleinen Seitenkapellen. Sie war dem Heiligen Georg geweiht, und auf dem großen Gemälde an der Stirnseite der Kapelle war zu sehen, wie Georg, aufrecht auf seinem Schlachtross sitzend, gerade die Lanze in das aufgerissene Maul des Drachen rammte, der bereits am Boden lag und nur noch den Kopf dem Angreifer entgegenreckte. »Arthur«, rief Julius aufgeregt, »ich habe Zoller nach der Uhrzeit gefragt, aber er meinte, er wüsste sie nicht. Ist dir klar, was das bedeutet?« Und als Arthur verständnislos dreinblickte, fuhr Julius gleich fort: »In der Seitentasche der hässlichen Weste ist keine Taschenuhr, wie wir gedacht haben – da muss die Figur drin sein.«

Arthur knuffte seinen Bruder in die Backe. »Das hast du sehr gut gemacht, kleiner Bruder«, meinte er: »Du hast einfach mehr Grips in deinem kleinen Hirn als die gesamte sonstige Familie zusammen.«

»Das heißt aber noch lange nicht, dass wir die Figur in der Hand haben. Hast du gesehen, wie die beiden Gorillas ihren Herrn beobachten? Es wird nicht leicht, sie zu überrumpeln.«

»Also«, meinte Arthur, »wir machen das jetzt so: Ich lenke die zwei ab, und du schleichst dich an Zoller heran und versuchst, ihm die Figur abzuluchsen. Mehr als schiefgehen kann es nicht.« Arthur machte oft solche direkten Vorschläge – das ausgetüftelte, verschlungene taktische Vorgehen war seine Sache nicht. Dafür würzte er seine Pläne mit so viel Mut, dass sie trotz ihrer Durchschaubarkeit häufig aufgingen. Frechheit siegt, war Arthurs Motto. Julius waren diese Pläne oft suspekt, aber jetzt konnte er mit nichts Besserem dagegenhalten.

Gerade wollte Zoller mit einigen Honoratioren eine steinerne Treppe am Rande des Altarraumes hinabsteigen, die in die Krypta führte. Ein Kunsthistoriker der nahen Universität sollte den Ehrengästen in einer persönlichen Führung die Schmuckstücke der restaurierten Kirche zeigen. Schon schickten sich Viktor und Oskar an, ihre Position als Säulenheilige am Altarbogen zu verlassen und ihrem Herrn und Meister zu folgen. Da trat Arthur zwischen sie und redete heftig gestikulierend auf sie ein. Er hatte den Moment gut gewählt. Denn Karl Zoller hatte zuvor nochmals zurückgeschaut und sich vergewissert, dass seine Leibwächter bemerkten, wohin er sich wandte. Doch jetzt war er in die Krypta abgetaucht und sah nicht mehr, dass Arthur sie aufhielt. Draußen würde Jakob Häfner die Gäste aufwiegeln und gegen Karl Zoller hetzen, log Arthur den beiden vor. Eine Gruppe von fünfzig Menschen sei jetzt zum Firmengelände gezogen, um dort Plakate aufzustellen. Die Menschen seien aufgebracht, das Ganze könne eskalieren – es sei Gefahr im Verzug: »Sie sollten sicherstellen, dass die Menschen nichts Unüberlegtes tun«, schloss Arthur seinen Bericht.

Viktor und Oskar schauten sich an, unschlüssig, wie sie reagieren sollten. »Ich hole Zoller aus der Führung raus«, knurrte Viktor schließlich.

»Dazu ist keine Zeit«, rief Arthur, »die Gruppe ist schon weg. Wer weiß, was die anstellen.«

Die beiden zögerten einen Moment, dann sagte Viktor: »Dem Boss kann da unten nichts passieren. In ein paar Minuten sind wir wieder da.« Oskar nickte willig. Dann zogen sie ab. Es sah drollig aus, wie sie ihre schweren Körper in einen schnellen Trab setzten und schließlich durch das Kirchenportal verschwanden. Doch Arthur hätte nicht das Ziel ihres Ärgers sein wollen; das Bild, wie das Blut aus Häfners Nase spritzte, tauchte wieder vor seinem inneren Auge auf.

»Ich stehe hier Schmiere«, rief Arthur zu Julius hinüber, »beeil dich.«

Tatsächlich lag die Baufirma Zollers nicht weit entfernt in einer der Seitenstraßen Auens. Julius hatte nur einige Minuten Zeit, bis die Leibwächter dort angelangt waren, ihren Irrtum bemerkt hatten und mit vermutlich großem Zorn zurückgerannt kamen. Julius huschte die Stufen hinab. Ein Schild war an einer Kette über die Treppe gespannt: »Betreten verboten – Kein Zugang zur Krypta«. Julius tauchte einfach unter der Kette hindurch. Er war vor der Sanierung schon viele Male in der Bernhardskapelle gewesen; vor allem an Heiligabend waren die wenigen Plätze begehrt, weil die Kapelle besonders anheimelnd wirkte, wenn Kerzenlicht den rötlichen Stein beschien. In die Krypta aber kam er zum ersten Mal. Durch ein enges steinernes Tor, das gerade breit genug für eine Person war, trat er in diese Grabkapelle, die nur mit wenigen versteckten Strahlern beleuchtet war. Der Einlass ins Himmelreich war schmal und für viele ganz verschlossen. Doch heute stand die schwere hölzerne Tür mit einem großen geschmiedeten Eisenschloss offen, und Julius schlüpfte hindurch. Die Außenmauern der Krypta hatten die Form eines großen Achtecks; an jeder Ecke war eine Säule mit grobem, schmucklosem Kapitell in die Wand eingelassen. Ein Rundgang führte um die Krypta, der nach innen mit acht weiteren Säulen abgegrenzt war. Sie trugen die acht Rundgewölbe oberhalb des Rundgangs und gleichzeitig die große Kuppel, die den Innenraum der Krypta krönte. Es war eine perfekte Symmetrie, und die Krypta strahlte nicht nur eine daraus resultierende einfache Schönheit aus, sondern sie atmete auch den Hauch der Jahrhunderte. Die Kuppel war, von den sich fortsetzenden Steinträgern abgesehen, aus kleinen Backsteinen gefertigt; der Boden war mit großen quadratischen Steinfliesen ausgelegt, die feucht im Halblicht schimmerten und über die seit vielleicht fünfzehnhundert Jahren oder länger Menschen gegangen waren. Julius staunte, immer wieder wanderte sein Blick durch die Krypta, die in ihrer Abgeschiedenheit fern von jedem Weltenrummel einer anderen Sphäre anzugehören schien. Und so war es von den unbekannten Erbauern ja gedacht. Mit der engen Pforte ließ man die irdische Welt hinter sich und trat in jenes Zwischenreich, das zwar unter der Erde verborgen lag, aber letztlich in die lichten Höhen des Paradieses führen sollte. Dies war zumindest die christliche Interpretation der Krypta. Welche Vorstellungen die Menschen, die vor den Christen an diesen Ort gekommen waren, mit diesem Raum verbanden, war unbekannt. Vielleicht hatte es sich in seiner ersten Phase nur um eine unterirdische Grotte gehandelt, die in einem heiligen Hain gestanden hatte.

Nur an einer Stelle war die Symmetrie der Krypta durchbrochen. An der Seite, die dem Eingang gegenüber lag, hatten die Erbauer eine halbrunde Einbuchtung angelegt; sie zeigte, ebenso wie der darüber liegende Altarraum der Bernhardskirche, nach Osten. Hier war in einem grob behauenen Steinsarkophag jener heilige Mann begraben gewesen, der wohl der ersten christlichen Kapelle den Namen gegeben hatte. Das muss um das Jahr 600 der Fall gewesen sein, zu einer Zeit also, in der sich das Christentum im Südwesten noch nicht durchgesetzt hatte. Wer der Mann gewesen war, darüber spekulieren die Archäologen und Kunsthistoriker bis heute. Der Sarkophag war leer gewesen, als man sich im 19. Jahrhundert erstmals wissenschaftlich mit der Krypta beschäftigte. Bis heute konnte sich jeder Besucher selbst davon überzeugen – der schwere Deckel des Sarges lag etwas seitlich verschoben. Nur in den hinteren Teil konnte man nicht hineinsehen.

Dort stand nun auch die Gruppe im Halbkreis um den Kunsthistoriker herum, der gerade wortreich erklärte, dass nur ein lokaler Heiliger in dem Grab gelegen haben könne. Es sei ohnehin überraschend, dozierte der Mann, dass in einem so winzigen Ort wie Auen damals eine Kapelle errichtet worden sei. Gänzlich ausgeschlossen sei jedenfalls, dass die sterblichen Überreste eines bekannten frühchristlichen Märtyrers hierher gebracht worden seien. »Jakobus, Stephanus und Petrus scheiden aus«, sagte er mit süffisantem Lächeln, weil er annahm, dass keiner der hochmögenden Herren so gebildet war, um zu wissen, dass für diese Heiligen in Santiago de Compostela und Rom riesige Kathedralen gebaut worden waren – vielleicht vom Dekan des Kirchenbezirks abgesehen, aber selbst der war ja evangelisch und kannte sich vielleicht nur in der nachlutherischen Zeit aus.

Niemand bemerkte, wie Julius die Krypta betreten hatte und sich langsam der Gruppe näherte. Dabei versuchte er gar nicht, sich zu verstecken. Sollte er angesprochen werden, wollte er ganz unbedarft tun – er habe nicht gewusst, dass der Zugang zur Krypta, die er schon immer einmal habe besichtigen wollen, verboten sei. Doch niemand kümmerte sich um den Jungen; mancher der Krawattenträger schaute ihn kurz an, nahm aber nicht wirklich Notiz von ihm. Der Führer erläuterte nun den Aufbau der Krypta und deren herausragende historische Bedeutung für ganz Europa; Krypten in Form einer Rotunde gebe es viele, aber keine sei älter als die Auener und keine sei in solcher Abgeschiedenheit erbaut worden. »Sie müssen sich vorstellen, dass damals im fünften Jahrhundert das ganze Tal bewaldet war. Vermutlich hat es hier nur wenige Höfe gegeben, vielleicht sogar nur eine kleine Eremitage mit ein oder zwei Mönchen. Es war eine gewaltige Leistung, eine solche Krypta zu bauen.«

Alle nickten, nur Karl Zoller erhob, für alle etwas überraschend, Einspruch. »Sie reden immer von der christlichen Zeit. Aber die Kapelle ist als Heiligtum viel älter; das ist doch bekannt. Die Christen haben also nur etwas fortgeführt, was die Menschen vor ihnen begonnen haben. Vielleicht gehen die Anfänge dieser Krypta sogar auf das erste vorchristliche Jahrhundert zurück, als im Oppidum auf dem Hohenstein eine große Zahl von Menschen gelebt haben muss. Vielleicht tausende von Menschen. Das könnten Sie ruhig auch mal würdigen.«

Der Führer stutzte kurz; so viel historisches Wissen im Kopf eines Bürgermeisters überraschte ihn. Doch schnell hob er an zu erklären, dass die Siedlung noch vor der Zeitenwende aufgegeben worden sei und man das Alter der Kapelle nicht genau beziffern könne. Auf jeden Fall hätten nur wenige Menschen hier gelebt, als die erste christliche Kirche errichtet worden sei. »Sie wissen ja vielleicht«, dozierte er, »dass die Römer selbst gar nicht bis in unser Tal vorgestoßen sind. Und die Kelten sind sogar aus unserer Gegend verschwunden, bevor die Römer hierher kamen und den Limes bauten. Die alten Geschichtsschreiber sprechen von der Helvetiereinöde, und die hat von etwa 50 vor Christus bis zum Sturm der Germanen um 260 angehalten. Dieses Tal war jahrhundertelang wüst, und ich persönlich halte es deshalb für ausgeschlossen, dass die Krypta auf keltische Vorläufer zurückgeht.« Der Führer sprach sich beinahe in einen kunsthistorischen Rausch. »Die Knochen sind wahrscheinlich später hierher gebracht worden und haben gar nichts mit dem Ort zu tun.«

Er musste Atem holen nach so vielen Worten, und das nutzte Zoller aus, um einzuhaken. »Wenn Sie gestatten: Sie haben wenig Ahnung von der Materie. Vielleicht war es ja so, dass dieser Ort schon vor mehr als zweitausend Jahren als Heiligtum benutzt wurde, und zwar lange Zeit. Erst dann verfiel es. Denn in einem haben Sie Recht: Die Kelten starben noch vor der Ankunft der Römer aus.« Zoller hielt einen Moment inne; es war, als denke er intensiv nach. Dann fasste er sich wieder und meinte: »Die Christen haben deshalb vielleicht nur die Steine genutzt und bearbeitet, die hier schon herumlagen. Wer will das schon wissen?«

Man sah Zoller an, dass er gerne weiter gesprochen hätte. Doch der Landrat, der sich offensichtlich für die Übergangszeit zwischen Kelten, Römern und Christen nicht sonderlich interessierte, war einige Schritte weitergegangen und stolperte dort über die etwas hochstehende Ecke einer Fliese. Er fiel der Länge nach auf den feuchten Boden und hatte sich wohl weh getan, denn er ließ ein leises Stöhnen hören, als er sich aufzurappeln versuchte. Karl Zoller eilte zum Unglücksort, und alle anderen drängten hinterher.

»Meine Hand«, rief der Landrat mit erstickter Stimme, »ich glaube, ich habe mir die Hand gebrochen.«

Julius erkannte sofort seine Chance. Dieses Unglück hatte ihm der heilige Johannes oder wer auch immer geschickt. Er nutzte das Durcheinander und stahl sich mitten in den Kreis hinein, und gerade, als der Bürgermeister sich hinabbeugte, um dem Verunglückten aufzuhelfen, und alle Blicke nur auf dem Landrat ruhten, griff Julius beherzt in die rechte Westentasche Zollers, fühlte sofort einen Gegenstand, umschloss ihn und zog ihn heraus. Alles war ganz schnell gegangen, niemand hatte etwas bemerkt, auch der Bürgermeister nicht. Er half dem Landrat auf, der seine linke Hand eng am Körper hielt und mit der anderen stützte. »Wir brauchen einen Krankenwagen«, rief Zoller.

In diesen Bruchteilen von Sekunden hatte sich Julius schon wieder weggeschlichen. Die Figur war überraschend klein, so klein, dass selbst seine Jungenhand sie fast ganz umschließen konnte. Er fühlte den Stein, der sich ungewöhnlich warm anfühlte und der weich in seiner Hand lag. Ganz schwarz war die Figur, wie er bei einem Blick darauf feststellte. Und sie schien ein klein wenig zu leuchten; doch Julius hatte keine Zeit, sie näher zu betrachten.

Gerade wollte er sich dem Ausgang zuwenden, als er Lärm von der Treppe her hörte. Eine Sekunde später erschien Arthur in der Pforte und gestikulierte mit den Armen, was zum Glück nur Julius auffiel, weil alle anderen noch immer mit dem Landrat beschäftigt waren. Sofort war Arthur wieder verschwunden; die Zeit war also verstrichen, und Viktor und Oskar mussten bereits im Anmarsch sein. Julius saß in der Falle.

Kurz überlegte er, ob er einfach die Treppe hinaufmarschieren sollte – vielleicht würden die beiden Leibwächter ihn passieren lassen. Schließlich hatte er nichts mit den vermeintlichen Demonstranten zu tun. Es konnte aber ebensogut sein, dass sich die beiden Muskelprotze erinnerten, wie Julius am Tannenbühl ganz in der Nähe von Arthur herumgelungert war. Was sollte er tun?

Nochmals warf er einen Blick auf die Menschengruppe um den Landrat, doch weiterhin fiel niemand auf, dass Julius abseits stand. Nur der Kunsthistoriker hatte kurz hergeschaut, aber seine Augen sahen durch Julius hindurch. Vermutlich führte er aufgebracht in Gedanken noch immer den Disput mit Karl Zoller weiter, der es gewagt hatte, ihm zu widersprechen.

Julius huschte hinüber zum Sarkophag des unbekannten Heiligen und legte die Figur mit einer schnellen Bewegung des Oberkörpers hinein. Bevor sie ihm aus der Hand fiel, gab er ihr noch einen kurzen Stoß, so dass sie ganz unter den Deckel glitt, dorthin, wo sie auch ein Erwachsener mit ausgestrecktem Arm nicht erreichen konnte. Dann ging Julius mit großen Schritten wieder zu der kleinen Menschenansammlung hinüber, um kein Aufsehen zu erregen.

In diesem Moment stürmten Viktor und Oskar in die Krypta, wobei sie ihre breiten Oberkörper zur Seite drehen mussten, um überhaupt durch den Eingang zu gelangen. Als Zoller sie hereineilen sah, ahnte er schon, dass etwas geschehen sein musste. Er ging ihnen deshalb entgegen, denn offenbar besprach er solche Dinge lieber ohne Zuhörer. Der Blick des Bürgermeisters verdüsterte sich. Unwillkürlich glitt seine rechte Hand das Wams hinab und tastete durch den Stoff nach der Figur. Zoller erstarrte für einen kurzen Moment; Zorn und Schrecken spiegelten sich auf seinem Gesicht – die Schweinsäuglein verengten sich zu Schlitzen, und seine Hamsterbacken erbebten leicht. Für einen ganz kurzen Moment fiel die Maske des Ehrenmannes; dafür blickte Julius in das Gesicht eines Mannes, der ohne Skrupel war und voll finsterer Entschlossenheit. Doch dann fing sich Karl Zoller wieder, das Böse verschwand wieder hinter dem aufgesetzten gewichtigen Gesichtsausdruck eines Bürgermeisters und Unternehmers.

Zoller hieß seine Leibwächter, die Krypta abzusuchen. Er selbst gesellte sich wieder zu den anderen, spähte aber dort überall nach seiner Figur. Der Landrat brach auf, die meisten Würdenträger in seinem Gefolge. Der Dekan im schwarzen Gewand hatte die Hand auf die Schulter des Landrats gelegt, als wolle er ihm Trost und Segen spenden. »Ich begleite ihn, ich begleite ihn«, sagte er immer wieder, als wolle er sich seine Vorherrschaft über das gestrauchelte Schaf nicht streitig machen lassen.

Julius, der sich hinter die Gruppe aus Zollers Gesichtsfeld geschlichen hatte, versuchte nun in deren Schutz die Treppe hinaufzugehen, aber es war aussichtslos. Karl Zoller und seine beiden Männer beobachteten alle Personen ganz genau und schätzten insgeheim ab, ob jemand darunter sein könnte, der von der Figur wissen konnte. Der Kunsthistoriker dürfte gewisse Kriterien erfüllt haben, denn Zoller wies Viktor an, an seinen Fersen zu bleiben. Dann blieb sein Blick an Julius hängen, und schnell trat er auf ihn zu, packte ihn am Arm und fragte zischend: »He, wer bist du, und was machst du hier?«

Julius stellte sich dumm. »Ich wollte mir die Krypta anschauen. Heute ist doch die Einweihung, da steht doch alles offen. Oder?«

»Du hast hier unten nichts verloren, Kerl. Das war eine private Führung. Wie heißt du?«, herrschte Zoller ihn an.

»Ich heiße Michael Altmann, ich bin mit meinen Eltern aus Lässingen hier.«

Zoller schaute ihm argwöhnisch ins Gesicht, aber Julius konnte nicht erkennen, ob er die Lüge durchschaut hatte.

»Aus der Krypta ist ein wertvoller Kunstgegenstand entwendet worden«, sagte er stattdessen. »Ich wäre dir deshalb dankbar, wenn du alle Gegenstände in deinen Taschen auf den Boden legen würdest.« Der Ton ließ keinen Zweifel daran, dass die Durchsuchung auch dann stattfinden würde, wenn Julius nicht einverstanden gewesen wäre. Julius war jetzt mit Zoller und Oskar alleine in der Krypta, und Julius beschlich ein ziemlich mulmiges Gefühl. Oskar grinste dämlich und meinte: »He du! Taschen leeren! He du!« Schnell griff Julius deshalb in Jacke und Hose und legte einen kleinen Geldbeutel, sein Taschenmesser, einen Schlüssel und seine Kaugummis auf die unterste Stufe der Treppe, die aus der Krypta führte. Auf einen Wink Zollers hin tastete Oskar Julius schließlich am ganzen Körper ab. Als der Leibwächter leicht mit dem Kopf schüttelte, meinte der Bürgermeister schließlich: »Du kannst gehen. Und erzähle deinen Eltern lieber nicht, dass wir dich durchsucht haben. Ich müsste sonst ein Bußgeld verhängen wegen unerlaubten Betretens der Krypta. Hau jetzt ab.« Er schnaufte wie ein Stier. Und Julius war weg.

Gewonnen oder verloren? Waren sie einen Schritt weiter gekommen? Julius traf Arthur in der Waldburg – und eines wussten sie mit Bestimmtheit: Zoller kannte sie nun und er erkannte sie als seine Gegner. Es fröstelte sie, zumal Julius dieser Gesichtsausdruck nicht aus dem Sinn ging. So finster, so verblendet, so hasserfüllt hatte er noch nie einen Menschen gesehen. Er war niemand, den man zum Gegner haben sollte.

»Zumindest hat Zoller die Figur nicht mehr«, meinte Arthur. »Das ist auf jeden Fall kein Nachteil. Wie sah sie denn aus?«

Julius zuckte mit den Schultern. »Ich habe sie gar nicht richtig anschauen können, so schnell ging alles. Aber es war die Figur eines Menschen, da bin ich mir sicher. Der Stein war länglich und hinten spitz zulaufend. Nur die Taille des Menschen war etwas angedeutet. Auf dem Kopf saßen zwei Hörner, wie von einem Stier. Und die Augen waren geschlossen, als ob der Mensch meditierte.«

»Und – hast du etwas gespürt?«, fragte Arthur nach.

»Ja, ich habe wirklich etwas gespürt. Es war ein leichtes Prickeln, als ob schwacher Strom durch meine Hand fließen würde.«

»Strom? Wie bei einem Weidezaun?«

»Ja, so etwa. Bei einem Zaun erschrickt man halt, weil man den Stromstoß vermeiden will. Aber von der Stärke her trifft es die Sache ganz gut. Nur – es war ein angenehmes Gefühl, irgendwie warm und belebend.«
»Das Teil scheint also wirklich voller Energie zu stecken.«
»Ich habe diese Energie gespürt. Und ehrlich gesagt, wollte ich die Figur gar nicht mehr loslassen. Es war wunderbar. Ich kann Zoller fast verstehen, dass er so vernarrt ist in diese Figur.«
»Ja wunderbar – nur liegt das Ding jetzt in einem Sarkophag, und es wird ziemlich schwierig, wieder an sie heranzukommen.«
Julius nickte. Er sah darin keinen Vorwurf seines Bruders, denn er hatte getan, was möglich war. Hätte er die Figur bei sich behalten, so hätte Zoller sie bei ihm gefunden und längst wieder an sich genommen. Besser als nichts, sagte er sich.
»Vielleicht sollten wir Ragnar fragen, was wir tun könnten«, meinte Julius. »Er weiß am allermeisten über die Figuren.«
Arthur hielt das für eine gute Idee.
»Zunächst schauen wir aber zuhause vorbei. Ich will wissen, ob es Erik besser geht, wenn Zoller die Figur nicht mehr besitzt. Und ich will wissen, ob Franziska da war, wie sie es versprochen hat.«
Es wurde ein so schöner Abend, dass Arthur und Julius ihren Gang zu Ragnar auf den nächsten Tag verschoben. Denn jede Sekunde wollten sie auskosten, zu lange hatten sie auf diese Augenblicke verzichten müssen. Als die Jungen das Haus betraten, fanden sie Erik und Franziska in der verglasten Veranda an der Südseite des Forsthauses sitzen, dort, wo am Nachmittag viel Sonne durch die Bäume fiel. Erik war angekleidet und hatte Kaffee gemacht. Es war, als sei ihr Vater wie von einer langen Reise zurückgekehrt.
»Es geht mir besser, viel besser«, meinte er dann. Und Arthur und Julius schauten sich aus den Augenwinkeln heraus an und konnten kaum glauben, was sie sahen. Ihr Vater wirkte frisch, aufgeräumt und gegenwärtig; sogar rasiert hatte er sich. Die unheimliche Macht des gehörnten Mannes schien gebrochen.
»Es tut so gut, ihn gesund und fröhlich zu sehen. Findet ihr nicht?«, sagte Franziska.
Arthur nickte nur und schmiegte sich an seinen Vater. Der Waldläufer, der Felsen im Meer, der ruhende Pol; Arthur spürte, was ihm so lange gefehlt hatte. Erst jetzt, wo die Verantwortung von seinen Schultern genommen schien, merkte er, wie schwer sie ihn belastet hatte.
Am nächsten Morgen hörte Arthur, wie Erik zum ersten Mal seit Monaten im Bad wieder eine Arie trällerte. Es hörte sich grauenhaft an. Und doch war es die schönste Musik, die Arthur sich vorstellen konnte.

»Das habt ihr gut gemacht. Ihr seid mutige junge Krieger«, sagte Ragnar am Nachmittag. Sie waren dieses Mal bis zum Rat der Weisen hinauf gegangen; erst dort waren sie auf Ragnar gestoßen, der in Gedanken versunken zwischen den alten Eichen saß und sie nicht hatte kommen hören.

»Wirst du alt, Ragnar?«, fragte Arthur scherzend. »Du lässt dich mittlerweile sogar von zwei Jungen aufstöbern, die wie eine Büffelherde durch den Wald trampelt.«

»Ihr habt Recht, das war ein sehr törichtes Verhalten für einen Luchs. Aber selbst Luchse machen manchmal Fehler.« Er ging nicht näher auf sein Verhalten ein, sondern fragte die Jungen aus, was sie erreicht hatten. Während ihres Berichtes nickte Ragnar immer wieder vor sich hin.

»Nun passt alles zusammen: Seit langem sucht er nach den Figuren, weil er deren Macht für sich einsetzen will. Womöglich aus diesem Grund ist er Bauunternehmer geworden, um in Ruhe überall graben zu können. Und erinnert ihr euch an die Ausgrabungen auf der Burg oben? Die hat der Bürgermeister finanziert. Vielleicht war das auch mit der Krypta so. Wer weiß, womöglich besitzt er eine Figur schon länger und will nun die beiden anderen auch in seinen Besitz bringen. Letztlich war er also erfolgreich – erfolgreicher leider als wir.«

»Aber die Figur ist immer noch im Niemandsland in der Krypta«, warf Arthur ein. »Irgendwie muss es uns doch gelingen, die Figur aus dem Sarkophag zu holen.«

Ragnar nickte. »Ja, es ist noch nicht alles verloren«, meinte er. »Kommt mit, ich glaube, es ist an der Zeit, euch einige Freunde vorzustellen.«

Der Luchs führte sie Richtung Westen hinüber zum Albtrauf. Er benutzte dazu geheime Pfade durch den Wald, die Arthur und Julius überhaupt nicht als solche erkannten. Aber Ragnar ging auf diesen Wegen, als seien sie ihm unendlich vertraut. Nach etwa einer Stunde waren sie am Albtrauf angekommen. Der Wald schoss hier steil die Hänge hinauf, an vielen Stellen waren diese Hänge von Felsen durchsetzt, und es gab keine Pfade mehr, die hinaufführten auf die Alb. Für Arthur war der Trauf sowieso immer eine unsichtbare Grenze gewesen; bis hierher reichte sein Revier. Weiter war er selten gegangen.

Die Habichtshöhle aber, zu der Ragnar sie jetzt führte, kannte er. Ein riesiges Felsenportal erschien zwischen den Bäumen, als sich der Luchs und die beiden Jungen der Höhle näherten. Das letzte Stück zu diesem Portal führte über einen steilen Hang in Serpentinen hinauf; dann querte man einen beinahe senkrechten Felsen über ein Band, das sich hinüber zum Höhleneingang zog. Ein Bach floss direkt aus der Höhle hinaus und stürzte über den Felsen hinab in eine kleine Schlucht, die sich das Wasser im Laufe der Jahrtausende gegraben hatte. Arthur schwitzte vom Aufstieg und ließ Wasser in seine hohlen Hände laufen und netzte sich damit das Gesicht. Das Wasser war eisig kalt, es dürfte kaum acht Grad haben, aber es erfrischte und machte wieder klar im Kopf. Der Bach drang aus einer unscheinbaren Spalte aus der Höhle; seinen Lauf konnte man kaum zwei Meter weit ins Innere verfolgen. Rund zehn Meter hoch war das Portal der Höhle, doch der Fels fiel nach innen schnell steil ab und verschloss den Zugang in das Innere des Berges.

»Warum hast du uns gerade hierher gebracht?«, wollte Julius wissen, nachdem er sich auf einem großen Stein niedergelassen und den Rücken an die Höhlenwand gelehnt hatte.

»Die Habichtshöhle ist für uns Tiere ein besonderer Ort. Ihr Menschen habt eure Kirchen, deren Boden als heilig gelten. Dort darf kein böses Wort fallen, dort sollten sich alle brüderlich begegnen, und wer sich dort aufhält, steht unter dem Schutz höherer Mächte. Für uns Tiere ist die Habichtshöhle ein solcher Ort. Sie ist ein Eingang in die Anderswelt – und deshalb gelten hier andere Gesetze.«

In diesem Moment löste sich aus einer riesigen alten Fichte ein Schatten, der schnell auf das Höhlenportal zuflog. Arthur erschrak, doch dann erkannte er, dass es ein Uhu war, der mit einer eleganten Kurve das Felsband außerhalb der Höhle ansteuerte.

»Was für Gesetze sind das?«, wollte Julius wissen. Er war zu fasziniert, um sich von dem Uhu ablenken zu lassen.

»Das wichtigste ist das Gleiche wie in eurer Kirche: An diesem Ort gilt Frieden. Das uralte Gesetz von Jagen und Fliehen, von Fressen und Gefressenwerden, von Räuber und Opfer ist aufgehoben. Jedes Tier kann hierher kommen und braucht keine Angst zu haben, angegriffen zu werden. Manche Tiere schaffen es sogar, außerhalb des Portals Freunde zu bleiben.«

»Das ist beeindruckend«, meinte Julius. »Ich wusste längst, dass jedes Tier eine Persönlichkeit hat und nicht nur von Instinkten beherrscht wird. Das ist der Beweis.«

Ragnar lächelte. »Ja, ihr seid der Natur näher als die meisten Menschen. Das ist der Grund, weshalb ihr hier sein dürft.« Er machte eine kurze Pause, dann sagte er: »Es gibt aber noch eine weitere Eigenschaft der Habichtshöhle, die für uns fast ebenso wichtig ist. Das Portal und die Höhle sind ein Schutzraum. Wer ein bestimmtes Wort spricht, wird unsichtbar und kann von außen nicht gesehen werden. Hier halten wir immer unsere Besprechungen ab – die Unsichtbarkeit ist sehr nützlich für uns, denn es würde die Menschen wahrscheinlich verwundern, einen Fuchs und einen Hasen einträchtig nebeneinander sitzen zu sehen.«

»Und wie lautet dieses Zauberwort?«, fragte Arthur sofort nach.

»Vorerst brauchen wir es nicht; im Moment besteht keine Gefahr. Aber ich verrate dir das Wort dennoch. Es lautet ›Cavannus loko‹. Bitte gib' es niemals ohne meine Einwilligung an einen anderen Menschen weiter. Es ist ein Geheimnis der Tiere; es gehört uns und nicht den Menschen.«

Der Uhu räusperte sich vehement. Ragnar hielt inne und sagte dann: »Es ist sehr unhöflich, dass ich euch meine Freundin Schubart noch nicht vorgestellt habe. Gestatten, Schubart. Sie kennt den Wald wahrscheinlich noch besser als ich. Und im Gegensatz zu mir fliegt sie nachts auch gerne mal zu den Orten, wo die Menschen wohnen.«

Der Uhu flatterte kurz mit den Flügeln und verdrehte den Kopf nach links und rechts. »So begrüßen sich Uhus«, erklärte Ragnar. »Ihr dürft das gerne nachmachen.« Julius und Arthur ruckelten also mit den Armen und ließen die Köpfe wackeln – es war ihre

erste Lehrstunde in Uhuisch. Schubart ließ daraufhin Laute ertönen, die irgendwie schaurig klangen und wie »bujho bujho u-hu« klangen.
Zu seiner allergrößten Überraschung ergab das Geschnatter Schubarts für Arthur aber einen Sinn. Er verstand: »Na schau mal einer an – so nette kleine Menschen.« Erstaunt blickte er zunächst Schubart an und dann Ragnar. »Was ist denn jetzt los?«, fragte er dann: »Seit wann verstehe ich denn Uhuisch?«
Ragnar lachte. »Seit du mit dem Wasser des Andersbaches in Berührung gekommen bist. Wer davon trinkt, versteht die Sprache der Tiere und der Menschen und kann diese Sprache selbst sprechen. Vermutlich hast du einige Tropfen verschluckt, als du vorhin dein Gesicht abgekühlt hast.«
Julius war aufgestanden und ging zielstrebig zum Bach. »Du meinst, das ist ein Zauberwasser?«
»Es gibt viele Zauber in diesem Wald, und dies ist einer davon. Allerdings hält die Kraft nur eine begrenzte Zeit an. Dann vergisst man alles und erinnert sich nicht einmal mehr daran, jemals eine andere Sprache verstanden zu haben. Ich selbst komme deshalb, seit diese Dinge im Wald geschehen, mindestens einmal am Tag vorbei und trinke von dem Wasser des Baches. Es ist jetzt wichtig für uns Tiere, dass wir uns verständigen können.«
Schubart kam heruntergeflogen und füllte sich Wasser in den Schnabel, dann ruckte sie den Kopf nach hinten, um es zu schlucken. »Dugge-dugge gluggho – Trinken ist umständlich für uns Uhus«, sagte sie dann, und während des Sprechens wechselte sie von ihrer Sprache in die Menschensprache, so schnell wirkte das Wasser. Julius fand das fast ein wenig schade, denn er hatte nun aus der hohlen Hand auch Bachwasser geschlürft und hätte gerne erfahren, wie es ist, wenn sich in seinem Kopf seltsame Töne in Deutsch verwandelten.
»Das ist eine ziemlich praktische Sache«, meinte Julius. »Ihr könntet doch das Wasser in Flaschen abfüllen, dann müsstet ihr nicht jeden Tag herkommen.«
Doch Schubart ruckelte wieder mit dem Kopf. »Das Wasser kommt aus der Anderswelt, und es bleibt nur lebendig, wenn man es fließen lässt. Und Flaschen wollen wir im Wald sowieso nicht haben. Diesen Menschenkram brauchen wir nicht.« Dann schloss sie lange die Augen, und Julius glaubte schon, sie sei eingeschlafen, als ihn die hellbraunen Pupillen plötzlich wieder scharf ins Visier nahmen. »Manchmal verkehren sich Kräfte sogar in ihr Gegenteil, wenn man nicht richtig mit ihnen umgeht. Wir erleben das ja gerade mit der Macht der Figur. Die drei Figuren haben unsere Ahnen erschaffen, um Frieden zwischen Tieren, Bäumen und Menschen zu stiften. Nun scheint gerade das Gegenteil einzutreten.« Schubart sinnierte wieder einige Sekunden vor sich hin, dann entfuhr ihr noch der Seufzer: »Der arme Erik!«
»Kennst du ihn denn?«, fragte Julius überrascht.
Aber Schubart kam nicht dazu, zu antworten, denn im Gebüsch neben der Höhle

raschelte es laut. Etwas ziemlich Großes bewegte sich auf sie zu, etwas so Großes, dass die Haselnusszweige zu schwanken begannen.
Julius und Arthur erschraken und machten einen Schritt zurück zur Höhlenwand. Aber Ragnar gab Entwarnung.
»Keine Sorge, hier seid ihr sicher. Und das ist sowieso nur Barten. Er kommt immer zu spät.«
Aus den Sträuchern trat jetzt ein Dachs, der sich ihnen mit leicht wiegendem Körper und kurzen Trippelschritten näherte.
»Barten, du Muffelpeter«, rief Ragnar, »kannst du nicht einmal pünktlich sein?«
Der Dachs schaute Ragnar nur kurz und abschätzig an und bellte dann etwas heiser. Julius war begeistert, denn tatsächlich konnte er den Dachs verstehen. »Ich habe keine Flügel und auch keine Luchsbeine – da dauert alles etwas länger. Also haltet die Klappe, jetzt bin ich da.«
Ragnar und Schubart kicherten. »Er ist immer so ein Raubein«, sagte Schubart, »aber er hat ein gutes Herz.«
»Gutes Herz, na danke«, meinte Barten, »ich habe vor allem einen leeren Magen. Sind hier nicht irgendwo ein paar Regenwürmer übrig?«
Julius ging vor Barten in die Hocke. Er hatte noch nie einen Dachs aus solcher Nähe gesehen, und er empfand großen Respekt vor ihm. Denn Barten war viel größer als Julius, und er sah trotz seines plumpen Körperbaus sehr muskulös und stark aus. Und seine Zähne waren fast so spitz wie jene von Ragnar.
»Hallo Barten«, sagte Julius, »es ist schön, dich zu treffen.«
Auch Arthur war herangekommen und begrüßte den Dachs.
»Also, nun sagt schon: Weshalb sollte ich herkommen?«, meinte Barten schließlich.
»Wir müssen den Kindern helfen, die Figur aus der Kirche zu holen«, sagte Ragnar.
Aber Julius erinnerte sich daran, was Schubart vorher gesagt hatte und hakte nochmals nach. »Einen Moment noch«, sagte er: »Warum hast du vorher ›Armer Erik‹ gesagt, Schubart? Kennst du unseren Vater etwa?«
Schubart kicherte.
»Was für eine dumme Frage, Julius. Wie sollte ich ihn nicht kennen? Wir haben uns früher sehr oft hier getroffen und miteinander gefachsimpelt. Ich kenne diesen Wald seit fast hundert Jahren. Und Erik ist immer interessiert gewesen an guten Ratschlägen – bis ihm …«. Schubart stockte. »Na, du weißt schon. Bis er krank wurde …«.
Nun mischte Arthur sich ein.
»Ihr wisst also alle Bescheid über Erik? Und Erik weiß Bescheid über euch, über das Anderswasser und über die Figuren?«
Ragnar nickte.
»Ja, so ist es«, meinte er. »Zoller sah in Erik einen gefährlichen Feind, und es ist ihm gelungen, Erik zum handzahmen Schosshund zu machen.«

»Aber warum hat er uns nichts gesagt?«, fragte Julius bestürzt. »Wir hätten ihn doch viel besser verstanden, wenn er uns alles erklärt hätte.«

»Und warum habt ihr Erik nicht alles erklärt, was ihr wusstet?«, meinte Ragnar nur. »Er hatte lange gehofft – und wir Tiere im Wald hatten das auch –, dass er euch aus der Sache raushalten kann. Glaubt mir, Erik hat sehr viel Kraft aufgewendet, damit die Macht der Figur ihn nicht ganz überwältigt – euch zuliebe.«

»Wie meinst du das, Ragnar?«, fragte Arthur nach.

»Erik musste für den Bau des Staudamms eintreten – er konnte nicht mehr anders. Aber er hat es geschafft, dass die negative Energie nicht auf euch übergesprungen ist. Ich kenne niemanden, dem dies gelungen wäre.«

»Aber die Energie sollte doch nur Erik lähmen, oder nicht?«

»Im Grundsatz schon. Aber die Figuren haben die Tendenz, dass ihre Kraft sich – ob sie gut oder schlecht eingesetzt wird – auf die Lebewesen im Umfeld auswirkt. Sie gelangen früher oder später in das Kraftfeld der Figur. Ihr aber habt euch eure Eigenständigkeit bewahrt. Das ist Eriks Verdienst.«

Arthur und Julius schwiegen. Beide fühlten Scham in sich, weil sie so wütend auf ihren Vater gewesen waren, der ihnen verweichlicht und ohne Rückgrat vorgekommen war. In Wirklichkeit hatte er viel Mut und Kraft eingesetzt, um sie zu beschützen.

»Wir haben ihm Unrecht getan«, sagte Julius. »Das tut mir sehr leid.«

»Nein, es braucht euch nicht leid zu tun. Erik wollte es so. Aber mit etwas Glück können wir uns nun die Menschenfigur holen, und dann kann Erik seine alte Rolle wieder übernehmen.«

Arthur zog eine Schnute. Jetzt erst erkannte er, dass das Bemühen der Tiere darauf zielte, Erik wieder an ihre Seite zu holen. Er, Arthur, war nur das Mittel zum Zweck und sollte bald ins zweite Glied zurücktreten.

Ragnar schien Arthurs Unbehagen zu spüren.

»Wir werden weiter eure Hilfe brauchen – aber überlasst Zoller eurem Vater. Niemand von uns besitzt die Stärke, ihm auf Dauer die Stirn zu bieten. Er besitzt noch andere Kräfte, über deren Ursprung wir nichts wissen.«

Arthur wollte nachfragen, doch Ragnar gab dem Gespräch eine andere Richtung. »Wir sollten jetzt besprechen, wie wir die Figur aus der Krypta holen könnten. Das ist unsere nächste Aufgabe.«

»Warum soll uns Erik nicht helfen, die Figur zu holen, wenn er der Stärkste von uns ist? Jetzt ist er von der bösen Macht befreit«, fragte Julius.

Doch Schubart ruckelte wieder mit dem Kopf. »Das ist nur auf den ersten Blick eine gute Idee. Ihr habt gesehen, was mit Erik passiert ist, als er Zoller am Tannenbühl traf. Wenn unsere Absicht misslingt, kann Zoller Erik töten.«

»Aber uns könnte er doch auch töten, wenn er die böse Kraft auf uns lenkt«, warf Julius besserwisserisch ein.

»Im Prinzip ja«, schnurrte Schubart. Sie liebte gelehrte Gespräche. »Aber die Kraft

entwickelt sich langsam. Wir hätten vielleicht Zeit, uns zu entfernen. Erik hätte diese Chance nicht mehr.«
Julius gab sich geschlagen. »Einverstanden. Also, was habt ihr vor?«
»Hört her«, sagte Ragnar, »ich habe einen Plan. Schubart kann von oben alles überblicken. Barten kennt sich wie kein anderer in der Unterwelt aus – die Gänge seines Baus durchziehen den halben Wald. Und ich habe die besten Sinnesorgane. Ich sehe und höre noch, wenn andere schon blind und taub sind wie ein Maulwurf. Und ihr beiden …«, er deutete auf Julius und Arthur«, »wisst am besten, wie es in der Menschenwelt zugeht und worauf wir achten müssen. Wir sollten gemeinsam die Figur holen, und zwar nachts, wenn die Kirche verlassen ist. Gemeinsam schaffen wir das.«
»Du willst mitgehen ins Dorf?«, fragte Schubart überrascht. »Das hast du doch noch nie gemacht.«
»Besondere Zeiten erfordern besondere Maßnahmen. Es wird Zeit, dass ich mir die Menschenwelt einmal selbst ansehe.«
Später begleitete Ragnar die beiden Jungen hinunter bis zum Rat der Weisen. Als Arthur an der Stelle vorbeikam, an der sie Ragnar vorher getroffen hatten, fragte er ihn, ohne groß nachzudenken: »Warum warst du vorher so in Gedanken versunken, Ragnar? Es sah aus, als wärst du traurig gewesen.«
Der Luchs schwieg einen Moment, dann sagte er: »Ihr werdet es sowieso bald erfahren. Das Luchsmädchen, das die Wilderer erschossen haben, war mein Kind. Sie war meine einzige Tochter. Sie war noch nicht einmal ein Jahr alt.«
Es war ein Schock für Arthur, und er brachte kein Wort mehr hervor.
»Es tut mir so leid«, sagte er schließlich mit rauer Stimme. »Ich hätte ahnen können, dass sie zu deiner Familie gehört.«
Ragnar nickte.
»Ich habe ihr so oft gesagt, sie solle vorsichtig sein. Sie wusste um die Gefahr. Aber sie wollte nicht hören – du weißt ja, wie die Jungen sind.« Ragnar versuchte ein Lächeln. »Sie glauben immer, gescheiter zu sein als die Alten. Aber dieses Mal war Lohar das Glück ausgegangen.«
Er schwieg einen Moment. Dann fügte er hinzu: »Doch Lohar soll nicht umsonst gestorben sein. Wir dürfen diesen Kampf nicht verlieren.«

Sie warteten am Tannenbühl am Waldrand, bis es dunkel wurde. Barten vertrieb sich die Zeit damit, in einer Obstwiese nach Schnecken und Würmern zu suchen, während Ragnar sich auf einen Felsbrocken legte und zu dösen schien. Arthur hatte sich einen Haselnusszweig abgeschnitten und schnitzte geometrische Muster in die weiche Rinde. Es war kühl geworden; aus den Wiesen dampfte der Nebel, und der nahende Winter war in der Luft schon zu spüren. Zoller schien keine Zeit verlieren zu wollen – am Rande der Straße lagerten bereits Abflussrohre, mit denen wohl während der Bauarbeiten der Kirchbach verdohlt werden sollte. Und Bagger hatten bereits in den Wiesen ihre Visitenkarten hinterlassen; in den Abdrücken der Räder stand das Wasser, und der Mond spiegelte sich darin. Es war eine wolkenlose Nacht und damit ganz und gar nicht geeignet für ein verschwiegenes Unternehmen. Aber was hätten sie tun sollen? Sie hatten keine Zeit zu verlieren.

Alle waren angespannt, weil so viel davon abhing, dass ihr Plan gelang. Und in den Jungen schwang eine große Traurigkeit mit, weil über ihre Familie und die von Ragnar so viel Unglück gekommen war. Als der Mond schon hoch am Nachthimmel stand und von ferne die Glocken des Auener Kirchturms Mitternacht anzeigten, erhob sich Arthur und warf seinen Stock ins Gebüsch. »Ich glaube, wir können jetzt gehen«, sagte er. Ragnar dehnte sich nach Katzenart ausgiebig, indem er die Vorderpfoten weit von sich streckte und das Hinterteil anhob. Dann gähnte er lange und zeigte seine beeindruckenden Reißzähne. Menschen gehörten zwar nicht zu seinen Beutetieren, aber auch ihnen könnte ein Luchs erhebliche Verletzungen zufügen. Arthur wollte Ragnar nicht zum Feind haben. Er war und blieb das größte Raubtier, das noch in diesen Wäldern lebte.

»Schubart!«, rief Ragnar leise. Der Uhu hatte es sich im Wipfel einer Fichte bequem gemacht und öffnete langsam die Augen. Sie wirkte eigentlich immer lethargisch und verschlafen. Aber das täuschte, wie so vieles an den Tieren. Die Nacht war Schubarts Element, und selbst jetzt konnte sie eine Maus auf große Entfernung sehen und hören. »Flieg' voraus«, befahl Ragnar, der die Führung bei ihrem Unternehmen übernommen hatte. Schubart stieß sich von ihrem Ast ab und segelte beinahe lautlos zwischen den Bäumen hindurch auf die Wiesen hinaus Richtung Auen. Wie ein Schatten aus einer anderen Welt wirkte sie, so geräusch- und schwerelos glitt sie davon. Die vier Verbündeten kamen langsam hinterher. Ragnar ging vorne; er blieb immer wieder stehen und prüfte, ob nichts Verdächtiges ihren Weg kreuzte. Die Jungen gingen in der Mitte, ganz hinten kam Barten, der selbst jetzt immer wieder brummende Geräusche von sich gab. Ragnar schalt ihn dafür. »Barten, kannst du deine Selbstgespräche nicht einstellen? So können wir gleich von Schubart auf dem Rathaus verkünden lassen, dass wir in die Kirche einbrechen wollen.« Barten murrte und sagte etwas von angeborenem Verhalten. Aber er bezwang sich, und zumindest in den nächsten Minuten war nur hin und wieder ein ganz leises Grunzen zu hören.

Als sie am Ortsrand ankamen, schickte Ragnar Arthur nach vorne. »Hier kennst du dich besser aus als ich«, sagte er. »Ich sehe nur verschlossenen Boden, aus dem kein Grashalm mehr wächst. Überall Stein und kaum ein Baum. Das ist schon ein seltsamer Ort, den ihr euch da zum Leben gebaut habt«, meinte er.

Arthur huschte an ihm vorbei und führte sie durch die stillen Straßen zur Kirche. Kaum irgendwo brannte noch ein Licht, und nur einmal bog ein Auto um die Ecke und fuhr auf sie zu. Sie duckten sich in den Schutz einer Hauswand. Dann flog Schubart zu ihnen herab; Julius erschrak, weil er den Uhu überhaupt nicht hatte kommen sehen.

»Ich habe vom Kirchturm aus die Gegend abgesucht, aber mir ist nichts aufgefallen – außer den vielen Mäusen, die im Gebälk des Glockenstuhls leben. Um die kümmere ich mich nachher.«

Ragnar nickte. »Gut. Dann legen wir los. Schubart, du fliegst zurück auf deinen Posten. Wenn etwas Merkwürdiges passieren sollte, gibst du dreimal dein schauerlichstes ›U-hu‹ von dir. Julius, du prüfst, ob die Kirchentür verschlossen ist.«

Sie gingen über den kleinen Kirchplatz und stellten sich auf jener Seite des Gebäudes auf, die im Schatten des Mondes lag. Ragnar und Barten waren kaum zu erkennen, so eng schmiegten sie sich an den mit niedrigen Sträuchern bewachsenen Umlauf der Kirche. Dort war ein Streifen rund um das Gebäude mit großen Kieselsteinen bedeckt, damit der Putz der Außenwand nicht vom hochspritzenden Regenwasser beschmutzt wurde. Nach wenigen Sekunden kam Julius zurück. Die Pforte war verriegelt, aber das hatten sie erwartet. Jetzt war deshalb Barten an der Reihe. Er schnüffelte die Mauern entlang und machte einen vollen Rundgang um die Kirche. Arthur begleitete ihn, um zu schauen, ob ein verspäteter Gassigeher ihr Vorhaben störte. Nach zehn Minuten kehrten Barten und Arthur von der anderen Seite zurück. »Am hinteren Teil gibt es eine Stelle, wo der Boden locker ist und es ziemlich muffig riecht. Dort könnten wir es versuchen«, meinte der Dachs. »Das ist neben der Sakristei«, präzisierte Arthur, »kommt alle mit.« Sie gingen um den Chor herum auf die andere Seite der Kirche. Dort befand sich ein kleiner Kirchenanbau, in dem die Gegenstände aufbewahrt wurden, die man für einen Gottesdienst braucht – die Gewänder des Pfarrers, den Wein für das Abendmahl, die Noten für den Organisten und auch der Vorrat an Weihrauch für die liturgische Feier, denn die Kirche wurde auch von der katholischen Gemeinde genutzt.

Arthur begann, die Kiesel an der Stelle wegzuräumen, die Barten ihnen zeigte. »Komm, hilf mir, Julius«, sagte Arthur. Bald hatten sie ein kleines Areal freigelegt, auf das sich Barten nun stürzte. Mit seinen kräftigen Krallen räumte er die Erde beiseite und grub sich in den Boden. Arthur staunte, wie schnell der Gang sich vertiefte; bald war Barten in der Grube verschwunden. Mit der Geräuschlosigkeit aber war es vorbei, der Dachs grunzte und ächzte bei seiner Arbeit, und obwohl Ragnar ihn immer wieder ermahnte, konnte Barten sich nicht beherrschen. Er war zu sehr in seinem Element. Nach einer halben Stunde stieß der Dachs schließlich auf eine Reihe von Brettern. Er schob sich rückwärts aus dem Gang, schüttelte kurz sein von feuchter Erde verdrecktes Fell und sagte schließlich: »Es waren die Bretter, die so muffig riechen. Dahinter ist nichts mehr; ich rieche nur abgestandene Luft.« Arthur nickte. Ohne sich weiter mit den anderen zu beraten, kroch er selbst in den Gang und knipste dort seine Taschenlampe an. Die Bretter, die senkrecht übereinander vor der Grundmauer der Kirche standen, waren tatsächlich vom ständig einsickernden Wasser schwer in Mitleidenschaft gezogen. Er konnte die einzelnen Latten mit einer Hand wegreißen und nach hinten Richtung Ausgang schieben, wo Julius sie vollends aus dem Gang räumte.

Hinter den Brettern erkannte Arthur einen Ausschnitt im unterirdischen Mauerwerk der Kirche, der mit Backsteinen verschlossen war. Vermutlich hatte es früher hier ein Fenster gegeben, das über einen Schacht Tageslicht bezog. Irgendwann war das Fenster vermauert und der Schacht zugeschüttet worden – vielleicht hatte man den Kellerraum im letzten Krieg als Luftschutzbunker benutzt. Das Wasser hatte auch den Mörtel stark angegriffen; als er mit der flachen Hand gegen die Backsteine drückte, gaben sie schnell nach und fielen polternd nach innen.
»Was ist?«, rief Ragnar von draußen. »Alles in Ordnung?«
»Ja«, meinte Arthur nur, während er die restlichen Steine wegräumte. »Barten, du hast deine Sache gut gemacht. Hier geht es tatsächlich in die Kirche. Ihr könnt nachkommen.«
Er robbte weiter vor und ließ sich unter seltsamen Verrenkungen in den Keller hinabgleiten. Der Raum wurde seit langem nicht mehr benutzt, wie Arthur im Schein der Taschenlampe erkannte. Jedenfalls war er komplett leer; überall an den Wänden hatte sich Schimmel festgesetzt, so dass sowieso kein Möbelstück lange überlebt hätte. Arthur hörte das Schnaufen seiner Kumpane, die sich durch den engen Gang kämpften.
»Dass ich einmal noch zum Maulwurf werden würde, hätte ich nicht gedacht«, murrte Ragnar, der als erstes den Kopf aus dem Gang streckte und mit einem eleganten Sprung den Keller erreichte. Julius und Barten folgten.
»Der erste Teil des Planes ist geschafft«, sagte Barten mit einigem Stolz. »Es genügt eben nicht nur, graben zu können; man muss auch wissen, wo es sich lohnt.«
»Meinen Respekt hast du jedenfalls«, meinte Ragnar und lächelte. Und zu Arthur gewandt, fügte er hinzu: »Mach' die Taschenlampe lieber wieder aus, wenn wir oben angelangt sind. Das Licht könnte uns verraten.«
Arthur ging die kleine Steintreppe hinauf, die an einer hölzernen Tür endete. Er rüttelte am Griff, doch die Tür bewegte sich nicht. Julius nahm ihm die Taschenlampe aus der Hand und richtete den Strahl auf den Spalt zwischen Zarge und Metallschloss.
»Der Riegel ist nicht zu sehen; wahrscheinlich ist die Tür nur verklemmt.« Arthur und Julius zogen gemeinsam an der Klinke, und tatsächlich ließ sich die Tür nun millimeterweise nach innen ziehen. Die Feuchtigkeit hatte das Holz verzogen. Mit einem letzten Quietschen gab sie schließlich nach und schwang auf. Der Weg war frei.
»Jetzt gehe ich wieder voran«, sagte Ragnar, der zuerst nur den Kopf in die Sakristei steckte und Witterung aufnahm. »Ich rieche überall Menschen«, sagte er. »Aber alle Gerüche sind älter. Ich glaube nicht, dass außer uns noch jemand in der Kirche ist.«
Langsam durchquerte er den Raum, jeden Schritt prüfend, alles beobachtend. Arthur kam es vor, als bewege Ragnar sich in Zeitlupe; ihm fehlte die Geduld, die dem Luchs zu eigen war. Auch Barten grunzte leise hinter ihm. Aber Ragnar ließ sich nicht beirren.
Die Verbindungstür von der Sakristei zum eigentlichen Kirchengebäude war nur angelehnt. Das Schiff lag wie schlafend da, nur hin und wieder knarrte eine der Kirchen-

bänke leise. Mondlicht fiel durch die hohen Fenster herein, die jetzt all ihren Glanz und all ihre Farbigkeit eingebüßt hatten. Eine graue geheimnisvolle Ruhe schwebte in dem hohen Raum der Kirche.
Das schwere Seil, das den Abgang zur Krypta versperrte, wippte leicht, als Arthur darunter hinwegtauchte und es leicht berührte. Unten an den Stufen angekommen, zuckte Ragnars Schnauze leicht; er schnupperte. »Hier scheint es einigen Mäusen oder Ratten ziemlich gut zu gefallen«, meinte er dann. Barten knurrte. »Die sollen sich bloß nicht blicken lassen, sonst lernen sie meine Kiefer kennen.«
Die Krypta lag in tiefer Nacht. Ohne Arthurs Taschenlampe hätte man hier unter der Erde nicht die Hand vor Augen gesehen, selbst Ragnar nicht, und die Gefährten blieben eng zusammen, damit keiner aus dem kleinen Lichtkegel verschwand. Wie still, wie kühl es in der Krypta war. Julius fühlte sich weit weg von der Wirklichkeit; an diesem Ort schien die Luft dichter zu sein und die Zeit langsamer zu verrinnen. Es war ein Ort, an dem das Leben inne hielt, an dem Grenzen sich auflösten und an dem der Mensch ehrfürchtig wurde. Als der Schein der Taschenlampe über die Eingangstür huschte, bemerkte Arthur, dass über der Tür etwas eingraviert war. »Was heißt das?«, fragte er leise und las etwas holpernd vor. »Media vita in morte sumus.« Julius' Lateinkenntnisse waren zwar gering, aber er konnte den Satz doch übersetzen. »Das ist ein Spruch, der im Mittelalter oft verwendet worden ist – er soll daran erinnern, wie brüchig das Leben ist und wie schnell sich alles verändern kann.«
»Hör' auf zu dozieren«, sagte Arthur halb scherzend, halb ernsthaft. »Was bedeutet es?«
»Mitten im Leben sind wir des Todes. – Passt zu einer Krypta, findet ihr nicht?«
»Gibt es nicht ein modernes Gedicht, das ganz ähnlich lautet?«, fragte Arthur nach.
»Ja, das ist von Rilke und geht so: Der Tod ist groß. Wir sind die Seinen lachenden Munds. Wenn wir uns mitten im Leben meinen, wagt er zu weinen mitten in uns.«
»Das macht mir wirklich eine Gänsehaut«, meinte Arthur und schüttelte sich leicht.
»Aber es ist wunderschön, traurig und wunderschön«, warf Ragnar ein. »Manchmal scheint ihr Menschen doch ein wenig nachzudenken und nicht nur wie hirnlose Riesen durchs Leben zu trampeln.«
Niemand antwortete mehr. Ragnar schlüpfte als erster durch die enge Pforte, Arthur folgte mit der Taschenlampe. Sie gingen direkt durch die Rotunde auf die kleine Apsis zu, in der sich der Steinsarkophag befand. Für Barten war er lediglich ein ausgehöhlter Stein, und so ging er einmal um den Sarg herum und schnüffelte ausgiebig daran. »Nichts Ungewöhnliches«, meinte er. »Darin liegt also die Figur?«
Arthur nickte. Er beobachtete Ragnar, der sich dem Sarkophag vorsichtig näherte, die Vorderfüße auf den Rand stellte und ins Dunkel hineinspähte. »Eine Erinnerung steigt in mir hoch an eine Geschichte, die meine Ahnen noch erzählt haben. Aber sie ist so undeutlich geworden, dass ich sie nicht mehr in Worte fassen kann. Ich weiß nur noch, dass auch sie vom Bund der drei Geschlechter handelte und dass Verrat und Tod

eine wichtige Rolle spielten. Diese Geschichte scheint irgendetwas mit diesem Ort und mit diesem Sarg zu tun zu haben.« Er schüttelte sich leicht, wie um die Erinnerung loszuwerden, und stieß sich von der Kante ab. »So, wer ist der Kleinste von uns? Wer klettert hinein?«, sagte er dann.

»Der Kürzeste ist auf jeden Fall Barten«, meinte Julius. »Und er ist an die Enge auch am besten gewöhnt, würde ich sagen.«

Barten machte keine Einwendungen und ging sofort an die Arbeit. Es kostete ihn einige Mühe, sich durch den Spalt zu zwängen, den der Steindeckel ließ, aber letztlich verschwand auch sein Hinterteil im Sarkophag.

»Hier ist nur Staub und Staub und Staub«, war dumpf seine Stimme zu hören. Doch schon nach wenigen Sekunden hörte man ein triumphierendes Grunzen: »Ich hab's gefunden«, rief Barten, und gleich darauf sah man ihn im Rückwärtsgang wieder aus dem Sarg herauskriechen. Die Figur hatte er zwischen seinen Zähnen gepackt und legte sie nun vorsichtig auf dem Boden ab. Fast wie ein Hund sah er aus, der einen Stock apportiert hatte und auf seine Belohnung wartete.

»Barten, du bist unbezahlbar«, sagte Arthur und strich dem Dachs kurz über den Kopf, was dieser ausnahmsweise gerne geschehen ließ. Julius hatte in der Zwischenzeit die Figur genommen; sie übte eine eigenartige Anziehungskraft auf ihn aus, seit er sie das erste Mal in der Hand gehalten hatte.

»Lass sehen«, rief Arthur und richtete den Strahl seiner Taschenlampe auf die Figur, die in der geöffneten Hand Julius' ruhte. Alle blickten auf die Figur, die sie bisher nur vom Hörensagen kannten und die so viel Macht besitzen sollte. Auch Julius hatte erstmals die Gelegenheit, sich den Menschen genauer anzuschauen, der auf der kleinen Stele eingeritzt war. Die Beine waren kaum angedeutet; die Stele war am unteren Teil lediglich etwas schmaler und eingekerbt. Kleine Muster bedeckten die Vorderseite – vermutlich wollte der Schnitzer damit das Gewand andeuten, das der Mann trug. Seltsamerweise erinnerte Arthur dieses Muster an die Weste, die Zoller immer trug. Die menschliche Figur hatte den rechten Unterarm auf den Bauch gelegt, als setze er zu einer Verbeugung an. Zugleich aber war sein Gesicht von einer Erhabenheit, die eigentlich ausschloss, dass dieser Mann sich vor irgendjemandem zu verbeugen hatte. Mund und Augen waren geschlossen, und dennoch kam man nicht auf den Gedanken, der Mann würde schlafen. Vielmehr lag eine große Ruhe in diesem Gesicht, der Mann strahlte einen großen Frieden aus, und es schien, als würde er alles erkennen, gerade weil er die Augen zu hatte. Die beiden Hörner verliehen ihm noch mehr Würde und Kraft. Und ganz leicht schien die Figur aus sich selbst heraus zu leuchten.

Arthur nahm die kleine Stele aus Julius' Hand und drehte sie hin und her. Die Rückseite war doppelt abgeflacht, so dass sie auf der gesamten Länge spitz zulief. »Schaut her, an diese beiden Flächen lassen sich vermutlich die zwei anderen Figuren anlegen. Dann bilden sie zusammen eine perfekte Einheit. Es ist eine herrliche Arbeit.«

»Ja, das ist sie in der Tat«, sagte plötzlich aus der Dunkelheit heraus eine Stimme, die den Jungen nur zu gut bekannt war. Arthur und Julius fuhr der Schrecken kalt in die Glieder, und Ragnar machte einen Schritt nach vorne und ließ ein deutliches Knurren hören. Seine Schwanzspitze zitterte. Arthur versuchte sich zu fassen und ließ das Licht seiner Taschenlampe durch die Krypta kreisen. In der Mitte der Rotunde stand kalt lächelnd Karl Zoller. Sein Gesicht hatte, wie ihn nun der schwache Strahl der Taschenlampe traf, etwas Rattenhaftes: Das eigentlich runde Gesicht wirkte länglich und spitz zulaufend, und der mächtige Schnurrbart sah aus wie zu dicht gewachsene Tasthaare eines Nagers.

Ragnar war in diesen Sekunden der einzige, der reagierte. Er machte einen Satz auf Zoller zu und versuchte im Sprung die Kehle seines Gegners zu erfassen. Doch urplötzlich hatte der Mann ein langes Schwert in der rechten Hand, das einmal zischend durch die Luft fuhr und dabei Ragnars Bahn abbremste und veränderte. Hart schlug der Luchs auf den Boden auf und blieb kurz benommen liegen. Sein linker Vorderlauf blutete; dort hatte das Schwert sein Fell zerschnitten.

»Habt ihr wirklich geglaubt, ihr könntet einfach hier hereinspazieren und mir den heiligen Mann stehlen?«, rief Karl Zoller. Bei Ragnars Angriff waren Zollers lange Haare in dessen Gesicht gerutscht, und er strich sie mit einer Hand nach hinten. »Der heilige Mann gehört mir, und es braucht schon mehr als zwei Rotznasen und deren Kuscheltiere, um ihn mir streitig zu machen.«

Aus dem Dunkeln tauchten in diesem Moment, als wären sie unsichtbar gewesen und würden nun wieder Gestalt annehmen, Viktor und Oskar auf. Sie hatten einen langen braunen Umhang übergeworfen und wirkten mit ihrem Langschwert wie mittelalterliche Krieger. Oder besser, wie es Julius durch den Kopf fuhr, wie keltische Krieger.

Er fühlte sich beschämt, und kalte Wut stieg in ihm auf. Sie waren tatsächlich dumm gewesen, weil sie Zoller unterschätzt und schon in der Gewissheit ihres Sieges geschwelgt hatten. Hatte Zoller sich von innen in die Kirche eingeschlossen? Kannte Zoller Mittel, um seinen menschlichen Geruch zu vertreiben? Es spielte keine Rolle mehr – sie hatten sich übertölpeln lassen.

Ragnar erhob sich und humpelte auf drei Beinen zurück zu den anderen. Eine Spur von Blut zeigte seinen kurzen Weg deutlich an. Arthur holte einige Papiertaschentücher aus seiner Tasche, legte sie um Ragnars Bein und hielt sie mit seiner Hand umfasst. »Bleib' ruhig, Ragnar«, sagte er. »Zuerst muss die Blutung zum Stillstand kommen.«

Aber Ragnar bebte vor Zorn. Nur mühsam konnte er sich zurückhalten, erneut anzugreifen. Dabei wusste er, dass es zwecklos war. Die zwei Leibwächter Zollers hatten die Spitze ihres Schwerts auf den Boden gestellt und die Hände auf den Knauf gelegt. So lang waren die Waffen, dass der Griff selbst dem Hünen Viktor bis zur Brust reichte. Und so sicher waren sich die beiden ihrer Sache, dass sie es nicht einmal für nötig hielten, ihr Schwert in Kampfposition zu bringen. Julius fiel auf, dass diese Langschwerter jenen ähnlich sahen, die in dem Prospekt abgebildet waren, den sie bei Kilian im Keller entdeckt hatten. Steckte er also doch mit Zoller unter einer Decke?

»Warum benutzt du die Figur für deine egoistischen zerstörerischen Interessen«, bellte Ragnar Zoller jetzt entgegen. »Du weißt, dass du sie nicht ihrer Natur gemäß einsetzst.«

Der Bürgermeister lachte nur.

»Die Figur hat keine eigene Natur. Sie dient demjenigen, der sie besitzt.«

»Der Bund lautete anders.« Ragnar war wieder einige Schritte vorgegangen; er und Zoller standen nun alleine in der Rotunde, während Viktor und Oskar auf der einen Seite und Arthur, Julius und Barten auf der anderen Seite im Umgang der Dinge harrten.

»Der Bund ist seit zweitausend Jahren zerbrochen, Luchs, und er will nicht neu entstehen. Niemand weiß das besser als ich«, sagte Zoller scharf. »Also erzähle mir nichts von alten Geschichten, von denen du keine Ahnung hast. Und jetzt gebt die Figur heraus, oder es wird noch mehr Blut fließen.«

Aber Ragnar rührte sich nicht von der Stelle. »Ist dies nicht ein heiliger Ort für euch Menschen?«, fragte er dann. »Wie kannst du es wagen, hier einen solchen Frevel zu begehen?«

Für einen kurzen Moment flog ein Hauch von Unsicherheit über Zollers Gesicht; aber vielleicht hatte Arthur sich getäuscht. »Du hast eine ziemlich große Klappe für jemanden, der sich gerade wie ein Anfänger hat überrumpeln lassen. Ein bisschen mehr Demut wäre angebracht, denn ihr seid ganz von meiner Gnade abhängig. Das ist vielleicht noch nicht in euren törichten Köpfen angekommen.«

Niemand sagte etwas, und so machte Zoller eine kurze Bewegung mit dem Kopf in die Richtung von Arthur und Julius. »Habe ich es mir also doch gedacht – die jungen Wiegands können es nicht lassen, ihrem Vater nachzueifern. Aber ihr wisst doch, was mit ihm passiert ist. Warum wollt ihr also auch die Helden spielen?«

Jetzt preschte Arthur vor. »Wir wissen, dass Sie schuld sind an seiner Krankheit. Wir kennen die Macht der Figur. Anscheinend erreichen Sie nur mit solchen fiesen Tricks etwas. Vor dem offenen Kampf haben Sie Angst, denn da wäre unser Vater Ihnen haushoch überlegen. Sie sollten sich schämen.«

Zoller zuckte nur mit den Schultern. »Ganz wie der Alte. Immer impulsiv und gerade heraus. Aber weißt du, in einem Punkt gebe ich dir sogar Recht: Dein Vater ist ein schwieriger Gegner. Ich habe es vorgezogen, es mir leicht mit ihm zu machen. Ich brauche meine Energie für andere Dinge.« Zoller schwieg einen Moment, dann sagte er: »Aber jetzt genug geplaudert. Heraus mit der Figur, oder euer tierischer Freund wird sich von euch verabschieden müssen.«

Ragnar knurrte, und sein Körper straffte sich. Jede Sehne war angespannt. »Ein zweites Mal wird die Überraschung nicht auf deiner Seite sein«, sagte er. »Sei auf der Hut.«

Aber Zoller machte nur einen kurzen Wink mit der Hand, und Viktor und Oskar nah-

men ihre Schwerter auf und kamen langsam nach vorne. Zwei Schritte vor Ragnar bauten sie sich auf, als unmissverständliches Zeichen, dass ihre Geduld am Ende sei.
»Arthur, gib' ihm die Figur«, sagte Julius nun, »es hat keinen Zweck.«
»Na, wenigstens du scheinst ein vernünftiger Junge zu sein«, meinte Zoller. »Hört besser auf ihn.«
Arthur schaute auf Ragnar, der den Kopf zu ihm umwandte und, wenn auch widerstrebend, nickte. Also umfasste Arthur die Figur noch einmal kräftig mit der ganzen Hand, als wolle er ein klein wenig der Kraft in seinen Körper übergehen lassen; dann schritt er nach vorne und händigte sie Zoller aus.
»Es ist besser so, glaubt mir«, meinte Zoller. Er schob den heiligen Mann wieder in die Tasche seiner Weste und klopfte einmal leicht mit der flachen Hand darauf, als wolle er sagen: ›Ja, da gehört sie hin.‹
»Und weil ihr so einsichtig seid, will ich tatsächlich Gnade vor Recht ergehen lassen. An einem solchen Ort sollte man kein Blutbad veranstalten, es sei denn, den Göttern zuliebe. Auch wenn scheinbar kluge Kunsthistoriker glauben, dies sei ein christlicher Ort, so weiß ich es doch besser. Schon meine Ahnen haben hier Zwiesprache mit den Göttern gehalten. Ich werde euch deshalb einfach hier lassen, die Tür abschließen und dafür sorgen, dass in den nächsten Wochen niemand herunterkommt. Was von euch übrig bleibt, werden wir entsorgen. Nie wird jemand erfahren, wieso und wohin ihr so plötzlich verschwunden seid.«
Zoller lächelte milde, als hätte er Mitleid angesichts dieses Schicksals.
»Und damit ihr euch keine Hoffnung macht, euer Vater könnte euch hier herausholen, zeige ich euch zum Schluss noch etwas ganz Besonderes.« Er schaute die beiden Jungen eindringlich an, nahm die Figur wieder aus der Tasche, hob sie mit beiden Händen über seinen Kopf und sprach Worte, von denen die Gefährten nur eines verstanden: Erik. Es hörte sich ungefähr so an: »Quotan mundix Erik merkun potas sandum dernis.« Drei Mal sprach er die Worte, und in dieser Zeit begann der Stein hell zu leuchten, als ob er weiß glühte. Ein Pochen erfüllte den Brustraum des Mannes und breitete sich langsam über die gesamte Stele aus. Schließlich erstrahlte die Figur für einige Sekunden in weißem Licht, um dann wieder zu verlöschen. »Jetzt macht euer Vater wieder das, was ich will«, meinte Zoller triumphierend, schob die Figur in seine Tasche zurück und blickte alle der Reihe nach nochmals an. »Und er wird es unter Schmerzen tun.«
»Alles Gute«, sagte er schließlich, drehte sich um und verließ die Krypta, die beiden Leibwächter im Schlepptau. Die schwere Tür schlug zu, und die vier Freunde hörten, wie der große Eisenschlüssel umgedreht wurde. Dann wurde alles still, und Arthur fühlte sich bereits so weit vom Leben entfernt, als hätte er jene geheimnisvolle Grenze in die Anderswelt schon überschritten.
In diesem Moment flackerte der Schein der Taschenlampe. Die Batterien waren ausgegangen. Dann umgab sie Dunkelheit.

Es war Ragnar, der sich als erster fasste und wieder das Wort ergriff. »Seid nicht wütend, Freunde«, meinte er mit knurrender Stimme, »wir sind eben keine großen Krieger – zumindest noch nicht. Solange hat uns Zoller einiges voraus. Aber noch ist längst nicht alles verloren. So dumm, wie Zoller uns nennt, sind wir denn doch nicht.«

»Wie geht es deinem Vorderlauf?«, fragte Arthur besorgt. »Bei der Dunkelheit kann ich ihn dir nicht einmal richtig verbinden.«

»Keine Sorge, es ist nichts Schlimmes. Ich kann den Fuß noch bewegen und beugen, also ist es wohl nur eine Fleischwunde. Das verheilt.«

»Es war trotzdem sehr mutig, wie du dich Zoller entgegengeworfen hast, Ragnar«, meinte Julius. Er tastete mit der Hand nach dem Luchs und drängte sich an ihn, als suche er seinen Schutz. »Du hast vielleicht noch nicht die Kraft eines großen Kriegers, aber den Mut dazu besitzt du schon.«

Barten kicherte. »Mut ist etwas typisch Menschliches. Alles müssen sie gleich in ein Heldenepos verwandeln. Tiere tun einfach, was getan werden muss – ihr Instinkt sagt ihnen mit großer Treffsicherheit, ob es sich lohnt anzugreifen oder ob es besser ist, den Rückzug anzutreten. Also lasst mal das Geschwafel, zumal wir mit Mut allein hier nicht wieder rauskommen.« Man hörte, wie er sich durch die Krypta tastete. »Mal sehen, ob man irgendwo anfangen könnte zu graben. Aber es ist verdammt noch mal so dunkel hier drinnen, dass ich die Barthaare direkt vor meinen Augen nicht mehr sehe.«

Arthur musste ein wenig lachen. »Du hast zumindest deine Zuversicht nicht verloren, das ist in einer so ausweglosen Situation einiges wert«, sagte er.

»Zuversicht!«, rief Barten schon aus einiger Entfernung, »auch so ein Menschenwort!«

Arthur selbst begann ebenfalls, sich im Raum zu orientieren. Er tastete sich von seinem Standort zurück zur Außenmauer der Krypta und folgte ihr dann, die rechte Hand immer über den Stein streifend, bis zur Ausgangstür. Er rüttelte lange an dem Eisenring, der an der Innenseite der Holzpforte den Griff ersetzte, doch die Tür bewegte sich kaum in ihrem Schloss. Sie war tatsächlich fest verriegelt. Langsam ließ Arthur beide Hände von oben nach unten über die gesamte Tür gleiten; er wollte untersuchen, ob es irgendeine Angriffsstelle gab, an der das Holz gesplittert oder morsch war. Doch es war nichts zu machen – das fast zehn Zentimeter dicke Eichenholz bildete eine feste Grenze zwischen den Lebenden und den Todgeweihten.

»Was ist mit Schubart?«, fragte Julius plötzlich in die Dunkelheit hinein. »Sie wird merken, dass wir nicht zurückkommen, und etwas unternehmen.«

»Ja, das stimmt«, sagte Arthur. »Aber wohin wird sie fliegen? Sie kennt ja nur Erik.«

Barten, der in der ganzen Krypta herumgeschnüffelt hatte, kam zu ihnen in die Nähe des Sarkophages zurück. »Also das sieht ziemlich aussichtslos aus«, sagte er. »Die Wände sind überall so dick, dass ich nichts ausrichten kann. Tut mir leid.«

»Was ist mit den anderen Tieren im Wald?«, fragte Julius. »Wird Schubart nicht zu ihnen fliegen?«

Ragnar seufzte. »Das wird sie vermutlich tun, denke ich. Aber es gibt nicht mehr viele, die bereit sind, sich für einen Menschen in Gefahr zu begeben. Zu viel ist zwischen uns geschehen. Ich bin mir deshalb nicht sicher, ob Schubart uns wirklich helfen kann.«

Alle schwiegen jetzt. Arthur holte seine restlichen Taschentücher heraus und versuchte, Ragnars Wunde so gut es eben in der Dunkelheit ging, zu verbinden. Er riss einen Streifen von seinem Ärmel ab und verknotete ihn über den Tüchern. »Das hilft zumindest, die Blutung zu stillen«, sagte er leise.

Allen war klar geworden, dass es nicht einfach werden würde, dem Schicksal zu entgehen, das Zoller ihnen vorgezeichnet hatte. Arthur spürte mittlerweile, wie ihm die Kälte unter die Haut kroch und wie die Dunkelheit ihn bedrückte. Er setzte sich auf den Deckel des Sarkophages, weil es dort zumindest nicht ganz so kalt und nicht ganz so feucht war wie auf den Bodenfliesen. Lange sagte niemand mehr ein Wort, alle waren in Gedanken versunken oder dösten vor sich hin. Arthur schaute auf seine Armbanduhr, die mit leicht leuchtenden Zeigern ausgestattet war. Sie zeigten kurz vor vier Uhr morgens an. Ob zumindest ein wenig Licht in die Krypta fiel, wenn die Sonne aufging?

»Arthur«, sagte Ragnar nach unendlich langer Zeit mit hellerer Stimme; ihm war etwas eingefallen. »Warst du in der Waldburg?«

Er verstand nicht auf Anhieb. »Ja, mehrmals in den letzten Tagen. Warum?«

»Erinnerst du dich an unser Gespräch? Hast du nach dem Gegenstand gesucht?«

Jetzt war Arthur klar, was Ragnar meinte. Der Luchs sprach von jenem magischen Stein, den Arthur angeblich in seiner Sammlung besaß. Arthur schob seine Hand in die Hosentasche – ja, da waren die beiden Steine noch, der Bergkristall und der Turmalin, eingewickelt in altes Zeitungspapier.

»Ich habe mir alles genau angesehen, aber ich bin mir nicht sicher, ob ein solcher Gegenstand, wie du ihn beschrieben hast, dabei ist. Vielleicht hast du dich getäuscht?«

»Wovon redet ihr bitteschön?«, mischte sich Julius ein.

»Entschuldige«, meinte Ragnar. »Arthur könnte in seiner Sammlung einen Stein besitzen, der uns weiterhelfen kann. Vielleicht lag dieser Stein zufällig dabei, als die drei Figuren geschaffen wurden. Seine Kraft reicht bei weitem nicht aus, um den Figuren Paroli zu bieten. Aber vielleicht, um uns aus dieser Situation zu befreien. Es ist eine Möglichkeit, mehr nicht.«

Arthur holte die beiden Steine aus seiner Hosentasche und legte sie auf den Sarkophag. »Ich habe einen Bergkristall und einen Turmalin mitgenommen – aber ich habe sie nur aus dem Gefühl heraus ausgesucht.«

»Probier' es aus«, meinte Ragnar ganz ruhig.

»Aber wie? Was muss ich tun?«

»Der Gegenstand verstärkt eine wichtige Eigenschaft von dir, Arthur. Denk nach: Was kannst du besonders gut, was uns jetzt helfen könnte?«

»Hhmm«, machte Arthur, »ich weiß nicht. Ich glaube, ich bin ein besonders ausdauernder Läufer. Ich gehe oft stundenlang durch den Wald und werde nicht müde dabei.«
»Das ist eine gute Eigenschaft. Nützt sie uns in der Krypta etwas?«, fragte Ragnar in einem Ton, der erkennen ließ, dass er selbst die Antwort nicht kannte.
»Eher nicht, würde ich sagen«, meinte Arthur. »Ich kann hier tagelang herumrennen und würde keinen Ausgang finden.«
»Du hast Recht. Welche Eigenschaften hast du noch?«
Arthur dachte angestrengt nach. »Ich bin ziemlich ungeduldig«, sagte er schließlich. »Es fällt mir schwer, abzuwarten und nichts zu tun.«
»Ja, aber das würde unsere Lage nur verschlimmern, wenn du vor Ungeduld herumnörgelst und unausstehlich werden würdest«, sagte Ragnar mit leichter Ironie.
Für einen Moment blieb es still, dann sagte Julius ganz vorsichtig: »Arthur ist ein guter Träumer. Oft erzählt er mir morgens die abenteuerlichsten Geschichten, die er geträumt hat. Und selbst am Tag sitzt er oft lange da und hängt irgendwelchen Tagträumen nach. Erik hat früher oft gesagt: ›Arthur, dein Kopf steckt die halbe Zeit in den Wolken.‹«
»Das ist interessant«, meinte Ragnar. Man spürte, dass er an diesem Gedanken sofort Gefallen fand. Dann sagte er: »Ihr Menschen glaubt heute daran, dass es nach dem Tod ein Weiterleben geben wird. Aber ihr habt darüber vergessen, dass die Grenzen zwischen dieser und anderen Welten schon in diesem Leben berührt und vielleicht überschritten werden können. In jener Zeit, in der die Figuren entstanden sein müssen, war dies noch anders. In der Nacht von Samhain, so glaubten die Menschen damals, öffneten sich die Pforten der Anderswelt und die Toten kehrten für eine Nacht zu den Lebenden zurück. Sie wandelten in den Dörfern und kehrten bei ihren Lieben ein. Auch wir Tiere ahnen manchmal Dinge, bevor sie geschehen – ein Erdbeben beispielsweise oder einen großen Sturm. Es gibt Risse, Verschiebungen, Übergänge zwischen den Welten und zwischen den Zeiten. Bei euch sind von diesem Wissen nur lächerliche Gespenstergeschichten übrig geblieben. Aber jetzt könnte uns dieses Wissen nutzen. Es wäre einen Versuch wert. Wo sind deine beiden Steine?«
Arthur ließ die zwei Steine leicht gegeneinander klacken. »Ich habe beide in der Hand. Aber ich habe keine Ahnung, wovon du sprichst«, meinte er.
»Ich weiß auch nicht, wie genau dieser Gegenstand seine Kraft entfaltet. Versuch es selbst einmal. Konzentriere dich auf die Steine. Spüre ihnen nach, ob du etwas in ihnen entdeckst.«
Arthur rutschte nach hinten, um sich in der Apsis mit dem Rücken anlehnen zu können. Er schloss die Augen und ließ seine Gedanken zunächst in die linke Hand fließen, wo der Bergkristall ruhte. Ganz schwer kam ihm der Stein plötzlich vor, bald fühlte er, wie der Stein mit ihm verschmolz – aber nichts geschah. Arthur legte den Bergkristall deshalb zur Seite und wiederholte das Vorgehen mit dem Turmalin, in dem sich

schwarze und durchsichtige Mineralien abwechselten. Da spürte er plötzlich, wie der Stein warm in seiner Hand wurde, und als er die Augen leicht öffnete, sah er einen grünen Schimmer die Krypta erfüllen. Die anderen schauten mit offenem Mund zu, sagten aber nichts, weil sie das Erwachen des Steines nicht stören wollten. Es war genau das Licht, das Arthur in der Waldburg durch die Ritzen der Bretter hatte dringen sehen. Es war sein Licht.

Ragnar sagte nur ganz leise, ein Raunen fast nur: »Und jetzt träume, Arthur. Träume!« Arthur ließ sich fallen. Bald vergaß er, wo er sich befand und welche Tageszeit es war. Bildfetzen zogen an seinem inneren Auge vorbei. Erik, der krank im Bett lag. Schubart, die Richtung Wald flog. Michael, der schlief wie ein Stein und schnarchte. Arthur wusste nicht, ob es Bilder waren, die er irgendwann erlebt hatte, ob sie sich irgendwann ereignen würden oder ob sie gerade jetzt stattfanden. Die Zeit geriet aus den Fugen, und der Raum hatte keine Grenzen mehr. Arthur träumte sich dorthin, wo er am liebsten wäre, wo er jetzt am ehesten Hilfe erwarten konnte. Schubart. Erik. Michael. Dort blieb er hängen. Und plötzlich wurden die schnellen wild durcheinander purzelnden Bilder langsamer, und zuletzt blieben sie stehen, und Arthur sah ganz deutlich, wie er in Michaels Schlafzimmer ankam. War er wirklich dort? Oder träumte er nur davon? Er machte einen zaghaften Versuch, über den hölzernen Pfosten des Bettes zu streichen. Im Traum spürte er das Holz unter seinen Fingern, aber wie wirklich es war, konnte Arthur nicht sagen. Jedenfalls trat er nahe an das Kopfende heran, beugte sich zu Michael herab und flüsterte ihm ins Ohr: ›Michael, wach' auf. Wir sind in der Krypta gefangen, Zoller hat uns eingesperrt. Wach' auf und befreie uns.‹

Michaels bulliger Kopf bewegte sich erst langsam, dann ziemlich unruhig im Schlaf hin und her. ›Was ist? Was ist?‹, murmelte er. Es war, als erlebte Michael gerade mit großer Intensität den gleichen Traum wie Arthur – jemand stand an seinem Bett und flüsterte Worte in sein Ohr. ›Geh' in die Krypta der Bernhardskapelle‹, flüsterte Arthur. ›Und vergiss nicht, ein Brecheisen mitzunehmen.‹

›Ja, ja«, stammelte Michael. Dann schlug er plötzlich die Augen auf, fuhr hoch und tastete nach dem Schalter seiner Nachttischlampe. Das Zimmer erhellte sich, und Michael blickte verwirrt, schlaftrunken, zweifelnd um sich. Arthur stand direkt neben ihm, aber Michael schien ihn nicht zu sehen. Doch nach einem kurzen Zögern drehte Michael seine Beine aus dem Bett, blieb kurz auf dem Bettrand sitzen, um endgültig wach zu werden, und stand dann auf.

›Noch nicht einmal fünf Uhr‹, murmelte er beim Blick auf den Wecker, doch das konnte Arthur kaum noch hören. Das Traumbild wurde wieder undeutlich und verschwamm, und Arthur fühlte sich erneut in einem Sog von Bildern hineinströmen, an dessen Ende der Film abriss. Nur Dunkelheit blieb vor seinen Augen. Er spürte seinen Körper plötzlich wieder, er war aufgewacht, er war zurückgekehrt, er war wieder in dieser Welt – Arthur wusste nicht, wie er es bezeichnen sollte. Als er die Augen öffnete, sah er den Turmalin, den er noch immer umklammert hielt und der noch ganz schwach leuchtete; dann verlöschte das Licht. Es blieb ihm gerade die Zeit für einen letzten Blick in die Gesichter seiner Gefährten. Sie standen ganz nahe bei ihm, und in ihren Augen lag ein Glanz von Sorge, von Unglauben – und von Ehrfurcht. Sie spürten, dass sie einem seltenen Schauspiel beigewohnt hatten.

»Du lagst da wie tot«, sagte Julius später. »Dein Körper war ganz schlaff, und alles Leben schien aus dir gewichen. Du hast nicht nur geschlafen – es war, ich weiß nicht, wie ich sagen soll, es war, als ob dein Lebensfunke, deine Seele auf Wanderschaft gegangen wäre.«
»Mein Traum von dem Stein war also doch wahr«, sagte Ragnar, als Arthur ihnen von seinen Erlebnissen berichtet hatte. »Es gibt Wege, die zwischen den Räumen und zwischen den Zeiten hin- und herführen. Es ist ein wertvoller Schatz, den du besitzt. Es sollte niemand außer uns wissen, dass du ihn hast.«
»Glaubt ihr denn, dass ich wirklich bei Michael war und dass er mich wirklich gehört hat?«, fragte Arthur, der immer noch kaum verstand, was ihm widerfahren war.
»Dein Geist jedenfalls war dort, davon bin ich überzeugt«, meinte Ragnar.
»Und der Praxistest folgt auf dem Fuß«, sagte Barten nur lakonisch, dem solche Magiespiele suspekt blieben. Er hielt sich lieber an Handfestes; an das, was er verstand: »In der nächsten Stunde sollte irgendjemand an unsere Tür klopfen – sonst war alles bloß Hokuspokus.«
Sie mussten nicht lange warten. Schon bald hörten sie Schritte auf der Treppe draußen, und jemand prüfte, ob die Tür verschlossen war. Als sie sich nicht öffnen ließ, rief ein Mann: »Wer ist da drin?« Doch Arthur erschrak – es war nicht Michaels Stimme, die da rief. Es war Kilian, der draußen stand.
Arthur legte allen dreien die Hand auf den Mund, als Zeichen, dass sie schweigen sollten. »Er steckt wahrscheinlich mit Zoller unter einer Decke. Das könnte eine Falle sein«, flüsterte er so leise, dass er sich nicht sicher war, ob die anderen ihn verstanden. Aber keiner rührte sich.
Dann hörten sie, wie eine Axt in das Holz fuhr und sich ein anderes Werkzeug in die Eisenhalterungen krallte. Es dauerte seine Zeit, bis der Mann die langen Nägel aus dem Holz gezogen hatte, die die Beschläge jahrhundertelang mit dem Holz verbunden hatten. Doch schließlich gelang es ihm, und der Mann konnte die halb zerschmetterte Tür so weit zur Seite drehen, dass ein Spalt frei war zum Hindurchschlüpfen. Zuerst blendete sie der Schein der Taschenlampe, die der Mann in der Hand hielt, doch als er sie leicht zur Seite drehte, erkannte Arthur tatsächlich Kilian.
»Warum habt ihr nicht geantwortet?«, fragte er gereizt. Arthur sah, dass Kilian die Axt nach wie vor in der anderen Hand hielt.
»Was willst du hier?«, fragte Arthur verunsichert und verängstigt. »Du gehörst doch zu Zollers Leuten – du brauchst das nicht mehr zu verstecken. Wir wissen Bescheid.«
Aber in diesem Moment machte sich noch ein zweiter Mann an der Tür zu schaffen.

»Hört zu, Kinder. Wir haben uns getäuscht«, rief der Mann. Es war Michael. »Die Tür ist zu eng für mich, aber ihr könnt Kilian vertrauen. Wir haben ihn zu Unrecht verdächtigt.«
»Waren es denn nicht eindeutig seine Schuhe?«, fragte Julius.
»Nein, waren sie nicht«, rief Michael durch den Spalt. »Es war eine andere Größe. Ihr müsst mir glauben. Ihr müsst ihm glauben.«
Arthur war verblüfft. »Und was ist mit den Waffen? In dem Prospekt, den wir bei ihm gefunden haben, waren genau die gleichen Schwerter abgebildet, mit denen Zoller vorher Ragnar verletzt hat.«
Kilian ging langsam auf sie zu.
»Ich bin ein Waffennarr, das gebe ich zu«, sagte er. »Und besonders interessiere ich mich für mittelalterliche Waffen, vor allem für Schwerter. Ihr hättet im Keller mal die Schränke öffnen sollen. Zoller war tatsächlich bei mir und wollte mich mit den Schwertern ködern. Keine Nachbildungen, hat er gesagt. Ich beschaffe dir echte keltische Waffen. Zweitausend Jahre alt. Seltener als Diamanten. Aber ich habe abgelehnt. Ich bin nicht auf seiner Seite.«
Er trat einen Schritt vor und streckte die Hand aus. »Ich gebe euch mein Ehrenwort.«
Die Brüder waren nicht überzeugt. »Ist das wahr, Michael?«, fragte Arthur.
»Ihr könnt ihm glauben. Wenn ich ihm nicht vertrauen würde, hätte ich ihn sicher nicht aus dem Bett geholt, damit er mir hilft. – Aber können wir mal die wirklich wichtigen Dinge besprechen! Was um Himmels Willen macht ihr hier? Wie bist du in meine Träume gekommen, Arthur? Und wer hilft mir endlich mal, die Tür wegzuräumen, damit ich reinkommen kann?«
Jetzt musste Arthur laut lachen. Er vergaß Kilians Hand, die weiter ausgestreckt war. Stattdessen fiel er Ragnar um den Hals und flüsterte: »Ragnar, wir sind frei. Du hast uns gerettet. Dein Traum hat uns gerettet.«
Aber zur Antwort hörte Arthur nur noch ein Knurren und Miauen, das ihm aus der Kehle Ragnars seltsam erschien. Verdutzt schaute Arthur seinen Freund an. Dann begriff er. Die Wirkung des Anderswassers hatte aufgehört.

4. An der Habichtshöhle

Sie konnten nicht mehr im Forsthaus bleiben, denn niemand wusste, was Zoller als nächstes anrichten würde. Michael, Kilian und Arthur fuhren deshalb zum Haus hinauf, um Erik zu holen, während die anderen bereits zur Habichtshöhle gehen wollten. Der offene Kampf hatte begonnen – nun würden sie also vollends zu »Wäldlern« werden, wie man in Auen abschätzig jene Menschen nannte, die sich häufig oben im Tal herumtrieben. Michael nahm die Kurven der Serpentinen, die hinaufführten zum einsamen Waldhaus, so schnell, dass die Kieselsteine unter den Rädern wegspritzten und wie Geschosse an die Bäume knallten.

»Vielleicht kommt Zoller auf die Idee, neben den Kindern gleich den Vater zu beseitigen. In diesem Fall will ich nicht zu spät kommen«, begründete Michael seine Wahnsinnsfahrt.

Kilian und Arthur klammerten sich an die Haltegriffe und zogen es vor zu schweigen. Aber als der Jeep vor dem Forsthaus zum Stillstand kam, sahen sie keine Anzeichen von Gefahr. Im Gegenteil: Erik saß auf den Stufen des Forsthauses und rannte nun auf sie zu, als er Arthur im Wagen sitzen sah. Arthur erkannte sofort, dass es seinem Vater wieder schlechter ging: Ihm bereiteten selbst die wenigen Schritte in diesem Tempo Mühe, die Augen hatten wieder diesen glasigen Blick, und die Falten in seinem Gesicht schienen über Nacht wieder tiefer geworden zu sein.

»Mein Gott, da seid ihr ja! Was habt ihr jetzt schon wieder getrieben? Wo ist Julius? Warum ist er nicht dabei?« Die Worte sprudelten aus ihm heraus; er hatte es auch nicht leicht mit solchen Söhnen.

»Mach dir keine Sorgen, Papa, er ist in Sicherheit«, meinte Arthur. Erik stutzte kurz – Arthur sagte fast nie Papa zu ihm, und jetzt sprach er das Wort zudem mit großer Sanftheit aus. »Wir wissen über alles Bescheid – es tut mir leid, dass wir so garstig zu dir waren. Wir wussten nicht, dass du nichts dafür konntest. Wir dachten …«. Er nahm seinen Vater fest in den Arm.

Aber Erik unterbrach ihn. Tränen liefen über seine unrasierten Wangen hinunter, als er sagte: »Ist schon gut, mein Junge. Es war schlimm für mich, euch nichts sagen zu können. Aber ich hatte Angst, euch in Gefahr zu bringen. Es ist gut, dass das nun vorbei ist und wir wieder ehrlich miteinander umgehen können.«

Arthur nickte. »Wir werden weg müssen von hier, Erik. Wirst du es schaffen, dass Zoller unseren Aufenthaltsort nicht erfährt?«

Erik lächelte leicht, er verstand die Zweifel Arthurs. »Meine Kraft reicht aus, mich gegen Zollers Zudringlichkeiten zu wehren. Sie reicht aber leider nicht aus, euch zu unterstützen. Ich tauge zu fast nichts mehr. Schau mich an, ich kann nicht einmal mehr richtig gehen.«
»Wir haben die Figur fast gehabt, Erik«, sagte Arthur traurig und erzählte von den letzten Stunden. »Dann hätte sie dich gesund machen können. Aber jetzt haben wir sogar Zoller alle unsere Karten offen gelegt – wer wir sind und was wir vorhaben. Unsere Lage ist schlimmer als vorher.«
»Das stimmt«, meinte Erik nickend. »Aber es stimmt auch wieder nicht. Eine Gemeinschaft hat sich gebildet, wie es sie seit Jahrtausenden nicht mehr gegeben hat. Es ist eine mächtige Gemeinschaft, weil so viele unterschiedliche Mitglieder so viele unterschiedliche Stärken einbringen können. Das solltest du nicht vergessen. Ihr habt eine Schlacht verloren – aber der Krieg hat gerade erst begonnen.«
Arthur schauderte. Krieg? Er war ein Junge und sollte Soldat in einem Krieg spielen? Arthur sah Erik in die Augen. In diese Augen, die davon kündeten, wie weit weg Erik in Wirklichkeit war; es war, als seien sie ein Brunnen, in den man hineinzufallen drohte, ohne jemals den Grund zu erreichen.
»Erik?«, fragte Arthur deshalb. »Gibt es noch einen anderen Weg, dir zu helfen, als den, Zoller die Figur zu stehlen?«
Erik schüttelte langsam den Kopf.
»Ich kenne keinen. Zumindest keinen, den man realistischerweise gehen könnte.«
»Was heißt das?«, hakte Arthur nach. »Welchen unrealistischen Weg gäbe es denn?«
Erik zuckte mit den Schultern.
»Die anderen zwei Figuren«, sagte er schließlich. »Die Tier- und die Baumstele besitzen vergleichbare Kräfte wie jene des heiligen Mannes. Aber niemand kennt die Orte, an denen sie verborgen sind. Zoller sucht sicherlich seit Jahren nach ihnen und hat sie zum Glück noch nicht entdeckt. Niemand hat sie seit Jahrtausenden gesehen, vielleicht sind sie für alle Zeiten verschollen. Es dürfte unmöglich sein, sie zu finden.«
Arthur erwiderte nichts. Er sah, wie Eriks Kraft aufgebraucht war und wollte nicht weiter in ihn dringen. Michael und Kilian hatten sich bisher abseits gehalten. Aber jetzt machte sich Michael doch bemerkbar. »Hört zu«, meinte er: »Zoller wird schnell erfahren, dass ihr entkommen seid. Und wenn er euch verfolgen will, dann wird er als erstes hier vorbeischauen. Wir sollten uns deshalb beeilen.«
»Du hast Recht, Michael«, meinte Arthur ernst und wandte sich dann an Erik: »Wir werden für eine Weile in den Wald gehen. Dort sind wir am sichersten. Und wir werden dich mitnehmen, Erik. Setz' dich in den Jeep, ich packe nur schnell ein paar Sachen für dich.«
Erik nickte schwach. Es schien, als könnte man dabei zuschauen, wie seine Lebenskraft in einem bodenlosen Treibsand versickerte.
»Glaubst du, du schaffst es zu Fuß vom Heiligensee bis hinauf in den Wald? Ganz so

weit wird uns der Jeep nicht bringen können.«

»Ich werde es versuchen. Aber wir werden lange brauchen, das kann ich dir jetzt schon sagen. Es wird immer schlimmer.« Und nach einer Sekunde des Atemholens fügte er hinzu: »Arthur, pack' bitte das Fläschchen mit den schwarzen Tropfen ein. Ich brauche sie unbedingt.«

Arthur nickte und führte Erik zum Rücksitz des Wagens. Dann winkte er Michael, ihn zu begleiten.

Als sie schon ins Haus gehen wollten, rief Erik sie noch einmal zurück: »Arthur, bringst du mir bitte meinen Hut mit der Feder mit? Ich muss ihn wieder tragen, ich möchte ihn wieder tragen.«

Im Forsthaus warfen sie nur etwas Kleidung, Lebensmittel und für jeden einen Schlafsack und eine Isomatte in einen Koffer. Arthur hätte das leicht alleine geschafft, aber er wollte einen Moment mit Michael alleine sein. Im Treppenhaus, als sie den Koffer hinausschleppten, hielt Arthur Michael kurz an.

»Können wir Kilian vorerst nicht verraten, wohin wir im Wald gehen?«, fragte Arthur dann. »Ich weiß, ich müsste ihm vertrauen. Aber irgendetwas in mir wehrt sich dagegen.«

»Wir sollten ihn nicht vergrätzen. Wenn Kilian merkt, dass er nicht ganz zu uns gehört, wird er sich vielleicht abwenden. Und wir können verdammt noch mal jeden Mann gebrauchen. Was uns bevorsteht, wird nicht lustig werden.«

»Gehört er denn ganz zu uns?«, fragte Arthur.

»Er hat Zoller zurückgewiesen – das spricht für einen gewissen Mut, den nicht jeder hat. Und mein Gefühl sagt mir, dass wir ihm vertrauen können.«

»Dann soll es so sein. Ich hoffe, ich bin im Unrecht.«

Es war für alle eine Tortur, bis Erik an der Habichtshöhle angekommen war. Arthur legte die Strecke vom Heiligensee bis zur Höhle normalerweise in einer Stunde zurück; jetzt brauchten sie fast den gesamten Vormittag dafür. Zuletzt war Arthur doch froh, dass sie Kilian mitgenommen hatten. Denn er und Michael mussten Erik am Schluss sogar tragen. In aller Eile bauten sie aus zwei dicken und vielen dünnen Haselnussstämmen eine Trage zusammen, die zwar nicht besonders gut zusammengebunden und für Erik furchtbar unbequem war, aber so kamen sie immerhin deutlich schneller voran. Auch wenn Michael schon nach wenigen Minuten zu keuchen begann wie ein Huskie beim Hundertmeilenrennen. Als sie die letzte Steigung hinauf zur Höhle hinter sich gebracht hatten und auf die Felsbrocken niedersanken, waren die beiden Männer schweißgebadet. Sie mussten sich erst erholen, bevor Arthur sie Ragnar und den anderen vorstellen konnte. Ragnar war nicht gerade erfreut, dass zwei weitere Menschen von ihrem Geheimnis erfuhren; das sah Arthur seinem Freund an. Aber Ragnar respektierte die Entscheidung, und er ließ sich nichts anmerken.

Später richteten Michael und Kilian an einer windgeschützten und von Felsen verdeckten Stelle ein Lager für Erik ein. Jetzt hatten sie mehr Zeit, und für sie als Forstleute war es kein Problem, ein Rechteck aus kleineren Stämmen zurechtzuzimmern, auch wenn ihnen das rechte Werkzeug dafür fehlte. Arthur fiel auf, wie sorgfältig Kilian alle Späne von den Stämmen und aus dem Lager entfernte; wenn man es wusste, konnte man die große Ordnungsliebe Kilians wiedererkennen. Alle halfen dann mit, genügend Laub und Reisig zu sammeln, um das Geviert auszufüllen. Trotz des steinigen Untergrunds erwies es sich als relativ bequem. Vor allem Kilian zeigte sich sehr geschickt darin, allein mit seinem Messer, das er immer bei sich trug, Betten, Trennwände und Unterstände zu bauen. Eine richtige kleine Lagerstatt erstand an diesem Tag, und Arthur hoffte nur, dass diese Gegenstände mit den Lebewesen unsichtbar wurden, wenn es einmal notwendig werden sollte. Aber Ragnar hätte den Bau der Menschendinge kaum zugelassen, wenn es anders gewesen wäre.
Dann setzten sie sich zusammen und beratschlagten, wie sie weiter vorgehen sollten. Ragnar hatte wie selbstverständlich das Wort ergriffen und sagte: »Diese Höhle wird nun für einige Zeit unser wichtigster Stützpunkt sein. Es ist von zentraler Bedeutung, dass niemand von unseren Feinden ihn entdeckt. Wir werden deshalb als erste Maßnahme die Bewachung der Höhle organisieren.«
Alle nickten als Zeichen ihrer Zustimmung.
»Ich schlage vor, einen doppelten Kreis von Wachen aufzustellen, sehr weit vorne auf halbem Weg zwischen dem See und der Höhle. Wenn dort etwas Verdächtiges geschieht oder Menschen auftauchen, dann haben wir noch eine gute halbe Stunde, um uns vorzubereiten. Der zweite Kreis, vielleicht zweihundert Meter vom Lager entfernt, dient als Absicherung, falls doch jemand durch den ersten Kreis hindurchschlüpfen kann. Früher oder später werden sie hier auftauchen. Es ist deshalb wichtig, dass alle ihre Wache ernst nehmen und nicht in den Tag hineindösen.«
Ragnar sah Barten von der Seite an, der neben ihm saß und schon jetzt die Augen halb geschlossen hatte. Bei Ragnars Worten richtete sich Barten ruckartig auf und nickte eifrig mit dem Kopf.
»Zweitens müssen wir wissen, was draußen bei den Menschen geschieht und wenn möglich sogar, was Zoller vorhat. Es wäre deshalb gut, wenn Kilian und Michael zurückgingen nach Auen und dort blieben. Ich sage dies ohne Hintergedanken. Aber dann könnte Schubart hinausfliegen und die Verbindung zwischen Michael und Kilian und unserem Lager halten.« Auch jetzt nickten alle. »Am besten fliegst du nachts, denn ein Uhu mitten am Tag im Dorf könnte zu sehr auffallen. Michael, wenn ihr eine Nachricht für uns habt, so schreibt sie auf Papier und legt sie hinter die Scheune von Anton Guglers Bauernhof. Dort habe ich ein großes Vogelhaus auf einem Balken gesehen. Schubart wird die Nachricht dort abholen.«
Michael hatte auch dagegen nichts einzuwenden, und so fuhr Ragnar fort: »Drittens werden Arthur und Julius morgen ihr Ausbildungsprogramm beginnen.« Die beiden

Jungen schauten den Luchs entgeistert an. »Ausbildungsprogramm, was soll denn das sein?«

»Ihr kennt euch gut aus im Wald – aber es gibt noch vieles, was ihr nicht wisst. Vor allem müsst ihr lernen zu kämpfen, und ihr müsst lernen, wie die Tiere und Bäume zu denken. Wir werden euch einen Schnellkurs darin geben – denn ich glaube nicht, dass wir allzu viel Zeit haben werden.«

»Alles schön und gut«, sagte Julius. »Ich bin gespannt auf diesen Kurs. Aber alles, was du bisher vorgetragen hast, dient weitgehend unserer Verteidigung. Wie sieht dein Plan aus, in die Offensive zu gehen? Wir können ja nicht einfach hier sitzen und warten, bis Karl Zoller unseren Aufenthaltsort entdeckt.«

»Nein, Julius, du hast völlig Recht«, erwiderte Ragnar. »Aber das ist bereits die erste Lektion, die du lernen musst. Ein Tier tut zuerst das Notwendige – wenn es in Gefahr ist, wird es sich zunächst so verteidigen, dass es am Leben bleiben kann. Ihr Menschen macht allzu oft den Fehler, dass ihr zu viel nachdenkt und dennoch den zweiten Schritt vor dem ersten tut. Zuerst müssen wir uns sichern und gewährleisten, dass wir möglichst viel erfahren. Dann erst kommt der nächste Schritt. Und dabei sind wir alle gefragt, denn leichte Antworten gibt es nicht. Ich habe noch keine gefunden. Bitte denkt alle nach. Ehrlich gesagt, liegt meine Hoffnung vor allem auf dir, Julius. Keiner hat so viel Hirnschmalz vorzuweisen wie du.«

Julius lächelte verlegen.

»Lass dir Zeit«, sagte Ragnar. »Du bist heute und morgen von allen Wachen freigestellt.«

Julius kümmerte sich aber vor allem um seinen Vater; denken konnte er auch nebenher. Erik schlief die meiste Zeit und warf sich oft unruhig, wie in Alpträumen, hin und her. Mehrmals am Tag gab Julius Erik die schwarzen Tropfen, denn nur so wachte Erik immer mal wieder auf und konnte eine Kleinigkeit essen. Jedes Mal, wenn Julius die Tropfen auf die Zunge seines Vaters gegeben hatte, hielt er das Fläschchen gegen das Licht, um zu prüfen, wie viel Flüssigkeit es noch enthielt. Und jedes Mal zog sich Julius' Bauch zusammen vor Angst – es leerte sich rapide und würde sicher nur noch wenige Tage reichen. Was aber sollte dann kommen? Julius mochte es sich gar nicht vorstellen.

Während man Erik und Julius weitgehend in Ruhe ließ, wurde um sie herum mit großer Anstrengung gearbeitet. Barten begann, von der Habichtshöhle aus einen Gang hinaus in den Wald zu graben – er sollte im Ernstfall als Fluchtstollen dienen. Es war eine kräftezehrende Arbeit, denn der Boden unter dem Höhlenportal bestand fast nur aus Fels, und es dauerte einen vollen Tag, bis Barten durch das Gestein vor der Höhle war und zum etwas lockereren Waldboden gelangte.

»Solltest du nicht draußen im Wald anfangen zu graben?«, fragte Arthur irgendwann. »Wenn Zollers Krieger anrücken, wirst du dort nichts mehr tun können.«

»Papperlapapp«, meinte Barten nur. »Rauskommen tun wir immer. Notfalls graben wir uns hinter die feindlichen Linien.«

Ragnar übernahm es selbst, den Eingang in die Habichtshöhle zu vergrößern. Er räumte die gröbsten Felsbrocken weg, damit sie bei einem Angriff schnell ins Innere gelangen und in der Dunkelheit verschwinden konnten. Die Felsbrocken lagerte er innen ab. Notfalls konnte man also den Eingang wieder von innen verschließen. Ragnar erlaubte den anderen, auch die ebene lehmige Fläche hinter dem Höhleneingang in das Lager einzubeziehen. Er ermahnte aber alle, nicht weiter in die Höhle vorzudringen als bis zu einem großen Tropfstein, der von oben und unten zusammengewachsen war und aussah wie ein Wächter der Höhle. »Dahinter beginnt der heilige Bezirk der Höhle«, sagte Ragnar.

Am anderen Tag begannen der Luchs und Arthur, einen Vorrat an Lebensmitteln anzulegen. Sie sammelten in großer Zahl Haselnüsse, die jetzt im Oktober längst reif waren. Den Bienen in den großen Baumlöchern der Eichen nahmen sie einen Teil der verdeckelten Honigwaben weg. Nur mit den Bucheckern, die sie zuhauf ins Lager schleppten, mussten sich Arthur und Julius erst anfreunden – denn zunächst schmeckten sie etwas bitter, aber allmählich gewöhnte man sich an die nussige Note.

Am nächsten Morgen nahm Ragnar die beiden Jungs mit in den Wald. »Ihr Menschen habt vieles vergessen, was die Natur euch mitgegeben hat – zu lange schon sitzt ihr in der Wärme eurer Häuser, zu lange schon habt ihr euch aller Feinde entledigt und lebt in Bequemlichkeit, und schon lange benutzt ihr nur noch den Kopf, um Entscheidungen zu treffen. Die Gesetze im Wald sind anders.«

Ragnar führte sie weit in den Wald hinein. Lange ging er zwischen den Bäumen umher, bis er endlich gefunden hatte, was er suchte: »Zunächst kommt eine Menschenlektion. Als erstes braucht ihr als Waldläufer nämlich eine ordentliche Waffe. Erik könnte euch diesen Teil viel besser erklären, aber er hat mir einiges gezeigt, und so wird es schon gehen. Kennt einer von euch beiden diesen Baum?«

Arthur und Julius überlegten kurz – er sah auf den ersten Blick einer Tanne ähnlich, aber es fehlten die Zapfen, und der Baum war gedrungener, kompakter.

»Ist das nicht eine Eibe?«, fragte Arthur schließlich.

Ragnar nickte zufrieden. »Ihr Menschen pflanzt sie nicht mehr häufig an, weil fast alles an ihr giftig ist. Aber das Holz ist das beste, um daraus einen Bogen für Arthur zu schnitzen. Für dich, Julius, ist ein Bogen noch zu unhandlich. Du bekommst eine Schleuder.«

Sie brauchten den ganzen Tag, um beides zu bewerkstelligen. Es war schwierig, ohne Werkzeuge einen dicken geraden Ast abzutrennen und ins Lager zu bringen. Dort hatten Kilian und Michael, die wieder ins Dorf hinunter gegangen waren, ihnen wenigstens einiges Gerät da gelassen. »Siehst du das dunkle Kernholz?«, fragte Ragnar. »Das ist sehr hart und widerstandsfähig. Das weiße äußere Holz, nahe der Rinde, ist dagegen sehr weich und elastisch. Zusammen ergibt dies das ideale Holz für einen Bogen.«

Das Stück, das sie aus dem dicken Ast herausschälten, war fast so groß wie Arthur selbst. Ragnar spannte mit Arthurs Hilfe eine Schnur von einem Ende des Rohstücks an das andere, hängte das Holz mittig an einem Aststumpf auf und band einen schweren Stein an die Mitte der Schnur. Unter dem Gewicht des Steines bog sich das Holz in der Mitte durch. »Das Holz muss sich an die Krümmung gewöhnen. Das wird einige Tage dauern«, sagte Ragnar.

An den folgenden Tagen lehrte Ragnar sie vieles, was er selbst über den Wald wusste. Jeden Morgen entschwand der Luchs, und es war die Aufgabe von Arthur und Julius, ihn aufzuspüren – durch das richtige Lesen von Spuren und Fährten, durch das Wahrnehmen der Gerüche in der Luft, durch vollkommen lautloses Anschleichen, durch das instinktive Voraussahnen dessen, was der andere als nächstes denken oder tun würde. Oft zogen die Kinder den Kürzeren, und Ragnar konnte sie ein ums andere Mal überfallen. Aber immer besser wurde ihr Gehör, immer schneller die Reaktion, immer feinfühliger ihr sechster Sinn. »Leben ist Gefahr«, hämmerte Ragnar ihnen ein, wenn er wieder einmal einen von ihnen von hinten ansprang. »Ihr müsst immer auf der Hut sein. Ihr müsst hinten Augen haben. Und ihr müsst auf das hören, was euer Bauch euch sagt. Er hat nicht immer Recht. Aber meistens.«

Arthur hatte geglaubt, mit dem Wald vertraut zu sein. Doch in diesen wenigen Tagen, die ihnen blieben für ihre neue Annäherung an das Heiligental, lernte er den Wald ganz neu kennen. Mit blinder Sicherheit ging er nun nachts durch den Wald; er hörte Geräusche, die er früher nicht wahrnahm, er lernte die Dunkelheit zu lesen, und er verstand es, wie ein Schatten durch die Nacht zu gleiten. Vor allem gelangte Arthur in diesen Stunden völlig in die Gegenwart. Früher waren immer unzählige Gedanken, wie Wolkenfelder, durch seinen Kopf gezogen; es war ihm schwer gefallen, sich zu konzentrieren und bei einer Sache zu bleiben. Das war vorbei. Wenn er Ragnar jagte, konnte er alles andere ausblenden – die Wut auf Karl Zoller, die Angst um seinen Vater, die Unsicherheit, wie es weitergehen könnte. Er war ganz Jäger – und eins mit dem Wald.

Auch an das fortschreitende Herbstwetter gewöhnten sie sich. Sie fühlten die Kälte kaum noch, und ein Regentag machte ihnen nichts mehr aus. Nach fünf Tagen war Arthurs Bogen so weit. Er bog sich zwar fast wieder zurück in eine Gerade, als Arthur das Gewicht wegnahm. Aber es war nun möglich, die Sehne, die Ragnar einem gerissenen Reh entnahm, so in die Nocken an den Bogenenden einzuhängen, dass das Holz geschmeidig blieb. Die Sehne zitterte vor Energie, als Arthur mit dem Finger daran zippte. Es war, als wünschte sich dieser Faden nichts sehnlicher, als seine Energie weiterzugeben an einen Pfeil, damit dieser Pfeil mit Wucht und Kraft sein Ziel finde.

Arthur war mächtig stolz auf diesen Bogen. Abends am Lagerfeuer war er lange damit beschäftigt, kunstvoll ineinander verschlungene Girlanden in das Holz zu schnitzen. Am Ende sah es aus, als wüchsen zierliche Rankpflanzen vom unteren Ende des Bogens über das gesamte Holz hinweg. Ebenfalls aus Eibenholz schnitzte sich Arthur zuletzt einige Pfeile, in die er Schwungfedern eines Habichts einließ, die er am Ufer des Heiligensees gefunden hatte.

Am Anfang war es fast, als beherrsche der Bogen ihn. Die Spannung war so groß, dass Arthur sich mit einem Ausfallschritt nach hinten dagegen wehren musste, beim Abschießen des Pfeiles zurückgestossen zu werden. Aber immer besser kam er mit dem Bogen zurecht, und er übte in jeder freien Sekunde. Julius hatte es mit seiner Schleuder einfacher. In den ersten Tagen war er Arthur in allen Belangen überlegen. Wenn es galt, Tannenzapfen von einem Ast zu schießen, versagte Arthur oft kläglich, während Julius mit großer Sicherheit traf und der Zapfen, vom Stein getroffen, in tausend Teile zersprang. Doch an dem Tag, als es Arthur erstmals gelang, den schon fliegenden Stein Julius' mit seinem Pfeil vom Ziel abzulenken, war Ragnar zufrieden.

»Ihr seid Meisterschützen geworden«, sagte er.

Zum Zeichen ihres Waldläufertums schenkte Ragnar Arthur und Julius das Geweih eines Rehbockes. Arthur freute sich sehr – und trug die beiden kleinen Stangen fortan immer an einem Lederband am Gürtel. Nicht als Trophäe, sondern als Ausdruck seiner Nähe zu allem Lebendigen im Wald.

Müde kehrten die drei auch an diesem Abend ins Lager zurück, und müde grüßte sie Barten, der die meisten Wachen alleine hatte halten müssen. Julius hätte sich auf ein warmes Essen gefreut, doch niemand war da, der für sie kochte. So machte er sich selbst daran, eine Suppe aus zerstampften Bucheckern zu kochen, die ein wenig wie Erbseneintopf schmeckte. Erik konnte sich zumindest während des Essens zu ihnen setzen, blieb aber schweigsam und legte sich schnell wieder ins Bett. Er glitt immer stärker in eine Art Fieberwahn; er stammelte nachts unverständliches Zeugs, warf den Kopf hin und her und hatte Schweißtropfen auf der Stirn.

»Wir müssen endlich etwas unternehmen«, sagte Julius an diesem Abend. »Selbst die schwarzen Tropfen helfen kaum noch.« Arthur nickte nur stumm.

Gegen Mitternacht weckte Barten, der erneut die Nachtwache übernommen hatte, sie aus einem unruhigen Schlaf. »Kommt mit, ich muss euch etwas zeigen«, sagte er nur. Sie gingen den kurzen Steilhang hinunter und umgingen die Habichtshöhle nach rechts. So gelangten sie über einen kleinen Pfad hinauf auf das Dach der Höhle, von wo aus man über die Baumgipfel hinweg ins Tal hinabschauen konnte. Sie alle sahen, was Barten meinte. Auf der Burg Hohenstein, auf der anderen Seite des Tals, brannte ein gewaltiges Feuer; trotz der großen Entfernung konnte man sehen, wie die Zungen des Feuers in den Nachthimmel hinein zuckten und wie Funkenwolken nach oben stiebten. Der Turm der Burg loderte hell im Schein des Feuers; es sah aus, als brenne der Stein. Hin und wieder huschten große Schatten über den Turm, doch es war nicht auszumachen, woher sie stammten.

»Habt ihr Menschen eine Erklärung dafür, was dort oben passiert?«, fragte Barten. Ihm war die Sache alles andere als geheuer.

Arthur schüttelte den Kopf. »Nein, ich habe keine Ahnung. Es gibt bei uns die Tradition der Sonnwendfeiern – am längsten Tag des Jahres brennen wir große Feuer ab und feiern den Sommer. Aber dieser Tag ist schon drei Monate her, und niemals würde man ein solches Feuer im Hof der Burg Hohenstein erlauben. Das wäre viel zu gefährlich.«

Ragnar blickte lange wie abwesend auf das Schauspiel; er schien gar nicht zu hören, was die anderen sprachen. Dann sagte er nur: »Das verheißt nichts Gutes, da bin ich mir sicher. Wo ist Schubart? Sie soll hinüberfliegen; vielleicht kann sie etwas herausfinden.«

Wie sich herausstellte, hatte Schubart den Brand im Burghof ebenfalls wahrgenommen, war direkt hinaufgeflogen und hatte sich an einer dunklen Stelle der Burgmauer für einige Minuten niedergelassen. Sie wirkte verunsichert, als sie noch mitten in der Nacht Bericht erstattete. Niemand hatte sich angesichts dieses beunruhigenden Ereignisses mehr schlafen gelegt.

»Du hast Recht, Ragnar: Allmählich wird es ernst«, begann sie. »Was ich da oben gesehen habe, war ein ziemlich martialisches Schauspiel. Karl Zoller stand oben im Burghof. Er hatte eine lange Hose aus Leder an; der dicke Oberkörper war völlig nackt. Im Gesicht und auf der Brust hatte er rote und blaue Streifen, und er vollführte zuerst allein, dann mit immer mehr Kumpanen einen eigenartigen Tanz um das Feuer. Viktor und Oskar schlugen Trommeln. Und ich weiß auch nicht wie, aber plötzlich wurden es immer mehr bemalte Krieger, die sich auf dem Burghof einfanden. Ich konnte es von meiner Position aus nicht genau sehen, aber es sah aus, als kämen sie aus dem Feuer.«

Ragnar sah seine schlimmsten Befürchtungen bestätigt. »Wie viele waren es?«, fragte er nur.

»Das kann ich nicht sagen, denn ich wollte nicht entdeckt werden und bin bald wieder weggeflogen. Aber es waren mindestens fünfzig, die ich gesehen habe.«

»Hast du einen der Männer schon mal gesehen?«

»Nein«, schnurrte Schubart, »aber das will nichts heißen. Ich bin schließlich selten bei den Menschen und achte nicht auf ihre Gesichter. Mich interessieren Mäuse mehr als Menschen.«

Arthur konnte sich keinen Reim auf die ganze Sache machen. »Woher kommen diese Männer plötzlich?«, fragte er.

»Das weiß ich auch nicht«, entgegnete Ragnar. »Aber Zoller sammelt seine Truppen. Er bereitet sich auf den Kampf vor.«

»Und was können wir jetzt tun?«, fragte Arthur weiter.

»Darüber sollten wir uns morgen früh unterhalten. Versucht jetzt, ein wenig zu schlafen. Vielleicht bringt die Nacht uns ja eine Eingebung.«

Am nächsten Morgen war Julius der erste, der die letzte Glut des Feuers wieder anfachte und Wasser für einen Tee erhitzte. Kamille und Pfefferminze wuchsen auch um diese Jahreszeit noch überall wild in der Umgebung. Bald gesellte sich Arthur zu ihm und half ihm, aus leider nicht mehr ganz frischen Buchenblättern eine Art Salat zuzubereiten, den sie mit Wasser anmachten, in das sie über Nacht Zitronenmelisse gelegt hatten. So schmeckte es ein wenig nach einer Salatmarinade. Der Herbst war mit strammen Schritten über sie gekommen, und die Pflanzen bereiteten sich auf den Winter vor.

»Bald werden wir jagen müssen«, meinte Arthur wie nebenbei. »Wir können doch nicht die ganze Zeit Bucheckern essen.«

Julius nickte, sagte aber nichts. Er dachte daran, dass sie Zoller so entsetzlich wenig entgegen zu setzen hatten – wie sollten sie nur den Hauch einer Chance gegen ihn haben? Sie waren eine gute Handvoll Menschen und Tiere gegen eine kleine Armee von Kriegern. Sie besaßen nicht die Macht einer heiligen Figur und hatten auch sonst keine Zauberkraft. Nur der Turmalin war auf ihrer Seite. Sie hatten keinen Plan. Und sie hatten bereits alle Hände voll damit zu tun, genügend zu essen zu beschaffen. Ihre Lage war so aussichtslos, dass es vielleicht das Beste war, ihren Widerstand aufzugeben. Wenn sie sich Zoller unterwarfen, ließ er sie vielleicht in Ruhe, und dann zog er die Kraft der Figur vielleicht von Erik ab. Aber alles in ihm sträubte sich gegen eine solche Lösung. Es erschien ihm feige und unehrenhaft, sich einfach zu ergeben. Mussten sie es nicht wenigstens versucht haben? Wie sollten sie sich sonst jemals wieder in die Augen schauen können?

Später saßen sie um das Feuer herum, das ihrer inneren Kälte wenigstens eine äußere Wärme entgegensetzte.

»Bei einem offenen Kampf würden wir in unser Verderben rennen«, sagte Julius. Ihm hatte Ragnar die Aufgabe gegeben, über einen Plan nachzudenken. Er fühlte sich deshalb verpflichtet, das Wort zu ergreifen. »Das kommt deshalb nicht in Frage. Zudem ist unser großer Vorteil, dass Zoller bisher nicht weiß, wo wir uns aufhalten. Diesen Vorteil sollten wir uns so lange wie möglich erhalten.«

»Und was bedeutet das konkret?«, wollte Arthur wissen.

»Wir weichen auf jeden Fall dem Kampf aus, verstecken uns in der Habichtshöhle und versuchen, mit Köpfchen Punkte gutzumachen. Das wäre mein Vorschlag.«

»Klingt noch ziemlich unkonkret«, entgegnete Arthur. »Sollten wir nicht lieber versuchen, ebenfalls weitere Verbündete zu finden? Was ist mit den Gegnern des Staudamm-Projektes? Sie könnten uns helfen im Kampf gegen Zoller.«

Jetzt schaltete sich Ragnar ein, der aufmerksam zugehört hatte. »Wir sollten uns tatsächlich bemühen, jede nur mögliche Unterstützung zu bekommen«, meinte er. »Die Menschen in Auen sollten Zoller allerdings mit ihren Mitteln bekämpfen, und wir sollten das mit den unseren tun. Es ist wichtig, das Staudammprojekt zumindest zu verzögern, denn wenn das Tal erst geflutet wird, ist der Wald verloren.« Er machte eine Pause. »Ich bin aber dagegen, dass wir noch mehr Menschen in das Geheimnis der drei Figuren einweihen. Je mehr Menschen von den Figuren, von Zollers Kräften und von der Habichtshöhle wissen, umso größer wird die Gefahr, dass selbst ernannte Schatzsucher durch den Wald streifen oder dass Zoller von unserem Aufenthaltsort erfährt.«

»Deine Argumentation leuchtet mir ein«, meinte Arthur.

»Wir sollten die Gegner des Staudamms warnen, dass Zoller gefährlicher ist als es ohnehin ersichtlich ist; Häfner muss auf der Hut bleiben.«

Damit waren alle einverstanden. Man beauftragte Schubart, Michael in der nächsten Nacht eine Nachricht zukommen zu lassen, damit er mit Jakob Häfner redete.

»Gut, wir haben jetzt entschieden, was wir nicht tun«, meinte Barten daraufhin. »Nun sollten wir uns vielleicht überlegen, was wir trotz aller Probleme tun könnten.« Alle Augen richteten sich wieder auf Julius, der versuchte, dem erwartungsvollen Blick standzuhalten.

»Es ist nicht schlimm, wenn du mit deinen Gedanken nicht weitergekommen bist«, versuchte Ragnar ihn zu beruhigen, »niemand erwartet von dir, dass du allein eine Lösung findest. So einfach können wir es uns nicht machen.«

Julius ließ sich etwas Zeit, bis er das Wort ergriff.

»Es ehrt mich, dass ihr mich für so klug haltet, dass ich Antworten auf alle Fragen parat haben könnte. Ich muss euch aber enttäuschen: Ich habe diese Antworten nicht. Aber ich habe zumindest eine Vorstellung, wie wir diese Antworten finden könnten.«

Niemand unterbrach ihn, alle warteten darauf, dass Julius weiterreden würde.

»Ich glaube, dass wir den Weg weitergehen sollten, den wir von Anfang an beschritten haben. Wir haben versucht, Zollers Figur an uns zu bringen. Das ist uns misslungen, und es wäre vermutlich sehr töricht, es ein weiteres Mal zu versuchen.«

»Was schlägst du also vor?«, fragte Arthur nun doch ungeduldig dazwischen.

»Wir sollten uns auf die Suche nach den anderen Figuren begeben«, meinte Julius. »Vielleicht genügt es, wenn wir eine finden, um zumindest die böse Kraft, die Erik lähmt, zu brechen. Eine andere Chance sehe ich nicht.«

»Aber Zoller hat sicherlich alle möglichen Orte bereits abgesucht – er will mit Sicherheit alle drei Figuren in seinen Besitz bringen, um unumschränkter Herrscher über alles Leben in diesem Tal zu werden«, sagte Arthur. »Warum also sollten wir mehr Glück haben als er?«

»Zugegeben, wir haben ihm nicht viel voraus«, meinte Julius und stocherte mit einem Stock die Glut auf, um dann ein weiteres Holzscheit nachzulegen. »Doch Ragnar, Barten und Schubart sind Tiere, die anders denken als wir Menschen und die Orte kennen, die uns Menschen verborgen sind. Und schließlich ist es auch die Tier-Figur, die noch nicht gefunden wurde. Wer, wenn nicht die Tiere, könnten sie also finden?«

Ragnar ergriff jetzt das Wort. »Darüber habe ich mir schon viele Gedanken gemacht, Julius«, sagte er. »Aber so lange ich auch nachgedacht habe: Ich finde in den alten Geschichten, die mir noch bekannt sind, keinen Hinweis auf das heilige Tier. Ich muss dich enttäuschen.«

»Die Menschen-Figur hat Zoller vermutlich irgendwann in der Krypta gefunden, an einem Ort also, der den Menschen seit mindestens zwei Jahrtausenden heilig ist. Nur deshalb hat er aus meiner Sicht die Renovierung bezahlt, quasi aus Dankbarkeit für den großen Fund. Wenn das stimmen würde, läge es da nicht nahe, dass auch die beiden anderen Figuren an Orten versteckt wurden, die für die Tiere und Bäume als heilig gelten? Ich denke an den Rat der Weisen – die uralten Eichen könnten ein solcher Ort sein. Und wie sieht es mit der Habichtshöhle hier aus, Ragnar? Du hast selbst gesagt, der innere Raum der Höhle sei den Tieren heilig?«

Ragnar nickte. »Ja, das stimmt. Aber ich habe die Höhle bereits so viele Male nach der Figur abgesucht, dass ich es nicht mehr zählen kann. Ich habe nicht den geringsten Hinweis darauf entdeckt.«

Julius nickte. »Hieltest du es für möglich, dass wir die Höhle noch einmal gemeinsam absuchen? Vielleicht würden Arthur und ich als Menschen einen anderen Blick haben als du, vielleicht würden wir anders suchen – nicht besser oder gründlicher, sondern nur anders.«

Ragnar suchte den Blickkontakt zu Barten und Schubart. Beide deuteten ein Nicken an.

»Der heilige Ort der Menschen, die Kirche, wird nicht entweiht, wenn Tiere ihn betreten. Ich glaube deshalb nicht, dass unser heiliger Ort entweiht wird, wenn Menschen, die guten Willens sind, ihn betreten. Wir können es versuchen, auch wenn ich wenig Hoffnung habe.«

»Gut, dann sollten wir das möglichst sofort tun«, sagte Julius. Er hielt kurz inne und sagte dann: »Das ist aber noch nicht alles.«

Arthur schaute ihn fragend an. »Du hast noch mehr Ideen?«

»Ja, das habe ich. Wir haben so wenig Zeit, dass wir möglichst viele Wege gleichzeitig beschreiten sollten. Ich bin deshalb dafür, dass wir uns aufteilen. Arthur, du solltest zum Rat der Weisen hinübergehen und dort alles gründlich untersuchen. Vielleicht findest du einen Hinweis darauf, wo die Figur der Bäume versteckt sein könnte.«

»Meinst du, ich soll den Boden dort umgraben, oder was stellst du dir vor?«

»Ich weiß es nicht. Warum nicht graben? Vielleicht nimmst du Barten mit; er wird dir eine gute Hilfe sein. Aber ich dachte eher daran, dass du versuchst, mit den Bäumen Kontakt aufzunehmen.«

»Kontakt? Soll ich mit ihnen sprechen, oder was?«

»Ja genau. Zur Zeit, als der heilige Bund zwischen Menschen, Tieren und Bäumen geschlossen wurde, müssen die Bäume sich doch irgendwie mitgeteilt haben. Ich weiß nicht, ob sie damals sprechen konnten, ob die Menschen das Rauschen ihrer Blätter verstehen konnten oder ob sie Zeichen in ihrer Rinde haben erscheinen lassen. Aber damals war eine Verständigung möglich. Also: Versuche, mit ihnen zu reden.«

Arthur stand mit offenem Mund da, nickte dann aber ergeben. »Das kann ja heiter werden. Aber nun gut, ich rede mit ihnen.«

»Gut«, meinte Julius, der nun ganz in seinem Element war. »Schubart wird Michael eine Nachricht zukommen lassen, damit er so schnell wie möglich mit Häfner redet. Und ich werde mich, sobald ich mit Ragnar wieder aus der Höhle zurück sein werde, mit Marie treffen.«
»Bist du jetzt völlig übergeschnappt?«, fragte Arthur. »Wollt ihr zusammen ein Eis essen gehen, am besten in Auens Hauptstraße, damit Zoller dich auflesen kann wie eine reife Pflaume?«
»Erinnerst du dich an das Buch, das Marie im Kloster gefunden hat?«, meinte Julius nur. »Es würde mich brennend interessieren, wie der Text in dem Buch weitergeht. Vielleicht ist es nur Wischiwaschi. Aber vielleicht ist es doch ein Fenster in die Zukunft.«

Kurz darauf trennten sich die Gefährten. Barten begleitete Arthur hinunter zum Rat der Weisen, während Ragnar und Julius in die Höhle einstiegen. Arthur hatte Julius die kleine Taschenlampe geliehen, die er immer dabei hatte. »Geh' sparsam damit um«, hatte Arthur ihn ermahnt. »Es gibt keine Ersatzbatterien.« Sie hatten sich deshalb einige Fackeln gebaut, indem sie trockenes Gras um Stangen banden und mit Baumharz verschmierten. Es brannte zwar, russte aber fürchterlich.
Ragnar ging voran. Der ebene Lehmplatz hinter dem Höhleneingang war nur wenige Meter lang, dann verengte sich die Höhle so weit, dass der Andersbach fast die gesamte Breite einnahm. Der Gang selbst war weiter immens hoch, oftmals sahen sie über sich die Decke gar nicht im Schein des schwachen Lichtes. Julius musste in das kalte knietiefe Wasser hineinsteigen und sich gegen die Strömung vorarbeiten. Ragnar schaffte es gerade noch, am Rande des unterirdischen Flusses von Felsblock zu Felsblock zu springen. Doch auch er war schon nach wenigen Minuten nass bis unter das Fell. Und sie froren beide erbärmlich.
»Allmählich verstehe ich, weshalb die Tiere diesen Ort als heilig bezeichnen«, meinte Julius brummend. »Bis man dort ist, sind die allermeisten erfroren.«
Die Höhle machte immer wieder Biegungen. Einmal schien der Bach direkt aus dem Gestein herauszufließen, während der Höhlengang selbst nach rechts weiterführte. Zumindest eine kurze Strecke konnten sie so trockenen Weges weitergehen, wobei das Vorankommen dennoch beschwerlich blieb. Überall waren Felsen herabgestürzt, so dass Julius und Ragnar über sie hinwegklettern oder sich durch schmale Durchgänge quetschen mussten. Und auch hier war alles feucht und glitschig, und mehr als einmal glitt Julius aus und landete auf dem Hosenboden.
Die Fackeln warfen lebendige Schatten auf die Wände, und außer dem Keuchen ihres Atems und dem leisen Plätschern des Wassers waren alle Geräusche verstummt. Eine Höhle ist eigentlich nur ein Verschlupf unter der Erde, aber dennoch betritt man dort eine andere Welt, dachte Julius. Eine Stille herrscht dort, die man als Mensch nicht mehr kennt, selbst wenn man auf dem Land lebt. Es ist, als sei man mit einem Mal

beinahe taub geworden, und die wenigen verbliebenen Geräusche dringen wie durch dichten Nebel ins Gehirn. Und die Dunkelheit ist, wenn man die Taschenlampe löscht, so umfassend, als hätte man plötzlich sein Augenlicht verloren. Selbst die Hand vor Augen ist nicht mehr zu erkennen, ja nicht einmal mehr zu erahnen. Die Sinnesorgane, auf die sich der Mensch ansonsten verlässt und durch deren Eindrücke er sich seine Vorstellung von dieser Welt erschafft, sind plötzlich beinahe nutzlos – selbst für Julius, der gerade das Gehör und die Sicht in den vergangenen Tagen geschult hatte. Er hatte vor einiger Zeit mit seinem Vater und Arthur eine andere kleine Höhle auf der Schwäbischen Alb besucht, die Gustav-Jakob-Höhle – sie weist kaum Gefahren auf, und nach etwa einer halben Stunde ohne Verzweigungen und Engstellen erreicht man auf der anderen Seite des Berges den Ausgang. Als Experiment war Erik nur zwanzig Meter alleine weitergegangen und hatte seine beiden Jungen gebeten, die Taschenlampe auszumachen und dann zu versuchen, zu ihm aufzuschließen. Julius hatte gedacht, das sei ganz leicht und hatte sich einfach an der Wand entlanggetastet. Aber die Wände waren so unregelmäßig, dass er bald nicht mehr wusste, wie weit er schon vorangekommen war. Oft lagen Felsbrocken auf dem Boden, so dass Julius die Hände von der Wand wegnehmen musste und völlig losgelöst durch eine vollkommene Dunkelheit stolperte. Er kam kaum voran, während seine Unsicherheit wuchs – und als er es nach einigen Minuten nicht mehr aushielt und die Taschenlampe wieder anmachte, war er noch mehr als die Hälfte der Wegstrecke von Erik entfernt. »Das hier ist noch eine ganz einfache Höhle«, meinte Erik. »Wenn der Gang breit ist und es immer wieder Nischen, Abzweigungen, Verstürze oder Biegungen gibt, dann verliert man sehr schnell die Orientierung. Wer nur fünfhundert Meter weit in eine solche Höhle vordringt, ist verloren, wenn das Licht versagt – von hundert Höhlenbegehern würde es vielleicht einer wieder zum Ausgang schaffen«, meinte Erik. Die Lehre aus dieser Erkenntnis war: mehrere Taschenlampen und ein doppelter Satz Ersatzbatterien sollten sich immer im Rucksack befinden – und zwar in wasserdichter Verpackung. Julius lächelte. Denn ihm wurde gerade klar, dass sie bei ihrem Höhlengang sträflichst gegen den wichtigsten Grundsatz der Speleologen verstießen. Aber sie hatten keine andere Wahl.

Kurz darauf stießen Ragnar und Julius wieder auf den Andersbach. Einige Meter konnten sie sich noch an dessen Ufer an der Wand entlangdrücken, dann mussten sie wieder in das Wasser hineinsteigen. Auch Ragnar hatte nun keine andere Möglichkeit mehr – da er den Grund nicht erreichen konnte, schwamm er, was gegen die recht starke Strömung gar nicht so einfach war. Julius ging direkt hinter ihm und drückte mit seinen Händen gegen den Hinterrist des Luchses, um ihn beim Schwimmen zu unterstützen. Aber schon bald musste Julius seine Hände wieder wegnehmen, weil sie vor Kälte schmerzten.

»Wie weit ist es noch?«, fragte Julius, der allmählich begann, seinen Vorschlag zu bereuen, die Höhle noch einmal zu inspizieren. Warum hatte er Ragnar nicht vertraut, der den heiligen Raum am besten kannte und mit Sicherheit gründlich untersucht hatte?

»Wir sind bald da«, meinte Ragnar. »Hinter der nächsten Kurve müsste es sein.«

Julius' Zeitgefühl verflog. Bald konnte er nicht mehr sagen, wie lange er sich schon in der Höhle vorwärts kämpfte. War es eine halbe Stunde? Oder waren es schon zwei Stunden? Auch wenn der Mensch längst verlernt hatte, sich am Stand der Sonne oder dem Stand der Sterne zu orientieren – in einer Höhle, umgeben von gleichförmigem nassemn Gestein, ohne Licht und ohne Schatten, verflüchtigten sich alle Anhaltspunkte, an denen sich der Mensch im Universum festmachen konnte, räumlich wie zeitlich.

Tatsächlich erkannte Julius aber hinter der nächsten Biegung, dass sich die Höhle weitete. Der Bach blieb an der linken Seite des Ganges und verschwand im Gestein; die Höhle war hier zu Ende. Doch rechts vom Fluss konnte man wieder ans Ufer steigen und kam in eine halbkreisförmige Halle, die so groß war, dass sie die Kirchengemeinde einer kleineren Stadt wie Auen leicht hätte aufnehmen können. An allen Seiten hatten sich Stalagmiten und Stalagtiten gebildet, oftmals waren sie zusammengewachsen, und so sah es aus, als trügen diese Säulen den Dom. Mineralien glitzerten im Schein der Fackeln, und durch den unterschiedlichen Anteil von Eisen, Kobalt oder Nickel wirkten viele Wände hier wie Marmor.

Julius schlotterte vor Kälte am ganzen Leib, und doch konnte er sich der Pracht und Herrlichkeit dieses Domes nicht entziehen. Ragnar schüttelte sein Fell aus und beobachtete Julius genau.

»Es ist wunderschön«, sagte Julius.

»Dann komm mit«, antwortete Ragnar. »Das Schönste ist im hinteren Teil.«

Sie gingen in die Halle hinein, und je weiter sie vordrangen, umso stärker erschien es Julius, als sei der Dom belebt. Tatsächlich erkannte er im schwachen Schein der Fackel, dass die Wände und Decken im hinteren Teil von Zeichnungen übersät waren. Julius konnte unzählige Wisente erkennen, mit Nackenmähne und spitzen Hörnern. Da das Licht wackelte und die Tiere in Bewegung gezeichnet worden waren, erschien es, als sei die ganze Herde lebendig und in wilder Flucht auf einer Steppe unterwegs. Wildpferde waren auf den Wänden zu sehen, Marder und Steinböcke, Bären und Wölfe, Wildschweine und Dachse – nur Menschen fehlten. Manche Tiere waren kaum zehn Zentimeter groß, manche erschienen in Lebensgröße, auch ein Bison und ein Bär waren darunter. Teilweise hatten die Künstler sogar die Beschaffenheit und die Form des Gesteins ausgenutzt, um eine noch realistischere Darstellung zu schaffen. Ein Stein, der von Rillen überzogen war, die das Wasser ausgewaschen hatte, diente als Grundlage für ein Wisent – es sah tatsächlich so aus, als stellten die Rillen das Fell des Tieres dar. Auf einen nach unten hängenden Stein hatte man ein Wildschwein gemalt – der halbrunde Fels bildete den Bauch des Tieres. Doch ganz hinten, in der Mitte der Wand, gerade in Augenhöhe von Julius, war ein lebensgroßer Luchs dargestellt. Das

Tier saß entspannt auf den Hinterläufen und schien das große Treiben der Tiere um sich herum zu beobachten, so wie eine Mutter aus den Augenwinkeln heraus ihre spielenden Jungen beobachtet. Einige Striche und Linien um ihn herum sollten wohl die Umgebung andeuten.

Julius war überwältigt von diesen Eindrücken und konnte nichts sagen vor Bewunderung.

»Du bist der erste Mensch seit Anbeginn der Welt, der diese Halle sehen darf«, sagte Ragnar ruhig. »An diesem heiligen Ort der Tiere haben Menschen eigentlich nichts zu suchen.«

Julius löste sich nur langsam aus seiner ehrfürchtigen Erstarrung. »Aber wie meinst du das?«, fragte er dann stockend. »Diese Zeichnungen sind doch von Menschen erschaffen worden. Also kann ich doch nicht der erste sein, der diese Höhle betritt.«

Ragnar lachte. »Ja, so denkt ihr Menschen immer. Ihr könnt euch gar nicht vorstellen, dass jemand anderes als Menschen zu Dingen fähig ist, die über das bloße Fressen und Gefressenwerden hinausgehen. Es tut mir leid, das sagen zu müssen, aber ihr seid schon die überheblichste Spezies unter allen Tieren.«

»Soll das heißen …«, setzte Julius an.

»Ja, das soll heißen, dass wir Tiere diese Zeichnungen gemalt haben. Es gab eine Zeit, in der der Mensch sich schon seiner selbst bewusst war, aber noch dachte wie ein Tier und dessen Instinkte besaß. Umgekehrt hatten die Tiere noch die Fähigkeit, ihre Gedanken zum Ausdruck zu bringen. Einiges davon ist leider verloren gegangen. Ich zum Beispiel könnte sicherlich noch einiges Gekritzel zustande bringen. Diese Kunstfertigkeit, die wir hier bewundern, besaßen aber nur die Alten.«

»Was ist dann mit den Felszeichnungen in all den anderen Höhlen dieser Welt? Stammen die alle auch von Tieren?«, fragte Julius.

»Nicht alle – der Mensch hat manche unserer heiligen Orte entdeckt und sich unsere Technik abgeschaut. Aber die ältesten, die schönsten, die lebendigsten Felszeichnungen sind von uns.«

»Dann steht in allen Geschichtsbüchern über die Urzeit also Blödsinn«, meinte Julius und konnte sich nicht enthalten, zu lachen. »Nicht der Mensch hat vor 30.000 Jahren die Kunst erfunden – sondern er hat sie den Tieren nachgemacht. Das ist ein Ding!«

»Leider ist das völlig in Vergessenheit geraten; die Menschen brüsten sich jetzt auch in der Kunst, alles besser zu können«, sagte Ragnar. »Aber vielleicht ist es gut so: Dann lassen sie uns Tiere wenigstens in Ruhe. Sonst würden sie uns noch mehr quälen mit ihren Experimenten, mit denen sie angeblich der Intelligenz der Tiere nachspüren wollen.«

Julius schritt langsam die Wände entlang und schaute sich die Zeichnungen an. Sie hatten mit diesem Wissen noch mehr Wucht, noch mehr Kraft, noch mehr Lebensfreude. Hier hatten Tiere ihren Himmel gezeichnet. Am Ende blieb Julius wieder vor dem großen träumenden Luchs stehen.

»Er steht im Mittelpunkt der Halle«, meinte er dann mit überlegener Stimme. »Ist der Luchs der König der Tiere?«

»Ihr Menschen stellt euch euren Gott als Menschen vor, mit langem weißen Bart und wallendem Kleid. Doch letztlich ist das nur ein Zeichen für etwas, dessen Form ihr nicht kennt; vielleicht hat das Göttliche gar keine Form, sondern ist wie Luft, wie Äther, wie Geist. Wir Tiere sind in dieser Hinsicht nicht klüger. Unsere Alten haben unseren Gott deshalb als Luchs dargestellt. Aber auch alle anderen Tiere auf diesen Wänden sind Götter, oder sie weiden zumindest in jenen zeitlosen Jagdgründen, die ihr das Paradies nennt.«

Julius war sich nicht sicher, ob Ragnar nur zu bescheiden war, um zuzugeben, dass die Luchse tatsächlich eine besondere Stellung im Tierreich innehatten oder ob seine Beschreibung der Wirklichkeit entsprach. Er vermutete Ersteres; weshalb sonst hätten die Tiere nicht den Bären oder das Wisent als obersten Gott dargestellt, die von ihrer Größe her mächtiger und beeindruckender waren? Der Luchs aber hatte mehr: Intelligenz und Kraft, Mut und Listigkeit, Schönheit und Eleganz.

Julius hakte nicht nach. Stattdessen fragte er: »Und was tun die Tiere hier? Warum habt ihr diesen Raum erschaffen?«

»Er soll uns daran erinnern, dass die Tiere im Grunde einer Familie angehören. Wir bejagen uns, wir belauern uns, wir fressen uns gegenseitig – aber in höherem Sinne sind wir eins. Einmal im Jahr, im Frühling, erinnern wir uns an diese Gemeinsamkeit und kommen hier zusammen. Wir schwören uns gegenseitig, uns zu respektieren und nur so viel zu jagen, wie wir zum Überleben brauchen. Alles andere wäre ein Verstoß gegen unsere Regeln. Wir bekriegen uns nicht. Wir leben nur voneinander. Es ist ein beschwerlicher Weg hierher, wie du selbst gemerkt hast – deshalb schaffen wir es nicht häufiger.«

»Und wie findet ihr hierher? Ihr habt doch gar kein Licht.«

»Da täuschst du dich schon wieder. In der Zeit vor dieser Nacht achten die Hirsche und früher die Bären darauf, wo der Wald nach einem Gewitter brennt. Sie halten das Feuer in Gang und tragen brennende Äste in ihrem Maul mit herein. Weißt du, ich will nicht so weit gehen zu sagen, dass wir Tiere das Feuer erfunden haben. Ihr Menschen könnt es immer und überall entzünden. Aber wir Tiere könnten es durchaus nutzen – wir brauchen es nur nicht, außer in dieser Nacht. Unser Fell schützt uns vor Kälte, und wir brauchen keinen Kochtopf, um unser Fleisch zu kochen. Wir haben das Feuer deshalb den Menschen überlassen.«

Julius nickte, dann sagte er mit einem Blick auf die Fackeln: »Apropos Feuer. Ich glaube, wir sollten uns allmählich auf den eigentlichen Zweck unseres Hierseins besinnen. Die Fackeln gehen bald zu Ende, und ich habe nur noch zwei weitere, die wir anzünden können. Wie sollen wir vorgehen?«

Ragnar nickte. »Wenn unsere Ahnen die Figur, als der Bund zerbrach, in unserem Heiligtum deponiert hätten, dann müsste sie meiner Meinung nach hier unter dem großen Luchs liegen oder vergraben sein. An diesem Platz findet unsere Zeremonie statt. Ich habe längst alles abgesucht und sogar mit Barten den Boden umgegraben. Aber nichts. Wir können also lediglich die Halle nochmals absuchen. Vielleicht entdeckst du einen Hinweis, der uns entgangen ist.«

Trotz der Kälte, trotz der Gefahr, dass die Fackeln verlöschen könnten, suchten sie eine weitere Stunde nach der Stele. Julius leuchtete hinter jeden Felsen, drehte Hunderte von Steinen zur Seite oder suchte nach Nischen in der Wand, die auf ein geheimes Versteck hindeuteten. Vergebens.

»Es tut mir leid, Ragnar«, sagte Julius zuletzt. »Ich war überheblich – ich hätte dir glauben sollen, dass die Figur nicht hier sein kann.«

Ragnar aber schüttelte bedächtig den Kopf. »Nein, deine Begründung leuchtete mir ein. Ihr Menschen schaut anders auf die Dinge – es war eine Chance, die einen Versuch wert war. Aber nun lass' uns gehen. Beim Rückweg fühlt sich der Andersbach noch kälter an als auf dem Herweg.«

Julius nickte enttäuscht. Er spürte, wie die Kälte mittlerweile ganz tief in seinen Körper eingedrungen war und wie eine schwere Müdigkeit über ihn kam. Es waren aber nicht nur die äußeren Umstände, die ihn lähmten – es war auch die Tatsache, dass auch diese Anstrengung ihnen nichts eingebracht hatte außer Beschwernis und Frustration. »Komm, wir sollten jetzt gehen«, sagte er. »Die Fackeln brennen ziemlich schnell herunter. Sonst behalten uns die Jagdgründe der Wisente für immer.«

Arthur liebte die alten Eichen oben am Wasserfall. Aber er hatte keine Ahnung, wie er vorgehen sollte, um dort am Rat der Weisen einen Schritt weiterzukommen in ihrem Bemühen, eine der Figuren zu finden. So oft schon hatte er stundenlang auf jenem Findling gesessen, den die Natur oder irgendwelche Menschen in unerdenklicher Vorzeit genau in der Mitte des Baumringes abgeladen hatten. Es war schön, diesen Hauch der Ewigkeit zu spüren. Natürlich wusste Arthur, dass die bald tausend Jahre, die diese Eichen vielleicht lebten, kaum ein Wimpernschlag in der Geschichte der Welt war und dass diese Eichen vielleicht schon Aberhunderte von Vorgängern hatten. Aber verglichen mit der Lebensspanne eines Menschen und vor allem verglichen mit den wenigen Jahren, die Arthur selbst schon auf der Erde weilte, lebten diese Bäume schon ewig. Es war ein eigenartiges Gefühl, unter ihrem Blätterdach zu sitzen, sich der eigenen Endlichkeit und Kleinheit bewusst zu werden und doch zu fühlen, dass man Teil eines Ganzen war im Reigen der Natur.

Jetzt aber dachte Arthur vor allem an Lohar, die an diesem Ort ums Leben gekommen war. Wie gerne hätte er sie kennen gelernt – Ragnar war wie ein Vater zu ihm, aber Lohar hätte seine Freundin werden können.

Barten dagegen begann unverzüglich, das gesamte Gelände abzuschnüffeln, obwohl es eher unwahrscheinlich war, dass er eine kleine steinerne Figur erriechen konnte. Zumal der Boden über und über bedeckt war mit Eicheln, die in der Nase eines Dachses so köstliche Gerüche hervorriefen, dass sie alles andere überdecken mussten. Arthur dagegen ging im Kreis von einem Baum zum anderen und strich mit der Hand über die krustige Rinde. Wie schmale längliche Schuppen eines versteinerten Drachens sah die Rinde der Eichen aus; es war eine schorfige Haut, die im Laufe von Jahrhunderten gewachsen war, die hart und dick geworden war und der die Wildschweine, ein Sturm, ja vielleicht sogar ein kleines Feuer, nichts mehr anhaben konnte. Diese Eichen hatten sich hinter einen Panzer zurückgezogen, der sie schützte und unnahbar machte.

Was mochten sie denken über diese Welt, fragte sich Arthur – nahmen sie die Veränderungen draußen wahr oder war ihnen der Wald ein ständiges Kontinuum, in dem sie den Verlauf der Jahre nicht mehr spürten? Tief horchte Arthur in sich hinein, ob ihm das Anderswasser vielleicht auch die Fähigkeit verliehen hatte, nicht nur mit den Tieren, sondern auch mit den Bäumen zu sprechen. Doch wie angestrengt er auch lauschte, er fand nichts, was sich nach Bäumisch oder gar nach Eichisch anhörte in ihm. Das Band zwischen Mensch und Bäumen schien zerrissen, zumindest, was die Sprache anbetraf.

Ein leichter Wind war aufgekommen und wehte vom Wasserfall das Tal herab. Ganz leicht säuselten die gezähnten Blätter der Eichen im Wind. Es machte Arthur schläfrig. Aber es brachte ihn den Bäumen nicht näher.

»Hast du eine Idee, was wir noch tun könnten?«, fragte Arthur nach einiger Zeit, als er seine Runde abgeschlossen hatte. »Es ist doch sinnlos, hier einfach auf gut Glück zu graben.«

Barten antwortete nicht. Er hatte es längst aufgegeben, umherzuwühlen und schlug sich stattdessen den Bauch voll. »Das sind noch ganz junge Eicheln«, schmatzte Barten, »die grünen mag ich besonders gern. Sie schmecken noch ganz säuerlich.«

»Wenn die Figur einfach so herumliegen würde, hätte sie längst jemand gefunden – entweder irgendwelche Jäger oder gar Zoller selbst. Ich halte es deshalb für äußerst unwahrscheinlich, dass wir hier etwas ausrichten können.«

»Unter den Eicheln im Laub liegt sie auch nicht. Ich glaube, das hätte ich trotz der leckeren Eicheln gemerkt«, meinte Barten. »Aber was machen wir jetzt?«

Arthur zuckte mit den Schultern. Dann kam ihm plötzlich eine Idee. »Pass auf, Barten«, rief er aus, »einen Versuch starten wir noch.«

Er stieg auf den grauen Findling, der von weißen Mineralienadern durchzogen war, stellte sich breitbeinig darauf und hob seine Arme gegen den Himmel, der auch hier in der Mitte ganz aus dem Blätterdach der Eichen bestand. »Ehrwürdige Eichen«, sagte er laut, »die Tiere und Menschen wollen einen neuen Bund knüpfen und bitten die Bäume darum, sich ihnen anzuschließen. Wenn ihr dies tun wollt und wenn ihr den Ort kennt, an dem die Figur der Bäume aufbewahrt wird, so teilt es uns mit. Wir brauchen eure Unterstützung, denn der Gegner ist stark und gefährlich.«

Arthur hatte mit Pathos gesprochen, obwohl er sich etwas seltsam dabei vorkam, laut

mit Bäumen zu sprechen. Nichts geschah. Vielleicht klang das Rauschen der Blätter nun etwas stärker, vielleicht knarrte hier und dort ein alter Ast im Wind – doch aus nichts von alledem hätte Arthur etwas herauslesen können, was ihm weitergeholfen hätte.
»Sie glauben dir nicht«, witzelte Barten. »Selbst die Schnarchzapfen von Bäumen haben mittlerweile gemerkt, dass die Menschen Lügner sind und immer nur in ihrem eigenen Interesse handeln.«
»Danke für die Blumen«, knurrte Arthur. Aber er wusste, dass es Barten nicht so meinte – zumindest nicht in Bezug auf ihn.
»Lass uns gehen«, sagte Arthur dennoch. »Hier können wir nichts mehr ausrichten.«

Auf dem Rückweg zur Höhle hielt Arthur plötzlich inne. »Es würde mich interessieren, was unten am Tannenbühl geschieht«, sagte er. »Es sah letztes Mal wirklich so aus, als wollte Zoller sofort loslegen mit dem Bau des Staudamms. Komm, Barten, es ist noch früh am Tag und kein großer Umweg – wir gehen mal schauen.«
Barten hielt das für keine gute Idee. »Wir sollten uns nicht mehr so weit von der Habichtshöhle entfernen, wenn es nicht unbedingt nötig ist. Wenn du wissen willst, was am Tannenbühl passiert, dann frag' Schubart. Sie kann hinfliegen und dir berichten.«
»Du redest schon wie meine Mutter früher. Wir bleiben im Schutz des Waldes. Es kann nichts passieren.«
Barten murrte, aber er hatte bereits gelernt, dass Arthur so starrköpfig sein konnte wie selbst der starrköpfigste Dachs nicht. »Du machst keine Dummheiten, Arthur, verstanden«, ermahnte ihn Barten. »Du könntest nicht nur dich selbst gefährden, sondern uns alle. Das sollte dir immer bewusst sein.«
»Versprochen«, sagte Arthur. »Und jetzt komm'.«
Sie ließen den Heiligensee links liegen, kamen unterhalb der Habichtshöhle vorbei und wanderten dann talauswärts zum Tannenbühl. Als sie die letzten Bäume erreicht hatten und hinausspähten auf die offene Landschaft, wollten sie zuerst ihren Augen nicht trauen. Im weiten Umkreis war nichts mehr geblieben von den saftigen Wiesen, auf denen die Auener Bauern im Sommer ihre Kühe weideten. Große Bagger hatten die oberste Grasnarbe und Humusschicht abgetragen und mit Kies und Schotter aufgefüllt. Diese Flächen waren nun zum Parkplatz für eine Vielzahl von Baufahrzeugen umfunktioniert worden; auf ihnen lagerten Berge von Holz und Stahl, mit denen der Damm verstärkt und die Betonhülle verschalt werden sollte. Daneben war ein ganzes Containerdorf entstanden. Zwei turmhohe Silos für das Herstellen des Betons waren aufgebaut worden. Der schmale Fahrweg, der von Auen heraufgeführt hatte, war verbreitert und asphaltiert worden, damit die Straße den häufigen Gegenverkehr schwerer Baulaster verkraftete. Kaum hundert Meter von ihrem Standort entfernt begannen gerade Bagger, das Fundament für den Staudamm auszuheben. Die Baugrube war fast zehn Meter tief; über eine Erdrampe gelangten die Lastwagen in die Grube hinab,

ließen sich den Aushub aufladen und fuhren wieder hinauf und davon. Es war ein gespenstisches Gewusel von Menschen und Fahrzeugen, und mittendrin lag das große Plakat aus Holz, das die Gegner des Staudamms vor zwei Wochen am Ende der Straße aufgestellt hatten. Es war wohl von einem der Bagger einfach umgefahren worden, das Holz war gesplittert, und der nasse Boden, den der Bagger mitgeschleift hatte, klebte am Holz und machte die Schrift unleserlich.
Barten knurrte vor Wut. »Zoller hat es mehr als eilig.«
»Ja«, meinte Arthur, »er will Tatsachen schaffen. Wenn der Staudamm einmal gebaut ist, wird niemand mehr ihn niederreißen. Und alle Beteiligten haben dann schon so viel Geld investiert, dass alle darauf dringen werden, den Staudamm zu fluten. Der Protest wird schon einschlafen …«.
»Es bleibt eine Schande, wie dieser Mensch mit unserer Natur umgeht. Schau dir das an – eine Schotterwüste. Ich könnte heulen vor Wut oder noch besser: jeden Bauarbeiter einzeln in die Wade beißen. Aber so, dass er eine Woche lang nicht gehen kann.«
»Das würde leider nicht viel nützen, Barten, auch wenn ich dich nur zu gut verstehe. Aber in einem hast du Recht: Wir können es nicht zulassen, dass hier in diesem Tempo gearbeitet wird. Wir sollten nicht nur darauf hoffen, dass die Demonstranten in Auen etwas unternehmen.«
»Aber wir besprechen das zuerst mit den anderen. Du machst keine unüberlegten Dinge«, meinte Barten.
»Gott bewahre«, antwortete Arthur schmunzelnd. »Daran habe ich nicht einmal gedacht.«
Gerade als sie abziehen wollten, hörten sie über sich ein leises Rauschen in den Bäumen. Irgendjemand näherte sich ihnen. Sie versteckten sich schnell in einem Gebüsch am Waldrand, doch von oben keckerte es bereits so unmissverständlich, dass sie sich wie Angsthasen vorkamen.
»Na, ihr seid ja so schnell in einem Versteck wie eine Maus in ihrem Loch«, meinte Schubart, während sie sich zu ihnen auf den Boden herabgleiten ließ. »Aber keine Sorge, ich fresse weder Menschenkinder noch alte zähe Dachse.«
»Du brauchst dich gar nicht über uns lustig zu machen«, meinte Arthur und wischte die Tannennadeln weg, die überall an seiner Hose klebten. »Wir müssen alle auf der Hut sein, solange wir nicht wissen, was dieser Schuft vorhat. Hast du gesehen, was er mit dem Tannenbühl gemacht hat?«
»Ich bin ja nicht blind. Und ich fürchte, es ist erst der Anfang. Ich habe nämlich keine guten Neuigkeiten.«
Jetzt berichtete Schubart, dass sie am frühen Morgen, als es noch dunkel war, mit Michael sprechen konnte. Es hatte ein Gespräch zwischen Michael und Jakob Häfner gegeben. Häfner musste einräumen, dass der Widerstand weitgehend zusammengebrochen war. Offiziell gab zwar niemand zu, das Angebot Zollers angenommen und

die profitablen Anleihen für den Staudamm gezeichnet zu haben. Aber es kam nur noch ein kleines Häuflein zu den regelmäßigen Demonstrationen am Tannenbühl. Viele schützten Arbeit vor oder taten so, als glaubten sie nicht mehr an den Erfolg des Protestes. Jedenfalls waren höchstens noch zwanzig Leute übrig geblieben, auf die sich Häfner verlassen konnte. Michael hatte ihn gewarnt, keine unüberlegten Aktionen zu unternehmen. Zum Beispiel sollten sie nur noch gegen Zoller demonstrieren, wenn sie sicher waren, dass Journalisten, Polizisten oder Behördenvertreter dabei seien.

»Umso notwendiger ist es, dass wir selbst etwas gegen den Staudamm unternehmen«, meinte Arthur. »Vielleicht können wir in diesem Punkt doch mit Häfner zusammenarbeiten – wir brauchen ihnen ja nicht zu sagen, wo wir uns aufhalten.«

Bedrückt machten sie sich auf den Rückweg. Und es sollte nicht die letzte schlechte Nachricht bleiben an diesem Tag. Schubart war vorausgeflogen, immer zwischen den Baumwipfeln hindurch, wo man sie von unten kaum entdecken konnte. Plötzlich kam sie pfeilschnell zurück und fiepte: »Versteckt euch! Schnell! Da vorne kommen zwei fremde Männer.«

Das Gelände stieg an dieser Stelle bereits merklich zum Albtrauf hin an. Sie rannten deshalb rechts vom Weg den Hang hinab und duckten sich hinter eine Felsgruppe, die die Erosion des Traufes stehen gelassen hatte. Nur wenige Augenblicke später sahen sie die Männer den Weg herunterkommen. Zuerst dachte Arthur, es seien Viktor und Oskar, die sich im Wald verirrt hatten. Doch dann merkte er, dass sie zwar ebenso wie die beiden Beschützer Zollers längere Haare und einen blauen Streifen darin hatten, aber in fremder Tracht gekleidet waren. Sie trugen Hosen aus grobem braunem Stoff, und über die Schultern hatten sie einen Umhang geworfen, wie ihn Arthur noch nie gesehen hatte. Wer trug heute schon Umhänge, wo es doch Jacken und Mäntel gab? In der Hand hielten sie ein Langschwert, ähnlich jenen, die Arthur schon in der Krypta kennenlernen musste.

»Verdammt noch mal, woher kommen diese Monster?«, fragte Arthur. Er erschauderte angesichts des grimmigen Gesichtsausdruckes, den er bei den Männern erkennen konnte. Es sah nicht so aus, als sei mit ihnen gut Kirschen essen. Die Antwort auf seine Frage kannte Arthur eigentlich schon. Aber es war Schubart, die es aussprach: »Das sind die Krieger, die auf der Burg Hohenstein aus dem Feuer kamen.«

Arthur nickte bedrückt. »Zoller hat sie in den Wald geschickt. Sie sind auf der Suche nach uns.«

Vor Aufregung vergaß Arthur, das Zauberwort zu sprechen, als er in die Habichtshöhle zurückkehrte – Ragnar musste ihn erst beruhigen und an das kleine Ritual erinnern. Seit kurzem hatten sie zur Vorsicht sich und alles unter dem Vordach unsichtbar gemacht.

»Wir müssen noch vorsichtiger als bisher sein«, sagte Ragnar, als Arthur seinen Be-

richt abgestattet hatte. »Niemand darf mehr allein in den Wald gehen – ihr müsst mindestens zu zweit sein. Ich bitte euch, dass ihr euch alle daran haltet.«
Alle nickten.
»Sollten wir nicht doch die Leute um Jakob Häfner einweihen?«, fragte Arthur dann. »Wir können jeden Mann gebrauchen. Wie sollen wir es sonst mit einer kleinen Armee aufnehmen?«
Aber Ragnar war weiter dagegen. »Ich bezweifle, dass diese Männer zum Kampf taugen. Sie sind Familienväter, die sich bisher nur gegen ein Bauprojekt wehren. Es ist etwas ganz anderes, in einen Krieg einzutreten.«
Arthur lächelte. »Als ob ich oder Julius große Krieger wären«, rief er. »Wenn wir uns gegen die Kelten stemmen, dann können es diese Männer um Häfner gleich dreimal.«
»Warum sprichst du von Kelten?«, fragte Julius plötzlich. »Nur weil die Männer so fremdartig aussahen, sind es noch lange keine Kelten.«
Arthur machte mit der Hand eine wegwerfende Bewegung.
»Zoller war es in der Krypta unglaublich wichtig, den keltischen Ursprung des Heiligtums zu betonen. Kilian bekam keltische Schwerter angeboten. Und der Bund ist, wenn Ragnar Recht hat, in früher keltischer Zeit besiegelt und am Ende der Keltenzeit zerbrochen. Wer sonst sollten diese Männer sein als Anhänger dieses Keltenkultes?«
»Du meinst, Zoller hat einen geheimen Clan gegründet, der sich an keltischen Regeln orientiert?«
»Was weiß ich?«, rief Arthur. »Vielleicht sind es auch Gespenster. Ich sage eben Kelten zu ihnen.«
Barten unterbrach diese akademische Unterhaltung; er wollte zum eigentlichen Kern ihres Gespräches zurückkehren. Er bekannte, dass auch er kein gutes Gefühl dabei habe, so viele Menschen einzuweihen. »Ich weiß bei diesen Männern nicht, wie sie uns Tieren gegenüber stehen. Niemand von uns kennt sie richtig. Ich möchte abwarten und schauen, wie sich die ganze Sache entwickelt.«
Schließlich verständigten sie sich darauf, dass man unabhängig von den Demonstranten die Baustelle stören könnte; wie, das wollte man noch besprechen. »Ansonsten sollten wir uns an den Plan halten, den wir besprochen haben«, meinte Ragnar. »Und auch wenn alles bisher keinen Erfolg hatte, so steht doch ein Punkt noch aus: das Klosterbuch. Darum sollten wir uns jetzt kümmern.«
Julius fühlte sich angesprochen und erhob sich von seinem Felsblock. »Ja, das stimmt. Am besten fliegt Schubart heute Abend mit einer Nachricht nach Auen, damit Michael alles in die Wege leitet. Marie muss mit uns kommen, weil sie den Mönch schon kennt. Morgen früh breche ich auf. Da wir am Tag nicht einfach durch die Baustelle am Tannenbühl spazieren können, schlage ich vor, dass wir uns östlich von Auen an der Straße treffen. Dort reicht der Wald bis zur Straße.«
»Ich begleite dich dorthin«, sagte Ragnar.
Doch am nächsten Morgen war Julius nicht in der Lage, den Marsch auf sich zu neh-

men. Er hatte sich in der Höhle so unterkühlt, dass er mit fiebernder Stirn und schlotternden Gliedern neben Erik lag und sich kaum regen konnte vor Schwäche.
»Wir dürfen keine Zeit verlieren«, hauchte er mit matter Stimme, »Arthur soll für mich gehen.« Arthur behagte dieser Auftrag nicht besonders. Weder hatte er Lust, Marie zu begegnen, noch wollte er mit einem Mönch einen alten Text aus dem Lateinischen übersetzen. Aber er nickte und rüstete sich zum Aufbruch. Seinen Bogen, mit dem er die letzten Tage wie verwachsen war, ließ er schweren Herzens zurück.
Da sie stets mit dem Morgengrauen aufstanden, hatten sie noch Zeit bis zum Aufbruch. Arthur drängte dennoch. »Wenn wir sowieso über den Steiner Sattel gehen, könnten wir doch kurz am Forsthaus vorbeigehen. Es gibt viele Dinge, die wir hier im Wald gut gebrauchen könnten – wir füllen einen Rucksack mit Töpfen, Medikamenten, Batterien, Feuerzeug und Schlafsäcken.«
Ragnar war nicht begeistert von der Idee. Er fürchtete, dass Zoller genau damit rechnete, dass einer der Wiegands irgendwann zurückkommen werde. Vermutlich ließ Zoller das Haus überwachen. Aber er sah ein, dass die Menschen manches für notwendig hielten, was den Tieren gleichgültig war.
So machten sie sich auf den Weg, brauchten aber viel länger als sonst, weil sie sich nur sehr vorsichtig durch den Wald bewegen konnten. Kurz vor dem Sattel war sich Ragnar sicher, dass erst vor kurzem ein Mensch hier vorbeigegangen war, und sie blieben einige Zeit in einem Versteck sitzen, bis klar war, dass keine Gefahr drohte. Als sie schließlich den höchsten Punkt des Sattels erreichten, stand plötzlich Rauch über dem Wald, dichter Rauch, der von einem großen Feuer herrühren musste – und es war ungefähr dort, wo das Forsthaus stand.
»Mein Gott, Ragnar«, rief Arthur und rannte schon, alle Vorsicht außer Acht lassend, den Hangweg entlang Richtung Forsthaus. Ragnar jagte hinterher. Erst kurz vor dem Ort, von dem der Rauch ausgehen musste, blieben sie stehen, um sich langsamer heranzutasten. Sie konnten nicht wissen, wer dort auf sie wartete. Aber wie sie durch die Bäume hindurch erkennen konnten, war Arthurs schlimmste Befürchtung Wirklichkeit geworden. Das Forsthaus brannte lichterloh. Aus dem Turm loderten gewaltige Flammen, alle Scheiben im Haus waren durch die Hitze geborsten, die Außenwände waren schwarz von Russ überzogen, und auch viele Dachziegel waren zerbrochen. Längst stand der Dachstuhl in Flammen. Feuerwehrleute aus Auen mussten das Forsthaus vor wenigen Minuten erreicht haben, denn sie waren gerade dabei, an einem der beiden Fahrzeuge die Leiter auszufahren, um das Haus von oben mit Löschwasser zu bespritzen. Das zweite Fahrzeug war ein Tankwagen, denn es gab im Umkreis des Forsthauses keinen Bach und keine Rohrleitung, die man hätte anzapfen können. Die ersten Spritzen wurden gerade angeschlossen, und einige der Männer machten sich daran, den Brand von unten zu bekämpfen. Ein Mann gab die Kommandos – beim näheren Hinsehen sah Arthur mit Überraschung, dass es Jakob Häfner war. Erst jetzt fiel ihm wieder ein, dass Häfner tatsächlich der Leiter der freiwilligen Feuerwehr in

Auen war. Und immer stärker wurde Arthurs Wunsch, diesen Mann einzuweihen in ihre Pläne. Häfner war ein ehrenwerter Mann, der viel für seinen Heimatort tat und aus der aufrichtigen Furcht heraus handelte, dass etwas über Jahrhunderte Gewachsenes verloren geht.

Doch es war nur ein kurzer Augenblick, dass Arthur daran dachte. Ein Gefühl von Verzweiflung überschwemmte dann alles in ihm, denn sein eigener Heimatort ging gerade für alle Zeiten verloren – ihm war klar, dass nichts und niemand sein Forsthaus noch retten konnte. Das Feuer war zu weit fortgeschritten. Eine ausgebrannte Ruine würde zurückbleiben, ohne Dach und mit leeren Fenstern, in der schon sehr bald die ersten Fichtensprösslinge aus der Asche hervorwachsen würden. Alles, was Arthur besaß; alles, was die gesamte Familie an Besitz und Erinnerungen angehäuft hatte, ging in dieser Stunde in Rauch auf. Nun gab es kein Zurück mehr, nun waren sie endgültig Verstoßene, Emigranten, Vagabunden. Wäldler. Arthur ließ sich dort, wo er stand, mitten auf dem Weg, auf die Knie nieder – und begann hemmungslos zu weinen.

Ragnar ließ ihn alleine; er wusste, dass es Momente im Leben gibt, in denen kein Wort und keine Nähe eines anderen den Schmerz lindern kann. Was hätte er Arthur sagen können? Dass er ihm im Wald eine neue Heimat bot? Dass er alles tun würde, um die Ursache des Brandes herauszufinden? Dass er immer für ihn da sein würde? Das waren Selbstverständlichkeiten. Irgendwann würden sie wichtig werden und ihren Wert erhalten. Im Moment aber füllte der Schmerz alles aus. Alles.

Ragnar aber beobachtete das Treiben am Forsthaus genau. Er glaubte nicht an ein Unglück. Lange schaute er zu, wie die Feuerwehr von allen Seiten Wasser in das Haus pumpte und wie tatsächlich das Feuer allmählich kleiner wurde, dafür aber der Rauch anschwoll, befördert durch das verdampfende Wasser. Irgendwann krachte mit einem gewaltigen Knall der Dachstuhl in das Innere des Hauses; die Männer hatten das erwartet und hatten sich, um sich vor dem starken Funkenflug zu schützen, etwas zurückgezogen. Kurze Zeit später stellten sie ihre Spritzen ab; es war für Ragnar nicht zu erkennen, ob der Tankwagen leer war oder ob sie glaubten, das Feuer weitgehend gelöscht zu haben.

Gerade als Ragnar zu Arthur zurückgehen wollte, sah er einen Mann an das Haus herantreten, der bisher von einem der Feuerwehrwagen verdeckt gewesen war. Der Mann inspizierte von außen das Haus, indem er langsam eine Runde um das Gebäude drehte. Ragnars Blick blieb lange an ihm haften, während seine Pinsel heftig zu zucken begannen, wie immer, wenn Ragnar unzufrieden oder nervös war. Dann wandte er sich ab und sah, wie Arthur gerade dabei war, sich zu erheben.

»Geht es wieder ein wenig?«, fragte Ragnar sanft. »Es tut mir sehr leid für Dich.«

Arthur nickte. »Ich fühle mich so unendlich leer. Ich bin in diesem Haus geboren, und ich habe immer dort gelebt – und plötzlich kann ich nie wieder dorthin zurückkehren. Es ist, als würde man von einer Sekunde auf die andere in ein neues Leben treten.«

Ragnar sagte nichts, sondern bedeutete Arthur, mit ihm nach vorne zu kommen. »Siehst du den Mann in der grünen Kleidung der Waldarbeiter?«, fragte er dann. »Ich frage mich, wie euer Kilian so schnell am brennenden Forsthaus sein kann.«
Arthur stutzte. Es war eindeutig Kilian, der gerade seinen Rundgang beendet hatte und nun mit Häfner das Gespräch suchte, wobei er mehrmals auf bestimmte Stellen am Haus zeigte. Beide wirkten aufgebracht.
»Er ist doch auf unserer Seite, habt ihr gesagt«, meinte Ragnar. »Also hat Kilian entweder erfahren, dass das Forsthaus brennt, und wollte sich für uns erkundigen. Oder …«
Arthur setzte den Satz unwillkürlich fort. »Oder wir sollten ihm doch misstrauen und er hat im schlimmsten Fall sogar etwas mit dem Brand zu tun. Schon mancher Brandstifter hat sich der Polizei als Zeuge zur Verfügung gestellt.«
»Wenn das der Fall wäre, stünde es schlimm um uns. Denn dann müssten wir davon ausgehen, dass er Zoller unseren Aufenthaltsort verraten wird oder schon verraten hat.«
»Du hast Recht, Ragnar. Du solltest zurück zur Höhle und die anderen warnen. Und ich renne hinunter zur Straße. Dann kann ich Michael fragen, was das zu bedeuten hat.«

Michael war unruhig, denn niemand wartete zum vereinbarten Zeitpunkt am Treffpunkt. Er traute sich aber nicht, mit dem Jeep einfach am Straßenrand zu parken. So fuhr er alle zehn Minuten vorbei, und jedes Mal, wenn wieder kein Zeichen am Straßenrand lag, wuchs seine Sorge. Er wusste mittlerweile von den Kriegern, die durch den Wald pirschten. Beim sechsten Mal aber erkannte er sofort den kleinen Steinhaufen neben der Leitplanke, der vorher noch nicht da gewesen war. Vier Steine aufeinander hieß: alles in Ordnung. Zwei Steine hieß: weiterfahren! Zum Glück waren es vier Steine – und kaum hatte Michael angehalten, huschte Arthur aus dem Wald und sprang auf den Rücksitz. Vorne neben Michael saß Marie, die ihn entgeistert anstarrte. Arthur war in heller Aufregung.
»Das Forsthaus ist abgebrannt«, rief er aus, ohne sich lange mit einer Begrüßung aufzuhalten. »Ich bin sicher, dass Zoller es hat anzünden lassen.«
Michael schien schon Bescheid zu wissen, denn die Nachricht überraschte ihn nicht. »Ich habe die Martinshörner gehört und Häfner auf dem Handy angerufen. Er hat es mir gesagt.«
»Hat er dir auch gesagt, dass sich Kilian dort oben herumdrückt?«, fragte Arthur. Er konnte den Zorn kaum bändigen, der in seiner Stimme mitschwang.
Michael nickte. »Hast du ihm gesagt, dass er hinauffahren soll?«, fragte Arthur weiter.
»Nein, das habe ich nicht. Aber es kann durchaus sein, dass er von selbst auf die Idee gekommen ist. Ihr verdächtigt ihn doch hoffentlich nicht …«
»Ich traue ihm nicht, Michael«, schrie Arthur beinahe. »Ich halte ihn für ein Risiko – was ist, wenn er ein Spitzel Zollers ist? Was ist, wenn er vielleicht sogar das Forsthaus angesteckt hat?«

»Jetzt versuche erst mal, dich zu beruhigen, Arthur«, sagte Michael. »Warum sollte Zoller ausgerechnet Kilian mit einer solchen Aufgabe betrauen? Wenn Kilian ein Spitzel ist, wäre die Gefahr viel zu groß, dass er durch den Brandanschlag enttarnt würde. Er hat fünfzig Krieger, die das übernehmen könnten.«

»Du hättest ihn nicht mit hineinziehen sollen. Das glaube ich.« Arthurs Stimme zitterte, ob vor Wut oder vor Traurigkeit, konnte Arthur selbst nicht sagen.

Er konnte gar nichts mehr sagen, seine Gefühle überwältigten ihn, und er schluchzte laut.

»Ich werde nochmals mit ihm sprechen, Arthur«, versuchte Michael zu beschwichtigen. »Ich werde ihn fragen, was er am Forsthaus getan hat. Und wenn es dir lieber ist, werde ich vorerst nichts Wichtiges mehr mit ihm besprechen. Aber es muss uns klar sein, dass Kilian sowieso verärgert ist, weil er dein Misstrauen spürt. Es kann sein, dass wir ihn ganz verlieren.«

»Sprich mit ihm. Dann entscheiden wir«, sagte Arthur kurz angebunden. »Jetzt ist es wohl vor allem wichtig, dass wir in das Kloster fahren. Ich halte nicht viel von dieser Prophezeiung. Und doch ist sie im Moment meine letzte Hoffnung.«

Das Kloster Waldbronn lag am Ende eines kleinen Seitentales der Lauter, des Schlierbachtales, und war ganz umgeben von Wald. Früher musste es sehr abgelegen gewesen sein; jeder, der das Kloster besuchen wollte, musste von der Straße im Lautertal zwei Stunden lang das Tal hinaufgehen. Aber die Zisterzienser hatten sich solche fernen Orte ja bewusst ausgesucht – sie wollten abgeschieden leben und den Trubel der Welt nicht an sich heranlassen. Sie wollten allein für Gott leben und alles Weltliche ablegen. Persönlicher Besitz war den Mönchen deshalb verboten, und auch die Klöster selbst spiegelten in ihrer Architektur Einfachheit, Bescheidenheit und Armut wieder. So hatten die Kirchen der Zisterzienser keinen Turm, sondern nur einen kleinen Dachreiter; und im Innern der Kirchen fehlte beinahe jeder Schmuck. Oft war das Mittelschiff nicht einmal mit Platten ausgelegt, sondern nur mit Schotter gefüllt.

Eine mächtige Linde steht vor dem Haupteingang des Klosters; sie muss beinahe so alt sein wie Waldbronn selbst. Die ersten Mönche waren in der zweiten Hälfte des zwölften Jahrhunderts zur Quelle des Schlierbaches gekommen. Noch heute sprudelt das Quellwasser aus einem herrlichen Brunnen, der in einer Nische des Kreuzganges einen Vorzugsplatz erhalten hat: Über drei sich vergrößernde Schalen plätschert das Wasser von oben nach unten, während sich auf der Oberfläche das Sonnenlicht bricht, das durch die offenen spätromanischen Fensterbögen in die Apsis fällt. Arthur kannte diesen Ort; immer wenn seine Eltern das Kloster selbst oder eine Veranstaltung besuchten, wartete er am Brunnen auf sie. Es ist ein Ort, an dem das Plätschern des Wassers den Besucher einlullt und wie in Traumfäden spinnt. Und es ist doch ein Ort, der einen aufgeweckter und lebendiger entlässt, als man angekommen ist. Fast hätte man meinen können, dieser offene Raum sei der Zeit entrückt. Nur der kleine Magnolien-

baum, der im grünen Geviert des Kreuzganges wächst, erinnert an die Jahreszeiten, die auch am Kloster nicht vorübergehen. Im Frühjahr ist die steinerne Bank, die unter dem Baum steht und jeden Besucher zur Rast und Einkehr einlädt, übersät mit den großen weiß-rosanen Blütenblättern. Im Sommer spenden die Äste Schatten, im Herbst rascheln die verdorrten Blätter an den Füßen des Pilgers, und im Winter sind die kahlen Zweige ein Mahnmal für das Werden und Vergehen alles Lebendigen.
Heute leben nur noch sechs Mönche in Waldbronn, und es sind nicht mehr Zisterzienser, sondern Kartäuser, die noch strenger in ihrem Lebenswandel sind. Aber im Kloster Waldbronn sind die Mönche nicht mehr ganz so zurückgezogen und öffnen ihr Haus hin und wieder für die Menschen. Im Sommer gibt es in der Kirche ein Festival mit kirchlicher Musik. Arthur war einmal dabei gewesen, als eine Gruppe von Sängern die Kirche mit gregorianischem Gesang erfüllt hatte. Selbst ihm, der nun wahrlich nichts mit kirchlicher Musik am Hut hatte, war ein Schauer über den Rücken gelaufen. Warmes gelbes Abendlicht war durch die Scheiben der Kirchenfenster gefallen; die Zisterzienser hatten es sich auch untersagt, bunte Scheiben einzusetzen. Im Chor gibt es fünf schmale hohe Fenster, die von links und rechts immer höher werden und einen Fünfklang aus Licht bilden: Gerade in dieser Einfachheit waren sie von atemberaubender Schönheit. Auch in der Herstellung einer herrlichen Akustik gehörten die Architekten der Zisterzienser zu den Meistern. Die schlichten, von keinem Instrument begleiteten Lob- und Klagegesänge der Gregorianik besaßen in diesem Raum eine solche Intensität, dass Arthur das Herz wehtat vor Sehnsucht nach … – Arthur konnte nicht sagen, wonach. Vielleicht nach Frieden, nach Ewigkeit, oder, wie alle Religion es anstrebt, nach Erlösung.
Der Mönch, der sie an der Pforte abholte, war zur Überraschung Arthurs noch recht jung. Er war schlank und hatte beinahe schulterlanges Haar, was Arthur eher als ein Zeichen von Eitelkeit wertete und was deshalb doch eigentlich verboten sein müsste. Aber vielleicht hatten die Jahrhunderte die strengen Regeln abgeschliffen, und der Orden war froh, überhaupt noch Nachwuchs zu finden. Er trug die traditionelle Tracht der Kartäuser, ein ganz weißes Untergewand, über das ein ebenfalls weißer Überwurf mit Kapuze gezogen wurde. Nicht einmal einen Gürtel gönnten sich diese Mönche; schon dies war ihnen weltlicher Tand und verboten. Der Mann schien sich aufrichtig zu freuen, als er Marie sah. Er strahlte über das ganze Gesicht.
»Darf ich vorstellen, das ist Pater Rupert«, übernahm Marie die Begrüßung. »Und das sind meine Freunde Michael und Arthur.«
Arthur blickte kurz erstaunt auf, ließ sich aber nichts anmerken. Von Freundschaft war zwischen ihnen bisher nicht die Rede gewesen.
»Herzlich Willkommen in Waldbronn«, meinte Bruder Rupert. »Der Staudamm scheint euch wirklich zu beschäftigen, wenn ihr sogar bei uns nach Argumenten gegen das Projekt sucht.« Er lachte hell auf, was Arthur erneut irritierte. Denn dieses Lachen war von einer solch prallen Lebenslust, wie sie Arthur bei einem Mönch nicht vermu-

tet hätte. Die standen doch mitten in der Nacht auf, um zu beten, bekamen zum Mittagessen nur Grießsuppe und mussten die restliche Zeit schwer arbeiten. Da wird man doch eher griesgrämig.

»Nun ja«, führte Marie weiter das Wort. »Es ging uns einfach nicht aus dem Kopf, dass in dem alten Buch die heutige Situation so genau beschrieben ist – und wir sind einfach neugierig, wie es weitergeht.«

»Das kann ich verstehen«, meinte der Mönch, »ich war es auch. Nachdem du gestern Abend angerufen und euren Besuch angekündigt hattest, habe ich mir die Textpassage noch mal zu Gemüte geführt. Ihr müsst wissen …«. Rupert schaute sich kurz um, wie um sich zu vergewissern, dass niemand sonst ihnen zuhörte. »Ich bin in Latein schon immer ein etwas schlechter Schüler gewesen. Das ist erstens grundsätzlich peinlich für den Bibliothekar einer Klosterbücherei. Und zweitens wollte ich mich bei euch heute nicht blamieren. Also habe ich gestern Abend schon mal vorübersetzt.« Wieder lachte er schallend, wobei seine Augen strahlten und sein langes Haar in kräftige Bewegung geriet.

»Aber kommt«, meinte er, »wir können gleich rüber in die Bibliothek gehen.«

Pater Rupert nahm den kürzesten Weg, und der führte über den Kreuzgang. Anscheinend war der Kreuzgang für die Mönche nicht nur ein Rückzugsort, ein Ort der Stille und Einkehr, sondern auch schlicht eine Kreuzung, die zu allen wichtigen Einrichtungen des Klosters führte. Ob man zur Kirche, zum Speisesaal, zum früheren Dormitorium oder eben in die Bibliothek wollte – der schnellste Weg führte über dieses Herz des Klosters. Im Vorbeigehen blieb Arthurs Blick am Brunnen haften, über dessen Schalen wie eh und je das Wasser floss. Arthur fühlte einen kleinen Stich im Herzen. Wie friedlich kam ihm im Nachhinein die Zeit vor, als er dort stundenlang gesessen hatte, wie ruhig und glücklich war er damals gewesen. Und er musste denken, dass die Zeiten des Glücks oft erst erkannt werden, wenn sie vorüber sind. Wie gerne hätte er zumindest einen Teil jener Ruhe heute in seinen Gedanken und Gefühlen.

Die Bibliothek war ein stattliches Gebäude, das über vier Stockwerke ging und nur unwesentlich geringer war in seinen Ausmaßen als das Hauptgebäude jeden Klosters, die Kirche.

»Wir haben vor einigen Jahren Stahlträger durch die gesamte Bibliothek ziehen lassen, weil das alte Gebäude das Gewicht der vielen Bücher kaum noch zu tragen vermochte«, erläuterte Rupert. »Jetzt können wir wieder zukaufen – unser Spezialsammelgebiet ist das frühe Christentum nördlich der Alpen, also fünftes bis zehntes Jahrhundert. Bei diesem Thema haben wir eine der größten Sammlungen überhaupt in Europa. Bin ich mächtig stolz drauf«, meinte der Mönch – und lachte wieder über seinen kleinen Witz, erlaubte er sich doch ein Gefühl, das Kartäusermönche nicht kennen sollten.

»Wie viele Bände stehen denn in den Regalen Ihrer Bibliothek?«, fragte Michael nach, der ein wenig eingeschüchtert war von diesem geistigen Reichtum. Er erhielt aber keine Antwort, da sie mittlerweile die Bibliothek betreten hatten. Die Reihen massiver Holzregale standen so eng beieinander, dass Michael beinahe Mühe hatte, hindurchzugehen. In die Mauern waren regelmäßig Fenster mit romanischem Bogen eingelassen. Die Außenmauern waren so dick, dass die Fensternischen zu einer gemütlichen Sitzgelegenheit hergerichtet werden konnten. Eine Holzplatte war vor das Fenster gesetzt und mit einer Bank versehen worden. So konnte sich jeder Lesende in eine Nische zurückziehen und hatte genügend Licht für seine Arbeit.

Das Buch, dessentwegen sie gekommen waren, lag allerdings auf dem großen schweren Holztisch, der im Erdgeschoss der Bibliothek in der Mitte des langgestreckten Raumes aufgestellt war. Arthur betrachtete das Buch, das er zunächst als unerheblich abgetan hatte, jetzt mit Scheu und Ehrfurcht. Es ist eben doch etwas anderes, ob man von einer Sache nur hört oder sie vor sich liegen sieht. Die Seiten bestanden nicht aus Papier, sondern aus Pergament – es war die dünne bearbeitete und getrocknete Haut von Schafen oder Ziegen. Papier, das wusste Arthur, kam erst am Ende des Mittelalters in Gebrauch. Dieses Buch war viel älter und stammte aus dem zwölften Jahrhundert, war also vor über achthundert Jahren gefertigt worden. Das Pergament war leicht gewellt, wie Arthur es von Schweineblasen kannte, die man in ihrer Gegend bei Faschingsumzügen mitführte. Die Blasen wurden mit Luft gefüllt wie Luftballons, an Stangen befestigt und als harmlose Waffe gegen die Zuschauer verwendet; man drosch einfach mit den Blasen auf sie ein. Oft lagen die leeren Blasen nach dem Umzug auf den Straßen. Sie fühlten sich an wie trockenes brüchiges Papier.

Die Seiten waren ordentlich beschrieben, doch fehlten ausgeschmückte Initialen oder Zeichnungen, wie man sie von anderen alten Handschriften kennt. Alle Seiten waren mit Text gefüllt; nur ganz hinten gab es einige freie Seiten. Bruder Rupert schlug die allerletzte Seite auf – sie war mit einer kleinen Schrift sehr eng beschrieben.

»Dieses Buch ist das älteste Werk, das unsere Bibliothek aufzuweisen hat«, erklärte Pater Rupert. »Es ist für unsere Geschichte sehr wichtig.«

»Das heißt?«, hakte Arthur nach.

»Schon kurz nach der Gründung des Klosters haben die Mönche begonnen, wichtige Ereignisse in der Klostergeschichte in diese Handschrift einzutragen. Es wurde von Generation zu Generation weitergegeben und ist wohl bis zur Säkularisation benutzt worden.«

»Bis zur Säku … was?«, unterbrach ihn Marie.

»Sehr viele Klöster in Deutschland sind durch die Reformation Anfang des 16. Jahrhunderts geschlossen worden«, sagte Rupert. »Als der evangelische Glaube aufkam, sahen jene Landesherren, die die neue Religion annahmen, keine Notwendigkeit mehr für katholische Klöster und verwandelten sie in Schulen oder Jagdschlösser. Auch Waldbronn erlitt dieses Schicksal. Erst seit gut hundert Jahren leben hier wieder Mönche, und nun eben Kartäuser. Zuvor haben hier württembergische Vögte und Richter einen Sommersitz gehabt.«

»Das Buch ist also seit Langem nicht mehr in Gebrauch?«, fragte Marie.
»Nein, die letzte reguläre Eintragung stammt vom 3. Februar 1535. Kurz danach verließen die Zisterzienser das Kloster, für immer. Heute ist das Buch natürlich viel zu kostbar, um es als Chronik weiterzuführen, auch wenn noch einige Seiten frei wären. Wir haben dafür neue Bücher angelegt. Der Text, der euch aber besonders interessiert, gehört nicht zur Klosterchronik. Irgendjemand hat ihn, der Schrift nach zu urteilen schon im zwölften Jahrhundert, an das Ende des Buches gestellt. Ich habe ihn bisher nicht sonderlich ernst genommen. Ich war immer der Meinung, da hat sich ein Mönch in einem langen kalten Winter einen Spaß erlaubt und diese abenteuerliche Geschichte erfunden.«
»Jetzt spannen Sie uns aber ganz schön auf die Folter«, meinte Michael. »Vielleicht könnten Sie den Text für uns nun übersetzen. Ich bin mächtig gespannt, was der Spaßvogel uns zu sagen hatte.«
»Ihr habt vollkommen Recht – ich dachte nicht daran, weil ich ja schon weiß, was drin steht.« Er machte eine Pause, setzte sich dann vor das Buch und forderte alle anderen auf, sich ebenfalls zu setzen.
Arthur versuchte den etwas größer geschriebenen Titel der Textpassage in der ersten Zeile zu entziffern. »Letum vallis sanctae« stand dort. Seine Französischkenntnisse halfen ihm allerdings nicht weiter. Er konnte lediglich vermuten, dass ›vallis‹ etwas mit ›vallée‹ zu tun hatte, was auf Deutsch ›Tal‹ bedeutete. Und so war es denn auch – Pater Rupert übersetzte den Titel mit »Der Untergang des Heiligentales«. Und er las weiter:
»In einer Zeit, als die Gnade unseres ewigen Gottes, des Herrn Jesu Christ, noch nicht über dem Abendland ruhte, lebten Heiden in der Gegend unseres Klosters Silvafontis, die sich selbst Caldur nannten. Ihre Männer waren kriegslüstern und fürchteten den Tod nicht. In die Schlacht gingen sie häufig unbekleidet, ihre Haut war über und über mit bunten Strichen übersät. Was allein sie fürchteten, war, dass das Ende der Welt durch Feuer und Wasser zu ihnen kommen würde. Sie glaubten bereits an die Unsterblichkeit der Seele, wiewohl sie keine Christenmenschen waren. Mehrere ihrer Heiligtümer waren im nahen Heiligental angesiedelt, das also bereits in ihrer Zeit seinen Namen erhalten hat.
Es wird sich nun aber ereignen, dass genau dieses Tal eines Tages sein Weltenende durch Feuer und Wasser erleben wird. Ein Mann, den man den Herrn des Feuers nennt, wird kommen und alles Land verwüsten. Er wird bauen eine gewaltige Wand aus flüssigem Stein, die keine Fuge und keinen Mörtel hat. Sie wird sich erstrecken von einem Ende des Tals bis zum anderen, und die Wasser des Heiligentales werden sich dahinter sammeln und alles überfluten. Der Herr des Feuers aber wird Feinde besitzen, die dessen Tun verhindern wollen und die mächtiger sind, als sie selbst es wissen. Gerade deswegen aber werden sie unterliegen und untergehen. Der Herr des Feuers wird sie vernichten in einem riesigen Brand, der von allen Seiten des Tales auf sie zurasen wird. Zu Diensten sind diesem Mann Krieger, die aus der Glut des Feuers hervorgegangen sind und die aus der Glut

des Feuers leben. Nachdem kein Baum mehr steht nach diesem Weltenbrand, wird der Herr des Feuers alle Stätten, die ihm als heilig erscheinen, aufsuchen und zerstören.
Am Ende aber liegt das Tal wüst und leer, ohne Bäume, ohne Tiere und auch ohne Menschen. Alles Leben ist aus ihm gewichen. So wird es sich ereignen, denn so weissagt unsere Vision. Im Namen des Herrn, des Heiligen Geistes und des Sohnes Jesus Christus. Amen.«
Alle schwiegen lange, als Pater Rupert geendet hatte. Er klappte den schweren Holzeinband zu, der mit zwei Lederschnallen gesichert werden konnte.
»Es ist eine richtige kleine Apokalypse, die in dem Text beschrieben ist. Ziemlich schaurig jedenfalls. Glaubt ihr wirklich, dass an dieser Prophezeiung etwas dran ist?«, fragte Rupert zuletzt. »Ich meine, diese Zeilen sind achthundert Jahre alt. Im Mittelalter haben irgendwelche selbsternannten Propheten jeden Tag Weissagungen verfasst, von denen niemals eine eingetroffen ist. Ich kann nicht ausschließen, dass einer dieser Propheten hier im Kloster saß.«
»Für einen Mönch ist das eine erstaunliche Aussage, finde ich«, meinte Michael. »Sie sollten doch am ehesten glauben, was ihre Brüder einst zu Papier gebracht haben … ich meine, zu Pergament.«
»Nun ja, Papier ist geduldig. Und Pergament auch.«
»Aber die Übereinstimmung ist schon verblüffend«, mischte sich Marie ein. »Der Staudamm, ein Herr mit keltischen Manieren und die Heiligtümer im Tal … das wäre schon ein bisschen viel Zufall, nicht wahr?«
»Nun ja, zumindest von Heiligtümern ist mir nichts bekannt«, meinte Rupert achselzuckend.
»Aber wir …«, hob Marie an – doch da spürte sie, wie Arthur ihr den Ellbogen in die Seite boxte.
»Zumindest gibt es in Auen eine erstaunlich alte Kapelle mit Krypta, wie wir vor kurzem bei einer Führung erfahren haben«, sagte Arthur deshalb schnell an ihrer Stelle. »Vielleicht ist die Bernhardskapelle damit gemeint.«
»Möglich«, meinte Rupert, doch wirklich überzeugt war er nicht. »Und überhaupt, was wollt ihr mit dem Text anfangen? Wirklich weiterhelfen tut er euch nicht. Denn dass ein Staudamm gebaut werden soll, wisst ihr schließlich auch ohne diese Weissagung.«
»Heute Nacht hat jemand unser Wohnhaus im Wald abgebrannt«, sagte Arthur, der fand, dass Pater Rupert nicht alles derart auf die leichte Schulter nehmen sollte. »Irgendein Herr des Feuers schleicht hier durch die Gegend.«
»Das tut mir sehr leid, Arthur. Ich habe euch jedenfalls eine Abschrift meiner Übersetzung gemacht, falls ihr den Text noch einmal in Ruhe durchlesen wollt.« Arthur streckte die Hand nach dem Papier aus, das Rupert aus seiner Gewandtasche zog und auffaltete, doch wie selbstverständlich reichte dieser den Zettel an Marie weiter. Sie nahm ihn, warf kurz einen Blick darauf und legte das Papier wieder zusammen. »Das ist wirklich sehr freundlich von Ihnen.«

»Wo geht ihr jetzt hin?«, fragte Rupert. »Ich meine, wenn euer Haus zerstört ist?«
»Wir haben uns vorerst im Wald eingerichtet, denn der Herr des Feuers mag uns nicht besonders«, meinte Arthur.
»Oh, im Wald«, sagte Rupert. »Wie schön. Wisst ihr, was der wichtigste Zisterziensermönch, Bernhard von Clairvaux, über den Wald gesagt hat? ›Du wirst mehr in den Wäldern finden als in den Büchern. Die Bäume und die Steine werden dich Dinge lehren, die dir kein Mensch sagen kann.‹«
»Bernhard von Clairvaux? Ist das der Bernhard, nach dem die Kirche in Auen benannt ist?«, fragte Michael.
»Ja, so ist es«, meinte Rupert. »Bernhard war in unserer Gegend sehr beliebt.« Dann wurde er plötzlich doch ganz ernst. »Aber wer auch immer dieser Herr des Feuers sein soll, falls ihr einmal spirituelle, intellektuelle oder finanzielle Unterstützung gebrauchen könnt, seid ihr immer herzlich bei mir willkommen. Auch ein Obdach kann ich euch in der Not gewähren; wir haben hier viele Zellen frei, seit wir nur noch so wenige Mönche sind.«
»Vielen Dank«, sagte Arthur. »Vielleicht kommen wir eines Tages darauf zurück.« Arthur konnte nicht ahnen, wie schnell dies der Fall sein würde.
Beim Hinausgehen kreuzten sich die Blicke Arthurs und Maries. Es war frech, wie sie ihn anschaute, fand Arthur, mit einer Mischung aus Spott, Freundlichkeit und Überheblichkeit. Als wollte sie sagen: ›Ich weiß, dass du mich nicht dabei haben wolltest – aber ich habe es doch geschafft. Ätsch!‹
Arthur schaute weg. Einerseits ärgerte er sich, wie Marie sich in ihre Sache hineindrängte. Es ging sie nichts an, und Arthur würde sie niemals mit zur Habichtshöhle nehmen. Andererseits hatte sich Marie fair verhalten, indem sie Julius gleich von ihrer Beobachtung im Kloster erzählt hatte. Den Zettel hatte sie sich doch vor allem geschnappt, um Arthur zu ärgern, da war er sich sicher. Wie auch immer: Mädchen hatten in dieser Auseinandersetzung nichts zu suchen – und Marie schon gar nicht.
Sein Widerstand hielt nicht lange. Auf der ganzen Fahrt zurück hatte Marie Arthur und Michael damit genervt, dass sie mit in den Wald kommen wolle. Schließlich habe sie die Prophezeiung entdeckt, und nun wolle sie dabei sein, wenn über die Schlussfolgerungen diskutiert werde. Außerdem sei sie damit auch in Gefahr, und Arthur trüge die Verantwortung, wenn ihr etwas passiere. Sie ließ nicht locker, und kein Argument Arthurs galt in ihren Augen etwas. Zuletzt gab er entnervt auf und beriet sich, als sie am Treffpunkt am Waldrand angekommen waren, mit Ragnar, der wie vereinbart auf sie gewartet hatte. Ragnar war nicht begeistert; sie hatten sowieso schon Mühe, genügend Nahrung für die wählerischen Menschen zu finden. Aber sie konnten jeden gebrauchen, und Marie schien nicht auf den Kopf gefallen zu sein. Arthur entschied also, sie könne mitkommen – wenn auch nur, um seine Ruhe zu haben.
Marie konnte sich zunächst an Ragnar gar nicht satt sehen. Dessen Größe, Wildheit und Gefährlichkeit lösten in ihr Ehrfurcht, Scheu und Entzücken aus. »Darf ich dich

einmal streicheln?«, fragte sie schließlich vorlaut. Ragnar verdrehte die Augen; jetzt sollte er schon als Plüschtier herhalten. Aber er sagte nicht, was er wirklich dachte, sondern meinte nur: »Ein einziges Mal darfst du das – und dann lassen wir es dabei bewenden.« Marie strich vorsichtig mit der Hand über den Rücken des Tieres. Sein Fell war dicht und doch unglaublich weich. »Es ist wundervoll«, sagte sie nur.

Arthur berichtete von der Prophezeiung, doch Ragnar hörte nicht mit voller Aufmerksamkeit zu. »Darüber beraten wir später. Zunächst müssen wir heil zur Habichtshöhle kommen. Der Wald wimmelt mittlerweile vor Zollers Kriegern. Auf dem Weg hierher bin ich dreimal Männern begegnet. Ich kann aber nicht einmal sagen, ob es dieselben waren – alle sehen fast gleich aus.«

Arthur nickte. »Es dürfte nur eine Frage der Zeit sein, bis sie uns in der Habichtshöhle ausmachen werden. Unsere Lage wird immer brenzliger.«

Als sie in die Höhle zurückkamen, war Arthur froh, dass es Julius besser ging. Er fühlte sich zwar immer noch schwach und elend, aber er schien kein Fieber mehr zu haben und war sogar schon aufgestanden. Erik dagegen lag weiterhin teilnahmslos auf seinem Lager. Es war, als würde er sich immer stärker von ihnen entfernen, als würde er allmählich seinen Körper verlassen. Als Arthur einige Minuten neben ihm gesessen hatte und auf das bleiche Gesicht seines Vaters sah, kam die ganze große Angst wieder in ihm hoch. Was wäre, wenn Erik sie verließ – Arthur wagte nicht einmal, das Wort ›sterben‹ zu denken. Erik hatte zwar in all diesen furchtbaren Tagen nichts für sie tun können. Aber allein das Wissen, dass er da und auf ihrer Seite war, und allein die Hoffnung, dass er vielleicht Mittel und Wege gegen Karl Zoller kennen würde, wenn er einmal wieder gesund würde, ließ Arthur stark bleiben, ließ ihn weitermachen in seinem Kampf.

Die Angst hatte ihn auch nicht losgelassen, als sie später am Lagerfeuer zusammensaßen. Ragnar hatte ein Reh gerissen und zur Höhle geschleppt. Julius hatte schnell gelernt, das Tier auszunehmen und das Fleisch zu zerteilen. Marie saß nun am Feuer und briet einige Fleischstücke auf einem großen flachen Stein, unter den sie an den Ecken andere Steine gelegt hatte. Das war eine gute Idee, wie sich Arthur heimlich eingestand – bisher hatten sie das Fleisch immer an Spießen gebraten und mussten deshalb selbst lange am Feuer sitzen. Überhaupt übernahm Marie wie selbstverständlich Arbeiten im Lager, nachdem sie alles gründlich inspiziert hatte; sie wollte nachts eine Wache übernehmen und ließ sich von Julius zeigen, wie man aus Steinen Splitter abschlug, um sie als Werkzeuge zu benutzen. Es war, als sei sie schon lange bei ihnen.

»Wir müssen etwas für Erik tun«, eröffnete Arthur das Gespräch am Feuer. »Es geht ihm immer schlechter, und ich halte es nicht mehr aus, einfach zuschauen zu müssen.«

Julius hatte sich eine Decke umgelegt, denn jetzt am Abend war es bereits kühl im Wald. Der Winter kündigte sich an. Auch er dachte ständig darüber nach, ob es irgendetwas gab, das Erik helfen konnte – außer der Kraft der zweiten Figur.

»Vielleicht sollten wir doch versuchen, einen Arzt hierher zu holen. Es ist doch nicht ganz ausgeschlossen, dass er zumindest die Symptome mildern kann«, sagte er deshalb. Aber Ragnar lehnte diesen Vorschlag rundheraus ab. »Dann könnt ihr gleich einen Aufruf in eurem Papierwerk namens Zeitung machen, wo wir zu finden sind«, meinte er. »Es wissen jetzt schon mehr als genug von euch Menschen, was bisher nur wir Tiere wussten. Es ist genug. Und sowieso glaube ich nicht, dass ein Medizinmann etwas ausrichten kann. Diese Krankheit speist sich aus anderen Quellen.«

Arthur konnte ihn verstehen. Ragnar hatte Wissen preisgegeben, das eigentlich allein den Tieren gehörte – und zwar Wissen an jene Spezies preisgegeben, die sie seit Jahrhunderten verfolgte und die zuletzt Ragnars Tochter ermordet hatte. Es sprach für Ragnars Größe, dies dennoch getan zu haben. Jetzt mussten sie seinen Wunsch respektieren, dieses Wissen nicht weiter zu verbreiten.

»Wäre es denkbar, Erik nach Lässingen ins Krankenhaus zu transportieren? Ich weiß, das wird nicht einfach – aber vielleicht würde es etwas nützen, und dann sollten wir es auch tun.«

Ragnar schüttelte den Kopf. »Ihr müsstet Erik die ganze Strecke tragen, und das dürfte nicht unbemerkt bleiben. Es ist zu gefährlich, seit die Krieger durch den Wald streunen.«

»Aber wir können doch nicht einfach zuschauen, wie es ihm von Tag zu Tag schlechter geht«, rief Arthur lauter aus, als er es wollte. Die Ohnmacht war für ihn das Allerschlimmste – und er wollte irgendetwas tun, nur um etwas tun zu können.

Schubart mischte sich jetzt ein, die gerade von einem ersten Patrouillenflug durch den Wald zurückgekommen war.

»Ragnar, lebt jene Frau, die sich so gut mit Kräutern auskennt, noch oben am Albtrauf?«

Ragnar wusste sofort, von wem Schubart sprach. Es gab, nicht einmal zwei Fußstunden von der Habichtshöhle entfernt, ein kleines allein stehendes Häuschen direkt an der Kante des Traufes. Das Haus stand im Schatten des Waldes, der sich den Hang hinunterzog. Nach vorne hin aber breitete sich die Ebene der Albhochfläche aus, und die Frau, die dort seit langem alleine lebte, hatte sich ein großes Grundstück eingezäunt, auf dem sie Gemüse, Beeren und eine Vielzahl von Kräutern anpflanzte. Die meisten Menschen hielten die Frau für etwas verschroben und mieden sie. Nur ganz selten, wenn zum Beispiel eine Mutter mit ihrem kranken Kind gar nicht mehr ein und aus wusste, verirrte sich jemand zu der Dame, die immer lächelnd zu helfen versuchte. Auch Arthur hatte schon von der »Kräuterhexe« gehört, aber nie weiter über sie nachgedacht.

»Ihr glaubt, sie könnte Erik helfen?«, fragte er deshalb überrascht.

»Tiere essen oft instinktiv die richtigen Kräuter, wenn sie krank sind«, erklärte Schubart. »Diese Frau besitzt diesen Instinkt nicht nur, sondern sie kann sogar erklären, weshalb eine bestimmte Pflanze die richtige ist. Wir haben großen Respekt vor der Frau – sie trägt uraltes Wissen in sich.«

»Dann nichts wie los«, meinte Julius und wäre am liebsten sofort aufgesprungen. »Marie und ich könnten bei ihr vorbeischauen und sie nach einem Heilmittel fragen.« Arthur erhob Einspruch – er wollte unbedingt selbst dabei sein, um seine Unruhe ausleben zu können. Aber Ragnar beendete die Diskussion, indem er sagte: »Arthur, dich werden wir für andere Dinge gebrauchen. Ich halte es für eine gute Idee, wenn die beiden gehen, sofern Julius sich wieder gut genug fühlt.«

Julius nickte. »Es geht schon«, sagte er.

»Gut, aber Barten wird euch bis zum Haus begleiten. Und ihr werdet nur nachts gehen, wie wir überhaupt nur noch nachts die Höhle verlassen sollten. Aber verratet der Frau nicht zu viel.«

Damit war die Sache entschieden – Ragnar war eben unter ihnen doch der Erste unter Gleichen, der Primus inter pares.

Er lenkte jetzt das Gespräch auf das zweite wichtige Ereignis des Tages: »So, und jetzt erzählt mir bitte von eurem Besuch im Kloster.«

Als Arthur seinen Bericht beendet hatte, blieb es eine Weile ruhig am Lagerfeuer; nur das Holz knisterte, und hin und wieder verirrte sich ein Funken weit nach oben in den nachtblauen Himmel.

»Das hört sich nicht wirklich gut an«, meinte Barten zuletzt. »Bisher hat der Schreiber des Textes Recht behalten – und wenn das so bliebe, dann brauchen wir gar nicht weiter zu kämpfen. Dann wäre es besser, wir verzögen uns aus dem Tal, um wenigstens unsere Haut zu retten.«

»So schnell sollten wir nicht urteilen«, widersprach Julius. »Wenn man genau liest, dann gibt es einige Punkte, die bei weitem nicht so klar sind, wie sie auf den ersten Blick erscheinen.«

»Und die wären?«, fragte Arthur.

»Erstens: Bisher ist nur eine Prophezeiung eingetreten, nämlich der Beginn des Staudamm-Projektes. Die Übereinstimmung zwischen Text und Wirklichkeit ist zwar erstaunlich, aber es handelt sich eben nur um einen Punkt – das kann immer noch purer Zufall sein. Wir sollten uns deshalb nicht von der Wucht der Weissagung einschüchtern lassen.«

»Und zweitens?«, hakte Marie nach.

»Zweitens hat der Schreiber verkündet: *Der Herr des Feuers aber besitzt Feinde, die dessen Tun verhindern wollen und die mächtiger sind, als sie selbst es wissen.* Die Feinde Zollers sind wir. Ich habe zwar keine Ahnung davon, was der Schreiber meint, wenn er sagt, dass wir mächtig seien – aber es sollte uns immerhin Mut machen.«

»Was könnte das sein?«, fragte Arthur. »Wenn die Weissagung stimmt, dann hätten wir ein Mittel oder eine Macht in der Hand, die uns gegen Zoller nützen könnte. Ist

damit der Turmalin gemeint? Er hat, fürchte ich, keine so große Kraft, um Zoller das Handwerk zu legen.«
»Ja«, sagte Ragnar leise, »aber vielleicht ist es kein Gegenstand, sondern der Autor spricht von einer Person unter uns, die ihre wahre Bestimmung noch nicht erkannt hat. Vielleicht bist ja du es, Arthur, der neue Herr des Waldes, der eine größere Natur in sich trägt.« Ragnar lächelte, um seine Worte wie einen kleinen Scherz aussehen zu lassen. Aber er meinte es doch ernst, was alle spürten in der Runde.
»Hör auf«, meinte Arthur verlegen.
»Wir sollten auf jeden Fall alle danach forschen, was es sein könnte«, meinte Ragnar: »Es könnte wichtig werden.«
»Ist dir noch etwas aufgefallen, Julius?«, fragte Marie. Sie spürte, dass er noch nicht fertig gewesen war.
»Ja, drittens sagt der Text einen riesigen Brand im Tal voraus, den Zoller legen wird. Viele der Bäume muss Zoller sowieso beseitigen, bevor der Staudamm geflutet wird. Vielleicht hat er vor, sie nicht abzuholzen, sondern ein Feuer zu legen. Und vielleicht denkt er, es könnte ein schöner Nebeneffekt sein, uns dabei auszuräuchern. Er weiß mit Sicherheit, dass wir irgendwo im Wald sind. Wenn die Prophezeiung also stimmt, dann könnte dieses Feuer der nächste Schritt Zollers sein – und wir wüssten damit, was er vorhat und könnten uns darauf vorbereiten. Wie wir einen Flächenbrand verhindern sollen, weiß ich allerdings auch nicht. Aber zumindest haben wir einen Ansatzpunkt.«
»Wenn der Wald einmal brennt, wird niemand von uns das Feuer aufhalten können. Der Sommer war so trocken, dass ein Funke reicht, um alles in Brand zu stecken«, sagte Ragnar nachdenklich. Die Gedanken Julius' leuchteten ihm ein. »Die einzige Chance, die wir haben, wäre zu verhindern, dass das Feuer überhaupt ausbricht.«
Niemand hatte noch etwas zu sagen, und so schloss Ragnar die Versammlung. »Dann solltet ihr euch alle noch einige Stunden ausruhen, bevor es losgeht«, meinte Ragnar zu Julius und Marie. »Ich wecke euch nach Mitternacht.«

Aber niemand konnte richtig schlafen, außer Barten, der sich in seinen Gang zurückgezogen hatte, aus dem man hin und wieder ein leises zufriedenes Grunzen hörte. Mit großer Energie hatte Barten in der Zeit, in der er nicht aß oder Wache halten musste, an den Gängen gegraben. Das Lagerfeuer hatten sie herunterbrennen lassen, nur die letzten Scheite erzeugten noch eine kräftige rote Glut. Arthur war nach kurzer Zeit wieder aufgestanden und ans Lagerfeuer zurückgekehrt, wo er an einem Felsbrocken gelehnt auf dem Boden saß. Er nahm einen Haselnussstock in die Hand und schnitzte mit seinem Taschenmesser wieder Muster in die Rinde. Es war fast zu einem Zwang für ihn geworden in den letzten Wochen. Aber mittlerweile war es so dunkel, dass Arthur kaum noch sah, was sein Messer tat. Doch er musste zumindest seine Hände beschäftigen. Nun schien Zoller also zu planen, sie auszuräuchern, sofern die Prophezeiung zutraf. Was hatten sie dem entgegenzusetzen, sie, drei Kinder und drei Waldtiere? Aber ihm ging auch immer wieder durch den Sinn, was Ragnar gesagt hatte: Vielleicht sei er ja, Arthur, der Herr des Waldes und wüsste es bloß noch nicht. Nein, Ragnar kannte sich viel besser aus im Wald als er. Ragnar konnte entferntes Geraschel, das Arthur gar nicht wahrnahm, einem Tier oder einem Menschen zuordnen. Er war pfeilschnell und konnte jedes Tier im Wald einholen. Und er hatte nie Angst und war immer zuversichtlich. War nicht Ragnar der wahre Herr des Waldes, und er nur sein kleiner dummer Schüler?

Arthur blickte hinaus in die Nacht. Wie schon so viele Wochen, stand auch in dieser Nacht keine Wolke am Himmel. Die spätherbstlichen Tage waren schön gewesen, und die Sterne leuchteten wie einzelne Juwelen durch die Bäume hindurch und warfen ein fahles Schattenmuster über den Boden. Arthur warf sich das Fell eines Rehs über die Schultern, das er abgezogen und mit einfachen Mitteln gegerbt hatte. In den Ästen säuselte ein leichter Wind, so dass die Schatten ein wenig tanzten, und wenn sich die Äste aneinander rieben, entstand ein leises knarrendes Geräusch, das wie aus fernen Zeiten zu ihm kam. Über Jahrhunderttausende war dies die vertraute Umgebung der Menschen gewesen, während sie nun fern der Natur in künstlichen Räumen lebten, zwar mit Heizung und Licht und einem vollen Kühlschrank, aber so weit weg von ihrem Ursprung. Arthur liebte solche Momente wie jetzt normalerweise sehr, wenn er alleine in der Nacht saß und dem Raunen des Waldes zuhörte. Irgendwie fühlte er sich dann zuhause. Der Wald schenkte ihm Sehnsucht und Ruhe zugleich. Er spürte etwas Größeres, etwas Altes und Kraftvolles in diesen Momenten; und zu diesem Ursprung zurückzukehren, erfüllte ihn mit Sehnsucht. Zugleich stillte der Wald diesen Wunsch, weil er teilhatte an einem größeren Ganzen. Es war für ihn ganz selbstverständlich, dass die Menschen früher in der Natur ihre Götter suchten – die Kelten opferten Cernunnos, dem Hirschgott; die Römer beteten Mithras, den heiligen Stier an; und vor dreihundert Jahren kam in der Zeit der Aufklärung die Idee des Pantheismus wieder auf, in dem die Götter nicht als weißbärtige alte Männer in einem fernen Himmel residierten, sondern eins waren mit den Bäumen und Tieren. Die Natur selbst war der einzige Gott. Wie anders sollte es auch sein, dachte Arthur stets. Für ihn war es ein Wunder, wie aus einem winzigen Samenkorn ein riesiger Baum wachsen konnte; wie Berge in Jahrmillionen emporstrebten und wieder verschwanden; wie Wasser selbst Granit ausspülte, und wie jedes Tier einem geheimen inneren Plan folgte. Wie also sollte der Mensch nicht auch einen solchen Plan besitzen? In Worte fassen konnte man diesen Lebensplan nicht. Aber man konnte es spüren, ob man den richtigen Weg beschritt. Und Arthur spürte: Hier im Wald war sein Weg für ihn angelegt. Doch dieser Weg war seit einiger Zeit von einem großen Schatten überspannt.

Ein Geräusch riss ihn aus seinen Gedanken. Er schaute hoch und sah, wie sich die Gestalt Maries aus der Dunkelheit löste.

»Ich kann auch nicht schlafen«, sagte Marie, während sie sich neben ihn setzte. »Es ist alles noch so neu und aufregend für mich.«

Arthur antwortete nicht gleich. Er musste zunächst zurück in die Gegenwart finden, nachdem er solange mit seinen Gedanken anderswo geweilt hatte. Er bemühte sich zu lächeln, obwohl er lieber allein geblieben wäre. Dann sagte er: »Hast du eigentlich deine Eltern verständigt? Sie werden sich Sorgen machen.«

»Ich habe Franziska Bescheid gesagt, dass ich einige Tage bei euch bleiben werde. Sie regelt das. Von der Höhle habe ich nichts gesagt.«

»Aber im Kloster wusstest du doch noch gar nicht, dass wir dich mitnehmen würden in den Wald.« Arthur spürte leichten Ärger in sich aufkommen – wieder einmal schien Marie sie ausgetrickst zu haben.

»Nein, das stimmt. Aber wenn es nicht geklappt hätte, wäre ich einfach nach Hause gegangen.«

Arthur schwieg. Die Antwort überzeugte ihn nicht.

»Was werdet ihr jetzt tun?«, fragte Marie. Sie merkte, dass es besser war, das Thema zu wechseln.

Arthur zuckte mit den Schultern. »Niemand hat es ausgesprochen vorhin. Aber ich glaube, alle haben es so gemeint: Wir werden kämpfen, auch wenn unsere Chancen schlecht stehen. Es ist besser, es wenigstens zu versuchen. Ich jedenfalls würde mich sonst als Feigling fühlen.«

»Du warst immer schon sehr mutig, Arthur«, sagte Marie. »Ich würde euch gerne dabei helfen, wenn ich darf. Ich habe keine Angst vor Zoller und seinen Kriegern. Obwohl: ein wenig gruselig sind sie schon, wenn man euren Berichten glauben darf.«

»Du hast deine erste Aufgabe ja schon bekommen. Wir können jeden gebrauchen, der es ernst meint. Insofern bist du uns willkommen.« Arthur hatte die Worte mit dem Verstand ausgesprochen, und so klangen sie auch. Marie hörte sehr wohl, dass sie nicht von Herzen kamen.

»Arthur, ich weiß, dass du mich nicht so gut leiden kannst. Das tut mir eigentlich sehr leid, denn ich habe nichts gegen dich. Ja, ich habe manchmal eine große Klappe, und die kann einem ziemlich auf die Nerven gehen. Aber im Grunde will ich mit jedem gut auskommen.«

»Ist schon gut«, sagte Arthur schnell. Es war ihm peinlich, darüber zu sprechen. Aber Marie ließ nicht locker.

»Weißt du, eure Mutter redet eigentlich immer nur von euch. Ihr beide fehlt ihr, das spüre ich immer, wenn ich bei ihr bin …«.

»Sie kennt den Weg zu uns, und niemand verbietet ihr, öfter zu kommen«, sagte Arthur schroffer als er wollte. Er konnte gar nicht sagen, über wen er sich gerade mehr ärgerte, über Marie oder über Franziska.

»Ich verstehe deine Wut gut, Arthur.«

»Du verstehst gar nichts.«

»Doch. Meine Eltern leben zwar noch zusammen und wohnen mit mir in einem Haus. Aber sie sind immer unterwegs. Ich fühle mich, ehrlich gesagt, auch ein wenig verlassen. Deshalb bin ich so oft bei Franziska. Wir trösten uns gegenseitig.«
Arthur spürte, wie er immer stärker gegen die Tränen ankämpfen musste.
»Ich glaube auch, dass Franziska viel öfter zu euch kommen würde«, redete Marie weiter. »Es scheint irgendetwas zu geben, was sie daran hindert. Was es ist, weiß ich nicht. Jedenfalls solltest du nicht so streng zu ihr sein – und wenn es irgendwie möglich wäre, zu mir auch nicht.«
Sie schwiegen beide lange. Marie fröstelte, ein Schauer schüttelte leicht ihren Körper.
»Was sollte das schon sein, das sie daran hindert, uns zu besuchen?«, fragte Arthur schließlich, schon ein wenig sanfter. Er wusste, dass der Schmerz, ohne Mutter aufzuwachsen, bei ihm ganz flach unter der Haut saß. Es brauchte wenig, um ihn aufbrausen zu lassen.
»Ich weiß es wirklich nicht. Irgendwie scheint es, als hätte sie Angst, sich von Eriks Krankheit anstecken zu lassen. Aber das ist nur so ein Gefühl. Jedenfalls meidet sie ihn – und nicht euch. Das solltest du mir glauben. Sie würde gern anders handeln, aber sie kann es nicht.«
Arthur nickte. Die Wut flaute langsam ab in ihm, und er nahm wahr, dass Marie immer noch vor Kälte leicht zitterte.
»Wir sind dumm«, sagte Arthur. »Zumindest bei dir hätten wir planvoller vorgehen können. Es hätte nichts geschadet, wenn wir noch einen Koffer für dich gepackt hätten.« Er nahm das Rehfell und legte es ihr um die Schultern. »Rehe haben ein ziemlich kurzes Fell. Aber es ist deutlich wärmer als man denkt.« Als Arthur das Fell nach vorne zog, damit Marie es vor dem Körper zusammenhalten konnte, berührte er mit beiden Händen kurz ihren Hals und ihre Schultern. Sie zuckte zusammen, aber nicht, weil sie sich erschreckt hatte, sondern weil die Berührung unerwartet und sanft war.
»Entschuldigung«, sagte Arthur leise. »War keine Absicht.«
Aber sie lächelte nur.
In diesem Moment sahen sie Ragnar aus dem Wald zurückkehren. Er sprang über den Andersbach und sprach laut das Zauberwort.
»Sie sind überall, selbst in der Nacht«, sagte er, als er die beiden am Feuer sitzen sah. »Ihr müsst verdammt aufpassen heute Nacht.«
»Ich habe nochmals über den Text nachgedacht«, sagte Marie, »und es gibt eine Passage, die ich ebenfalls nicht verstehe.«
»Und welche ist das?«, fragte Arthur.
»An einer Stelle steht, dass die Krieger aus der Glut des Feuers leben. Was könnte das denn bedeuten? Schubart hat euch erzählt, dass die Männer oben aus der Burg Hohenstein aus dem Feuer gesprungen sind. Irgendwie glaube ich deshalb, dass es sich vielleicht gar nicht um Menschen handelt, sondern um Geister oder Gespenster. Sie bestehen aus Feuer und leben nur solange, wie Glut in ihnen ist.«

»Das ist ein interessanter Gedanke«, sagte Ragnar. »Die Krieger sehen allerdings mit ihren mächtigen Körpern und langen Schwertern ziemlich lebendig aus.«

»Vielleicht ist der Text symbolisch gemeint«, fuhr Marie fort. »Mit der Glut des Lebens ist wahrscheinlich ihre Seele oder ihr Auftrag gemeint, den sie von Zoller erhalten haben. Aber weil das Feuer eine so große Rolle spielt bei Zoller, ist diese Formulierung vielleicht auch ganz konkret gemeint. Vielleicht tragen die Krieger eine Art Glut bei sich, die sie aus dem Feuer mitgenommen haben.«

Ragnar und Arthur blickten sie respektvoll an, was Marie aber verunsicherte.

»Ihr haltet das für gesponnen, oder?«, fragte sie schließlich.

»Nein, gar nicht«, meinte Ragnar. »Wir sollten uns diese Krieger vielleicht doch einmal aus der Nähe anschauen. Wie wär's, wenn wir demnächst einen fingen?«

5. Leben aus der Glut

Marie, Julius und Barten zogen ab. Sie würden erst in der nächsten Nacht zurückkommen – den Tag wollten sie, nachdem sie mit der Kräuterhexe gesprochen hatten, in einem sicheren Versteck an den Hängen des Albtraufs verbringen. Barten kannte dort eine kleine Höhle, in die sie zu dritt bequem hineinpassten.

Nach ein paar Stunden Schlaf widmete sich Arthur am Andersbach seiner Morgenhygiene. Sein dunkles T-Shirt und seine Jeans waren in den Tagen im Wald so dreckig geworden und hatten so viele Löcher bekommen, dass sie kaum noch zu benutzen waren. Zu oft war Arthur an Brombeerhecken oder an einem Felsen hängen geblieben. Er entschied sich deshalb, die Kleider zu entsorgen. Stattdessen schnitt er aus dem Rehfell, das ihn und Marie in der Nacht gewärmt hatte, zwei lange Stücke heraus und nähte sie zu Rohren zusammen; die benötigten Fäden zog er aus dem groben Stoff der Jeans. Es dauerte lange, bis die Hose Gestalt annahm; und man musste abwarten, wie lange der Faden hielt. Aber die Rehhose passte nicht schlecht, und Arthur fühlte sich augenblicklich wohl in ihr. Das Oberteil aus einem anderen Fell war deutlich schwieriger zu nähen, aber Arthur hatte den ganzen Tag Zeit dazu und schaffte es schließlich, eine Art Jacke herzustellen, die er vorne einfach zusammenband. Ohne dass es ihm wirklich bewusst war, näherte sich Arthur nun selbst mit der Kleidung immer stärker der natürlichen Lebensweise im Wald an. Er ernährte sich vom Wald, er kleidete sich aus dem Wald – und er bewegte sich mittlerweile auch, als lebte er schon Jahre im Wald. Er nahm die Gerüche im Wald viel besser wahr – der herbe Geruch welkenden Laubes, den harzigen Geruch der Fichtenzapfen oder der süße Geruch, der von den langsam verfaulenden Äpfeln der Obstbäume ausging, die am Waldrand wuchsen.

Noch in der Nacht hatten sie Schubart mit einer Nachricht ins Dorf geschickt. Michael, Kilian und Jakob warteten am nächsten Abend schon auf sie. Sie waren über die Wiesen von Auen heraufgekommen und versteckten sich am Rande der Baustelle hinter einem großen Gestrüpp von Brombeer- und Himbeersträuchern. Es war bereits dunkel, und zum Glück hatten sie Neumond, so dass die Nacht nicht allzu hell war. Michael fragte sich, wie lange dieses stabile Wetter noch anhalten würde – irgendwann musste der Umschwung kommen, der dann vielleicht umso härter ausfiel.

Ragnar und Schubart blieben im Wald – sie sollten ihre Aktion absichern, aber unsichtbar bleiben. Es war nicht nötig, dass Häfner von ihrer Existenz erfuhr.
Michael konnte gut das ›Buhu‹ eines Uhus nachmachen; ein kurzer Schrei, das war das vereinbarte Zeichen, dass jeder auf seinem Posten war.
Die Bauarbeiten schritten rasant voran. Mittlerweile hatten große Bagger auf beiden Seiten des Tannenbühls breite Schneisen in den Wald geschlagen. Dort, wo später die Staumauer in den Himmel wachsen sollte, waren nur noch Baumstümpfe und riesige Berge von gehäckselten Zweigen zu sehen, die nach und nach abtransportiert wurden. Am Rande der Schneisen hatten Arbeiter begonnen, eine Baustraße anzulegen. Arthur schnürte es das Herz zu. Von der idyllischen Landschaft mit Wiesen und Wald war nichts geblieben – überall war die Erde aufgerissen, und eine einzige große Wunde klaffte dort, wo für Arthur früher der Eingang ins Paradies, die Pforte zum Heiligental gelegen hatte. Am Tannenbühl selbst war bereits mit der Staumauer begonnen worden. Das vorgelagerte Technikgebäude, in dem die Turbinen zur Stromerzeugung untergebracht werden sollten, war in seinen Außenmauern schon zu erkennen. Und dahinter wuchsen riesige Gerüste in den Nachthimmel, von denen aus die Bauarbeiter die doppelte Einschalung der künftigen Mauer mit Holzplatten vornahmen. Gewaltige Eisenstäbe sorgten für die Stabilität der Mauer, dann flossen Ströme von Beton in die Einschalung und ließen so die Staumauer allmählich in die Höhe steigen.
Karl Zoller wusste natürlich, dass auch unter den Bürgern nicht alle Feindseligkeiten gegen das Projekt ein Ende hatten; und gegenüber den Wäldlern musste er sowieso auf der Hut bleiben. Also hatte er einen Wachdienst organisiert, der auf dem Baustellengelände patrouillierte. Schubart hatte in der Nacht zuvor einige Zeit aus sicherer Entfernung zugeschaut. Es waren nur zwei Streifen von jeweils zwei Männern, die in entgegengesetzter Richtung um das Gelände marschierten. Das innere Areal schien unbewacht zu bleiben.
Diesen Umstand machten sich die Saboteure zu Nutzen. Zuerst schlich sich Arthur hinüber in den Schatten eines großen Baggers, der nahe am künftigen Technikgebäude parkte. Als die Wachmänner den südlichen Rand des Baustellengeländes passiert hatten, rückten von dort auch Michael und seine zwei Gefährten nach. Sie begrüßten Arthur mit Handzeichen, und Arthur bemerkte gleich in ihrem Blick das Befremden über sein Aussehen. Seine neue Kleidung aus Rehfell war wohl tatsächlich gewöhnungsbedürftig. Zudem hatte sich Arthur das Gesicht und die nackten Hautstellen an Armen und Beinen mit Asche eingerieben, um in der Nacht möglichst unsichtbar zu bleiben.
»Du scheinst schon ziemlich viel Erfahrung mit Sabotageakten zu haben«, flüsterte Michael scherzhaft.
»Ehrlich gesagt, habe ich ein ganz schön mulmiges Gefühl«, antwortete Arthur. »Ich weiß nicht, ob es richtig ist, Fahrzeuge zu beschädigen. Irgendetwas in mir sträubt sich dagegen.«

»Zoller will das ganze Tal zerstören, und du hast Gewissensbisse, weil wir die Arbeiten etwas verzögern?«, fragte Jakob Häfner. »Ich glaube, da brauchst du dir keine Gedanken zu machen. Das geht schon in Ordnung. Wir sind moralisch im Recht.«

»Das denkt Zoller von sich wahrscheinlich auch. Der Staudamm hat vom Gemeinderat, vom Landkreis und vom Landtag die Zustimmung, er besitzt alle notwendigen Baugenehmigungen. Nach Recht und Gesetz darf er hier bauen – und wir sind im Unrecht.«

Häfner reagierte leicht ungehalten. »Er hat vielleicht eine Baugenehmigung, aber es gibt ein höheres Recht, das eindeutig gegen ihn spricht«, sagte er patzig.

»Und wer bestimmt das, was höheres Recht ist?«, fragte Arthur. »Ich denke auch, dass dieser Staudamm eine Sünde ist. Aber ...«

»Wir haben keine Zeit, an diesem Ort eine grundsätzliche Debatte zu führen«, fuhr ihm Häfner schroff dazwischen. »Wenn du Skrupel hast, akzeptieren wir das. Dann hättest du aber nicht herkommen dürfen.«

Arthur nickte. Häfner hatte insofern Recht, als sie bereits zu weit gegangen waren, um noch einen Rückzieher machen zu können.

»Wisst ihr, ich fürchte nicht die Polizei«, sagte er: »Ich glaube nur, dass wir uns mit diesen Taten auf eine Stufe mit Karl Zoller stellen. Wir verlieren unsere Unschuld, und das gefällt mir nicht. Aber es ist in Ordnung, ich halte jetzt meine Klappe. Und ich mache natürlich mit.«

Michael strich Arthur mit der Hand durch die Haare, um ihn mit dieser Geste zu besänftigen. »Es ist gut, dass du so viel darüber nachdenkst«, sagte er dann. »Aber ich sehe es auch wie Jakob. Manchmal muss man geltendes Recht brechen, um das natürliche Recht durchzusetzen.«

Häfner nickte mürrisch. »Dann wäre das also geklärt. Jeder geht auf seinen Posten.«

Mit Hilfe von Schubarts Aufklärungsflug hatten sie herausgefunden, welches die größten Baufahrzeuge auf dem Gelände waren. Mit Teleskopkränen wurden die Verschalungsbretter auf die Gerüste gehievt. Raupenbagger hoben in den Schneisen die Gruben für das Fundament aus. Und große Lastwagen, wie sie sonst nur im Kohletagebau verwendet wurden, fuhren die unendlichen Mengen an Aushub ab. Die vier verteilten sich auf dem Gelände. Als Kilian, der auch dieses Mal überaus schweigsam geblieben war, schon zu einem Kran abgebogen war, tippte Arthur Michael von hinten an und zeigte mit dem Kopf auf Kilian. ›Hast du mit ihm gesprochen?‹, sollte das heißen. Michael nickte nur, und zwar so entspannt, dass es bedeuten sollte: ›Es ist alles in Ordnung.‹ Dann wandte sich Michael ab und huschte gebückt zu einem Radlader.

Sie hatten vereinbart, dass sie sich nach zehn Minuten am ersten Bagger wieder treffen würden. In dieser Zeit schlich jeder zu möglichst vielen Fahrzeugen, schraubte dort den Tankdeckel ab und schüttete Erde, Sand oder Kies in den Einfüllstutzen – was sie eben gerade fanden. Das Material würde schnell die Benzinleitung verstopfen und das Fahrzeug lahm legen, und zwar für längere Zeit, denn man musste alle Filter ausbauen

und reinigen. Das dauerte. Und eine so große Zahl von Baugeräten konnte man nicht an einem Tag ersetzen. Zumindest für einige Tage dürften die Arbeiten am Projekt deshalb dank ihres nächtlichen Einsatzes ruhen. Hoffentlich.
Arthur hatte Mühe, den Tankdeckel immer gleich zu finden; an jedem Fahrzeug befand er sich an einer anderen Stelle. Und oft war er so hoch angebracht, dass Arthur auf die Radfelge oder auf die Radkette steigen musste, um heranzukommen. Er schaffte deshalb vermutlich weniger Fahrzeuge als die anderen drei. Aber das störte Arthur nicht, im Gegenteil. So konnte er mit seiner Minderarbeit wenigstens sein schlechtes Gewissen beruhigen.
Alle waren, vor Anstrengung und Nervosität, etwas außer Atem, als sie zu ihrem Treffpunkt zurückkehrten. Sie waren selbst ein wenig überrascht davon, wie einfach alles vonstatten gegangen war. Sie konnten zwar die Streifen in einiger Entfernung immer mal wieder vorbei gehen sehen. Aber die achteten ausschließlich darauf, ob sich außerhalb des Geländes etwas tat. Die vier klatschten sich lautlos mit den Händen ab und beglückwünschten sich so gegenseitig zu ihrer Tat. Dann trennten sie sich wieder – Arthur verschwand als erster, nachdem er sich vergewissert hatte, dass alle Wachen weit entfernt von seiner Route waren. Die anderen drei mussten noch etwas warten, bis auch sie freie Bahn hatten.
Nach nicht einmal einer halben Stunde war der Spuk vorbei. Allerdings löste sich nicht alles einfach auf. Was alle übersehen hatten, waren die kleinen Kameras, die an manchen Bürocontainern angebracht waren. Sie lagen so versteckt unter der Dachrinne, dass man sie selbst bei Tag kaum hätte erkennen können.

Lange vor Morgengrauen kamen sie am Haus der Kräuterhexe an. Barten hatte Wildwechsel benutzt, die Menschen überhaupt nicht als Wege erkannten. So konnten sie für dieses Mal den Kriegern Zollers gut ausweichen. Unterwegs hatte Julius seine Schleuder stets schussbereit in Händen gehalten, und um Barten zu necken, hatte er ihn ab und zu, ganz leicht, von hinten angeschossen. »Freundchen, noch einmal, und du bekommst meine Backenzähne zu spüren«, knurrte Barten schließlich. »Was man sich von diesen Rotznasen so alles gefallen lassen muss«, maulte er leise vor sich hin.
Unbehelligt hatten sie die steilen Hänge des Albtraufs gequert, bis sie unterhalb der Hütte auf die Höhle gestoßen waren, von der Barten gesprochen hatte. Es war ein beinahe kuscheliger Rückzugsort, denn der Boden bestand ganz aus trockenem Lehm, der im Verhältnis zu den Felsblöcken bei ihnen in der Habichtshöhle recht bequem war. Zudem hatte der Boden die Form einer großen Kuhle, so dass sie sich beinahe wie auf einer Liege fühlten, als Marie und Julius sich auf der Erde ausstreckten. Sie spürten nach dem langen Wachsein und dem anstrengenden Marsch die Müdigkeit und schliefen fast augenblicklich ein. Auch Barten machte es sich gemütlich, doch legte er sich an den Eingang der Höhle, damit er immer wieder nach draußen horchen konnte. Jedes geringste Geräusch würde ihn sofort wach werden lassen.

Am frühen Morgen machte Barten seinen ersten Erkundungsgang hinauf zum Haus der Kräuterhexe. Aus dem Schornstein stieg bereits Rauch; das war ein sicheres Zeichen dafür, dass sie wach war und schon Feuer gemacht hatte. Er weckte Julius und Marie und zeigte ihnen den Weg hinauf – er selbst würde im Wald auf sie warten. Lebkuchen hatte das Haus natürlich keine. Aber es lag so wunderschön am Waldrand, als sei es tatsächlich einem Märchen entsprungen. Das Haus bestand aus dicken Baumstämmen, die waagerecht übereinander gelegt und miteinander verzapft worden waren. Wie die Waldhütte eines einsamen Trappers im fernen Kanada sah der Wohnsitz der Frau aus. Zwei riesige alte Linden hinter dem Haus breiteten schützend ihre Zweige über das Dach aus. Das Gras auf den Wiesen ringsherum war jetzt im Herbst so hoch wie die Kinder selbst und goldgelb; niemand schien es zu mähen. In der Umzäunung des Hauses dagegen war alles gepflegt und geordnet. Einzelne Beete waren durch kleine Wege voneinander abgetrennt, und überall steckten kleine weiße Schilder im Boden, auf denen lateinische und deutsche Namen standen. Eine solche Fülle an verschiedenen Pflanzen hatte Julius noch nie gesehen, und er konnte nur wenige mit Namen benennen. Der ganze Garten explodierte vor Farben – der dunkelrote Klatschmohn, die orangene Arnica, die gelben Goldbecher, die weiße Kamille und die vielfarbigen Chrysanthemen machten den Garten zu einem beinahe paradiesischen Ort, und es musste herrlich sein, darin zu wandeln oder zu sitzen. Angesichts des anhaltend schönen Herbstwetters waren viele Blumen noch nicht verblüht, und schon jetzt am Morgen umschwärmten viele Bienen die blauen sternförmigen Blüten des Borretsch; wegen des vielen Nektars zieht diese Pflanze die Honigsammlerinnen besonders stark an.
Ein kleines Holzgatter war in den Zaun eingelassen. Julius öffnete es, und sie betraten zögernd den Garten; es war ihnen, als träten sie in eine andere Welt. Eigentlich hatten sie gar nicht darüber gesprochen, was sie der Frau sagen wollten, fiel Julius ein. Sie mussten also spontan entscheiden, und er würde vor allem darauf achten müssen, dass Marie in ihrem Rededrang nicht zu viel erzählte.
Zaghaft klopften sie an die Tür der Hütte, die ebenfalls ganz aus Holz gemacht war. Sie öffnete sich nur wenige Sekunden später, und Julius hob schon an, eine Erklärung für ihr Erscheinen abzugeben, als ihm vor Staunen der Mund offen stehen blieb. Er hatte nicht darüber nachgedacht, aber wie selbstverständlich hatte er erwartet, dass eine alte Frau vor ihm stehen würde, mit grauem, zum Zopf gebundenem Haar, etwas gebeugt gehend und wahrscheinlich ganz in Schwarz gekleidet, vielleicht von einer dunkel karierten Arbeitsschürze abgesehen. Seine Fantasie war eben von den vielen Märchen, die ihm Franziska früher vorgelesen hatte, ganz verdorben.
Doch es war eine verblüffend junge Frau, die ihnen die Tür öffnete, und sie hatte ein so bezauberndes Lächeln auf den Lippen, dass es Julius schwer fiel, sich nicht gleich in der ersten Sekunde in sie zu verlieben. Sie hatte lange, strohblonde Haare, die sie hinten mit einigen Haarbändern zu einem Zopf zusammengebunden hatte. Und sie trug eine Art Dirndl, wie es früher die Frauen in den Bergen trugen – eine weiße Bluse und

einen weinroten Rock mit geschnürtem Oberteil und Schulterträgern. Alles bestand aus ganz einfachem Stoff. Ihr schmales Gesicht mit den hellgrünen Augen war wunderschön. Sie war keine Hexe, fuhr es Julius durch den Kopf. Sie war ein Engel.
»Oh, so früh schon Besuch!«, sagte dieser Engel jetzt. »Das ist aber schön.«
»Äh, ja, äh, Guten Morgen«, brachte Julius nur heraus, so dass Marie ihn streng ansah und das Gespräch übernahm.
»Guten Morgen, Frau …«. Aber da stockte auch sie, weil ihr einfiel, dass sie nicht einmal wussten, wie die Frau hieß, die hier allein am Waldrand lebte. Schnell schaute Marie auf den Türbeschlag, um sich zu vergewissern, ob dort vielleicht eine Klingel mit Namensschild angebracht war, was ihr aber in derselben Sekunde lächerlich und absurd vorkam.
»Ja, wir sind Marie und Julius – und wir hätten eine Frage an Sie. Aber, Entschuldigung, wir wissen leider nicht einmal, wie Sie heißen …«
Die Frau musste lachen angesichts dieses Gestammels, was sie noch hübscher machte. Julius konnte den Blick gar nicht von ihr abwenden. Er musste aussehen wie ein Idiot, mit seinem starren Blick und offenen Mund.
»Na, dann kommt doch erst mal rein. Ich bin gerade beim Frühstücken. Vielleicht habt ihr ja etwas Hunger?«
Sie führte die beiden in die Hütte hinein. Es gab nur einen kleinen Windfang an der Tür, ansonsten bestand das Haus fast nur aus einem Raum. Auch innen beherrschten die honigfarbenen Stämme der Außenwände das Bild. Eine rustikale Eckbank war die einzige Sitzgelegenheit; in der Ecke hing ein Kreuz mit dem leidenden Christus, der von getrockneten Weizenähren eingerahmt war. Unter dem Kreuz aber knieten nicht, wie sonst üblich, die weinende Maria und die übrigen Frauen, sondern es fand sich dort ein Ensemble aus Waldtieren, die von einem Hirten begleitet waren. Sie alle waren aus sehr dunklem Holz mit schöner kräftiger Maserung geschnitzt – Julius hätte nie erraten, dass es sich um Lorbeerholz handelte. Die Tiere waren mit einfachen Schnitten hergestellt, aber es war doch eindeutig zu erkennen, dass ein Fuchs, ein Reh, ein Waldkauz und sogar ein Luchs zu der Gruppe gehörten. In der gegenüberliegenden Ecke stand ein großer Holzofen, der zugleich zum Kochen und zum Heizen diente. Eine einzige Tür führte daneben in ein weiteres Zimmer, vermutlich in das Schlafzimmer der Frau. Alles war sehr einfach, aber sehr gemütlich eingerichtet, und überall auf den Fenstersimsen, auf dem Esstisch und auf den Regalen standen frische oder getrocknete Blumen, die mit Sicherheit alle aus dem Garten vor der Tür stammten. Eine Glühlampe oder ein elektrisches Gerät suchte Julius vergebens in der Hütte – es gab lediglich einige Windlichter und große weiße Kerzen, die im Raum verteilt waren.
»Ich habe heute Morgen schon Brot gebacken – wollt ihr eine Scheibe davon, vielleicht mit Honig? Es ist Lindenblütenhonig von diesem Jahr, erst im Juni geerntet. Naja, schmeckt ein wenig nach Apotheke, gebe ich zu, nicht alle Kinder mögen diese Honigsorte.«

Julius nickte dennoch sofort mit dem Kopf, denn erstens hatte er wirklich kräftigen Hunger, und zweitens hätte er vermutlich alles getan, was die Frau ihm sagte.
»Und ich heiße übrigens Ursula. Ihr dürft ruhig Du zu mir sagen.«
Marie nickte. »Darf ich die Marmelade probieren?«, fragte sie.
»Klar, das ist Himbeermarmelade vom letzten Jahr – dieses Jahr gab es leider nur ganz wenige dieser Früchte. Das Frühjahr war zu nass, und der Herbst zu trocken.«
Marie strich die Marmelade auf das grobe Brot, das herzhaft nach Roggen und Malz schmeckte. Auf dem Tisch standen auch verschiedene Aufstriche, die Marie am liebsten alle der Reihe nach ausprobiert hätte. »Was ist denn da drin?«, fragte sie neugierig. Wie Ursula erklärte, waren sie voller klein gehackter Kräuter, passiertem Obst oder gekochtem Gemüse. Einer schmeckte nach dem unverkennbar bittersüßen Schabzigerklee, einer war mit dem Mus von Auberginen gemacht, und wieder ein anderer schmeckte mit dem gerösteten Weizen und vielen Kräutern fast wie Leberwurst. Käse, Butter oder Wurst suchte Marie vergebens. Als sie Ursula danach fragte, lachte die Frau erneut.
»Wisst ihr, ich bin der Meinung, wir sollten mit den Tieren gleichberechtigt zusammenleben anstatt sie wegen ihrer Milch auszubeuten oder gar wegen ihres Fleisches zu töten. Ich esse deshalb nichts, was vom Tier kommt, egal ob vom lebenden oder toten. Das ist einer der Gründe, weshalb mich die Leute im Dorf für etwas verrückt halten. Nur bei den Bienen mache ich eine Ausnahme – ich gebe ihnen eine schöne Wohnung und viel Nektar in meinem Garten. Den Borretsch pflanze ich nur für sie, denn für die Heilkunde taugt er nicht viel. Dafür erlaube ich mir, die Hälfte ihres Honigs aus den Stöcken zu nehmen. Das ist doch ein Geschäft auf Gegenseitigkeit, oder findet ihr nicht?« Sie hatte die Frage nicht ernst gemeint, aber Julius nickte doch.
»Und warum halten die Leute Sie sonst noch für verrückt?«, wagte er schließlich zu fragen.
»Sie mögen es nicht, dass ich alles, was ich brauche, selbst anbaue und nie etwas im Supermarkt einkaufe. Sie sehen mich als fanatisch an, weil ich nie zum Arzt gehe, sondern an meine Pflanzen glaube. Und sie verstehen auch nicht, weshalb eine Frau ganz alleine in dieser Hütte wohnt, weit weg vom Dorf und ohne Strom und Zentralheizung. Das kommt ihnen seltsam vor, und was den Menschen seltsam vorkommt, das meiden sie. Aber ich habe mich daran gewöhnt.«
»Ungewöhnlich ist das ja aber tatsächlich, oder?« Julius schlug die Augen bei der Frage nieder, um nicht zu neugierig zu erscheinen.
»Vielleicht. Aber das hat eine lange Vorgeschichte, die ihr aber nicht wirklich kennen wollt«, sagte Ursula. »Und im Übrigen habe ich keine Angst, alleine hier zu wohnen. Der Wald hat zwar auch zwei Seiten, aber seine Gefahren sind berechenbar. Wie wär's mit einer Tasse Kaffee?«
»Kaffee?«, fragte Marie zurück. »Wir dürfen doch keinen Kaffee trinken.«
»Diesen hier schon«, meinte Ursula lächelnd. »Er ist aus der Zichorienwurzel gemacht

und auch für Kinder sehr bekömmlich. Manchmal mische ich Gerste, Löwenzahnwurzeln oder Bucheckern rein – alles geröstet natürlich. Bei mir schmeckt jeder Kaffee anders.«

Das Frühstück dauerte lange. Es war für Julius eine ganz neue Erfahrung, dass man so viele leckere Nahrungsmittel direkt aus der Natur herstellen konnte. Ehrlich gesagt hatte er in den vergangenen Wochen im Wald eine Pizza oder zumindest Spaghetti mit Tomatensoße arg vermisst, denn die Rezepte von Arthur waren doch recht puristisch und teils gewöhnungsbedürftig. Jetzt stellte er fest, dass ihre Art, sich zu ernähren, ziemlich primitiv gestaltet war. Die Menschen in der Steinzeit oder vielleicht sogar davor hatten sich so ernährt. Aber möglicherweise war es doch dem Menschen gemäß, sich eine Wohnung zu bauen und Lebensmittel zuzubereiten, anstatt sie quasi roh zu essen? Wie Ursula in ihrer Hütte lebte, war ein wundervoller Kompromiss, fand Julius – weg aus der zugigen Höhle, aber doch im Einklang mit der Natur. Er mochte sie immer mehr und ließ sich gleich alle Rezepte für die Brotaufstriche aufschreiben. Vielleicht könnten sie im Wald selbst auch einige herstellen.

»So, Kinder, jetzt setzen wir uns etwas hinaus auf die Bank in meinem Garten«, sagte Ursula schließlich. »Es wird wieder ein so wunderschöner Tag heute. Und dann müsst ihr mir endlich erzählen, weshalb ihr hergekommen seid? Ich habe euch noch nie in der Gegend gesehen.«

An der Ostseite der Hütte entdeckte Julius eine grob gezimmerte Bank. Von dort aus konnte er die fünf Bienenstöcke sehen, die am Waldrand in sonniger Lage nebeneinander aufgestellt waren. An den Fluglöchern herrschte reger Betrieb – manche Bienen kehrten schon von ihrem Sammelflug zurück und brachten neben dem Nektar auch hellorangenen Pollen an ihren Beinen mit zurück.

Marie erzählte nun, dass sie aus Lässingen stammen würden und dass Julius' Vater schwer krank geworden sei, aber kein Arzt ihm helfen könne. Jetzt liege er schon viele Tage ganz apathisch im Bett; er habe keine Kraft zum Aufstehen und nicht einmal zum Sprechen. Es sei, als habe ihm jemand alle Lebenskraft weggenommen. Und nun hätten sie das Gerücht gehört, dass sie, Ursula, sich gut mit Heilpflanzen auskennen würde, und deshalb seien sie hergekommen. Julius staunte, wie gut Marie die Geschichte auszuschmücken verstand. Alle Details zu Eriks Krankheit stimmten, und doch hatte Marie das Wesentliche nicht ausgesprochen. Aber er schämte sich doch, dass sie Ursula, die sie doch so freundlich aufgenommen hatte, anlogen. Am liebsten hätte er ihr die ganze Wahrheit gesagt – dabei hatte er vorher noch geglaubt, Marie am unbedachten Plaudern hindern zu müssen.

Als Marie geendet hatte, stand Ursula auf und ging gedankenverloren durch den Garten. Mit den Händen streifte sie immer mal wieder die Blätter oder die Blüten verschiedener Pflanzen. Es wirkte absichtslos, aber doch konnte man auch meinen, als spüre Ursula bei der Berührung, ob es sich um das richtige Kraut handelte, das sie mit ihren Sinnen suchte. Manchmal blieb sie stehen und nahm ein Blatt zwischen die Finger oder zupfte ein Blütenblatt aus. Ohne jedoch etwas einzusammeln, kehrte sie nach einigen Minuten zu Marie und Julius zurück, die ihr Tun gebannt verfolgt hatten.

»Ich will ehrlich sein, Kinder. Das scheint eine sehr schwere Krankheit zu sein, und ich weiß nicht, ob ich etwas dagegen ausrichten kann. Deine Beschreibung, Marie, verwirrt mich auch deshalb, weil sie sich anhört, als leide euer Vater an mehreren Krankheiten zugleich. Da ist ein gestörtes Abwehrsystem. Da scheint aber auch eine düstere Verstimmung der Gedanken eine Rolle zu spielen, ebenso wie eine Verunreinigung des Blutes. Und was ebenfalls nicht ins Bild passt, ist die Plötzlichkeit, mit der die Symptome aufgetreten sind.«

Sie sinnierte weiter, setzte sich neben Julius und ergriff auf einmal seine Hand. »Du bist sein Sohn, Julius«, sagte sie. »Ihr seid euch ähnlich – vielleicht erfahre ich durch dich mehr über die Lebensströme deines Vaters.« Sie schloss die Augen und fühlte einfach mit den Fingern Julius' Hand. Allmählich konnte Julius doch verstehen, weshalb die Menschen Ursula verschroben fanden – wie sollte sie aus seiner Hand lesen können, was seinem Vater fehlte?

Als Ursula die Augen wieder öffnete, blickte sie Julius tief in die Augen, ernst und spöttisch zugleich, als hätte sie ihn bei ihrer Lüge ertappt. Aber das war nur ein Moment, dann sagte sie: »Ihr seid eigentlich kerngesund. Es gibt keine Anlagen für ernsthafte Krankheiten. Der negative Einfluss muss deshalb von außen kommen.«

Sie stand auf und winkte den Kindern, ihr zu folgen. Ursula ging ins Haus und führte die beiden in das Zimmer hinter der Tür. Tatsächlich stand dort ein einzelnes Bett. Doch daneben gab es eine Luke im Boden, die Ursula jetzt an einem Metallgriff öffnete. Eine Treppe kam zum Vorschein, die hinunter in einen Keller führte. Ursula entzündete zwei Kerzen, gab eine davon Marie und ging als erste die Treppe hinab. Es war nur ein kleines Geviert als Keller ausgebaut, vielleicht drei Meter lang und ebenso breit. Alle Wände aber waren vollgestellt mit Regalen, auf denen unzählige braune Tonkrüge standen. Es mussten Dutzende, vielleicht Hunderte von Krügen sein, die neben- und übereinander auf den Regalbrettern aufgereiht waren. Auch hier waren weiße Namensschildchen an die Gefäße geheftet worden. In Auen gab es noch eine Apotheke, die ganz ähnliche, allerdings weiße Gefäße zur Dekoration an einer hinteren Wand aufgestellt hatte; in einer Zeit, als die chemischen Medikamente noch nicht erfunden waren, hatten alle Apotheken so ausgesehen. Daran erinnerte Julius diese Vorratskammer – nur dass der Keller durch die groben Wände und die irdenen Gefäße etwas beinahe Mystisches hatte.

»Die meisten Kräuter haben die beste Wirkung, wenn sie getrocknet sind«, erklärte Ursula. »Aus diesem Grund habe ich von fast allen einen Vorrat angelegt – die frischen Pflanzen haben noch zu viel Hitze in sich.«

Sie ging langsam an den Gefäßen vorbei, die Kerze nah an die Schilder haltend. Hin und wieder nahm sie einen der Krüge und reichte ihn Marie oder Julius. Zuletzt hatten sie fünf Krüge in den Händen.

»Ich glaube, das müsste genügen«, meinte Ursula und stieg wieder die Treppe hinauf. Oben bat sie die Kinder, die Gefäße auf den Tisch zu stellen. Dann setzte sie sich und sagte: »So, und nun solltet ihr mir die ganze Wahrheit sagen. Was ist das für ein Zauber, mit dem euer Vater belegt ist?«

Marie und Julius schauten sich überrascht an, und Julius wurde über und über rot – nun waren sie also doch ertappt. Aber Ursula schien ihnen nicht böse zu sein, denn ihre Augen lächelten immer noch.

»Woher wissen Sie denn, dass …«, fragte Julius schließlich.

»Ich sehe zwar nicht so aus, aber ich bin halt doch eine Kräuterhexe. Und Hexen können auch Gedanken lesen.« Sie lachte laut, und Julius wusste nicht, ob das ein Scherz war oder Ernst. Aber er berichtete nun demütig, dass die Kraft einer alten Figur auf seinen Vater wirkte und dass es Karl Zoller war, der den Zauber ausgelöst hatte. Ursula schien nicht überrascht zu sein, denn sie nickte nur, ging noch einmal in den Keller und kam mit einem weiteren Gefäß zurück.

»Ich mische euch einen Tee, den ihr aufbrühen und mindestens eine halbe Stunde ziehen lassen sollt. Er soll drei Mal am Tag davon trinken – dann könnte der Zauber vielleicht etwas nachlassen. Aber viel Hoffnung kann ich euch nicht machen. Wenn überhaupt, so werden die Symptome nur kurze Zeit verschwinden, und das vermutlich auch nur ein oder zwei Mal. Ihr solltet euch also gut überlegen, wann ihr den Tee am besten einsetzt.«

»Und welche Kräuter sind in dem Tee?«, wollte Julius wissen.

»Es kommt viel Sonnenhut hinein, denn der stimuliert das Abwehrsystem. Johanniskraut wirkt gegen die düstere Stimmung. Bärentraubenblätter desinfizieren den gesamten Körper. Holunder reinigt das Blut. Und eine kleine Prise Tollkirsche aktiviert die Lebenskräfte.« Während sie erzählte, nahm sie von jedem Gefäß den Deckel ab und holte verschiedene Mengen heraus. Alles legte sie in einen Lederbeutel, den sie bereit gestellt hatte.

»Und was ist das für eine Pflanze?«, fragte Julius zuletzt. Den sechsten neuen Krug hatte Ursula noch nicht geöffnet.

»Das ist die Allerwichtigste, denn sie wirkt gegen Bannsprüche aller Art.«

»Und so etwas wächst hier bei uns?«, fragte Marie verblüfft.

»Ja, die Pflanze heißt Mandragora. Man nimmt die Wurzel und legt sie zunächst für eine Woche in frisches Quellwasser, denn nur dann ist sichergestellt, dass keine bösen Kräfte mehr darin wohnen. Dann trocknet und raspelt man die Wurzel. Es ist eine ganz unscheinbare Pflanze. Aber gerade die Unscheinbaren haben oft die besten Kräfte.«

»Mandragora«, sprach Julius vor sich hin. »Ich habe das Wort noch nie gehört.«

»Diese Wurzel hat viele Namen«, meinte Ursula. »Aber nur noch wenige kennen ihre Wirkung.« Sie nahm nur ein ganz klein wenig der bräunlichen kleinen Stifte heraus und legte sie ebenfalls in den Beutel. Dann verschnürte sie ihn und reichte ihn Julius.

»Pass' gut auf ihn auf. Selbst ich besitze nicht mehr viel von der Mandragora. Und jetzt könnt ihr euch gerne in aller Ruhe meinen Garten ansehen, wenn ihr wollt. Oder mir vielleicht sogar beim Ernten mancher Pflanzen helfen. Es dauert ja noch lange, bis es wieder dunkel wird.«
»Aber …«. Julius wurde von einer Verblüffung in die nächste gestürzt.
»Diese blau angemalten Männer mit ihren Schwertern trampeln so laut durch den Wald, dass selbst eine hundertjährige Hexe sie hören würde. Ich nehme doch an, ihr habt wenig Lust darauf, deren Bekanntschaft zu machen. Oder?«
Julius wusste allmählich nicht mehr, was er mehr bewundern sollte – die Schönheit dieser Frau oder deren Weisheit. Es schien ihm, als lägen sein Leben und seine Gedanken wie ein offenes Buch vor dieser Frau. Und doch fühlte er sich seltsam geborgen in ihrer Nähe, ganz so, als wäre sie eine gute Fee, und ihm könne nichts mehr geschehen. Warm durchfloss es ihn, und immer wieder musste er in diese grünen Augen schauen, die so freundlich strahlten, als seien sie ein Fenster ins Paradies.
Plötzlich hatte Julius eine Eingebung, und ganz gegen seine Natur plapperte er sofort damit heraus.
»Ursula, warum kommst du nicht mit uns? Es wäre sicherlich am besten, wenn du dir unseren Papa einmal selbst anschauen würdest. Vielleicht gibt es doch noch ein anderes Kraut, das ihm helfen könnte. Und …« Julius stockte und stotterte ein wenig, fuhr dann aber fort: »… es wäre einfach schön, wenn du uns begleiten würdest.«
Marie schaute ihren Kumpan mit gerunzelter Stirn an. Was ist nur in dich gefahren, schien sie zu denken. Erstens darf kein Mensch ohne Ragnars Erlaubnis in die Habichtshöhle kommen. Und zweitens ist ›Es wäre einfach schön‹ eine sehr ungefähre Begründung dafür, dass Ursula alles zurücklassen und mit ihnen in den Wald ziehen soll. Julius schien Maries Vorbehalte zu spüren und wusste selbst nicht genau, was da mit ihm geschah. Also beeilte er sich, einen Satz anzufügen: »Ich meine, das war so eine Idee. Wir können doch jemanden wie Ursula unbedingt brauchen.« Er schaute zuerst Marie und dann den blonden Engel an und zuckte etwas ratlos und unbeholfen die Schultern.
Ursula fing laut zu lachen an. Aber sie lachte Julius nicht aus, vielmehr war es ein freundliches und warmes Lachen, in dem Freude mitschwang über die offene und ehrliche Art Julius'. Eigentlich war es sonst immer Arthur gewesen, dem das Herz auf der Zunge lag. Aber in Ursulas Gegenwart wurde es Julius ganz anders, und jetzt lachte er deshalb, aus Verlegenheit und Verwirrtheit, mit.
»Lieber Julius, ganz herzlichen Dank für deine Einladung. Es freut mich, dass du so viel Vertrauen zu mir hast und mich selbst an euer geheimstes Versteck mitnehmen würdest. Aber weißt du …«. Sie zögerte einen Moment, wie um zu überlegen, wie sie den nächsten Gedanken am besten in Worte fassen sollte. »Aber weißt du, ich habe viele Jahre gebraucht, um mir darüber klar zu werden, wie ich leben möchte. Und ich habe ebenso viele Jahre gebraucht, um diesen Ort hier zu finden und dieses Haus und

den Garten aufzubauen. Ich bin glücklich hier, weil ich das tue, was ich am meisten mag und weil ich so leben kann, wie es meiner Seele entspricht. Das genügt meistens schon, um fremden Menschen wie eine Zauberin zu erscheinen.« Sie machte eine kurze Pause und fügte dann an: »Ich bin hier angekommen und möchte deshalb nicht mehr weg. Vielleicht kannst du das verstehen.«

Julius schwieg betreten, weil er spürte, dass diese Sätze mehr waren als nur eine Antwort auf seine Frage. Sie waren ein Bekenntnis, um das Julius die strahlend schöne Kräuterhexe beneidete. Denn wenn er so recht darüber nachdachte, dann war er nirgendwo angekommen. Er wusste nicht einmal, in welche Richtung er unterwegs war. Aber er war noch jung, wischte er den Gedanken schnell fort. ›Ich darf mich noch umschauen in der Welt‹, dachte er bei sich selbst.

»Heißt das, dass du uns nicht helfen wirst im Kampf gegen die Kelten?«, fragte er schließlich überrascht, denn plötzlich erkannte er, dass in Ursulas Sätzen schon die Antwort auf die nächste noch unausgesprochene Frage lag.

»Du bist wirklich schlau«, sagte Ursula, »doch ganz so kategorisch würde ich es nicht formulieren. Ich werde euch nicht begleiten, und ich werde euch nicht aktiv unterstützen. Ich möchte mein eigenes Leben führen und es mir nicht von fremden Ereignissen und Menschen vorschreiben lassen. Aber wann immer ihr Hilfe braucht und wann immer ich helfen kann, könnt ihr zu mir kommen. Ich werde da sein.«

Julius war enttäuscht über diese Antwort, und zum ersten Mal ging er innerlich auf Distanz zu Ursula, ja er ärgerte sich über sie.

»Aber das ganze Tal droht unterzugehen in diesem Stausee, und du sagst, das geht dich nichts an? Das verstehe ich nicht«, sagte er. Vor dieser Frau war ihm ein unehrlicher Gedanke schlicht nicht möglich.

»Jeder sollte an der Stelle kämpfen, an der er seine Fähigkeiten am besten einsetzen kann«, antwortete Ursula vage. »Sei bitte nicht enttäuscht.«

Eine kleine Welle des Zorns floss unerwartet durch Julius hindurch, alles sah für ihn plötzlich so dunkel und hoffnungslos aus, und er rief: »Mein Vater liegt im Sterben, der Wald wird abgeholzt, die Tiere werden verjagt, und wir sind nur eine Handvoll gegen eine ganze Armee – und du meinst, es wäre richtig, weiter Kräuter zu züchten?«

Marie war schon wieder fassungslos. Sie konnte kaum glauben, in welcher Schnelligkeit Julius alle möglichen Gefühlsregungen durchlebte. Diese Frau brachte ihn völlig aus der Fassung.

Ursula hatte ihr Lächeln nicht verloren, auch als Julius die letzten Worte sprach. Vielmehr strich sie ihm übers Haar und sagte leise: »Alles hat mindestens zwei Seiten im Leben. Manchmal glaubt man, die Nacht gehe nie zu Ende, und alles sei voller Schmerz und Gefahr. Aber gerade dann ist es wichtig, nach dem Guten und Schönen Ausschau zu halten. Auch jetzt ist es da – nur ist es manchmal hinter der Mauer aus Angst und Trauer versteckt. Dann muss man versuchen, diese Mauer niederzureißen.«

»Das ist schön dahergesagt«, antwortete Julius schnell, »aber was weißt du schon von Angst und Gefahr?«

»Sehr viel«, sagte Ursula ruhig. »Es ist oft schwer, das Gute zu suchen, und noch schwerer, es zu finden. Versuche es trotzdem.«

Plötzlich liefen dicke Tränen an Julius' Wangen hinunter. Zum dritten Mal innerhalb weniger Minuten verwandelten sich seine Gefühle, und Marie staunte ein weiteres Mal. Dies schien von allen erstaunlichen Fähigkeiten Ursulas die erstaunlichste zu sein: in den Menschen tiefe Gefühle auslösen zu können, die teils lange verschüttet waren und nun wie ein Sturzbach aus ihnen herausflossen.

Ursula beugte sich zu Julius hinunter, nahm ihn in den Arm und flüsterte ihm ins Ohr, so dass nur er es hören konnte: »Du sehnst dich nach deiner Mutter, ich weiß es, Julius. Aber hab' keine Angst. Irgendwann wird alles gut.«

Das war nun das Zauberwort, das bei Julius endgültig alle Schleusen öffnete. Er weinte hemmungslos an Ursulas Schulter und brauchte viele Minuten, um sich wieder zu beruhigen. Er schämte sich dafür, aber er fühlte sich, trotz mancher Schluchzer, die noch lange unkontrollierbar aus ihm herauswollten, bald befreiter und ruhiger. Es war, als sei ein böser Alpdruck plötzlich von ihm genommen worden – allein dadurch, dass man das Böse beim Namen nannte. Plötzlich sah dieses Böse nicht mehr ganz so groß, nicht mehr ganz so gefährlich und nicht mehr ganz so unüberwindbar aus. Und zumindest vorübergehend tat der Gedanke an Franziska nicht mehr so weh. Seltsam, dachte er bei sich, Ursula kann nicht nur körperliche Gebrechen heilen, sondern auch dunkle Gefühle auflösen. Was kann sie anderes sein als ein Engel?

Julius schaute ihr lange in die Augen und versuchte zu lächeln. Irgendwann sagte er: »Du hast wohl Recht. Irgendwann wird alles gut.«

Und dann nahm er, wie selbstverständlich, Maries Hand und meinte nur: »Komm, Marie, lass uns gehen. Barten macht sich vielleicht schon Sorgen um uns.«

Einigermaßen sprachlos, und das kam bei Marie selten vor, folgte sie Julius ins Haus, um alle Sachen, die sie mitnehmen durften, in den Rucksack zu packen.

Draußen am Gartentor verabschiedete sich Ursula von ihnen.

»Ich wünsche euch Mut und Klugheit bei eurem Tun. Geht euern eigenen Weg, dann werdet ihr siegen.« Sie umarmte beide und winkte ihnen zu, bis Marie und Julius durch die Wiese gegangen waren und den Waldrand erreicht hatten. Gerade wollten die Kinder auf den kleinen Pfad, der im Wald steil den Albtrauf hinabführte, einschwenken, als Ursula ihnen zurief: »Eines habe ich noch vergessen, Julius. Dein Vater soll die schwarzen Tropfen nicht mehr nehmen, wenn er den Tee trinkt. In den Tropfen ist ebenfalls Tollkirsche drin. Es könnte zuviel davon werden, wenn er beides zusammen nimmt.«

Julius blieb erstaunt stehen. »Wie kannst du von den schwarzen Tropfen wissen?«, rief er zurück.

»Wie sollte ich nichts davon wissen? Ich habe sie doch gemacht«, sagte sie. Und dann verschwand sie, noch ehe Julius etwas erwidern konnte.

Der Rückweg von der Baustelle am Tannenbühl hinauf zur Habichtshöhle war für Arthur und seine Gefährten schwieriger als gedacht. Gleich mehrmals warnten Ragnars gutes Gehör und guter Geruchssinn sie, dass jemand ihnen entgegenkam – sie machten große Bögen um diese nächtlichen Waldbesucher, die niemand anderes sein konnten als Zollers keltische Krieger. Doch bald wurde es Ragnar zu bunt.

»Wenn diese Männer schon überall herumtrampeln, dann sollten wir die Gelegenheit nutzen. Wir hatten ja sowieso vor, sie uns einmal aus der Nähe anzuschauen. Schubart, flieg du einmal durch den Wald, wo sich eine gute Stelle finden ließe.«

Arthur war eigentlich zu aufgewühlt und gleichzeitig zu müde, um sich einer weiteren Gefahr auszusetzen. Aber er musste Ragnar recht geben – die Gelegenheit war günstig, und in dieser Nacht, da sie die Baufahrzeuge lahm gelegt hatten, schien ihnen das Glück hold zu sein.

Schubart kam nach wenigen Minuten zurück. Es war für Arthur immer noch etwas unheimlich, wie lautlos sie heranfliegen konnte – er bemerkte sie oft erst, wenn sie sich bereits neben ihm auf einem Ast niedergelassen hatte. Unauffälliger als ein Schatten bewegte sie sich durch die Nacht. Einer Maus oder einer Ratte ließ dieser Uhu keine Chance.

»Man könnte fast den Eindruck haben, es werden immer mehr«, sagte sie. »Allein in diesem Gebiet hier streunen sechs von den Halbnackten herum.«

Ragnar fauchte leise. »Es sind so viele«, sagte er: »Lange werden wir unser Versteck nicht mehr geheim halten können. Umso wichtiger, dass wir endlich etwas über diese Brüder herausfinden.«

»Oben am Felsenmeer könnten wir uns auf die Lauer legen. Von einem der Felsen habt ihr den besten Blick auf die Kerle«, sagte Schubart, ohne auf Ragnars Bemerkung näher einzugehen.

Das Felsenmeer war ein steiler Waldhang, von zahllosen großen Steinbrocken durchsetzt. Im Laufe der Jahrhunderttausende, während der Albtrauf immer weiter zurückwich, hatten sich die teils manns-, teils haushohen Blöcke aus der Kante herausgelöst und waren irgendwann Richtung Tal hinuntergedonnert. Längst waren sie von dunklem feuchtem Moos überzogen, längst wuchsen hohe Fichten zwischen ihnen in den Himmel. Manchmal hatte sich ein Schössling sogar in das harte Gestein gekrallt und es geschafft, auf einem Felsen in die Höhe zu wachsen und ihn in Jahrzehnten mit seinen Wurzeln zu umschlingen. Die großen Steine bildeten ein gewaltiges Labyrinth, mit vielen Sackgassen, mit dunklen Durchgängen, wenn zwei Felsen nahe aneinander lagen, und mit mancherlei Höhlen und Kratern. Arthur kannte das Gebiet gut; oft war er mit Julius und Erik heraufgekommen, und sie hatten zwischen den Felsen Verstecken gespielt.

»Nein«, sagte Arthur deshalb jetzt, »ich kenne noch einen besseren Platz.« Und er bat Ragnar, sie ungefährdet hinauf zu führen. Dort angekommen, strich Arthur für einige Momente durch das Labyrinth, um sich zu orientieren, während Ragnar in den Wind roch und die Ohren spitzte. Die schwarzen Pinsel tänzelten richtiggehend, so angestrengt horchte Ragnar den Wald nach Geräuschen ab. Zugleich hatte sich Schubart oben auf einem Felsen niedergelassen und spähte in das Dunkel hinaus, wobei ihr Kopf immer wieder ruckelte, als wäre er auf einer Kugel gelagert. Insgeheim freute sich Arthur darüber, solche Gefährten zu haben. Im Wald selbst konnte ihnen fast nichts passieren, so sehr waren Ragnar und Schubart eins mit dieser Natur. Kaum jemand konnte sie überraschen.

Bald hatte Arthur die Stelle gefunden, die er gesucht hatte. Es war ein etwa drei Meter hoher Felsen, den Sturm und Regen im Innern teilweise ausgewaschen hatten. An einer Seite konnten sich Kinder und kleinere Tiere ins Innere zwängen und dann an der Vorderseite wie durch eine Schießscharte hinausspickeln, ohne selbst gesehen zu werden. Arthur fielen jene heiteren Tage ein, an denen sie hier herumgetollt hatten wie junge Füchse, die zum ersten Mal ihren Bau verlassen. Sie hatten gelacht und kleinere Schlachten inszeniert – wie wenig ahnten sie damals, dass sie einmal zu einem ernsten Kampf heraufkommen würden. Erik war den Kindern zuliebe oft an diesem Felsen vorbeigegangen und hatte ahnungslos getan, während Arthur und Julius aus dem Felseninneren kleine Papierkügelchen aus Blasrohren auf ihn schossen. Und selbst wenn sie dann riefen und sich zu erkennen gaben, so konnte Erik doch nicht in die Ausbuchtung kriechen. Der Spalt war zu eng für ihn. Es war jedes Mal eine diebische Freude für die Kinder gewesen, ihren Vater necken und ärgern zu können, ohne dass er sie dafür an den Ohren ziehen konnte. Wie hatten sie manchmal vor Freude gejauchzt.

Ragnar knurrte anerkennend, als Arthur ihn zu dem Felsen führte. »Dieses Versteck habe bisher nicht einmal ich gekannt«, sagte er leise. »Du warst doch schon immer ein guter Waldläufer.«

»Wir legen uns hier auf die Lauer«, antwortete Arthur, der so tat, als habe er das Lob Ragnars nicht gehört. »Schubart, du musst die Krieger herführen, damit wir sie uns aus der Nähe ansehen können – und am besten müsstest du dafür sorgen, dass die Männer nicht nur vorbeirennen, sondern einen Moment stehen bleiben. Schaffst du das?«

Der Uhu hatte auf dem gegenüberliegenden Felsen Platz genommen und Arthurs Worte gehört. »Natürlich schaffe ich das. Was denkst du denn?«, meinte sie pikiert.

»Gut, dann los mit dir«, sagte Arthur. »Wir sind bereit.« Er nahm seinen Bogen zur Hand, um die Waffe jederzeit einsetzen zu können, falls die Krieger sie doch überraschen sollten. Es wäre nicht einfach, in dem engen Versteck den Bogen richtig zu spannen. Aber auf so kurze Entfernung war das nicht nötig – die Durchschlagskraft seiner Pfeile wäre auch mit geringer Spannung groß genug.

Schubart flog davon und ließ dabei ganz entgegen ihrer Gewohnheit ein deutliches ›Schuhu – schuhu‹ hören. Es war laut genug, dass man es noch in einiger Entfernung hörte, aber leise genug, damit es nicht auffiel, dass der Uhu absichtlich auf sich aufmerksam machte.

Bald hörten Arthur und Ragnar Schritte. Sie zogen ihre Köpfe etwas von dem Felsenschlitz zurück, um sicher zu sein, dass man sie im Mondlicht nicht erkennen konnte. Dann sahen sie einen Schatten, der vor ihnen vorbeihuschte und plötzlich zu Boden stürzte. Arthur bekam einen Schreck, denn er erkannte Schubart und fürchtete, die Krieger hätten sie niedergestreckt. Der Uhu streckte einen Flügel weit aus und schleifte ihn hinter sich her, während er in kleinen Trippelschritten über den Waldboden vor dem Felsen wackelte. Arthur musste nun in sich hineinlachen – Schubart tat so, als sei sie flügellahm. Schon hörte er das Keuchen der Männer, die Schubart herbeigelockt hatte und die nun beinahe direkt vor ihnen zum Stehen kamen.

»Wir sin so sama chuani, selb so thie caldani«, sagte einer der beiden Krieger, der jetzt seinen Umhang zur Seite streifte, um an sein Schwert zu kommen. Er war ein hagerer, hoch aufgeschossener Mann mit eingefallenen Wangen und einem rötlichen Spitzbart. Arthur verstand zunächst gar nichts, trotz des Anderswassers, das er getrunken hatte. So fremd war anscheinend diese Sprache, dass selbst das magische Wasser sie nicht ganz durchdringen konnte. Erst als Arthur sich extrem konzentrierte, konnte er den Kern der Worte deuten. »Ist das nicht der Uhu, den wir am Kirchturm fast abgeschossen haben?«, meinte Arthur zu verstehen.

Ein feiner stählerner Klang ertönte, als der Mann das Langschwert aus der Scheide zog. »Wenn wir schon nächtelang vergeblich durch den Wald streifen, dann wollen wir wenigstens unseren Spaß haben«, sagte er.

Bei dieser Bewegung des Kriegers bemerkte Arthur, dass an der Scheide des Schwertes ein kleines Kästchen hing, das vielleicht aus Birkenrinde gefertigt war und etwa die Größe eines Honigglases besaß. Aus dem Innern des Kästchens glomm ein ganz schwacher Schein, aber eine Laterne konnte es eigentlich nicht sein, dachte Arthur. Dafür war die Schachtel zu klein, und sie hatte auch keine durchsichtige Hülle, durch die das Licht hätte fallen können.

»Warte«, sagte jetzt der andere Mann mit langen braunen Haaren, die ihm bis über die Schultern reichten. »Wenn der Flügel nicht gebrochen ist, könnten wir den Uhu lebend fangen und versuchen, ihn für die Beizjagd abzurichten. Der holt uns schöne fette Hasen für ein Festmenü.«

Beide lachten ein raues kehliges Lachen. Dann schlich sich der zweite Mann um den Felsen, in dem Arthur und Ragnar sich gegen den Stein schmiegten, herum und trat von der anderen Seite wieder auf den Waldpfad. Schubart schien gefangen; an den Seiten versperrten ihr Felsen die Flucht, auf dem Weg näherten sich die beiden Männer dem Vogel.

»Verdammt, es ist so dunkel hier. Man erkennt den Uhu auf dem Boden kaum«, murrte einer der Krieger. »Wir hätten Fackeln mitnehmen sollen.«
Doch in dem Moment, als sich beide Männer auf den Vogel stürzen wollten, stieß sich Schubart mit einem kräftigen Stoß vom Boden ab und breitete ihre Schwingen aus – binnen eines Augenblickes war sie im Dunkel der Nacht verschwunden.
Die Krieger schauten sich verblüfft an. »Der hat uns reingelegt. Der hatte gar keinen kaputten Flügel«, sagte der eine, blickte finster um sich und zog ebenfalls sein Schwert. Beide drehten sich einmal um die eigene Achse, um die Umgebung nach Verdächtigem abzusuchen. Dabei fiel Arthur auf, dass sich auch unter dem Umhang des anderen Mannes eine Delle abzeichnete und der grobe Stoff des Umhangs leicht erhellt war.
Arthur und Ragnar hatten gesehen, was sie sehen wollten. Doch es dauerte lange, bis die beiden Männer sich entfernten. Sie ahnten, dass sie in eine Falle gegangen waren, konnten sich aber keinen rechten Reim darauf machen. Immer wieder schauten sie sich um, schlichen geduckt und mit erhobenem Schwert hinter die nahen Felsen, als ob sie dort einen Hinterhalt erwarteten, und stiegen zuletzt auf den Felsen, in dem sich Arthur und Ragnar versteckt hielten, um von dort oben ein letztes Mal die Gegend zu inspizieren, soweit die Nacht es zuließ. Zuletzt holte einer der Männer einen Lederbeutel hervor, der auf der anderen Seite unter seinem Umhang befestigt war.
»Verdammt, trinken wir einen Schluck«, sagte er und hob den Schlauch an seinen Mund. Dann reichte er das Gefäß seinem Waffenbruder.
»Ich hätte ihn doch gleich abstechen sollen«, meinte der und nahm einen langen Schluck. »Dann hätten wir den Vogel wenigstens braten können.«
Langsam wanderten die beiden Krieger das Tal hinab. Anscheinend war in dem Schlauch ein hochprozentiges Getränk gewesen, denn die Männer gaben sich bald keine Mühe mehr, leise zu sein. Sie lachten sogar, laut und durchdringend. So wie Männer, die sich vor nichts fürchteten auf dieser Welt.
Betreten schlichen Arthur und Ragnar in die Habichtshöhle zurück.

Am Morgen hatten alle lange geschlafen, denn alle waren spät zurückgekommen aus dem Wald – auch Julius, Marie und Barten. Julius hatte sich trotz seiner Müdigkeit noch lange zu Erik gesetzt, der glücklicherweise in ruhigem Schlaf lag und ausnahmsweise nicht von quälenden Träumen gepeinigt wurde. Julius hatte das Säckchen mit den Kräutern, das er von Ursula erhalten hatte, aus dem Rucksack genommen, aufgeschnürt und hineingerochen. Es war ein wohltuender, wenn auch wilder Geruch. Am liebsten hätte Julius den Tee sofort aufgebrüht und ihn Erik eingeflößt. Wie sehr sehnte er sich danach, Erik lebendig zu sehen und ihn lachen zu hören, und wie sehr sehnte er sich danach, unter seine Obhut schlüpfen zu können. Aber er verknotete das Säckchen wieder und steckte es in seine Jackentasche. Er wollte es immer bei sich tragen, denn so hatte er wenigstens das Gefühl, Erik jederzeit helfen zu können. Das war ein gutes Gefühl, auch wenn Julius wusste, wie trügerisch es war.

Als Julius am späten Vormittag neben Erik aufwachte – er musste über seinen Gedanken eingeschlafen sein –, wehte ein kalter Wind den Hang herab und unter das Höhlenvordach. Nun war es also soweit, das schöne Spätherbstwetter schien zu Ende zu gehen. Viele Tage lang hatten die Blätter in allen Farbtönen von Orange, Gelb und Gold geleuchtet, und es war ein solches Strahlen im Herbstwald gewesen, als sei nichts geschehen und als sei der Wald unberührt wie seit Anbeginn der Zeiten. Jetzt waren viele Laubbäume schon kahl, und da sich der Himmel bewölkt hatte, war der Glanz aus den übrigen Blättern verschwunden.

»Bald wird es den ersten Schnee geben«, sagte Barten, der von Julius unbemerkt aus der Höhle gekommen war und sich neben den jungen Wiegand gesetzt hatte. »Ich spüre das in meinen alten Knochen. Bald wird es rau werden, der Winter im Wald ist kein Honigschlecken, auch für uns Tiere nicht. Was fangen wir dann an mit euch?«, fragte er wie zu sich selbst.

Julius seufzte. Sie waren tatsächlich für den Winter nicht ausgerüstet. Ohne Zelt oder Hütte, ohne Brennholz und ohne Nahrungsvorräte würden sie in der Höhle kaum überleben können. »Als ob wir nicht schon genügend Probleme hätten«, sagte er, aber er mochte nicht länger darüber nachdenken. Er blickte hinüber zu Erik.

»Wann würdest du ihm den Tee geben?«, fragte er Barten. Der schüttelte nur unwirsch den Kopf. »Da kommen die anderen«, sagte er. »Ich glaube, wir haben viel zu besprechen.«

Beim Frühstück tauschten sie sich über ihre Erlebnisse aus und beschlossen schließlich, zwei Aufgaben den Vorrang zu geben: Erstens wollten sie sich auf den möglichen Waldbrand vorbereiten, und zweitens wollten sie die Krieger genauer ins Visier nehmen.

»Du hast vermutlich Recht, Marie«, sagte Arthur. In seiner Stimme schwang noch immer Distanz gegenüber Marie mit, aber auch Anerkennung und Respekt. »Die Krieger tragen ein Kästchen bei sich, das schwach leuchtet. Darin könnte die Glut aufbewahrt sein.«

»Wir sollten uns beeilen, es herauszufinden«, mischte sich Ragnar ein. »Ich habe den Eindruck, wir haben nicht mehr viel Zeit.«

»Warum glaubst du das?«, fragte Marie.

»Sollte Zoller tatsächlich den Wald in Flammen setzen, muss er es bald tun. Wenn der Winter einmal da ist, wird der Schnee das Feuer bremsen oder ganz auslöschen. Außerdem …«. Ragnar verstummte; er wusste nicht, ob er weitersprechen sollte. Arthur schaute hoch und blickte verwundert in das alte Gesicht des Luchses, dessen Augen in diesem Moment ganz fahl wirkten.

»Und außerdem … was?«, fragte Arthur.

»Ach nichts, ich habe nur laut gedacht – und das sollte man niemals tun.«

»Und außerdem … was?«, wiederholte Arthur, nun mit einer leichten Schärfe in der

Stimme. Er ahnte, was Ragnar dachte, aber nicht auszusprechen wagte. Für einen kurzen Moment schauten sich die beiden unverwandt an, dann drehte Ragnar den Kopf zur Seite und meinte leise: »Du weißt es tief in dir drinnen auch, Arthur. Erik wird bald sterben. Die tiefe Ruhe, die ihn überkommen hat, ist nur scheinbar ein gutes Zeichen. Ich bin …«, wieder stockte Ragnar, »… ich bin in tiefer Sorge über ihn. Er scheint schon fast auf dem Weg auf die andere Seite der Welt.«

Arthur erschauderte, und Julius sprang empört auf. »Wie kannst du so etwas sagen!«, rief er, obwohl er wusste, dass Ragnar recht hatte. Aber er wollte es nicht wahrhaben.

»Dann sollten wir ihm jetzt den Tee geben«, sagte Arthur streng. »Gleich jetzt.«

»Und dann?«, fragte Ragnar. »Es wird ihm einen oder zwei Tage gut gehen, und dann wird alles so sein wie zuvor, ohne dass wir ihm ein zweites Mal helfen könnten.« Er schwieg wieder und meinte dann resigniert: »Lass uns noch etwas warten. Es kommt vielleicht eine Situation, in der Erik den Tee dringender braucht. Und auch wenn es sehr grausam klingt: Solange Zoller die Kraft der Figur auf Erik lenkt, kann er sie vermutlich für nichts anderes nutzen, das uns gefährlich werden könnte. Selbst jetzt hilft uns Erik ungemein.«

In Arthur rebellierte es. Am liebsten hätte er Ragnar einen kräftigen Tritt versetzt – wie konnte Ragnar es wagen, Erik als Pfand zu missbrauchen? Aber Arthur wusste auch, dass Ragnar alles tun würde, um Erik zu retten – wenn er es könnte. So blieb er stumm sitzen, während zwei dicke Tränen über seine Wangen rannen. Marie schaute Arthur an, aber sie wagte es nicht, sich neben ihn zu setzen und ihn zu trösten.

»Was also tun wir jetzt?«, fragte Arthur nach einer Weile, als er glaubte, sich wieder gefasst zu haben.

»Mein Vorschlag ist, dass wir drei Gruppen bilden«, sagte Ragnar. »Marie und Schubart werden sich darum kümmern, die Höhle winterfest zu machen. Baut eine kleine Hütte an einer windgeschützten Stelle. Gleichzeitig könnt ihr euch um Erik kümmern – und wann immer ihr den Eindruck habt, es gehe ihm schlechter, verabreicht ihm sofort den Tee. Julius und Barten bereiten sich auf den großen Brand vor – wie, das besprechen wir später. Und Arthur und ich werden uns um die Krieger kümmern. Ich bin gespannt, wie stark sie in Wirklichkeit sind. Seid ihr einverstanden?«

Als niemand Einspruch erhob, erklärte Ragnar den Gefährten seine Vorstellungen. Dann machten sich alle daran, sie in die Tat umzusetzen.

Es wurde jetzt früh dunkel im Wald. Eigentlich wollte Ragnar gleich in der Dämmerung mit Arthur aufbrechen, doch ihr Abmarsch verzögerte sich. Denn nachdem Ragnar ihn in die Pläne eingeweiht hatte, war Arthur zurückgeschreckt.

»Du willst die Männer töten?«, fragte er entsetzt.

Ragnar wirkte eher amüsiert als überrascht von dieser Reaktion. »Was hast du gedacht, was wir mit ihnen anstellen? Sie hier durchfüttern? Sie so lange bequatschen, bis sie auf unserer Seite sind?«

Erst jetzt wurde Arthur klar, dass sie an einem Punkt angekommen waren, an dem sie endgültig ihre Unschuld verloren. Sie würden es dann gewesen sein, die in dieser Auseinandersetzung den ersten Menschen umgebracht hätten, und dafür würde Zoller Rache nehmen. Und für jeden, den sie verloren, würden sie wieder töten. So also ist es, wie der Krieg funktioniert. Wer angefangen hat, ist irgendwann unerheblich; bald weiß es niemand mehr genau. Rache und Gegenrache, Leid und Gegenleid – das ist die blutige Logik des Krieges. Er wollte nicht in diesen Teufelskreis hineingeraten.

»Ich kann keinen Menschen töten, Ragnar«, sagte er deshalb, »und ich werde es auch niemals tun.«

»Das respektiere ich«, sagte Ragnar. »Aber es ist nicht so einfach, wie du glaubst. Wenn du dich nicht wehrst, wird der Wald untergehen, und mit ihm vielleicht auch du. Zoller hat keine Skrupel, Erik sterben zu lassen – vielleicht hätte er es längst getan, wenn die große Entfernung die Kraft der Figur nicht schwächen würde. Er hätte uns alle in der Krypta verhungern lassen, und es ist ihm völlig egal, wie viele Tiere sterben, wenn er den Staudamm fluten lässt. Er hat mit großer Wahrscheinlichkeit auch meine Tochter auf dem Gewissen. Wie viele Leben darf dieser Mensch vernichten, bevor man auch ihm das Leben nehmen darf? Wie viele gerettete Leben wiegt ein genommenes Leben auf? Ich weiß, das ist eine schwierige Rechnung, die niemals aufgeht. Jedes Leben ist einzigartig. Aber meines eben auch. Ich rede nicht von Ehre und Rache, von Gerechtigkeit und Freiheit, wie ihr Menschen es so gerne in solchen Fällen tut. Ich sage nur: Auch mein Leben ist einzigartig. Und ich werde es verteidigen, mit allen Mitteln, die mir zur Verfügung stehen.«

»Du hast viel über diese Dinge nachgedacht«, sagte Arthur und fuhr mit der Hand über den starken Rücken Ragnars. »Das spürt man. – Und sicher hast du Recht: Zoller trägt die Verantwortung für diesen Kampf, und wir müssen uns wehren. Aber wer weiß, wie viel Schuld diese Krieger haben? Sie wirken auf uns martialisch und herzlos, fast wie Maschinen, die nur ein Ziel haben: uns zu vernichten. Aber hat nicht jeder Krieger Familie, hat nicht eine Mutter sie zur Welt gebracht und in den Arm genommen, als sie noch klein waren? Und vielleicht sind diese Männer selbst Opfer, missbraucht von einem Mann, dessen Zauberkräfte wir nicht ermessen können. Ich werde sie nicht töten. Das steht fest. Es tut mir leid, dass ich das erst jetzt sage. Ich war dumm und hätte früher darüber nachdenken müssen.«

»Aber sind die Krieger überhaupt Menschen?«, fragte Ragnar. »Wie kann jemand ein Mensch sein, der ein Kästchen mit Glut braucht, um lebendig zu sein? Vermutlich sind es nur Geister, die Zoller gerufen hat, oder Wiedergänger, die längst tot und begraben sind. Ich glaube nicht, dass wir Skrupel haben müssen, wenn wir sie ausschalten.«

»Allein das Wort«, sagte Arthur leise. »Ausschalten. Wir rauben das Wichtigste, was ein Mensch besitzt – sein Leben. Ich glaube nicht, dass wir dazu das Recht haben. Es sei denn, so wie ihr Tiere es macht. Ihr tötet nur in zwei Fällen: um selbst nicht zu verhungern oder um euch oder eure Kinder bei einem Angriff zu verteidigen.«

»Und? Ist dies nicht genau jetzt der Fall? Steht nicht Leben gegen Leben?«
»Nein, das sehe ich nicht so. Wenn Zoller vor mir stünde und mich direkt mit dem Tod bedrohte, dann ist das Notwehr. Andere zu töten, deren Verantwortung ich nicht kenne, halte ich nicht für möglich.«
Ragnar schmunzelte.
»Merkst du eigentlich, wie wir mit vertauschten Rollen sprechen? Du argumentierst wie ein Luchs, und ich rede wie ein Mensch. Da siehst du, was dieser Krieg alles mit uns anstellt. Aber in Ordnung. Ich stelle dir eine andere Frage: Sind die keltischen Krieger tot oder lebendig, wenn sie tatsächlich nur aus der Glut des Feuers leben? Ich meine, dürfen wir ihnen deiner Meinung nach das Kästchen wegnehmen oder nicht?««
Arthur überlegte kurz, nickte dann aber: »Ich glaube, das dürften wir.«
»Dann gehen wir dieser schwierigen Entscheidung über Leben und Tod aus dem Weg: Wir töten niemanden in diesem Krieg – außer Zoller, wenn es sein muss. Aber wir dürfen die Krieger eines kleinen Kästchens berauben, das ist keineswegs ein Trick. Vielleicht erlösen wir sie ja sogar.«
Es war schon völlig dunkel, als sie endlich losmarschierten. Ragnar ging voraus, und er orientierte sich grob am Andersbach, der aus der Höhle heraus Richtung Heiligensee floss. Immer wieder machte er Umwege, denn er wollte, falls jemand sie beobachten sollte, nicht den direkten Weg zu ihrem Versteck verraten.
Lange waren sie deshalb unterwegs, bis Ragnar Witterung aufnahm und zufrieden knurrte.
»Es sind Krieger in der Nähe«, sagte er und schaute sich um. »Wir müssen eine geeignete Stelle finden.«
Langsam schlichen sie weiter, bis Ragnar an einer Biegung des Baches Halt machte. Dort war das Bett tief ausgewaschen, und die Ufer waren steil und dicht bewachsen. Kurz davor war eine alte morsche Eiche über den Bach gestürzt und vermoderte langsam. Sie bildete eine natürliche Brücke über den Graben, den der Bach im Laufe der Zeit gebildet hatte.
»Das ist ein nahezu idealer Platz, Arthur«, sagte Ragnar. »Jetzt wird es ernst. Wir machen alles wie abgesprochen.«
Arthur nickte und begann, sich geräuschvoll zu bewegen. Er trat auf dürre Zweige und kickte einige Steine ins Wasser, die mit einem lauten Plumps versanken.
Ragnar deutete ein Nicken an. Das hieß: ›Sie kommen‹. Er selbst war plötzlich wie vom Erdboden verschluckt; die Dunkelheit hatte ihn aufgesogen. Arthur stand nun alleine im Wald, während er langsam seinen Bogen in Position brachte und einen Pfeil in die Sehne spannte. ›Kommt nur‹, dachte er bei sich, wenige Schritte vor dem umgestürzten Baum stehend, vor sich der riesige Wurzelballen, ein Wirrwarr aus Erdbrocken, Steinen und Wurzeln. Mehr als doppelt so groß wie er selbst war dieser Ballen, und Arthur stellte sich bewusst etwas neben den Baum, damit man ihn von der anderen Seite des Baches sehen konnte.

Gespannt horchte er in die Dunkelheit – irgendwann müsste er die Männer doch hören können, dachte er; so laut, wie sie sich in der vergangenen Nacht angestellt hatten. Doch Arthur täuschte sich. Plötzlich tauchten die zwei Männer aus der Nacht auf, und sie standen bereits am anderen Ufer des Baches. Arthur erschrak – dieses Mal hatten die Männer all ihr Können als Krieger aufgewandt, um sich anzuschleichen. Sie wollten ihr Opfer überraschen, und das war ihnen gelungen. Das Herz schlug Arthur mit einem Mal bis zum Hals. So nahe hatte er die Männer eigentlich nicht an sich herankommen lassen wollen. Einen Augenblick lang blickte er den Männern ins Gesicht – aber er war schon zu nervös, um sie als Lebewesen wahrzunehmen. Sie waren Feinde, sonst nichts. Arthur spürte Panik in sich und wollte davonrennen. Was für ein feiger Impuls, dachte er und zwang sich, stehen zu bleiben. Dann riss er den Bogen hoch. Die Männer waren bereits an der großen Baumkrone mit ihrem welken Laub vorbei und auf den Stamm gesprungen; nun hasteten sie über die Brücke. Arthur hörte die dumpfen Schritte auf dem morschen Holz. Sie schienen keinerlei Furcht zu haben, von seinen Pfeilen getroffen zu werden. Sie beachteten den Bogen überhaupt nicht. ›Gleich haben sie dich‹, durchfuhr es Arthur: ›Und sie werden sich keine großen Gedanken darüber machen, ob sie ihre Schwerter benutzen und in deinen Rücken rammen dürfen.‹
Doch noch ehe die beiden Krieger die Brücke passiert hatten und noch ehe Arthur den ersten Pfeil auf seine Reise schicken konnte, griff Ragnar ein. Er sprang von hinten einen der Männer an – der Luchs hatte sich im Dickicht der Baumkrone versteckt gehabt und nun den Überraschungseffekt auf seiner Seite. Der hintere Mann konnte nicht mehr reagieren: Ragnar gab ihm im Sprung einen kräftigen Stoß mit seinen Vorderläufen und stieß ihn von der Brücke. Auf festem Boden hätte es Ragnar niemals geschafft, den kräftigen Burschen ins Wanken zu bringen, doch auf dem unebenen Baumstamm gelang dies beinahe mühelos. Der Mann konnte noch sein Schwert hochreißen und versuchte, sich um die eigene Achse zu drehen, um dem unbekannten Angreifer das Gesicht zuzuwenden, doch schon geriet er aus dem Gleichgewicht und stürzte mit einem Schrei die vier oder fünf Meter in das Bachbett hinab. Arthur hörte den Aufprall des schweren Körpers auf dem Wasser. Es war ein dumpfes Platschen – aber in dieses Geräusch hinein mischte sich, ganz deutlich, noch ein anderes: das Zischen von Feuer, das mit Wasser in Berührung geriet; und viel zu laut war dieses Geräusch dafür, dass der Krieger nur eine kleine Glut am Körper trug. Arthur lief einige Schritte hinüber an den Rand der steilen Uferböschung; so gelangte er etwas außer Reichweite des zweiten Kriegers, der noch unschlüssig auf dem Stamm verharrte, und Arthur konnte trotz der Dunkelheit einigermaßen verfolgen, was sich unten im Bach ereignete. Es verschlug ihm die Sprache. Aus dem Bach stieg eine kleine Rauchsäule empor, die von der verlöschenden Glut im Kästchen des Kriegers stammen musste. Eigentlich hätte der Mann den Sturz weitgehend unverletzt überstehen müssen, eigentlich hätte er sich schnell wieder aufrappeln und die Böschung hinaufklettern können, bereit, den nächsten Angriff auf die Gegner einzuleiten. Stattdessen sah Arthur,

wie der Körper regungslos zwischen den Steinen und Ästen im Bach liegenblieb. Das Wasser war kaum wadentief, wie eine Insel umspülte den Mann das kalte Wasser, und der Umhang des Mannes wölbte sich wie eine kleine Kuppel aus dem Bach. Aber nur kurz: Dann sackte diese Insel in sich zusammen. Das Schwert löste sich in verschiedene Teile auf, als wäre aggressive Säure darüber geflossen; die Teile sanken auf den Grund des Baches und blitzten dort noch einmal kurz im Mondlicht auf. Auch der Umhang schien sich plötzlich von seinem Besitzer zu trennen, und die Strömung drückte das nasse Stoffknäuel gegen einen großen Ast, der quer im Wasser lag. Der Körper des Mannes selbst war wie von Zauberhand verschwunden – Arthur erkannte lediglich einen schwarzen Schleier auf dem Wasser, wie Asche, die schnell davongetragen wurde. Der Krieger war nur ein Trugbild gewesen, ein Irrlicht – und löste sich auf, als seine Lebensglut verloschen war. Ragnar hatte Recht behalten: Diese Männer hatten schon nicht mehr gelebt.

Das Kästchen, das den kostbaren Odem des Kriegers beherbergt hatte, verheddert sich nun an seinem Riemen am Ufer. Und es flatterte, plötzlich nutzlos und überflüssig geworden, in der Strömung wie eine Fahne im eisigen Wind.

Doch Arthur und Ragnar hatten keine Zeit, länger über dieses seltsame Ereignis nachzudenken. Denn der zweite Krieger kannte das Geheimnis seiner Art und verfolgte das Geschehen im Wasser nur für einen Augenblick. Dann machte er einen gewaltigen Satz vom Baumstamm herab auf den Waldboden, wild entschlossen, nicht so zu enden wie sein Kumpan. Das war in seinen Augen zu lesen.

Als Arthur sich ihm wieder zuwandte, sah er, wie im Gesicht des Kriegers Furcht die Überhand bekam: Furcht. Statt sich auf den kleinen Jungen zu stürzen, den der Mann mit Leichtigkeit hätte überwältigen können, ging er sogar mit sachten Schritten rückwärts und hielt sein gewaltiges Schwert vor sich. So sah kein keltischer Krieger aus, der kurz vor dem Angriff stand – er wollte sich lediglich verteidigen, ja vielleicht sogar bei nächster Gelegenheit die Flucht ergreifen.

Arthur konnte sich keinen Reim darauf machen. Doch fiel ihm auf, wie der Krieger ihn mit großen Augen anstarrte. Es war, als sehe der Mann in ihm nicht den kleinen Jungen, der in einem schlecht zusammen genähten Rehfell durch den Wald rannte, sondern so, als erwachse aus Arthur eine große Gefahr, gegen die man nicht kämpfen könne, die man nicht überwinden könne. Arthur machte einen Schritt auf den Krieger zu, um auszuprobieren, ob seine Einschätzung zutraf. Tatsächlich wich der Bursche unwillkürlich zurück und umklammerte sein Schwert noch fester. Unsicher starrte er auf Arthur, unschlüssig, wie er sich verhalten sollte.

Ragnar dagegen nutzte dieses Zögern unerbittlich aus. Als Raubtier war es ihm in die Gene gelegt, die Gelegenheit, wenn der andere einen Fehler machte, nicht verstreichen zu lassen. Denn sonst verliert man die Beute, sonst bleibt man wieder eine Woche hungrig. Und so stieß er sich von der alten Eiche ab und legte die Distanz zwischen sich und dem Krieger in zwei Sätzen zurück. Dieser Moment der Unachtsamkeit kostete den Mann sein irrlichterndes Leben: Ragnar fuhr im Sprung unter den Umhang des Mannes, packte den Riemen des Glutkästchens mit dem Maul und landete wieder sicher auf seinen vier Pfoten – mit einem Ruck hatte sich das Lederband vom Gürtel des Mannes gelöst, und das Kästchen pendelte nun leicht in Ragnars Schnauze hin und her. Zwischen den Rindenstücken drang ein pulsierendes Schimmern hervor, schnell schlagend wie ein Herz in heller Aufregung. Ragnar kümmerte sich nicht darum, mit einem weiteren Satz war er wieder am Bachufer und schleuderte die Glut hinunter ins Wasser.

»Neeeein!«, schrie der Mann mit heller Stimme und in tiefstem Entsetzen. Es war ein junger Mann, wie Arthur erst jetzt auffiel. Doch schon zischte es wieder im Bach, und deutlich konnten Arthur und Ragnar den weißen Rauch sehen, der sich leicht überschlagend in den Nachthimmel schraubte und dann verschwunden war. Ebenso geschah es mit dem Krieger selbst – binnen weniger Sekunden hatte er sich, wie sein Kompagnon, aufgelöst. Die Beinkleider und der Umhang lagen, als seien sie nie benutzt worden, auf dem Waldboden und breiteten sich über das Schwert des Mannes, der nicht hatte sterben wollen und doch nichts war als Schall und Rauch.

Arthur trat heran und ließ sich vor den Überresten seines vermeintlichen Feindes nieder. Weder er noch Ragnar sprachen; es erschien ihnen, trotz allem, wie ein heiliger Moment, den man durch Worte nicht entweihen durfte. Langsam nahm Arthur die Kleider und faltete sie zusammen. Lange betrachtete Arthur das Schwert. Es konnte sich in Sekunden im Wasser auflösen, wie er vorher gesehen hatte. Und doch war, als er mit dem Finger darüber fuhr, die Schneide so scharf, dass er beim geringsten Druck geblutet hätte. Er strich über das Metall des Knaufes, der in Form eines Lebewesens gearbeitet war, das halb wie ein Mensch, halb wie ein Tier aussah. Dort, wo der Knauf in die Klinge überging, waren zwei stählerne Fortsätze angebracht, die an die Beine eines Menschen erinnerten. Am oberen Ende des Knaufes sollten zwei kürzere Stäbchen die Arme andeuten. In eine ovale Metallkugel, die den Knauf abschloss, waren aber Augen und ein Maul eingeschliffen, die an den Kopf eines Ochsen denken ließen, zumal zwei Hörner die Kugel krönten.

Langsam löste sich Arthur aus seiner Betrachtung. Er hatte eigentlich gar nicht die Absicht gehabt, die Überreste des Kriegers zu untersuchen; er hatte es nur getan, um Zeit zu haben, damit das Erlebte in seiner Seele ankommen konnte. Ragnar sah, dass Arthur allmählich wieder in die Gegenwart eintrat, und brach das Schweigen.

»Wir haben Recht gehabt. Es sind keine Menschen, die Zoller gegen uns in die Schlacht führt. Es sind Geister, die Zoller allein zu diesem Zweck erschaffen hat. Wir haben recht getan, Arthur.«

»Ja, so scheint es«, sagte Arthur. »Und trotzdem wundert es mich, wie Zoller aus dem Nichts Krieger entstehen lassen kann. Und warum er teils so junge Krieger wie diesen hier gewählt hat, die noch gar nicht kampferprobt scheinen. Vielleicht sind sie doch lebendiger gewesen als wir glauben. Aber ich verstehe es nicht.«

Arthur nahm den dunkelbraunen Umhang in die Hand und drehte ihn noch einmal hin und her. Es war schwerer grober Stoff, der alles andere als angenehm auf der nackten Haut liegen musste.

»Überhaupt, ich verstehe so vieles nicht. Warum überhaupt sehen diese Krieger mit ihren Bärten und ihren schrecklichen Langschwertern wie Kelten aus, die es seit zweitausend Jahren nicht mehr geben kann? Und warum hat mich dieser Mann vorher angestarrt, als sei ich der Leibhaftige, der ihm erschienen sei? Hast du eine Erklärung für all diese Fragen?«

Arthur stellte sich wieder auf die Füße und trat dicht an Ragnar heran, so dicht, dass er das warme weiche Fell des Luchses an seinen Schenkeln spürte. Er machte dies oft und Ragnar ließ es geschehen. Es tat ihm gut, die Nähe des Luchses zu spüren. Die Kraft, die von ihm ausging, und auch sein Wille, niemals aufzugeben, hatten etwas Tröstliches für Arthur, der doch bei allem Tatendrang immer Zweifel in sich spürte, ob er das Richtige tat. Ragnar plagten diese Zweifel nicht, er war überzeugt, den richtigen Weg zu gehen. Dabei handelte es sich nicht um eine blinde Überheblichkeit, dass er es besser wüsste als andere, was zu tun sei. Vielmehr kannte Ragnar die vielen Möglichkeiten des Lebens. Aber er hatte den Mut, sich zu entscheiden und dann diese Entscheidung in aller Demut, aber auch Entschlossenheit zu leben. Nein, Wankelmütigkeit war nicht Ragnars Sache, und das nötigte Arthur großen Respekt ab.

»Das sind interessante Fragen, die du stellst«, sagte Ragnar, während er sich auf den Hinterläufen niederließ. »Und ich wundere mich, dass wir sie uns nicht schon viel früher gestellt haben. Was hat es mit diesen Kelten auf sich? Warum bedient sich Zoller gerade der keltischen Krieger, um uns aufzuspüren?«

»Es gibt eine Verbindung zu den Figuren, das liegt auf der Hand«, meinte Arthur. »Wenn es stimmt, was du mir einmal erzählt hast, dann müsste der Bund zwischen Menschen, Tieren und Bäumen in keltischer Zeit geschlossen worden sein. Es waren also Kelten, die die Figuren einst hergestellt haben.«

»Das könnte stimmen«, antwortete Ragnar. »Hat Zoller nicht in der Krypta gesagt, dass der Bund vor zweitausend Jahren zerbrochen sei? Wenn das wahr ist, dann können wir zumindest mit Gewissheit sagen: Auf jeden Fall fiel das Ende des Bundes in keltische Zeit. Vielleicht ist das ein Ansatzpunkt: Keltische Krieger haben den Zerfall des Bundes gesehen oder womöglich sogar herbeigeführt – jetzt sollen keltische Krieger dazu beitragen, die drei Figuren wieder zusammenzufügen.«

Ragnar war selbst von seinen Worten nicht überzeugt. »Ich denke nur laut«, fügte er deshalb an. »Ich habe keine Ahnung, ob etwas von dem stimmt, was ich sage.«

»Und was ist mit Zoller selbst?«, hakte Arthur nach. »Ich meine, hat er auch keltische Gene? Oder ist er vielleicht selbst nur ein Geist wie seine Krieger?«

»Das sind viele Fragen für eine einzige Oktobernacht«, meinte Ragnar. »Vielleicht solltet ihr euch nochmals aufmachen in die Bibliothek des Klosters. Hat Pater Rupert euch nicht erzählt, dass die Jahrhunderte nach der Geburt eures Christengottes und

das frühe Christentum in unserer Gegend den Schwerpunkt der Sammlung ausmachen? Das wäre ungefähr die Zeit, in der der Bund zerbrochen ist.«
Arthur schwieg einen Moment. »Vielleicht hast du Recht. Aber es könnte Monate dauern, in den Hunderttausenden von Büchern die richtigen Hinweise zu finden.« Arthur fuhr sich mit der Hand durch die Haare, schmunzelte plötzlich leicht und sagte: »Ich habe eine andere Idee. Warum fragen wir nicht einfach die, die sehr wahrscheinlich die Antworten auf unsere Fragen parat haben?«
Ragnar schaute ihn verblüfft an. »Und wen, bitteschön, meinst du?«
»Na, die Krieger selbst. Sie müssen doch wissen, woher sie kommen und wie Zoller sie erschaffen hat.«
Jetzt musste auch Ragnar lächeln. »Du bist ja fast so schlau wie dein kleiner Bruder, Arthur. Man muss nicht nur Mut haben, sondern auch Hirn. Aber die Männer werden uns die gewünschten Antworten nicht freiwillig geben. Sie suchen uns, um uns gefangen zu nehmen oder um uns gleich zu töten – sie werden nichts, aber auch gar nichts preisgeben.«
»Freiwillig nicht, da gebe ich dir Recht, Ragnar. Aber ich habe plötzlich so eine Ahnung: Warum um Himmels Willen hat mich der Krieger so entsetzt angeschaut, obwohl er doch sicher von Zoller Instruktionen bekommen hat, wie wir alle aussehen? Warum schien der Mann richtiggehend Angst vor mir zu haben? Dafür kann es eigentlich nur eine Erklärung geben.«
»Da bin ich aber mal gespannt, Herr Professor«, sagte Ragnar.
»Schau' dir einmal diesen Schwertknauf an«, meinte Arthur und hob das Schwert des toten Kriegers vom Boden auf. Ragnar studierte es eingehend.
»Es ist ein Fabelwesen, halb Mensch, halb Stier, würde ich sagen«, meinte der Luchs zuletzt.
»Genau, und jetzt schau mich mal an«, setzte Arthur beinahe belustigt dazu.
»Du siehst in deinem Rehfell tatsächlich auch ein wenig wie eine Kuh aus«, meinte Ragnar und prustete los.
»Sehr witzig«, sagte Arthur. »Liegt es nicht auf der Hand? Der Krieger war sich nicht sicher, ob er im Wald nicht plötzlich auf jenes Wesen gestoßen war, das auf seinem Schwertknauf dargestellt ist. Bei mir fehlen nur die Hörner, dafür steht mir dein Rehgeweih am Gürtel besonders gut. Also, vor wem fürchtet sich ein keltischer Krieger am meisten? Er hat mich für einen Gott gehalten, für einen Tiergott. Verstehst du?«
Ragnar dachte lange über Arthurs Worte nach. »Du könntest Recht haben. Auch in unserer Höhle sind solche Mischwesen abgebildet, die für die große Einheit alles Lebendigen stehen. Und hatte die Menschenfigur, die Zoller bei sich trägt, nicht ebenfalls Hörner?«
»Ja natürlich« rief Arthur aus. »Es passt alles zusammen. Und die Hörner auf dem Kopf der Figur sind keine Stierhörner, sondern ein Hirschgeweih. Beides, die Figur

Zollers und der Schwertknauf, stellen den keltischen Hirschgott Cernunnos dar. Er wurde damals so sehr wie kaum ein anderer Gott verehrt.«

»Langsam verstehe ich«, sagte Ragnar. »Jetzt weiß ich auch, wie du den Kriegern die Antworten entlocken willst. Du willst dich ihnen als Gott in den Weg stellen – stimmt's?«

»Genau, und wir sollten das noch in dieser Nacht tun. Wer weiß, wie lange wir mit diesem Trick durchkommen. Vielleicht wird das Verschwinden der beiden Krieger bald auffallen, und die übrigen werden noch misstrauischer sein. Lass uns auf jeden Fall alles beseitigen, was von den beiden noch übrig ist. Außer dem Schwert, daran könnte Kilian Interesse haben, wenn er sich doch auf unsere Seite gestellt hat. Und außer dem Umhang – der wird meine Darstellung noch authentischer machen.«

Sie fischten alles, was noch vom ersten Krieger im Wasser schwamm, heraus und vergruben die Kleidungsstücke und die Schwertteile in der Uferböschung, ebenso wie die Hosen des anderen Mannes.

Dann brachen sie auf – sie hatten es eilig, den Kelten einen gewaltigen Streich zu spielen.

Unterwegs führte Ragnar seinen Gefährten plötzlich in ein kleines Seitental des Andersbaches, das Arthur nie zuvor bemerkt hatte, weil Felsen und dichtes Gebüsch den Eingang in dieses trocken gefallene Tal verdeckten. Es war nur etwa zweihundert Meter lang und weitete sich am Ende in eine kleine Lichtung. Was Arthur dort sah, wollte er beim ersten Blick gar nicht glauben: Die gesamte Lichtung war übersät mit Knochen, die teilweise bleich im fahlen Licht des Mondes glänzten. Schädel, Hüftknochen, Rippen und Wirbelsäulen bedeckten überall den Boden – oftmals konnte Arthur noch ausmachen, welche Teile zu einem Tier gehört hatten; manchmal aber hatten sich die Knochen in unzähligen Wintern und Stürmen so vermischt, dass das einzelne Tier aufgegangen war im weißen Knochenmeer, über dem ein eigenartiger großer Friede lag.

»Hierher kommen die Hirsche des Heiligenwaldes, wenn sie spüren, dass ihr Ende naht«, erklärte Ragnar.

Arthur wagte nicht, weiter in die Lichtung hineinzugehen. »Du meinst, das ist der Friedhof der Waldtiere?«

»Nein, nur die Hirsche suchen diesen Ort auf. Es ist allein ihr Friedhof, wie ihr Menschen das nennt. Andere Tiere haben ihre eigenen Orte. Wobei heutzutage immer weniger Tiere die Möglichkeit haben, den geweihten Boden zu erreichen. Gerade die Hirsche werden fast alle von den Menschen geschossen, bevor ihr Leben von selbst zu Ende ginge.«

»Gibt es einen solch heiligen Ort auch für Luchse?«, fragte Arthur zaghaft. Er wollte Ragnar nicht wehtun, aber es war ihm doch ein Bedürfnis, zu fragen und so seine Anteilnahme auszudrücken. »Hast du Lohar auch an einen solchen schönen Ort gebracht?«

Ragnar nickte. »Erik hat Michael mit Absicht gebeten, den toten Körper zurück in den Wald zu bringen. Er wusste, dass ich auf Lohar warten würde. Wir Luchse leben zu weit verstreut in großen Revieren, weshalb es keinen zentralen Ruheplatz gibt. Aber jeder Luchs findet für sich einen würdigen Ort, an dem er sein Leben aushaucht. An einem solchen Ort schläft nun auch meine Tochter.« Ragnar schloss für einen Moment die Augen, und Arthur sah, wie die Erinnerung seinem Freund ins Herz schnitt. Aber dann öffnete Ragnar die Lider wieder und fügte hinzu: »Ich habe einen sehr schönen Platz für sie ausgewählt. Dorthin werde auch ich eines Tages gehen, wenn mir die Gnade gewährt wird, dies selbst entscheiden zu können.«

»Es tut mir leid, Ragnar. Ich wollte dich nicht daran erinnern …«

»Es ist schon gut. Erinnerung ist das einzige, was uns noch mit den Toten verbindet. Wir sollten sie als ein hohes Gut wertschätzen.«

Der Luchs machte eine kurze Pause. »Aber ich habe dich nicht deshalb hergeführt. Ich wollte, dass du dir ein besonders stattliches Geweih aussuchst. Damit der Hirschgott noch gewaltiger aussieht. Du hast hier die freie Auswahl – die Tiere werden es dir verzeihen.«

Ragnar führte Arthur herum, und behutsam räumte Arthur an einer Stelle einige Knochen beiseite, um an zwei Stangen zu kommen, die zusammen einen Sechzehnender ergaben. Jeder Jäger wäre stolz auf diese Trophäe gewesen, doch Arthur schämte sich in diesem Moment dafür, von diesem geweihten Ort etwas zu entwenden. Ohne Ragnars Erlaubnis hätte er die Lichtung nicht einmal betreten. Mit den beiden Hirschstangen in Händen deutete Arthur eine Verbeugung an, als Dank für das Geschenk, das er mitnehmen durfte.

Zurück am Andersbach zimmerte Arthur aus Haselnussruten ein kleines Gerüst, an dem er die Stangen festband; eine lange Rute legte er sich auf den Rücken und fixierte sie mit Lederbändern um Brust und Bauch. So hielt das schwere Geweih auf Arthurs Kopf. Zumindest im Dunkeln sah es tatsächlich so aus, als wüchse das Geweih aus seinem Schädel. Zuletzt legte er den Umhang des einen Kriegers als erkennbar keltische Tracht über seine Schultern, allerdings so, dass man die Rehfelle darunter noch sehen konnte.

Arthur war zufrieden. »Jetzt kann die Vorstellung beginnen«, sagte er.

Sie zogen, ohne bewusst einen Weg zu wählen, das Tal hinauf in Richtung des Rates der Weisen. Ragnar ging voran und schnupperte in die Nachtluft, um nach einer keltischen Patrouille zu suchen. Mehrmals blieb er stehen und horchte in die Dunkelheit, doch es war nur ein Hase, der durchs Unterholz hoppelte, oder ein Reh, das aus seinem Versteck heraus ins Freie trat. Nur kurz zitterten dann Ragnars Ohren, wenn der Jagdtrieb erwachte. Aber er wusste ihn schnell wieder zu besänftigen – heute Nacht hatten sie anderes vor.

Es war kurz nach Mitternacht, als sie am Rat der Weisen ankamen. Arthur wollte sich schon auf den großen Felsblock in der Mitte der Baumgruppe setzen, um sich auszuruhen. Doch dann besann er sich und suchte einen großen Stein in der Nähe aus.
»Mir tun langsam die Beine weh«, sagte er, »und außerdem ist es ganz schön anstrengend, mit diesem Geweih durch die Gegend zu laufen. Ich frage mich, wie die Hirsche dies fast das ganze Jahr über aushalten. Es ist schon eine seltsame Einrichtung der Natur, dass die Hirsche das ganze Jahr über Genickstarre haben müssen, nur damit sie im Herbst vielleicht ein- oder zweimal gegen einen Rivalen kämpfen können.«
»Sei still«, sagte Ragnar plötzlich, »da kommt jemand.« Schnell verzogen sie sich in das Gebüsch, das außerhalb der alten Eichen wuchs – und warteten. Es dauerte eine ganze Weile, bis auch Arthur die Geräusche hörte.
Zu Arthurs Überraschung waren es nicht zwei keltische Krieger, die unter die Kronendächer der alten Eichen traten. Diese zwei trugen keine keltischen Umhänge, sondern militärisch anmutende Jägerhosen. Und sie hielten ein Gewehr in der Hand – an ihrer Seite sah Arthur aber zusätzlich eine Schwertscheide. Ein Glutkästchen hatten sie nicht bei sich, sie wirkten äußerst lebendig – und bedrohlich. Und obwohl Ragnar sie nie zuvor gesehen hatte, kam plötzlich ein tiefes Knurren aus seiner Kehle. Es waren Viktor und Oskar.
Allem Anschein nach waren sie auf dem Heimweg. Viktor ließ sich auf dem Felsblock unter dem Rat am Weisen wie selbstverständlich nieder, prustete laut und sagte dann: »Ah, es tut gut, nicht immer der Knecht zu sein. Viel lieber bin ich im Wald, da kenne ich mich aus.«
Oskar stimmte ihm lachend zu. »Heh du, es tut gut, mal wieder einem richtigen Kuder nachzustellen. Irgendwann werden wir ihn erwischen, diesen letzten großen Luchs, von dem Ariokan gesprochen hat. Das letzte Mal war es ja nur so ein jämmerliches kleines Weibchen. Los, hol' das Vesper aus dem Rucksack, ich habe Hunger.«
Arthur erstarrte bei diesen Worten, und ein heißer Strahl, schmerzvoll und quälend, schnitt ihm mitten durch die Brust. Wie musste es Ragnar neben ihm gehen? Der Luchs hatte sich ganz eng an den Boden gedrückt, und man spürte die Spannung, die in den Hinterläufen darauf wartete, entladen zu werden. Auch der Kopf war nach unten geduckt, die Barthaare zitterten. Vor ihnen hatten es sich die Mörder von Lohar, der Tochter Ragnars, gemütlich gemacht. Ragnar war bereit zum Sprung. Er war bereit, zumindest einem der beiden die Kehle durchzubeißen, auch wenn der andere ihn dafür töten würde. In seinen gelben Augen glaubte Arthur ein Gefühl aufscheinen zu sehen, das er bei Ragnar nicht vermutet hätte. Es war Hass. Und die dumpfe Lust, Rache zu nehmen. Ein ganz leises Grollen war zu vernehmen, so leise, dass Arthur sich nicht sicher war, ob er es sich eingebildet hatte oder nicht. Wehe dem, der Ragnar jetzt zum Feind hatte.
Doch der Luchs sprang nicht. Nach endlosen Sekunden wich die Spannung aus Ragnars Körper, und statt in die freie Fläche unter den Bäumen hinauszuspringen, schlich

er sich rückwärts aus dem Gebüsch. Kein Blatt raschelte dabei. Arthur wagte nicht, ihm zu folgen. Denn er spürte, dass Ragnar allein sein wollte, weil blinde Wut und kühle Taktik in ihm miteinander rangen, weil die Trauer ihn wie ein Tsunami fortriss und er dennoch nicht gewillt war, zu ertrinken. Arthur gestand sich ein, er hätte diese Größe nicht gehabt. Er war immer derjenige der zwei Brüder gewesen, der jeder Regung nachgab, der oft handelte, ohne nachzudenken, und der jedes Gefühl als wahr erlebte und deshalb glaubte, es ausleben zu dürfen. Oft genug hatte er hinterher bereut, so impulsiv – und so dumm – gehandelt zu haben. Wie schal und abgeschmackt hatte die Ernüchterung geschmeckt, wenn der scharfe Zorn abgeklungen war. Wie einfach sah in der Wut die Wahrheit aus, und wie facettenreich war das Leben in Wirklichkeit, wenn man in Ruhe darüber nachdachte. Aber konnte man in einer solchen Situation wie jetzt anders handeln, als dem Zorn nachzugeben? Hatte Ragnar nicht jedes Recht der Welt, diese Frevler ihrer gerechten Strafe zuzuführen? Für einen Moment war es auch Arthur so, als wäre er in diesem Augenblick zu allem bereit. Diese zwei Männer, die nicht nur die Lebewesen nicht achteten, sondern sie zum Spaß töteten und noch darüber lachten, hatten nichts Besseres als den Tod verdient. Das wollten Kelten sein, die angeblich in Einklang mit der Natur gelebt hatten, und doch nur voller Verachtung für sie waren?

Ragnar aber hatte anders entschieden. Nach langen Minuten kehrte er ebenso lautlos zurück. Er wirkte verwandelt, streng, starr und unendlich müde. Und er sah Arthur nicht ins Gesicht, als er ganz leise sagte: »Es gibt nichts Schlimmeres im Leben, als das eigene Kind zu verlieren. Es gibt dafür keine Heilung.« Er hielt einen Moment inne, dann fügte er hinzu: »Aber wir bleiben bei unserem Plan. Wenn du bereit bist: Leg los.«

Arthur nickte nur, obwohl er am liebsten losgeheult hätte. Mehrmals musste er kräftig schlucken, um den Reflex zu unterdrücken, in lautes Schluchzen auszubrechen. Dann schloss er die Augen, um sich zu sammeln. Er lenkte alle Wut, alle Trauer und allen Hass in die Worte, die er gleich sprechen würde. Wenn schon nicht an ihrem Körper, so war er doch bereit und begehrte nichts mehr, als diese beiden Männer tief an ihrer Seele zu verwunden. Am Rande des Gebüsches entdeckte er einen weiteren Felsen, den er als Götterthron zu verwenden gedachte. Ganz langsam, denn die langen Geweihstangen behinderten ihn sehr, robbte er zwischen den Haselnussbüschen und Brombeerranken hinüber zu dem Felsen. Mehrmals schnitten ihm Dornen ins Gesicht und in die Hände, aber Arthur spürte es nicht, so inbrünstig sehnte er den Moment der Vergeltung herbei. Mit dem Blut auf seinen Wangen würde Cernunnos, der Hirschgott der Kelten, noch glaubhafter erscheinen. Er war in dieser Nacht ein grausamer, ein wütender Gott.

Viktor und Oskar schauten sich um. Sie hatten ein Knacken vernommen und verstummten, um in den Wald hinauszuhorchen. In diesem Moment erhob sich Arthur hinter dem Felsen, stieg auf ihn hinauf und ließ seinen langen Umhang so den Stein umspielen, dass niemand erkennen konnte, dass er sich größer machte als er es in Wirklichkeit war. In Überlebensgröße baute er sich auf, während Blut von seinen Wangen tropfte und die Hirschstangen hohl und dumpf gegen Äste schlugen, die über ihm von den ehrwürdigen Eichen hingen.

Entsetzen zeichnete sich auf den Gesichtern der beiden Jäger ab, als sie in die Richtung schauten, aus der die Laute gekommen waren, und sie ihren Naturgott leibhaftig vor sich sahen. Sie wussten nicht, ob sie fliehen sollten oder ob sie sich auf die Knie werfen und Cernunnos anbeten sollten, der ihnen die zweifelhafte Huld erwies, sich zu zeigen. Denn nur Auserwählten trat der Gott des Waldes entgegen, wussten Viktor und Oskar. Zu ihrer Zeit erzählte jede Mutter den Kindern, was der Hirschgott erwartet. Er beschützt die Männer auf der Jagd und gewährt ihnen reiche Beute. Aber er fordert eine gerechte Jagd, und das heißt: Jeder nimmt nur so viel, wie er zum Überleben braucht; jeder ehrt das Tier, das er getötet hat; und niemand soll die Jagd nur zum Vergnügen betreiben. Wer gegen diese Regeln verstößt, den macht Cernunnos selbst zur Beute – wem der Hirschgott lebendig erscheint, der steht mit einem Bein bereits im Totenreich. Und die beiden Männer, die sich nun auf den Boden warfen und die Arme nach vorne ausstreckten, als Geste größter Demut, wussten auch: Alle diese Regeln hatten sie gebrochen. Und Cernunnos würde keine Gnade kennen. Ragnar und Arthur hatten, ohne es zu ahnen, ins Schwarze getroffen.

»Ihr Frevler, wie konntet ihr es wagen, diesen Wald zu entweihen?«, hob Arthur an. Er machte seine Stimme dunkel und sprach laut und donnernd, so wie jemand, der in großem Zorn spricht – und Arthur musste es nicht spielen.

Er breitete seine Arme aus, so dass der Umhang sich entfaltete und er noch größer und wuchtiger erschien. »Dieser Wald ist heilig, und er und alles, was darin lebt, stehen unter meinem Schutz. Ich bin der Gott dieses Waldes. Doch ihr tötet meine Luchse, ihr fällt meine Bäume, ihr grabt meinen Boden um. Ihr beleidigt mich, und dafür kann es nur eine Strafe geben.«

Viktor schob sich aus seiner Position auf der Erde auf die Knie hoch, während Oskar weiter unbeweglich, das Gesicht auf den Boden gedrückt, in seiner ausgestreckten Lage verharrte. Doch auch Viktor wagte nicht, den Gott anzuschauen. Er hielt den Kopf geneigt und blickte vor sich auf den Boden, als er sprach: »Herr, wir handelten nicht nach unserem Willen, wir handelten im Auftrag. Wir wollten die Luchse nicht töten. Und mit den Arbeiten am Tannenbühl haben wir nichts zu tun, das schwören wir. Ich bitte Euch, verschont uns! Wir werden künftig nach Euren Gesetzen leben, das versprechen wir.«

Arthur durchwallte ein Gefühl von unendlicher Macht, als er die beiden baumstarken Männer vor sich liegen und um Gnade flehen sah. Alles würden sie jetzt tun, um ihre Haut zu retten. Gepaart mit dem Zorn, der in ihm tobte, konnte Arthur nicht anders, als diese Mörder bis ins Mark zu ängstigen und sie zu demütigen.

»Jetzt winselt ihr! Habt ihr Gnade gezeigt, als der junge Luchs vor euch aufgetaucht ist? Habt ihr sein Leben geschont? Und jetzt, im Angesicht eures Todes, wagt ihr auch noch zu lügen. Mit Lust habt ihr getötet, und keine Reue habt ihr empfunden. Ich weiß es, denn ich war dabei.«

»Herr, so wisst ihr auch, dass wir einen Auftrag hatten. Wir sollten alle Luchse im Tal töten.«

»Warum solltet ihr das?«, fragte Arthur weiter mit Donnerstimme.

»Der Gesandte will unbedingt den Staudamm bauen – und die Luchse waren ihm dabei lästig, weil er fürchtete, wegen ihnen könnte das Tal nicht geflutet werden. Der Naturschutz gilt viel in diesen seltsamen Zeiten. Wir sollten die Luchse und damit das Problem beseitigen. Persönlich haben wir nichts gegen Luchse. Sie sind stolze Tiere.«

Auch Oskar wagte es nun, sich auf die Knie zu setzen und das Wort zu ergreifen. »Es ist gegen keltische Sitte, Tiere zu töten und einfach zurückzulassen. Wir wussten das. Doch der Gesandte ist mächtig. Wir hatten Angst vor ihm und taten, was er von uns verlangte.«

Arthurs Stimme fuhr noch einmal auf.

»Ihr lügt noch immer. Noch eine weitere Lüge, und ich vernichte euch augenblicklich. Wer ist dieser Gesandte?«

Viktor und Oskar neigten den Kopf wieder ganz bis auf den Boden und verharrten einen Moment. Erst dann antwortete Viktor: »Er nennt sich Karl Zoller, er ist der Bürgermeister von Auen unten im Tal.«

»Und wer ist Zoller wirklich? Er ist mein keltischer Untertan, das weiß ich. Also sprecht die Wahrheit.«

»Er ist seit der Katastrophe vor zweitausend Jahren unser Führer, und wir sind seine Diener«, sagte Viktor. »Ariokan lautet sein richtiger Name. Es hieß, Herr, Ihr hättet damals den großen Tod geschickt, weil die Menschen nicht mehr an Euch glaubten. Ist das wahr?«, traute sich Viktor zuletzt sogar zu fragen.

»So war es«, antwortete Arthur kurz angebunden, denn von einer Katastrophe in keltischer Zeit wusste er nichts und wollte sich keinesfalls anmerken lassen, dass er nicht Herr über das Geschehen war. Er erinnerte sich aber an den seltsamen Auftritt Zollers bei der Einweihung der sanierten Bernhardskapelle. Erst wenige Wochen war das her, und doch erschien es Arthur wie eine Ewigkeit. War der Bürgermeister damals nicht dem Führer ins Wort gefallen, als der von den Ursprüngen der Bernhardskapelle berichtete? Zoller hatte darauf beharrt, dass die Kapelle schon viel älter sei als etwa 1500 Jahre und dass es sich um eine keltische Gründung handele. Jetzt erklärte sich das Auftreten: Zoller wusste es einfach besser – weil er vermutlich dabei gewesen war, als der Ort, an dem heute die Bernhardskapelle steht, als keltisches Heiligtum eingeweiht worden war. Zoller war also tatsächlich kein gewöhnlicher Mensch. Er war zwei Jahrtausende alt. Er war ein Wanderer zwischen den Zeiten. Wer anderes vermochte solches zu verbringen als ein ganz großer Zauberer?

Und jetzt fiel Arthur auch wieder ein, dass der Führer von einem sehr seltsamen Um-

stand gesprochen hatte, den sich bis heute kein Archäologe und kein Historiker erklären könne: Die Kelten seien damals, etwa 50 vor Christus, plötzlich aus der Gegend verschwunden – und bis zum Eintreffen der Römer rund hundert Jahre später sei ganz Südwestdeutschland fast unbewohnt gewesen. Nicht die Römer hätten die Kelten vertrieben oder ausgerottet, hatte der Führer doziert. Sondern etwas anderes war geschehen, damals kurz vor der Zeitenwende. Niemand weiß, was es war. Aber das musste die große Katastrophe gewesen sein, von der Viktor jetzt sprach.
Arthur lenkte das Gespräch weg von diesem Punkt, der ihm hätte gefährlich werden können.
»Habt ihr schon seit damals eurem Herrn gedient?«
Oskar ergriff wieder das Wort.
»Ja, wir sollten ihm helfen bei seiner Mission und leisteten ihm den Treueid, der uns heilig ist. Niemals in all der Zeit haben wir ihn gebrochen. Als Ariokan uns befahl, die Luchse zu töten, so mussten wir gehorchen. Wir haben ihm Treue geschworen.«
»Es gibt ein höheres Gesetz als den Treueid, es gibt ein göttliches Gesetz. Und das besagt, dass ihr niemals sinnlos töten sollt.«
»Wir töten unsere Sklaven, wenn sie nicht gehorchen, Herr«, warf Viktor ein. »Wir töten unsere Feinde, wenn sie uns angreifen. Wir töten junge Mädchen, um sie den hohen Herren mit ins Grab zu legen. Und wir töten Stiere und Hirsche, um sie dir als Opfer darzubringen. Wie kann es dann Sünde sein, einen Luchs zu töten?«
»Jedes Leben ist einzigartig und soll geehrt werden. Die Zeiten ändern sich, Viktor und Oskar – das Schlachten, das ihr in keltischer Zeit veranstaltet habt, findet nicht mehr mein Wohlgefallen. Es war wider die Natur.«
Die beiden keltischen Krieger wagten nicht zu widersprechen. Sie senkten wieder den Kopf und schwiegen. So war Arthur es, der das Gespräch fortführte.
»Wie kommt es, dass ihr so lange Zeit überleben konntet? Und wie lautete der Auftrag, den Ariokan erhalten hatte?«
Viktor stutzte kurz. Es schien ihm seltsam vorzukommen, dass der Gott, der doch alles wissen musste, so viele Fragen stellte.
»Ariokan gibt uns einen Zaubertrank. Einmal im Jahr, in der Nacht von Samhain, wenn die Pforten zwischen dieser Welt und dem Totenreich offenstehen, trinken wir davon, und so schließen sich die Pforten wieder, ohne dass wir hindurchgehen müssen.«
»Aber es muss den Menschen doch aufgefallen sein, dass ihr nicht gealtert seid und dass ihr niemals sterbt.«
»Wir altern sehr wohl. Und irgendwann tun wir auch so, als ob wir sterben würden. Aber beim Begräbnis sind die Särge leer. Ariokan bereitet alles gründlich vor. Wir verschwinden eine Zeit lang und tauchen verjüngt wieder auf. Ariokan kann dann allen Reichtum, den er im früheren Leben besessen hat, wieder nutzen. Aber Herr, nun sagt uns: Wann macht ihr ein Ende? Wann sagt ihr uns, was ihr mit uns vorhabt?«

Arthur brachte Viktor mit einer abrupten Bewegung der Hand zum Schweigen. Aber er sah auch den irritierten Blick, den Viktor nun herüberwarf. Allmählich wirkte die Angst nicht mehr, und die Lähmung der Gedanken, die die Furcht bei Viktor und Oskar ausgelöst hatte und die sie willen- und kraftlos gemacht hatte, verschwand nach und nach. Nur mit einer Demonstration seiner Macht hätte Cernunnos, der Hirschgott, die Magie der Situation aufrechterhalten und die beiden keltischen Krieger in Demut halten können. Aber Arthur hatte keine Macht als die Illusion. Und sie verblasste zunehmend.

»Wir sind bald am Ende, dann werdet ihr erfahren, welche Strafe ich für euch vorgesehen habe. Doch eines möchte ich noch wissen, bevor ich über euer Schicksal richte. Was wisst ihr von den heiligen Figuren? Kennt ihr deren Geheimnis?«

In diesem Moment sprang Viktor auf. »Seid ihr wirklich ein Gott?«, rief er und legte die rechte Hand an den Griff seines Schwertes, das an seiner linken Seite steckte. Das Gewehr, das sie zum Jagen benutzten, lag einige Meter entfernt im feuchten Gras. Viktors Stimme war wieder fest, und er fühlte, dass er in die Offensive gehen konnte. »Ihr stellt allzu viele Fragen, und das ist nicht gut. Richtet jetzt – oder schweigt und lasst uns gehen.«

Auch Oskar stand langsam auf und stellte sich neben Viktor. Noch zögerte er, und eine letzte Unsicherheit hinderte ihn, das Schwert zu ziehen. Sein Kopf wackelte vor Aufregung hin und her. Doch auch aus seinen Augen war die Angst verschwunden. Viktor und Oskar, sie waren wieder keltische Krieger, die vor unvordenklicher Zeit auserwählt worden waren, unsterblich zu werden, sie waren wieder zwei Krieger, die den Tod nicht fürchteten. »Cernunnos redet nicht, er handelt«, sagte Viktor und machte einen Schritt nach vorne. »Bist du Cernunnos, so müssen wir sowieso sterben. Bist du es nicht, so wollen wir es auf eine Kraftprobe ankommen lassen.« Und mit diesen Worten ließ er das Schwert aus der Scheide gleiten und rannte mit großem Gebrüll auf Arthur zu. »Nun werden wir sehen, wie stark dieser Gott ist«, rief er und nahm das Schwert nach vorne, um es Arthur geradewegs durch die Brust zu stoßen.

Doch in diesem Moment geschah etwas Wunderbares. Eine klare Stimme begann in der Tiefe des nächtlichen Waldes zu singen. Von unendlicher Schönheit war dieses Lied, und doch auch von unendlicher Traurigkeit. Die Stimme sang, in italienischer Sprache, von der Herrlichkeit des Waldes, der nun aber bald untergehen werde, weil die Magie des Ortes zerstört wird. Ein wundervolles weiches und samtenes Timbre hatte diese Stimme, und so viel Innigkeit und so viel Sehnsucht lag darin, dass Arthur erschauderte. Nie zuvor hatte er Schmerz und Liebe so nahe beieinander gehört. Nie zuvor hatte er überhaupt etwas Schöneres gehört.

So lautete der Text, der durch den nächtlichen Wald wehte: »Grüne Wiesen, wunderbare Wälder / Bald ist eure Schönheit verloren. / Herrliche Blumen, plätschernde Bäche / Euer Liebreiz und eure Pracht/verwandeln sich rasch. / Denn wenn der Zauber gebrochen ist, / wird dieser Ort unwirtlich sein und große Ödnis wird herrschen.«

Die beiden Krieger hielten mitten in ihrem Lauf inne. Die hohe Stimme stürzte sie in eine immense Verwirrung: Wer war es, der mitten in der Nacht und so weit weg von den Menschen ein so berückendes Lied sang? War das ein weiterer Gauklertrick? Oder war das doch ein Zauber des Gottes? Hatten sie also abermals gefrevelt? Auch Arthur war unschlüssig. Was sollte er tun? Sollte er die Gelegenheit nutzen, um zu verschwinden – oder deuteten Viktor und Oskar diesen sphärischen Gesang, der von Liebe und Leid, von Schmerz und Wonne und von Sieg und Untergang gleichermaßen erzählte, als das göttliche Zeichen, das sie von ihm gefordert hatten?
Er brauchte sich nicht zu entscheiden. Denn nun ereignete sich ein weiteres Wunder. Zwischen den Eichen des Rates der Weisen tauchte die Gestalt auf, die dieses Lied sang. Sie achtete nicht auf die Jäger und nicht auf den vermeintlichen Hirschgott, der in Wirklichkeit ein kleiner Junge war und der sich auf seinem Felsblock vor Anstrengung und Anspannung kaum noch aufrecht halten konnte. Die Gestalt trug eine lederne Hose, die ihm bis zu den Knöcheln reichte, ansonsten aber war sie gänzlich unbekleidet. Die Arme, die Brust und das Gesicht waren über und über verziert mit roten und blauen Strichen und Kreisen und Mustern, auf dem Kopf trug die Gestalt die Federn und den Kopf eines Uhus, wobei der gelbe Schnabel des Tieres wie zum Angriff offen stand und die gelben Augen gefährlich leuchteten. Und an einem Riemen um den Hals des Gottes baumelten zwei scharfe Flintsteine. Die Gestalt sang weiter, während sie in die Mitte des Baldachins trat, den die Eichen mit ihren Ästen bildeten; vor dem Felsblock, an dem Lohar gestorben war, kniete sie sich kurz hin. Dann schritt sie zu Viktor und Oskar, und mit den Steinen ritzte sie tiefe Schnitte in die Arme und auf die Wangen der beiden keltischen Krieger, die starr vor Schreck alles über sich ergehen ließen. Das Blut rann den beiden über das Gesicht, doch sie rührten sich nicht.
Es war Erik, der vor ihnen stand, und weiterhin mit einer hohen Stimme, die nicht die seine sein konnte, von der Schönheit und Verwundbarkeit des Waldes sang. Und auf seinem Kopf saß Schubart, die so tat, als sei sie tot und ausgestopft. Arthur konnte nicht glauben, was er sah und hörte. Sein Vater war ihm zu Hilfe geeilt, er war lebendig, und er sang mit überirdischer Stimme. Bisher waren doch alle seine Gesangsversuche eher eine Beleidigung für die Ohren gewesen. Tränen schossen Arthur in die Augen, und es war, als fiele in diesem Moment eine gewaltige Last von seinen Schultern. Sein Vater war aus dem Zwischenreich zurückgekehrt, und auch wenn Arthur keine Ahnung hatte, wie das zugegangen sein konnte, so fühlte er doch großes Glück in sich, in dem der Schmerz der letzten Wochen und Monate noch nachhallte, ganz so, wie der Gesang es ausdrückte, in dem alles zusammengehörte und das Schöne nur die Kehrseite des Hässlichen war und das Bittere nur die Kehrseite des Süßen.
Nun endete dieser Gesang, während Erik, der Gott des Himmels, den beiden Männern die letzten Schnitte an den Armen zufügte. »Teutonnos!«, flüsterte Viktor; er konnte nicht begreifen, was geschah. Arthur war nicht klar, ob sie Erik erkannten – sie

mussten ihn eigentlich von früher kennen und ihn deshalb trotz der Verkleidung nicht für einen Gott halten. Aber in keltischer Zeit waren die Götter vermutlich so wirklich, dass niemand deren Existenz anzweifelte. Und zudem wirkten Viktor und Oskar verzaubert, es war, als wären sie der himmlischen Musik erlegen. Dass dieser Mann so unvermittelt an diesem heiligen Ort auftauchte, dass er sang, wie kein Mann singen konnte, und dass er als Toter, der er durch die Kraft der Figur eigentlich sein müsste, doch lebendig war, das ließ nicht nur Viktor und Oskar erschaudern.

»Ihr hättet den Tod verdient«, sagte Erik nun mit ruhiger Stimme zu den keltischen Männern, »aber Cernunnos und Teutonnos wollen die neue Zeit einläuten, in der nicht mehr das Wort der Gewalt und das Recht des Stärkeren gilt, sondern das Wort der Liebe und der Gerechtigkeit. Wir gewähren euch Gnade und schenken euch das Leben. Geht hin, und sündigt hinfort nicht mehr.«

Wie von der Tarantel gestochen, schnappten Viktor und Oskar den Rucksack, hoben ihre Gewehre auf und stürmten Richtung Heiligensee davon. Sie sahen nicht mehr zurück und rannten, als sei der versammelte keltische Götterhimmel hinter ihnen her, das Tal hinunter.

Arthur warf den Umhang ab, löste die Schnüre, mit denen das Hirschgeweih festgemacht war, und legte es neben sich auf den Felsen. Er wollte frei sein und ungehemmt, um auf seinen Vater zurennen zu können und ihn in die Arme zu schließen. Erik ging, wo er stand, in die Hocke, um den Ansturm seines Sohnes mit offenen Armen zu erwarten. Sie sagten nichts, sondern drückten nur die Wangen aneinander. Und Arthur spürte, wie sich seine Tränen mit denen seines Vaters vermischten. Es war, als bliebe die Zeit für einen Moment stehen. So soll es immer sein, dachte Arthur – und spürte wieder die Freude und auch den Schmerz, weil er wusste, dass nichts im Leben immer so bleibt, wie es war. Doch als er seinen Vater ansah, bemerkte er, dass es nicht nur Tränen der Freude waren, die Erik weinte. Er wirkte erschöpft und, obwohl die Gefahr vorbei war, voller Furcht.

»Was ist mit dir?«, fragte Arthur.

»Es ist nichts«, sagte Erik und versuchte ein Lächeln. »Es geht gleich vorüber.«

In der Zwischenzeit waren sie alle aus der Deckung nach vorne gekommen: Julius, Marie und auch Barten.

»Das war eine schaurig-schöne Vorstellung«, sagte Arthur schließlich und deutete vor Erik und Schubart eine Verbeugung an. »Aber was ist geschehen?«

»Ich habe es nicht mehr ausgehalten heute Nachmittag«, sagte Julius, »und habe Erik heimlich den Tee aufgebrüht. Ich musste es einfach ausprobieren, ob die Kräuter wirkten. Ich wollte Erik wieder lachen sehen. Bist du mir böse?«

»Nein«, sagte Arthur, »wie sollte ich? Deine Sehnsucht hat mich gerettet. Wer weiß, was Viktor und Oskar sonst mit mir angestellt hätten. Ich fürchte, Sie wären nicht so gnädig wie wir gewesen.«

Dann fiel Arthur auf, dass Ragnar fehlte. Sicher hatte er die ganze Zeit mit hoher Kon-

zentration im Unterholz gelegen, bereit einzugreifen, wenn es notwendig sein sollte. Ragnar hätte ihn in dieser Situation niemals alleine gelassen. Aber jetzt wollte er wohl wieder alleine sein mit seinem Schmerz, dachte Arthur. Ragnar hatte die Mörder seiner Tochter ziehen lassen müssen. Alle freuten sich, dass sie Viktor und Oskar verscheucht hatten, und noch mehr, dass Erik von den Beinahe-Toten zurückgekehrt war. Nur Ragnar fühlte sich in seiner Trauer vermutlich fremd in dieser Runde, gerade an diesem Ort.
Arthur verstand das. Aber er ging hinüber zu dem Haselnuss- und Brombeergestrüpp, in dem er vorher mit Ragnar gelegen hatte, und sagte nur leise: »Komm, ins Offene, mein Freund.«

Gemeinsam kehrten sie zur Habichtshöhle zurück. Unterwegs erzählte Erik Arthur, der nicht von seiner Seite wich, wie er aus seinem langen Schlaf erwacht war und sich Sorgen gemacht hatte, als Ragnar und Arthur so lange nicht heimgekehrt waren. Julius ging auf der anderen Seite, und obwohl er die Geschichte schon kannte und teils selbst miterlebt hatte, hörte er begierig zu.
»Aber woher wusstest du, dass wir den Hirschgott spielten? Du kannst doch nicht hellsehen, oder?«
Erik musste lachen, und es tat Arthur so gut, dieses helle Lachen, das fast so hell klang wie das eines Jungen, wieder einmal zu hören.
»Nein, hellsehen kann ich tatsächlich nicht. Aber ich habe gespürt, dass du in Gefahr bist. Ich bin schon so viele Jahre im Wald unterwegs, und ich setze mich nun schon so lange mit Ariokan auseinander, dass meine Sinne vielleicht etwas feiner sind als die eines normalen Menschen und ich manchmal eine Ahnung davon habe, was anderswo gerade passiert. Und Schubart hat euch relativ schnell ausgemacht – du hast ja so laut wie ein Donnergott geredet.«
Arthur hatte so viele Fragen auf einmal, und er wusste gar nicht, welche er als erste stellen sollte.
»Du weißt, wer Karl Zoller in Wirklichkeit ist?«
»Ich habe es herausgefunden, als er mir die Figur gezeigt hat. Er wollte mir drohen. Er besitzt sie schon lange. Doch ich habe die Kraft der Figur unterschätzt. Ariokan wird so lange nicht ruhen, bis er auch die beiden anderen Figuren in seinen Händen hält – oder bis er dafür gesorgt hat, dass nie wieder jemand sie finden kann.«
»Ist das der Grund, weshalb er den Stausee baut? Damit die Figuren für alle Zeiten untergehen und er zumindest die Macht der einen Figur ausspielen kann?«
»Das ist meine Vermutung. Aber vielleicht will er auch die Bauarbeiten nutzen, um den gesamten Wald nochmals von unten nach oben zu pflügen.«
»Wie geht es dir denn?«, wechselte Arthur das Thema. Er wollte diese ersten Minuten nicht damit vertun, über Zoller und die Figuren zu sprechen. Das hatte Zeit.
»Ich spüre den Schatten der dunklen Kraft noch deutlich auf meiner Seele«, antwor-

tete Erik. »Julius hat mir heute dreimal den Tee zu trinken gegeben – nach dem zweiten Mal bin ich aufgewacht, und erst jetzt fühle ich mich wieder in der Gegenwart angekommen. Es war, als wäre ich lange durch ein Nebelland gewandert, in dem man sich irgendwann selbst als Schatten vorkommt und so flüchtig wie Nebel.«

»Hast du dort noch etwas von uns mitbekommen?«

»Schemen gingen vorüber, Wortfetzen drangen in mein Gehirn. Aber ich wusste nicht, wem sie gehörten und von wem sie stammten. Ich bin mir nicht sicher, aber ich glaube, ich war tatsächlich in einer anderen Welt. Es ging dort immer leicht bergan, und ab und zu sah ich am Horizont den Nebel aufreißen, und ein strahlend helles Licht erschien. Darauf ging ich immerfort zu, dorthin zog es mich. Aber dann hat Julius mich geweckt. Ich bin sehr froh, wieder bei euch sein zu können. Ihr habt mir unendlich gefehlt.«

»Hat Julius dir auch verraten, was die Kräuterfrau sonst noch gesagt hat?« Arthur hatte kaum den Mut, ihm zu verraten, dass die Wirkung vermutlich nicht lange anhalten würde.

»Ja«, sagte Erik, »er hat es mir erzählt.« Einen Moment gingen sie schweigend nebeneinander her, und Arthur tastete in der Morgendämmerung, die nun heraufzog, nach Eriks Hand. »Ich habe es schon geahnt. Denn ich war ja selbst schon bei Ursula und hatte sie nach einem Heilmittel gefragt. Als es damals anfing mit dem Schwindel, mit der großen Erschöpfung und dem Herzrasen, da war ich an einem Tag zu ihr hinaufgewandert. Ich ahnte damals noch nicht, dass Zoller mich verhext hatte. Ich glaubte noch, es sei die viele Arbeit oder … ja, oder wegen Franziska. Lag irgendwie nahe.«

»Ursula hat also die ganze Zeit gewusst, weshalb wir bei ihr waren«, sagte Julius mehr zu sich selbst.

»Sie wollte sich wohl einen kleinen Scherz mit euch machen. Das war die Retourkutsche dafür, dass ihr versucht habt, sie anzuschwindeln.« Sie lachten wieder, und Julius musste an die strahlenden grünen Augen und die langen blonden Haare Ursulas denken – es wurde ihm immer ganz warm im Bauch, wenn ihr Bild vor seinem inneren Auge auftauchte.

Als sie nach einiger Zeit an der Habichtshöhle angekommen waren, ließ Erik Marie und die anderen passieren, nur seine beiden Söhne hielt er zurück. »Ich möchte euch noch etwas sagen« meinte er und setzte sich mit ihnen auf eine alte umgestürzte Kastanie, die am Wegrand verrottete.

»Niemand von uns kann wissen, wie lange ich wach bin und euch unterstützen kann. Vermutlich hält die Wirkung des Tees nur wenige Stunden an. Deshalb ist mir dies wichtig: Ich besitze einen alten Folianten, den ich in einem Antiquariat in Lässingen entdeckt habe.«

Julius unterbrach ihn gleich. »Ich habe das Buch einmal bei dir auf dem Schreibtisch gesehen, aber es ist jetzt …«

»Lass' mich ausreden, Julius, und hör' zu. Der Besitzer erklärte mir, das Buch handele seines Wissens davon, wie man mit Bäumen spricht. Er hielt das Buch für gefälscht und wollte nicht viel Geld dafür haben, und ich fand das Thema witzig. Als Förster wollte ich schon immer mit den Bäumen Kontakt aufnehmen. Aber die Zeichen sind so fremd, dass niemand sie lesen kann. Erst als ich von Zollers Plänen und den drei Figuren erfahren habe, holte ich es wieder hervor. Ich habe es vor euch geheim gehalten, weil ich nicht wollte, dass ihr irgendwie in die Sache hineingezogen würdet. Das ist mir ja auch wunderbar gelungen.«

Erik lachte wieder sein unschuldiges Jungenlachen. Doch schnell wurde er wieder ernst. »Aber ich bin nicht weitergekommen. Doch jetzt könnte euch das Buch vielleicht nützlich sein. Fragt die Tiere oder die Kräuterfrau, ob sie vielleicht in der Lage sind, etwas Sinnvolles aus den Zeichen herauszulesen.«

Julius hatte schon lange einhaken wollen, aber Erik hatte ihm die Hand auf den Schenkel gelegt, um anzudeuten, dass er bald an der Reihe sei. Jetzt brach es aus Julius heraus.

»Aber Erik, du kannst es ja noch gar nicht wissen. Das Forsthaus ist abgebrannt, und alles, was darin war, ist verloren – auch das Buch. Jemand hat das Haus angezündet, und dieser Jemand ist vermutlich niemand anderes als Zoller. Oder vielmehr: seine beiden Halunken, die wir gerade haben entkommen lassen.«

Erik nickte. »Ach, so ist das«, sagte er matt. »Das ändert natürlich vieles.« Er schwieg eine Weile und meinte dann: »Zoller ist nicht dumm. Er weiß genau, wo er seine Kräfte einsetzen muss. – Wenn dies alles vorbei sein sollte, dann werden wir ein neues Forsthaus bauen. Das verspreche ich euch.«

»Und was sollen wir jetzt tun?«, fragte Arthur.

»Haltet euch an Ragnar«, meinte Erik. »Er hat ein besseres Herz als die meisten Menschen, er ist klug – und er wittert die Gefahr, bevor sie da ist. Das ist wenig genug, aber mehr kann ich nicht sagen.« Er schwieg einen Moment und sagte dann: »Kommt, wir gehen zu den anderen, sie warten sicherlich schon auf uns.«

Arthur stand nur widerwillig auf. Er empfand es als niederschmetternd, dass sich so oft eine Hoffnung als trügerisch erwies und im Nichts zerstob. Sie waren der ersten Figur so nahe gewesen. Sie hatten die Prophezeiung gefunden. Und jetzt erzählte Erik von dem alten Buch. Doch was hatte ihnen all ihr Kämpfen eingebracht? Sie mussten sich in einer dunklen Höhle verstecken, und es war nur eine Frage der Zeit, bis sie dort aufgespürt würden. Es war alles so aussichtslos – und nun wusste selbst Erik nicht weiter. Das ängstigte Arthur am meisten.

Julius riss ihn aus seinen Gedanken: »Erik, seit wann kannst du so schön singen wie ein Mädchen?«, fragte er.

Erik lächelte wieder, aber nun wirkte es fast aufgesetzt. »Das nennt man Kontratenor, mein Sohn. Und das bleibt vorerst mein kleines Geheimnis.«

Arthur staunte darüber, was sich an der Habichtshöhle alles verändert hatte, seit er mit Ragnar weggegangen war. Die anderen hatten kräftig gearbeitet. Dort, wo sie zu-

nächst das windgeschützte Lager für Erik aufgestellt hatten, sah Arthur eine richtige Hütte stehen. Sie war fast zur Gänze mit Moos und trockenem Laub ausgepolstert und groß genug, damit die vier Menschen unter den Gefährten dort schlafen konnten. Als ständiger Aufenthaltsort wäre es zu eng geworden, aber Arthur war zufrieden und beglückwünschte Marie und Schubart.
»Wir durften ja nur altes Holz verwenden und konnten nichts zusägen«, rechtfertigte Marie die vielen Löcher, die zwischen den Balken der Hütte klafften.
»Es ist trotzdem toll geworden«, sagte Arthur aufrichtig. »Die Lücken sind mit Moos verschlossen, und zu viert werden wir uns gegenseitig richtig gut wärmen können.«
Hinter der Hütte hatten Marie und Schubart große Vorräte angelegt – ganze Säcke voll mit Bucheckern, Esskastanien und Eicheln hatten sie gesammelt und herbeigeschleppt. »Da werden wir so schnell nicht verhungern«, meinte Marie und fügte hinzu: »Es war gar nicht so einfach, die Bucheckern aus dem Laub herauszuklauben. Aber wir haben immer mal wieder probiert – sie schmecken gut und sind ziemlich nahrhaft.«
Arthur nickte anerkennend. Er wollte den anderen die Freude über ihre Leistung nicht verderben, aber auch jetzt beschlich ihn wieder jenes Gefühl, dass alles so sinnlos schien. Was sollten sie hier einen ganzen Winter lang tun? Bucheckern essen und darauf warten, entdeckt zu werden? Er sah hinüber zu Erik, der mit Ragnar sprach und ihm jetzt zulächelte. Eine große Müdigkeit überkam ihn, und auch Ragnar streckte sich und gähnte: »Ich glaube, wir sollten einige Stunden schlafen. Bald werden wir unsere ganze Kraft brauchen. Ich übernehme die erste Wache. Barten, ich wecke dich dann.«

6. Wetterwende

Wie wohlig warm es war! Alle vier hatten sich in die neue Hütte gelegt und mit Fellen gut zugedeckt. Arthur schmiegte sich ganz nahe an seinen Vater heran, ebenso wie Julius auf der anderen Seite. Nur Marie hielt etwas Abstand, aber in der Enge der Hütte ließ es sich im Schlaf nicht vermeiden, dass Arthur und sie sich ab und zu berührten. Als Arthur aufwachte, war sein dunkles Gefühl wie weggeblasen. Ihn durchfloss eine wohltuende Wärme, die nicht nur von den Fellen kam, sondern auch von der Nähe zu Erik – und irgendwie auch von der Nähe zu Marie. Sie war schon wach, als er die Augen öffnete, und lächelte ihm zu, als er den Kopf zu ihr drehte. »Hast du gut geschlafen?«, flüsterte sie. Er nickte und schaute wieder weg, denn er war sich nicht sicher, ob man ihm ansah, dass er sich wohlfühlte zwischen den beiden. Maries Zöpfe hatten sich im Schlaf aufgelöst, und viele der blonden Haare flossen, von den Fellen leicht elektrisch aufgeladen, über ihr Gesicht. Ihre braunen Augen waren schon ganz klar und strahlten, obwohl auch sie gerade erst aufgewacht sein musste. Sie ist wirklich hübsch, ging es Arthur durch den Kopf. Aber so ganz wollte er diesen Gedanken nicht zulassen.

»Wie spät ist es?«, fragte er deshalb.

»Fast Mittag«, antwortete Marie, nachdem sie auf ihre schlichte Armbanduhr geschaut hatte, deren Zifferblatt aus einem kleinen geschliffenen Granitstein bestand.

»Komm, wir stehen auf«, sagte Arthur, auch wenn ihm die Vorstellung, den schönen warmen Platz zu verlassen, nicht behagte. Marie war schneller als er und huschte schon aus der Hütte. Von draußen hörte er sie kichern, während er noch damit beschäftigt war, seine halbhohen Wanderschuhe zu schnüren. Als er blinzelnd nach draußen kam, sah er nur plötzlich etwas auf sich zufliegen, konnte aber nicht mehr ausweichen. Patsch! Der Schneeball traf ihn direkt auf der Brust und explodierte dort. Selbst im Gesicht spürte er die kalten Kristalle, die in wenigen Augenblicken schmolzen und als Wassertropfen an seinen Wangen hinabrannen.

»Na warte!«, rief er. Schnell formte er ebenfalls einen Schneeball und warf ihn hinter der wegrennenden Marie her. Doch sie hatte sich schon außer Schussweite gebracht – stattdessen traf das Geschoss Ragnar, der neben dem Lagerfeuer saß und amüsiert dem Spiel der beiden zugeschaut hatte. Seine Miene verfinsterte sich einen Augenblick, als der Ball ihn am Hinterkopf traf. »Mach das nicht noch mal, Arthur«, knurrte er und schüttelte sich: »Sonst lernst du meine Fangzähne kennen.« Aber er meinte es nicht ernst, und so rannte Arthur wieder hinter Marie her, bekam sie vor dem Abgang aus der Höhle zu fassen, warf sie zu Boden und überschüttete sie mit Schnee, bis Marie kreischte, lachte und rief: »Aufhören, ich ergebe mich.« Arthur setzte sich neben sie, beide schnauften vor Anstrengung und fühlten sich jung und unschuldig wie kleine Kinder.

»Es schneit«, sagte Marie, als könne es sie immer noch nicht glauben. »Das ist doch jedes Jahr aufs Neue ein kleines Wunder.«

Dicke Flocken schwebten vom Himmel herab, so leicht und so flüchtig, als stammten sie aus einer anderen Welt. Dass es schon so früh im Jahr schneite, war ungewöhnlich, und vielleicht würde der Schnee nicht lange liegen bleiben. Aber jetzt hatte dieser Schnee den Wald in wenigen Stunden verwandelt. Der Boden war eine weiße unberührte Landschaft geworden, und es kostete Überwindung, in diese jungfräuliche Schneedecke hineinzutreten; es war fast, als entweihe man den Ort. Nur unter den mächtigen Fichten war der Waldboden noch zu erkennen. Dafür begann der Schnee schon, die Äste der Nadelbäume leicht nach unten zu drücken. Sehr weit konnte Arthur aber nicht sehen – im Schneegestöber ist die Welt klein und überschaubar. Alles wirkte so ruhig und friedlich, und unwillkürlich musste Arthur an das Weihnachtslied denken, das er schon immer als das schönste unter allen empfunden hatte. ›Es ist für uns eine Zeit angekommen, die bringt uns eine große Freud‹, heißt es darin. Und weiter: ›Es schlafen Bächlein und Seen unterm Eise, es träumt der Wald einen tiefen Traum.‹ Jetzt, da er auf diesen Wald schaute, meinte er fast, diesen Traum greifen zu können, der von einem langen Schlaf handelte, von einem großen Ausruhen, von einem großen Innehalten, aus dem alles, Tiere und Bäume und Menschen, mit neuer Kraft und manchmal auch verwandelt hervorgehen.

Als sie ans Lagerfeuer traten, sahen sie, dass Ragnar Kastanien und Bucheckern für sie auf einen heißen Stein gelegt hatte. Selbst jetzt zum Frühstück schmeckten die süß-karamellig schmeckenden Maronen herrlich; sie verschafften einem ein schönes wärmendes Gefühl im Bauch. Barten schlief noch, wie Arthur feststellte. Ragnar hatte ihn also nicht geweckt und die gesamte Wache alleine übernommen.

Doch als Arthur dem Luchs nun länger ins Gesicht sah, erkannte er sofort, dass Ragnar beunruhigt war. Er saß nur scheinbar ruhig am Feuer; in Wirklichkeit spähte er immer wieder konzentriert in den Wald hinaus und schnupperte in die Luft. Nur ganz leicht zitterten dabei seine Nasenöffnungen, aber Arthur wusste, dass alle Katzen so Gerüche wahrnehmen können, die beinahe nur mit wenigen Molekülen in der Luft schweben.

»Der große Tag ist angebrochen«, sagte Ragnar schließlich, ohne Arthur und Marie anzublicken.

Den beiden war sofort klar, was er meinte. »Ich werde mich draußen etwas umschauen. Ihr bleibt alle hier. Packt Kleidung und Essen in eure Rucksäcke, für den Fall, dass wir nicht bleiben können und fliehen müssen. Arthur, du übernimmst das Kommando.«

»Aber hast du nicht gesagt, dass der Wald nicht mehr brennt, wenn es schneit?«, meinte Marie. »Das ist doch ein gutes Zeichen.«

»Ja, die Nadelbäume haben jetzt eine gute Chance, dass der Schnee sie schützt. Aber für die Laubbäume war es zu lange zu trocken, und noch liegt nicht genügend Schnee. Wenn die Prophezeiung stimmt, dann wird Zoller heute den Brand entfachen. Es ist seine letzte Gelegenheit.«

»Bist du dir sicher?«, hakte Marie nach.

»Was ist schon sicher im Leben?«, meinte Ragnar. »Aber mein sechster Sinn sagt mir, dass etwas geschehen wird.«

»In Ordnung«, sagte Arthur. »Wir werden vorbereitet sein.«

»Und ich gehe die anderen wecken«, meinte Marie. »Dann sollten wir keine weitere Zeit verlieren.«

Ragnar verließ die Höhle nicht über den üblichen Weg, sondern suchte sich einen Weg über Felsen, auf denen kein Schnee lag. Er wollte keine Spuren hinterlassen. Auch unterhalb der Höhle wählte er zunächst den Weg durch einen Fichtenhain, wo es am Boden keinen Schnee gab. Kurz schaute er sich nochmals um, dann verschwand er endgültig im Wald.

Erik kam als letzter ans Lagerfeuer. Julius pulte gerade eine Esskastanie auf, und Barten hatte sich bereits den Großteil der Bucheckern einverleibt; als Dachs fragte er nicht danach, ob andere auch von den gerösteten Früchten haben wollten. Das waren Menschenmanieren. Jetzt waren alle da, außer Ragnar und Schubart, die am Morgen hinunter ins Tal geflogen war. Sie hatten schon mehrere Tage lang nichts mehr von Michael gehört, und Ragnar war etwas in Sorge gewesen.

Erik versuchte zu lächeln, aber sein Gesicht wirkte ledern und nicht nur wegen des wild wuchernden Bartes müde und ungesund. Er machte keinen Hehl daraus, dass die Symptome allmählich zurückkehrten. »Es ist, wie wir befürchtet haben«, sagte er, als Julius ihn fragend anschaute: »In meinem Kopf dreht sich schon wieder alles, und ich fühle mich, als hätte ich drei Tage lang nicht geschlafen. Dieser verdammte Zoller – es ist ein so unheimliches Gefühl, wenn diese Erschöpfung in mir aufsteigt. Ich fühle mich dann so hilflos, so ohnmächtig.«

Niemand sagte etwas, selbst Barten hielt für einen Moment in seinem Gemampfe inne. Schließlich berichtete Arthur, was Ragnar gesagt hatte. Erik nickte und meinte dann: »Ich glaube, er hat Recht. Aber es besteht zunächst kein Grund zur Sorge. Wir sind in der Höhle gut geschützt. Vorerst dürfte kein Feuer dieser Welt uns von hier vertreiben können, und niemand wird uns hoffentlich hier aufspüren. Aber sollte es dennoch anders kommen …«. Er wusste nicht gleich, welche Worte er wählen sollte.

»Aber wenn wir doch nicht hier bleiben können und ich nicht mehr selbständig gehen könnte – dann bitte ich euch: lasst mich zurück. Es ist wichtig, dass ihr euch rettet. Es nutzt niemandem etwas, wenn sie uns alle fangen.«

Das war nicht nur so dahingesagt, das spürte Julius sofort. Es war beinahe ein Befehl, und wie um ihn zu bekräftigen, fragte Erik mit Nachdruck: »Versprecht ihr mir das? Versprecht ihr mir, dass ihr euch nicht mit mir herumquält?«

Julius nickte widerwillig. Was würde Zoller tun, wenn Erik ihm in die Hände fiel? Was würden Viktor und Oskar tun, wenn sie Erik wiedererkannten als den Gott der Nachtvögel? Er wischte den Gedanken beiseite. »So weit wird es nicht kommen. Und außerdem solltest du heute nochmals den Tee trinken; dann geht die Müdigkeit sicher wieder weg. Die Kräuterfrau hat doch gesagt, dass der Tee auch ein zweites Mal wirken könnte.« Julius hatte das Säckchen noch immer bei sich in der Jackentasche. Er zog es heraus: »Ich werde dir sofort einen Becher aufbrühen.«

In diesem Moment rauschte Schubart mit einem rasanten Flugmanöver in die Habichtshöhle. Ihre Flügelspitzen streiften das Dach der Höhle, als sie von oben in großer Schräglage unter den Felsenvorsprung einbog. Und kaum hatte sie ihren Zauberspruch gerufen, da legte sie auch schon los.

»Kinder, es gibt keine guten Neuigkeiten aus dem Menschenort«, rief sie mit ihrer tiefen Uhu-Stimme, die an sich schon etwas Düsteres hatte. »Zoller legt langsam alle seine Hemmungen ab.«

»Was soll das heißen?«, wollte Arthur alarmiert wissen. Ein weiterer Nackenschlag, dachte er nur. Gab es denn gar keine guten Nachrichten mehr?

»Ihr habt bei eurem Anschlag auf der Baustelle übersehen, dass Zoller überall Kameras aufgehängt hatte. Ich hoffe, ihr habt immer schön gelächelt, damit ihr auf den Filmen einen guten Eindruck macht. Na, Spaß beiseite – ihr seid alle überführt. Selbst die Polizei sucht nun offiziell nach euch. Kuriose Sache: Der größte Kriminelle der gesamten Gegend hat dafür gesorgt, dass ihr jetzt die Kriminellen seid und ins Gefängnis wandert, wenn die Polizei euch an den Wickel kriegt.«

Julius war nicht ganz so geschockt wie Arthur von dieser Neuigkeit – in Auen hatten sie sich ja sowieso schon nicht mehr blicken lassen können. Er sagte deshalb: »Jetzt übertreib nicht gleich. Wegen Sachbeschädigung wandert man nicht gleich ins Gefängnis. Das gibt nur eine saftige Geldstrafe.«

»Denkst du«, entgegnete Schubart: »Aber ihr habt ganze Arbeit geleistet. Einige der Bagger und Lastwagen sind wohl gar nicht mehr zu gebrauchen. Michael schreibt, man müsste bei vielen Fahrzeugen den gesamten Motor auseinandernehmen, um den Sand herauszuspülen. Der Sachschaden sei so hoch, dass die Polizei die Angelegenheit als gezielten Anschlag wertet und Haftbefehl gegen alle Beteiligten beantragt hat.«

Alle mussten diese Neuigkeit erst mal setzen lassen, doch Schubart war noch nicht am Ende: »Das Schlimmste kommt aber erst«, sagte sie und wartete einen Moment ab, um alle auf die Folter zu spannen.

»Nun sag schon«, fauchte Arthur deshalb unwilliger als er gewollt hatte.

»Jakob Häfner ist bereits festgenommen worden. Michael kann noch nicht sagen, wohin sie ihn gebracht haben.«
»Man kann nur hoffen, dass er im Gefängnis wenigstens vor Karl Zollers Wut in Sicherheit ist«, versucht Julius sich selbst zu beschwichtigen.
»Wer weiß das schon genau«, antwortete Schubart. »Vielleicht steckt Zoller mit der Polizei unter einer Decke, und Häfner ist jetzt erst recht dem Bürgermeister ausgeliefert.«
»Was ist mit Michael?«, fragte Julius. »Er war auch dabei.«
»Er hält sich an einem geheimen Ort auf und will sich zu uns durchschlagen, sobald er eine Chance sieht, heil in die Habichtshöhle zu kommen. Vielleicht müssen wir ihm dabei helfen. Der Kontakt wird aber jetzt schwierig werden – es ist selbst nachts zu gefährlich für ihn, zum Bauernhof zu kommen.«
Arthur stand auf und ging hinüber zu der kleinen Felsspalte, dem eigentlichen Eingang der Habichtshöhle. Er wollte allein sein. Michael, sein Freund, sein dicker Michael, war jetzt ebenfalls in Gefahr. Arthur schlüpfte in die Höhle, und nach wenigen Schritten umfing ihn die Dunkelheit. Er hörte noch undeutlich, wie Schubart weiter erzählte: davon, dass Zoller alle Baufahrzeuge der Umgebung zusammengezogen habe und in einem unheimlichen Tempo den Staudamm hochziehe. Zwanzig Meter hoch sei die Mauer am Tannenbühl bereits, und die Abriegelung des Tals sei weitgehend beendet. Arthur setzte sich auf einen Felsblock und vergrub seinen Kopf in den Händen. Die Hoffnungslosigkeit übermannte ihn wieder. Was sollten sie nur ausrichten gegen Karl Zoller, der alles Geld, alle Macht und jede Skrupellosigkeit besaß, um seine Ziele zu verwirklichen? Sie, eine Handvoll Kinder und einige Tiere, gegen eine Armee aus wilden keltischen Kriegern. Hatten sie nicht schon längst verloren und wollten es sich nur noch nicht eingestehen? In Wirklichkeit war es eine Frage der Zeit, bis Zoller sie schachmatt setzte. Was immer das konkret bedeuten würde.
Julius war seinem Bruder nachgegangen. »Was brütest du hier in der Dunkelheit über die Zukunft?«, fragte Julius leichthin. Er wollte Arthur aufmuntern und stieß ihn deshalb mit dem Knie von der Seite an: »Lass den Kopf nicht hängen. Das wird schon wieder.«
»Was wird schon wieder?«, gab Arthur mit bissigem Tonfall zur Antwort. »Dass wir bald wieder zuhause ins Forsthaus umsiedeln? Oder dass Erik bald mit uns wieder durch den Wald streifen wird? Weißt du, Julius«, fügte er dann mit sanfterer Stimme hinzu: »Manchmal glaube ich, dass nichts mehr werden wird wie zuvor. Alles, was wir tun, geht schief. So kann es doch nicht weitergehen.«
»Bruderherz«, meinte Julius: »Sei kein solcher Miesepeter. Das verträgt sich gar nicht mit dem Mut, der in dir steckt, und mit der schier unerschöpflichen Energie, die du doch hast. Weißt du noch, wie Franziska abends oft verzweifelt ist, weil du selbst im Bett noch so energiegeladen warst, dass es Stunden gedauert hat, bis du eingeschlafen bist? Ich habe nach dreißig Sekunden schon geschnarcht, und du bist immer noch im

Bett herumgeturnt.« Julius lachte. »Diesen Mut und diese Energie brauchen wir jetzt, Arthur – gerade weil alles so aussichtslos erscheint. Manchmal muss man das schlechte Gefühl einfach verdrängen, damit die guten Eigenschaften Raum erhalten.« Arthur schwieg. Es kam nicht oft vor, dass Julius, der kleine Bruder, so mit ihm sprach. Aber sie waren alle erwachsener geworden in den vergangenen Wochen.
So schnell geht die Kindheit zu Ende.
»Und außerdem«, fuhr Julius fort, »es ist bei weitem nicht alles schief gegangen, was wir angepackt haben. Wir wissen, wie man die keltischen Krieger auslöschen kann. Wir wissen, woher Eriks Krankheit kommt – das ist etwas sehr Wichtiges, auch wenn wir noch keine Handhabe haben, sie zurückzudrängen. Wir haben Freunde gefunden, hier im Wald, im Hexenhaus und im Kloster. Wir konnten die Tiere zumindest vor dem großen Feuer warnen und haben, wenn es wirklich so kommen sollte, vielleicht viele Leben gerettet. Und wir wissen, dass Zoller einmal im Jahr ein Lebenselixier nehmen muss, um weiterleben zu können.« Er schwieg einen Moment und fügte dann hinzu: »Und vielleicht hast du es vergessen, aber demnächst ist Samhain.«
Arthur reagierte erstmals und sagte: »Stimmt das? Wann ist Samhain?«
»Es ist die Nacht zum 1. November. Bei uns fällt das christliche Allerheiligen auf diesen Tag, aber Samhain und Allerheiligen dürften nichts miteinander zu tun haben. Schon eher Samhain und Halloween, das auch am gleichen Tag ist. Heute laufen die Kinder als Vampire und Monster verkleidet durch die Straßen. In der Bücherei in Lässingen habe ich gelesen, der 1. November sei bei den Kelten der Neujahrstag gewesen. Es wundert also nicht, dass Zoller gerade an diesem Tag den Wundertrank nehmen muss – auch er erneuert sich.«
Arthur lächelte jetzt doch ein wenig. Er erinnerte sich gut, wie oft er und Julius mit ihren Eltern darüber gestritten hatten, ob sie an Halloween bei einem Freund in Auen übernachten durften, um an den Häusern zu klingeln und zu rufen: ›Gebt uns Süßes, sonst gibt's Saures!‹
»Du hast Recht«, sagte er dann, »das ist ein Ansatzpunkt, über den du weiter nachdenken solltest. Du bist schließlich hier zuständig für das Pläneschmieden. Wie können wir Samhain für uns nutzen?«
»Und du«, sagte Julius ganz ernst: »Du bist zuständig dafür, dass die Pläne auch funktionieren. Denk' an deinen Turmalin. Vielleicht sollten wir ihn öfter gebrauchen als bisher. In der Prophezeiung stand, dass wir mehr Macht hätten, als wir selbst es wüssten. Ich habe darüber lange gegrübelt – und halte es doch für wahrscheinlich, dass damit dein Zauberstein gemeint ist. In Verbindung mit deinem Mut, deiner Energie und deiner Liebe zum Wald könnte er für uns ein unschätzbarer Vorteil sein.«
Unwillkürlich griff Arthur an seine rechte Hosentasche, wo der runde Stein das Fell deutlich wölbte.
»Warum haben wir nicht früher daran gedacht, Julius?«, fragte Arthur sichtlich überrascht.

»Ich habe keine Ahnung. Vielleicht denkt man manchmal an das Naheliegendste zuletzt. Das gilt für deinen Stein, aber zum Beispiel auch für den Wert der Freundschaft. Schau dir mal diese Truppe da draußen an. Ja, du hast Recht, wir sind nur ein paar kleine Kinder und ein paar Tiere. Aber wir vertrauen uns, wir halten zusammen, und wir besitzen letztlich auch die Zuversicht, dass das Gute nicht untergehen wird. Daran sollten wir glauben. Vor allem du bist viel stärker als du es glauben magst.«
Julius sagte nichts mehr, sondern ergriff Arthurs Oberarm und zog ihn hoch. »So, damit wäre die Predigt beendet. Du gehst jetzt an die Arbeit.«
»An die Arbeit? Wie meinst du das?«
»Nimm den Turmalin. Und renn'.«
Zunächst wusste Arthur nicht, was Julius meinte. Aber dann begriff er. Wenn der Stein jede seiner Eigenschaften verstärken konnte, so konnte er ihn auch schnell und stark machen. Schon immer war Arthur ein ausdauernder und gleichzeitig spritziger Läufer gewesen – mit dem Stein war es ihm vielleicht möglich, den Wald so schnell zu durchstreifen, dass er jenen Ort entdecken würde, an dem Zollers Handlanger das Feuer legen würden. Und vielleicht hatte er sogar eine Chance, den Brand zu verhindern, auch wenn er im Moment nicht die geringste Ahnung hatte, wie er das bewerkstelligen sollte. Aber er könnte es zumindest versuchen. Das war er sich, den Tieren und dem Wald schuldig.
Er nahm den Turmalin aus der Hosentasche und umfasste ihn mit der ganzen Hand. Warm lag der Stein in der Mulde seiner Handinnenfläche, und Arthur meinte ein sanftes Pulsieren wahrzunehmen, das aus dem Innern des schwarz-weißen Turmalins in seinen Körper drang. ›Ich wünsche mir, so schnell wie ein Luchs zu sein‹, dachte er bei sich und ging dabei langsam aus der Höhle ins Freie. Er spürte eine Kraft, die ihn durchfloss, und wie beim ersten Mal, als er den Stein benutzt hatte, erschien es ihm, als betrete er eine zweite Ebene des Raumes. Es war ihm, als mache er einen Schritt neben sich und schaue sich selbst zu, wie er den Abhang der Höhle hinabging und dabei allmählich in einen Trab verfiel, der sich immer mehr steigerte, bis er ein großes Tempo erreichte, das er früher höchstens eine Minute lang durchgehalten hätte. Jetzt aber gelang es ihm mühelos, diese Geschwindigkeit zu halten, obwohl er über umgestürzte Bäume springen und immer achtsam sein musste, ob sich nicht Steine oder Wurzeln unter dem Schnee verbargen, die ihn hätten zu Fall bringen können.
Arthur rannte hinunter zum Heiligensee, und die Strecke, für die er sonst fast eine Stunde gebraucht hätte, brachte er nun in kaum einer Viertelstunde hinter sich. Sollte er weiter zum Tannenbühl gehen? Nein, dachte er. Da würde Zoller das Feuer nicht legen, es wäre zu gefährlich für den Fortschritt seines Projektes. Und überhaupt, von woher kam der Wind? Er blieb kurz stehen, leckte seinen Zeigefinger ab und hob ihn in die Luft. Wie fast immer, waren es Fallwinde, die vom Albtrauf Richtung Süden über Auen und die Ebene zogen. Das Feuer würde also von oben kommen müssen, vom großen Wasserfall her. Dorthin lenkte er seine Schritte.

Jetzt bist du ein richtiger Waldläufer, dachte Arthur und musste schmunzeln. Der Begriff hatte plötzlich eine ganz andere Bedeutung bekommen. Obwohl es bergauf ging, kam Arthur nicht außer Atem. Seine Beine flogen, seine Arme wogten, sein Brustkorb hob und senkte sich – und im Laufen fühlte sich Arthur beinahe selbst als Teil des Windes, der alles umschließt und alles umspielt.

Jetzt, Ende Oktober, dämmerte es um diese Uhrzeit am frühen Abend bereits, zumal der starke Schneefall alles in diffuses Licht senkte. Arthur hörte, lange bevor er am Wasserfall angekommen war, dass dort oben etwas Großes im Gange sein musste. Er hörte das Schlagen von Äxten, das Brechen und Bersten von Bäumen, wenn sie mit Wucht auf den Boden stürzten, und das laute Knacken von Ästen und Zweigen, die umgeknickt wurden. Zu seiner Sicherheit verlangsamte Arthur deshalb die Geschwindigkeit und schlug sich zur Seite in den dichten Wald hinein. Den letzten Kilometer schlich er in Jägermanier näher, zuletzt Schutz suchend unter einer mächtigen Fichte, deren Zweige fast bis auf den Boden reichten.

»Und damit bist du tot!«, sagte plötzlich jemand hinter ihm. Arthur fuhr herum. Und erkannte zu seiner Erleichterung, dass es Ragnar war, der sich hinter ihm auf seinen Hinterläufen niedergelassen hatte.

»Du bist manchmal noch zu aufgeregt, Arthur«, meinte er lächelnd. »Du bist bereits sehr gut im Anschleichen, aber wenn du nervös bist, machst du doch den einen oder anderen Fehler.«

Ragnar zeigte mit dem Kopf auf Zoller, der oben am Wasserfall stand und Befehle gab. »Er sieht eigentlich nicht so aus, als wäre er der gefährlichste Mann der gesamten Gegend. Aber vielleicht ist das sein Vorteil. Man unterschätzt ihn leicht.«

Arthur antwortete nicht darauf. »Wie lange, glaubst du, würde es dauern, bis der gesamte Wald im Tal abgebrannt wäre? Länger als einen Tag?«, fragte er stattdessen.

»Es kommt auf den Wind an, und darauf, ob es weiter schneit. Aber es wird sicherlich mehrere Tage dauern, bis das Feuer unten am Staudamm angekommen wäre. Aber was machst du eigentlich hier, Herr Wiegand? Hatte ich euch nicht gebeten abzuwarten, bis ich zurück sei?«

»Das ist wahr, Ragnar. Aber plötzlich war ich mir sicher, dass mein Ort hier wäre – und ich habe den Turmalin benutzt, um schnell herzukommen. Er lässt mich rennen, als wäre ich tatsächlich Cernunnos. Du hättest keine Chance gegen mich.«

Ragnar schaute ihn verdutzt an. »Na, das können wir später gerne einmal ausprobieren. Bisher ist mir noch kaum ein Reh ausgekommen, es sei denn, es hat gelernt, Haken zu schlagen. – Aber vorerst sollten wir uns mit dem da beschäftigen«, meinte Ragnar und wies wieder hinauf zu Zoller.

In der Tat ging dort Gewaltiges vor. Ariokan hatte alle seine Krieger herauf in den Talschluss beordert: Sie fällten Bäume mit ihren riesigen Äxten, hieben die Äste ab und türmten diese auf einen Wall, der sich auf gut hundert Metern unterhalb des Wasserfalles quer hinzog. Manche der Männer sammelten in Säcken und Körben

Laub und warfen es ebenfalls auf den Wall, der schon so hoch war, dass die größten Krieger gerade noch mit ausgestreckten Armen den Zenit erreichten. Wegen des dämmrigen Wintertages hatten die Krieger überall Fackeln in den Boden gerammt, die ein unheimliches Flackerlicht erzeugten. Für Arthur und Ragnar war es ein Bild des Schreckens: Früher war dieser Ort voller Magie gewesen. Dichter Wald war hinaufgezogen zum Wasserfall und bildete einen grünen Teppich, den lebendigen Rahmen für den Wasserfall, der fast hundert Meter von der Albhochfläche herabstürzte in ein großes Becken mit glasklarem Wasser. Und das Tosen des Wassers hatte widergehallt von den Felsenwänden des Albtraufs, die an dieser Stelle ein natürliches Amphitheater bildeten, und war allmählich im dunklen samtenen Tann des Waldes verebbt. Jetzt gab es nur noch Verwüstung: Die Bäume waren gefällt und lagen, wie große Tiere zerlegt und ausgenommen, am Boden. Die Erde war aufgewühlt von den vielen Schritten der Männer und vom Schleifen der Stämme. Der Schnee war längst zerstampft und hatte sich mit dem nassen Dreck des Waldbodens vermischt. Wenn die Männer forsch und mit Wucht in manche Matschpfütze stampften, spritzte das Wasser davon und sah auf dem verbliebenen Schnee aus wie das Blut verendender Tiere. Die Magie war verschwunden, der Wald lag in Agonie und Zerstörung. So würde es dem gesamten Tal ergehen, wenn Arthur und Ragnar den großen Brand nicht verhinderten.

Zoller selbst saß unterhalb des felsdurchsetzten und mit Schnee und Eis bedeckten Beckens, in das der Wasserfall hineindonnerte, gerade außerhalb der großen Gischtfahne, auf einer Art Thron, den man ihm zurechtgehauen hatte. Aus einer umgestürzten Fichte hatte man eine Vertiefung herausgearbeitet, dabei aber den rückwärtigen Teil belassen, damit der Meister sich anlehnen konnte. Darüber war aus mehreren jungen Stämmen ein Baldachin gefertigt, mit großen Fichtenzweigen als Dach. So saß Zoller nicht nur seiner Würde gemäß, die er glaubte, ihm eigen zu sein, sondern schlicht auch im Trockenen. Links und rechts von ihm hatten sich Viktor und Oskar aufgebaut. In ihren Gesichtern waren deutlich die Krusten zu erkennen, die sich über den Schnitten, die Erik ihnen zugefügt hatte, gebildet hatten. Sie waren es auch, die die Befehle Zollers entgegennahmen und an die Arbeiter weitergaben. Arthur zählte durch und wunderte sich, wie genau die Zahl stimmte: Es waren achtundvierzig Krieger. Zwei fehlten, und das war in der Zwischenzeit mit Sicherheit auch Zoller aufgefallen. Was Viktor und Oskar ihm von ihrem Erlebnis erzählt hatten, das konnte Arthur nicht einmal ahnen. Glaubten Sie daran, ihren Göttern begegnet zu sein und würden sie deshalb ihr Verhalten ändern? Das war schwer anzunehmen, zumal sie jetzt wieder in der gewohnten Ergebenheit neben Zoller standen. Oder hatten sie, zumindest nachträglich, den Schwindel erkannt und sannen nur darauf, Rache zu nehmen für die Demütigung, die Erik und Arthur ihnen angetan hatten?

»Sie sind bald fertig, denke ich«, riss ihn Ragnar aus den Gedanken. »Bald werden sie das Feuer entzünden.«

Arthur nickte. »Denkst du, die Tiere sind mittlerweile abgezogen? Damit wenigstens sie gerettet werden?«

»Ich glaube schon. Ich habe keine mehr wahrgenommen, und das müsste doch mit dem Teufel zugehen, wenn meine Nase mich so sehr täuschen würde.«

Tatsächlich war Zoller aufgestanden. Seinen letzten, den großen Befehl wollte er selber ausführen. Er ging einige Meter den Pfad hinunter, wobei er darauf achtete, seine Stiefel nicht allzu dreckig zu machen. Dann schritt er einmal links und einmal rechts an dem Holzwall entlang, als inspiziere er eine Armee, die in den Krieg zog. Er war mit dem Ergebnis zufrieden. Denn er rief so laut, dass auch Arthur und Ragnar es deutlich hören konnten: »Männer, dieses Feuer, das ich jetzt entfachen werde, wird uns unserem Ziel sehr nahe bringen. Der Tag ist nicht mehr fern, an dem wir alle heimkehren dürfen. Es ist deshalb ein gutes Werk, das ihr getan habt. Dieser Brand wird uns den Weg bereiten, zurück in unsere Heimat«, rief er – und damit nahm er eine Fackel, die neben ihm im Boden steckte, und warf sie in das Laub des Walles. Sofort fingen die welken Blätter Feuer. Und alle Männer griffen sich nun eine oder zwei der lodernden Peckfackeln und entzündeten an anderen Stellen den großen Stapel. Es dauerte nicht einmal fünf Minuten, und der ganze Wall stand in gewaltigem Feuer, und der Schein, der irrlichternd an die Felsenwände geworfen wurde, ließ Arthur erschaudern, so sehr erinnerte es ihn an einen Totentanz. Schon züngelten die Flammen, vom Wind südwärts getrieben, an den ersten Fichten, die die Männer hatten stehen lassen; schon bleckten die Flammen an den ersten Sträuchern, die dem Feuer nach der ungewöhnlich langen Schönwetterphase in ihrer Dürre und Trockenheit nichts entgegensetzen konnten.

Es war eine riesige Feuerwand, die sich da aufmachte, nach Süden zu marschieren. Zehn, vielleicht fünfzehn Meter hoch schossen die Flammen in den Himmel. Und Karl Zoller trat zurück und besah sich sein Werk. Dann nickte er kurz, wie ein Bauer kühl dem Metzger zunickt, dem er gerade seine Schweine zum Schlachten übergeben hat, und schritt durch die Schneise davon, die die Männer für ihren Rückzug im Holzwall gelassen hatten. Alle folgten ihm schnell, denn bald wäre kein Durchkommen mehr gewesen. Schon jetzt musste die Hitze unerträglich sein.

Ragnar sah Arthur fragend an. »Du hast gesagt, dein Platz sei hier – weißt du dann auch, was wir jetzt tun sollen? Viel Zeit bleibt nicht mehr zu handeln. Wenn die Feuerwalze erst einmal talwärts rollt, hält niemand mehr sie auf.«

Der Kloß in Arthurs Hals wurde immer größer. Was hatte er sich nur eingebildet, dachte er bei sich. Er würde herrennen und das Feuer mit ein paar Schippen Schnee ersticken? Oder es mit ein paar Fichtenzweigen ausschlagen? Er schämte sich fast für diese Überheblichkeit. Und doch war da ein anderes Gefühl in ihm, das ihm sagte, dass noch nicht alles verloren sei, dass er den Wald noch retten könne.

»Es tut mir leid, Ragnar. Ich weiß nicht, was das Feuer noch löschen könnte. Ich habe gedacht, ich wüsste es. Aber wahrscheinlich war einfach meine Ungeduld wieder stärker gewesen, und ich bin losgerannt und habe gar nicht gemerkt, dass ich wieder einmal überhaupt keinen Plan habe.«

Ragnar machte ihm keine Vorwürfe. »Es war einen Versuch wert, auch wenn es ein hilfloser Versuch war. Komm, lass uns gehen. Es ist besser, wir kehren zu den anderen in die Habichtshöhle zurück.«

Er schaute noch einmal auf das gewaltige Feuer, das den Untergang seiner Heimat herbeiführen würde, wandte sich dann ab und ging den Hang hinunter zum Grünbach, der vom Wasserfall Richtung Heiligensee hinab floss. Die Krieger zogen schnell mit Ariokan ab. Es bestand vorerst keine Gefahr mehr, ihnen über den Weg zu laufen. Auch Arthur machte sich nun auf, Ragnar zu folgen. Doch nach ein paar Schritten blieb er stehen und sagte plötzlich: »Warte, Ragnar, mir ist etwas eingefallen. Julius hat mir nochmals eingetrichtert, dass der Turmalin alles verstärken könne, was an Eigenschaften in mir stecke. ›Deinen Mut, deine Energie und deine Liebe zum Wald‹, hat er gesagt. Ich habe nur auf das erste gehört und geglaubt, wenn ich schnell hier bin und all meinen Mut zusammennehme, wird es schon klappen.«

Ragnar hörte aufmerksam zu. »Sprich weiter«, sagte er nur, »sprich weiter.«

»Ich glaubte, der Turmalin könne mich schneller rennen lassen, mich mutiger machen und mich in Träumen auf Reisen schicken. Vielleicht kann er aber auch Werte, die nicht so offensichtlich sind, so stark machen, dass sich die Wirklichkeit dadurch verändert. ›Die Liebe zum Wald‹, hat Julius gesagt.« Er sann diesen Worten nach und versuchte, ihre tiefere Bedeutung zu erahnen. Gleichzeitig nahm er den Turmalin wieder aus seiner Hosentasche, legte ihn in beide Hände und führte sie zum Mund. Es sah aus, als wolle er den warmen Atem in die hohlen Handflächen blasen und seine Hände wärmen. Doch in Wirklichkeit wollte er dem Stein seinen Lebensodem einhauchen, ihn animieren, ganz mit ihm zu verschmelzen.

Ragnar griff nicht mehr ein. Er wusste, dass Arthur jetzt diesen Weg ohne ihn gehen würde – und dies auch könnte.

Plötzlich schien sich Arthur entschlossen zu haben. Er ging langsam, als würde er schlafwandeln, zwischen den Fichten auf die Feuerwalze zu und blieb erst stehen, als er die Hitze so sehr spürte, dass sie beinahe seine Haut versengte. Übermächtig stand das Feuer über ihm, wie ein Ungeheuer, das ihn gleich verschlingen würde. Er, ein Wurm, gegen einen wütenden Drachen.

Doch dann konzentrierte sich Arthur und ließ Bilder in sich erstehen, die von seiner großen Liebe zum Wald kündeten. Er sah, wie er als vielleicht vierjähriger Bub das erste Mal auf den alten Kirschbaum am Tannenbühl geklettert war. Er sah, wie er in einem Sommer auf dem Felsblock inmitten des Rates der Weisen lag und in das Blätterdach der Eichen schaute. Er sah, wie er mit Erik durch das Felsenmeer streifte und sie ihr erstes Biwak zwischen den Felsen aufbauten. Er sah, wie er in einer kalten Winternacht durch die lichten Bäume auf das gleißende Firmament schaute und wusste – auch wenn er nur ein Sandkorn im Universum war und so klein, dass es keine Be-

schreibung dafür gab angesichts der Unendlichkeit der Welt, so war er doch einzigartig und hatte seinen Platz in dieser Welt. Und dieser Platz war dieser Wald. Er war sein wahres Zuhause.
In ihm brannte plötzlich diese Liebe zu diesem Wald so heiß und so hell wie die Feuerwalze vor ihm, die er nicht mehr wahrnahm und nicht mehr beachtete. Dieses Band zwischen ihm und den Tieren und den Bäumen, die hier lebten, würde niemals zerreißen – erst mit seinem Tod. Er liebte diesen Wald über alles. Er war eins mit ihm.
Da brannte plötzlich auch der Turmalin in seinen Händen und strahlte so hell, dass Arthur erkannte, dass der Stein ihn verstanden hatte. Und das Strahlen wurde größer und heller und breitete sich über das Feuer hinweg aus und der gesamte Talschluss wurde erleuchtet, als sei nochmals, mitten im Winter, ein Sommertag angebrochen. Auch der Wasserfall wurde von diesem Leuchten erfasst – und da begann das Wasser zu leben. Das Tosen wurde stärker, immer mehr Wasser stürzte oben am Trauf über den Felsenrand in die Tiefe, und ein so starker Wind kam auf, dass das Wasser das Tal hinab fortgetragen wurde und sich wie in einem Sturzregen über das Feuer ergoss. Wider alle Schwerkraft floss das Wasser schließlich vom Trauf hoch oben in einem unsichtbaren Bett in Richtung Waldbrand, teilte sich darüber in mehrere Stränge und stürzte auf der gesamten Breite, als hätte man eine Schleuse geöffnet, über das lodernde Holz. Es dampfte und zischte, gewaltige Rauch- und Dampfschwaden stiegen in den hell erleuchteten Nachthimmel – in wenigen Minuten war das Feuer, das niemand mehr glaubte löschen zu können, in sich zusammengesunken und verlöscht.
Arthur war auf die Knie gesunken, die Augen geschlossen. Wenn überhaupt, erlebte er dieses Schauspiel nur vor seinem inneren Auge. Dann wurde das Licht des Turmalin schwächer, und der Wasserfall kehrte langsam zu seinem natürlichen Lauf zurück. Tosend ließ er sich wieder in das Becken fallen, als sei nie etwas geschehen. Der dämmrige Wintertag kehrte zurück, und Arthur sackte ganz in sich zusammen, die Hände mit dem Turmalin zwischen sich, so tief in seinem Körper vergraben, als könnte er niemals wieder von ihm getrennt sein.
Ragnar verharrte lang, ehrfurchtsvoll, andächtig, ergeben. Dann trat er neben Arthur, stupste ihn mit der Nase an und sagte: »Es ist vorbei. Du hast es geschafft. Herr des Waldes.« Die letzten Worte sprach er mit solcher Sanftmut und Innigkeit aus, dass keine Mutter so liebevoll hätte mit ihrem Kind sprechen können. Und Ragnar sah, wie Arthurs Körper von heftigem Schluchzen durchzuckt wurde.
Es war gut. Er war daheim.

Doch ihnen blieb nicht viel Zeit. Karl Zoller und seine Truppen waren noch nicht weit entfernt, so dass sie schnell bemerkten, dass sich am Wasserfall das Schicksal gewendet hatte. Sie sahen den weißen gleißenden Schein über dem Talschluss, und dieser Schein durchflutete den Wald und schien jeden einzelnen Baum mit einer Aura auszustatten. Wie Sommerlicht, das im Morgendunst schräg durch den Wald fällt, nur viel kräftiger,

erhellte der Turmalin das Tal. Und als dieses Licht wieder erloschen war, sahen die Männer um Ariokan, dass kein rötlicher Schimmer mehr über dem Wald stand und kein Rauch mehr in den Himmel strebte.
Zoller trieb seine Männer zurück zum Wasserfall. Doch am Ort des Geschehens selbst war nichts mehr auszurichten. Die Wucht des Wassers hatte das Feuer nicht nur gelöscht, sondern den Wall zerstört, alles Holz in einer Flutwelle auseinandergetrieben und es so nass gemacht, dass es vorerst nicht mehr brennen würde. Zoller war außer sich vor Zorn. Er schrie Viktor und Oskar an, sie sollten die Gegend durchkämmen. Und als alle Krieger auseinanderstoben und in den Wald hineinhetzten, da griff Zoller in die Tasche seines Wamses und holte die menschliche Figur heraus, die er für seinen wichtigsten Trumpf hielt, schaute sie lange fragend an und wunderte sich, wie dieser Wiegand trotz der zerstörerischen Kraft des alten Bundes so viel Widerstand leisten konnte. Doch dann lächelte er plötzlich.
Arthur und Ragnar beobachteten, wie Zollers Krieger in den Wald hineinstürmten; und sie ahnten, dass sie zu lange gezögert hatten. Sie schlichen sich davon, um unbemerkt außer Reichweite der Männer Zollers zu kommen. Doch die Krieger brachen sich wie Bulldozer durch den Wald, und der Abstand zu Arthur und Ragnar verringerte sich schnell.
»Es hat keinen Zweck, Ragnar«, sagte Arthur deshalb. »Wir müssen rennen, auch auf die Gefahr hin, dass sie uns bemerken.«
Ragnar nickte. »Nutze deinen Turmalin. Wir werden schnell sein müssen.«
Arthur ließ den Stein in seiner Tasche; er wollte nicht, dass er hell strahlte und ihre Feinde direkt zu ihnen führte. Doch Arthur Flügel zu verleihen, das schien keine große Aufgabe mehr für den Stein zu sein. Er leuchtete nur matt, und Arthur rief: »Ich bin soweit.« Dann sprang er auf, verließ seine Deckung und begann, zwischen den Fichten bergab zu laufen. Ragnar holte ihn zunächst mühelos ein und hatte sogar noch Zeit, sich umzublicken. Die Männer hatten sie gesehen – oder zumindest war ihnen aufgefallen, dass sich zwischen den Bäumen etwas bewegt hatte. Dann schrie einer: »Hierher! Alle hierher!« Doch Ragnar wandte sich bereits wieder um und hastete den Hang hinab, schnell weg von ihren Verfolgern, die nun wussten, wen sie jagen mussten.
Die beiden Gefährten wechselten auf die andere Seite des Grünbaches. Arthur flog nun förmlich durch den Wald und musste sein Tempo immer wieder verlangsamen, damit Ragnar mithalten könnte. Hat dieser Stein eigentlich unbegrenzte Kräfte, fragte sich Arthur unterwegs, oder muss ich haushalten mit meinen Wünschen, die ich an ihn stelle? Aber es war nicht der Moment, darüber nachzudenken. Arthur spürte, dass dieser Tag noch lange nicht zu Ende sein würde. Am Rat der Weisen, der ungefähr auf halber Strecke war, blieben sie kurz stehen, um zu horchen, ob Zoller vielleicht ebenfalls Zauberkräfte einsetzte und ihnen bereits auf den Fersen war. Aber Ragnar hörte nichts – sie schienen noch einen Vorsprung zu haben. Dann beratschlagten sie in aller Eile, was zu tun sei.

»Der Schnee wird uns verraten«, sagte Ragnar, »wir hatten keine Gelegenheit, unsere Spuren zu verwischen. Der Schnee wird sie herführen.«

Arthur nickte. »Dann führen wir Zoller in die Irre und gehen nicht zurück zur Habichtshöhle. Wir warten irgendwo ab, bis sich die Lage beruhigt hat.«

Ragnar war bei diesem Gedanken nicht wohl: »Ich glaube, wir sollten die anderen warnen. Wer weiß, was Zoller aushecken.«

»Wie kalt ist das Wasser im Heiligensee um diese Jahreszeit?«, fragte Arthur plötzlich. Ihm war eine andere Idee gekommen.

Ragnar begriff sofort. »So kalt, dass du nicht sehr lange darin schwimmen wirst, ohne mit den Zähnen zu klappern. Aber wir werden uns beeilen. Wir haben ohnehin keine Zeit zu verlieren.«

Sie hasteten quer durch den Wald wieder hinunter zum Grünbach, der direkt in den Heiligensee mündete. Den letzten Kilometer gingen sie im Wasser – dort blieb kein Schnee liegen, und Zoller würde zwar schnell merken, dass die Spuren am Bach endeten, aber er würde zumindest Zeit verlieren, weil er herausfinden musste, ob das Wild, dem er folgte, flussaufwärts oder -abwärts gegangen war. Und er musste suchen, bis er die Spuren wiederfand, die irgendwo an einem Ufer wieder beginnen mussten.

Doch das taten sie nicht. Ragnar und Arthur rannten im Bachbett hinunter zum Heiligensee, und auch wenn sie im Wasser nicht mehr sehr schnell vorankamen, hatten sie doch das Gefühl, dass sich ihr Vorsprung vergrößerte. Das Wasser im Bach reichte Arthur kaum bis an die Knöchel, aber bald spürte er, wie sich die Kälte in seine Zehen biss und ein hell pochender Schmerz entstand. Er biss die Zähne zusammen; ein Waldläufer hatte auch damit zurecht zu kommen.

»Bist du bereit?«, fragte er Ragnar, als sie an der Mündung des Baches in den Heiligensee kurz zauderten. Aber eigentlich sagte Arthur dies mehr zu sich selbst als zu Ragnar, der nur darauf wartete, dass Arthur weiterging.

»Es ist unsere einzige Chance«, sagte Ragnar, um Arthur zu ermuntern, seine eigene Idee in die Tat umzusetzen.

Arthur nickte, gab sich einen Ruck und eilte den Bachlauf vollends hinab, drängte sich durch das Dickicht des abgestorbenen Schilfes, das auf dieser Seite des Heiligensees wuchs, und stürzte sich dann in die dunklen Wasser des Sees. Eine eisige Faust schien ihn augenblicklich zu umgreifen, und Arthur glaubte, nicht mehr atmen zu können, so sehr schmerzte ihn die Kälte des Wassers. Doch er zwang sich, Arme und Beine auszubreiten und mit langen Zügen vorwärts zu gleiten. Es ist nicht weit, dachte er bei sich, du schaffst das. Ragnar paddelte neben ihm. Sind Katzen nicht eigentlich wasserscheu, dachte Arthur. Doch der Luchs schwamm mühelos neben ihm und schien sich mehr Sorgen um seinen Freund zu machen als um sich selbst.

Arthur konnte das Ziel nicht sehen, doch er hielt instinktiv auf die richtige Richtung zu. So häufig war er im Sommer am See gewesen und von einem Bach zum anderen gelaufen, dass er die Entfernung zwischen den Mündungen des Grünbachs und des

Andersbachs gut einschätzen konnte. Am Ufer hätte er die kurze Strecke blind gehen können. Jetzt im pechschwarzen Wasser, über das noch immer dichtes Schneegestöber trieb, war das eine andere Sache. Er hatte den Eindruck, gar nicht voranzukommen, und zugleich fühlte er, wie sein Körper immer tauber wurde und immer weniger den Anweisungen seines Gehirns gehorchte. Es war ein beängstigendes Gefühl, im dunklen eisigen Nichts zu treiben. Am liebsten wäre er ans nahe Ufer geschwommen, denn es wurde ihm zunehmend gleichgültig, ob man ihre Spuren im Schnee erkennen konnte oder nicht.

»Wir sind gleich da«, sagte Ragnar, als hätte er Arthurs Gedanken lesen können. »Halte durch, es ist nicht mehr weit.«

Und tatsächlich konnte Arthur schon das Plätschern des Andersbaches hören, der sich in kleinen Kaskaden in den Heiligensee ergoss. Arthur nahm nochmals alle Kraft zusammen und schwamm mit kräftigen Stößen dem Plätschern entgegen. Plötzlich spürte er wieder Boden unter den Füßen, und er beeilte sich, aus dem Wasser zu kommen. Die Steine des Andersbaches waren glitschig, und durchgefroren, wie Arthur war, rutschte er mehrmals aus und schlug sich heftig das Knie an einem Felsen an.

»Mir ist so kalt«, sagte er zu Ragnar, der gerade das Wasser aus seinem Fell schüttelte, »ich erfriere gleich.«

»Wir müssen laufen, das wärmt«, sagte Ragnar und setzte sich in Bewegung. Doch sie kamen nicht schnell voran. Nach der langen Trockenzeit floss wenig Wasser im Andersbach, so dass der Schnee an vielen Stellen Halt fasste und liegenblieb. Mehr als zehn Zentimeter lag er schon. Arthur und Ragnar mussten sich langsam einen schneefreien Weg durch das Bachbett suchen und immer darauf bedacht sein, nirgendwo versehentlich den Schnee von einem Stein wegzufegen.

Je höher sie Richtung Albtrauf hinaufstiegen, umso mehr konnten sie auf den Wald im Talgrund hinabschauen. Als sie sich umblickten, konnten sie im trüben Schneegestöber das Licht der Fackeln erahnen, das ihnen anzeigte, wo Zoller und seine Leute angelangt waren. Arthur verließ kurz der Mut – die Kelten hatten auf beinahe unheimliche Weise aufgeholt. Eine kleine Gruppe war den Grünbach zunächst flussaufwärts gegangen, aber bald umgedreht; man sah eine kleinere zweite Ansammlung von Fackeln. Die viel größere Gruppe stand bereits am See. Vermutlich rätselte Zoller gerade, wie der weitere Weg der zwei aussehen mochte. Einzelne Fackeln irrlichterten am Ufer des Sees; die Männer suchten die Gegend ab, ob die Spuren irgendwo wieder auftauchten.

Nur wenige Minuten dürfte der Vorsprung noch betragen. Zoller war schlauer, als Arthur angenommen hatte – er war nicht langsam den Spuren durch die Hänge gefolgt, sondern hatte geahnt, dass seine Opfer irgendwann in den Bach steigen würden, um die Richtung ihrer Flucht zu verschleiern. So war er direkt den Pfad entlang des Grünbachs hinuntergegangen und hatte viel Zeit gewonnen. Zeit, die Arthur und Ragnar nun fehlte.

Die beiden beschleunigten ihre Schritte, soweit ihnen das noch möglich war. Die Kraft des Turmalins nutzte Arthur nichts mehr, weil er mit Bedacht seinen Weg wählen musste und nicht mehr vorwärts stürmen konnte. Außerdem schien die Kälte seinem Innersten immer näher zu kommen. Er zitterte heftig und spürte, wie seine Kleider steif wurden. Sie hatten sich mit Wasser vollgesogen, das nun im eisigen Wind langsam gefror. Die Erschöpfung wuchs, und seine Verzweiflung auch. Sollte nun doch alles verloren sein und ihre Häscher würden sie fangen? Jetzt, da sie erstmals die Pläne Zollers hatten durchkreuzen können?

Die Fackeln im Tal vereinigten sich wieder und stießen forsch am Ufer entlang Richtung Andersbach. Ariokan hatte sich entschieden und kam ihnen nun mit großer Entschlossenheit und Schnelligkeit nach.

»Beeil dich«, spornte Ragnar Arthur an. Der Luchs war deutlich im Vorteil. Sein Fell speicherte das Wasser nicht; er kühlte deshalb nicht so stark aus wie Arthur. Vor allem aber besaß er eine Orientierungsfähigkeit, die Arthur nur bewundern konnte. Sicheren Schrittes wanderte er den Bach hinauf, ohne jemals zu zögern oder einen Fehltritt zu begehen. Es war, als folge Ragnar einer unsichtbaren Markierung im Bachbett. Sein Instinkt wies ihm den Weg. Daran musst du noch arbeiten, dachte Arthur bei sich.

Endlich kam die Habichtshöhle in Sicht. Ragnar hastete voraus und informierte die Gefährten mit wenigen Worten darüber, was geschehen war. Arthur folgte mit schweren Beinen. Er fühlte sich ausgepumpt, als er am Lagerfeuer niedersank und seine eisigen Hände über die Flammen hielt.

»Zieh das hier an«, sagte Marie zu ihm. Sie war bei seiner Ankunft in die Hütte gerannt und kam mit einem ganzen Berg an Kleidung zurück. »Mein Pullover aus Alpakawolle ist extrem warm. Mach' schnell.« Sie schaute ihn mit liebevollen Augen an, und trotz seiner Erschöpfung fühlte sich Arthur plötzlich verlegen. »Ich bin sehr stolz auf dich«, sagte Marie noch, dann huschte sie wieder davon.

Ragnar hatte in der Zwischenzeit das Kommando übernommen. »Zoller wird mit seinen Männern in wenigen Minuten hier sein. Und wir sollten nicht mehr darauf vertrauen, dass uns die Unsichtbarkeit der Höhle schützt. Er wird den Andersbach entlanggehen, und der führt ihn geradewegs hierher.«

»Was schlägst du also vor?«, fragte Barten, »wir sind sechs gegen fünfzig. Das ist eine ziemlich eindeutige Sache.«

»Wieso sechs?«, fragte Ragnar nach und merkte erst jetzt, dass einer in der Runde fehlte. »Was ist mit Erik?«

Es war Julius, der antwortete. »Er hat vor zwei Stunden einen neuen Anfall bekommen. Es ging ihm schon den ganzen Tag nicht gut. Dann brach er am Lagerfeuer zusammen. Wir haben ihn in die Hütte gebracht.« Er stockte einen Augenblick, um dann mehr zu sich selbst hinzuzufügen: »Es ist fürchterlich.«

»Wir haben ihm den ganzen Tag über den Tee der Kräuterfrau eingeflößt«, sagte

Marie, die sich neben Julius gestellt hat und ihm den Arm um die Schultern legte. »Aber es hilft nicht mehr viel.«
»Das ändert alles«, sagte Ragnar. »Wie sollen wir fliehen, wenn Erik nicht gehen kann?«
Arthur war zu ihnen getreten. Er hatte sich umgezogen, aber sein Gesicht und seine Hände waren immer noch leichenblass.
»Wir werden nicht fliehen«, sagte er, und in seiner Stimme lag eine so große Entschlossenheit, dass alle ihn erstaunt anschauten.
»Willst du kämpfen?«, fragte Barten. »Das wird nicht gut ausgehen.«
Schon drangen die ersten Rufe zu ihnen herauf, und schwach sahen sie bereits zwischen den Bäumen ein fahles Licht, das von den Fackeln herrührte.
»Erik hat mich und Julius gebeten, dass wir ihn zurücklassen, wenn er wieder krank würde und eine Gefahr für uns wäre. Das stimmt doch so, Julius?« Der Junge nickte traurig. »Ja, das hat er gesagt. Aber …«.
»Genau«, schnitt ihm Arthur das Wort ab. »Das kommt für mich und Julius niemals in Frage. Er ist unser Vater, und selbst wenn er tot wäre, würden wir ihn nicht zurücklassen. Aber ich habe Verständnis dafür, wenn ihr das anders seht. Ich möchte unsere Gruppe nicht spalten, doch in dieser Situation sollte jeder die Möglichkeit haben, frei zu entscheiden, was er tun möchte. Ursulas Haus ist nicht weit entfernt – ihr könntet es bis dorthin schaffen, und vielleicht kennt sie einen Zauber gegen Zollers Leute.«
Niemand rührte sich, niemand machte Anstalten, den Kreis zu verlassen.
»Kennst du einen anderen Weg, den wir gehen könnten?«, fragte Ragnar, und er stellte diese Frage für alle in der Runde. »Einen Weg, den wir zusammen gehen können?«
»Ja«, sagte Arthur, »aber es ist ein unsicherer Weg, und ich weiß nicht, wie weit er uns führen wird, zumal wir Erik werden tragen müssen. Aber zumindest gewinnen wir etwas Zeit.«
»Von welchem Weg sprichst du?«, mischte Schubart sich ein. Sie flatterte aufgeregt mit den Flügeln.
»Wir gehen in die Habichtshöhle, zum Heiligtum der Tiere«, antwortete Arthur. »Mit etwas Glück werden uns die Kelten nicht folgen, weil sie Angst haben vor einem Weg, der in die Tiefe der Erde führt.«
»Wie kommst du darauf? Die Krieger haben vor nichts Angst, außer vor Göttern mit Geweihen und Eulen auf dem Kopf«, sagte Schubart.
»Das stimmt nicht ganz.« Julius schien in seinem Element. »In den Büchern in der Bibliothek in Lässingen habe ich gelesen, dass die Kelten oft an großen Felsspalten oder an Höhlen Stiere oder gar Menschen den Göttern geopfert haben. Sie sahen Höhlen wohl als Ort an, wo die Götter wohnten oder wo man zumindest Zugang zu ihnen hatte. Aber ich glaube nicht, dass jemand freiwillig diese Wohnorte der Götter betreten wollte. An der Charlottenhöhle hat man auch Knochen gefunden.«

»Und an der Habichtshöhle?«, fragte Marie nach. »Ist hier irgendetwas entdeckt worden?«

»Nicht dass ich wüsste«, antwortete Julius. »Aber es wäre einen Versuch wert. Ich habe jedenfalls bereits alles vorbereitet – Essen, Kleider, Fackeln, alles ist wasserdicht verpackt und in handliche Stücke geteilt. Und für Erik habe ich eine Trage gezimmert. Von dem Holz, aus dem Marie und Schubart die Hütte gebaut haben, war noch so viel übrig.«

Arthur boxte seinen Bruder leicht an die Brust und nahm ihn dann in den Arm.

»Was wären wir ohne dich«, sagte Arthur. »Als ob du alles vorausgeahnt hättest.«

Der Lärm, den Zollers Leute bei ihrem stürmischen Aufstieg verursachten, schwoll immer stärker an. Gleich würden sie an der Höhle sein; schemenhaft nahm man bereits erste Gestalten wahr.

»Worauf warten wir dann noch?«, fragte Ragnar. »Julius, du stellst dich an den Eingang der Höhle und gibst jedem das Päckchen, das du für ihn zum Tragen vorgesehen hast. Dann verschwindet jeder im Gang. Wir treffen uns an der Stelle, an dem wir zum ersten Mal in den Andersbach einsteigen müssen.«

Julius hatte zwei Säcke wie Satteltaschen aneinandergebunden. Sie waren prall gefüllt mit Kastanien und Bucheckern; er legte Barten die Taschen über den Rücken, jede auf eine Seite. »Jetzt werde ich schon als Trageesel missbraucht«, murrte der Dachs, ging aber ohne Protest weiter. Schubart sollte die vorerst nicht benötigten Fackeln mitnehmen – es war wichtig, dass sie nicht nass wurden. Marie erhielt einen großen Rucksack, in dem einige Kleider aufbewahrt waren. Sie mussten, einmal im Dom angekommen, auf jeden Fall trockene Sachen anziehen können.

»Und was ist mit Erik?«, fragte Ragnar, der draußen am Höhleneingang Posten bezogen hatte und besorgt auf jene Stelle zwischen den Bäumen blickte, wo die Kelten demnächst erscheinen würden. »Wollen Arthur und du ihn alleine tragen? Bei allem Respekt, aber ich fürchte, ihr werdet nicht weit kommen.«

»Auch daran habe ich gedacht«, antwortete Julius. »Schau her.«

Er drehte die Trage aus langen Stangen und Brettern um, die neben dem Eingang bereit stand, und zeigte auf die Unterseite. Dort hingen viele Blasen, die Julius wie Luftballons aufgepumpt und an den Stangen festgebunden hatte.

»Was ist das?«, fragte Ragnar ungläubig.

»Die Blasen stammen von den Rehen, die du in letzter Zeit zu uns gebracht hattest. Ich habe mich an eine Sitte von früher erinnert und sie aufgehoben.«

Und als Ragnar noch immer nicht richtig verstand, fügte Julius hinzu: »Die Blasen geben der Trage Auftrieb, so dass sie fast wie ein Floß auf dem Wasser treibt – so müssen wir Erik nur an jenen Passagen tragen, bei denen wir nicht im Andersbach gehen. Mit etwas Glück wird Erik nicht arg nass werden. Ich hatte allerdings keine Gelegenheit mehr, es auszuprobieren.«

»Manchmal habt ihr Menschen doch ganz pfiffige Ideen«, sagte Ragnar zuletzt, während Arthur und Julius ihren Vater aus der Hütte holten. Als sie mit der Trage hindurch waren, machte er sich daran, in der Höhle möglichst viele Felsen wieder in den Eingang zu rollen, um den Durchschlupf zu verkleinern. Das würde die Krieger nicht aufhalten; aber es erhöhte vielleicht ihre Scheu, durch den engen Spalt in die Dunkelheit hineinzuschlüpfen. Dann lud auch er sich die beiden Satteltaschen, die Julius für ihn zurechtgemacht hatte, auf den Rücken. Als er einen letzten Blick durch den Eingang warf, sah er, wie Ariokan aus dem Bachbett trat, kaum fünfzig Meter von der Höhle entfernt, hinter ihm seine Meute, die im Laufe der Hetzjagd immer ungeduldiger geworden war. Sie gaben sich keine Mühe, leise zu sein, denn ihr Wild war schon aufgestöbert und aufgeschreckt – man musste es sich nur noch müde laufen lassen und ihm dann den Todesstoß geben. Und Ragnar glaubte den Männern anzusehen, wie gierig sie darauf waren, diesen Stoß auszuführen. Er kannte diesen Blick. Zu oft hatte er die Jäger beobachtet, wenn sie einen Hirsch oder ein Wildschwein gestellt hatten und es zwar aufgeregt, aber gleichgültig gegenüber dem Leid des Tieres niederschossen. Es war immer das Gleiche: Diese Menschen glaubten alles Recht der Welt zu haben, zum Richter über Leben und Tod zu werden. Warum nur war die Welt so eingerichtet, dass sich die Tiere dies gefallen lassen mussten?

Doch jetzt stoppten die Männer. Als sie erkannten, wohin Zoller sie geführt hatte, wirkten sie plötzlich aufgebracht und verängstigt zugleich. Mit Scheu blickten sie zur Höhle hinauf, einige wollten sich sogar schon wieder entfernen, und Zoller musste sie anherrschen, kampfbereit zu bleiben. Viele starrten auf die Schar der Krähen, die in einer der kahlen Robinien in der Nähe der Höhle saß. Ragnar konnte nicht wissen, dass diese Vögel die ständigen Begleiter der keltischen Totengöttin Badb waren. Das war es, was die Krieger beunruhigte. Begleitet nur von Viktor und Oskar, die im Gegensatz zu den anderen Männern ruhig geblieben waren, ging Zoller unterhalb der Höhle immer wieder auf und ab. Er inspizierte den Ort mit seinen Augen, seinen Ohren und vor allem mit seinen Füßen. Wo sind sie hin? Diese Frage stand in Zollers Gesicht geschrieben, und immer wieder schaute er auf den Wasserlauf, den die beiden Gejagten heraufgekommen sein mussten, und tastete mit den Augen alle Möglichkeiten ab, wo es für sie einen Weiterweg gegeben hatte. Nichts deutete auf die Anwesenheit von Menschen oder Tieren hin – das Lagerfeuer knisterte für Karl Zoller nicht, er sah nicht die Rauchsäule, die sich unter dem Vordach hervor einen Weg nach oben suchte, und für ihn waren auch die windschiefe Hütte und die zurückgelassenen Körbe mit Eicheln unsichtbar. Selbst wenn er mit den Beinen dagegen gestoßen wäre, hätte er sie nicht bemerkt – denn für alle Sinne galt der Zauber der Habichtshöhle.

Natürlich kannte Zoller die Höhle. Seit Jahrhunderten hielt er sich im Heiligental auf, und auch wenn er in der letzten Zeit kaum im Wald gewesen war, um bei der Wilderer-Affäre keinen Verdacht auf sich zu lenken, so war ihm doch jeder Baum und jeder Stein vertraut. Hatte er nicht jeden Felsbrocken hundertmal umgedreht, um vielleicht die Figur der Tiere oder der Bäume zu finden? Hatte er nicht Zeit gehabt, jeden Baum wachsen, erstarken und sterben zu sehen? Viele Generationen von Bäumen waren an ihm vorüber gegangen, und der Wald, der dem sterblichen Menschen als etwas beinahe Unveränderliches erscheint, war für ihn beständig in Bewegung, wie ein Film im Zeitraffer, in dem im Frühjahr die ersten zarten Blätter sprießen, wachsen, im Wind flattern und schließlich welk zu Boden sinken. Ganze Reiche sind in seiner Zeit untergegangen, zuerst sein eigenes, das keltische; dann kamen draußen im Tal der Lauter die Römer und glaubten, sie siedelten für die Ewigkeit, um nur zweihundert Jahre später vertrieben zu werden. Ganze Völker wanderten in der unruhigen Zeit um 500 durch das Gebiet, und manche Scharen verirrten sich auch ins Heiligental. Die mittelalterlichen Kaiserdynastien stiegen auf und versanken im Staub. Er sah die Ritter ins Heilige Land ziehen, er sah, wie aufgebrachte Bauern die Mönche aus dem Kloster Waldbronn vertrieben. Er hatte in Lässingen die erste Dampfmaschine in Gang gebracht und die erste Fabrik eröffnet. Er hatte so viele Kriege gesehen, dass er sie nicht mehr zählen konnte. Seit zweitausend Jahren wehte ihm der Hauch der Geschichte ins Gesicht. War er stolz darauf? Keineswegs, vielmehr war er des ewig Gleichen müde, so müde. Doch diese Sache musste er noch zu Ende bringen. Dann würde sich auch sein Schicksal erfüllen und er würde heimgehen in das Andere Land.

Überall war Zoller gewesen in diesem Tal, hunderte und tausende Male. Nur hierher zur Habichtshöhle, die er in seiner Sprache Aignakat nannte, die Höhle der Katzen, war er selten gekommen. Denn sie bildete für ihr Volk den Eingang in die Anderswelt, sie war die Höhle, aus der an Samhain die Toten kamen, um sich für eine Nacht an den Tisch der Lebenden zu setzen und um sich ins Bett ihrer früheren Frau, die jetzt Witwe war, zu legen. Es war kein Ort, an den man freiwillig kam, und in früheren Zeiten war er höchstens im Sommer, an Beltane, hergekommen, um gemeinsam mit den Dorfbewohnern den Göttern zu opfern. Niemand würde je versuchen, als Lebender in die Anderswelt zu gehen, und niemals würde er seine Männer dazu bringen. Das wusste Zoller. Selbst er schreckte davor zurück. In jungen Jahren noch hatte er es einmal versucht, von der großen Gier beseelt, eine der Figuren vielleicht in dieser Höhle zu entdecken. Doch ein tiefes Grauen war in ihm aufgestiegen, nachdem er die ersten hundert Meter zurückgelegt hatte, und er glaubte zu fühlen, wie tausend Dämonen ihn in der Dunkelheit umschwärmten und nur darauf warteten, bis er sich tief genug in die Höhle hineingetastet hatte, um ihn dann zu schnappen und das zu tun, was in der Anderswelt mit allen Eindringlingen geschah: Bis in die Ewigkeit würden sie an einen Pfahl gebunden und würden im Feuer stehen und den Schmerz der Flammen erdulden müssen, ohne je erlöst zu werden. Er, der Herr des Feuers, wusste, wie unerträglich diese Folter sein würde. Und er war damals umgekehrt, während ihm die Nackenhaare zu Berge standen und sein Herz raste – und niemals wieder war er in die Dunkelheit der Höhle eingetaucht.

Genau betrachtete Ariokan den schmalen Weg, der zum Höhlenportal hinaufführte, und ging dann den unter dem Schnee begrabenen Pfad hinauf, den er früher bei den

Ritualfeierlichkeiten auch benutzt hatte. Plötzlich stutzte er. Was war das? Ganz oben am Weg sah Zoller, dass dort der Schnee keine intakte Decke mehr bildete. Die Spuren waren schon wieder stark zugeschneit, und es waren keine Fußabdrücke, die sich im Weiß abzeichneten; vielmehr sah es so aus, als hätte sich ein Körper, oder vielleicht sogar zwei, an dieser Stelle herumgewälzt. Es war nicht mehr genau zu erkennen.
Ragnar, der sich nicht losreißen konnte und erstaunt Zollers seltsames Gebaren und vor allem dessen Zaudern beobachtete, wusste sofort, um welche Spuren es sich handelte. Dort hatten Arthur und Marie am Morgen herumgetollt und sich gegenseitig mit Schnee beworfen. Das unschuldige Spiel, so fürchtete Ragnar, könnte ihnen jetzt zum Verhängnis werden, denn es musste für Zoller das sichere Zeichen sein, dass sich an diesem Ort Menschen aufgehalten hatten. Und das konnten nur diejenigen sein, die er suchte und verfolgte. Doch zu Ragnars großer Überraschung zuckte es nur kurz in Zollers Gesicht, dann durchschritt er die Spuren mit den eigenen Füßen und zerstörte sie schnell. Dann verstand Ragnar. Wenn Zollers Krieger gesehen hätten, dass sich ihre Gegner an oder gar in der Höhle aufgehalten hätten, ohne von den Göttern bestraft zu werden, so hätte sie erst recht Furcht ergriffen, und Zoller hätte nicht mehr auf sie zählen können. Denn niemand kämpfte gegen die Lieblinge der Götter, das wusste Zoller.
Ariokan baute sich vor seinen Männern auf, und nachdem er viele eindringlich angeschaut hatte, rief er: »Ich weiß, an diesem Ort sollten wir uns nicht aufhalten, schon gar nicht in Winterzeiten wie diesen, in denen kein Mensch mehr unterscheiden kann, ob im Sturm tatsächlich noch der Schnee tanzt oder schon die Dämonen der Anderswelt.« Viele der Männer nickten; sie schienen froh zu sein, dass Zoller sich besonnen hatte und ihrer Meinung folgte.
»Ich verstehe deshalb eure Furcht. Nur zum Opfern dürfen wir uns hier aufhalten. Aber es gibt keinerlei Zweifel mehr daran, dass die Frevler in dieser Höhle Zuflucht genommen haben. Oder vielmehr: Sie glaubten, dort Zuflucht nehmen zu können. Sie wissen nicht, in welche Gefahr sie sich begeben haben. Wir können hoffen, dass die Anderswelt sie für diesen ungeheuerlichen Verstoß bestraft und sie niemals den Weg von dort zurückfinden.«
Wieder nickten die Männer.
»Aber wir müssen sicher sein. Wir dürfen nicht zulassen, dass diese Hunde vielleicht einen Ausweg finden. Dann müssen wir bereit sein, ihnen das Schwert in die Brust zu rammen und keinen heil davon kommen zu lassen. Wir werden deshalb hier ein Lager aufbauen und warten, was geschieht.«
»Badb, die Totengöttin, wird sie empfangen. Ihr Ende ist unausweichlich«, rief einer der Männer.
»Du magst recht haben«, entgegnete Ariokan. »Aber ich will Gewissheit haben. Wir bleiben hier. Wenn wir etwas auf Abstand bleiben, kann uns nichts geschehen.«
Ragnar hatte genug gehört, und er beeilte sich, den anderen zu folgen. Den ersten Ab-

schnitt der Höhle konnte er mit seinen Katzenaugen noch gut alleine durchschreiten – der letzte Schimmer des Tageslichts genügte ihm zur Orientierung. An der vereinbarten Stelle warteten Marie, Schubart und Barten. »Arthur und Julius sind mit Erik gleich weitergegangen«, erklärte Marie, »sie werden sowieso nur langsam vorankommen, und wir holen sie schnell ein.«

Ragnar nickte. Er teilte den Gefährten mit, dass Zoller mit seinen Männern den Ausgang besetzt hielt und sie vorerst keine Chance hatten, zu entkommen. Erst brauchten sie einen Plan, und er hatte keinen. Das beunruhigte ihn. Denn es gab keinen anderen Ausgang aus der Höhle, und zudem fürchtete er um Arthur, der erneut in das eisige Wasser des Andersbaches gestiegen war. Ein Tier erträgt diese Kälte, aber dem Menschen fehlt schlicht das Fell, das ihn auf Dauer schützen könnte. Ragnar beeilte sich, zu Arthur aufzuschließen. Er wollte ihn und Julius nicht alleine lassen.

Marie verzog das Gesicht zu einer Grimasse des Schmerzes, als sie in das kalte Wasser stieg. Ein kurzes dumpfes Stöhnen entfuhr ihr, aber sie presste die Zähne aufeinander und sagte nichts. Sie hatte es so gewählt, jetzt musste sie die Folgen tragen. Sie versuchte sich abzulenken, indem sie die Höhlenwände betrachtete, die im Schein der Fackeln beinahe zu leben schienen. Ihre eigenen Schatten, aber auch jene von Felsblöcken und Tropfsteinen huschten über die Wände. Und der Widerschein des Wassers bildete an der Höhlendecke ein leicht glitzerndes Muster, als bewege sich dort rasend schnell ein Sternenhimmel um eine Achse. Kein Wunder, dachte Marie, dass die Menschen zu allen Zeiten Höhlen als magische Orte angesehen haben. In dieser Sphäre unter der Erde, in einem Reich ewiger Dunkelheit, in diesem engen und doch faszinierenden Raum, der den Menschen nicht brauchte, fühlte man sich schnell als Eindringling – und schnell fühlte man sich zurückgeworfen auf existenzielle Fragen. Was ist das Leben eines Menschen angesichts der Unendlichkeit, die es gebraucht hat, bis diese Höhle entstanden war? Was bedeuten all die Bauwerke der Menschheit angesichts der Schönheit dieser unterirdischen Welt? Und wie nur konnte sich der Mensch zum Herrscher des Universums aufschwingen, da die Natur ihn doch mitnichten braucht, um die Schöpfung zu ordnen? An einem Ort wie diesem konnte man leicht ins Philosophieren kommen.

Schubart hatte es am einfachsten; sie flog immer ein Stück voraus, setzte sich auf einen Felsen und wartete, bis die anderen nachgekommen waren. Barten schien das Wasser am wenigsten auszumachen, obwohl Dachse es gar nicht lieben, nass zu werden. Aber seine dicke Fettschicht schützte ihn. Er grunzte deshalb nur ab und zu etwas mürrisch, weil es ihm mit seinen kurzen Beinen im Wasser recht schwer fiel, vorwärts zu kommen und er bald ein wenig zurück lag. Aber Barten kannte den Weg zum Heiligtum; er war mit Ragnar schon öfter in der Höhle gewesen.

Ragnar war schnell geschwommen; er bewegte sich ohne die anderen im Schlepptau leicht und mit großer Geschwindigkeit in der Höhle. Schon nach wenigen Minuten sah er deshalb das Licht der Fackeln, die die Jungen mit sich trugen. Und bald erkannte er in einiger Entfernung Arthur und Julius, die, bis zur Hüfte im Wasser, je zu einer Seite der Trage gingen; in der einen Hand hielten sie eine Fackel, mit der anderen schoben sie das Floss vorwärts.

Ragnar schauderte. Er wusste wenig von den Totenriten der Menschen, aber im düster-gelblichen Licht der Fackeln, langsam gegen die Strömung schaukelnd, sah das Gefährt aus wie ein Totenfloss, auf dem der Verstorbene, begleitet von zwei jungen Kriegern, hinüberwanderte in die jenseitige Welt, die die Luchse in ihrer Sprache »Tarn aGu« nannten, was soviel wie »immergrünes Land« bedeutete. Und zum ersten Mal in all den zurückliegenden Wochen verlor Ragnar den Mut, als er dieses Bild sah, denn ihn glaubte eine Ahnung zu überkommen, dass Erik, sein Freund und Begleiter im Wald, das Tageslicht nicht mehr wiedersehen werde.

Aber was hätte er tun sollen? Zunächst musste er sich um die Jungen kümmern, damit sie überlebten. »Ist alles in Ordnung?«, rief er deshalb nach vorne, als er nur noch wenige Meter von Arthur und Julius entfernt war. Julius blickte sich kurz um und nickte stumm. Es sah nicht überzeugend aus. Tatsächlich erschrak Ragnar, als er herangekommen war. Arthur war aschfahl, sein Gesicht wirkte wächsern, und er schien schon nicht mehr ganz anwesend zu sein. Mit stumpfsinnigem Blick schob er das Floss vorwärts, ohne auf Ragnar oder die Umgebung zu achten. Zumindest die Tragekonstruktion funktionierte gut, bemerkte Ragnar: Die Blasen gaben dem Boot so viel Auftrieb, dass nur selten eine kleine Welle über die Bretter schwappte. Erik blieb weitgehend trocken.

»Setz dich zu Erik auf das Floss«, sagte der Luchs deshalb jetzt zu Arthur. »Du holst dir den Tod, bevor wir im Dom angekommen sind.«

Für einen kurzen Moment schien Arthur aus seiner Dumpfheit aufzutauchen, aber er winkte ab: »Wer zieht dann das Boot? Julius schafft das nicht allein.« Julius schaute Ragnar nur ratlos an. Er sah, dass Arthur nicht mehr weiter konnte, aber er wusste auch, dass er seinen Bruder niemals überreden konnte, ihn allein die Arbeit machen zu lassen. Zumal er tatsächlich nicht glaubte, das Boot alleine ziehen zu können.

»Wir warten auf Marie«, sagte Ragnar mit einer bissigen Entschiedenheit, die die Jungen sonst nicht von ihm kannten. »Sie zieht, sie wird es schaffen.«

Julius schob das Floss in ein Totwasser am Ufer, dort, wo der Bach, geschützt von großen Felsblöcken, still zu stehen schien. Ragnar drängte Arthur dazu, auf das Floss zu steigen und schob ihn das letzte Stück selbst mit der Nase hinauf. Der Junge leistete keinen Widerstand mehr; die Kälte hatte alle Überlebensmechanismen ausgeschaltet, und vermutlich hätte er sich auch in den Kies am Bachufer gelegt, um dort, ohne es zu merken, binnen weniger Stunden zu erfrieren. Julius half Arthur, sich seiner Kleider zu entledigen. Dann schlüpfte Arthur unter die Decken, die Marie über Erik gebreitet hatte, um ihn warm zu halten. Er schmiegte sich eng an den Körper seines Vaters, der ruhig und still dalag, und von dem niemand wusste, wie weit er noch im Land der Lebenden weilte.

Marie nickte, als Ragnar sie bat, statt Arthur das Floss zu begleiten. Sie schien froh zu sein, eine Aufgabe zu haben und zwang sich sogar, Julius zuzulächeln. Doch in ihr stieg eine dunkle Angst auf, als sie Arthur daliegen sah. Stand es so schlimm um ihn? Es durfte nicht sein, dass Erik ging und vielleicht sogar Arthur mitnahm, es durfte nicht sein, dass sie beide jene Grenze überschritten, von der es kein Zurück gab in die Welt der Lebenden. Fast die ganze Zeit starrte Marie auf den Wuschelkopf Arthurs, der sich im Halbdunkel nur undeutlich neben dem wuchtigen Körper Eriks abzeichnete. Manchmal glaubte sie, Arthur zittern zu sehen, und manchmal hörte sie ihn im eisigen Schlaf leise vor sich hin reden. Wirre Träume mussten ihn überkommen haben, und Marie betete, dass sie bald da sein würden. Er durfte nicht gehen. Dieser Gedanke raste in ihrem Gehirn umher, und sie musste sich eingestehen, dass ihre Angst nicht nur darin begründet lag, dass Arthur als Herr des Waldes unersetzlich war für ihren Bund. Es war mehr, was Marie fühlte. Sie mochte diesen Kerl, der doch im Grunde ganz anders als sie war: Niemals konnte er ruhig sitzen, immer war seine Ungeduld sichtbar, selten genoss er es, ein spannendes Buch zu lesen, und immer trieb er sich, bei welchem Wetter auch immer, draußen im Wald herum. Was sollte man mit so einem Kerl anfangen, dachte Marie, und spürte dennoch, wie süß und angenehm sie ein Gefühl durchfloss, wenn sie Arthur nahe war. Wie oft hat er mich angegiftet, wie oft hat er mich links liegen gelassen, ging es Marie durch den Sinn – und doch konnte sie ihm dafür nicht böse sein. Es war ein neues, bisher unbekanntes und aufregendes Gefühl, das in ihr hochstieg, das sie verwirrte und zugleich entzückte. Und das jetzt, in diesem Moment, als sie auf den erschöpften und unruhig schlafenden Arthur schaute, so gar keinen Platz hatte. Denn sie fühlte, kaum dass das süße Gefühl erwachte, schon dessen dunkle Kehrseite – die Furcht, denjenigen zu verlieren, den man liebte; die Angst vor dem großen, dem namenlosen Schmerz.
Julius riss sie aus ihren Gedanken. »Wir haben es bald geschafft«, sagte er. »Du wirst staunen, was du alles zu sehen bekommst.«
Schubart erwartete sie bereits im Dom, und auch Ragnar hatte das Heiligtum der Tiere erreicht. »Wir brauchen ein Feuer«, sagte er zu der Uhudame, »die Menschen müssen etwas Heißes trinken.« Er legte seine Satteltaschen ab und öffnete sie mit der Schnauze. Bevor er in die Höhle gerannt war, hatte er in einen kleinen Behälter etwas Glut vom Lagerfeuer eingefüllt und ihn Schubart mit gegeben. Fast wie die keltischen Krieger, dachte er. Auch wir wären jetzt vielleicht verloren, wenn wir diese Glut nicht hätten. Als Marie und Julius ankamen, legten sie Erik und Arthur auf einige Felle und deckten sie zu. Dann begannen sie, die einzelnen Bretter der schwimmenden Trage zu lösen und teilweise zu zerkleinern. Das war ihr Holz, das sie für das Feuer brauchten. Marie und Julius schafften es tatsächlich, ein Feuer zu entzünden; bald schlugen die Flammen hoch, und das Heiligtum wurde noch nie so hell erleuchtet wie in diesem Moment. Alle rückten nahe an das Feuer heran, und sie drängten sich dicht zusammen, um sich gegenseitig zu wärmen und um unter die wenigen Decken zu passen,

die sie noch besaßen. Der Rauch sammelte sich unter dem Höhlendach und zog nur langsam Richtung Ausgang. Immer wieder mussten sie husten, und Julius rieb sich die tränenden Augen. Aber das war das geringere Übel. Das Feuer wärmte, und bald kochte das Wasser, das Marie in einem Topf auf die heißen Steine gestellt hatte. Marie flößte Arthur und Erik etwas Tee ein und rieb immer wieder deren Füße und Hände, um die Durchblutung anzuregen. Julius kümmerte sich um seinen Vater, und Marie hatte Arthur neben sich genommen und legte ihn aufrecht sitzend vor sich an die Brust. So konnte sie ihn von hinten gut wärmen. Die Haare hingen ihm in wilden Strähnen ins Gesicht, und sein Kopf ruhte an Maries Schulter. Einmal strich sie ihm sanft über die Wangen. Doch schnell zog sie ihre Hand wieder weg, es war ihr, als würde sie etwas Verbotenes tun. Aber niemand hatte etwas bemerkt.

Da saßen sie nun und warteten darauf, dass etwas geschah. Eng aneinander gepresst, starrten sie alle ins Feuer. Zwei Kranke, zwei Kinder, drei versprengte Tiere – was für ein armseliger Haufen. Und sie wollten es mit dem mächtigsten Herrn der Kelten aufnehmen, der den Tod überwunden hatte und der mit der Menschenfigur eine Kraft besaß, der sie kaum etwas entgegenzusetzen hatten?

Später, als die Lebensgeister bei ihnen wieder zurückgekehrt waren, ging Marie mit Julius und Ragnar in das eigentliche Heiligtum des Domes. Nur kurz wollte sie Arthur alleine lassen, aber der Dom erregte eine große Neugier in ihr. Lange betrachtete sie die Zeichnungen an den Wänden, tief beeindruckt von der Kunstfertigkeit der Tiere, ihrer Seele solchen Ausdruck zu verleihen. Da war der Adler, der über einer weiten Landschaft zu kreisen schien und seine ganze Welt überblickte. Da waren die Hirsche, die ruhig in ihrer Herde dahinschritten und eine große Ruhe ausstrahlten. Da war der Elch, der mit gleichmütigem Auge in einem See stand und Gras vom Seeboden abrupfte, so sehr im Jetzt und Hier versunken, als gäbe es kein Morgen. Immer wieder ging Marie vor den Tieren an den Wänden auf und ab, tief in die Bewegungen der Luchse, der Bären und der Eulen versunken, bis sie zuletzt fragte: »Diese Zeichnungen erzählen in wunderbarer Weise davon, wie die Tiere denken und wie sie die Welt sehen. Ich bin sehr dankbar, diese Bilder sehen zu dürfen.« Sie schwieg einen Augenblick und fügte dann hinzu: »Aber könnte es nicht auch sein, dass diese Bilder darüber hinaus eine ganz wirkliche Geschichte erzählen?«

»Natürlich ist das so«, sagte Ragnar. »Viele Zeichnungen erzählen von unserer Herkunft, von Schicksalsstunden und vielleicht sogar von unserer Zukunft. Seht her, hier ist eine Herde von Bisons, denen Menschen nachstellen – dass der Mensch den aufrechten Gang erlernte und mit Waffen umgehen konnte, war eine unselige Entwicklung für uns. Der bisher gleichwertige Kampf verschob sich immer mehr zugunsten des Menschen. Oder hier: Der letzte Höhlenbär fällt im Speerhagel der Menschen. Oder hier: Dieses Bild von Luchs und Hase, die einträchtig nebeneinander liegen, soll daran erinnern, dass sie einen gemeinsamen Vorfahren hatten und einst zusammengehörten. Vielleicht ist sogar schon von den drei Figuren die Rede auf den Wänden:

Seht, hier oben, über dem Luchsthron, direkt über dem Kopf des Luchses, sind drei Striche eingezeichnet. Man kann es nicht genau erkennen, aber es wäre durchaus möglich, dass damit die drei Figuren, die einen Menschen, ein Tier und eine Pflanze darstellen, gemeint sind. Der Bund aller Lebewesen war für uns Tiere schon seit unvordenklichen Zeiten ein großes Ziel.«

»Und wäre es nicht genau deshalb denkbar, dass die Tiere später Zeichnungen hinzugefügt haben, dass also nicht alle Bilder schon 30.000 Jahre alt sind, wie Julius erzählt hat?« Marie wirkte zunehmend aufgeregt.

»Das halte ich nicht nur für denkbar, sondern für sicher. In all der Zeit haben die Tiere weiter an diesen Wänden gearbeitet. Es war Teil der jährlichen Rituale, neue Eindrücke und neue Ereignisse im Heiligtum festzuhalten. Erst vor wenigen tausend Jahren haben meine Vorfahren dieses Ritual aufgegeben. Je weiter sich die einzelnen Menschen, Tiere und Bäume voneinander entfernten, umso schwächer wurden ihre natürlichen Fähigkeiten. Die meisten Menschen könnten keine Woche mehr allein im Wald überleben; umgekehrt haben die Tiere das Vermögen verloren, reale Bilder zu zeichnen. Wir wagen es deshalb heute nicht mehr, mit unseren Kraxeleien die Wände zu entweihen.«

Marie trat nahe an den Luchs in der Mitte der Wand, an das Zentrum des Kosmos der Tiere heran. Ganz genau betrachtete sie den Luchs und fuhr mit den Augen über jeden der Punkte und Striche, die das Fell des Tieres andeuteten.

»Schaut mal, hier am hinteren Fuß gibt es eine kleine Unregelmäßigkeit«, sagte sie plötzlich.

Ragnar und Julius kamen heran. Kaum merklich waren tatsächlich in der Pfote drei winzige gewellte Linien eingezeichnet, und darunter war ein einzelner senkrechter Strich mit einer Verdickung am oberen Ende angedeutet. Vielleicht hat der Künstler den Pinsel verzogen, mehr konnte Julius nicht erkennen.

Umgeben war der Luchs von einer Vielzahl von Tieren, die ihn in einem großen Kreis umstanden und die alle auf ihn blickten. »Der Luchs ist der Herrscher der Tiere«, sagte Marie schließlich beeindruckt und schaute Ragnar unverwandt an. Ragnar antwortete nicht gleich. Es war ihm unangenehm, eine Erklärung für das Ensemble abgeben zu sollen. Doch dann sagte er: »Vor langer Zeit haben die Tiere, nachdem das Mammut und der Löwe, der Säbelzahntiger und der Höhlenbär von den Menschen ausgerottet waren, den Luchs zu ihrem Vertreter gewählt. Ich rede nicht von König, von Herrscher, von General – solche Begriffe und das, was dahintersteht, sind den Tieren fremd. Die Luchse hatten vor allem die Aufgabe, das alte Wissen zu bewahren und es an die nachfolgenden Generationen weiterzugeben. Mit der Zeit ist jedoch ein großer Teil dieses Wissens verloren gegangen, und so habe ich schon von meinem Vater nur noch Bruchstücke überliefert bekommen. Und wie es aussieht, werde ich gar nichts mehr weitergeben können. Die Linie steht jetzt davor, ganz abzureißen.«

»Dann bist du so etwas wie ein Druide oder ein Priester oder …«, Marie suchte nach

einem weiteren Wort, »… oder wie ein Kräuterluchs.« Sie versuchte zu lächeln, um der traurigen Zukunft, die Ragnar andeutete, etwas Positives gegenüberzustellen.
»Wenn du so möchtest«, sagte Ragnar und ging auf den freundlichen Ton ein. »Wobei – Kräuter sind nicht so ganz meine Sache. Ich stehe lieber auf Habhafteres.«
Marie war mit diesem Bild aber noch nicht fertig; man konnte richtiggehend sehen, wie es in ihrem Kopf arbeitete. »Vielleicht kann man noch mehr in die Zeichnung hineininterpretieren«, meinte sie schließlich. »Vielleicht sollst du, Ragnar, oder ein anderer Luchs, stellvertretend für alle Tiere etwas tun. Findet ihr nicht, dass die anderen Tiere den Luchs sehr erwartungsvoll anblicken?«
Niemand entgegnete etwas.
»Aber was sollst du tun?«, meinte Marie und wagte es, die drei kleinen Wellen mit ihren Fingern zu berühren. »Ich bin sicher, diese Linien bedeuten etwas.«
Julius begann langsam, ebenfalls von dem Rätsel ergriffen zu werden. »Die drei Wellen, das müsste eigentlich ein Zeichen für Wasser sein. So haben zumindest die alten Ägypter Wasser dargestellt und überhaupt viele der alten Kulturen. Warum nicht auch ihr Tiere? Dieses Symbol liegt doch ganz nahe.«
»Ja«, hakte Marie ein. »Und der einzelne Strich steht vielleicht für eine der heiligen Figuren. Oder? Luchs, Wasser, Figur. Wie könnte diese Botschaft lauten?«
Ragnar schien von diesen Deutungen nicht überzeugt zu sein. »Ich glaube, ihr schaut zu sehr mit Menschenaugen auf diese Bilder. Diese Wände dienten dazu, heilige Überzeugungen der Tiere darzustellen und die wichtigsten Etappen in ihrer Geschichte. Sie dienten nicht dazu, irgendwelche Botschaften zu übermitteln. Ich denke, ihr täuscht euch.«
»Und wenn es eine ganz wichtige Botschaft war? Eine, von der die Zukunft der Tiere abhängt?«, fragte Marie. »Wäre es dann nicht erlaubt gewesen, sie auch auf diese heiligen Wände zu schreiben?«
Ragnar hatte dem nichts entgegenzusetzen, deshalb schaute er, immer noch ein wenig ungläubig, sein gemaltes Gegenüber an. »Das ist nicht ganz auszuschließen. Der Untergang des großen Bundes könnte ein solches Ereignis gewesen sein. Glaubst du, dass das Bild davon erzählt?«
»Vielleicht«, antwortete Marie. »Ich könnte mir vorstellen, dass es sich um einen Plan handelt. Um einen Plan, wie man eine der Figuren wiederfindet und wie man so beginnt, den alten Bund wieder aufzurichten.«
Julius ließ seine Finger jetzt ebenfalls über die Zeichen gleiten, als wolle er wie ein Leseanfänger einen Satz begreifen, indem er jeden Buchstaben mit dem Finger abtastete. »Luchs, Wasser, Figur«, wiederholte er Maries Worte: »Das Wasser wäre das Bindemittel zwischen dem Suchenden und dem Gesuchten.«
»Vielleicht gibt es irgendwo noch eine andere heilige Quelle außer dem Andersbach. Wenn man deren Wasser trinkt, dann offenbart sich einem der Fundort der Figur«, sprach Marie wie zu sich selbst. »Könnte das sein? Das Wasser des Andersbaches lässt

jeden, der davon trinkt, alle Sprachen verstehen. Vielleicht könnte das Wasser einer anderen Quelle die Augen öffnen für verborgene Schätze.«

Aber Ragnar schüttelte den Kopf. »Ich kann mir nicht vorstellen, dass ein so wichtiges Wissen wie das um eine heilige Quelle verloren gegangen sein könnte.«

»Aber warum denn nicht?«, hakte Marie nach. »Die Tiere haben doch tatsächlich das Wissen verloren, wo sich ihre Figur befindet. Also gibt es eine Lücke in der Überlieferung. Und vielleicht besteht diese Lücke darin, nichts mehr von der anderen heiligen Quelle zu wissen.«

»Nein, dieser Gedanke löst nichts in mir aus, er lässt mich kalt. Ich halte ihn nicht für realistisch.«

Er schwieg lange und dachte nach. Dann sagte er: »Zoller hat die Menschenfigur in der Krypta der Bernhardskapelle entdeckt, also an einem Ort, der den Menschen heilig ist – und auch schon zu keltischen Zeiten war. Und du und ich, Julius, wir haben ja auch gehofft, dass die Tierfigur im Dom, im Heiligtum der Tiere, aufbewahrt sein könnte. Vielleicht lagen wir doch nicht so falsch mit unserer Vermutung.«

»Worauf willst du hinaus?«, fragte Julius.

»Wenn meine Vorfahren uns etwas mitteilen wollten, dann taten sie dies direkt. Tiere denken nicht um Ecken, und sie verweisen nicht auf etwas, das weit weg liegt. Also könnten die Zeichen bedeuten: Ein Luchs muss etwas mit Wasser tun, um zu der Figur zu gelangen. Und hier in der Höhle ist eigentlich klar, was mit dem Wasser gemeint sein muss.«

Ragnar war jetzt wie elektrisiert. Er rannte zu der Stelle hinüber, an der der Andersbach seinen Anfang nahm, an der das Wasser aus den Tiefen des Gesteins herausquoll. Die Kraft des Wassers war so groß, dass es aus dem Quelltopf stark nach oben drängte und deshalb fast zu sprudeln schien.

»Wir haben immer geglaubt, die Höhle ende hier und dieser Ort sei die Quelle des Andersbach, die Stelle, an der das Wasser aus der Tiefe der Erde strömt«, meinte Ragnar, als Marie und Julius herangekommen waren. »Aber vielleicht waren wir tatsächlich blind. Vielleicht ist diese Stelle nur eine weitere Passage, an der sich der Bach unter dem tief hängenden Gestein einen Weg gesucht hat. Wir Tiere haben, soweit ich mich erinnern kann, niemals die Felswand und den Boden unter Wasser abgesucht. Es war für uns eine Selbstverständlichkeit, dass die Quelle des Andersbachs hier beginnt und die Höhle hier endet.«

»Dann sollten wir unbedingt sofort herausfinden, ob deine Vermutung richtig ist«, sagte Marie mit einer Stimme, die vor Aufregung und Furcht ganz belegt war. »Wir brauchen die Figur, um Erik zu retten. Und vielleicht würde sie auch Arthur wieder auf die Beine helfen. Sie ist unsere letzte Hoffnung.«

Julius rannte zurück zum Lagerplatz, wo Schubart und Barten darauf achteten, dass das Feuer nicht ausging. Sie waren völlig überrascht von der plötzlichen Hektik, aber Julius rief nur: »Kommt schnell, wir haben etwas entdeckt.« Und er kramte aus einer der Satteltaschen ein Seil heraus, das zwar nur etwa fünf Meter lang war, aber vielleicht ausreichen würde für ihr Unterfangen. Er band an das eine Ende eine wasserdicht verpackte Fackel und knüpfte am anderen Ende eine große Schleife.

»Versuch es drüben um einen Felsblock zu legen, wenn es von der Länge her geht«, sagte Julius zu Ragnar und fügte hinzu: »Soll ich mit dir kommen? Zu zweit schaffen wir es eher.«

Aber Ragnar wehrte ab. »Du hast auf der Zeichnung gesehen, dass alle Tiere auf mich schauen. Ich bin es, der diese Aufgabe erledigen muss. Ich möchte alleine gehen.«

Julius nickte. Er verstand zu gut, was Ragnar fühlte. Wenn es stimmte, dass die Tierfigur auf der anderen Seite der Höhle zu finden war, dann war jene Stelle das eigentliche Heiligtum der Tiere, und seit zweitausend Jahren hatte kein Lebewesen mehr diese Passage durchschwommen. Ein Luchs sollte der erste sein, der hinüber fand. Und er sollte alleine kommen.

Ragnar nahm das Seil ins Maul, glitt ins Wasser und holte noch einmal Luft, bevor er sich unter den Felsen gleiten ließ. Die Strömung war stark an dieser Stelle, und Ragnar musste kräftig mit allen vier Beinen rudern, um nicht abgetrieben zu werden. Er kämpfte sich vielleicht einen Meter voran und spürte, dass der Felsen sich abrundete und an dieser Stelle nicht bis zum Boden reichte. Aber es war stockdunkel unter Wasser, und Ragnar konnte nicht erkennen, wie groß die Ausbuchtung war und wie weit sie führte. Und jetzt musste er sich zudem der starken Strömung ergeben; die Kräfte reichten nicht mehr aus, und er ließ sich zurückgleiten und tauchte im Dom wieder auf, wo er in die fragenden Gesichter seiner Gefährten blickte. Sie hatten sich alle weit zur Wasseroberfläche herabgebeugt, um den Fortgang der Ereignisse beobachten zu können.

»Es scheint weiterzugehen«, sagte Ragnar prustend. »Aber es ist hart, sich vorwärts zu arbeiten. Ich probiere es gleich nochmal.«

»Ruh dich aus«, wandte Marie ein, »und hole erst mal Luft. Können wir dir irgendwie helfen?«

»Nein, Marie, lass nur. Ich werde es herausfinden, ob es hinter den Felsen weitergeht.« Und schon war er wieder verschwunden. Die Gefährten sahen nur noch einen braunen Schemen, der unter dem Wasser auf die andere Seite des Baches glitt. Ragnar suchte eine Stelle, an der die Strömung weniger stark war. Und tatsächlich, als er fast auf der anderen Seite des Baches angelangt war, spürte er, wie dort der Druck nachließ. Hier schien ein Felsen, der tiefer ins Wasser ragte, das reißende Wasser abzubremsen. Er tauchte dort noch einmal auf, holte erneut Luft und stieß sich dann kräftig vom Ufer ab, schräg nach vorne. Ungefähr einen Meter weit bot ihm der Felsen Schutz, dann senkte sich dieser ganz auf den Grund hinab, und Ragnar musste um ihn herumschwimmen und sich dabei wieder in die Strömung hineinbegeben. Aber jetzt war er schon ein Stück vorangekommen, und er drückte sich mit den Hinterläufen am Felsen nach vorne, während er zugleich oben mit dem Kopf am Höhlendach entlang schrammte. Nur so, den Kopf immer an der Decke, konnte er in der völligen Dunkelheit spüren, wann er den Durchschlupf passiert hatte. Weitere zwei Meter kämpfte er sich voran, und noch immer rammte er keinen Felsen vor sich, der ihm angezeigt hätte, dass die Höhle endete und mit ihr ihre gesamte Theorie. Vielmehr spürte er plötzlich, wie der Felsen über ihm leicht nach oben zog und wie er im Wasser allmählich Auftrieb erhielt. Und da, mit einem Mal, hatte sein Kopf den Raum, aus dem Wasser zu schießen, und seine Lungen füllten sich mit neuem Atem. Beinahe wäre ihm dabei das Seil aus dem Maul gefallen, so gierig sog er die Luft ein. Mit letzter Kraft ruderte Ragnar aus der Strömung und spürte, wie auf der linken Seite das Wasser flacher wurde und seine Beine Grund bekamen. Sehen konnte Ragnar nichts, es herrschte absolute Dunkelheit. Nur sein Tastsinn half ihm, aus dem Andersbach zu kommen. Er fand, langsam um sich tastend, einen Stalagmiten, so dick wie ein menschliches Bein; darüber ließ er die Schlaufe des Seils fallen und konnte endlich den Strick loslassen, der ihn doch behindert hatte. Mit den Zähnen riss er das Päckchen auf, in dem sich die Fackel befand, und entzündete sie mit einem langen Streichholz, das er zwischen die Zähne nehmen und über die Reibfläche ziehen konnte.

Es dauerte einige Minuten, bis die Fackel richtig brannte und so viel Licht spendete, dass sie die Umgebung ausreichend erhellte. Was Ragnar dann sah, überstieg seine kühnsten Erwartungen. Marie und Julius hatten Recht gehabt: So viele Jahre war er der Figur ganz nahe gewesen, ohne es zu ahnen, so wie man oft der Lösung eines Problems ganz nahe ist, ohne es zu wissen. Der Ausweg liegt vor einem, aber man ist blind. Julius hatte doch Recht gehabt: Andere schauen anders auf dieselbe Wirklichkeit.

Wie im vorderen Teil der Habichtshöhle hatte die unendliche Zeit an dieser Stelle einen zweiten Dom geschaffen, der noch größer war und der direkt über dem Bach eine fast symmetrische Kuppel bildete. An den Seiten standen Tropfsteinsäulen in rötlicher, schwarzer und weißer Farbe; wie Marmorsäulen sahen sie aus, und sie wuchsen in beinahe so regelmäßigen Abständen, dass man glauben konnte, sie seien künstlich errichtet wurden, um die Kuppel zu tragen. Und an der Decke waren im Laufe der Jahrmillionen große Kristalle gewachsen, die so stark funkelten, als erstrahle der offene Nachthimmel über Ragnar. Seit vermutlich zwei Jahrtausenden war auf diese Kristalle kein Licht mehr gefallen, und es schien, als würden sie jetzt ihren ganzen Glanz und ihre ganze Pracht zeigen wollen.

Ragnar war überwältigt von der Schönheit der Halle, doch bisher war kein Anzeichen dafür zu erkennen, dass jemals jemand diesen Ort betreten hätte, dass Lebewesen diesen Ort nach ihren Vorstellungen gestaltet hätten, dass dies tatsächlich ein Heiligtum der Tiere war. Das änderte sich, als Ragnar endlich seinen Blick vom Sternenhimmel abwenden konnte und auf den Boden schaute. Dort hatte jemand, wer immer es war, die heruntergestürzten oder im Schlamm versunkenen Felsbrocken weggetragen, die Erde eingeebnet und dann die Felsen so auf dem Boden verteilt, dass sie, unterbrochen nur vom Bachlauf, mehrere perfekte Kreise bildeten, die immer kleiner wurden –

wie die Kreise, die sich bilden, wenn man einen Stein ins Wasser wirft. Auf Anhieb war Ragnar klar, dass dies ein magischer Ort sein musste, der sich in den Kreisen verdichtete und der den Blick jeden Besuchers hinzog zum Kern der Kreise, zu dessen Ursprung und innerstem Punkt.

Ragnar trat näher, wobei er aus Scheu und Ehrfurcht die Durchlässe nahm, die die Erbauer in die Steinkreise eingefügt hatten, obwohl er leicht die Felsen auch hätte überspringen können. Da diese Tore nicht in einer Linie lagen, musste Ragnar innerhalb eines Kreises die Biegung entlang gehen, bis der nächste Durchlass erreicht war; von dort ging es im Halbrund zurück zum nächsten Tor. So näherte er sich langsam und mit genügendem Respekt dem innersten Heiligtum. Und dieses Heiligtum, es bestand aus einer schmalen Steinbrücke, die sich über den Andersbach wölbte. Ragnar vermutete, dass auch sie von seinen Vorfahren und vielleicht von den Vorfahren vieler anderer Tiere errichtet worden war, auch wenn sie ganz natürlich aussah und wirkte, als hätte der Bach hier einen gewaltigen, aber fast ebenen Felsen von unten ausgeschliffen. Nur wenige Zentimeter erhob sich die Brücke über dem Wasserspiegel, und sicher wurde sie ab und an bei starkem Regen auch ganz überflutet. In der Mitte aber senkte sich der Fels weit in das Wasser hinein. Dort war eine kreisförmige Vertiefung im Stein zu erkennen, die aussah wie eine offene Schale. Von unten her hatte das Wasser eine ganz kleine Öffnung in den Felsen geschliffen; und da die Tiefe der Schale in der Auswölbung des Steins unter der Wasseroberfläche lag, war sie von unten her mit Wasser gefüllt. Das heilige Wasser des Andersbachs rauschte durch diese Schale – und es umspülte die Figur, die aufrecht in der Mitte stand und vom Wasser in leichten Strudeln umflossen wurde. Seit Jahrtausenden rankten sich Mythen und Geschichten um diese Figur, und Ragnar hatte seinen Vater so oft von ihr sprechen hören, als würde er ein Märchen erzählen, dass sie immer unwirklicher für ihn geworden war und bald ins Reich der Legenden gehörte, mit der sich jede Art schmückte.

Ragnar legte die Fackel direkt neben die steinerne Schale, um die Figur deutlich sehen zu können. Es gab keinen Zweifel, es war die verschollene Tierfigur. Ragnar durchfloss ein heiliger Schauer. Er hatte gewusst, dass die Luchse eine besondere Stellung innerhalb des Tierreichs innehatten. Die Bilder im ersten Höhlendom hatten ihm dies ebenso unmissverständlich klar gemacht wie die Erzählungen der Alten. Doch es war etwas anderes, nun diese Figur vor sich zu sehen, die den einstigen Bund der Arten verkörperte, die geheime Kräfte in sich barg – und die nun mit dem Kopf eines Luchses ausgestattet war und ihm offenbarte, wie wichtig die Rolle seiner Art im Bund der Natur war.

Auch diese Figur war wie jene Zollers aus Stein gefertigt, aber dieser Stein war in einem milchigen Weiß und an manchen Stellen sogar durchsichtig. Schwarz war also die Menschenfigur, weiß die Luchsfigur, dachte Ragnar. An den hinteren Seiten war dieser Stein ebenfalls zugespitzt, um in die Form eingefügt werden zu können, die aus den drei Stelen eine machte und die nicht nur von der Einigkeit von Mensch, Tier und

Baum kündeten, sondern auch von der Einigkeit von Vergangenheit, Gegenwart und Zukunft sowie von Himmel, Erde und Anderswelt. In diesen Figuren vollendete sich das Bild des Kosmos und offenbarten sich dessen innerste Gesetze. Und er, Ragnar, sah nun einen dritten Teil dieser großen Stele vor sich. Ganz deutlich waren am Kopf die beiden großen Ohren zu erkennen, die sich verjüngende Schnauze und auch das dichte Fell unter dem Kopf, das wie ein Backenbart erschien. Der Schöpfer der Figur hatte durch kleine Vertiefungen im Gestein sogar die Poren angedeutet, aus denen bei einem Luchs die Schnurrhaare wuchsen, ebenso wie die schwarzen Fellstriche, die von den Augenwinkeln weg zu den Kopfseiten hin führten. Große Anmut, Stolz und doch ein wenig Wehmut lag in diesem Bildnis, als habe der Künstler ausdrücken wollen, wie wichtig der Luchs für den Wald sei und wie traurig doch sein Schicksal sich vollenden werde. Die Figur saß auf den Hinterpfoten, und unendlich lang waren seine Brust und seine Vorderläufe. Dies war zwar ein Zugeständnis an die Figur des Menschen; schließlich mussten, das war Ragnar spätestens jetzt klar, alle Figuren gleich hoch sein, um zueinander zu passen. Zugleich verlieh diese Überhöhung dem Luchs aber eine majestätische Größe und machte ihn noch gewaltiger. Beim Anblick zweifelte man keine Sekunde, dass von ihr eine große Kraft ausgehen musste.

Und das tat es bereits seit Jahrhunderten. Ragnar verstand jetzt, weshalb das Wasser des Andersbaches ihnen die Fähigkeit verlieh, die Sprache der anderen Tiere und des Menschen zu verstehen. Nicht, weil der Bach aus der Anderswelt kam, wie Ragnar bisher geglaubt hatte. Sondern weil die Erbauer des Domes und der Brücke so gnädig waren, allen Lebewesen ein Zeichen der Mächtigkeit der drei Figuren zu geben, auch solange sie verschwunden waren. Die Stele übertrug einen Teil ihrer Kraft auf das Wasser, und wer es trank, konnte das Wesen aller anderen Arten vielleicht nicht im Innersten begreifen, aber doch zumindest ihre Sprache verstehen und sich ihnen so annähern. Wie weise sie gewesen waren, seine Vorfahren. Und wie viel sie verstanden hatten von den Wundern der Erde und von der Kunst, diese zu zeigen.

Ragnar zögerte. Sollte er die Statue aus dem Kessel nehmen und sie zu den anderen bringen? Oder gehörte diese Stele nicht eigentlich an diesen Platz, zumindest so lange, bis alle wieder gefunden waren und zusammengefügt werden konnten, um den Bund zu erneuern? Aber dann griff Ragnar beherzt zu. Es war Zoller, der den Frevel begonnen hatte und die Menschenfigur für seine egoistischen Zwecke missbraucht hatte. Nun hatte er, Ragnar, das Recht, auch die Tierfigur an sich zu nehmen. Er benötigte sie, um Erik das Leben zu erhalten. Die Kraft der Stele dafür einzusetzen, war gut und in seinen Augen dem Wesen des Bundes gemäß.

So umfasste Ragnar den heiligen Gegenstand sanft mit dem Maul und zog daran, bis sich der kleine Zapfen an der Unterseite, durch den er im Stein verankert war, löste. Trotz des eiskalten Wassers, das den steinernen Luchs zwei Jahrtausende lang umspült hatte, fühlte Ragnar sofort die Wärme, die von dem Stein ausging. Er war eine Wärme, die niemals erkaltete.

Dann löschte er die Fackel im Wasser und legte sie ans Ufer; womöglich könnten sie sie später noch gebrauchen. Er fasste das Seil mit den Vorderläufen und fuhr seine Krallen aus, während er die Figur weiterhin fest im Maul hielt, und ließ sich von der Strömung durch das überflutete Tor treiben. In diese Richtung war es einfach: Schon nach wenigen Sekunden tauchte er auf der anderen Seite wieder auf.
Und alles war jetzt anders.

Wie lange war Ragnar auf der anderen Seite gewesen? Es war ihm nicht möglich, die Zeit einzuschätzen; zu sehr hatte er sich verloren in der Bewunderung des vollkommenen Domes, den er auf der anderen Seite des Durchbruchs betreten hatte. Aber er hatte sich wohl Zeit gelassen. Denn nur Julius harrte noch, in der Hocke sitzend, am Ufer des Andersbaches aus. Barten legte gerade Feuerholz nach, wobei der Stapel, der ihnen übrig geblieben war, bereits kümmerlich klein aussah. Und Schubart war, mit einem kleinen glühenden Holzscheit versehen, zum Höhleneingang zurückgeflogen, um zu beobachten, was dort draußen vor sich ging. Das geringe Licht, das von dem Holzscheit ausging, reichte Schubart aus, um sich in der Höhle orientieren zu können. Julius hatte einen besonders langen Riemen genommen, an dem er das Holzscheit festband; so konnte die Uhufrau sich nicht verbrennen.
Marie kümmerte sich wieder um Erik und Arthur, in tiefster Sorge um die beiden. Erik war leichenblass geworden und atmete kaum noch. Marie war in ihrem kurzen Leben noch nie dabei, als jemand starb, und sie hatte noch nie einen Toten gesehen. Als ihre Großmutter vor drei Jahren verschied, nahmen ihre Eltern sie nicht mit, als der Vater kurz vor der Beerdigung, in der Aussegnungshalle auf dem Friedhof, den Sargdeckel schloss. Dennoch gab es für Marie keinen Zweifel, dass Erik kurz davor war zu sterben. Vermutlich hatte die Nähe Zollers heute Nachmittag am Höhleneingang nochmals einen Schub ausgelöst, der nun unumkehrbar zum Tode führte. Doch auch bei Arthur war eine Veränderung eingetreten, und nicht zum Guten: Er zitterte heftig am ganzen Leib, man hörte deutlich, wie seine Zähne klapperten, was in der nur vage erhellten Höhle ein unheimliches Geräusch erzeugte, und immer wieder verkrampfte er sich, als plagten ihn große Schmerzen. Wie ein Fötus hatte er sich in sich zusammengerollt, die Beine ganz angezogen und den Kopf tief auf die Brust gesenkt. Marie hatte Arthur immer wieder die Hand auf die Stirn gelegt. Doch die Haut war eher zu kühl als zu heiß; Fieber hatte Arthur keines. Sonst konnte Marie wenig tun. Manchmal versuchte sie, Arthur etwas warmen Tee zu trinken zu geben, doch in seiner Haltung war es schwer, ihm auch nur wenige Tropfen einzuflößen. Das war das Schlimmste daran: dass sie nichts tun konnte und einfach nur mit ansehen musste, wie es Arthur immer schlechter ging. Es verzehrte sie, es zog ihr die Kraft aus dem Körper, es trieb ihr eine schwarze Melancholie ins Herz, und es machte sie hilflos und deshalb unendlich wütend. Jederzeit hätte sie mit Arthur die Plätze getauscht. Jederzeit. Sie wäre gerne an seiner statt auf dem Rehfell gelegen, hätte sich in Schmerzen ge-

wunden und bereitwillig alles, was käme, hingenommen – wenn sie nur gewusst hätte, dass es ihm gut ginge.
Ihrem Arthur.
Sie erschrak selbst bei diesem Gedanken, bei dieser Nähe. Aber gerade jetzt wollte sie es nicht mehr leugnen. Ja, es war ihr Arthur. Sie würde alles für ihn tun. Sie fühlte, wie ihr schier das Herz brach, und darüber merkte sie kaum, wie ihr die Tränen die Wangen hinunter rannen. Konnte sich Arthur wirklich so unterkühlt haben, dass er mit dem Tode rang? Wie war das möglich? Er war doch ein Waldläufer?
Als Marie sah, wie Ragnar endlich aus dem kalten Andersbach auftauchte, sprang sie auf und rannte hinüber ans Ufer. Auch Julius hatte sich erhoben und wartete darauf, dass der Luchs aus dem Wasser kletterte. Er hatte sofort erkannt, dass Ragnar etwas im Maul hielt. Auch Barten war hellwach und beeilte sich, zu den Gefährten zu treten.
»Du hast es, nicht wahr?«, fragte er mit noch immer ungläubiger, ehrfurchtsvoller, leiser Stimme. »Hast du es?«
Ragnar schüttelte sich das kalte Wasser aus dem Fell, trat einen Schritt nach vorne und legte die Figur auf einem ebenen Felsen ab, der wie ein kleiner Altar am Ufer stand.
»Sie fühlt sich warm an, selbst wenn man mit ihr durch das Wasser schwimmt«, sagte Ragnar schließlich, und er sprach in einem Ton, wie ein Vater über seinen Sohn spricht, der zum ersten Mal allein einen Baum erstiegen hat. Tatsächlich war Ragnar unendlich stolz auf diese Figur, gerade so, als habe er zu ihrem Entstehen und zu ihren Fähigkeiten beigetragen. Etwas Großes ging von dieser Figur aus, etwas, das Ragnar die tiefen Dimensionen der Zeit verdeutlichte: Er war nicht allein auf dieser Welt, sondern hinter ihm standen, unsichtbar, aber doch präsent, viele Generationen von Luchsen, die alle ebenso wie er danach gestrebt hatten, das Geheimnis des zerbrochenen Bundes und das Rätsel um die drei Figuren zu lösen, und von ihnen allen hatte er etwas mitbekommen. Es hatte etwas zutiefst Beruhigendes, sich in dieser Reihe zu sehen und zu wissen: Auch wenn alles sich ständig ändert, so gab es in dieser Reihe doch ein Kontinuum, einen Gleichklang, eine Konstante. Und es war plötzlich nicht mehr ganz so schmerzlich zu ahnen, dass er selbst diese Reihe nicht mehr fortführen würde. Es war mit einem Mal in Ordnung, wenn es so kommen sollte. In der Aura der Figur war alles plötzlich gut.
Die Gefährten standen lange um den steinernen Luchs herum und betrachteten ihn. Ragnar wachte streng darüber, dass niemand ihn ohne seine Erlaubnis in die Hand nahm. Dabei konnte Barten es kaum erwarten, die Figur mit der Nase anzustupsen und diese Wärme, die er damals in der Krypta wahrgenommen hatte, erneut zu erleben.
»Es ist ein wunderbares Gefühl«, schwärmte er laut vor sich hin: »Als wäre ein goldener warmer Oktobertag angebrochen, als wären alle vier Jungen in diesem Jahr groß geworden, und als hätten die Buchen ein Mastjahr, so dass es einem Bucheckern in den Mund regnet. Einfach herrlich!«
»Du denkst immer nur ans Fressen«, lachte Julius, aber auch ihm war plötzlich so

wohl zumute. Durch seinen Körper floss neue Zuversicht, als habe ihn gerade eine gute Fee verzaubert. »Wie konnten unsere Vorfahren nur so etwas herstellen? Wer gab ihnen das Wissen?« Aber er erwartete keine Antwort und wollte vielleicht auch keine haben. Es genügte ihm zu erkennen, dass es diese Kraft gab. Und es war offensichtlich, dass sie gemacht war, um Gutes zu bewirken.

Marie war die erste, die sich aus der Verzauberung lösen konnte, die alle gefangen genommen hatte. »Wir müssen jetzt unbedingt Erik und Arthur helfen«, sagte sie, »wir haben keine Sekunde mehr zu verlieren.«

Sie überließ es Ragnar, die kleine Stele zum Feuer hinüberzutragen, wo Erik und sein Sohn mit dem Tod rangen. Oder vielmehr, Erik hatte den Kampf bereits aufgegeben; er lag so ruhig und ausdruckslos da, dass Marie fürchtete, er habe ihrer Welt bereits für immer den Rücken gekehrt. Arthur war sehr unruhig. Er hatte sich mit den Händen in das Fließ gekrallt, das Erik trug, als wollte er seinen Vater nie mehr loslassen. Und plötzlich schlug er ihm sogar mit den Händen heftig auf die Brust – es war fast, als kämpfe er mit Erik. Marie umfasste ihn zuletzt sanft mit den Armen und flüsterte ihm leise Worte ins Ohr, die niemand der Umstehenden verstand.

»Was müssen wir jetzt tun?«, fragte Marie aufgewühlt. »Wie entfaltet sich die Heilkraft der Figur?« Sie schaute Ragnar bei dieser Frage an, und er sah eine Verzweiflung in ihren Augen aufflackern, die ihn erschütterte.

»Es sind unsere Gedanken, die der Figur ihre Richtung geben. So wie Zoller mit seinen Gedanken schädliche Energie auf Erik gelenkt hat, so können wir mit der Luchsfigur heilende Kraft auf ihn lenken. Am besten ist es, wir legen die Figur auf seine Brust – je näher sie ihm ist, umso besser müsste es wirken. Arthur soll ganz nahe an Erik heranrücken. Ich hoffe, die Kraft überträgt sich so auf ihn.«

»Und wenn nicht?«, fragte Marie, so leise, dass man ihre Worte nur ahnen konnte. »Wenn die Kraft nur für eine Person reicht?«

»Das glaube ich nicht«, sagte Julius energisch. »Haben wir gerade nicht selbst gespürt, wie die Kraft der Figur uns alle in Wellen überflutet hat? Fang an, Ragnar, du musst die Gedanken lenken. Es ist deine Figur.«

Ragnar freute sich, dass Julius so eindeutig ihm diese Aufgabe zuerkannte, denn das war es ja auch, was er selbst spürte. Er war seelenverwandt mit der Figur und mit deren Schöpfern.

Er bettete die kleine weiße Figur in die Vertiefung, die das Brustbein beim Menschen zwischen den Rippen bildet. Weich lag der Stein auf dem himmelblauen Fließ Eriks, wie auf einem Samtkissen. Marie schob Arthur so nahe wie möglich an Erik heran, was schwer war, weil Arthurs Körper in der Schlaffheit, in die er zurückgefallen war, kaum zu bewegen war. Dann legte sie sich direkt neben Arthur – um ihm nahe zu sein, aber auch, um zu verhindern, dass er wieder von Erik wegrollte.

Ragnar setzte sich aufrecht, so wie der Luchs auf der Figur es tat, auf die andere Seite Eriks, schloss die Augen und ließ Bilder in sich aufsteigen, Bilder von früher, Bilder von glücklichen Tagen. Er erinnerte sich an die erste Begegnung mit Erik, oben am Wasserfall, wo Erik sich nackt unter das Wasser gestellt hatte und gar nicht überrascht schien, als plötzlich ein Luchs aus dem Wald trat und ihn beobachtete. Er erinnerte sich an jene vielen Nächte, in denen sie gemeinsam durch den Wald gestrolcht waren und die harzige Luft, die weiche Stille und den unendlichen Sternenhimmel genossen hatten. Und er erinnerte sich, wie Erik damals, heimlich, so, dass Franziska es nicht merkte, mit Arthur zu ihm geschlichen kam, als der erst wenige Tage alt gewesen war. Wie stolz war Erik, wie strahlte er, wie glücklich war er gewesen. ›Schau, Ragnar, ist es nicht ein prächtiges Bürschchen, mein Arthur?‹, hatte Erik gesagt und konnte sich nicht satt sehen an dem kleinen Bündel, das mit seinen blauen Augen aufmerksam in die Welt hinaussah. So glücklich sollte Erik wieder werden wie damals – das wünschte sich Ragnar jetzt. Mit aller Kraft und mit aller Intensität richtete er in seinem Innern diesen Wunsch auf die Figur. So sehr konzentrierte er sich auf diesen Gedanken, dass alles um ihn herum verschwand. Die dunkle Höhle, die keltischen Krieger, der Staudamm – alles war vergessen, und in diesem Bild, das vor ihm stand, gab es nur noch ihn, die Figur, Erik und Arthur. ›Sieh, wie prächtig er ist!‹

Da plötzlich erkannte er, dass sie einen gewaltigen Fehler gemacht hatten. Wie hatte er es nur zulassen können, dass seine Gedanken so in die Irre gegangen waren? Er riss die Augen auf und schrie: »Was sind wir für Tölpel! Es war nicht das kalte Wasser, das Arthur krank gemacht hat. Es ist die Menschenfigur. Zoller hat die Energie auf Arthur umgeleitet.« Und da die anderen nicht verstanden und ihn nur mit großen Augen anstarrten, begann er, mit dem Kopf Marie von Arthurs Seite zu verdrängen. Er drehte den Jungen um, nahm die Figur von Eriks Brust und legte sie Arthur auf die Stelle, wo dessen Herz schlagen musste. Wenn es noch schlug, wenn sie durch seine Dummheit nicht schon beide verloren hatten. Dann machte er einen Schritt über Arthurs Körper hinweg, so dass er direkt über ihm stand, und ließ sich auf ihn herab; so, dass sein Gewicht Arthur nicht belastete, aber so, dass die Figur zwischen ihm und Arthur verborgen war und sie drei direkten Kontakt zueinander hatten. Und er dachte daran, wie Arthur den Glanz des Turmalins entfacht und den Wasserfall umgeleitet hatte – wie weit schien dieses Erlebnis schon zurückzuliegen, dabei waren es nur wenige Stunden. Diese Macht, die Arthur dort entfaltet hat, sollte sich nun selbst in sein Herz senken, es kraftvoll schlagen lassen und Arthur gesund machen. Diesen Gedanken sandte Ragnar wie einen Sonnenstrahl von sich über die Figur in Arthurs Herz. Möge es nicht zu spät sein!

Unendliche Minuten verstrichen, ohne dass etwas geschah. Doch dann spürte Ragnar, wie das Leben in Arthur zurückkehrte. Er spürte, wie ein Zittern durch Arthurs Körper ging und wie manche Muskeln wieder Spannung erhielten. Und er spürte, wie Arthurs rechte Hand zuerst wieder einem Willen unterworfen war, und wie diese Hand ihre Umgebung abtastete und schließlich fest Eriks Hand umschloss, als sie sie endlich gefunden hatte.

Jetzt wagte Ragnar es, seinen Platz zu verlassen. Die Richtung des Kraftflusses war gegeben, nun konnte er der Figur vertrauen, dass sie ihr Übriges tat. Eine ungeheure Last fiel von ihm, als er in Arthurs Gesicht blickte und erkennen durfte, dass die unheimliche Blässe allmählich verschwand und die Haut eine lebendigere Farbe annahm. Es war, als hätte jemand in ein Feuer geblasen, das fast erloschen war, und den letzten Glimmer doch noch einmal zum Glühen gebracht. Das erste kleine Hölzchen brannte nun und begann, Wärme in alle Körperregionen zu entsenden. Bald würden hoffentlich die großen Scheite Feuer fangen, und das Leben würde wieder lodern in Arthur, und nichts würde mehr daran erinnern, wie nahe es schon der endgültigen Asche war.

Marie flog förmlich auf Ragnar zu, und sie warf sich ihm so heftig an den Hals, dass er beinahe umgestürzt wäre. »Ragnar, du hast es geschafft. Ragnar, sieh, er lebt. Ragnar, er bewegt sich!« Sie war außer sich vor Freude, und bald kniete sie sich wieder vor Arthur hin, um jede Veränderung in dessen Gesicht verfolgen zu können und um ihm ganz nahe zu sein, wenn er die Augen öffnen sollte. Es erschien ihr als große Gnade, dass sich das Blatt noch gewendet hatte.

Doch es war Erik, der als erster die Gegenwart erreichte und in die Wirklichkeit zurückkehrte. Ein Stöhnen entfuhr seinem Mund, wodurch sich alle Aufmerksamkeit auf ihn richtete, und mit der freien Hand fasste er sich an die Stirn, als plagten ihn heftige Kopfschmerzen. Dann schlug er mit einem Male, so plötzlich, dass alle erschraken, die Augen auf, und fragte mit mattem, aber so dringendem Ton, als gebe es nichts Wichtigeres auf der Welt: »Wo ist Arthur? Lebt er noch?«

Ragnar trat zu ihm, ließ seinen Kopf wie zum Willkommen sanft über Eriks Wange streichen und schnurrte wie ein Hauskätzchen, das man im Nacken krault: »Er lebt, Erik«, sagte er dann. » Er lebt. Und du auch.«

»Das ist gut«, meinte Erik leise. »Dann gib diesem Lebenden etwas zu trinken. Ich habe furchtbaren Durst.«

Wie spät war es? In der Höhle war ihnen jegliches Zeitgefühl abhanden gekommen, und die dramatischen Ereignisse der vergangenen Stunden hatten sie so gefesselt, dass die Zeit das letzte gewesen war, auf das sie geachtet hatten. Nun saßen sie zusammen, und Barten verwendete den letzten Rest des Brennholzes, um Arthur und Erik eine möglichst behagliche Rückkehr zu ermöglichen. Dann würde es kein Lagerfeuer mehr geben, aber das war Barten im Moment gleichgültig. Und er war sicher, den anderen auch. Seltsamerweise erholte sich Arthur weit langsamer als Erik, obwohl Erik ihnen viel kränker erschienen war. Arthur kam noch immer nicht zu sich. Doch sein Körper war wieder warm, und sein Brustkorb hob und senkte sich ruhig und gleichmäßig. Aus einer friedlosen Ohnmacht war Arthur in einen friedvollen Schlaf gefallen, und man sah ihm an, dass es ein Schlaf war, der Arthur nicht der Anderswelt zutrieb, sondern in dem ihm neue Kräfte zuflossen.

Marie wich dennoch nicht von Arthurs Seite, und Julius kümmerte sich mit großer Rührung um seinen Vater. Er schenkte ihm heißen Tee ein, und er röstete auf dem Feuer einige der schmackhaften Maronen, die ihnen noch geblieben waren. Erik musste Hunger haben, nachdem der verzehrende Bann endlich von ihm genommen war. Ich würde ihn eigenhändig füttern, wenn es sein müsste, dachte Julius. Doch Erik kam erstaunlich schnell zu Kräften, und er ließ keine Gelegenheit aus, um den ständig herumwuselnden Julius zu fangen und in die Arme zu nehmen.

Während Julius die heißen Esskastanien schälte und sie eine nach der anderen Erik reichte, schien ihm plötzlich etwas durch den Kopf zu gehen. Als ihm klar geworden war, was genau ihm seltsam vorkam, wandte er sich schließlich an Erik und meinte: »Erik, woher konntest du wissen, dass Arthurs Leben bedroht war? Du hast es doch gar nicht mehr mitbekommen, dass es Arthur immer schlechter ging und wir ihn zu dir auf das Floss legen mussten. Wie kann das sein?«

Auch Ragnar hatte diese Frage beschäftigt, aber er ahnte die Antwort zumindest, denn er trat nun neben Julius und sagte: »Es gibt mehr Dinge zwischen Himmel und Erde als das menschliche Spatzengehirn erträumen kann.«

»Wie meinst du das?«, fragte Julius verwundert.

»Es gibt im Leben mehrere Ebenen der Wirklichkeit«, schaltete sich Erik ein, dem es ein Bedürfnis war, Julius nicht im Unklaren zu lassen. »Und keine dieser Ebenen kann für sich in Anspruch nehmen, realer als die anderen zu sein.«

»Ich verstehe nur Bahnhof«, meinte Julius.

»Auch wenn es schwer zu glauben ist: Aber während Arthur und ich fort waren, haben wir uns anderswo wiedergesehen. Arthur hatte nach mir gesucht und mich schließlich gefunden – an einem Ort, von dem niemand mehr zurück möchte.«

Julius sagte nichts mehr. Mit seinem Schweigen forderte er eine ausführlichere Erklärung ein. Und auch Marie blickte nun gespannt herüber. Erik begann deshalb ganz am Anfang.

»Als Arthur oben am Wasserfall den Waldbrand verhindert hat, ist Karl Zoller klar geworden, dass er die ganze Zeit den falschen Gegner lahm gelegt hat. Er besaß schon seit langem die Ahnung, dass es ein Waldläufer sein würde, der seine Pläne durchkreuzen könnte. Und als er das Staudamm-Projekt begonnen hat, schien es für ihn klar zu sein, dass nur der Förster des Heiligentales dieser Waldläufer sein konnte. Wer sonst? Also hat er die Kraft der Figur auf mich gelenkt und mich willenlos und krank gemacht. Aber Zollers Überlegung war falsch: Nicht ich, sondern Arthur ist der Waldläufer, der ihm gefährlich werden könnte. Das hat Zoller jetzt erkannt.«

»Und das bedeutet?«, fragte Marie dazwischen, der es nicht schnell genug gehen konnte mit der Erklärung.

»Das bedeutet, dass Zoller seinen Fehler korrigiert hat. Er hat noch einmal alle negative Kraft der Menschenstele in mich hineingeschickt, um mich zu töten. Er dachte wohl, sicher ist sicher. Und als er glaubte, ich habe meinen letzten Atemzug getan, hat er die Kraft abgezogen und sie umgelenkt auf ein neues Ziel – auf Arthur. Es war die Figur, die ihn beinahe umgebracht hätte.«

»Das erklärt aber noch immer nicht, wie du von all diesen Ereignissen wissen konntest. Du warst doch am Wasserfall gar nicht dabei.« Marie blieb hartnäckig.

»Nein, ich war nicht dabei. Aber Arthur hat mir davon erzählt – auf jener herrlichen Wiese, durch die der wahre Lethe fließt, nachdem er aus einem Felsen in einem alten Eichenhain entsprungen ist.«

Marie schaute Erik nur stirnrunzelnd an, und so beeilte er sich, fortzufahren.

»Arthur und ich, wir waren beide auf dem Weg in die Anderswelt. Nur war ich ihm ein gutes Stück voraus. Getrennt waren wir durch eine Höhle gewandert, die aber nicht dunkel war, sondern die von einem strahlenden Licht am Ende beschienen war. Es war so schön, dieses Licht, so warm und wohltuend, und als ich aus der Höhle trat, kam ich auf eine Wiese mit tausend verschiedenen Blumen, die leicht im Wind wogten, und es duftete nach Jasmin und Honig, und Vögel zwitscherten, und Schmetterlinge flogen von einer Blüte zur anderen. So schön war es, dass ich immer dort bleiben wollte. Und ich kam zum Bach, der die Grenze markierte, und wusste, dass ich ihn nur noch überschreiten musste, damit dieser Wunsch in Erfüllung gehen würde. Für immer könnte ich dann von diesem Glück erfüllt bleiben.« Erik hielt einen kurzen Moment ein. »Es ist schon seltsam. Gerade als Zoller all seine negative Kraft auf mich gerichtet hatte, erlebte ich das größte Glück meines Lebens. Es war der Moment, als ich schon mit einem Fuß den Bach überschritten hatte und das andere Bein nur noch nachziehen musste.«

»Und was geschah dann? Ich halte es vor Spannung gar nicht mehr aus«, rief Julius.

»Dann kam Arthur aus der Höhle, und als er mich sah, rannte er, so schnell er konnte, über die Wiese und zog mich auf seine Seite zurück. Wir kämpften miteinander. Ja, wir kämpften miteinander, so eigenartig dies klingt. Aber ich wollte nicht mehr zurück. Ich wollte über diesen Bach in die andere Welt gehen und dort wohnen bleiben. Aber Arthur schrie immer: ›Wir brauchen dich, Erik, du darfst uns nicht verlassen. Ich brauche dich, Erik. Du darfst mich nicht verlassen!‹ Er hielt mich an meinem Fließ fest, er trommelte mit seinen Fäusten auf meine Brust. Doch ich wollte nicht. Es tat mir so unglaublich leid, ihn – und auch dich, Julius – zurücklassen zu müssen. Aber die Versuchung war zu groß, weiterzugehen in das andere Land.« Er seufzte, als könne er es selbst nicht mehr glauben, wie er sich hatte so von dieser Magie bezaubern lassen, dass er gegen seine eigenen Söhne gehandelt hatte.

»Da nahm Arthur einen großen Stock, den er im Gras fand, und schlug ihn mir mit großer Wucht gegen den Kopf. Ich hätte nicht geglaubt, dass körperliche Gewalt in jenem Zwischenreich etwas bewirken könnte, aber es half: Ich stürzte zu Boden und blieb benommen liegen. Mir tut jetzt noch der Kopf davon weh. Dann blieb eine Zeit lang alles dunkel. Als ich auf jener Wiese wieder zu mir kam, sah ich, wie es nun Arthur war, der mitten im Bach stand, sich wie in einer sakralen Handlung das Gesicht und den

nackten Oberkörper wusch – und dann das andere Ufer besteigen wollte. Das musste zu jenem Zeitpunkt gewesen sein, als die böse Kraft der Figur Arthur mit voller Wucht getroffen hat. Jetzt war er dem Tode näher als ich. Und das Schlimmste war: Ich konnte ihn nicht retten. Ich konnte nicht dasselbe für ihn tun, was er für mich getan hatte, weil es mich mit Macht zurückzog in die Höhle. Es war wie ein ungeheurer Luftsog, dem ich mich nicht entziehen konnte. Meine Reise war an dieser Stelle beendet, und ich konnte nichts anderes tun als mich abkehren von Arthur und von der wunderschönen Landschaft. Ich musste zurückgehen in die Höhle. Das Licht verblasste – und dann ist die Geschichte zu Ende. Ich erinnere mich an nichts mehr, bis ich hier auf diesem harten steinigen Untergrund wieder zur Besinnung kam. Deshalb war meine Angst so groß: Ich wusste nicht, ob Arthur den Bach vollends überquert hatte oder nicht.«
Alle schwiegen. Eine solche Geschichte hatten sie noch nicht gehört, und es gab keinen Grund, ihren Zauber durch weitere Worte zu brechen.
Erst nach langer Zeit wagte Marie zu fragen: »Erik, du glaubst also, dass wir keine Angst mehr vor dem Tod haben müssen? Dass der Tod tatsächlich nichts weiter ist als ein herrlicher Spaziergang über eine Frühlingswiese?«
Erik zuckte leicht mit den Schultern. »Das ist es, was ich erlebt habe – und ich hoffe inbrünstig, dass es nicht nur ein Traum war, sondern Wirklichkeit. Franz von Assisi, der Gründer des Bettelordens der Franziskaner und der christliche Schutzherr der Tiere, hat einmal gesagt: ›Der Tod ist das Tor zum Licht, am Ende eines mühsam gewordenen Weges.‹ So habe ich es empfunden. Es war so schön, dass ich alles gegeben hätte, um für immer dort bleiben zu können.«
Er schaute Marie durchdringend an und schüttelte dann den Kopf. »Mehr kann ich dir leider nicht sagen. Aber jetzt habe ich eine Frage an euch: Wie habt ihr Arthur gerettet? Wie habt ihr es geschafft, ihn aus dem Bach, der die Grenze zwischen Leben und Tod markiert, zu holen?«
Julius ließ seinen Blick auf die Figur sinken, die noch immer auf Arthurs Herz ruhte, und Erik folgte dem Blick seines Sohnes.
»Ich verstehe«, sagte er dann, »ihr habt sie also gefunden. Und wer war es, der sie Arthur und nicht mir auf die Brust gelegt hat?«
Julius blickte auf Ragnar, aber der war zu bescheiden, um sich selbst für die Tat zu rühmen, und machte keine Anstalten, etwas zu sagen. Also übernahm Julius dies: »Es war Ragnar. Er hat plötzlich erkannt, dass Zoller bei dieser Sache die Finger im Spiel hatte. Ragnar hat in letzter Sekunde das Richtige getan.«
»So war es, mein Sohn«, sagte Erik. Und an Ragnar gewandt, fügte er hinzu: »Du bist sehr weise, oberster aller Luchse. Ich danke dir, dass du meinen Sohn gerettet hast. Denn ich habe es nicht vermocht. Für immer stehe ich in deiner Schuld.«

Wenig später kehrte Schubart von ihrer Patrouille am Höhleneingang zurück. Der Uhu stieß auf eine Gruppe in ausgelassener Stimmung, denn mittlerweile war auch

Arthur aufgewacht, ganz so, als würde er nach einem normalen Nachmittagsnickerchen munter werden. Er öffnete die Augen, gähnte herzhaft, streckte die Glieder – und schaute irritiert in die Gesichter seiner Gefährten, die ihn umstanden und anstarrten, als sei er das achte Weltwunder. »Was ist, habt ihr noch nie jemanden gesehen, der sich mal ein bisschen ausgeruht hat?«, fragte er verwundert.
»Wie fühlst du dich?«, fragte Marie, die neben ihm ausgeharrt hatte und seine Hand hielt. »Wir waren in Sorge um dich.«
»In Sorge?«, meinte Arthur, der seine Hand erst wegziehen wollte, sie dann aber bei Marie ließ. Warum eigentlich nicht, dachte er.
Wie sich herausstellte, konnte sich Arthur im Gegensatz zu Erik an nichts erinnern, und er glaubte erst, die Freunde würden sich einen Spaß mit ihm machen, erst recht, als Erik ihm die kleine Beule zeigte, die Arthur ihm auf der Blumenwiese zugefügt haben soll. »So ein Quatsch«, sagte er. Aber dass die Luchsfigur auf seiner Brust lag, dass Erik wieder wach und gesund war und dass alle so überschwänglich waren und durcheinander gackerten, das zeigte ihm, dass sich besondere Dinge ereignet haben mussten. So ließ er sich mitreißen von dieser fröhlichen Stimmung. Julius und Marie fuhren alles auf, was ihre bescheidene Küche hergab. Aus Pilzen, Bucheckernmehl und wildem Knoblauch buken sie Bratlinge, zu dem es Fladenbrot aus Eichelmehl gab. Dieses Mehl hatte Julius noch draußen an der Höhle hergestellt; man musste zunächst die Eicheln schälen und lange ins Wasser legen, damit sie ihre giftigen Gerbstoffe verloren. Erst dann konnte Julius die Eicheln zwischen zwei Steinen mahlen – was für eine mühselige Angelegenheit war das gewesen. Dazu servierte Marie Tee mit den letzten Salbeiblättern, die sie im Wald noch hatten auftreiben können. Und aus gekochten Maronen machten sie sogar ein Dessert, indem sie die zerdrückten Kastanien mit etwas von dem Honig mischten, den ihnen Ursula mitgegeben hatte. Es war ein richtiges Festmahl, und alle schmausten und taten, als hätten sie nie etwas Köstlicheres gegessen. Nur Schubart und Ragnar hätten eine leckere Maus oder eine kleine Rehkeule vorgezogen, während Barten von den Bratlingen gar nicht genug bekommen konnte. Ragnar knurrte deshalb freudig überrascht, als Schubart einen Hasen im Winterfell hervorzog, den sie draußen geschlagen und zunächst hinter einem Felsen versteckt hatte. »In der Nacht bin ich eine Meisterin. Niemand hat mich gesehen, als ich aus der Höhle heraus- und wieder hineingeflogen bin«, sagte sie.
Auch Arthur fühlte sich nun seltsam beschwingt in der Runde. Er spürte nichts mehr davon, dass Zoller einen Bann über ihn gelegt hatte. War die Tierfigur stärker als die Menschenfigur, dass er sich so schnell erholt hatte und schon wieder glaubte, Bäume ausreißen zu können? War die böse Kraft einfach nicht lange genug in ihn gedrungen, um ihm in der Tiefe etwas anhaben zu können?
Erst als alle satt waren und Julius sogar ein winziges Fläschchen Zirbellikör aus einer der Satteltaschen hervorzauberte, sollte Schubart ihren Bericht erstatten über die Lage draußen an der Höhle. Sie ließ sich nicht zweimal bitten, denn bei aller

Freude über die Ereignisse im Innern der Höhle machte ihr das Geschehen draußen Sorge.

»Es besteht keine akute Gefahr«, hob sie an, »denn die Krieger hüten sich, in die Nähe des Eingangs zu kommen. Sie scheinen vor irgendetwas Angst zu haben.«

Gleich hakte Ragnar ein, der bisher keine Gelegenheit gehabt hatte, den anderen von dem zu erzählen, was er gestern gehört und beobachtet hatte.

»Achso«, sagte Schubart leicht pikiert, die es nicht mochte, dass Ragnar ihr den Auftritt stahl. »Auf jeden Fall sieht es nicht so aus, als ob die Kelten uns in der Höhle nachsetzen werden. Allerdings …«, sie machte eine kleine Kunstpause, um die Spannung zu erhöhen, »… allerdings werden sie uns auch nicht freiwillig das Tal hinabspazieren lassen. Die Krieger haben überall Flächen geebnet und Zelte aufgestellt. Ein riesiges Lagerfeuer brennt in der Mitte, es gibt eine Küche und sogar ein Klo – eine richtige Waldstadt haben diese Männer aufgebaut. Sechs Krieger wechseln sich mit der Bewachung der Höhle ab; sogar auf der Anhöhe oberhalb der Höhle sind zwei postiert. Kurzum…« und nochmals hielt sie einen Moment den Atem an: »Wir sind hier gefangen. Es führt kein Weg mehr zurück durch die Habichtshöhle, es sei denn, ihr wollt es mit fünfzig wild gewordenen Kelten aufnehmen.«

»Hast du herausfinden können, ob Zoller etwas im Schilde führt?«, fragte Erik nach. »Ich meine, es ist anzunehmen, dass er nicht einfach tatenlos warten wird, bis wir ihm freiwillig in die Arme laufen.«

Doch Schubart musste einräumen, dass sie davon nichts wusste. »Ich habe Zoller überhaupt nicht gesehen, obwohl ich angestrengt nach ihm Ausschau gehalten habe. Ich vermute deshalb, dass er sich im Moment nicht im Lager aufhält. Darauf deutet auch hin, dass Viktor und Oskar sich als Bosse aufspielen und die Kommandos geben.« Und sie stolzierte herum wie der dicke Oskar und stotterte: »Heh, heh, du!«

»Dann wird er wohl im Tal irgendetwas aushecken, um uns aus der Höhle zu locken«, warf Julius ein, als er wieder aufgehört hatte zu lachen. »Vielleicht verstärkt er nochmals die Arbeiten am Staudamm. Vielleicht holt er sich aus dem Feuer der Burg Hohenstein weitere Verstärkung…«

»Oder vielleicht attackiert er diejenigen, die er am ehesten in seine Hände bekommen kann«, sagte Arthur. »Ich glaube nicht, dass er noch irgendwelche Rücksicht nehmen wird, um draußen in Auen sein Gesicht zu wahren. Wenn er weiß, dass wir die Tierfigur gefunden haben, wird er alles tun, um sie in seine Gewalt zu bringen.«

»Was denkst du, was er tut, Arthur?«, fragte Ragnar.

»Ich könnte mir vorstellen, dass alle in größter Gefahr sind, die zu uns gehören.«

Tatsächlich war es lange her, seit sie Neuigkeiten von draußen erhalten hatten. Wie ging es Häfner im Gefängnis? Was machte Franziska – hatte Zoller sie ebenfalls im Visier oder glaubte er, sie hätte mit der Sache nichts zu tun? Und vor allem, wo war Michael? Er musste untergetaucht sein, nachdem ihn die Kameras auf der Baustelle als Saboteur überführt hatten. War er noch mit Kilian zusammen, oder hatte Michael doch gemerkt, dass er seinem Forstarbeiter nicht trauen konnte? Es gab so viele Fragen, und keine davon konnten sie im Moment beantworten.

»Schubart, wenn es dir gelungen ist, einmal unbemerkt aus der Höhle zu kommen«, meinte Julius, »dann wäre es vielleicht sinnvoll, du fliegst heute Nacht hinunter nach Auen. Womöglich hat Michael eine Nachricht hinterlassen.«

»Du meinst wahrscheinlich morgen Nacht«, warf Schubart etwas hochnäsig ein, »denn heute Nacht ist gerade jetzt. Es ist kurz vor der Morgendämmerung.«

»Tatsächlich«, sagte Julius ernsthaft überrascht. »Ich hätte wirklich darauf getippt, dass draußen heller Tag ist. So kann man sich täuschen.«

Erik lenkte die Aufmerksamkeit auf einen anderen Punkt. »Als ihr in die Höhle geflohen seid, wie viel Verpflegung habt ihr mitgenommen? Wenn wir einen Plan ausarbeiten, wird viel davon abhängen, wie lange wir es in der Habichtshöhle aushalten können.«

»Du hast Recht«, sagte Barten. »Komm, Julius, wir beide haben darüber den besten Überblick. Wir zählen alles durch.«

Es dauerte nicht lange, bis die beiden ans Feuer zurückkamen. »Wenn wir sehr sparsam sind und nachts, also ich meine, wenn wir schlafen, auch wenn das tagsüber ist, die Fackeln ausmachen, dann könnten sie etwa für drei Tage reichen. Höchstens«, rechnete Julius vor. »Wasser haben wir im Überfluss, wir werden also nicht verdursten. Und etwas fasten schadet niemandem, nicht wahr, Barten? Wenn wir von jetzt an Schmalhans Küchenmeister sein lassen, dann könnte das Essen vielleicht eine Woche reichen. Wobei es dann bei einer großen Handvoll Kastanien oder Bucheckern pro Person und Tag bliebe. Wir sind immerhin sieben.«

Erik nickte. »Gut. Das hört sich nicht allzu berauschend an, war aber zu erwarten. Dieses Ergebnis bedeutet jedenfalls, dass wir nicht einfach hier sitzen bleiben und darauf warten können, bis Zoller mit seinen Kriegern abzieht. Wir befinden uns in einer Belagerung, und Zoller hat die besseren Karten. Er kann uns aushungern. Und ohne Licht sind wir in der Höhle sowieso verloren.«

»Hast du einen Plan?«, fragte Arthur seinen Vater.

»Nein«, antwortete Erik. »Aber vielleicht fällt jemandem von euch etwas ein.«

Ragnar war der Erste, der das Wort ergriff.

»Mich hat es gestern sehr gestört, als Zoller davon sprach, dass der Höhleneingang ein Heiligtum der Kelten gewesen sei. Ich hatte den Eindruck, unser eigenes Heiligtum, der Dom hier, werde dadurch befleckt. Ich kann es schlecht erklären, aber die Vorstellung, dass dieser Verbrecher an einem Ort, den wir Tiere als heilig verehren, selbst heilige Riten vollzogen oder wahrscheinlich eher vorgeheuchelt hat, gefiel mir ganz und gar nicht.«

»Das kann ich verstehen, Ragnar«, sagte Erik. »Aber du sprichst in der Vergangenheit.«

»Ja, denn zwei Dinge sind mir seither klar geworden. Erstens ist es nicht verwunlich, dass die Menschen und die Tiere dieselben Orte für ihren Glauben nutzen. Denn schließlich kommen wir alle aus ein- und derselben Erde und haben, auch wenn es uns heute manchmal schwerfällt, daran zu glauben, dieselben Vorfahren. Warum also sollten wir nicht dieselben Orte als heilig ansehen?«

»Das ist ein kluger Gedanke, Ragnar«, warf Arthur ein. »Und zweitens?«

»Wenn Menschen und Tiere die Höhle als einen ganz besonderen Ort ansahen und zumindest die Tiere hier sogar ihre Stele aufbewahrt haben – warum dann nicht auch die Bäume? Ich will sagen: Vielleicht geht die Höhle noch weiter, und es tut sich ein drittes Heiligtum auf?«

»Wäre das denkbar?«, fragte Erik. »Hast du etwas gesehen, das darauf hindeuten könnte, dass die Höhle sich fortsetzt oder dass es sogar einen weiteren Dom geben könnte?«

»Nein, ich war zu fasziniert von dem Dom der Tiere, als dass ich darauf geachtet hätte. Aber es wäre einen Versuch wert, danach zu suchen.«

»Ich weiß nicht«, schaltete sich Marie ein. »Das Wichtigste, was Pflanzen zum Leben brauchen, ist Licht. Und genau das gibt es in einer Höhle am allerwenigsten. Würdet ihr euch, wenn ihr Bäume wärt, gerade eine Höhle als Heiligtum aussuchen?«

»Warum nicht?«, sagte Ragnar. »Wir Tiere brauchen das Licht zwar nicht ganz so notwendig wie Bäume – da hast du Recht. Aber auf Dauer würden auch die meisten Tiere ohne Licht nicht leben können. Trotzdem haben sie ihr Heiligtum hier errichtet. Es ist ein unzugänglicher, dunkler und auch gerade deswegen ein magischer Ort.«

»Selbst wenn es so wäre«, meinte Marie: »Wie hätten die Bäume ihr Heiligtum hier errichten sollen? Sie können nicht gehen, und selbst wenn, hätten sie den Weg durch die enge Höhle und vor allem durch den Siphon nie geschafft. Ich halte es für undenkbar.«

Doch Ragnar nahm nun eine Fackel, sprang damit über den Andersbach und kletterte einen kleinen feuchten Lehmhang hinauf.

»Und was ist das?«, fragte er und hielt die Fackel ganz nah an die Decke. Es waren eindeutig Wurzeln, die von oben durch das Gestein hindurchgewachsen und bis in die Höhle vorgedrungen waren. »Vielleicht sind die Bäume von oben gekommen, und vielleicht bildet irgendwo das mächtige Wurzelwerk von tausenden von Bäumen ihr Heiligtum.«

»Das wäre möglich«, warf Erik ein. »Aber dieses Heiligtum zu suchen, ist eine sehr riskante Unternehmung. Selbst wenn die dritte Figur ebenfalls in der Habichtshöhle versteckt wäre und selbst wenn wir sie finden würden – was könnten wir mit ihr anfangen? Ich jedenfalls bin nicht im Besitz des Wissens, ob diese Figur uns die Macht verleiht, den Ausgang ganz ohne Fackeln wiederzufinden. Dann aber kämen wir in der Höhle um, selbst mit zwei Figuren.«

»Aber mit zwei Figuren könnten wir die Krieger Ariokans besiegen«, fuhr Ragnar fort.

»Wir könnten die dritte Figur an uns nehmen – und den Bund endlich neu errichten. Wäre diese Aussicht nicht das Risiko wert?«
Nun redeten alle durcheinander, weil jeder seine eigene Meinung zu diesem Punkt hatte und weil einige weitere Vorschläge machen wollten. Wenn die Wurzeln bis in die Höhle reichten, war es dann nicht vielleicht möglich, nach oben einen Gang zu graben, um zu entkommen? Könnte Schubart nicht heimlich hinausfliegen und Hilfe holen? Und Arthur warf sogar den kühnen Gedanken ein: Könnte man nicht am Höhleneingang die Kraft der Tierfigur gegen Ariokan und seine Männer richten und sie damit schlagen?
Sie beratschlagten lange, kamen aber nicht zu einer eindeutigen Entscheidung. So beschlossen sie, bis zur nächsten Nacht zu warten; dann sollte Schubart versuchen, Kontakt zu Michael aufzunehmen. Falls dies misslänge, müssten sie neu überlegen. Dem stimmten alle zu. Am frühen Morgen schliefen alle – nach kürzester Zeit hatte sich ihr Tagesrhythmus verändert. Selbst Ragnar, der eigentlich hatte Wache halten wollen, schnarchte bald mit Barten um die Wette. Alle waren erleichtert, dass sie die Figur gefunden, dazu Erik und Arthur gerettet hatten. Das wog viel – und machte ihr Herz leicht.

Als Arthur aufwachte, merkte er sofort, wie kalt ihm wieder war, wie steif alle seine Glieder waren. Er erschrak bis tief in sein Herz, denn er fürchtete, der Bann Ariokans sei erneut mit Wucht über ihn gekommen. Er war deshalb überaus erleichtert, als Julius neben ihm sagte: »Arthur, bist du es? Frierst du auch so sehr wie ich?«
Tatsächlich war es ungemütlich in der Höhle geworden, seit das Brennholz zur Neige gegangen und das Feuer erloschen war. Die vollständige Dunkelheit hatte etwas Beklemmendes, auch wenn sie mittlerweile wussten, wie der Raum um sie herum aussah und wie sie zu ihren Vorräten oder zum Bach gehen mussten, ohne gleich über einen Felsbrocken zu stolpern. Doch jetzt kam die Kälte hinzu, die auch die Kleider und Decken kaum noch abhalten konnten; zumal alles längst nicht mehr trocken war. Überall in der Höhle tropfte es von der Decke, alles war feucht und teils auch glitschig. »Ich komme mir selbst schon vor wie ein Stalagmit«, sagte Julius halb im Spaß und halb im Ernst, »bald bin ich am Boden festgefroren.«
Die anderen schliefen noch, und vorerst war an ihren Umständen nichts zu ändern. Arthur kroch deshalb tiefer unter die Decke, zog die Beine eng an den Körper, und fragte seinen Bruder leise, um niemanden aufzuwecken: »Julius, du bist der Schlauste unter uns. Was würdest du jetzt tun? In welche Richtung würdest du gehen – zum Eingang zurück oder weiter in die Höhle hinein?«
Julius antwortete nicht gleich. Nach einigen Sekunden sagte er dann: »Das ist meiner Meinung nach die falsche Frage. Es gilt, unsere Stärken und Schwächen abzuschätzen und dann die Chancen und Risiken zu bewerten, die sich aus der einen oder der ande-

ren Entscheidung ergäben. Dann erweist sich von selbst, wohin wir gehen sollten. Man muss analytisch vorgehen.«
»Was sind denn unsere Stärken?«
»Ist dir aufgefallen, dass es noch nie Streit gab unter uns, obwohl unsere Lage manchmal derart verzweifelt war, dass man sich nicht hätte wundern müssen, wenn einem von uns die Nerven durchgegangen wären? Dieser Zusammenhalt ist ein hohes Gut.«
»Und weiter?«
»Ragnar hat die Tierfigur gefunden, die dich und ein Stück weit auch uns alle schützt.«
»Glaubst du wirklich, die Kraft der Stele strahlt aus?«
»Davon bin ich überzeugt. Hast du zum Beispiel gar nicht gemerkt, dass wir alle uns immer noch miteinander unterhalten können, obwohl Ragnar die Stele aus dem Andersbach entfernt hat und das Wasser also keine Zauberkraft mehr haben kann? Das bedeutet, dass wir die Fähigkeit, die Sprache des anderen zu verstehen, jetzt direkt von der Figur bekommen müssen.«
»Du hast Recht, Julius. Das ist eine sehr kluge Beobachtung. Aber nutzt uns die Stele darüber hinaus etwas? Glaubst Du, wir könnten mit ihr einen Ausbruch aus der Höhle wagen?«
»Das ist schwierig zu sagen, denn uns liegen nicht alle Informationen vor, die für eine Entscheidung notwendig wäre.« Julius kam fast ins Dozieren; er sollte unbedingt einmal Professor oder Pfarrer werden. »Gehen wir einmal davon aus, die beiden Figuren, die bisher entdeckt wurden, sind ungefähr gleich stark – ich bin mir sicher, dass der Bund zwischen Menschen, Tieren und Bäumen nur unter dieser Voraussetzung zustande kommen konnte. Also neutralisieren sich die Kräfte der beiden Figuren. Es stellt sich nun die Frage, ob Zoller merken wird, dass sein Bannspruch gegen dich nicht mehr wirkt und dass er deshalb die Kraft für etwas anderes einsetzt. Dann wären wir frei, ebenfalls anderes damit zu bewirken – zum Beispiel uns bei einem Ausfall gegen die Krieger zu schützen.«
»Das ist alles ganz schön kompliziert. Geht es nicht einfacher?« Arthur seufzte. Er setzte sich auf und rückte näher an Julius heran. Dann schlang er seine Decke um die Schultern und sagte: »Man müsste es ausprobieren, ob die Macht von Zollers Figur noch hierher zielt« – Arthur nahm Julius' Hand und legte sie auf sein Herz – »und was wir mit unserer Figur überhaupt anfangen können.«
»Es gäbe nur eine Möglichkeit, das zu prüfen«, sagte Julius: »Aber diese Möglichkeit schließe ich unbedingt aus.«
»Weil sie so gefährlich für mich wäre?«
»Ja, Ragnar müsste die Kraft der Tierfigur von dir wegnehmen. Bliebest du gesund, wäre der Bann Zollers nicht mehr vorhanden.«
Arthur wurde es bei dem Gedanken, noch einmal in das Siechtum und vielleicht sogar in den todesähnlichen Schlaf zurückzufallen, ganz schlecht. Es war eine schreckliche

Erfahrung gewesen, sich wie ein blutleerer Körper zu fühlen, dem ein Vampir alle Kraft herausgesogen hatte. Es schauderte ihn, und schnell lenkte er das Gespräch in eine andere Richtung.

»Was ist mit dem Turmalin? Ich habe noch den zauberkräftigen Stein. Sind wir damit Zoller nicht überlegen?«

»Ich bin mir nicht sicher, glaube aber nicht. Der Turmalin hilft nur einem von uns – er verstärkt eine Eigenschaft desjenigen, der ihn besitzt. Du könntest dich am Höhlenausgang also wieder so schnell machen, dass die Krieger dich nicht erwischen. Aber alle anderen könnten sie trotzdem gefangen nehmen. Außerdem darfst du nicht vergessen, dass Zoller Zauberkräfte besitzen muss, die über jene der Figur hinausgehen. Wie hätte er sonst Erik bannen und gleichzeitig fünfzig Krieger aus der Glut eines Feuers erschaffen können.«

»Glaubst du, er ist ein keltischer Druide?« Der Gedanke war Arthur ganz spontan gekommen, aber plötzlich schien diese Idee so einleuchtend zu sein. Sie erklärte vieles von dem, was in den vergangenen Wochen geschehen war.

»Als Unternehmer und Bürgermeister hat sich Karl Zoller in jüngster Zeit eher die Rolle eines politischen Führers verliehen. Auf die keltische Zeit übertragen, müsste er eher ein Fürst gewesen sein, vielleicht der Herrscher über das Oppidum, das vor zweieinhalb Jahrtausenden oben auf dem Hohenstein existiert haben muss. Aber Viktor und Oskar haben immer vom ›Gesandten‹ gesprochen, als ob Zoller ein Heilsbringer oder zumindest ein Botschafter sei – wobei das Wort ›Heilsbringer‹ in Zusammenhang mit Zoller eine furchtbare Bedeutung besitzt.«

»Das alles bringt uns aber nicht wirklich weiter. Wie schätzt du die Risiken ein?«

»Sie liegen auf der Hand: Gehen wir zurück zum Eingang, besteht die große Gefahr, dass Zoller uns alle gefangen nimmt oder vielleicht sogar tötet. Umgekehrt ist das Risiko sehr hoch, dass wir in der Höhle verhungern, wenn wir weitergehen.«

»Hhmm«, sagte Arthur, »und was sagt uns das nun alles? Deine Analyse weist ziemlich viele Lücken auf.«

»Das muss ich einräumen. Aber jetzt gilt es, Chancen und Risiken gegeneinander abzuwägen. Jeder wird dabei zu einem anderen Ergebnis kommen können. Wenn du so willst: Jetzt hört die Mathematik auf – und beginnt die Politik.«

»Ehrlich gesagt, lieber Bruder, folge ich da lieber meinem Gefühl. Dein Verstand scheint sich bei diesen Fragen eher im übertourigen Leerlauf zu befinden.«

In diesem Moment sahen sie einen schwachen Schimmer, der sich in der Dunkelheit auf sie zubewegte, so dass Julius nicht mehr antwortete. Sie spürten einen leichten Lufthauch, der über ihre Wangen strich. Es war Schubart, die von ihrem Erkundungsflug zurückkehrte und mit den Flügeln schlagend neben ihnen landete. Arthur war überrascht: Sie mussten also weit mehr als zwölf Stunden geschlafen haben, wenn Schubart die Dunkelheit abgewartet hatte und schon zurück war. So müde waren sie also gewesen.

Arthur zündete eine Fackel an. Mittlerweile waren auch die anderen aufgewacht und sammelten sich langsam um Schubart. Vor allem Marie schien ebenfalls stark zu frieren, wie Arthur mit einem Blick zu ihr hinüber feststellte. »Nimm noch meine Decke«, sagte er zu ihr, »mir ist schon wieder einigermaßen warm.« Das war eine glatte Lüge, aber Arthur hatte nicht vergessen, wie Marie ihn angesehen hatte, als er aus dem Todesschlaf erwacht war.

Schubart hatte keine guten Nachrichten im Gepäck. Das Depot am Ortsrand von Auen war leer gewesen, Michael hatte keinen Brief hinterlegt. Schubart hatte es deshalb sogar riskiert, zu seiner Wohnung zu fliegen, doch alle Räume waren dunkel. »Das muss nicht unbedingt etwas Schlechtes bedeuten«, versuchte Erik zu beruhigen. »Es kann durchaus sein, dass Michael noch rechtzeitig fliehen konnte und sich irgendwo aufhält, von wo er uns keine Nachricht zukommen lassen kann.« Aber auch Erik machte sich Sorgen um seinen Vormann und Freund. Viel mehr wusste Schubart nicht zu berichten, nur, dass die Staumauer bereits eine erschreckende Höhe angenommen hatte.

»Ihr würdet den Tannenbühl nicht wiedererkennen«, sagte Schubart, »und ich glaube fast, es geht mit dem Teufel zu, so schnell schreiten die Arbeiten voran.« Arthur und Julius tauschten bei diesen Worten einen vielsagenden Blick aus. »Die Mauer überragt bereits die höchsten Tannen im ganzen Wald, und sie zieht sich in einer grauen Schneise von einer Seite des Heiligentals bis hinüber zum Sattel bei der Burg Hohenstein. Wenn es so weiter geht, wird der Staudamm in wenigen Wochen geflutet werden können. Es ist unglaublich.«

Alle schwiegen bedrückt, bis Arthur das Wort ergriff: »Wir müssen handeln, und zwar so schnell wie möglich. Wir müssen eine Entscheidung treffen.«

»Könnte Schubart nicht einfach die Polizei verständigen? Schließlich ist Zoller ein Verbrecher, der den Wald in Schutt und Asche legen wollte und der uns verfolgt und bedroht?«, warf Marie ein. Aber sie brachte diesen Vorschlag selbst nur halbherzig vor, denn sie wusste, wie wenig realistisch er war.

»In den Augen der Polizei dürfte nicht Zoller der Verbrecher sein, sondern wir«, antwortete Julius. »Wir haben die Baufahrzeuge ruiniert.«

»Ja«, sagte Marie seufzend, »und es sähe vermutlich komisch aus, wenn ein Uhu in eine Polizeistation spaziert käme und Anzeige erstattete. Ich ziehe meinen Vorschlag zurück.«

»Dann schlage ich vor, dass Ragnar und Erik entscheiden, wie wir weiter vorgehen. Sie haben die größte Erfahrung und die beste Intuition.« Arthur wandte sich an die beiden und fragte: »Wärt ihr bereit, die Führung zu übernehmen?«

Der Luchs und der Waldmann sahen sich nur lange verblüfft an – bis schließlich Erik sagte: »Aber Arthur, wie kommst du darauf, dass wir die Gruppe führen sollen? Hast du denn immer noch nicht verstanden?«

»Nein«, meinte Arthur irritiert und fast etwas ärgerlich, »was sollte ich immer noch nicht verstanden haben?«

»In den alten Geschichten«, sagte Erik, »heißt es, dass der zerbrochene Bund nur von einem Waldläufer zusammen gefügt werden könne. Aus diesem Grund hatte Zoller geglaubt, mich unbedingt ausschalten zu müssen.«
Erik hielt inne, um Ragnar das Wort zu überlassen. »Wir glauben, dass du dieser neue Waldläufer bist, Arthur. Ich hatte schon lange das Gefühl, aber spätestens, seit du den Lauf des Wasserfalls verändert hast, bin ich mir sicher. Und auch Zoller ist es, sonst hätte er den Bann nicht auf dich übertragen. Verstehst du: Niemand hätte diese Dinge vermocht außer dem wahren Herrn des Waldes. Und das bist du.«
Arthur wusste nicht, was er sagen sollte, bis er schließlich stammelte: »Seid ihr jetzt alle verrückt geworden? Ihr macht euch doch einen Witz mit mir?«
»Nein, Arthur«, ergriff wieder Erik das Wort. »Ich bin derselben Meinung wie Ragnar. Wenn jemand den Wald retten kann, dann bist das du. Ich weiß, es ist nicht nur Ehre, sondern auch eine gewaltige Verantwortung, aber wir alle werden dir helfen mit all unserer Kraft.«
»Und was bedeutet das: Herr des Waldes?«, fragte Arthur noch immer ganz benommen. »Was müsste ich dann jetzt tun?«
»Du bist es, der die Führung übernimmt. Horche in dich hinein.«
Arthur fiel es schwer zu glauben, was er gerade gehört hatte. Ja: er liebte den Wald über alles und konnte sich nicht vorstellen, jemals in einer Stadt, im Lärm der Autos, im Grau der Straßenschluchten, zu leben. Aber es war etwas anderes, über das Schicksal und vielleicht das Leben seiner Gefährten zu entscheiden.
»Das will ich aber überhaupt nicht, alleine entscheiden. Ihr alle habt wundervolle Eigenschaften, ihr seid klug, schnell, lautlos, mutig – warum sollten wir alle diese Fähigkeiten nicht nutzen?«
»Das sollten wir tatsächlich«, entgegnete Ragnar, »denn wir werden alles aufbieten müssen, um Ariokan in seinem Tun aufzuhalten. Wir werden dir unseren Rat geben, wann immer du willst – und vielleicht gerade dann, wenn du ihn nicht hören willst. Aber du hast Kräfte in dir, die weiterführen. Ich bin mir mittlerweile sicher, dass dies in der Prophezeiung gemeint war, wenn es dort heißt: ›*Der Herr des Feuers aber besitzt Feinde, die dessen Tun verhindern wollen und die mächtiger sind, als sie selbst es wissen.*‹ Unsere größte Macht beruht nicht auf der Figur des Luchses, sondern in dir.«
Arthur lachte, fast etwas kindisch, so verstört war er. »Ihr habt aber anscheinend vergessen, wie die Prophezeiung weitergeht. Dort heißt es nämlich: ›*Gerade deswegen aber werden sie unterliegen und ebenso untergehen.*‹ Euer großer Herr des Waldes wird scheitern.«
Doch Erik fasste seinen Sohn an den Schultern und sagte: »Wir wissen aber nun, welche Macht wir tatsächlich besitzen. An dieser Stelle haben wir die Prophezeiung also bereits verändert. Und deshalb haben wir zumindest die Chance, auch den Untergang des Waldes zu verhindern. Wir müssen es versuchen, auch wenn in jedem Tun die Möglichkeit des Scheiterns liegt. Wer es nicht versucht, ist schon gescheitert.«

Arthur schwieg lange und strich sich mit fahriger Hand durch die Haare.

»Versuche es einmal«, sagte Erik deshalb. »Horche in dich hinein, was du jetzt tun würdest.«

Auch Julius schaltete sich ein. »Vorher hast du selbst gesagt, du würdest lieber aus dem Bauch heraus entscheiden. Das ist es, was Erik und Ragnar meinen. In dir spürst du, was richtig ist. Die Zeit des Abwägens ist vorbei.«

Nach einiger Zeit nickte Arthur. »Gut, wenn ihr meint. Ich werde es versuchen.« Er ging, ohne eine Fackel mitzunehmen, hinüber zum Andersbach, ließ sich dort in die Hocke nieder und horchte auf das Sprudeln des Wassers, das mit großer Kraft aus dem Siphon hervordrang und große Blasen bildete, als wolle es Luft schöpfen, bevor es weiterging durch die Dunkelheit, hinaus in die Welt. Arthur ließ seine Hand in das Wasser gleiten, das seine Hand sogleich mit großer Kälte umfing und sie in der Strömung flussabwärts drückte. Waren nicht alle Geschöpfe so wie diese Hand? Schwammen sie nicht im Fluss des Lebens und konnten sich letztlich nicht gegen die Richtung wehren, in die sie gedrängt wurden? Nein, dachte Arthur unwillkürlich. So ist das nicht. Und er straffte seine Hand und ließ das Wasser daran abprallen und drückte sie gegen die Strömung voran, was leicht gelang. Das Wasser musste ausweichen; es hatte keine Wahl.

Da ging Arthur zurück zu den anderen, die alle aufstanden und ihn erwartungsvoll anschauten.

»Wir sollten zumindest prüfen, ob es ein weiteres Heiligtum in der Habichtshöhle gibt«, sagte Arthur, »ohne aber ein allzu großes Risiko einzugehen. Ich schlage deshalb vor, dass wir zusammen aufbrechen und weiter in die Höhle vordringen, allerdings höchstens einen Tag lang. Wenn wir bis dahin nichts gefunden haben, drehen wir um. Dann müssten die Fackeln noch reichen, um bis zum Ausgang zurückzukehren. In diesem Fall bliebe uns nichts anderes übrig, als uns Zoller und seinen Kriegern zu stellen. Seid ihr mit diesem Vorschlag einverstanden?«

Alle schrien laut ›Ja‹, und Julius johlte, als sei er auf einer Kirmes in der Schiffschaukel.

»Dann sind wir uns einig«, sagte Arthur. »Wir brechen sofort auf.«

Sie nahmen alle Fackeln, aber nur wenig zu essen mit. Möglichst wenig Ballast, hieß ihre Losung, um möglichst schnell voranzukommen. Denn zwei Tage konnten sie zur Not auch ohne Nahrung auskommen; nur Barten murrte und lud sich einen extra Beutel mit Eicheln auf den Rücken. Es war für alle außer Schubart recht einfach, durch den Siphon zu schwimmen, da sie sich am Seil entlang hangeln konnten, das Ragnar um den großen Tropfstein gelegt hatte. Erik steckte Schubart deshalb, auch wenn diese heftig protestierte, in eine der Satteltaschen und nahm sie mit hinüber auf die andere Seite. »Luft anhalten«, rief Erik dem Uhu noch zu, dann griff er nach dem Seil und tauchte unter dem Felsen durch. Um drüben einigermaßen trockene Kleider zu haben, zogen sich die Menschen nackt aus und packten die Sachen gut ein. »Ich schwimme direkt nach Ragnar«, sagte Marie in einem Ton, der keinen Widerspruch zuließ, »und ihr dreht euch alle um, bis ich weg bin. Verstanden?« Julius kicherte, aber alle hielten sich an den Befehl. Arthur presste zusätzlich beide Augen fest zusammen.

Ragnar war zuerst hinübergeglitten in seinen Dom, denn er wollte nicht, dass jemand ohne sein Beisein das Heiligtum betrat. Er fühlte sich verantwortlich für das Erbe seiner Vorfahren. Drüben zeigte er allen, wo die Figur, die Arthur zum Schutz vor Zollers Bann in einem ledernen Beutel um den Hals trug, so lange Zeit aufbewahrt worden war. Und auch den Kristallhimmel ließ Ragnar funkeln, was vor allem Marie und Julius in großes Entzücken versetzte. »Glaubst du, da sind auch Diamanten dabei?«, fragte Marie. – »Kann sein«, antwortete Ragnar amüsiert: »Aber sie bleiben alle dran. Verstanden?«

Dann wandten sie sich ihrer Aufgabe zu, denn sie hatten keine Zeit zu verlieren. War die Habichtshöhle hier zu Ende, oder führte der Weg weiter? Langsam gingen sie an der hinteren Wand des Domes entlang und suchten dort, wo der Andersbach im Gestein verschwand, nach einem weiteren Durchlass. Erik sprang noch einmal in den Fluss und tauchte an den Felsen entlang. Doch nirgendwo fand er eine Öffnung.

»Das scheint tatsächlich der Quelltopf des Andersbaches zu sein«, meinte Erik prustend, nachdem er mehrmals auf den Grund hinabgetaucht war. »Zumindest kann ich keinen Durchgang finden, der groß genug wäre, um uns passieren zu lassen.«

»Dann suchen wir an den Seiten weiter«, sagte Arthur, »vielleicht ändert der Höhlenverlauf an dieser Stelle die Richtung.«

Und tatsächlich erkannten sie im Schein der Fackeln, dass es an der linken Seite eine Schutthalde gab aus Sand und Lehm und Kies, die steil zu einem Riss im Gestein hinaufführte. Oben angekommen sahen sie, dass zwischen den herabgestürzten Felsbrocken ein Durchschlupf geblieben war. Dahinter öffnete sich die Höhle wieder. Das Rauschen des Andersbaches verstummte bald, und sie hörten nur noch das Keuchen ihres Atems, wenn sie über einen besonders großen Felsbrocken kletterten oder sich durch einen engen Durchlass hindurchquetschten. Jetzt mussten sie wenigstens nicht mehr im Wasser gehen, und auch die Felsen selbst wurden zunehmend trockener.

»Der Weg führt leicht bergan«, sagte Ragnar irgendwann, »ich habe den Eindruck, als würden wir uns langsam der Erdoberfläche nähern.«

»Das könnte dafür sprechen, dass die Bäume doch über ihre Wurzeln einen geheimen Ort geschaffen haben«, meinte Erik. »Vielleicht hast du doch Recht, Ragnar.«

Aber so sehr sie sich auch anstrengten, sie entdeckten nichts, was auf einen bewusst gestalteten Ort hinwies. Und die Stunden verstrichen. Einmal hatten sie eine längere Pause gemacht, in der sie versuchten, etwas zu schlafen und sich auszuruhen. Es war anstrengend, sich durch das Felsenreich der Höhle zu kämpfen. Arthurs Uhr war stehengeblieben, aber er vertraute dem Instinkt Schubarts, die abschätzen konnte, wann der Tag verstrichen sein würde. Dann, so hatten sie vereinbart, würden sie etwas essen – und zurückkehren zum Dom der Tiere.

Bald würde es soweit sein. Da fragte Arthur: »Schubart, glaubst du, du könntest auch in diesem unbekannten Teil der Höhle vorausfliegen, um zu erkunden, ob sich das Weitergehen lohnt?«

Schubart fühlte sich schon wieder in ihrer Ehre gekränkt, weil Arthur ihr das nicht von vorneherein zutraute. »Selbstverständlich ist mir das möglich«, sagte sie beleidigt. »Gebt mir ein Stück der Fackel in die Krallen, und ich mache mich auf den Weg.«

»Gut, Schubart«, sagte Arthur, »du siehst selbst in diesem Dämmerlicht Dinge, die für uns in kompletter Dunkelheit liegen«, schmeichelte er ihr ein wenig, um sie zu besänftigen. »Wir rasten hier und warten, bis du zurückkommst.«

Arthur lehnte sich an einen rötlich schimmernden Felsen, der von Eisen durchsetzt sein musste und so porös war, dass Arthur mit den Fingern kleine Stücke wegbrechen konnte. Ein Stein, so gewaltig, dass kein Mensch ihn bewegen könnte, dachte Arthur, aber so brüchig, dass man ihn in kurzer Zeit zerbröseln könnte. Ragnar strich weiter an den Wänden entlang; er hatte die Idee, in der Höhle etwas zu finden, noch nicht aufgegeben. Aber man sah an seiner Ungeduld, dass seine Hoffnung stetig schwand.

Schon nach wenigen Minuten kam Schubart jedoch aufgeregt zurückgeflogen. »Ich habe etwas entdeckt!«, rief sie von weitem und ließ vor Nervosität die Fackel fallen. Julius sammelte sie schnell wieder ein, denn sie konnten jeden kleinsten Stummel gebrauchen.

»Was hast du entdeckt?«, schrie Arthur, und heiß brandete die Erwartung durch seinen Körper. »Was?«

»Licht!«, rief Schubart, und alle glaubten, sich verhört zu haben. »Noch ein paar hundert Meter, und von der Decke dringt Licht herein. Es ist ganz schwach, weil draußen Nacht ist – aber es ist eindeutig. Es muss einen Ausgang zur Erdoberfläche geben.«

Nun kam Leben in die Gruppe. Alle hasteten, die Fackeln in den Händen, hinter Schubart her, der es nicht schnell genug gehen konnte, den anderen das Loch zu zeigen. Sie brauchten fast eine halbe Stunde dorthin, denn der Weg blieb mühsam, und ihre Beine waren schwer und müde geworden. Dann standen sie unter der Stelle, konnten aber zunächst wenig erkennen. Arthur kletterte über einige Felsblöcke hinauf, um näher an die Decke heranzukommen. Er sah unendlich viele weiße Fäden von der Decke hängen, die sich als kleine Wurzeln von Gräsern und Sträuchern entpuppten. An den Wurzeln hing Erdreich, und das allein bewies, dass sie nicht weit entfernt von der Erdoberfläche sein konnten. Doch einen Durchschlupf oder ein Loch konnte Arthur beim besten Willen nicht wahrnehmen, selbst dann nicht, als alle die Fackeln löschten, damit man selbst das geringste Licht von außen erkennen konnte.

Doch in dem Moment, als Schubart noch einmal hinaufflatterte, um die genaue Stelle zu bezeichnen, geschah etwas Wundersames: Ein heller Strahl suchte sich einen Weg durch Gras und Erde und Fels, und zwischen den Wurzeln flirrten viele kleine Strahlen in die Höhle herab. Staubkörner tanzten in den Strahlen, und die Höhle war mit einem Male erleuchtet.

»Der Mond ist hinter den Wolken hervorgetreten«, sagte Ragnar, der sich am ehesten der Magie des Augenblickes entziehen konnte: »Es scheint, es hat aufgehört zu schneien.«

Arthur stocherte nun mit einer abgebrannten Fackel in die Erde hinein, bis diese in großen Brocken in die Höhle herabfiel und ganze Ladungen von Schnee mit sich zog. Dann war der Blick frei – nach draußen.

Arthur musste sich an der Decke entlang hangeln, um ganz bis zum Ausgang zu gelangen. Aber dann schob er sich aus dem Loch hinaus und robbte direkt in den Schnee hinaus. Das Loch war in Wirklichkeit eine Spalte, wie er jetzt feststellte. An einem Hang lag ein etwa drei Meter langer riesiger Felsen frei, auf dem man sich wie auf einer Anhöhe hätte postieren können; darunter hatte sich im Laufe der Jahrtausende Erde angehäuft und den Durchgang in die Höhle verschlossen – tatsächlich aber hätte ein Mensch leicht der Länge nach durch den Spalt hindurch gepasst, wenn man die Erde überall weggeräumt hätte. Schnell kamen die anderen nach, und alle sieben Gefährten standen nun an diesem Hang so tief im Schnee, dass Barten Mühe hatte, nicht komplett darin zu versinken. Der Mond senkte das ganze Land in einen silbernen Glanz, zumindest für kurze Zeit, denn die dichten Wolken würden sich gleich wieder vor ihn schieben, und obwohl dessen Licht alles andere als hell war, fühlten sich die Freunde nach der langen Zeit in der Höhle beinahe geblendet.

»Wo sind wir?«, fragte Arthur schließlich. »Ich kenne diesen Ort nicht, zumindest nicht mit dieser hohen Schneedecke.«

»Wir müssen von der Habichtshöhle aus unter die Albhochfläche gewandert sein«, meinte Erik, »und sind jetzt oberhalb des Heiligentales auf der Ebene.«

»Ja, du hast Recht«, sagte Julius schnell. »Ich habe diesen Hang mit dem großen Felsen gesehen, als wir bei Ursula, der Kräuterfrau, waren. Ihr Haus muss ganz in der Nähe liegen. Das sind nur wenige Minuten.«

Er rannte den Hang hinunter und entdeckte die Hütte schon nach wenigen Augenblicken, als er eine kleine Kuppe umrundet hatte und der Blick frei wurde zum Albtrauf. In den Fenstern standen Kerzen, die einen warmen Schein verbreiteten.

»Da ist es«, schrie Julius, und dann gab es kein Halten mehr. Sie alle rannten hinter Julius her und machten sich in dem hohen Schnee einen Spaß daraus, die anderen zu überholen und im Vorüberrennen umzuwerfen. So gelöst waren sie nach den langen Tagen der Anspannung, nach dem langen Eingesperrtsein in der Höhle.

Julius erreichte die Hütte als erster. Er klopfte an, konnte es aber kaum erwarten, bis er die Tür öffnen durfte. Das Bild Ursulas stand wieder vor seinem inneren Auge, und er war so glücklich, sie wiedersehen zu können.

Ihre Stimme drang von drinnen zu ihm heraus. »Kommt rein«, sagte diese Stimme, »wir hatten gehofft, ihr würdet kommen.«

Mittlerweile waren die anderen ebenfalls angelangt, und Julius drückte den Türknauf herunter und trat in die Stube. Wie groß war die Überraschung, als die anderen nachdrängten: Ursula war nicht allein in ihrer Hütte. Auf der Eckbank, neben der Krippe mit den vielen Tieren, saßen auch Franziska, Kilian und Michael, dessen rechtes Bein in einem großen Gips steckte.

»Was macht ihr denn hier?!«, rief Julius aus und konnte gar nicht fassen, was er sah.

»Wir warten seit Tagen auf euch«, sagte Michael, als ob diese Aussage das Natürlichste von der Welt war. Jetzt drängte sich Arthur nach vorne, um zu sehen, ob das alles wirklich wahr sein konnte, und Michael humpelte ihnen auf zwei Krücken mit Mühe entgegen.

»Was ist passiert?«, fragte Arthur und zeigte auf den Gips.

»Ach, eine kleine unliebsame Begegnung mit Zollers Leibwächtern«, sagte Michael wie im Scherz. »Das wird schon wieder.«

Und dann warf er die Krücken zur Seite und nahm die beiden Wiegand-Brüder mit seinen großen Tatzen in die Arme.

»Mein Gott«, sagte er dann leise, »wie froh bin ich, euch Rabauken wiederzusehen.«

7. Im Kloster

Obwohl es mitten in der Nacht war, konnte niemand schlafen. Es gab so viel zu erzählen. Und die Freude musste heraus. So gab es schon wieder ein Festmahl. Ursula holte aus ihrem Keller die feinsten Sachen: Sie öffnete eine Flasche Holunderbeerwein, von der auch Arthur und Julius nippten, und später noch eine und noch eine. Sie hatte frisches Brot gebacken, mit Stücken von Haselnüssen und Sonnenblumenkernen drin. Sie tischte ihre herrlichen Aufstriche aus Kräutern und Gewürzen auf und stellte ihren cremigen Lindenblütenhonig dazu. Und das Kerzenlicht hellte ihre Seelen auf. Es war ein so warmes Licht, das das Holz der Stube in ein tiefes Rot tauchte, in ein behagliches, anrührendes, beruhigendes Licht. Arthur dachte dran, wie kalt es ihnen in den vergangenen Tagen gewesen war und wie klaglos sie diese Widrigkeiten meistens hingenommen hatten. Waldlebewesen waren sie geworden, die die Natur, den Winter und die Dunkelheit nicht mehr als etwas Feindliches wahr genommen hatten, sondern als etwas Selbstverständliches, als etwas, das so war, wie es war. Man kam zurecht, oder eben nicht. Und ehrlich gesagt, sie sahen schlimmer aus als Waldlebewesen. Ihre Kleider waren vom Schlamm der Höhle verdreckt, ihre Haare hingen ihnen in verklumpten Strähnen herab. Sie erinnerten eher an Waldschrate, worüber sich Ragnar gerne lustig machte – er war selbst auf größte Reinlichkeit bedacht. Einer nach dem anderen zogen sie sich deshalb in das zweite Zimmer von Ursulas Hütte zurück, wo heißes Wasser und frische Kleidung auf sie wartete, die Michael mitgebracht hatte. Verjüngt und verwandelt traten sie dann einzeln wieder in die Stube, mit feuchten Haaren und glänzenden Augen, wobei Arthur darauf beharrte, seine Waldkleider wieder anzuziehen, sobald er sie am nächsten Tag gereinigt habe.
In all diesem sanften warmen Fest der Sinne war Ursula die Meisterin. Ihre langen blonden Haare waren offen, sie trug ein grasgrünes Kleid, das ihre Taille betonte und in dem sie aussah wie ein junger Sommertag. Ihr Lächeln war die Sonne, ihre Augen der Himmel, ihr Kleid die weite Sommerwiese. Julius hatte sich nah an seine Mutter herangedrängt, und er wich in all den Stunden keinen Zentimeter von ihr. Er wollte sie spüren, er hielt unter dem Tisch die ganze Zeit über ihre Hand, und er drängte sich an sie wie ein kleiner Hund, der noch den Schutz der Mutter braucht. Aber gleichzeitig ließ er Ursula keinen Augenblick aus den Augen, obwohl sie immer wieder scheinbar streng zu ihm herüberschaute. ›Träum nicht, Julius‹, sollte das wohl bedeuten. Ursula freute sich besonders über den Besuch der Tiere bei ihr, denn das war selbst für

sie etwas Neues. Ragnar spürte sofort, dass Ursula eine Frau des Waldes war und fühlte sich wohl in der Hütte. Das war nicht selbstverständlich, denn Arthur hatte oft wahrgenommen, dass Ragnar räumliche Enge und viele Menschen nicht angenehm waren. Darin zeigte sich die Natur des Luchses, der doch in seiner tiefsten Seele ein Einzelgänger blieb. Umso mehr liebte Arthur Ragnar dafür, dass er in dieser besonderen Situation nicht seiner Neigung folgte, sondern seiner Bestimmung. Und die lautete, einen Beitrag zur Erneuerung des Bundes zu leisten – oder zumindest dazu, die Herrschaft des Feuers zu verhindern.

Selbst Michaels Erzählung, wie er zu seiner Verletzung gekommen war, wirkte in dieser Nacht nicht ganz so bedrohlich, zumal Michael seine Beschreibung mit allerlei kleinen Pointen würzte, wie es nun mal seine Art war. Dabei hätte man durchaus darüber erschrecken können, wie weit Zollers Männer nun zu gehen bereit waren. Am helllichten Tag waren zwei Krieger in Michaels Wohnung eingedrungen und hatten gewartet, bis er nach Hause kam, ahnungslos und im beinahe wahrsten Sinne des Wortes ins Messer laufend. Als er die Tür aufschloss, hoben sie ihre Schwerter und attackierten Michael, bevor der die Situation erfassen konnte.

Es war Kilian, der Michael das Leben rettete. Er hatte ihn in seinem Wagen nach Hause gebracht, und nun stand er plötzlich hinter Michael in der Wohnungstür und schrie, er solle Platz machen. Mit großer Verwunderung erkannte Michael, dass auch Kilian ein Langschwert in den Händen hielt. Und noch verwunderter war Michael, mit welcher Leichtigkeit und Behändigkeit Kilian mit dieser Waffe umzugehen wusste. Er führte das Schwert, als wiege es nichts in seinen Händen und als bewege es sich aus sich selbst heraus fort. Auch das musste Michael in dieser Nacht erzählen, weil Kilian zu bescheiden dazu war: Seit vielen Jahren sammelte Kilian Schwerter und hatte sich das Führen der alten Waffen selbst beigebracht. Das war seine Flucht aus der häufig trostlosen Wirklichkeit gewesen. In diesen Schattenkämpfen war er der Herr gewesen, in seinen Gedanken sogar der Herr über Leben und Tod, auch wenn es meist nur eine aufgehängte Holzstange gewesen war, gegen die er kämpfte. Aber so beherrschte Kilian eine Kunst, die den Gefährten unerwartet großen Nutzen brachte – und ohne die Michael nicht mehr unter den Lebenden weilte.

Die beiden Krieger waren jedoch mehr als ebenbürtige Gegner. Sie waren mit dem Schwert aufgewachsen; es war für sie ein so natürlicher Gegenstand wie für die Menschen späterer Generationen ein Kugelschreiber. Und sie waren kaum verwundbar, als Krieger der Glut. So blieb Michael und Kilian nur der Rückzug. Einer der Männer aber hatte Michael in die Enge getrieben und wollte ihm das Schwert in den Unterleib stoßen, als Kilian hinzusprang und mit seiner Waffe das Schwert des Kelten ablenkte. Doch die Spitze schlitzte Michaels Hose auf und schnitt einen oder zwei Zentimeter tief in das Fleisch des Ober- und Unterschenkels, während sie am gesamten Bein entlang nach unten schrammte. Michael spürte zunächst keine Schmerzen, doch fühlte er, wie etwas Warmes an seinem Bein hinablief. Kilian schrie ihn an, er solle die

Treppe hinunterrennen, während er selbst den Kampf gegen die zwei Phantome fortführte. Dann aber schleuderte er ihnen mit aller Kraft sein Schwert entgegen und nutzte den einen Augenblick der Verwirrung, um im vollen Lauf aus der Wohnung zu flüchten. Michael hatte unten bereits den Motor gestartet und gab kräftig Gas, kaum dass sich Kilian auf den Beifahrersitz geworfen hatte. Der Schmerz im rechten Bein aber wurde immer stärker.
»So sind wir entkommen«, beendete Michael seine Erzählung. »Uns war endgültig klar, dass wir nicht mehr länger in Auen bleiben konnten. Also sind wir aufs Geratewohl hierher gekommen.«
Arthur hatte während der Geschichte ein ziemlich schlechtes Gewissen beschlichen, weil er Kilian so schroff und ablehnend begegnet war. Als Michael geendet hatte, schaute er Kilian in die Augen, und der hielt seinem Blick stand. »Es tut mir leid«, sagte Arthur, »ich hätte dir schon längst vertrauen sollen.« Und er hielt ihm die Hand hin und fragte: »Verzeihst du mir?«
Kilian zögerte kaum. Und als er einschlug, lächelte er sogar.
»Tut deine Wunde sehr weh?«, wollte Arthur später von Michael wissen.
»Es geht schon wieder. Es ist nur eine Fleischwunde, die Sehnen und Knochen haben zum Glück nichts abbekommen. Und mir hätte nichts Besseres passieren können, als Ursula zu treffen. Sie hat eine Wundersalbe draufgeschmiert, und bald kann ich wieder hüpfen wie ein junger Gott.«
Alle lachten und waren froh, dass niemand ernsthaft zu Schaden gekommen war. Nur Franziska stimmte nicht ein in ihre Fröhlichkeit, wie Arthur aufgefallen war. Schon bei der Begrüßung hatten sich Erik und Franziska zwar die Hand gegeben, aber die Distanz zwischen den beiden war spürbar gewesen. Arthur hatte einen Stich in die Brust bekommen, aber wie hätte er auch hoffen können, dass alles wieder in Ordnung wäre zwischen den beiden, nur weil sie einer gefährlichen Situation entronnen waren. Später hatte Michael ihm erzählt, dass Franziska gar nicht hatte mit ihnen kommen wollen. »Sie hat sich lange gesträubt«, so Michael: »Erst als wir ihr im Scherz androhten, sie gefesselt ins Auto zu verfrachten, hat sie eingewilligt.«

Als Julius am nächsten Tag hinaus ins Freie trat, hatte es erneut zu schneien begonnen. Was war nur los in diesem Jahr, dachte Julius. Es kam durchaus vor, dass es im Oktober schneite – aber dass es in wenigen Tagen einen halben Meter Schnee hinwarf, daran konnte sich niemand erinnern. Die dicken Flocken wirkten wie lebendig, so dicht und so zahlreich schwebten sie zu Boden. Arthur hatte es sich trotzdem mit Ragnar auf der Holzbank vor der Hütte bequem gemacht. Er lehnte mit dem Rücken an der Wand und genoss das Schauspiel, den lautlosen Tanz der Schneeflocken.
Erst ein paar Sekunden später bemerkte Julius, dass Arthur aber nicht döste. Vielmehr waren Ragnar und er in einem Gespräch gewesen, das nur kurz gestockt hatte, vielleicht, weil Arthur nachdachte, bevor er eine Antwort gab.

»Störe ich?«, fragte Julius deshalb, doch Arthur öffnete die Augen und lud ihn ein, sich neben ihn zu setzen.

»Nein, komm her, Bruderherz. Wir sprechen gerade darüber, was Zoller als nächstes planen und was unser nächster Schritt sein könnte. Vielleicht hast du ja eine Idee?«

»Und wie weit seid ihr mit euren Überlegungen?«, wollte Julius wissen.

Es war Ragnar, der ihr Gespräch für ihn zusammenfasste. »Der Angriff auf Michael und Kilian macht deutlich, dass der Herr des Feuers nicht nur unseren Widerstand brechen, sondern uns töten will. Uns alle. Das sollte uns jetzt endgültig klar sein. Bei Ursula sind wir jedenfalls nicht sicher, ihre Hütte liegt zu nahe am Heiligental.«

Julius nickte. »Wir haben alle Kontakte zur Außenwelt abgebrochen. Es gibt in Auen und Lässingen niemanden mehr, der zu uns gehört. Außer Jakob Häfner. Aber der sitzt im Gefängnis.«

»Das ist eines der vielen Probleme, die wir haben. Häfner kann uns zwar nicht verraten, weil er nichts weiß über unseren Aufenthaltsort. Aber in gewissem Sinn ist er Teil unserer Gruppe«, sagte Arthur. »Ich frage mich schon länger, ob wir nicht verpflichtet sind, ihn zu befreien. Er hat uns unterstützt, jetzt müssten vielleicht wir ihn unterstützen.«

»Eins nach dem anderen«, meinte Julius jetzt. »Zunächst müssen wir uns selbst helfen. Wenn Zoller uns erwischt, können wir auch Häfner nicht mehr helfen.«

Ragnar ließ ein knurrendes Geräusch erkennen, das wohl Zustimmung signalisieren sollte. »Ich bin der Letzte, der aus meinem Wald weg will«, sagte er. »Aber im Moment ist es schlicht zu gefährlich – ich kenne keinen Unterschlupf mehr, der uns längere Zeit vor Zoller schützen könnte.«

»Du hast Recht, Ragnar«, sagte Arthur.

»Was überlegt ihr dann noch?«, fragte Julius. »Dann gibt es sowieso nur eine Lösung.«

»Und die wäre?«, fragte Arthur überrascht.

»Wir gehören nicht mehr in die Zivilisation, und wir können vorerst nicht im Tal bleiben. Dann bleibt nur eines: Wir gehen zu Pater Rupert ins Kloster Waldbronn. Ich bin mir sicher, dass er uns nicht abweisen wird.«

Einen Moment lang sagte niemand etwas. Dann schmunzelte Arthur, doch bevor er etwas erwidern konnte, setzte Julius hinzu: »Das hätte im Übrigen einen weiteren Vorteil. Wir könnten in der Klosterbibliothek in all den vielen Büchern über das vorchristliche Süddeutschland nach Hinweisen fahnden, die uns vielleicht im Kampf gegen Zoller helfen. Wenn überhaupt, dann finden wir diese Bücher im Kloster Waldbronn.«

»Julius, im Denken überholt dich so schnell niemand«, sagte Arthur, hielt einen Moment inne und entschied dann: »Wir brechen so schnell wie möglich auf.«

Doch erstmals, seit sich die Gefährten zusammengeschlossen hatten, fand diese Entscheidung keine einhellige Zustimmung. Barten behagte es gar nicht, den Wald zu verlassen, und er murrte deutlich, als alle in der Hütte zusammensaßen und Arthur von dem Entschluss erzählte.

»Hier kennen wir uns aus«, rief Barten, »im Wald sind wir im Vorteil, weil selbst Zoller das Gelände nicht so gut kennt wie wir. Und gerade du Arthur hast dich verpflichtet, den Wald zu beschützen – jetzt rennst du weg und überlässt ihn sich selbst. Ich schlage vor, wir überlegen uns, wie wir im Wald selbst den Kampf fortsetzen.« Niemand unterstützte dieses Vorhaben, aber es widersprach auch niemand. Nur Arthur verteidigte sich: »Ich renne nicht weg. Manchmal ist es eben besser, sich zurückzuziehen, um dann mit neuer Kraft zuzuschlagen. Nibelungentreue nützt niemandem etwas.« Und nach einigen Sekunden fügte er hinzu: »Aber natürlich steht es jedem frei, dies anders zu sehen.«

Jetzt meldete sich Kilian zu Wort. »Mag sein, dass ich der letzte bin, der hier seine Meinung sagen darf. Ich muss es trotzdem tun: Ihr dürft nicht vergessen, dass Michael im Moment nicht gehen kann. Er wird den Weg zum Kloster nicht schaffen. Und ich werde nicht ohne ihn gehen.« Niemand konnte etwas gegen diesen Einwand sagen, doch spürte Arthur eine seltsame Schärfe in Kilians Worten, die dem Inhalt nicht ganz angemessen war. Doch Kilian war mit seiner kleinen Gegenrede noch nicht fertig. »Und noch etwas«, sagte er. »Auch wenn Ursula vielleicht selbst es anders sieht – sie ist hier in Gefahr. Sie sollte nicht alleine zurückbleiben. Also sollten wir alle gehen – oder niemand.«

Arthur nickte. Auch dieser Vorbehalt war nicht von der Hand zu weisen, und doch ärgerte Arthur sich insgeheim. Ursula war alt genug, selbst zu entscheiden. Und hatte sie Julius gegenüber nicht betont, dass sie nicht daran denke, von hier wegzugehen? Was mischte Kilian sich also ein? Zugleich aber verdrängte Arthur diesen Gedanken wieder. Der Eindruck kam ihm seltsam vor, seine neue, von ihm nie angestrebte Autorität werde untergraben, nur weil andere ihre Meinung sagten.

»Möchte sonst noch jemand etwas sagen?«, fragte Arthur nun. Er hätte sich gewünscht, dass Erik, Ragnar oder Julius das Wort ergriffen und ihm den Rücken stärkten, indem sie seine Entscheidung guthießen. Es war aber Franziska, die aufstand, kurz in die Runde schaute und dann ganz sanft sagte: »Arthur hat weise gesprochen. Wer mit dem Kopf durch die Wand will, liegt am Schluss mit Kopfschmerzen im Bett. Manchmal muss man verlassen, was man liebt.« Sie machte eine kurze Pause, vermied es dabei, Erik anzuschauen, schnaufte durch und sagte dann: »Aber alle drei Einwände müssen bedacht werden. Ich schlage vor, dass jeder sich eine Meinung bildet und wir in einer Stunde wieder hier zusammenkommen.«

Alle nickten, auch Arthur. Dabei fühlte er doch eine kühle Enttäuschung in sich aufsteigen, denn am Ende hatte sich seine Mutter nicht uneingeschränkt hinter ihn gestellt, sondern sogar durchgesetzt, dass alle mit entschieden. Unter normalen Umständen wäre das für Arthur das Selbstverständlichste der Welt gewesen, aber in dieser Situation fühlte er sich gekränkt und nicht ernst genommen.

Schnell trat er deshalb ins Freie hinaus, bevor jemand ihn anschauen oder ansprechen konnte. Er wollte alleine sein und ging schnellen Schrittes den Hang hinauf bis zu jener kleinen Erhebung, wo der Ausgang aus der Habichtshöhle lag. Trotz der dichten Wolkendecke, die die wärmere Luft davor zurückhielt, ins Weltall zu entfliehen, war der Schnee gefroren, und er knirschte unter seinen Schuhen, als Arthur sich schnaufend den Hang hinaufkämpfte. Bei jedem Schritt durchbrach er die obere Eisschicht und sank dann tief in den Schnee ein. So war es immer schon gewesen: Arthur fiel es schwer, eine Situation mit Worten zu klären. Er war immer derjenige gewesen, der zuerst mit sich selbst ins Reine kommen musste, zuerst selbst erkennen musste, was er wirklich wollte – und das tat Arthur fast immer im Gehen. Wenn er unterwegs war, wenn er die Weite des Waldes spürte, wenn er wusste, dass nichts und niemand seine Wanderung begrenzte, dann fühlte er sich in Gedanken frei und konnte über den Tellerrand und auch über seine eigene Beschränktheit hinausschauen. Niemals würde er seine Weisheiten in Büchern finden, sie waren zu abstrakt und theoretisch. Arthurs Wahrheit lag immer draußen, im großen aufgeschlagenen Buch der Natur.

Vielleicht wunderte es ihn deshalb nicht, dass der Gipfel nicht leer war, als er nach einer Viertelstunde dort ankam. Die Kuppe war weitgehend unbewachsen, aber es kämpfte dort eine kleine verwachsene Föhre gegen den Wind an. Der Stamm war so schräg, dass es sich Schubart darauf bequem machen konnte, ohne sich festkrallen zu müssen. Sie blickte nicht auf Arthur, sondern auf die andere Seite des Hügels, wo gerade Ragnar und Barten leichtfüßig durch den Schnee rannten und nur wenige Sekunden nach Arthur auf dem Gipfel ankamen.

Arthur wusste nicht, ob er lachen sollte oder doch griesgrämig bleiben sollte.

»Was wollt ihr?«, fragte er verwundert, aber ohne Unmut in der Stimme.

»Es tut mir leid«, sagte Barten noch etwas außer Atem. Im tiefen Schnee brauchte er mit seinen kurzen Beinen viel Kraft, um sich so schnell vorwärts zu bewegen. »Es war nicht mein Ziel, dich zu kränken.«

»Ist schon gut«, antwortete Arthur. Er hatte im Moment wenig Lust, darüber zu sprechen. Noch fühlte er sich nicht bereit dazu. Stattdessen schaute er vom Hügel hinab Richtung Süden. Man konnte bei diesem Wetter nicht sehr weit sehen. An klaren Tagen könnte man von hier den Albtrauf und über die Baumwipfel hinab das gesamte Heiligental überblicken, den Heiligensee, die Burg Hohenstein, sogar in der Ferne die Häuser von Auen und das in der Sonne glitzernde Band der Lauter. Heute aber blieb nur Grau. Zunächst war sich Arthur nicht sicher, ob er in diesem Grau wirklich anderes erkannte als die dichten Schleier des schlechten Wetters. Aber dann war ihm doch so, dass die dunklen grauen Schatten unten im Tal zur riesigen Betonmauer des Staudamms gehörten. Sie sah aus wie eine schmutzige Wunde inmitten des Nebels.

Arthur erschrak. Höher als die höchsten Bäume im Heiligental, höher als die Auener Kirche, höher als der Wasserfall im Talschluss war diese Mauer, und sie schien beinahe vollendet. Bisher war die Absicht, das gesamte Heiligental zu fluten, Arthur wie ein Alptraum erschienen – der Plan war so irreal, dass er dessen Verwirklichung unbewusst immer in die ferne Zukunft projiziert hatte. Jetzt aber sah er, wie nahe Karl Zoller seinem Ziel war. Arthur hatte keine Ahnung vom Bau einer Talsperre, aber er vermutete, dass nun bald die großen Turbinen, die Fallleitungen, die Schaltwarte und die dicken Leitungen eingesetzt werden konnten, die den Strom hinab nach Auen und hinaus ins Land transportierten.

Ragnar und Barten stellten sich neben ihn; sie waren ebenso erschüttert wie Arthur. Da die Mauer fast bis hinauf zum Albtrauf reichte, waren sie selbst nur wenig oberhalb der Dammkrone, und sie schauten von der Seite auf die riesige Sperre – das gesamte Heiligental war abgeriegelt. Übermächtig groß wirkte der Staudamm; so monumental, dass Arthur sich nicht vorstellen konnte, was diese Mauer jemals wieder verschwinden lassen könnte.

»Das Tal ist verloren«, sagte er leise. »Wir haben verloren.«

Niemand sagte etwas.

Arthur tastete nach der Tierfigur, die noch immer, im Lederbeutel geschützt, um seinen Hals hing. Er umschloss sie mit seiner Hand und spürte, wie die Wärme des Steins ihn sofort durchfloss. Das tat gut. Aber die Figur vermochte seine Zuversicht nicht zu wecken. Lange schauten sie schweigend auf die graue Mauer, hin und wieder hörten sie entfernt unten im Tal das Heulen von Motorsägen und das Krachen fallender Baumstämme.

»Vielleicht ist es doch besser, ein Teil von uns bleibt hier«, sagte Schubart schließlich. »Es ist wichtig für uns zu wissen, was im Tal geschieht, und wenn sich jemand vor den Kelten verstecken kann, dann sind es wir Tiere.«

Barten blickte Arthur ins Gesicht. »Schubart hat Recht«, sagte er. »Wir sind ein Teil des Waldes, und wir würden es als Verrat empfinden, wegzugehen – auch wenn das Bleiben unvernünftig ist und es uns am Schluss sogar schadet.«

Arthur verstand. Plötzlich fühlte er ebenso. »Ihr habt Recht, und am liebsten würde ich bei euch bleiben. Aber wir haben für das Tal keinen Plan, und wenn wir überhaupt noch eine Chance haben, dann liegt sie darin, die dritte Figur zu finden. Selbst unsere Idee, an Samhain das Lebenselixier Zollers zu finden und zu zerstören, erscheint mir gerade wie Wahnsinn. Und wenn es einen Hinweis auf die dritte Stele gibt, dann in der Bücherei des Klosters. Ich glaube, wir Menschen haben keine andere Wahl. Aber ich hätte nicht so aufbrausend sein sollen. Ich respektiere eure Entscheidung.«

Ragnar schaltete sich ein. »Dann werde ich auch hierbleiben. So können wir auf Michael und Ursula aufpassen; sie sollen nachkommen, sobald Michael den Weg bis zum Kloster schafft. Und Schubart wird jede Nacht hin- und herfliegen, damit jeder weiß, was in der anderen Gruppe geschieht. Mit Verständigungsflügen hat sie ja allmählich Übung.«

Doch erneut war Barten nicht einverstanden. »Ich bin der Meinung, dass niemand ins Kloster gehen sollte. Es schwächt uns, wenn wir uns jetzt teilen. Das macht es Zoller leichter, uns auszuschalten. Wir brauchen einander mehr denn je.«

»Ihr macht mir Spaß«, meinte Arthur ungehalten. »Das ist die Quadratur des Kreises, die ihr verlangt. Wasch mir den Pelz, aber mach mich nicht nass.«

»Im Leben ist ganz selten etwas eindeutig«, sagte Schubart. »Meistens ist auf beiden Seiten Licht und Schatten, und es kommt immer auf den Blickwinkel an, ob man die eine oder die andere Seite heller sieht. Ihr Menschen tut ja immer so, als hättet ihr für jede Entscheidung vernünftige Motive. Aber bei genauerer Betrachtung stellt sich heraus, dass diese anscheinend so guten Gründe meistens auf tönernen Füßen stehen und bestenfalls Interpretationen von Fakten sind, aber keine Fakten selbst.«

Arthur schaute Schubart verdutzt an – die Uhufrau war klug, das wusste er, aber meistens schweigsam. Sie trug ihr Herz nicht auf der Zunge wie Arthur, weshalb eine solche belehrende Rede sehr untypisch für sie war.

»Und was willst du damit sagen?«, fragte Arthur schließlich.

»Dass man mehr auf seinen Bauch als auf seinen Kopf hören sollte. Meistens ist der Bauch intelligenter.«

Arthur seufzte. Hatte er nicht erst vor kurzem genau dasselbe gesagt? Und doch spürte er: Es hörte sich toll an, der Herr des Waldes zu sein. Doch der Alltag war mühsam, und Arthur hatte das Gefühl, überhaupt nicht Herr der Lage zu sein.

Noch einmal schaute Arthur auf den grauen Lindwurm, der das Heiligental gefangen hielt. Dann drehte er sich um und ging ganz langsam den Hang hinunter.

Die Abstimmung war keine große Überraschung mehr. Für Julius war es von Anfang an klar gewesen, dass Ursula ihre Hütte nicht verlassen würde; dabei hatte er so gehofft, sie würde sich unter dem Eindruck der Ereignisse umstimmen lassen. Kilian würde bei Michael bleiben – beide versprachen aber, umgehend nachzukommen. Barten, Schubart und Ragnar blieben im Tal, versprachen aber, abwechselnd in der Hütte zu sein. Sollten die keltischen Krieger die Gruppe aufstöbern, würden die Tiere dies hoffentlich rechtzeitig merken, und sie würden sich gemeinsam in die Höhle retten.

Franziska zögerte lange, für welche Gruppe sie sich entscheiden sollte. »Willst du nicht bei uns sein?«, fragte Arthur schließlich gereizt. Seine Mutter schüttelte nur leicht den Kopf: »Das ist es nicht«, sagte sie leise. »Dann komm mit uns«, drängte Arthur. Es war mehr als nur eine Aufforderung, und letztlich gab Franziska nach.

Die Gruppe um Arthur packte ihre Rucksäcke zusammen. Auf der Straße unten im Tal wären sie in drei Fußstunden am Ziel gewesen. Aber sie mussten sich oben auf der Alb und teilweise weglos durch die Waldhänge durchschlagen. Erik vermutete deshalb, dass sie den Rest des Tages und die halbe Nacht dafür brauchen würden. Zumindest kannte er den Weg, denn er hatte diese Hänge häufig durchstreift, obwohl sie weitgehend jenseits seines Reviers lagen.

Arthur umarmte jeden lange, besonders die Trennung von Ragnar fiel ihm schwer. Er ließ sich auf die Knie nieder und legte seine Arme um Ragnars Hals, so dass er das Fell an seiner Wange spürte.

»Ich hoffe, das war keine idiotische Idee von uns«, flüsterte er. »Ich würde es nie ver-

winden, wenn wir jetzt einen Fehler machen. Und ich gehe so ungern weg aus diesem Wald.«
»Kopf hoch, junger Waldläufer«, sagte Ragnar und stellte seine Pfote auf Arthurs Knie. »Ob man etwas falsch gemacht hat, weiß man immer erst hinterher. Kommt zurück, sobald ihr einen Plan habt. Wir alle sind begierig, ihn umzusetzen.«
Arthur streifte sich Köcher und Bogen über. Dann trennten sich die Gefährten, und eine kleine Gruppe von fünf Menschen stapfte davon, oben am Trauf am Waldrand entlang – eine Familie, die keine mehr war; eine Kriegerschar, vor der niemand mehr Angst zu haben brauchte. Ragnar schaute ihnen noch lange nach. Es war ihm schwer gefallen, Arthur mit der Tierfigur, mit seiner Stele, ziehen zu lassen. Aber Arthur brauchte sie, um Zollers Zauber bekämpfen zu können. Vor allem aber wurde auch er das Gefühl nicht los, eine große Dummheit begangen zu haben. Zum ersten Mal waren sie alle vereint gewesen. Und sie hatten nichts Besseres zu tun gehabt, als sich zu trennen.

Erik ging voran. Fast automatisch setzte sich Arthur an den Schluss, vor ihm ging Franziska, die wenig sprach. Dafür schmiedeten Marie und Julius schon Pläne, wie sie in der Bibliothek vorgehen wollten. Zuerst redeten sie nur im Flüsterton miteinander, aus Furcht, Zollers Krieger könnten jeden Moment aus dem Gebüsch brechen. Aber bald wiegten sie sich in Sicherheit und waren überzeugt, die Heerestruppe des Bürgermeisters sei noch immer am Eingang der Habichtshöhle versammelt und warte darauf, dass sich die Gefährten ergeben würden. Arthur gebot den beiden, zu schweigen, doch nach mehreren vergeblichen Ermahnungen ließ er es bleiben; er war zu müde, den anderen zu sagen, was eigentlich die Vorsicht hätte gebieten müssen.
»Wir suchen zuerst in den alten Sagen«, sagte Marie, »vielleicht gibt es dort Geschichten, die von einem Lebenselixier erzählen.«
»Ja, und wir lassen uns von Pater Rupert alle Bücher bringen, die von der Pflege und der Bedeutung der Bäume handeln. Vielleicht finden wir darin einen Hinweis darauf, wie man die Baumstele findet.« Julius seufzte. »Es ist ein Jammer, dass das Runenbuch verbrannt ist, nicht wahr, Papa?«
Erik nickte nur. Auch er schien eher seinen eigenen Gedanken nachzuhängen, oder vielleicht konzentrierte er sich einfach darauf, den Weg zu finden. Angestrengt spähte er in die Dunkelheit; einmal, gleich zu Beginn ihrer Wanderung, war ihm, als hätte er im Dickicht ein Geräusch gehört. Aber er musste sich getäuscht haben und ging schließlich weiter.
Bei einer der wenigen Pausen, die sie machten, strich Franziska Arthur übers Haar. Sie lächelte dabei, aber etwas war anders, seit sie alle vier wieder zusammen waren. Arthur hätte seine Mutter gerne gefragt, was es war. Aber jetzt war nicht die Zeit dazu, und irgendwie fehlte ihm der Mut.
Sie stießen nicht auf keltische Krieger in dieser Nacht; zum Glück, denn diese hätten

leichtes Spiel mit ihnen gehabt, so durcheinander, wie alle waren. Dem Kloster Waldbronn näherten sie sich von der Bergseite her. Der Himmel war noch rabenschwarz, als Marie die kleine Glocke läutete, die außen an der Hauptpforte am romanischen Steinbogen angebracht war. Es handelte sich nur um eine kleine Tür in einem Pförtnerhaus mit spitzem Schieferdach. Erst jetzt fiel Julius auf, dass das Empfangshaus keine Fenster hatte und deshalb recht abweisend wirkte. Die Klostermauer, die sich links und rechts an das Gebäude anschloss, war eine grob verputzte Wand mit Zieldächchen, aber ebenfalls ohne Fenster oder Sichtschlitze, wie man sie bei Burgen oft sah. Schon mit ihren Bauten machten die Mönche deutlich, dass es eine scharfe Grenze zwischen der Welt und ihnen gab. Marie aber zögerte keine Sekunde, zu läuten, obgleich sie davon ausgehen musste, dass sie die Mönche aus dem Schlaf riss. Vielleicht dachte sie, dass ein Mönch immer am Beten sei – und Kartäusermönche, die das strengste aller Gelübde abgelegt hatten, sowieso.

Es war Pater Rupert selbst, der ihnen nach einigen Minuten öffnete. Bei ihrem letzten Besuch hatte er ihnen einiges aus dem Leben der Kartäuser erzählt. »Unser Bemühen und unsere Berufung bestehen vornehmlich darin, im Schweigen und in der Einsamkeit Gott zu finden«, hatte Rupert gesagt. Jeder Mönch hat ein eigenes kleines Haus, das aus zwei großen Räumen besteht und einem kleinen Garten. Im einen Raum schläft, studiert und isst der Mönch. Im anderen kann er sich an einer Werkbank und mithilfe der vielen Werkzeuge betätigen und das Holz für seinen kleinen Ofen hacken, einen Stuhl herstellen oder eine Marienfigur schnitzen. Der Mensch, das hat der strenge Kartäuserorden früh festgestellt, kann nicht allein vom Gebet und einer Suppe täglich leben – er braucht auch körperliche Betätigung, zumal, wenn er in solcher Einsamkeit lebt wie der Kartäusermönch, der nur zweimal am Tag seine Zelle verlässt, um gemeinsam mit den anderen in der Kirche zu beten. Und selbst dann dürfen die Mönche nicht miteinander reden. Auch das Essen nehmen sie, außer am Sonntag, allein in ihrem Häuschen ein. Und nur einmal in der Woche, am Donnerstagnachmittag, spazieren die Mönche zusammen durch die Wälder und dürfen sich unterhalten. Marie konnte sich nicht vorstellen, wie man ein Leben in solcher Abgeschiedenheit aushält; ihr fiel die Decke schon auf den Kopf, wenn ihre Eltern sie zur Strafe nur für einen Nachmittag in ihr Zimmer schickten. Doch Pater Rupert schien ein fröhlicher Mensch zu sein, und vielleicht zog er sogar den Großteil seiner Kraft daraus, einen so engen Umgang mit Gott zu haben. Zudem hatte er für sich persönlich durchaus seine kleinen Fluchten gefunden. Als Gastpater galt für ihn das strenge Schweigegelübde nicht. Und mit seinen Abertausenden von Büchern konnte er sich ohnehin ständig unterhalten. Jetzt aber hörte er sich ziemlich mürrisch an. »Wer weckt mich denn um diese nachtschlafende Zeit?«, rief er von drinnen, noch bevor er das Portal aufgezogen hatte. »Habt ihr denn kein Erbarmen mit einem kleinen Kartäusermönch?«

Die schwere Pforte ging einen Spalt weit auf, und Pater Rupert steckte seinen Kopf hindurch.

»Es tut mir leid, dass wir mitten in der Nacht stören«, versuchte sich Marie zu entschuldigen: »Ich dachte, äh, also …«
»Du dachtest überhaupt gar nichts, kleine Marie«, fiel ihr Pater Rupert ins Wort, aber schon etwas weniger verschlafen. »Kartäusermönche stehen um Mitternacht zu einem zweistündigen Gottesdienst in der Kirche auf und legen sich nach dieser Matutin wieder ins Bett. Und jeder halbwegs anständige Kartäuserpater ist froh, dass er erst um 6.30 Uhr wieder aufstehen muss. Und jetzt kommt ihr um vier Uhr morgens und wundert euch, dass man euch nicht mit Schalmeien empfängt.« Er seufzte demonstrativ, lächelte dann aber. »Na, kommt erst mal rein. Da draußen ist es ja so kalt wie in Sibirien.«
Pater Ruperts lange Haare standen noch wirr in alle Himmelsrichtungen ab, und er wirkte in dieser Unordnung noch kauziger, als er ohnehin schon war. Irgendwie, dachte Marie, passt er mit seiner Lebenslust überhaupt nicht in ein solches Kloster, in dem vor allem Strenge und Askese regieren. Dass er hier Schulklassen empfing, sogar Mädchen und Frauen in das heiligste Innere des Klosters ließ – dem zuzustimmen, dürfte für die Ordensoberen sicher eine schwierige Entscheidung gewesen sein. Vielleicht war es Ruperts Taktik, seinen Glauben zu leben und dennoch den Kontakt zur Welt nicht zu verlieren. Aus solchen Reibungen waren im Mittelalter neue Mönchsorden entstanden.
Der Boden der Wandelgänge bestand aus grob behauenen Steinfliesen, in deren kleinen Mulden sich etwas Wasser gesammelt hatte, das nun gefroren war. Die letzte Wärme des Herbstes hatte sich verflüchtigt, und es war beißend kalt gewesen in der Nacht. Die linke Seite des Kreuzganges, durch den Rupert sie führte, war von Säulen getragen, deren Kapitelle mit aus dem Stein gehauenen Eichenblättern geschmückt war. Arthur musste sofort an den Rat der Weisen denken, als er seinen Blick an den Säulen hinaufwandern ließ und auf die Blätter stieß. Der Raum zwischen den Säulen war offen, weshalb bei heftigem Regen das Wasser hereinstieben konnte. Arthur sah auf der gegenüberliegenden Seite des Kreuzganges den Brunnen, der ihn so faszinierte. Er hörte das Wasser plätschern; es floss noch, obwohl sich an den Schalenrändern, wo das Wasser in die nächstgrößere Schale floss, zarte, aber lange Eiszapfen gebildet hatten, die fast schon auf der unteren Schale aufsaßen. Dieses Plätschern hat etwas ungemein Beruhigendes, dachte Arthur, obwohl er alles andere als ruhig war. Hoffentlich war mit Ragnar und den anderen alles in Ordnung, ging es Arthur durch den Kopf.
Pater Rupert führte sie direkt in die Küche, wo zwei Fratres trotz der frühen Stunde schon dabei waren, das Frühstück für die sechs noch verbliebenen Mönche vorzubereiten. Ein gemauerter Ofen mit einer weißen Kuppel war das Herzstück in der Mitte des Raumes, und an drei Seiten waren einfache Holzbänke angebracht, und davor stand jeweils ein Tisch. »Das ist der wärmste Ort im ganzen Kloster«, sagte Rupert und lud die Gefährten ein, sich zu setzen. Es tat gut, den Rücken an den warmen Stein

des Ofens zu lehnen; ein wohliges Gefühl der Wärme durchlief Arthur, und erst jetzt wurde ihm bewusst, wie kalt es die ganze Nacht über gewesen war. Nur weil sie beständig unterwegs gewesen waren und weil er die ganze Zeit vor sich hin gegrübelt hatte, war ihm die Kälte nicht wirklich unter die Haut gekrochen.

Zudem roch es herrlich nach frischem Brot in der Küche; einer der Laienbrüder öffnete gerade die schwere gusseiserne Ofenluke und holte mit einem Holzschieber zwei riesige dampfende Laibe aus der Tiefe des Ofens. Nach der kalten Nacht und der anstrengenden Wanderung erschien Arthur dieser Ort beinahe wie das Paradies, zumal der Bruder nun einen Laib in der Mitte durchschnitt und eine Hälfte auf einem Holzbrett zu ihnen auf den Tisch stellte.

»Lasst es ein wenig auskühlen, dann schmeckt es noch besser«, sagte er lächelnd und beeilte sich, Butter und Marmelade und eine Kanne mit Hagebuttentee zu holen. Alles war selbstgemacht, wie man leicht erkennen konnte. Die Butter hatte die Form eines groben Würfels, wie man ihn nirgendwo kaufen konnte. In der Marmelade fand Arthur ganze Himbeeren, Johannisbeeren und Heidelbeeren, und sie schmeckte so fruchtig, als seien die Waldfrüchte gerade erst geerntet worden. Im Tee schwammen in einem Sieb noch die halbierten Hagebutten herum. Ursula hätte ihre Freude an diesem Frühstück gehabt, musste Julius unwillkürlich denken.

»Macht ihr eigentlich alles selbst?«, fragte Julius deshalb.

»Fast alles«, antwortete Pater Rupert, »denn wir üben auch beim Essen Mäßigung und leben sowieso vegetarisch – da braucht es nicht allzu viel. Meine Spezialität sind die Südfrüchte. Ich habe in meinem Gärtlein einige Orangen- und Zitronenbäumchen stehen; da ist es ganz praktisch, dass der Garten von hohen Mauern umgeben ist, weil so die kalten Winde abgehalten werden.«

»Orangen?«, fragte Marie verständnislos. »Die wachsen hier doch gar nicht.«

»Oh doch«, sagte Rupert, und man sah in seinen Augen eine gewisse Begeisterung aufflammen. Allem Anschein nach war er bei einem seiner Lieblingssujets angelangt. »Im Winter nehme ich sie zu mir in die Werkstatt, aber im Sommer sind sie draußen, und bei guter Pflege gedeihen sie wunderbar. Was glaubt ihr, was für ein Fest das ist, wenn ich im August die Früchte ernte und wir Patres sie gemeinsam im Garten aufschneiden und verzehren. Alle freuen sich schon wochenlang im Voraus auf diesen Tag.«

Rupert ist schon ein seltsamer Mönch, dachte Marie erneut. Er lässt sich die Haare wachsen, empfängt Gäste und züchtet Orangen. Und irgendwie platzte es jetzt aus ihr heraus, und sie konnte ihre Neugier nicht länger zurückhalten. »Warum bist du eigentlich Mönch geworden?«, fragte sie gerade heraus, merkte aber sogleich, dass dies eine ziemlich indiskrete Frage war. Für einen Moment wurde es still am Tisch. Und Arthur ärgerte sich, wie vorlaut diese Marie wieder sein musste. Konnte sie eigentlich nie ihren Mund halten? Doch Rupert lachte erstmals an diesem Morgen sein lautes Lachen; er schien jetzt richtig wach zu sein und freute sich sichtlich an dieser Frage.

»Also Marie, du kannst wählen, ob du die Drei-Stunden-Langversion, den Neunzig-

Minuten-Vortrag oder doch die Zappelphilipp-Kurzversion haben möchtest. Entscheiden Sie sich jetzt!«, rief er, als sei er ein Showmaster, und Marie müsse die Eine-Million-Eurofrage beantworten.
»Ich nehme ausnahmsweise die Kurzversion«, sagte Marie nach gespieltem Zögern, »wir kommen von draußen, wo die Welt noch kurzlebig ist. Für die Langversion besitzen wir noch nicht die innere Reife.«
Rupert lachte wieder; das war eine Antwort nach seinem Geschmack.
»Ich bin jetzt vierzehn Jahre in Waldbronn; ich war nicht einmal dreißig, als ich herkam.«
Julius staunte. »Wie kann man als so junger Mensch ins Kloster gehen?«, entfuhr es ihm.
»Wisst ihr, meine Eltern sind bei einem Verkehrsunfall ums Leben gekommen, als ich acht Jahre alt war. Ich kann mich gar nicht richtig an sie erinnern. Meine Oma hat mich zu sich genommen und sich sehr liebevoll um mich gekümmert. Sie hat mich fast zu sehr verhätschelt, weil sie immer das Gefühl hatte, mir einen Ausgleich für den großen Verlust bieten zu müssen. Dennoch, seit dem Tod meiner Eltern habe ich mich immer fremd in der Welt gefühlt, ich hatte immer den Eindruck, irgendwie nicht am richtigen Fleck zu sein. Jeder Mensch hat dieses Gefühl ab und zu, aber bei mir war es eigentlich immer so. Irgendwann war ich mit meiner Klasse im Schullandheim in den französischen Alpen, und da haben wir einen Ausflug in die Grande Chartreuse bei Grenoble gemacht. Das ist das Mutterkloster der Kartäuser. Das eigentliche Kloster durfte man nicht besichtigen; es lag versteckt oben in einem Talschluss. Aber unten gab es einige kleinere Gebäude, in denen früher die kranken Mönche versorgt wurden und sich auskurieren konnten. Heute ist das ein Museum, und jeder darf einmal in die Zellen hineinschauen und sich auf den harten Gebetsstuhl setzen. Als ich das sah, wusste ich sofort, dass dies meine Berufung sei.«
»Und dann bist du einfach so ins Kloster spaziert?«, wollte Marie wissen.
»Alle hielten mich für verrückt, als ich nach meiner Ausbildung zum Bibliothekar für eine Prüfungszeit nach Waldbronn zog. Aber es war die beste Entscheidung meines Lebens.«
»Warum?«, bohrte Marie nach. Arthur war es peinlich, dass Marie nicht aufhören konnte zu fragen. Letztlich ging sie das alles nichts an. Aber Rupert schien nichts gegen die Fragen zu haben.
»Man lernt bei den Kartäusern, dass es nichts einbringt, immer im Morgen zu leben. Die meisten Menschen leben nicht in der Gegenwart, sondern planen immerzu, was sie morgen erledigen wollen und wohin sie im Sommer in Urlaub fahren und wie viel sie im nächsten Jahr verdienen wollen. Ich finde, so verpasst man das eigentliche Leben, denn es findet im Hier und Jetzt statt – und nicht einmal in der nächsten Minute. Als Kartäuser verebbt diese Sehnsucht nach der Gestaltung der Zukunft. Denn das Morgen wird so sein wie heute, und im nächsten Jahr wird, so Gott es will, der Ta-

gesablauf genau gleich sein wie heute. Da hat man plötzlich den Raum und die Zeit, sich um die Gegenwart zu kümmern.«

»Und was hast du in der Gegenwart gefunden?«

»Alles. So wie im Augenblick vor dem Urknall alle Materie in einem Punkt vereint war, so ist auch alles Sein in dem vergänglichen Augenblick der Gegenwart enthalten. Man muss sich dessen nur bewusst sein. Ich habe alles losgelassen, und alles gewonnen. Freiheit, Friede, Freude. Es ist wunderbar, so zu leben – man muss nur lernen, mit sich selbst zurecht zu kommen. Denn die meiste Zeit ist man eben ganz mit sich allein.«

»Aber du ja nicht«, schaltete sich Marie wieder ein. »Wie kommt es, dass Waldbronn viel offener ist als andere Kartäuserklöster?«

»Das ist meine große Schwäche«, antwortete Pater Rupert, »ich tratsche unheimlich gerne, und das gehört sich nicht für einen Kartäusermönch. Aber ich arbeite dran. Und mein Abt lässt mir das durchgehen. Denn er findet auch, dass man das große religiöse und historische Wissen unserer Mönche der Welt nicht vorenthalten sollte. So viele Menschen sehnen sich nach Ruhe, nach Entspannung, nach innerem Frieden. Der Weg der Kartäuser kann eine Lösung sein, auch wenn nicht jeder gleich in eine Zelle ziehen muss. So bin ich irgendwie zum Außenminister des Klosters geworden. Ich finde, das trifft sich alles ganz gut für mich. Mir fehlt jetzt nichts mehr.«

Er hielt einen Moment inne und schaute den fünf Gefährten in die Augen. Dann schüttelte er leicht den Kopf und meinte: »Aber was halte ich da für Monologe? Ihr seid doch nicht gekommen, um der Lebensgeschichte eines armen Mönchleins zuzuhören. Nun seid ihr an der Reihe mit dem Erzählen. Ich will alles wissen, was sich seit eurem letzten Besuch in meiner Bibliothek ereignet hat.«

Marie wollte schon wieder loslegen, aber Arthur fuhr ihr über den Mund und stellte zunächst Erik und Franziska vor, die Rupert noch gar nicht kannte. Dann berichtete er ausführlich, wie ihnen die Prophezeiung aus dem Klosterbuch geholfen hatte, den großen Waldbrand zu verhindern, wie sie in die Höhle hatten flüchten müssen, wie sie belagert worden waren und wie sie mit viel Glück einen zweiten Ausgang gefunden hatten, wie sich die Gefährten getrennt und wie sie nun bei ihm im Kloster angelangt waren. Nur von der Tierfigur erzählte Arthur nichts. Es war ihm, als entweihe er die Figur, wenn er einem Außenstehenden von deren Existenz berichten würde – und als Außenstehenden betrachtete Arthur Pater Rupert noch immer, auch wenn er sich dafür ein wenig schämte. Aber Ragnar hätte es sicherlich so gewollt.

Während Arthur erzählte, schnitt Rupert das Brot auf, und alle strichen dick Butter und Marmelade auf ihre Scheiben. Julius konnte sich nicht daran erinnern, wann er zuletzt so frisches Brot gegessen hatte. Es schmeckte warm und säuerlich und mit der Marmelade zugleich süß – am liebsten hätte er den Laib alleine aufgefuttert, so herrlich war dieses einfache Frühstück. Aber nach dem vierten Brot, und eingelullt von der Wärme des Ofens, fühlte sich Julius plötzlich angenehm müde, und er musste dagegen ankämpfen, dass ihm die Augen zufielen. Schließlich waren sie die ganze Nacht marschiert, und auch in der Nacht zuvor hatten sie wenig geschlafen, sondern ihr Wiedersehen gefeiert. Allmählich wurden sie zu richtigen Nachttieren, dachte Julius, und jetzt konnte er es doch nicht verhindern, laut zu gähnen.

Pater Rupert lachte wieder. »Ich bin ein schlechter Gastgeber«, sagte er: »Ihr habt einen langen Weg hinter euch und seid müde, und ich kann gar nicht aufhören, euch ins Gespräch zu verwickeln. Kommt, ich zeige euch eure Zellen, und dann muss ich mich sowieso sputen. Gleich beginnt die Prim und dann geht's zum Konvent in die Kirche. Die täglichen Gebete sind auch mir nicht erlassen, versteht sich.«

Pater Rupert führte sie aus der Küche durch zahllose Gänge, die so stark verzweigt waren, dass Arthur vermutlich nicht alleine zurückgefunden hätte. Schließlich gelangten sie in einen langen Gang, von dem in regelmäßigem Abstand einfache Holztüren abgingen, in die Klappen eingelassen waren. Ein wenig erinnerte dieser Gang Arthur an ein Gefängnis.

»Ihr habt Glück, dass so wenige Menschen heute noch Kartäusermönch werden wollen. Die Zellen an der gesamten rechten Seite des Klosters sind deshalb nicht mehr belegt. Ihr habt deshalb eure Ruhe und stört auch meine Mitpatres nicht. Nur um eines möchte ich euch bitten: Nehmt jeder eine Zelle für sich, alles andere würde doch zu weit gehen, fände mein Abt sicherlich.« Rupert zuckte mit den Schultern und schaute vor allem Erik und Franziska an.

Aber Franziska lächelte nur und sagte in freundlichem, aber bestimmten Ton: »Keine Sorge, das war sowieso nicht meine Absicht.« Erik verzog unmerklich die Mundwinkel bei dieser Aussage. Seit mehr als vierundzwanzig Stunden waren Erik und Franziska schon zusammen, und doch hatten sie nicht mehr als ein paar belanglose Worte gewechselt. Wann immer Franziska früher zu ihnen ins Forsthaus gekommen war, und das war selten genug, galt die stillschweigende Übereinkunft, dass man sich nicht stritt. Nun aber waren sie längere Zeit zusammen, und wenn Arthur Franziskas schnippische Reaktion richtig interpretierte, war diese Übereinkunft in Gefahr zu kippen.

Alle würden also eine Zelle allein bewohnen, so wie die Mönche auch. Arthur öffnete den kleinen Metallriegel an seiner Tür, der durch eine Vorrichtung von außen wie von innen geöffnet werden konnte. Die Tür von innen abzuschließen, war also nicht möglich. Arthur winkte seinem Vater kurz zu, dann trat er in die Zelle und schloss die Tür hinter sich. Er fand sich in einem kleinen Gang wieder, der nur so breit wie die Tür war und links und rechts von einer weißen Mauer begrenzt wurde. Ungefähr zehn Schritte konnte Arthur machen, dann war er am Ende des Ganges angelangt. Dies war der kleine private Kreuzweg des Bewohners, wie Arthur später erfahren sollte. Am Ende sah er eine Tür, die rechts zu einer Treppe führte. Links befand sich ein schmaler Durchgang, durch den man in die eigentliche Zelle trat. Es war ein Raum wie aus einer anderen Zeit. Die dicken Holzdielen knarrten unter seinen Füßen. Auch die Decke und ein Teil der Wände waren mit Holz ausgekleidet, das eine sehr warme innige Atmosphäre schuf. Nur wenige Möbel standen einem Kartäusermönch zur Verfügung. Das Bett war durch einen weißen schweren Vorhang etwas abgetrennt, daneben war ein kleiner Kleiderschrank aufgestellt, in dem der Mönch alle seine Habseligkeiten unterbringen konnte. Ein schlichter Schreibtisch mit Stuhl stand vor einem der beiden Fenster; dort verbrachte der Mönch die Stunden des Studiums der Bibel oder der Texte des heiligen Bruno, des Gründers des Ordens. Auf einer Kommode sah Arthur eine Schale und eine Kanne, die für das Waschen gedacht waren. Die Mitte des Raumes füllte ein alter Bollerofen aus, neben den jemand schon eine Kiste mit Holzscheiten gestellt hatte. Der Ofen brannte aber nicht, und Arthur war zu müde, um sich darum zu kümmern. Er trat in die Nische, in der die Mönche ihre Gebete verrichteten. Sie bestand aus einem kleinen Sitz, der außen mit einer geschnitzten Wange abgeschlossen war, wie man sie von Kirchenbänken kannte. Vor dem Sitz war ein kleiner Altar mit einem Kreuz und einem Marienbildnis, davor bemerkte Arthur eine niedrige Bank, auf die der Mönch niederkniete, wenn er Gott in Demut begegnen wollte.

Arthur ging kurz die Treppe hinunter, um sich die Werkstatt anzuschauen. Sie war gut ausgestattet mit Sägen und Bohrern und Hammer und Meißeln – es gab aber nur Werkzeuge, die von Hand betrieben wurden. Eine Motorstichsäge oder einen Akkuschrauber suchte Arthur vergebens, und sie wären auch ziemlich unnütz gewesen, denn die gesamte Zelle wies keine einzige Steckdose auf. Die Werkstatt war ordentlich aufgeräumt, nur in einer Ecke sah Arthur Späne auf dem Boden liegen. Dort stand der Holzklotz, auf dem das Brennholz gespalten wurde. Eine langstielige Axt war an den Klotz gelehnt. Anscheinend hatte kurz zuvor jemand Holz klein gemacht und war noch nicht dazu gekommen, den Platz wieder zu fegen. Aber wie hätte Pater Rupert wissen können, dass er heute diese Zelle brauchte?

Die Tür hinaus zum Garten war ebenfalls nicht abgeschlossen. auf drei Seiten begrenzte eine hohe Mauer die Freifläche; die vierte Seite war die Außenfassade der Zelle. Links und rechts grenzten die Gärten anderer Mönche an; die Mauern dienten dazu, trotz der kompakten Bauweise, die Abgeschiedenheit jeden Mönches zu garantieren. In diesem Garten standen nur zwei kahle Bäume, vermutlich Apfelbäume, die noch recht jung waren und womöglich noch nie Früchte getragen hatten. Ansonsten war alles Wiese, die jetzt vom Schnee überdeckt war. Anscheinend hatte schon länger niemand mehr in dieser Zelle gewohnt, weshalb der Garten fast keine individuellen Merkmale aufwies. Es schien den Mönchen erlaubt zu sein, den Garten nach ihren Wünschen herzurichten, dachte Arthur. Sonst hätte Pater Rupert sicherlich keine Orangenbäumchen aufstellen dürfen. Aber Arthur dachte dies alles ohne wirkliches Interesse. Er war die Welt eines Kartäusermönches abgeschritten, und alles, was er nun begehrte, war zu schlafen. Er ging zurück in die Zelle und legte sich unter das dicke Federbett, das ihn schnell wärmte, obwohl es ziemlich kalt in der Stube war. Arthur spürte kaum, wie hart die Unterlage des Bettes war; unter der dünnen Matratze konnte es keinen Lattenrost, sondern nur ein Brett geben. Arthur hatte keine Gelegenheit, darüber nachzudenken. Nach wenigen Sekunden war er eingeschlafen.

Er wurde durch etwas geweckt, das so gar nicht zu diesem Ort passte: durch laute harte Worte, die von zwei Personen gesprochen wurden und die ohne eine Atempause hin- und herflogen. Die Stimmen kamen aus der Nachbarzelle und waren deutlich zu verstehen; anscheinend hatte man diesen Fall beim Bau der Häuschen nicht berücksichtigt. In diesen Zellen wurde fast immer geschwiegen, da brauchte es keine dicken Klostermauern.
Arthur benötigte einen Moment, bis er in der Wirklichkeit angelangt war und bis er erkannte, dass es Erik und Franziska waren, die sich da heftig stritten.
»Es wäre besser gewesen, du wärest nicht zu uns gestoßen«, sagte sein Vater gerade, »du bringst nur Unheil in die Gruppe.«
»Bist du noch ganz bei Trost«, entgegnete ihm eine wütende Franziska, »hätte ich mich lieber von Zoller aufgabeln und einsperren lassen sollen. Es ist typisch für dich, dass du nur an dich selbst denkst und nie an andere.«
»Ich denke vor allem an meine Kinder«, presste Erik heraus. Arthur wusste aus eigener Erfahrung, dass Erik selten seiner Wut freien Lauf ließ. Er war eher jemand, der die Dinge in sich hineinfraß. Und wenn sie dann doch einmal herausmussten oder wenn ihn jemand zur Rede stellte und er nicht mehr ausweichen konnte, dann wurde er zwar ärgerlich und deutlich, aber er verbarg seine wahren Gefühle weiter und konnte nicht zugeben, dass er sich verletzt, traurig oder ungerecht behandelt fühlte. Für andere Menschen musste er manchmal ein Rätsel bleiben, weil er so wenig von sich preisgab. Nur Arthur hatte immer einen direkten Zugang zu Erik gehabt. Sie verstanden sich auch ohne Worte, und das war wohl das Geheimnis ihrer tiefen Verbundenheit. Franziska dagegen trug ihr Herz auf der Zunge. Es dauerte lange, bis es überschäumte, aber dann konnte niemand mehr sie bändigen, und alles floss ohne jeglichen Filter aus ihr heraus, und sie sagte dann Worte, die so verletzend waren wie scharf geschliffene Dolche; bewusst suchte sie solche Worte, die weh taten, und es war ihr egal, dass meist eine große Ungerechtigkeit darin lag. Arthur hatte es immer bedauert, dass sie nicht einmal später, wenn der große Zorn verraucht war, die Größe besaß, sich für diese Worte zu entschuldigen. Ihm war es selbst einmal so ergangen, als Franziska ihn verdächtigte, regelmäßig Schokolade aus der Küche zu stehlen. Da er sich hartnäckig geweigert hatte zu gestehen, hatte sie ihn in einer Woge des Zorns als lumpigen Lügner bezeichnet. Und sie nahm diese Worte auch nicht zurück, als sich herausstellte, dass Erik die Schokolade genommen hatte, um sie seinen Waldarbeitern als kleine Belohnung mitzubringen. Es kam selten vor, dass Franziska derart die Fassung verlor. Aber wehe, es geschah. Und jetzt war ein solcher Augenblick.
»Ich hätte dich schon vor langer Zeit verlassen sollen« rief sie. »Wie viele Jahre habe ich mit dir vertan – die besten Jahre meines Lebens habe ich vergeudet!«

Erik antwortete nicht. Arthur spürte, wie Erik sich, wie so oft in solchen Situationen, in sich selbst zurückzog und, anstatt sich zu verteidigen, alles über sich ergehen ließ. Arthur hielt dies für einen Fehler, denn so bekam der andere Recht.

»Ich hätte mir gewünscht, dass du dich mehr um die Familie kümmerst und nicht ständig draußen im Wald herumstreunst. Und ich habe es einfach nicht mehr ausgehalten, dir alles aus der Nase ziehen zu müssen.«

»Findest du, dass das der richtige Zeitpunkt für eine solche Auseinandersetzung ist?«, warf Erik ein. »Wir haben weiß Gott andere Probleme.«

»Genau«, rief Franziska. »Für die Probleme der Familie hast du dich nie interessiert.«

»Jede freie Sekunde habe ich mit den Kindern verbracht«, konterte Erik. »Ich habe sie immer mitgenommen in den Wald, ich habe ihnen alles gezeigt, und die letzten Tage haben bewiesen, wie wichtig dieses Wissen für Arthur und Julius ist.«

»Dein Wald, immer dein Wald. Gibt es etwas anderes für dich als deinen Wald?«

»Es tut mir leid. Dort kommt mir das Leben wahr vor. In der Zivilisation ist alles kompliziert, schrill und unecht. Ich liebe den Wald.«

»Und was liebst du sonst?«

»Meine Kinder. Über alles liebe ich sie.« Mehr sagte Erik nicht, und es entstand eine drückende Stille.

»Du bist ein solcher Jammerlappen«, sagte Franziska. »Schau nur, wie du dich die letzten Monate hast hängen lassen. Was soll man mit einem solchen Mann nur anfangen. Ich bin froh, dich nicht mehr ertragen zu müssen.« Dann hörte Arthur, wie jemand aus dem Zimmer lief und die Tür hinter sich zuschlug.

Solche Worte hatten diese Mauern wohl noch nie in all den Jahrhunderten gehört. Und Arthur auch nicht. Er war erstarrt, saß regungslos auf der Bettkante und blickte auf einen verschwommenen Punkt jenseits des Fensters. Es war, als wäre er aus einem süßen Traum erwacht und fand nun eine ganz andere, eine böse Wirklichkeit vor. Aber was hatte er eigentlich gedacht? Er hatte sich immer eingeredet, seine Eltern würden sich lieben. Er hatte sich unbewusst eingeredet, Franziska sei aus einem rätselhaften Grund weggegangen, um vielleicht ihn und Julius auf eine besondere Weise zu schützen, die er nur noch nicht erkannt hatte. Er hatte sich eingeredet, alles sei in Ordnung, und nur von außen drohe Gefahr. Jetzt war er mit einem Schlag in der Wirklichkeit angelangt. Es gab kein Geheimnis um Franziskas Weggang. Sie wollte einfach nicht mehr mit Erik zusammen sein und hatte die Familie verlassen. So einfach war das. Und so schlimm: Denn nun war klar, dass sie, wenn dies alles vorbei sein würde und egal, wie es ausging, nicht zu ihnen zurückkehren würde. So kalt, so egoistisch, so niederträchtig kam seine Mutter ihm plötzlich vor, dass Arthur heiße Wut in sich aufsteigen fühlte. Wie konnte sie ihm und Julius das nur antun, einfach so mir nichts dir nichts alles hinzuwerfen und zu gehen? Am liebsten wäre er aufgesprungen und hinter ihr hergerannt, um sie zur Rede zu stellen, um ihr zu sagen, dass sie es sei, die nur an sich denke und davonrenne, wenn ein kleines Problem auftauche. Aber er hatte nicht die Kraft dazu.

Lange kämpfte er mit den Tränen. Dann ging er zu der kleinen Kommode, ließ Wasser aus der Kanne in die Schale fließen, füllte seine hohlen Hände damit und senkte sein Gesicht in das kalte Nass. Er erschauderte. Zoller war kurz davor, das Tal zu überfluten. Vielleicht hatte er sie oder die anderen um Ragnar bereits aufgespürt und stand im Begriff, sie zu vernichten. Und gerade in diesem Augenblick brachen Konflikte unter ihnen auf, die ihre Einheit zerstörten und ihre Fähigkeit zum Handeln bedrohten. Das durfte er nicht zulassen, dachte Arthur, während er erneut Wasser über sein Gesicht laufen ließ und mit den feuchten Händen durch das Haar strich. Das durfte er nicht zulassen.

Er zog sich rasch an und lief hinaus, um an Julius' Tür zu klopfen. Doch niemand antwortete, ebenso wenig wie an Maries Zelle. Sie waren also schon aufgestanden, und Arthur irrte herum, kam plötzlich in die Kirche und brauchte lange, bis er zurückgefunden hatte in jenen Trakt, in dem die Gemeinschaftsräume wie die Küche und das Refektorium lagen. Von dort aus ging er zum Kreuzgang, denn nur von diesem Punkt aus kannte er den Weg zur Bibliothek, die am anderen Ende der Klosteranlage ihren Platz hatte. Waldbronn war trotz oder gerade wegen seiner Abgeschiedenheit einstmals eine richtige Stadt gewesen, mit sechzig Häuschen für die Mönche, mit Kirche und Kreuzgang, mit Schreinerei und Schmiede, mit Scheunen für das Heu und Ställen für die Pferde, mit einem Kapitelsaal für die Zusammenkunft der Mönche, mit einer kleinen Druckerei und eben mit einer Bibliothek. Viele dieser Räume lagen seit langem verlassen, die gewaltige Klosteranlage aber war geblieben.

Tatsächlich fand er Julius, Marie und Pater Rupert in der Bücherei. Julius und Marie knieten auf Stühlen und waren mit dem Oberkörper weit über den großen Tisch gebeugt, der die Mitte der Bibliothek einnahm. Pater Rupert schleppte immer mehr Folianten und Bücher heran und stapelte sie auf dem Tisch. Schon sah es aus, als würden die drei einen richtigen Wall um sich herum erbauen.

Arthur schluckte seine Wut auf Franziska hinunter und tat so, als sei nichts gewesen. »Wie lange seid ihr schon am Studieren?«, fragte er möglichst lässig, um sich nichts anmerken zu lassen.

»Marie konnte nicht richtig schlafen«, sagte Julius, »da hat sie mich geweckt. Wir stöbern schon seit einigen Stunden durch die Bücher.

»Wie spät ist es denn?«, fragte Arthur, der die Tageszeit noch gar nicht einschätzen konnte.

»Es dürfte bald dunkel werden«, sagte Rupert. »Es wird kurz nach vier Uhr sein.« Eine Uhr trug der Pater nicht, aber er schien sich seiner Sache sehr sicher zu sein. Als er Arthurs fragenden Blick bemerkte, sagte er nur: »Mein Tagesablauf ist seit vierzehn Jahren immer gleich. Da spüre ich die Uhrzeit so deutlich wie meinen kleinen Finger.

Ich muss nur damit wackeln, schon weiß ich, welche Stunde es schlägt.« Er grinste – Pater Rupert konnte keinem Kalauer aus dem Weg gehen.

»Warum habt ihr mich nicht geweckt?«, fragte Arthur, »ich hätte euch gern geholfen.«

»Och«, meinte Marie schnippisch, »beim Lesen warst du noch nie der Schnellste.« Sie grinste.

Arthur stutzte. War das eine lieb gemeinte Neckerei oder doch eine Gemeinheit? Er entschloss sich, die Antwort zu ignorieren, und wies mit dem Kopf auf die vielen Bücher: »Und? Habt ihr schon etwas gefunden, was uns weiterhelfen könnte?«

Julius schüttelte den Kopf. »Auf ein keltisches Lebenselixier gibt es bisher keinerlei Hinweise. Auch Pater Rupert, der sehr viele dieser Bücher gelesen hat, kann sich an nichts Derartiges erinnern.«

»Hhm.« Arthur gab ein leises Murren von sich. »Habt ihr sonst etwas entdeckt?«

Julius zog einen schweren Band jüngeren Datums hervor, in dem Arthur zahlreiche Fotos von Grabungen entdeckte.

»Wir haben einige Informationen über das keltische Oppidum auf dem Hohenstein gefunden«, sagte Julius. »Interessiert dich das?«

»Ja, klar.« Arthur konnte sich zwar nicht vorstellen, was ihnen solche Angaben nutzen könnte, aber mit etwas Besserem konnten die beiden wohl gerade nicht aufwarten.

Julius blätterte in dem Buch, bis er die gesuchte Stelle gefunden hatte. Dann las er vor: »Unter dem Oppidum Hohenstein versteht man seit Ortwin Hertlein den 153 Hektar großen, durch besondere Befestigungen aus dem Gesamtraum herausgeschnittenen westlichen Teil des Kirchheimer Albtraufs. Hier ist aufgrund verschiedenster Anzeichen die Siedlung innerhalb des Oppidums anzusetzen. Die enorme Größe des befestigten Gesamtraumes macht es unmittelbar verständlich, dass man …«

Weiter kam Julius nicht, denn Arthur unterbrach ihn. »Könntest du mir nicht eine Zusammenfassung geben? Dieser gestelzte wissenschaftliche Quatsch geht mir auf die Nerven.«

Julius schaute Arthur verwundert an, denn der Ton war doch einigermaßen barsch gewesen, und auch Pater Rupert, der gerade mit weiteren Büchern aus einem Nebenraum zurückkam, blieb stehen und runzelte die Stirn.

»Hast du schlecht geschlafen, oder was?«, fragte Marie in einem Ton, als müsse sie Julius gegen eine solche Ungerechtigkeit in Schutz nehmen.

»Nein, ich habe sehr gut geschlafen«, sagte Arthur spitz. »Aber ich frage mich schon, wozu diese Lektüre gut sein soll. Karl Zoller überfällt vielleicht gerade Ursulas Hütte, und wir Idioten sitzen hier in der Bücherei und drücken uns den Hintern über irgendwelchen Büchern platt. Uns läuft die Zeit davon, und wir haben nichts Besseres zu tun als Hunderte von Schmökern durchzuackern.«

»Ich darf dich daran erinnern, dass es deine Idee war, Arthur«, rief Marie jetzt empört. »Was ist nur los mit dir?«

»Was mit mir los ist?«, meinte Arthur, in dem nun eine Wut hochstieg, deren Ursache er nur undeutlich benennen konnte. Natürlich hatte er sich über Franziska geärgert, natürlich hatte es ihm einen Schock versetzt, dass seine Eltern sich zu hassen schienen, und natürlich war er in Sorge um Ursula, Ragnar und die anderen. Aber Julius und Marie taten ihr Bestes, um etwas über das Lebenselixier und über die dritte Figur herauszubekommen. Sie konnten nichts dafür, dass er so schlechte Laune hatte. Eine Woge der Enttäuschung und des Zorns brach über Arthur herein, und er erkannte sich selbst nicht mehr wieder. »Was mit mir los ist? Ihr scheint den dämlichen Arthur ja nicht zu benötigen, der stört bei wissenschaftlichen Studien nur. Und dann wollt ihr mir hier einen Vortrag halten, der uns keinen Zentimeter weiter bringt. Ich glaube immer mehr, dass es ein Fehler war, hierher zu kommen.«

»Du täuscht dich gewaltig, lieber Arthur«, sprudelte es aus Marie hervor, die zunehmend empört war über diesen Ton. »Wir haben herausgefunden, dass das Oppidum auf der Burg Hohenstein im ersten vorchristlichen Jahrhundert die größte städtische Anlage im gesamten Südwesten war – der Fürst, der dort geherrscht hat, muss also einer der mächtigsten Herren im ganzen Land gewesen sein. Dort haben in der Blütezeit vielleicht 10.000 Menschen gelebt. Und wir sind gerade dabei, uns die Grabungspläne anzusehen, verehrter Herr Waldläufer«, rief Marie und ließ Arthur keine Zeit, dazwischenzugehen. »Aus denen kann man die Stadtanlage ersehen, und vielleicht gibt es durchaus die Chance, jenes Haus und jenen Raum zu bestimmen, in dem früher das größte Heiligtum des Oppidums untergebracht war. Ich könnte mir vorstellen, dass Ariokan diesen Ort bis heute benutzt, um das Lebenselixier aufzubewahren. Unsere trockene Lektüre ist deshalb sehr wohl sinnvoll, auch wenn du glaubst, immer alles besser zu wissen.«

Sie war aufgestanden und schaute Arthur bitterböse an, die Hände angriffslustig in die Seiten gestemmt. Julius war unsicher, wie er sich verhalten sollte. Nach einigen Sekunden der Unschlüssigkeit klappte er das dicke Buch mit einem lauten Geräusch zu. Dann stand er auf und sagte: »Habt ihr eigentlich jetzt alle einen Knall?«

Es war das Zeichen für Pater Rupert, einzugreifen und dem Spuk ein Ende zu machen. »Ich glaube, die vergangenen Tage haben an euren Nerven gezehrt. Vielleicht ist es besser, ihr ruht euch in euren Zellen nochmals aus. In zwei Stunden gibt es Abendbrot. Bis dahin bitte ich darum, dass alle zur Normalität zurückgekehrt sind. Wir sind hier im Kloster und nicht auf der Hahnenkampfbahn. Und jetzt: Abmarsch!«

Beim Abendessen, das im großen Refektorium der Mönche aufgetragen wurde, sprach niemand ein Wort. Pater Rupert hatte die Fratres extra angewiesen, statt des üblichen Vespers richtig zu kochen, da alle fünf Gefährten kein Mittagessen erhalten hatten. Es gab Linsen mit Spätzle, das schwäbische Leib- und Magengericht. Normalerweise hätte Arthur zwei Mal Nachschlag geholt und immer noch zwei Löffel Essig über die Linsen geschüttet, denn je saurer alles schmeckte, umso lieber mochte er es. Aber heute hatte Arthur keinen Appetit. Bald stand er auf, murmelte etwas, was niemand so recht verstand, und machte sich auf den Weg zum Glockenturm, der in einem späteren Jahrhundert neben die Kirche gebaut worden war. Rupert hatte ihm den Schlüssel überlassen.

Arthur wollte schauen, ob Schubart den Kontakt aufnehmen würde, wie sie es versprochen hatte. Schon zweimal war er seit ihrem Streit in der Bibliothek die enge Wendeltreppe hinaufgestiegen in der Hoffnung, der Uhu warte oben im Gebälk des Turmdaches auf ihn oder habe zumindest eine Nachricht auf einen der Balken gelegt und mit einem Stein beschwert. So war es verabredet: Am höchsten zugänglichen Punkt des Klosters wollten sie sich treffen.

Aber Arthur entdeckte nichts, was auf die Anwesenheit Schubarts hätte schließen lassen. Er strich sogar den hereingewehten Schnee mit der Hand vom Boden, um sich ganz sicher zu sein, dass er kein Blatt Papier und keinen Brief übersehen hatte.

Das Dach des Glockenturms saß wie eine Haube auf acht Steinsäulen; der Platz war deshalb ein prächtiger Aussichtspunkt, weil man zu allen Seiten hinausschauen konnte und vor allem weit das Schlierbachtal hinab. In diese Richtung blickte Arthur jetzt. Es war bereits ganz dunkel, aber er sah kein Licht und kein Zeichen menschlicher Gegenwart – so weit weg lag das Kloster von der Zivilisation. Selbst die Straße war bisher nicht geteert; die Mönche hatten sich stets dagegen gewehrt. Von der Alb herab blies ein kräftiger kalter Wind, der Arthur in den Nacken fuhr und ihn schaudern ließ. Es schneite wieder, die kalten Kristalle stoben gegen sein Gesicht und zerrannen dort zu Wasser, das den Wind noch kälter erscheinen ließ. Er schob die Hände in die Taschen seiner Jacke. Aber er wusste sehr wohl, dass diese Kälte auch von innen kam.

Was war nur geschehen, fragte er sich und konnte sich nichts erklären. Kaum einen Tag waren sie von den anderen getrennt, und schon hatten sie sich zerstritten und redeten nicht mehr miteinander. Es war so lächerlich: Sie wollten die Welt retten und konnten sich nicht einmal untereinander verständigen. Fünf Personen, vier davon gehörten zu einer Familie – und statt Pläne zu schmieden und sich zum Aufbruch bereit zu machen, war alles zum Stillstand gekommen, ihre Suche in den Büchern, ihre Angriffspläne, ihr Fahnden nach der dritten Figur. Das ist das Schlimmste an einem Streit: dass die Zeit, bis man sich versöhnt, tote Zeit ist. Wie auf einem Fluss gerät man plötzlich in ein Totwasser, aus dem man nicht mehr herauskommt, so sehr man auch paddelt und rudert. Der Strudel hält einen zurück, es ist, als wäre man nicht mehr Teil des Flusses, sondern verdammt dazu, ewig in diesem Strudel gefangen zu bleiben. Bei ihnen war es genau so: Es war, als hätte es diese Zeit nie gegeben – nur Zoller nutzte dieser Streit.

Sollte er hinuntergehen und sich entschuldigen, fragte sich Arthur? Vielleicht wäre das wirklich das Vernünftigste, obwohl auch er sich gekränkt fühlte, von Franziska, von Marie und auch von Julius, der sein Bruder war und sich doch nicht auf seine Seite gestellt hatte. Verblendung – sie wurde immer größer, je länger man stritt.

Arthur gab sich einen Ruck und stieg wieder hinunter in das Refektorium, in dem sie vorher gegessen hatten. Aber es war leer, alle hatten sich schon in ihre Zellen zurückgezogen. Die Wände des Refektoriums waren bis auf die halbe Höhe mit dunklem geschnitztem Holz verkleidet, die niedrigen Kreuzgewölbe der Decke gaben dem Raum etwas Altertümliches, und die einfachen Tische kündeten von der besitzlosen Demut der Mönche. Arthur war sich sicher, dass er sich in diesem riesigen Raum als Mönch sehr verloren vorkommen würde. Sechs Männer, wie Treibholz auf einem weiten Meer. Aber Pater Rupert würde lächeln, wenn er das hörte, und sagen: »Junge, wir sind nicht allein. Das große Kreuz an der Stirnseite zeigt den Erlöser und gibt uns täglich die Gewissheit, dass wir von einer höheren Macht getragen werden. Und einer von uns steigt auf die kleine Kanzel unterhalb des großen hellen Fensters und liest uns aus einem guten Buch vor. So bekommen wir zur körperlichen auch geistige Nahrung gereicht. Es ist ein so reiches Leben, das wir führen.«

Es ist schon seltsam, wie unterschiedlich Menschen auf ein- und dieselbe Sache schauen können. Man sollte doch denken, dass Menschen irgendwie aus demselben Holz geschnitzt sind und dieselben Gehirnwindungen besitzen, und doch können zwei Menschen dasselbe Ereignis so verschieden interpretieren, dass ein Außenstehender denken würde, es handle sich um zwei unterschiedliche Begebenheiten. Wie der Mensch etwas betrachtet, ist aber die Grundlage für sein Handeln, und das Handeln ist Ausdruck seiner Lebensform. Saßen sie alle also nicht einem Trugschluss auf, weil sie nur etwas interpretierten, dessen wahres Wesen niemand erkennen konnte? Pater Rupert würde wieder protestieren. Er war sich sicher, dass er den weltlichen Widersprüchen entronnen war, in seinem Glauben über den Dingen stand und die Wahrheit kannte. Aber war Gott Wahrheit? Oder war Gott auch nur ein Konstrukt des Menschen, um das Wissen um seinen eigenen Tod ertragen zu können? Wie könnte der Mensch leben unter der Last, dass er eines Tages vergehen und in die große Dunkelheit des Nichts sinken würde? Das Wissen um das Nichts war schwer auszuhalten, schwerer als Hölle und Fegefeuer und ewige Verdammnis – darunter konnte sich der Mensch wenigstens etwas vorstellen. Aber was war das Nichts?

Seit dem Bericht Eriks über ihr gemeinsames Erlebnis auf der Wiese hinter dem langen Tunnel war Arthur zuversichtlich, dass der letzte Atemzug nicht in dieses Nichts führte. Wie sollte der Mensch gerade am Ende seines Lebens, wo er doch allen Besitz fahren lassen und alle geliebten Menschen zurücklassen musste, solche Glücksgefühle entwickeln, wie Erik sie am Bach auf der heiligen Wiese empfunden hatte. Es war ein Jammer, dass er sich an nichts erinnern konnte. Oder war dies doch nur der letzte Trick eines weit entwickelten Gehirns, das die Hormone verrückt spielen ließ, auf dass sie im letzten Augenblick des Lebens ein allerletztes Fest veranstalteten, um dem Menschen den Übergang in das Nichtsein zu erleichtern? Manchmal wünschte sich Arthur, jene Gewissheit zu haben, die manche Menschen von ihrem Leben, ihrer Zukunft und vom Schicksal des Menschen haben. Pater Rupert lebte in der Gewissheit, unter Gottes Schutz zu stehen und auf ihn vertrauen zu können, was immer auch geschah. Das

trug ihn, das machte ihn glücklich. Arthur kannte diese Gewissheit nicht. Er erinnerte sich gut, dass er in der Kirche immer weinen musste, wenn die Gemeinde an Weihnachten in der Christmette »O du fröhliche, o du selige« anstimmte. So einen Schmerz und so eine Sehnsucht löste dieses Lied in ihm aus. Die Sehnsucht, dass der Mensch doch eingebettet sein möge in ein himmlisches Gesetz und dass alles im Leben doch einen tieferen Sinn habe. Den Schmerz, dass er das Leben doch als Chaos erlebte und manchmal sogar als Bedrohung und dass alles Brimborium um Gott nur ein hilfloser Versuch der Menschen war, das Chaos zu ordnen und zu erklären.
Aber dann dachte Arthur an seinen Wald, den er gestern verlassen hatte, und er fühlte immer stärker, dass es ein Fehler gewesen war. Warum hatte er Julius und Marie nicht alleine hergeschickt? Sie waren doch tatsächlich viel geschickter im Umgang mit Büchern als er, und sie wären gut ohne ihn ausgekommen. Marie hatte doch Recht damit, als sie sagte, dass er beim Lesen noch nie der Schnellste gewesen sei.
Sein Wald! Dort hatte er doch eine Gewissheit gefunden, dachte Arthur jetzt, als er allein im dunklen großen Refektorium saß, und seit ihm eine so besondere Rolle zugewachsen war, wusste er, dass er dort Erfüllung finden konnte. Einmal, als Erik und er nachts auf der Pirsch gewesen waren und am Heiligensee in den unendlichen Nachthimmel starrten, da hatte Erik gesagt: »Jeder von uns hat einen Platz in dieser Welt. Es ist nicht entscheidend, wie dieser Platz aussieht. Entscheidend ist, dass man ihn mit ganzem Herzen ausfüllt. Dann lebt man ein erfülltes Leben.« Egal, ob man in einer einsamen Klosterzelle zu Gott betete, ob man durch den Wald streifte und Sorge trug für die Pflanzen und Tiere, oder ob man in einer einsamen Hütte lebte und Kräuter sammelte – jeder konnte einen Platz finden, wo seine Seele den Einklang fand mit sich und der Welt. War dies nicht Ordnung genug?
Arthur stand auf und ging im Refektorium hinüber zu dem großen Kreuz, an dem ein fast lebensgroßer Christus auf ihn herabschaute. Leben war nicht immer nur Sonnenschein, wer wollte das bezweifeln im Angesicht der Dornenkrone und der durchbohrten Hände und Füße Jesu? Manches zwang das Leben einem auf, wie ihnen jetzt die aufsteigende Macht Ariokans. Arthur konnte nichts dafür und musste doch die Folgen mit tragen. Aber es wurde ihm in diesem Augenblick klar, dass er gegen Ariokan kämpfen musste und dass sein Platz im Wald war. Wie konnte er nur so dumm gewesen sein zu glauben, anderswo könne er mehr erreichen?
Er verneigte sich tief vor dem Kreuz und dankte Gott, ihm wenigstens diese Gewissheit geschenkt zu haben. Sein Platz war im Wald, neben Ragnar und Barten und Schubart. Diese Auseinandersetzung war seine Bestimmung, und er würde ihr nicht länger ausweichen. Ganz heiß durchschoss ihn dieser Gedanke, und er fühlte tief im Sonnengeflecht seines Bauches, wie richtig dieser Gedanke war. Am liebsten wäre er sofort aufgebrochen. Er überlegte kurz, ob er an den Zellentüren der anderen klopfen sollte, um sie in Kenntnis zu setzen über seinen Entschluss. Vielleicht schliefen sie ja noch nicht, und wenn doch, hätte er ihnen einen Zettel unter der Tür hindurchschie-

ben können. Doch dann zügelte er seine Ungeduld. Es wäre nicht angemessen gewesen, so unvermittelt wegzugehen. Zuerst musste er in Ruhe mit den anderen sprechen, und auf diese eine Nacht kam es hoffentlich nicht an, obwohl seine Unruhe groß war. Irgendetwas musste Schubart daran gehindert haben zu kommen. Vielleicht war es nur der starke Wind und der Schnee, der den Uhu im Heiligental festhielt. Welche anderen Möglichkeiten es gab, das wollte sich Arthur lieber nicht ausmalen.
Auf dem Rückweg zu seiner Zelle nahm er versehentlich eine falsche Abbiegung und kam zum Brunnenhaus im Kreuzgang, wo er bemerkte, dass jemand auf der Steinbank im Erker saß. Es war Franziska. Sie hatte sich dick eingemummt und eine der grauen kratzigen Wolldecken aus dem Schrank in der Zelle um die Schultern gelegt und vor sich mit beiden Händen zusammengezogen. Sie musste schon länger dort sitzen, denn es hatte sich schon eine dünne Schicht an Schneeflocken auf der Decke niedergelassen.
Arthurs erster Impuls war es, sich an ihr vorbeizuschleichen. Doch dann trat er zu ihr in die Brunnenstube.
»Heute scheinen wir alle unseren Gedanken nachzuhängen«, sagte er. Er sagte es ganz leise, um Franziska nicht zu erschrecken. Sie drehte sich zu ihm um und lächelte. »Wieso? Worüber denkst du nach?«, fragte sie und klopfte mit der flachen Hand auf die Bank, um ihm zu bedeuten, dass er sich neben sie setzen sollte.
Er wich ihrer Frage aus. »Ist dir nicht kalt?«, fragte er. »Das ist keine Nacht, um draußen herumzusitzen.«
»Ich zittere am ganzen Körper«, sagte Franziska sanft und schüttelte sich demonstrativ. »Aber ich wollte mir noch ein wenig die Füße vertreten und alleine sein. Hier bin ich hängen geblieben. Der Brunnen ist wundervoll, gerade jetzt im Winter mit seinen Eisschichten. Er erinnert mich an das Gedicht von Joseph von Eichendorff: ›Schläft ein Lied in allen Dingen, die da träumen fort und fort. Und die Welt hebt an zu singen, triffst du nur das Zauberwort.‹«
»Und? Hast du es getroffen?«, fragte Arthur.
Sie wusste sofort, worauf er anspielte, und schüttelte den Kopf. »Nein, leider nicht.«
»Ich habe euren Streit heute Nachmittag gehört«, sagte Arthur. »Ich habe nicht mit Absicht gelauscht, aber die Wände in den Zellen scheinen nur aus dünnem Holz zu bestehen.« Er hielt einen Moment inne und fügte dann hinzu: »Stimmt es, dass du uns verlassen hast, weil du Papa nicht mehr liebst?« Es fiel ihm schwer, diese Frage zu stellen, denn noch nie hatte er sich als Kind in die Beziehung seiner Eltern eingemischt. Früher war sie für ihn etwas Selbstverständliches gewesen, und er hatte darin nichts zu suchen. Erwachsenenkram. Aber es hatte ihn empört, wie seine Mutter mit Erik geredet hatte, und er konnte es immer noch nicht glauben, dass das Familienleben für sie so unerträglich geworden war, dass sie alles aufgab, auch ihre Kinder. Arthur wollte es noch einmal hören, aus ihrem eigenen Munde. Vielleicht liebte sie ja auch ihn und Julius nicht mehr. Dann sollte sie es sagen.

»Wir haben uns anscheinend auseinandergelebt, wie man so schön sagt«, meinte Franziska. »Es gibt nichts mehr, was wir gemeinsam haben, was uns beide interessiert, was wir zusammen tun. Wir haben nur noch nebeneinander her gelebt. Irgendwann habe ich es nicht mehr ertragen.«

Arthur schwieg. Sie hatte also keine tröstliche Botschaft für ihn.

»Das hört sich ziemlich endgültig an«, meinte Arthur schließlich. Er zog den Satz am Ende etwas in die Höhe, so dass er fast wie eine Frage klang. Arthur wollte die Frage nicht stellen und doch eine Antwort haben. Er wollte den bittern Trank bis zur Neige trinken.

»Man weiß nie, was sein wird«, sagte Franziska. »Aber im Moment kann ich mir nicht vorstellen, jemals zu Erik zurückzukehren. Es tut mir leid, Arthur.«

»Und was ist mit Julius?«, fragte Arthur, nun doch mit einiger Bitterkeit in der Stimme. »Er sehnt sich nach dir. Er war immer auf dich bezogen. Er braucht dich. Es ist dein Julius.«

Franziska antwortete nicht. Stattdessen spürte Arthur, wie ihr Körper von kleinen Wogen geschüttelt wurde, und sie nahm eine Hand aus der Decke, um sich die Tränen abzuwischen.

»Glaubst du, mir wäre das alles leicht gefallen?«, sagte sie. »Ich liebe euch über alles, und ich weiß, dass Julius mich braucht – und du hoffentlich auch ein bisschen, Arthur.« Sie wollte ihre Hand auf die seine legen, aber Arthur zog sie weg.

»Aber was hätte ich denn tun sollen? Ich habe gespürt, dass es euch gut geht im Forsthaus. Ihr konntet in der Natur aufwachsen, und Erik hat euch eine Freiheit vermittelt, die es in der Stadt nicht gibt. Ich war der Meinung, ihr seid dort glücklicher – und zu eurem Glück und zu meinem Unglück habe ich verzichtet. Verstehst du das?«

Arthur schüttelte den Kopf. »Nein, das verstehe ich nicht. Wenn man jemanden wirklich liebt, dann lässt man ihn nicht zurück. So etwas tut man nicht.«

»Ach, Arthur«, seufzte Franziska, noch immer mit den Tränen kämpfend. »Manchmal ist es vielleicht sogar der größte Liebesbeweis, wenn man jemanden verlässt. Denn ein größeres Opfer kann ein Liebender nicht erbringen.«

»Ich weiß nicht«, sagte Arthur, der spürte, wie allmählich eine große Enttäuschung in ihm aufstieg. »Ich glaube immer noch, dass du uns nicht die ganze Wahrheit sagst. Vielleicht bist du ja doch froh, keine zwei lästigen Kinder mehr am Rockzipfel zu haben.«

Er hatte ganz sachlich mit Franziska reden wollen, das hatte er sich vorgenommen. Aber es wühlte ihn auf, wie klar und fest die Aussagen seiner Mutter waren und wie unverrückbar ihr Abschied schien. Und je stärker seine Enttäuschung wuchs, umso weniger wünschte er sich tatsächlich, dass sie zurückkam. Sollte sie doch fortbleiben, dachte Arthur, sollte sie doch irgendwo in dieser Welt ihre Freiheit genießen. Aber dann hatte sie auch ihr Recht verwirkt, zu den Gefährten zu gehören. Erik hatte Recht, als er gesagt hatte, dass Franziska nur Unheil in ihre Gruppe brachte. Vielleicht war sie sogar daran schuld, dass sich plötzlich alle miteinander stritten.

Aber das alles sagte er nicht. Er stand nur auf, blieb unschlüssig einige Sekunden stehen, und als Franziska keine Anstalten machte, ihm etwas zu entgegnen, fragte er nur mit kalter Stimme: »Und was ist mit Erik? Liebt er dich noch?«
Franziska zuckte mit den Schultern. »Das weiß ich nicht. Es spielt aber keine Rolle mehr.«
Arthur nickte schwach. Dann sagte er: »Ich werde weggehen. Ich gehe zurück in den Wald, und zwar noch heute Nacht. Ich wäre dir dankbar, wenn du dies den anderen ausrichten könntest.« Er hatte bis zu dieser Sekunde nicht vorgehabt, schon jetzt sein Vorhaben wahrzumachen, aber es erschien ihm nun wie eine Strafe für Franziska und deshalb wie eine große Genugtuung.
Franziska stand ebenfalls auf, und sie fasste Arthur mit beiden Händen an den Schultern, obwohl er sich dagegen wehrte. »Ich habe das nicht gewollt. Aber ich konnte es auch nicht verhindern. Ich bitte dich um Verzeihung.«
»Du brauchst gar nichts zu tun«, schrie Arthur. Plötzlich konnte er die Wut nicht mehr zurückhalten. Er schlug heftig Franziskas Hände weg. »Du kannst mir gestohlen bleiben. Warum bist du überhaupt zurückgekommen? Ich hasse dich!«
Dann lief er davon, packte in seiner Zelle in aller Eile seinen Rucksack und rannte hinaus in den Wald. Erst als er eine Viertelstunde die Hänge hinaufgehastet und schon völlig außer Atem war, blieb er stehen. Die kahlen Bäume knarrten im Wind, und immer wieder trieben Böen ihm Schnee ins Gesicht. Aber er fühlte sich besser, jetzt, da er weg war von seiner Mutter, weg aus dem Kloster. Er drehte sich noch einmal um. Die Anlage der Kartäuser lag in fast völliger Dunkelheit da. Nur aus der Kirche drang das schwache flackernde Licht einiger Kerzen. Vermutlich bereiteten die Fratres schon die Matutin vor.

»Wie konnte Arthur nur so etwas tun?« Marie war fassungslos. Zu viert saßen sie in der Küche beim Frühstück, und Franziska berichtete ihnen von Arthurs Weggang, ohne allerdings ihren Streit zu erwähnen. Hatte sie diesen Jungen nicht gemocht, fragte sich Marie irritiert, und nun ließ er sie einfach so im Stich? Ohne ein Wort, ohne Erklärung hatte er sich davon gemacht, mitten in der Nacht. Und so jemand hatte sie führen wollen? So jemand wollte der Herr des Waldes sein? Einen ganz schäbigen Klang hatte dieser Name plötzlich. »Ich bin wirklich sprachlos – was bildet sich dieser Kerl denn eigentlich ein?«
Auch Julius konnte kaum glauben, dass Arthur sich auf diese Weise davon gestohlen hatte. »Und er hat sonst nichts gesagt?«, bohrte er bei Franziska nach, hoffend, dass es einen nachvollziehbaren Grund für seinen überhasteten Aufbruch gab. »Hat Schubart vielleicht einen Brief gebracht?« Aber Franziska schüttelte den Kopf. »Davon weiß ich nichts. Er hat mir bloß gesagt, dass er finde, sein Platz sei im Wald, und er kehre zu den anderen zurück.«
Erik schaute Franziska misstrauisch an. Er spürte, dass irgendetwas vorgefallen sein

musste. Er kannte Arthur zu gut, um zu wissen, dass ein so unverständliches Verhalten einen Grund haben musste. »Er kam also einfach so zu dir und hat dir mitgeteilt, dass er auf der Stelle weggehe?«, fragte Erik in einem deutlichen Ton der Skepsis.
»Ja«, sagte Franziska, »und ich verstehe überhaupt nicht, warum ich mich jetzt hier verteidigen muss. Es war nicht meine Entscheidung.«
»Mag sein«, meinte Erik, »aber vielleicht hast du diese Entscheidung beeinflusst.« Er schaute ihr unverwandt in die Augen: »Du verheimlichst uns doch irgend etwas.«
»Oh nein, jetzt geht das schon wieder los«, rief Marie. »Können wir vielleicht mal eine halbe Stunde ohne Streiten verbringen?«
Wortlos stand Franziska auf und verließ die Küche.
»Allmählich sind wir ein ganz schön kläglicher Haufen«, meinte Julius schließlich. »Und was tun wir? Gehen wir auch zurück?«
»Auf keinen Fall«, sagte Marie bestimmt. »Erstens renne ich dem Quatschkopf nicht hinterher, und zweitens sind wir hergekommen, um eine Aufgabe zu lösen. Daran hat sich meiner Meinung nach nichts geändert.«
»Was denkst du eigentlich, Erik?«, fragte Julius, »du könntest dich ruhig auch einmal äußern.«
Aber Erik sagte lange nichts. Er hatte die Lippen zusammengekniffen, blickte ins Leere und schien ihrer Unterhaltung gar nicht zu folgen.
»Erik!«, rief Julius nochmals etwas ungehalten. »Beteiligst du dich an der Diskussion oder nicht?«
Nur langsam kehrte Erik mit seinen Gedanken zurück in die Klosterküche. Er hatte den gestrigen Streit mit Franziska noch einmal vor seinem geistigen Auge vorüberziehen lassen. Er fragte sich, wie Marie und Arthur, die doch eigentlich ein Faible füreinander hatten, wegen Belanglosigkeiten aneinander gerieten. Er sah Arthur davonrennen und konnte dieses Verhalten nicht verstehen. Und er spürte die schlechte Stimmung, die an diesem Tisch jede vernünftige Unterhaltung unmöglich machte.
»Ich weiß nicht, was hier vorgeht«, sagte er schließlich. »Aber irgendetwas stimmt nicht.«
»Wie meinst du das?«, fragte Marie.
»Im Wald und in der Höhle hat es nie Streit gegeben, obwohl die Umstände viel schwieriger waren als hier im Kloster. Zoller hat uns im Nacken gesessen, wir hatten wenig zu essen, und Arthur und ich waren schwerkrank. Trotzdem hat niemand die Nerven verloren. Und jetzt? Haben wir es behaglich warm, niemand bedroht uns unmittelbar – und schon verbringen wir die Zeit mit nichts anderem als streiten. Das ist doch nicht normal.«
»Du hast Recht«, sagte Marie nachdenklich. Sie war sofort elektrisiert von diesen Worten und spürte, dass Erik nahe dran war, den Kern ihres Problems zu berühren.
»Es ist nur ein Gefühl«, fuhr Erik fort, »ein Gefühl, dass irgendetwas faul ist an diesen ständigen Auseinandersetzungen. Und ich glaube, es wäre für uns im Moment die

wichtigste Aufgabe, diese Stimmung zu verändern. Ansonsten werden wir erst recht Schiffbruch erleiden. Nur wie?«

In diesem Moment betrat Pater Rupert die Küche. Er kam aus seiner Zelle, wo er nach der Konventmesse alleine weiter gebetet hatte. »Lectio divina – göttliche Lektüre« nennen die Kartäuser diese Form der Meditation; sie versenken sich in einen religiösen Text und spüren in der Meditation dessen tieferer Wahrheit nach. »Göttlicher Schlaf« nannte Rupert diese stille Stunde in der Zelle scherzhaft gerne, weil mancher Mönch die Zeit nutzte, den verpassten Nachtschlaf nachzuholen. Und er hatte Franziska in seinem Schlepptau, die er wohl unterwegs getroffen und deren Aufregung er erkannt haben musste.

Der Mönch mit seinen langen blonden Haaren und der weißen Kutte war jetzt ganz ernst. Er hatte den Schluss der Unterhaltung mitbekommen und sagte nun, wenn auch mit ironischem Unterton: »Tatsächlich verhaltet ihr euch alle nicht dem Geist dieses Klosters gemäß. Eigentlich sollte ich euch rausschmeißen. Aber ich habe eine bessere Idee.«

Er machte eine Pause, um bewusst die Spannung zu erhöhen. Dann sagte er: »Ihr geht alle in Klausur. Das wird euch gut tun. Für drei Tage verlasst ihr eure Zelle nicht mehr. Ich bringe euch das Essen und schiebe es euch durch die Luke. Ihr redet nicht. Ihr bekommt kein Buch von mir, nicht einmal die Bibel. Ihr könnt Holz hacken, wenn es euch beliebt, oder einen Schneemann bauen. Aber ihr bleibt drei Tage lang auf euch selbst zurückgeworfen – und versucht dabei eure Gedanken nur auf eine Frage zu lenken: Wie muss der nächste Schritt in unserem Plan lauten? Wenn ihr es ernst meint, wird euch Gott die Antwort schenken.«

Sie schauten ihn entgeistert an.

»Euer Geist wird zur Ruhe kommen, und der Streit sich legen. Drei Tage sind eigentlich viel zu kurz, aber ich verstehe, dass ihr wenig Zeit habt. Aber so viel Zeit muss sein. Noch Fragen?«

Julius fand als erster seine Sprache wieder. »Auch drei Tage sind viel zu lang. Es kann zu viel passieren in dieser Zeit, als dass wir uns dieses Spielchen leisten könnten.«

Rupert schüttelte den Kopf. »Erstens ist das kein Spielchen, sondern meines Erachtens der einzige Weg, damit ihr zur Besinnung kommt. Zweitens ist der Großteil eurer Gefährten draußen und kann handeln – wenn sie nicht ebenso zerstritten sind wie ihr. Und drittens werde ich in dieser Zeit für euch in der Bibliothek weitersuchen. Vielleicht werde ich ja fündig, bis ich euch wieder rauslasse.«

Alle waren sie ziemlich verdattert, aber Julius spürte, dass Rupert ihnen eine Lösung anbot. Er nickte leicht.

»Sollte irgend etwas Wichtiges geschehen, werde ich euch Bescheid geben«, meinte Rupert noch, dann bat er alle, in die Zellen zu gehen. Persönlich schob er bei jedem symbolisch den Riegel von außen vor. »Ihr könnt beruhigt sein und euch ganz auf eure Meditation einlassen. Und nun: nur Mut.«

8. Reise durch die Zeit

Nur kurze Zeit war Arthur aus dem Tal weg gewesen. Aber er konnte es kaum erwarten, dorthin zurückzukehren, wo sein Herz zuhause war, wo Ragnar hoffentlich gute Neuigkeiten für ihn hatte und wo sich der Kampf entscheiden würde. Während er durch den Wald trabte, blieb er auf der Hut. Seinen Bogen hielt er in der Hand, bereit, jedem Angreifer einen Pfeil in die Brust oder zumindest durch das Glutkästchen zu schießen.

Er war noch mehr als drei Stunden von Ursulas Hütte entfernt, als er auf die ersten Spuren stieß. Die Vertiefungen waren schon wieder weitgehend zugeschneit, was bewies, dass es schon mehrere Stunden her war, dass an dieser Stelle zwei oder drei Männer gegangen waren. Das war kein gutes Zeichen; die Krieger, und um wen sonst sollte es sich handeln, schienen das Gebiet, das sie durchstreiften, stark ausgedehnt zu haben. Arthur beschleunigte seine Schritte. Sein Herz schlug schneller, und er konnte die Ungewissheit, ob nicht doch etwas geschehen war, kaum ertragen. Wenn Ragnar und alle anderen gefasst oder gar getötet wurden, er könnte es sich nie verzeihen. Sie hätten dann für seine falsche Entscheidung, den Wald zu verlassen, büßen müssen. Das durfte nicht sein, dachte Arthur, und wusste doch, dass vieles geschah, was nicht sein durfte. Wieder und wieder war Arthur versucht, den Turmalin aus dem Tuch in seiner Hosentasche zu holen. Er hätte ihn schneller zur Hütte bringen können. Aber zugleich hatte er große Ehrfurcht vor dem Stein und wollte ihn so selten wie möglich einsetzen. Wer wusste schon, ob sich die Kräfte nicht abnutzten. Nach einiger Zeit hielt er es aber nicht mehr aus. Er verstaute seinen Bogen auf dem Rücken, nahm den schwarz-weißen Turmalin in die Hand – und schon setzte er sich in Bewegung und begann beinahe zu fliegen. Seine Unruhe war furchtbar.

Als er in der Nähe der Hütte ankam, verlangsamte er seine Schritte, verließ den Weg und schlich die letzten Meter durch den Wald den steilen Hang hinauf. Er konnte auf den ersten Blick nichts Verdächtiges erkennen, versteckte sich hinter dem Stamm einer Schwarzerle und tastete mit den Augen die freie Fläche rund um die Hütte herum ab. Es schneite noch immer, weshalb der Himmel wolkenverhangen war und kein Mondlicht auf die Hochebene durchdringen konnte. Nur undeutlich konnte Arthur die Konturen der Hütte erkennen, aber in den Fenstern war Licht zu sehen, und dem Schornstein entstieg Rauch. Es war also jemand zu Hause.

Dennoch ließ sich Arthur Zeit. Er nahm nicht den direkten Weg über die freie Fläche, sondern blieb im Wald und näherte sich langsam unterhalb der Hangkante der Hütte. Hinter den Bienenstöcken, die eine hohe weiße Haube trugen, tauchte er aus dem Wald auf und suchte ein letztes Mal Deckung. Es zog ihn hinein in die Hütte, in die Wärme und in die Helligkeit, und er stellte sich vor, wie schön es wäre, mit Michael auf der Eckbank Holunderpunsch zu trinken. Aber sein Instinkt hielt ihn zurück. Und als er jetzt hinter den Bienenkästen hervorlugte und noch einmal das Gelände absuchte, erkannte er, dass ihn dieser Instinkt nicht betrogen hatte.

Der Schnee im Garten war zerwühlt, als hätte sich eine Horde Wildschweine über ihn hergemacht. Teilweise hatte er sich mit Erde vermischt und war zu einer schmutzigen Pampe geworden. Aber dies konnte nicht das Werk einer Wildschweinrotte gewesen sein, denn Ursula hatte ja einen Zaun um den Garten errichtet. Und selbst wenn die Tiere diesen Zaun überwunden hätten, wäre Ursula aus der Hütte gekommen und hätte die Wildschweine mit klappernden Tellern und beherztem Auftreten verscheucht.

Arthur war alarmiert. Alle seine Sinne spannten sich an und konzentrierten sich darauf, eins mit der Umgebung zu werden. Jetzt konnte er zeigen, was er bei Ragnar gelernt hatte. Unsichtbar sein – und doch alles sehen. Lautlos bleiben – und doch alles hören. Abwarten – und doch Herr der Lage sein. Die Gefahr lag in der Luft. Arthur legte einen Pfeil in die Sehne seines Bogens; im Bruchteil einer Sekunde hätte er ihn abschießen können. Als sich Arthur etwas aus der Deckung wagte, um einen Blick auf den Eingangsbereich werfen zu können, bestätigte sich erneut, dass an dieser Hütte nichts mehr in Ordnung war. Der Schnee war auch unter das kleine Vordach an der Eingangstür geweht worden; Arthur hatte aber mehrmals beobachtet, wie sorgfältig Ursula dort immer den Schnee wegfegte, damit keine Nässe in die Hütte getragen wurde. Viele Füße hatten den Schnee dort festgestampft, und die Menschen hatten nicht darauf acht gegeben, ob sie die Hütte verschmutzten oder nicht.

Was war geschehen? Und wo waren Ursula, Kilian und Michael, wo waren die Tiere? Lagen sie gefesselt im Keller? Oder war noch Schlimmeres passiert? Arthur wollte lieber nicht darüber nachdenken. Er entschloss sich, einen Blick in die Hütte zu wagen. Die Läden waren geschlossen; sie hatten im oberen Teil aber Lamellen, so dass Arthur hindurchspickeln konnte. Es war nur ein ganz geringes Sehfeld, das sich ihm durch die Schlitze eröffnete. Aber es genügte, um seine schlimmsten Befürchtungen wahr werden zu lassen.

Vier Krieger saßen an der Eckbank und spielten mit Würfeln. Sie fühlten sich so sicher, dass sie ihre Waffen weggelegt und ihre Überfelle ausgezogen hatten. Der Kamin heizte ihnen kräftig ein. Im bloßen Hemd wirkten sie noch gefährlicher und gespenstischer, denn ihre Haut war weiß wie die eines Toten. Arthur kam es seltsam vor, dass auch tote Krieger schwitzen können. Aber sie schwitzten nicht nur, sondern tranken und johlten kräftig. Wahrscheinlich hatten sie den Holunderwein in Ursulas Keller entdeckt und sprachen ihm reichlich zu. Nur ein fünfter Mann stand am vorderen Fenster und spähte hinaus.

Arthur glitt vom Fenster weg und machte einige Schritte in den Hang hinein. Er musste in Ruhe überlegen, was er nun tun sollte. Im Schnee kauernd, geduckt hinter einer verkrüppelten Föhre, spielte er verschiedene Varianten durch. Sollte er Ragnar suchen gehen? Aber wo hätte er beginnen sollen? Sollte er zurück ins Kloster rennen, um die Gefährten zu warnen? Oder sollte er die Krieger angreifen, so unvernünftig dies auch für ihn als einzelnen war?

Tief in sich drin wusste Arthur die Antwort längst. Er hatte es satt, sich von Karl Zoller und dessen Mannen wie aufgehetztes Wild vor sich hertreiben zu lassen. Es musste Schluss sein damit, dass sie immer nur reagierten und lediglich Zollers Angriffen auswichen – er wollte endlich selbst handeln.

Arthur öffnete seinen Rucksack und kramte nach einer Binde, die zur kleinen Notfallapotheke gehörte, die schon aus früherer Zeit immer im Wanderrucksack deponiert war. Nun war ein solcher Notfall, wenn auch in anderer Hinsicht. Er zerriss die Binde in kleine Streifen und band sie fest um die Spitzen seiner Pfeile. Dann schlich er zum Brunnen neben den Bienenkästen; das Wasser im Trog war gefroren, aber aus dem hölzernen Rohr sprudelte die Quelle weiter; das Wasser zerspritzte auf dem Eis des Troges, lief daran hinunter und bildete auf dem Boden eine große rutschige Eisfläche. Arthur tränkte alle Streifen im Wasser des Brunnens, bis sie sich vollgesogen hatten – ihm musste das Kunststück gelingen, die Lebensglut der Krieger auf größere Entfernung zu löschen. Das dürfte bei jedem einzelnen Krieger schwer genug sein. Wenn sie aber zusammen aus der Hütte stürmten, hatte er keine Chance.

Er setzte sich wieder hinter die Bienen, steckte sein Messer, wenn auch mit Mühe, in den gefrorenen Boden, um es im Notfall griffbereit zu haben, und begann, den Ruf eines Raben nachzuahmen. Er wusste mittlerweile, dass die Kelten diese Vögel fürchteten, weil sie nach ihrer Meinung Unheil verkündeten. Zumal in der Nacht würde das Krächzen sie beunruhigen, denn Raben suchen sich einen Schlafplatz in einem Baumwipfel und verhalten sich bis zur Morgendämmerung ruhig.

Arthur hatte sich nicht getäuscht. Es dauerte nur wenige Sekunden, dann hörte er, wie sich die Hüttentür öffnete und jemand vors Haus trat. Arthur krächzte noch einmal, um dem Mann die Richtung anzuzeigen. Dann kniete er sich neben seine Deckung und spannte den Bogen. Nun komm, keltischer Mann, sagte er zu sich selbst: Ich erwarte dich.

Sein Herz schlug bis zum Hals, als der Krieger um die Ecke bog. In dessen dickem Umhang und in den braunen grob gewobenen Hosen sah er aus wie ein riesiger Bär. Nur wirkte er bei weitem nicht so behäbig; vielmehr lag eine große Spannung in seinem Leib, und sein leicht vorgebeugter Oberkörper verriet, dass er auf der Hut war. Es war der Mann vom Fenster, und er schien der einzige zu sein, der nicht betrunken war. Das Schwert hielt er hoch erhoben in beiden Händen. Schon jetzt hätte Arthur schießen können, aber er wollte, dass der Mann möglichst weit weg vom Eingang zu Boden ging, damit sein Fallen unbemerkt bliebe. Noch fünf Meter waren es vielleicht, als Arthur seine rechte Hand öffnete und den Pfeil auf seine Reise schickte. Es war nur ein kurzes sirrendes Geräusch, das die Luft erfüllte – dem folgte ein dumpfer Aufschlag der nassen Pfeilspitze auf das Kästchen. Die Glut erlosch nicht ganz, aber das Kästchen wurde vom Aufprall weggeschleudert und zerstob im Schnee in alle seine Einzelteile. Dabei verglühte auch der letzte Funken. Und doch hatte der Mann zuvor noch Zeit gehabt, einen lauten Schrei von sich zu geben. Er kannte das Geräusch, das ein fliegender Pfeil von sich gibt, und konnte sofort reagieren: »Alarm!«, schrie er, auch wenn sein Ruf sogleich erstickte.

Arthur war nahe daran, in Panik zu geraten. Das Schwert und der Mantel des Kriegers lagen verwaist am Boden; nichts deutete sonst noch darauf hin, dass hier vor Sekunden ein Mensch, oder doch etwas Ähnliches wie ein Mensch, gestanden hatte. Vor wenigen Tagen noch hatte Arthur Skrupel gehabt und mit Ragnar darüber gestritten, ob man die fremden Wesen töten dürfe oder nicht. Nun hatte er nicht einmal mehr darüber nachgedacht. Wie selbstverständlich hatte er gehandelt. So schnell ändern sich Ansichten – was ist da der Mensch, und woran macht er seine Einzigartigkeit fest?

Schnell griff sich Arthur das Schwert des Kriegers, warf es in weitem Bogen den Hang hinab, schnappte sich den Mantel und breitete ihn über der Eisfläche vor dem Brunnen aus. Dann legte er den nächsten Pfeil auf und drückte sich einen weiteren zwischen die Zähne. Wenn alles gut ging, konnte er zweimal treffen. Und dann?

Schon stürmten die vier Krieger aus der Hütte, alle gemeinsam. Sie hatten sich nicht die Zeit genommen, ihre Umhänge überzuwerfen; halbnackt stellten sie sich vor der Tür nebeneinander auf, um sich gegenseitig zu sichern. Sie standen nicht besonders sicher auf ihren Füßen, zu sehr hatten sie dem Alkohol zugesprochen. In einer Linie rückten sie vor, aber dieses Mal wartete Arthur nicht. Er ließ die Sehne los; auch dieses Kästchen traf er so genau, dass es förmlich explodierte und der Mann in sich zusammensackte. Der Pfeil selbst schnurrte durch den Körper hindurch, als bestehe dieser aus Luft, und ging irgendwo im Dunkeln im Schnee nieder. Die anderen drei Krieger hatten nun erkannt, woher die Gefahr kam. Und da sie bereits ohne Deckung waren, retteten sie sich nicht hinter die schützende Hütte, sondern sie attackierten furchtlos den für sie noch unsichtbaren Gegner. Arthur blieb gerade noch Zeit, den nächsten Pfeil auf den Bogen zu legen, aber sein Schuss war so hastig ausgeführt, dass er weit auf der rechten Seite vorbei ging und der Pfeil in der Hüttenwand einschlug. Die Federn des Habichts am Ende des Pfeils vibrierten noch lange nach, bis der letzte Rest von Energie sie verlassen hatte.

Nun ist es vorbei, dachte Arthur. Niemals wirst du es mit drei Männern, jeder dreimal stärker als du, aufnehmen können. Aber es wäre sinnlos gewesen, zu fliehen, und so umfasste er den Griff seines Dolches und sprang auf. »Hereinspaziert«, rief er, und die Krieger rannten mit erhobenem Schwert auf ihn zu. Sie achteten nicht auf den Mantel am Boden und stürzten über ihn hinweg. Alle drei rutschten sie so auf der Eisfläche aus, als der Mantel unter ihnen wegglitt, und schwer fielen sie übereinander. Arthur nutzte den Moment der Verwirrung, um beim nächstliegenden der Krieger das Glutkästchen mit dem Messer abzuschneiden und für einen Augenblick unter den Wasserstrahl des Brunnens zu halten. Sofort löste sich der bullige Mann in Nichts auf. Doch nun war Arthur mit seinem Latein am Ende. Die beiden Krieger, die übrig geblieben waren, kamen mit einem Sprung wieder auf die Beine; das Schwert hatten sie auch im Fallen nicht losgelassen.

»Das ist dein Ende«, knurrte einer der beiden. »Wir freuen uns schon darauf, Ariokan deinen Kopf überreichen zu dürfen.« Und er führte mit seinem Schwert einen Streich aus, der so wuchtig war und so genau treffen würde, dass niemand ihn überleben konnte. Arthur schloss die Augen. Nun war es also so weit, nun hatte alles Streben ein Ende. Ein süßer Schmerz durchfuhr ihn, so unvollendet aus diesem Leben scheiden zu müssen; und eine große Sehnsucht erfasste ihn, seine Aufgabe als Herr des Waldes doch noch zu vollenden. Und diese Sehnsucht gewann die Oberhand, und er wünschte sich, davongetragen zu werden in eine andere Zeit oder zumindest gleich hinauf zu jener Wiese, wo er mit Erik gewandelt war. Das Bild, als sie alle gemeinsam in der Hütte gesessen hatten und fröhlich waren und kein Gedanke sie trennte, erstand vor seinem inneren Auge. Dort wollte er nochmals sein, dachte Arthur, dorthin wünschte er sich mit all seiner Kraft. Dann könnte er alles besser machen. Wie herrlich war dieser Gedanke, im Leben eine zweite Chance zu erhalten.

Genau in diesem Augenblick geschah es. Ein gewaltiger Wind kam auf, der heftig an Arthurs Haaren zerrte. Und als er das Schwert nach einer scheinbaren Ewigkeit noch immer nicht in seiner Brust spürte, riss Arthur die Augen wieder auf und sah, dass es in einer rasenden Geschwindigkeit um ihn herum immer dunkler wurde. Auch die Krieger waren verdutzt und schauten verwirrt und unentschlossen um sich, doch dann versanken auch sie, obwohl sie direkt vor Arthur standen, in dieser Dunkelheit. Es war, als zerrinne die Wirklichkeit, wie bei einem Bild, das ins Wasser gefallen war und dessen Farben nun ineinander flossen, bis nichts mehr von dem Motiv zu erkennen war.

Arthur hatte nicht die geringste Ahnung, was dies zu bedeuten hatte. Doch im letzten Moment, bevor die völlige Dunkelheit über ihn hinwegschwappte, spürte er, wie die Luchsfigur um seinen Hals warme Strahlen durch seinen Körper schickte. Ich bleibe im Leben, dachte er noch, ich lasse mich nicht von dieser Flut wegspülen. Dann sah er nichts mehr, und Raum und Zeit versanken in einem großen dunklen Wirbel.

Als er wieder zu sich kam, war es noch immer Nacht. Oder schon wieder? Arthur vermochte es nicht zu sagen. Er rappelte sich auf und blickte sich um. Mit einiger Erleichterung stellte er fest, dass er sich noch immer an der gleichen Stelle befand, direkt neben Ursulas Bienenkästen. Doch die Krieger waren fort, selbst die Umhänge jener drei Männer, deren Lebenslicht Arthur ausgelöscht hatte, lagen nicht mehr auf dem Boden. Er brauchte einige Sekunden, um zur Besinnung zu kommen. Dann fiel ihm auf, dass auch die Spuren der Verwüstung im Garten vor der Hütte verschwunden

waren. Nur auf den vorgezeichneten Wegen fanden sich Fußtritte; sie mussten von Ursula stammen, die es liebte, auch im Winter an den Beeten vorüberzugehen, selbst wenn sie zugeschneit waren. Arthur war es, als er dies einmal beobachtet hatte, vorgekommen, als spräche Ursula den Samen und Knollen und Zwiebeln gut zu, im nächsten Jahr kräftig zu wachsen.
Wie konnte dies alles sein? War er so lange ohnmächtig gewesen, dass der Neuschnee alle Spuren getilgt hatte? Das war nicht möglich, denn sonst hätte er viele Stunden auf dem Boden gelegen und wäre unweigerlich erfroren.
Bevor er sich einen Reim auf diese Sache machen konnte, hörte er, wie die Tür der Hütte wieder aufging. Schnell duckte er sich hinter die Kästen; auch den Dolch fand er wieder, der dort auf dem Boden lag, wo er ihm vor einer Sekunde oder einer Stunde aus der Hand geglitten war.
Was Arthur dann sah, konnte er nicht glauben. Er sah eine kleine Kolonne von Menschen aufbrechen: über die Albfläche hinweg, auf demselben Weg, den sie selbst vor kurzem zum Kloster hin eingeschlagen hatten. Und er sah diesen fünf Menschen mit offenem Mund und größter Verwirrung nach. Dort wanderten Erik, Julius, Marie, Franziska – und am Schluss er selbst durch den Schnee zum Waldrand hinüber. Ursula und Michael schauten ihnen nach, bis die beiden abdrehten und in die Hütte zurückgingen.
Arthur zwickte sich kräftig in den Arm, um zu prüfen, ob er nicht vielleicht doch schlief und einem seltsamen Traum nachhing – oder schlimmer, ob der Kelte ihn vielleicht doch getötet hatte und nur noch sein Abbild auf Erden wandelte. Aber er spürte den Schmerz. Und so stand er auf, steckte seinen Dolch an den Gürtel, griff sich seinen Bogen und zog einen Pfeil aus dem Köcher, der noch immer an seinem Rücken hing. Wer konnte schon sagen, ob dies nicht eine neue Teufelei Zollers war und sein Spiegelbild sich womöglich gar als jemand entpuppen würde, der an sein Leben wollte. Er musste vorsichtig bleiben. Aber warum war er plötzlich aus der Wirklichkeit katapultiert worden? Er hatte keine Erklärung dafür.
Als er sich aufmachte, durch den Wald hinter dem anderen Arthur herzugehen, merkte er, dass ihm dies nicht mit der früheren Sicherheit gelang. Er fühlte sich wacklig auf den Beinen, und es war ihm, als zerfließe das Bild vor ihm ein wenig; je nachdem, wie er auf einen Baum oder einen Felsen blickte, verschwamm der Gegenstand leicht. Es fühlte sich an, als sei er in einer durchsichtigen Hülle gefangen, als läge ein luftiger Kokon um ihn, den er nicht sehen und nicht mit den Händen ertasten konnte, dessen leichte Auswirkungen er aber doch erkannte. Er versuchte zu rennen und merkte dabei, wie es ihm schwerer fiel als üblich, die Beine nach vorne zu schwingen – als müsse er gegen einen Widerstand andrücken, dessen Ursache nicht zu sehen war.
Doch die kleine Gruppe ging nicht sehr schnell, und so schaffte er es leicht, auf gleiche Höhe zu kommen und sie schließlich zu überholen. Erik hatte den Waldrand erreicht; Arthur konnte die fünf Gestalten nun aus der Nähe betrachten, während sie vorüber

zogen. Erik schaute sehr aufmerksam um sich, er hielt es anscheinend für möglich, dass sie verfolgt und angegriffen würden. Einmal blieb er sogar stehen und blickte angestrengt in Arthurs Richtung, doch bald gab Erik den Verdacht auf und marschierte weiter in den Wald hinein.

Arthur fiel nichts Ungewöhnliches an den fünf Personen auf, abgesehen natürlich davon, dass er sich gerade selbst zu begegnen schien. Aber diese Menschen hatten dieselbe Kleidung an wie jene Gruppe, in der er selbst zum Kloster marschiert war. Erik hatte den langen Wanderstab in der rechten Hand, der ihm auch als Waffe diente. Und der Junge am Ende der Wandergruppe trug denselben Bogen wie Arthur – die Habichtsfedern, die am oberen Ende angebracht waren, waren eindeutig die seinen.

Jetzt blieb jener Arthur in der Gruppe kurz stehen, was die anderen gar nicht bemerkten. Er sah sich noch einmal um, stemmte sich für einen Moment auf seinen Bogen und seufzte. Dann ging er den anderen nach, die bereits um eine Biegung des Pfades verschwunden waren. Arthur wollte seinen Augen nicht trauen: So hatte er selbst vorgestern gezögert, als die Gefährten sich getrennt hatten und er mit den anderen vier zum Kloster marschiert war. Es gab keinen Zweifel: Er sah dieselbe Szene noch einmal, nur aus einer anderen Perspektive. Alles war identisch, bis in die kleinste Handbewegung hinein.

Träumte er also doch? Er musste es herausfinden, auch auf die Gefahr hin, entdeckt zu werden. Er nahm deshalb einen kleinen Stein und warf ihn in die Richtung seines Doppelgängers. Würde sich Arthur herumdrehen und damit anders handeln als er selbst an dieser Stelle vor nicht einmal zwei Tagen? In der Dunkelheit verlor Arthur den Stein schnell aus dem Blick, er hörte auch kein Geräusch vom Aufprall; und nichts geschah. Er suchte sich noch einen Stein, schleuderte ihn mit etwas mehr Kraft, so dass er das Geschoss hören musste, wenn es zu Boden ging. Doch es war, als hätte sich der Stein mitten im Flug aufgelöst.

Nun hielt es Arthur nicht mehr in seinem Versteck. Er rannte durch den Wald, ohne sich noch die Mühe zu machen, seine Anwesenheit zu verbergen, und stellte sich vor der Gruppe auf den Pfad. »Halt!«, rief er, »Ich bin es, Erik! Hört ihr mich?«

Doch niemand von den fünfen reagierte. Sie setzten ihren Weg fort, und als Erik nur noch einen Meter vor ihm war, wollte Arthur ausweichen. Doch dann entschied er sich anders, er blieb stehen und spannte den Körper an, den Zusammenstoß halb fürchtend, halb ersehnend. Erik ging durch ihn hindurch, als ob er Luft sei. Nur ganz kurz schien er aus dem Tritt zu kommen, als wäre er drauf und dran zu straucheln.

Dieses Erlebnis konnte nicht die Wirklichkeit sein – es war, als hätte jemand die Zeit zurückgedreht und als müsse sich alles noch einmal ereignen. Wie war dies möglich? Arthur ließ die anderen passieren; nur als sein Ebenbild vorüberzog, versuchte er noch einmal einzugreifen. Er fasste den anderen Arthur am Arm, damit er sich ihm zuwende. Er wollte diesem Jungen, der er selbst war, ins Gesicht schauen. Doch es überraschte ihn nicht mehr, dass auch dies misslang. Seine Hand griff ins Leere. Der zurück bleibende

Arthur schaute seinen Gefährten nach, bis sie in der Dunkelheit verschwunden waren. Dann setzte er sich auf einen umgestürzten Baumstamm am Wegrand und legte seinen Bogen neben sich ab. Denk nach, sagte er zu sich selbst. Denk nach!

Wenn Menschen durch ihn hindurchgehen konnten und ihn weder hörten noch sahen, obwohl er am selben Ort wie sie war – dann war er entweder tot und ein Geist, wie die keltischen Krieger auch, was Arthur noch immer nicht ausschließen konnte, oder er war in dem Moment, als die zwei Männer ihn töten wollten und die Wirklichkeit zerflossen war, in eine andere Zeit katapultiert worden, genauer gesagt, in die nahe Vergangenheit.

Denk nach, ermahnte er sich noch einmal. Da fiel ihm plötzlich ein, wie er im Kloster vergebens auf Schubart gewartet hatte, obwohl sie versprochen hatte zu kommen. Warum war sie nicht ins Kloster geflogen? Das musste einen Grund haben. Die Antwort würde er hier finden, an der Hütte. Sein Entschluss stand jetzt fest: Er wollte sehen, was sich in der Nacht ihres Weggangs, als sie selbst zum Kloster unterwegs waren, in der Hütte ereignet hatte. Er stand auf und ging langsam zurück zur Hütte. Trotz allem wollte er auf der Hut bleiben – solange ihm nicht vollständig klar war, wie dies alles zusammenpasste, musste er vorsichtig sein. Arthur fühlte sich wie in einer Zeitglocke, in einer Anomalie des Universums. Einmal hatte er in der Lauter, als er mit einer Taucherbrille und einem Schnorchel die Unterwasserwelt erkundete, eine jener kleinen Wasserspinnen beobachtet, die in einer Luftblase unter Wasser lebten. Wenn sie die Glocke verließ, blieb eine kleine Blase an ihrem Hinterleib hängen, so dass sie weiter atmen konnte, während sie auf die Jagd nach Wasserasseln oder Köcherfliegenlarven ging. Arthur hatte sich sogar den lateinischen Namen dieser Spinnen gemerkt, weil er für ihn einen so schönen Klang hatte: Argyroneta aquatica. Genau so fühlte sich Arthur jetzt. Als sei er ganz in einer Luftblase gefangen, durch die hindurch er zwar alles sehen, aber sich nicht verständigen konnte.

Er sammelte hinter der Hütte seinen Rucksack ein und spähte noch einmal in die Hütte. Er hatte keinen großen Zweifel mehr an dem, was er sehen würde. Und tatsächlich: Nichts erinnerte mehr an die Anwesenheit der keltischen Krieger. Auf dem Tisch standen keine Flaschen mit Holunderbeerwein mehr, die Obergewänder hingen nicht mehr über den Stuhllehnen, und natürlich fand sich auch von den Kriegern selbst keine Spur mehr. Vielmehr saßen und standen seine Gefährten in der Hütte, die er gerade verlassen hatte. Nur eines hatte Arthur nicht erwartet. Sie hatten sich in zwei Gruppen geteilt, die heftig miteinander diskutierten. Ragnar und Barten bauten sich an der Tür auf, Schubart saß direkt neben ihnen auf dem Schrank. Ragnars Augen blitzten, sein Körper zitterte vor Anspannung. Barten war es, der mit lautem Bellen den Menschen Widerworte gab. Vor allem Kilian war in Rage, er richtete den Zeigefinger immer wieder drohend auf Ragnar. Nur Michael saß stumm auf der Eckbank und hörte der Auseinandersetzung mit zusammengepressten Lippen zu. Wo Ursula war, konnte Arthur durch die schmalen Lamellen nicht ausmachen. Aber selbst durch das geschlossene Fenster und durch die Läden hindurch konnte Arthur jedes Wort verstehen, so laut war der Streit.

»Ihr Menschen glaubt immer, ihr seid klüger als wir. Ihr glaubt immer, ihr hättet die Wahrheit gepachtet und alle müssten nach eurer Pfeife tanzen. Aber jetzt ist Schluss damit«, schrie Barten mit vor Wut bebender Stimme: »Jetzt ist endgültig Schluss damit.«

»Und ihr«, rief Kilian, »ihr Tiere schaut immer abfällig auf uns herab, weil ihr glaubt, nur ihr kennt euch im Wald aus und wüsstet, wie man dort zurecht kommt. Ihr seid so tolle Spurenleser, ihr riecht die Beute schon zwei Kilometer gegen den Wind, und ihr könnt euch im Wald jederzeit unsichtbar machen. Nur dumm, dass wir euch doch immer erwischt haben.«

»Bürschchen«, sagte Ragnar mit knurrender Stimme, »spare dir deinen Hohn, denn das könnte dir nicht gut bekommen. Ich warne dich kein zweites Mal.« Und er fletschte die Zähne und ließ seinem Rachen ein Grollen entfahren, das wie ein entferntes Gewitter klang.

Nun kam Ursula ins Bild, die an der Tür zum Nachbarzimmer gestanden haben musste. Sie versuchte zu beschwichtigen und trat zwischen Ragnar und Kilian, bevor die beiden aufeinander losgingen. »Was ist nur in euch gefahren?«, fragte sie, »man könnte meinen, ihr seid alle betrunken oder verhext oder schwachsinnig geworden.«

»Ich habe nur darauf gedrungen, dass wir gemeinsam einen Plan entwerfen, wie wir gegen Zoller vorgehen …«, rief Ragnar, aber Kilian ließ ihn nicht ausreden: »… du wolltest vor allem alleine entscheiden, was wir tun. Darum geht es doch. Aber ich werde keinem Luchs folgen, der es für eine Ehre hält, blindlings in den Tod zu rennen. Soll er doch – aber ich werde mich nicht so dumm verhalten.«

Michael nickte zur Zustimmung, was Arthur mit einigem Schrecken feststellen musste. Auch er hatte sich also gegen Ragnar gestellt.

»Dann sei es so«, stellte Barten trocken fest. »Dann soll jeder nach seiner Fasson kämpfen und siegen oder untergehen. Wir brauchen euch Menschen jedenfalls nicht.« Und Ragnar fügte einen Satz hinzu, der Arthur zutiefst erschütterte, weil er alles zerstörte, was in den vergangenen Wochen zwischen ihnen gewachsen war. Wie konnte Ragnar nur so etwas sagen? »Barten hat Recht«, knurrte Ragnar: »Es war ein großer Fehler, euch Menschen einzuweihen. Wir hätten wissen müssen, dass auf euch kein Verlass ist, wenn es drauf ankommt. Die eine Hälfte rennt davon, und die andere ist zu feige für den Kampf.«

Er schaute Kilian und Michael kurz an, schüttelte dann verbittert den Kopf und sagte: »Kommt, Barten und Schubart. Es war ein Irrtum. Wir haben hier nichts mehr verloren.« Und sie drehten sich um, öffneten die Tür und standen im Begriff dazu, die Hütte zu verlassen. Vermutlich auf immer.

Arthur hätte am liebsten laut losgeheult. Nur wenige Minuten waren vergangen, seit der andere Arthur mit den Gefährten die Hütte verlassen hatte. Und schon hatten sich die Zurückgebliebenen in einen Streit verbissen, bei dem Arthur keinen der Beteiligten wiedererkannte. Warum waren alle Worte plötzlich so scharf und alle Beteiligten plötzlich so unzugänglich? Tiefe Abgründe taten sich in den Ansichten auf, unüberbrückbare Abgründe. Innerhalb eines Tages hatten sich die Gefährten in kleinste Gruppen aufgesplittert, von denen er, Arthur, als einsamer Krieger die kleinste bildete. Innerhalb eines Tages hatten sich viele von ihnen mit anderen derart grundsätzlich verkracht, dass die gerissenen Wunden tief waren und er sich nicht vorstellen konnte, wie sie wieder zu heilen waren. Es gab Dinge, die sollte man nicht sagen, nicht einmal in größtem Zorn und nicht einmal zu seinem größten Feind. Aber auch er hatte Franziska ins Gesicht geschrien, dass er sie hasse. Franziska hatte Erik als jämmerlichen Waschlappen bezeichnet. Und jetzt kündigte Ragnar Kilian und Michael die Gemeinschaft auf, weil man Menschen grundsätzlich nicht vertrauen dürfe.

Innerhalb eines einzigen Tages war ihr Bund zerbrochen und hatte sich aufgelöst. Statt gemeinsam gegen den Staudamm und gegen Zollers zerstörerische Pläne zu kämpfen, hatten sie den Respekt voreinander verloren und bekriegten sich nun untereinander. Schlimmer konnte es nicht mehr kommen.

Aus diesem Grund also hatte Schubart sich nicht im Kloster blicken lassen. Die Gemeinschaft war zerstört, und es hatte für den Uhu keinen Anlass mehr gegeben, den Kontakt zu den Menschen zu suchen. Ragnar, Barten und Schubart würden sich in den Wald zurückziehen, und Arthur würde sie nicht mehr finden, auch wenn er Tage nach ihnen suchen würde. Sie waren doch tatsächlich Meister darin, sich unsichtbar zu machen. Wie nur konnte Kilian das Unbezweifelbare anzweifeln?

Die drei Tiere verließen die Hütte und wandten sich dem Albtrauf zu, ohne sich noch einmal umzublicken. Doch der Streit war noch nicht zu Ende. Denn nun war es Ursula, die erneut das Wort ergriff und Michael und Kilian in einem Ton anherrschte, den Arthur ihr nicht zugetraut hätte: »Ihr könnt eure Eitelkeiten und Rechthabereien gerne irgendwo anders ausleben – aber nicht hier. Dieser Ort war immer ein Ort des Friedens, und ich habe mich immer bemüht, im Einklang mit der Natur zu leben. Ich brauche eure Menschenspielchen nicht, bei denen es immer nur um Macht und Besserwisserei geht. Ich möchte deshalb, dass ihr meine Hütte verlasst. Und zwar sofort.«

Michael schaute Ursula verständnislos an, aber bevor er etwas sagen konnte, setzte sie hinzu: »Ihr könnt es bis ins Kloster schaffen, auch wenn ihr lange brauchen werdet. Das ist jetzt euer Problem.«

Kilian packte in Rage einige Sachen zusammen und stopfte sie in seinen Rucksack, der neben der Eingangstür gestanden hatte. Michael wandte seinen Blick von Ursula ab, und darin lag eine so große Enttäuschung, dass sie förmlich mit Händen zu greifen war. Langsam wuchtete er sich auf seine Krücken und stakste zur Tür. »So soll es dann sein. Und wenn ich auf allen vieren wegkriechen müsste; hier bleibe ich keine Sekunde länger.« Langsam humpelte er aus der Hütte, gefolgt von Kilian. Hinter ihnen knallte Ursula heftig die Tür zu. Dann lehnte sie sich mit dem Rücken zur Wand, schlug ihr Gesicht in ihre Hände und weinte heftig.

Doch es kann immer noch schlimmer kommen.

Deutlich hatte Arthur hinter sich ein Geräusch gehört. Es kam aus dem Wald, und als er sich umdrehte und sich ganz auf seinen Hörsinn konzentrierte, wurde ihm mit einem Mal klar, was rund um die Hütte vor sich ging. Ganz leise knackste ein trockener Zweig, er glaubte, das helle Klirren von Metall zu hören, das gegen anderes Metall schlug, und kaum wahrnehmbar, eher eine Ahnung, vermeinte Arthur sogar das heftige Atmen von Menschen zu hören, die sich den Hang heraufkämpften. Es schien ihm, als sei der Wald voll von Menschen. Da war eine Gefahr, und sie würde in wenigen Augenblicken über sie hereinbrechen.

Jetzt endlich verstand Arthur. Ursula hatte Recht: Sie waren nicht betrunken, sie waren auch nicht schwachsinnig geworden – aber sie waren verhext. Karl Zoller musste einen Fluch auf sie gelegt haben: Er wollte, dass sie sich stritten, dass sie sich trennten, dass sie sich hassten. So war es viel einfacher für ihn, sie alle zu überwältigen und auszuschalten. Und es gab keinen Zweifel: Er hatte sein Ziel erreicht.

Und doch war Karl Zoller ein Fehler unterlaufen. Er hatte nicht damit gerechnet, dass Arthur so schnell zurückkommen und durch die Zeit purzeln würde.

Allerdings: Was nutzte Arthur diese Erkenntnis schon? Er war gefangen in dieser Glocke, er war nichts anderes als ein Geist – und machtlos.

Die ersten Krieger traten aus dem Wald und schmiegten sich an die Rückwand der Hütte. Arthur stand zwischen ihnen, als gehöre er zu ihnen, doch sie bemerkten ihn nicht. Er roch den strengen Geruch der keltischen Männer, in deren Umhang sich der Schweiß von Jahrhunderten verfangen hatte. Er sah ihre vom Dreck schwarzen Hände und ihre blauen Zeichnungen in den Gesichtern. Bisher hatte Arthur den Kriegern immer in heftiger Aufregung gegenüber gestanden, und erst jetzt wurde ihm bewusst, dass er diesen Männern nie wirklich ins Gesicht geschaut hatte. Sie waren Feinde gewesen, die ihn bedrohten – und es ging darum, wer als erster den anderen niederstrecken würde. Jetzt hatte Arthur das erste Mal Zeit, diese Krieger aus direkter Nähe zu betrachten. Und er sah, dass sie alle wie richtige Menschen aussahen, auch wenn sie aus einer magischen Glut heraus lebten. Unbewusst hatte sich doch bei Arthur die Überzeugung festgesetzt, dass Zoller seine Krieger geklont hatte, dass sie so etwas wie Maschinen waren und dass sie alle mehr oder weniger gleich aussahen und gleich handelten. Nun erkannte er ihre individuellen Züge, und sie wirkten überhaupt nicht mehr wie seelenlose und Zoller willfährige Maschinen. Der Mann direkt neben ihm war erstaunlich dünn und drahtig; die anderen hatte Arthur bisher immer als massige Krieger mit viel Speck auf den Rippen wahrgenommen. Ein anderer trug keinen Bart; viele, aber bei weitem nicht alle, hatten einen bronzeglänzenden Helm auf dem Kopf. Viele hatten unzählige Ringe an mehreren Fingern, manche wenige trugen wie Karl Zoller einen Reif um den Hals, der sie als ranghöhere Krieger kennzeichnete. Torques hießen diese Ringe, wie Arthur mittlerweile wusste. Direkt neben ihm stand ein ganz junger Mann, der heftig atmete, und das nicht nur vor Anstrengung. Er war der einzige, der nervös zu sein schien angesichts des bevorstehenden Angriffs. Vielleicht weil er wenig Kampferfahrung hatte? Noch mehr irritierte Arthur, dass Zoller nicht nur ganz junge Männer in sein Heer berufen hatte, sondern auch recht alte. Bei einem war das Haar schütter, einer kam sogar etwas krumm daher, als ob sein Rückgrat sich versteift hätte. Arthur verstand das nicht – konnte Zoller nicht die kräftigsten, die mutigsten, die besten Krieger erschaffen, ganz so, wie es ihm gefiel? Fast erschien es Arthur im Gegenteil, als müsse Zoller nehmen, was er kriegen konnte. Das letzte Aufgebot?

Vielleicht waren diese Gestalten Geister, dachte Arthur, aber vermutlich haben sie einmal gelebt, waren ganz normale Menschen gewesen, und erst auf Befehl Zollers sind sie über die Zeit in die Gegenwart gekommen. Dann hätten alle diese Männer irgendwann eine Familie gehabt, Frauen und Kinder und Eltern, und sie mussten einen Grund haben, dass sie für Ariokan kämpften. Denn bei aller Jugendlichkeit und bei allem Greisenalter: Es sah nicht so aus, als seien sie Sklaven oder Söldner, die man in die Schlacht zwang. Die Entschlossenheit in ihren Augen und die mutige Art, wie sie die Kommandos der Unterführer befolgten, legten es nahe, dass sie für eine Sache eintraten, für die sich ihrer Meinung nach das Kämpfen lohnte.

Das alles brachte Arthur durcheinander. Es war schwer, gegen einen Feind anzutreten, der plötzlich trotz aller Brutalität ein menschliches Anlitz gewann.

Aber Arthur hätte den Kriegern ihr Lebenskästchen gar nicht mehr entreißen können, selbst wenn er es noch gewollt hätte. Er war es, der in dieser Stunde nicht von dieser Welt und nicht aus dieser Zeit war. Er konnte nichts tun und schien dazu verdammt zu sein, zuzusehen, wie die Kriegerscharen die Hütte überfielen.

Arthur stieß sich von der Hütte ab und rannte um das Haus, um zu sehen, was dort geschah. Er hörte Ursulas Schrei – die ersten Männer hatten die Hütte bereits betreten. Auch Michael und Kilian, die noch nicht einmal am Waldrand angekommen waren, blieben stehen und wandten sich um – ungefähr zehn keltische Krieger stürmten auf sie zu.

Da endlich wusste Arthur, was er zu tun hatte. Die Wellen im Strom der Zeit konnte nur er selbst, oder vielmehr, seine Luchsfigur ausgelöst haben. Was sonst? Die Stele besaß also sogar die Macht, die Zeit zu überwinden, und wahrscheinlich war es seine große Sehnsucht gewesen, der lebensbedrohlichen Situation zu entrinnen, die ihn davon getragen hatte. Wie bei seinem Turmalin, war es die Kraft der Gedanken, die die Figur lenkte. Arthur tastete mit seiner linken Hand nach der Figur. Er musste es versuchen.

Plötzlich nahm Arthur hinter sich einen Schatten wahr. Als er sich umdrehte, war es Zoller, der geradewegs auf ihn zukam. Heute war er ganz als keltischer Krieger gekleidet; sein Helm zierte das Geweih eines Rehs, und er hatte sich einen Brustharnisch aus Leder umgegürtet. Viktor und Oskar schritten neben ihm als Eskorte, und gemeinsam strebten sie der Hütte zu. Hatte Zoller die Kraft, ihn zu erkennen, fragte sich Arthur.

Aber die drei würdigten ihn keines Blickes, schritten an ihm vorüber und traten in die Hütte, wo Ursula schrie, als würde man ihr bei lebendigem Leib die Augen aus dem Kopf schneiden.

Es war höchste Zeit. Kilian hatte sein Schwert gezogen und versuchte, sich zu verteidigen. Aber gegen eine solche Übermacht war jeder Kampf aussichtslos, und ein Krieger hatte bereits seinen Langdolch gezogen, war von hinten an Michael herangesprungen und legte ihm das Messer an die Kehle.

Arthur ließ das Band, an dem die Figur aufgehängt war, über seinen Kopf gleiten und nahm sie fest in beide Hände. Nach dem Ergebnis seiner ersten zufälligen Zeitreise zu urteilen, dachte Arthur, schien es einfacher zu sein, in die Vergangenheit zu springen als in die Zukunft, und es schien einfacher zu sein, in die nahe als in die ferne Vergangenheit zu gehen. Er hatte sich vorher, in der Sekunde vor seinem Tod, auf jenen gemeinsamen Abend in der Hütte konzentriert, als sie aus der Höhle zurückgekommen waren. Doch er war bei der Zeitreise nicht so weit gekommen, und er war nicht ganz in die Vergangenheit geraten, sondern in eine Anomalie, so dass es ihn plötzlich sogar zweimal gab. Jetzt musste er es noch einmal versuchen.

Wie wohltuend die Wärme in der Hütte war, nachdem sie die kalte Höhle hinter sich gelassen hatten. Daran dachte Arthur. Wie herrlich das Kerzenlicht in den Fenstern aussah. Und welches Glück ihn durchfloss, als plötzlich alle auf der Eckbank saßen und ihn anstrahlten. Daran dachte er.

Er hörte weiter das Plätschern des vereisten Brunnens, lange geschah nichts. Arthur musste erkennen, dass sich die Kräfte der Figur dem Besitzer nicht sofort erschlossen. Man musste üben, um sie zu nutzen, so wie man ein Klavier erst nach langer Zeit beherrschte; so stellte Arthur es sich vor. Vermutlich hatte Zoller mit seiner Figur viele Jahrzehnte oder Jahrhunderte Zeit gehabt und war längst ein Virtuose. Arthur stand am Anfang.

Er richtete seine geistige Kraft noch stärker auf das Ziel aus, und plötzlich spürte er es. Die unsichtbare Glocke um ihn herum platzte, und als er sich umdrehte, erkannte er, wie Zoller mit wutverzerrtem Gesicht aus der Hütte lief und in seine Richtung blickte. Arthur hatte es geschafft, den Kontakt zur Gegenwart wiederherzustellen. Er war nicht mehr aus der Zeit gefallen. Doch schon wurde er weiter getrieben, dorthin, wo er in seiner Vorstellung ankommen wollte. Und dann verschwand er wieder im dunklen Strom der Tage.

Julius hatte es am ersten Tag kaum in der Zelle ausgehalten. Wenn er einige Bücher bekommen hätte, dann hätte er sich leicht beschäftigen können, dachte er. Aber gerade das wollte Pater Rupert vermeiden: Ablenkung. So ging Julius unruhig in der Zelle hin und her; wie ein Raubtier in seinem Käfig drehte er immer wieder dieselbe Runde, vom Wandelgang hinunter in die Werkstatt, hinaus in den Garten und wieder zurück. Diese Zeit war so kostbar, dachte Julius – sie hätten weiter in der Bibliothek nach Hinweisen fahnden können. Stattdessen saßen sie untätig in ihren Zellen und sollten sich läutern.

Aber Rupert hatte ja Recht; das wusste Julius. So konnten sie nicht länger miteinander umgehen. Und so bemühte sich Julius, ruhiger zu werden – im Kopf und in den Beinen. Er ging in die Werkstatt hinunter und entdeckte unter der Werkbank eine Kiste mit altem Holz. Es schien verwitterndes Holz zu sein, gegerbt von der Sonne und teilweise zerbrochen und gesplittert. So sah Holz aus, das lange einen Bach oder Fluss hinunter getrieben und irgendwann am Ufer hängen geblieben war. Wahrscheinlich hatte einer der Mönche es am Schlierbach oder an der Lauter gesammelt und hier abgestellt. Lange hielt Julius jedes der Stücke in den Händen, drehte es um und besah sich die Maserung, die Risse und die verschiedenen Töne des Holzes. Plötzlich hatte er Lust, eine Figur, eine Skulptur daraus zu machen. Er wählte ein kurzes Stück von einem Ast aus, das an beiden Seiten abgebrochen war. Oben war ein langer Spalt im Holz, der sich als Wunde noch weit in den Ast hinein fortsetzte; wie das Überbleibsel eines Blitzeinschlages sah es aus. Es war ein geschundenes Stück Holz, auf das viele Kräfte eingewirkt hatten – und doch blieb es auf eine unerklärliche Weise schön in seiner äußeren Rundung und in seinen vielen Wunden. Julius suchte sich im Garten einen der großen Flusskiesel, die dort am Fuße der Mauer lagen. Weiße Mineralienlinien durchzogen den bläulich-grauen Stein, die wie erstarrte Wellen in einem Fluss wirkten. Es dauerte fast zwei Stunden, bis es Julius geschafft hatte, mit einem Handbohrer ein etwa zwei Zentimeter tiefes Loch in den Stein zu fräsen. Dort steckte er einen Holzsplint hinein, bohrte in den aufrecht stehenden Ast von unten ebenfalls ein Loch hinein und verband Stein und Ast. Zwei kleinere Stücke fügte er auf dieselbe Weise links und rechts im oberen Teil des Astes an.

Den ganzen ersten Tag arbeitete er an der Skulptur, und als sie fertig war, war es ein mit Absicht leicht schief stehendes und von Wind und Wetter gebeuteltes Kreuz, das auf einem Felsen errichtet war. Julius gefiel diese Symbolik, in die sich Werden und Vergehen mischten, Unterwegssein und Angekommensein, Schönheit und Hässlichkeit, Tod und Auferstehung. So stolz war er auf seine Skulptur, dass er sie hinauftrug in die Zelle und in das Fenster stellte und sie lange betrachtete. Noch nie hatte er sich so erfüllt gefühlt von einem Werk, das er geschaffen hatte. Es wurde ruhiger in ihm. Er hatte nun die Muße, einfach geschehen zu lassen, was an Gedanken durch seinen Sinn zog, wie Wolken an einem blauen Himmel. Er hackte Holz, heizte seinen Bollerofen ein und saß stundenlang einfach nur daneben und merkte allmählich, wie die äußere Welt verblasste und immer unwichtiger wurde und immer unwirklicher erschien. Gab es tatsächlich den Plan, einen Staudamm zu bauen? Die Zeit schien still zu stehen, nur die Flammen im Sichtfenster des Ofens bewegten sich, und wenn er lange zuschaute, erkannte er draußen vor dem Fenster langsame Bewegungen des verhangenen Winterhimmels. Sonst war Ruhe. Die innere Welt war nun die wahre Wirklichkeit, intensiver als je zuvor spürte er, wie seine Seele sich regte und aufblühte wie eine Tulpe in der

Märzsonne. Weit breiteten sich die Blätter aus, um keinen einzigen Strahl der wärmenden Sonne zu verpassen. Und erstmals konnte Julius nachempfinden, warum ein Mönch in der Weltabgeschiedenheit und Kontemplation seine Erfüllung finden konnte. So reich waren die vielen Räume der Seele, die man erst entdeckte, wenn der Lärm des Alltags und die vielen kleinen Beschäftigungen verebbten und man sich einließ auf die langen, auf die verborgenen Atemzüge des Lebens.

Die langen, die gleichmütigen Atemzüge: Sie entdeckte Julius auch an dem kleinen Apfelbaum, der draußen im Garten mit kahlen dünnen Zweigen stand. Eigentlich war er dem Menschen ähnlich – er lebte ungefähr so lange wie ein Mensch, und doch, wie unterschiedlich waren sie. Der Gleichmut, mit dem der Apfelbaum in der Sommerhitze und der Winterkälte ausharrte, war bewundernswert; und er erholte sich fast immer, auch wenn ein Sommer besonders trocken oder ein Winter besonders eisig war. Den Atemzügen der Bäume lauschen, das wünschte sich Julius plötzlich, und er verbrachte Stunden damit, darüber nachzusinnen, wie dies zu gehen hätte. Überhaupt: die Bäume. Sie waren der Kern der Lösung, darin war sich Julius immer sicherer. Sie suchten die Baumfigur, und da sie verschollen war und niemand ihren geheimen Ort kannte, konnten nur die Bäume ihnen den Weg weisen. Ragnar, der Luchs, hatte den Weg gefunden zur Tierfigur, und so konnten nur die Bäume ihnen einen Hinweis auf ihre Figur geben. Aber da schweifte er schon wieder ab – und war neuerlich in weltlichen Gedanken verfangen.

Zweierlei wollte er mitnehmen aus dieser Klausur, dachte er doch bei sich, um es nur nicht zu vergessen: den Gleichmut bewahren – und lernen, mit den Bäumen zu reden. Im Rhythmus von Schlafen und Wandeln, von Denken und Träumen, von Atmen und Ruhen vergingen die Tage. Julius war sogar beinahe enttäuscht, als er hörte, wie der Riegel seiner Zellentür wieder vorgeschoben wurde. Er rechnete damit, dass Pater Rupert ihn ins Refektorium holen würde, wo es vielleicht zum Abschluss der Klausur ein gutes Abendessen geben würde. Statt des Paters erschien aber jemand anderes hinter der Wand des Wandelsganges: Arthur. Er lachte über das ganze Gesicht, als er Julius' Verblüffung sah.

»Na, da staunst du, Bruderherz«, sagte Arthur und drückte Julius an sich. »Ich bin froh, wieder hier zu sein, auch wenn ich nur einige Stunden weg war.«

»Einige Stunden?«, fragte Julius verständnislos. »Hat dir die Kälte draußen das Gehirn vertrocknet? Du warst mehr als drei Tage weg.«

»Da täuschst du dich, Julius, obwohl ich einmal zur Hütte und mit den Gefährten wieder zurückgegangen bin. Aber das ist eine lange Geschichte, die ich euch nachher allen erzählen werde. Aber zuerst ist mir etwas anderes wichtig. Ich möchte dir sagen: Es tut mir leid, was ich gesagt habe, Bruder. Und es tut mir leid, dass ich ohne ein Wort weggegangen bin. Das war nicht richtig – auch wenn ich nichts dafür konnte.«

Julius sah ihn schräg an. »Wer kann dann was dafür, wenn nicht du?«

Arthur lachte erneut. »Auch das ist Teil der Geschichte. Komm mit, die anderen warten schon auf uns. Und nimm dir was Warmes zum Anziehen mit.«
Statt ins Refektorium schlug Arthur den Weg zur Hauptpforte ein. Draußen vor dem Tor standen sie alle bereit, alle neun Gefährten, auch Ragnar und Ursula, und Barten und Michael, und Schubart und Kilian. Pater Rupert hatte sich eine dicke schwarze Wollmütze übergezogen, was im Kontrast zu seiner weißen Kutte ziemlich witzig aussah.
»Ich verstehe gar nichts mehr«, stotterte Julius. »Wo kommen plötzlich Ragnar und Ursula und alle anderen her? Und wohin gehen wir jetzt schon wieder?«
»Wir besuchen die heilige Quelle«, sagte Rupert, als sei es das Selbstverständlichste von der Welt.
Sie gingen an der Seite des Klosters entlang und wanderten durch den Wald in den Talschluss hinauf. Nach etwa einer halben Stunde gelangten sie zu einem kleinen See, der so dicht von alten Weißtannen umstanden war, dass kaum Tageslicht auf die Wasseroberfläche fiel. Der See war trotz der anhaltenden Kälte nicht zugefroren, was Arthur verwunderte. Aber seine Aufmerksamkeit wurde von etwas anderem gefangen genommen. Aus dem hinteren Teil des Sees stieg eine hohe Felswand aus dem Wasser. Hier war das Tal zu Ende, und nur mit Mühe hätte man an den Seiten der Felsen weiter hinaufsteigen können. Das Berückende aber war, dass aus den unteren Ritzen der Felswand Wasser lief, das sich in einem natürlichen Becken sammelte und dann in einem großen Strahl etwa zwei Meter hinab in den See stürzte. Am gegenüberliegenden Ende, wo die Gefährten angekommen waren, nahm der Schlierbach seinen Ursprung, der viele Kilometer weiter unten im Tal in die Lauter floss. Leichter Nebel stieg von dem See auf und lag auch zwischen den Stämmen der Weißtannen. Arthur lief es kalt über den Rücken. War er in einem Märchen gelandet?
Ursula stellte sich an das Ufer des Sees, neben einen hohen Felsen, in den ein Steinmetz eine lateinische Inschrift gehauen hatte. Daneben führten Stufen ins Wasser.
»Arthur, wir haben ereignisreiche Tage hinter uns, die uns alle bestürzt haben. Es ist an der Zeit, dass du uns aufklärst, damit wir unser eigenes Verhalten besser verstehen.«
Und Arthur erzählte, wie Zoller die Zwietracht unter sie gesät hatte und wie er seine Truppen von der Habichtshöhle weg auf die Albhochfläche zur Hütte geschickt hatte. Arthur berichtete, wie er versehentlich in die Zeitglocke gerutscht war und wie er es später geschafft hatte, bewusst die Zeit zu wechseln. »Ich bin zurückgegangen zum letzten glücklichen Moment, den wir gemeinsam hatten. Und mit dem Wissen von jetzt konnte ich euch überzeugen, dass es am besten ist, wenn wir alle zusammen zum Kloster gehen. So sind wir gemeinsam aufgebrochen.«
»Und warum waren wir dann drei Tage hier und ihr nicht?«, fragte Julius. »Das ist doch nicht logisch.«
Arthur zuckte mit den Schultern und meinte: »Ich war unterwegs so fasziniert von

den Fähigkeiten der Figur, dass ich immer und immer wieder mit ihr geübt habe. Denn es ist nicht einfach, ihre Kräfte zu wecken.« Er schaute auf Ragnar und fügte an: »Ragnar war einverstanden. Es wird uns nützlich sein, die Figur kennen zu lernen, sagte er. Und die Macht der Figur ist unglaublich. Je intensiver die Gedanken, umso mehr Menschen oder Tiere kann man mitnehmen auf die Zeitreise. Und je inniger das Gefühl, umso weiter kann man springen. Es gibt aber auch Grenzen, wobei ich noch nicht herausgefunden habe, ob die Kraft der Figur durch meine mangelnde Übung beschränkt ist oder ob sie wirklich nicht jede Reise ermöglichen kann. Jedenfalls ist es dabei passiert …«.
Julius schaute ihn verständnislos an. »Was ist dabei passiert?«
»Es ist schwer zu begreifen, auch für mich«, endete Arthur. »Aber bei einem der Versuche seid ihr plötzlich abhanden gekommen, also Erik und du, Franziska und Marie. Ihr seid früher hier angekommen und habt alles so durchlebt, wie ihr es erinnert. Bei uns dagegen wurde die Zeit gestaucht und alles ging viel schneller. Aber fragt mich nicht, welche Zeit nun die richtige war und ob wir nun alle in der wahren Zeit leben – da bin ich mir selber nicht mehr sicher.«
Julius schüttelte den Kopf, noch immer reichlich verwirrt. »Da bekommt man einen Knoten ins Gehirn, wenn man deine Tricksereien nachzuvollziehen versucht«, sagte er schließlich. »Aber wie auch immer: Ich habe den Eindruck, du hast noch einige Lektionen zu lernen, was die Figur anbetrifft. Bisher ist das höchstens eine Drei plus.«
Er lächelte, und Arthur wollte schon protestieren; immerhin hatte er sie aus einer sehr gefährlichen Situation gerettet. Aber das übernahm Ursula für ihn.
»Es war mehr als knapp«, sagte sie. »Wir wären Zoller ausgeliefert gewesen, wenn Arthur nicht gekommen wäre.« Sie machte eine kleine Pause, denn die Erinnerungen an jene Stunden unten im Keller tauchten wieder auf. Dorthin hatten die Krieger sie und Michael und Kilian nach dem Überfall der Hütte gesperrt, und vermutlich hatten die Männer nur auf die Ankunft Zollers gewartet, um das Schicksal der drei Gefährten zu besiegeln. Das war geschehen – und durch Arthurs Zauber doch nicht geschehen. Denn später hatte er sie zu einem früheren Zeitpunkt und damit rechtzeitig aus der Hütte abgeholt. Aber die anderen Bilder waren noch da, wenn auch ganz schwach, so wie ein Traum, an den man sich nach dem Aufwachen nur in Schemen erinnert.
»Unsere Uneinigkeit war beinahe unser Verderben«, fuhr Ursula schließlich fort. »Wir alle haben erlebt, wie sehr Worte verletzen können. Und niemand von uns vermag zu sagen, ob Arthur mit seinen Zeitreisen den Fluch Zollers von uns genommen hat. Um sicher zu gehen, haben Pater Rupert und ich entschieden, dass wir an dieser Quelle ein Reinigungsbad nehmen.«
Julius glaubte, nicht recht gehört zu haben. »Seid ihr verrückt? Wir sollen bei diesen Minusgraden im See baden?« Und als Ursula nur schmunzelte, fügte er hinzu: »Ich habe das wirklich nicht nötig. Mir ist in der Klausur vieles klar geworden, und ich bin

mir sicher, dass ich mich auch ohne Reinigungsbad dem Fluch entzogen habe. Zoller hat keine Macht mehr über meine Gefühle.«

»Da wirst du sicher Recht haben«, schaltete sich Pater Rupert ein: »Eine Klausur ist ein exquisites Mittel, um den Stolz und den Dünkel der Seele zu lindern. Aber wir möchten, dass wir trotzdem dieses Ritual gemeinsam unternehmen. Es soll auch die Gemeinschaft der zwölf erneuern.«

Jetzt meldete sich Ragnar zu Wort. »Es sind schlimme Worte gefallen, die noch immer in meinem Herzen brennen. So sehr ich an die Magie der Natur glaube – ich glaube nicht, dass man diese Worte durch ein Bad ungeschehen machen kann.«

»Nein, das stimmt«, antwortete Ursula. »Zoller hat nur die Konflikte, die bereits zwischen uns angelegt waren, so verstärkt, dass daran die Gemeinschaft zerbrach. Jetzt, da der Fluch weggenommen ist, werden diese Konflikte nicht einfach verschwinden. Aber unsere Herzen werden durch das Bad wieder bereit, die Sichtweise des anderen zu respektieren. Es liegen schwere Tage vor uns und wir werden alle unsere Kraft brauchen.« Sie machte eine kurze Pause, dann sagte sie: »Also Julius, du darfst den Anfang machen.«

Und als er erneut protestieren wollte, machte Ursula nur eine sanfte Kopfbewegung zum See hin und lächelte Julius mit ihrem reinsten Engelslächeln an, so dass er alles vergaß und sein Herz hüpfte vor seliger Freude. Dann stieg er die erste Stufe zum See hinunter.

Wie so oft, hätte er Ursula einfach vertrauen sollen. Denn das Wasser war nicht kalt, sondern im Gegenteil angenehm warm. Er lachte und sagte: »Da hast du mich ja ganz schön an der Nase herumgeführt.« Dann rief er den anderen zu: »Kommt rein, es ist wärmer als zuhause die Badewanne.«

Einer nach dem anderen ließ sich ins Wasser gleiten. Das Wasser war nicht tief, so dass selbst Barten im hinteren Teil stehen konnte. Nur Schubart hätte ihre Probleme gehabt – sie setzte sich auf Ragnars Rücken und hielt mit gespreizten Flügeln das Gleichgewicht. »Wehe, du hältst dich mit den Krallen fest«, scherzte Ragnar.

Sie versammelten sich um den Strahl, der aus dem Felsbecken spritzte, so dass sie im Kreis um ihn herumstanden. Sie fassten sich um die Schultern. Niemand sagte etwas, bis Arthur begriff, dass er die Führerschaft wieder übernehmen und das Wort an sie richten sollte.

»Ich glaube, dass Karl Zoller seine Truppen hierher führen wird. Er weiß, wo wir sind. Es wird nicht mehr lange dauern, bis er hier sein wird, und wir sollten uns wappnen. Aber wichtiger als alle Waffen, als aller Mut ist der Umstand, dass wir wieder eine Gemeinschaft bilden, dass wir uns gegenseitig vertrauen und niemanden gering schätzen. Das ist mein Wunsch.« Und dann neigte er sich nach vorne, sagte: »Jetzt ist's aber genug mit den großen Worten« und fing an, alle mit lautem Kichern nasszuspritzen. Julius und Marie schossen sofort zurück, während die Erwachsenen sich eilend in Sicherheit brachten. Auch Ragnar hüpfte mit drei großen Sprüngen ans Ufer, und

Schubart wäre heruntergefallen, wenn sie sich nicht schnell abgestoßen und in die Lüfte erhoben hätte. »Na, solche Flegel!«, schimpfte sie und keckerte vergnügt.
Als sie sich später abtrockneten und wieder anzogen, fragte Arthur Pater Rupert, was eigentlich auf dem Stein stünde. »Das ist ganz leicht zu übersetzen, selbst für mich«, meinte er und las vor: »In necessariis unitas, in dubiis libertas, in omnibus autem caritas. In notwendigen Dingen Einheit, in zweifelhaften Freiheit, in allen aber Liebe.«

Nach dem Abendessen sammelten sie sich im Kapitelsaal, wo Pater Rupert die Unterbodenheizung hatte anzünden lassen, damit es bei ihrer Beratung gemütlich warm war. Er war sehr stolz auf diese Konstruktion, die er geplant und umgesetzt hatte. Der Boden des Kapitelsaals ruhte im Untergrund auf niedrigen Stelzen, und am Rande dieser Säulenlandschaft, unten im Keller, war ein großer Ofen angebracht, der mit Holz befeuert wurde. Die warme Luft, die der Ofen abgab, zirkulierte nun unter dem Kapitelsaal zwischen den Säulen und erwärmte nicht nur die Fliesen, sondern auch die gemauerten Bänke, die rings um den Saal verliefen. Es war ein wohliges Gefühl, sich auf einer dieser Bänke niederzulassen und die Wärme den Rücken hinaufriesen zu lassen.
Dieses Mal stieß Abt Bruno zu ihnen, und auch die vier anderen Mönche hatten nicht nur die Erlaubnis, sondern die Pflicht, bei der Versammlung zugegen zu sein. Bisher hatten die Gefährten niemanden von ihnen zu Gesicht bekommen – die Mönche waren wie unsichtbar in diesem Kloster gewesen. Bruno war ein kleiner alter Mann; nur ein schmales Band weißer Haare war ihm geblieben, und er ging gebückt und mit Hilfe eines Stockes. Aber auch wenn er zerbrechlich wirkte, so besaß er doch eine eindrucksvolle Präsenz und eine große Autorität. Die anderen Mönche waren ebenfalls alle schon älter, und Julius wunderte es nicht mehr, dass Rupert hin und wieder seine kleinen Unternehmungen suchte und sich freute, wenn er Besuch empfangen durfte. Denn trotz des gemeinsamen Zieles, den direkten Weg zu Gott zu gehen, lag zwischen Rupert und den anderen Mönchen eine ganze Generation – ihr Erfahrungsschatz, aus dem sich letztlich doch viele Ansichten, Vorlieben und Interessen speisten, enthielt sehr unterschiedliche Elemente.
Alle waren aufgestanden, als Abt Bruno den Kapitelsaal, dessen doppeltes Tonnengewölbe auf vier Säulen ruhte, betrat. Er ließ sich auf dem steinernen Sessel nieder, der an der Stirnseite des Raumes auf einem niedrigen Podest stand. Fast verloren wirkte der kleine Mann auf dem riesigen Thron, aber auch dieser Eindruck täuschte. Der Abt hatte die Hände gefaltet und den Kopf etwas nach vorne sinken lassen; es sah aus, als versenke er sich ins Gebet. Doch nach einigen Sekunden hob er den Kopf und sprach mit fester Stimme: »In den Chroniken des Klosters im Schlierbachtal ist seit Jahrhunderten nichts verzeichnet, was dem gleichkommt, was uns vermutlich bevorsteht. Es waren die aufgebrachten Bauern und die selbstsüchtigen Grafen des Lautertales, die

vor fünfhundert Jahren das letzte Mal großes Unglück über diesen Ort gebracht hatten. Nun ist die Zeit des Unfriedens zurückgekehrt, und wir sollten alle zusammen überlegen, wie wir in ihr bestehen können. Arthur, du seist der Führer der Gemeinschaft, hat Pater Rupert mir gesagt. So sprich du zuerst.«
Arthur war ein wenig zusammengezuckt, als Bruno ihn direkt ansprach. Er spürte die Verantwortung, die auf seinen Schultern lastete, und sie wog umso schwerer, als er bisher keinen Ausweg aus ihrer Lage gefunden hatte.
»Ehrwürdiger Abt Bruno«, hob Arthur an, »wir empfinden es als eine große Ehre, dass ihr uns aufgenommen habt in eurem Kloster, denn wir wissen, dass die Kartäuser die Abgeschiedenheit suchen, von der Welt und den Menschen. Wir hätten deshalb jedes Verständnis dafür, wenn ihr euch in unsere Sache nicht hineinziehen lassen wollt. Es ist unser Kampf, den wir um das Heiligental führen, und er geht euch im Grunde nichts an. Es wäre denkbar, dass wir noch ein wenig Zeit haben, bevor die keltischen Truppen vor dem Kloster aufziehen werden. Ich möchte diese Zeit nutzen, um das Kloster mit meinen Gefährten zu verlassen. Ariokan wird dann das Kloster sicherlich nicht angreifen.«
Abt Bruno nickte bedächtig. »Wie kommst du darauf, dass die Zeit noch nicht reif ist? Zoller hatte, seit du ihn als dein Doppelgänger getroffen hast, drei Tage Zeit, um den kurzen Weg vom Heiligental hierher zurückzulegen.«
»Mag sein«, entgegnete Arthur. »Aber er muss uns zuerst in der richtigen Zeit suchen. Er weiß nicht, in welche Ebene wir entschwunden sind. Und es dauert hoffentlich noch etwas, bis er den richtigen Zugang gefunden hat.«
Bruno lächelte. Dafür, dass Arthur ein Novize im Umgang mit der kostbaren Figur war, hatte er schon sehr viel von ihr gelernt. Und ihm gefiel grundsätzlich die Vorstellung, dass es mehrere Welten gab, die nebeneinander existierten, denn er war schon immer der Überzeugung gewesen, dass eine Welt nicht ausreiche, um den unendlichen Reichtum Gottes auszudrücken. Und war die geistige Welt, in der er und seine Mönche lebten, nicht sowieso mindestens eben so wirklich wie die scheinbar einzige Welt? Bruno liebte jene Geschichte von einem chinesischen Philosophen, der eines Nachmittags in seinem Garten eingeschlafen war und zu träumen begann, er sei ein Schmetterling. Er flog von Blüte zu Blüte, ließ seinen Rüssel in die Kelche hinabgleiten und saugte den süßen Nektar heraus. Wie leicht war ihm, und wie angenehm erschien ihm das Leben. So war er sehr traurig, als er wieder erwachte und feststellte, dass er ein Mensch war. Doch wo war nun die Wirklichkeit, fragte sich der Philosoph. Bin ich ein Mensch, der geträumt hat, ein Schmetterling zu sein? Oder bin ich ein Schmetterling, der gerade träumt, ein Mensch zu sein?
»Sollte uns tatsächlich eine Frist bleiben, dann sollten wir diese Zeit so sinnvoll wie möglich nutzen«, schlug Abt Bruno schließlich vor. »Denn dass ihr das Kloster verlasst, ist keine vernünftige Lösung. Wir lassen niemanden im Stich, der für das Gute eintritt. Und wer weiß, ob Karl Zoller wirklich unseren Lebensentwurf tolerieren

würde. Menschen wie er neigen nicht dazu, andere Sichtweisen auf die Welt zu akzeptieren.«

Arthur schwieg, denn nun wäre die Zeit gekommen, seinen Plan vorzustellen – doch er hatte keinen. Zoller war mit seinen Männern dreimal so stark wie sie, und sie waren alle im Kriegshandwerk versiert und sicherlich skrupellos genug, auch gegen Kinder und alte Mönche vorzugehen. Ein offener Kampf war aussichtslos, und es war ihm bisher keine List eingefallen, mit der sie hätten obsiegen können. Gerade wollte er seine Ratlosigkeit bekennen, da erhob sich Julius von seiner Bank und deutete mit erhobener Hand an, dass er sprechen wollte. Bruno nickte ihm zu.

»Sehr geehrter Herr Abt«, sagte Julius etwas unbeholfen, »ich habe in diesem Kloster etwas sehr Wichtiges gelernt, und dafür möchte ich mich bedanken. Es ist gut, wenn der Mensch ein wenig ist wie ein Baum – ruhig, aufstrebend, mit guten Wurzeln tief verankert, und er sollte nicht allzu sehr achten auf das, was tagtäglich um ihn herum geschieht. Eine Eiche denkt in Jahrzehnten, glaube ich; für sie ist wichtig, dass sie genügend Sonne bekommt und genügend Wasser – aber es ist nicht wichtig, ob sich ein Wildschwein an ihrer Rinde reibt oder ob es zwei Wochen lang nicht regnet.«

Alle in der Runde mussten schmunzeln und fragten sich, worauf Julius hinaus wollte. Aber Abt Bruno hatte Zeit; Ungeduld war etwas, was er schon lange nicht mehr kannte. Und Julius kam auch schon zum Punkt.

»Wir müssen die dritte Figur finden, wenn wir gegen Zoller siegen wollen. Nur so haben wir eine Chance. Und die dritte Figur gehört den Bäumen. Das heißt, unser Ziel muss sein, mit den Bäumen zu reden.«

Alle schwiegen einen Moment, dann erhob sich Ragnar, trat einen Schritt in den Raum und sagte: »Julius, das ist ein guter Plan. Aber wir haben noch immer nicht den Weg gefunden, wie die Bäume bereit sind, uns zuzuhören.« Er wandte sich an Arthur und sagte: »Was ist mit unserer Figur? Können wir sie nicht einsetzen gegen Zoller?«

Arthur zuckte mit den Schultern. »Im Prinzip schon. Aber wir bräuchten eine Idee.«

Julius war jedoch nicht bereit zu akzeptieren, dass man seinen Vorschlag einfach unter den Tisch fallen ließ. »Wir haben weiterhin die Möglichkeit, in der Bibliothek nach Hinweisen zu suchen – zumindest einer oder zwei von uns sollten dafür eingesetzt werden. Alle anderen können die Verteidigung vorbereiten. Aber wenn wir flüchten müssten oder eine Niederlage erleiden, werden wir den Schatz der Bücherei nicht mehr nutzen können. Wir sollten die Chance jetzt ergreifen. Und überhaupt …«, Julius' Stimme wurde zunehmend engagierter, »… überhaupt weiß niemand, ob wir bis zum Rat der Weisen gehen müssen, um mit den Bäumen Kontakt aufzunehmen. Das haben wir bisher geglaubt, aber wenn wir gelernt hätten, mit den Bäumen zu reden, dann könnten wir doch mit jedem Baum sprechen. Vielleicht können uns auch die Linde vor der Pforte oder die Weißtannen oben an der heiligen Quelle weiterhelfen. Wir sollten es versuchen«, sagte Julius fast flehentlich, »zumal wir anscheinend bisher keine bessere Idee haben.«

Rupert beeilte sich, diesen Vorschlag zu unterstützen. »Ich habe in den letzten Tagen einige interessante mittelalterliche Werke über das Züchten und Pflegen von Obstbäumen und ganzen Wäldern zusammengetragen. Wir besitzen in der Bibliothek sogar eines von insgesamt nur drei erhaltenen Exemplaren des »Capitulare de villis« – das ist die Verordnung Karls des Großen, mit der er den Anbau ganz unterschiedlicher Nutzpflanzen fördern wollte. Weiter zurück reichen die Primärquellen leider nicht. Aber die Mönche des frühen Mittelalters haben auch mündliche Überlieferungen älterer Zeit tradiert und irgendwann aufgeschrieben. Ich halte es nicht für ausgeschlossen, dass wir fündig werden.«

»Es ist ein Jammer, dass Eriks Runenbuch im Forsthaus verbrannt ist«, meinte Arthur und schaute mit einem Ausdruck des Bedauerns zu seinem Vater hinüber. »Du warst so nahe dran an der Lösung des Rätsels. Und jetzt stehen wir wieder ganz am Anfang. Rupert, ist es vielleicht möglich, dass es eine Kopie dieses Buches bei euch in den Regalen gibt?«

Rupert wollte schon anheben zu erklären, dass er darüber mit Julius und Marie schon gesprochen habe und dass er nochmals alle seine Register durchgegangen war – vergeblich. Doch bevor Rupert etwas sagen konnte, erhob sich Kilian und sagte mit klarer Stimme: »Es ist nicht nötig, nach einem weiteren Exemplar des Buches zu suchen. Denn das Original … es ist hier.« Und er öffnete seinen schweren Lodenmantel und zog aus der Innentasche ein kleines ledergebundenes Buch hervor, das Julius sofort wiedererkannte als jenes Werk, in dem er an Eriks Schreibtisch gelesen hatte. Auch Erik, der auf der anderen Seite des Kapitelsaals gesessen hatte, war wie elektrisiert aufgesprungen und ging quer durch den Saal hinüber, um sich das Buch aus der Nähe anzusehen.

»Das ist es wirklich«, sagte er, nachdem er Kilian das Buch aus der Hand genommen und mehrmals umgedreht hatte. Er öffnete das Buch und ließ die dicken steifen Seiten durch die Finger gleiten. Auch die anderen drängten sich nun um sie, denn sie spürten, dass eine Wende eingetreten war, die vielleicht den Unterschied ausmachte zwischen Sieg und Niederlage.

»Woher hast du das Buch?«, fragte Arthur, der sich nach vorne durchgedrückt hatte und Kilian eindringend anschaute. Kurz erwachte der alte Zweifel in ihm. Das Buch hatte in Eriks Büro im Forsthaus gelegen, als Julius es zuletzt gesehen hatte – unter normalen Umständen hätte es mit dem ganzen Haus verbrennen müssen. Entweder war Kilian also doch der Brandstifter und hatte, vielleicht sogar von Zoller, den Hinweis erhalten, dass das Buch wertvoll sein könnte. Oder ein Wunder musste geschehen sein und der Band hatte das Feuer überstanden. Aber wie hätte das möglich sein sollen? Arthur schoss das Bild in den Kopf, als er und Ragnar an jenem unheilvollen Morgen den Brand aus der Ferne beobachtet hatten und zuletzt jemanden hatten ums Haus schleichen sehen – Kilian.

»Du warst am Morgen, als das Forsthaus abbrannte, dabei. Ragnar und ich haben dich gesehen. Du hast uns nie erklärt, was du dort oben zu suchen hattest.« Arthur konnte das Misstrauen in seinen Worten nicht ganz überdecken.

Doch Michael ließ nicht zu, dass Arthur weitersprach. Er konnte schon ohne Krücken wieder einigermaßen stehen, und nun stemmte er sich in die Höhe und legte Kilian, der mit undurchdringlichem Gesichtsausdruck neben ihm stand, den Arm um die Schulter. »Ich bürge für ihn«, sagte Michael, schnappte sich seine linke Krücke und tippte damit an Arthurs Brust. »Und du hörst endlich auf, ihn zu verdächtigen.«

Michael schnaubte ein wenig durch die Nase. »Kilian ist ein wenig verschlossen, und manchmal tut er sich schwer, sich zu erklären. Aber er hat das Herz am rechten Fleck. Und er ist auf unserer Seite, da gibt es kein Vertun.« Er zog Kilian an sich, um zu demonstrieren, dass der unter seinem Schutz stünde.

»Das Buch lag hinter dem Forsthaus direkt am Waldrand, neben dem Stamm der großen Nordmanntanne«, sagte Kilian, der sich selbst verteidigen wollte. »Ich weiß nicht, wie es dort hingekommen ist. Aber es trägt keine Brandspuren und ist nicht beschädigt. Jemand muss es vor dem Brand aus dem Haus getragen und dort abgelegt haben.«

»Das kann dann nur der Brandstifter selbst gewesen sein«, mutmaßte Erik, der noch immer mit der Hand über das Leder strich, als wollte er das Buch liebkosen.

»Das halte ich für ausgeschlossen«, mischte sich Julius wieder ein. »Der Brandstifter hätte das Buch sicher nicht liegen gelassen, wenn er um dessen Bedeutung gewusst hätte.«

»Aber es gibt keine andere Möglichkeit«, meinte Erik.

»Doch«, beharrte Julius. »Es muss jemand sein, für den das Buch von immenser Bedeutung ist und der es deshalb unbedingt vor dem Feuer schützen wollte. Und das kann eigentlich nur einer sein.«

»Und wer, bitte schön?«, fragte Arthur. »Spann' uns nicht schon wieder auf die Folter.«

»Die Bäume selbst«, erklärte Julius. »Das Buch ist vielleicht für sie die einzige Chance, wieder in Kontakt zu den Menschen zu treten.«

»Aber ich habe doch versucht, mit ihnen zu sprechen«, sagte Arthur. »Sie hätten mir antworten können.«

»Vielleicht haben sie es versucht. Aber vielleicht haben, seit der Bund zerbrochen ist, nicht nur die Menschen verlernt, mit den Bäumen zu sprechen. Vielleicht haben auch die Bäume verlernt, mit den Menschen zu sprechen.«

»Du meinst also, einer der Bäume ist ins Büro spaziert und hat sich das Buch geschnappt?«, meinte Erik nun.

»Das war vielleicht gar nicht nötig. Auf der Rückseite unseres Hauses stehen die Bäume keine zehn Meter vom Haus entfernt. Womöglich musste sich eine der Tannen nur etwas strecken, sich herunterbeugen und durch das Fenster greifen, um das Buch zu sich zu holen.«

Alle waren sprachlos. Das war eine so abenteuerliche Theorie, dass es schwer fiel, an sie zu glauben. Aber niemand hatte eine bessere Erklärung dafür, wie das Buch ohne fremde Hilfe den Weg aus dem brennenden Haus geschafft hatte.
»Marie, Rupert und ich werden uns jetzt in die Bücherei zurückziehen«, sagte Julius bestimmt. »Wir schauen uns das Buch genau an. Und Arthur, du kommst mit. Ich könnte mir vorstellen, wenn jemand die Zeichen versteht, dann du.« Er hielt einen Moment inne, dann fügte er hinzu: »Und vielleicht könnte jemand noch Barten wecken. Er ist auf der warmen Steinbank eingeschlafen.«

Schubart übernahm die erste Wache auf dem Kirchturm. Sie setzte sich auf die Brüstung und hielt Ausschau, ob Zoller und seine Krieger schon durch den Wald heranrückten. Hin und wieder flog sie eine kleine Strecke in Richtung Heiligental, aber vorerst war alles ruhig, und nichts deutete darauf hin, dass ein kleines Heer durch den Wald marschierte. Abt Bruno hatte seine Mönche und die Brüder angewiesen, die Hauptpforte mit Balken und Stützen zu verstärken, und das erledigten diese mit großer Geschicklichkeit. Ihre handwerkliche Tätigkeit, der sie alle nachgingen, zahlte sich aus. Einen zweiten Ausgang gab es nicht; der Wunsch, so zurückgezogen wie möglich zu leben, hatte sich auch in der Architektur Ausdruck verschafft – fast eine Festung war das Kloster. Dennoch waren sie natürlich viel zu wenige, um die riesige Anlage zu verteidigen, zumal sie kaum Waffen hatten und die Mönche auch nicht bereit waren, welche einzusetzen. Die keltischen Krieger könnten das Kloster sicher nach kurzer Zeit stürmen. Auch die Kirche wurde deshalb befestigt. Dorthin wollten sie sich zurückziehen, falls nichts mehr half – ihr Mut, ihr gutes Herz und auch das Baumbuch nicht.
Am großen Tisch in der Bibliothek beugten sich die vier Gefährten über das Buch. Julius wurde erst jetzt bewusst, wie wenig Seiten der Band enthielt; das war ihm nicht aufgefallen, als er damals, in Sorge um Erik und in dem Wissen, dass er das Buch nicht sehen sollte, die Seiten umgeschlagen hatte. Die Dicke des Papiers erweckte den Anschein, ein vielleicht zweihundert Seiten starkes Buch vor sich zu haben. In Wirklichkeit waren es nicht mehr als fünfzig. Jede Seite erschien ihnen gleich. Sie waren angefüllt mit Zeichen, die ihnen fremd waren und die weder Gegenständen nachgeformt waren noch Anklänge an das lateinische Alphabet hatten.
Aber Pater Rupert wusste Rat. »Ich bin gleich wieder da«, sagte er, verschwand in einem anderen Stockwerk der Bücherei und kam nach einigen Minuten mit dicken Schwarten zurück.
»Ich vermute, wir haben es auch bei diesem Buch mit einem keltischen Relikt zu tun.« Und als die anderen ihn erwartungsvoll ansahen, fügte er hinzu: »Ja, Keltisch müsste man können.«
»Wer soll es denn können, wenn nicht du?«, fragte Arthur bestimmt. »Karl Zoller können wir ja schlecht fragen.«

Doch Pater Rupert wollte noch ein wenig gebauchpinselt werden. Dann endlich sagte er: »Die Kelten kannten keine Schriftsprache in unserem heutigen Sinn. Am Ende der Keltenzeit, um die Zeitenwende, ließen sie manchmal wichtige Dinge in lateinischer oder griechischer Schrift auf einen Stein meißeln – uns sind Inschriften aus Gallien überliefert, wie ein Martialis eine Schmiede errichtet hat oder wie ein Segomaros der Göttin Belesama ein Heiligtum gestiftet hat. Aber das Allermeiste blieb allein in den Köpfen. Die Druiden sollen sehr darüber gewacht haben, dass nichts von ihren Bräuchen und Traditionen niedergeschrieben wurde, weil sie sich als die Hüter des Wissens sahen und kontrollieren wollten, wem sie dieses Wissen weitergaben. Schreibt dein Namensvetter, Julius, wenigstens so im Gallischen Krieg.«
»Namensvetter?«, fragte Julius verständnislos.
»Gaius Julius Cäsar, Galliens Schicksal, Roms Alleinherrscher.«
»Nun mach' es nicht so spannend«, bat Arthur. »Worauf willst du hinaus?«
»Auf gar nichts«, antwortete Rupert. »Ich will euch erklären, dass es nicht so einfach sein wird, diese keltischen Zeichen zu entziffern.«
»Aber warum denn nur?«
»Erstens gibt es nur ganz wenige Inschriften, so dass man daraus nur schwer eine ganze Sprachwelt ableiten kann. Und zweitens gab es das Keltisch nicht – es gab unzählige keltische Sprachen in Europa, die zwar alle irgendwie verwandt war. Aber Rumänisch ist auch mit Spanisch verwandt, und trotzdem dürften sich ein Mann aus Bukarest und eine Frau aus Madrid schwer tun, sich zu verstehen. Es gibt beispielsweise das westliche Keltiberische, das östliche Keltiberisch, das Leptonische in der Zentralschweiz, das Galatische in Kleinasien – und na sowieso das Bretonische, das Irische, das Gälische und das Walisische. Diese vier Sprachen haben als einzige überlebt.«
»Und wie hieß die Sprache, die man bei uns gesprochen hat, damals vor zweitausend oder vielleicht sogar dreitausend Jahren? Wenn das Buch mit dem Bund der Figuren zu tun hat, dann müsste es im Dialekt Südwestdeutschlands geschrieben sein.« Julius konnte die Spannung kaum mehr aushalten.
»Doppeltes Problem«, antwortete Rupert aber nur. »Erstens ist aus unserer Gegend nicht ein einziges Sprachzeugnis überliefert. Wir wissen deshalb schlicht nicht, wie die Menschen hier gesprochen haben. Und zweitens muss man vermuten, dass die Kelten in unserem Raum überhaupt keine Schrift benutzten. Sie waren vermutlich noch nicht so weit wie ihre Verwandten in Spanien oder Kleinasien. Vielleicht gibt es sogar noch ein drittes Problem: Dieses Buch ist nicht zweitausend Jahre alt. Vielmehr hat irgendein Mönch, vielleicht auf der Reichenau oder in St. Gallen, das Original irgendwann abgeschrieben. Im Prinzip sind Mönche natürlich unfehlbar, in der Realität haben sie aber meistens beim Abschreiben ziemlich viele Fehler gemacht. Wir können uns keinesfalls sicher sein, dass alles stimmt, was wir vor uns liegen haben.«
»Und nun?« Marie seufzte. »Dann können wir es gleich lassen.«

Aber Julius war in seinem Element, und er dachte nicht daran, die Hoffnung fahren zu lassen. »Was würdest du tun, wenn du etwas ganz Wichtiges herausgefunden hast, das du unbedingt der Nachwelt überliefern willst, du aber keine Schrift dafür hast?«
Marie und Arthur überlegten. »Ich würde vermutlich etwas bauen, aus dem man die Information herauslesen kann«, sagte Arthur schließlich. »Vielleicht einen Steinhügel oder etwas Ähnliches.«
»Ich würde eher einen wertvollen Bronzeanhänger herstellen«, meinte Marie, »oder von mir aus einen großen Stein, in den ich mein Wissen als Bildersprache einpräge. So ist die Sprache doch auch entstanden«, sagte sie neunmalklug. »Zuerst wurden in Mesopotamien oder irgendwo dort unten einfache Bilder für die Gegenstände entwickelt: drei halbrunde Hügel für ›Berg‹, stilisierter Schwan für ›Vogel‹ und drei Linien, die durch einen Punkt gehen, für ›Stern‹ oder ›Himmel‹. Später hat man die Zeichen kombiniert, zum Beispiel ein Kopf und Linien für Wasser als Zeichen für ›trinken‹. Das haben selbst die Tiere für ihre Habichtshöhle so gemacht. Im Laufe der Zeit sind die Zeichen dann immer abstrakter geworden, bis sich daraus Zeichen entwickelt haben, die mit dem ursprünglichen Gegenstand nichts mehr zu tun haben. Benennendes und Benanntes sind völlig losgelöst voneinander: Wenn sich die Menschen darauf einigen würden, könnte man auch ›Fluss‹ zum Kloster sagen und ›Kloster‹ zu einem Eisenbahnwaggon.«
»Vielen Dank für den Vortrag«, warf Julius ein, »aber ich glaube, das führt zu weit weg. Wir brauchen die Lösung für dieses Buch, wir müssen wissen, wie wir es lesen können.«
Doch Arthur fiel nun etwas ein. »Das führt überhaupt nicht zu weit weg. Erinnert ihr euch, dass wir die Tierfigur auch mithilfe einer Schrift gefunden haben? Die Zeichen in der Höhle haben uns den Weg gewiesen: Drei Wellenlinien für ›Wasser‹, ein Strich für ›Figur‹. Es wäre doch denkbar, dass dieses Buch, oder die Vorlage dazu, zur selben Zeit entstanden ist wie die Zeichnung in der Habichtshöhle – vielleicht haben dieselben Menschen, Tiere und Bäume daran mitgewirkt. Und dann wäre es doch nur normal, dass sie für beides dieselbe Schrift benutzt haben. Oder?«
Julius nickte. »Das hört sich logisch an. Wir müssen davon ausgehen, dass die Hinweise in der Habichtshöhle und deshalb auch das Buch nicht erst am Ende der Keltenzeit entstanden sind, weil zu diesem Zeitpunkt der Bund bereits zerbrach. Es läge eher nahe, dass diese Informationen viel früher, vielleicht sogar achthundert Jahre früher, entstanden sind.«
»Das heißt also, dass die Zeichen in dem Buch gar keine Runen wären?«, fragte Marie nach. In ihrem Kopf purzelten Jahrhunderte und Schriften und Bilder und Zeichen mittlerweile ziemlich durcheinander.
»So ist es«, sagte Pater Rupert. »Das kann schon aus einem ganz einfachen Grund nicht sein: Die Kelten benutzten überhaupt keine Runen – die Runen waren eine Schriftform der Germanen, vor allem der Wikinger, und kamen erst viel später auf.

Die ältesten Runensteine stammen aus dem zweiten Jahrhundert nach Christus. Die Kelten waren damals schon beinahe spurlos aus Europa verschwunden.«
»Also Bilder«, wiederholte Arthur nachdenklich. »Es müssen also Bilder sein. Wann kamen die frühesten Bildersprachen auf, Rupert? Das weißt du doch sicherlich.«
»Alle Bücher zu Bildersprachen liegen vor euch auf dem Tisch. Schaut her«, sagte er und griff sich eines der vergilbten Bücher. Darin befanden sich lange Listen mit Bildern und deren möglicher Bedeutung. »Die ältesten Zeichen kennen wir von den Sumerern im Zweistromland. Das ist ungefähr 3500 vor Christus gewesen. Die Zeichen in unserem Baumbuch sind allerdings schon deutlich abstrakter. Ich vermute, dass sie vielleicht um 700 bis 900 vor Christus entstanden sind. Das wären diese Bücher hier.«
Und er drückte Marie, Julius und Arthur jeweils ein oder zwei Bücher in die Hand. »Vergleicht die Piktogramme mit den Zeichen im Buch. Vielleicht haben wir Glück, und es findet sich eine Übereinstimmung.«
Längst war die Sonne wieder untergegangen. Marie und Julius hatten zumindest die letzten drei Nächte ganz normal in einem Bett verbracht. Arthur dagegen war sich schon gar nicht mehr sicher, wann er zum letzten Mal einen richtigen Tagesrhythmus gehabt hatte. Immer häufiger kam es vor, dass er tagsüber den Schlaf suchen und die Nacht durchwachen musste, weil die Umstände ihn dazu zwangen. Wie viele Tiere im Wald, die ebenfalls in der Nacht aktiv waren. Und erneut schien ihm eine Nacht bevorzustehen, in der er vielleicht überhaupt nicht ins Bett kommen würde.
Pater Rupert sammelte immer wieder mit einem Griff der linken Hand seine langen Haare ein und versuchte, sie in seine Kapuze zu stecken. Arthur war das schon häufiger aufgefallen – es schien bei ihm ein deutliches Zeichen von Nervosität zu sein. Bisher waren sie alle gestanden, doch jetzt ließen sie sich jeder auf einen Stuhl nieder, und Arthur zog eine der vielen Kerzen, die Rupert aufgestellt hatte, zu sich her, um besser sehen zu können. Ihm erschienen die Striche alle einer wie der andere, und zunächst konnte er keinen Unterschied erkennen zwischen dem Lehrbuch, das Pater Rupert ihm gegeben hatte, und den Zeichen im Buch der Bäume. Aber allmählich fiel ihm auf, dass die Bilder im Lehrbuch recht detailliert waren und viel mehr Schnörkel hatten als die Zeichen in ihrem Buch. Auch wirkten sie wuchtiger, und Arthur stellte sich vor, wie die Schreiber diese Bilder viel größer in Stein meißelten oder in feuchten Ton drückten. Die Striche der Bäume waren filigraner. Er legte deshalb das Buch zurück auf den Stapel und nahm sich das nächste.
Es war Julius, der nach einiger Zeit, als sie schon zwei Dutzend Bücher zur Entwicklung der Schrift und zu den Bildersprachen in vorchristlicher Zeit durchgeblättert hatten, aufschrie: »Das könnte es sein. Schaut euch das an!«
Und tatsächlich – die Zeichen in den beiden Büchern sahen sich ähnlich. Die Bilder im Baumbuch wirkten etwas runder, weicher und hatten nicht so scharfe Spitzen. Aber das konnte eine Eigenart des jeweiligen Schreibers gewesen sein, die man vielleicht vernachlässigen durfte.

»Wie gehen wir nun vor?«, fragte Julius aufgeregt.

Rupert nahm ihm das Buch aus den Händen und verglich ebenfalls die Zeichen. »Du hast Recht, das ist es. Das könnte unser Wörterbuch werden.« Er lief zu seinem Schreibtisch, der im zweiten Erker des großen Lese- und Schreibsaales stand und holte sich Papier und einen Füllfederhalter.

»Ihr müsst wissen«, sagte er dann, während er sich wieder die Haare aus dem Gesicht strich, »es gab in diesen alten Sprachen keine Präpositionen, Bezugswörter oder Relativpronomen. Und schon gar nicht gab es Punkte oder Kommas. Es existierten nur Substantive, Verben und Adjektive. Ihr müsst also aufpassen, weil die Bezüge zwischen den Wörtern nicht immer klar sind. Aber wir nehmen den ersten Satz und versuchen, ihn gemeinsam zu übersetzen. Marie, du schreibst.« Rupert drückte ihr das Schreibgerät in die Hand und vertiefte sich in das Buch der Bäume.

An erster Stelle fanden sie dort drei gerade Linien, die etwas versetzt untereinander standen; die Linie, die am weitesten rechts stand, berührte noch den Winkel von vier weiteren Linien, die wie ein auf der Spitze stehendes Quadrat aussahen.

»Was bedeutet das?«, fragte Julius und ging mit dem Zeigefinger die Bilder im Wörterbuch entlang, Seite um Seite, bis er ein Zeichen entdeckte, das in etwa mit dem Anfangsbild des Baumbuches übereinstimmte.

»Es steht für Sprache oder sprechen«, sagte Rupert. »Das ist schon mal ein sehr wichtiges Wort, das auf den Inhalt hindeuten könnte. Manchmal fängt ein Text mit einer Überschrift an, auch wenn die Schreiber das nicht durch eine Absetzung im Buch deutlich gemacht haben. Wie sieht das nächste Zeichen aus?«

Es war ein einzelner aufrechter Strich, von dem am oberen zwei Linien nach links und rechts abgingen; es erinnerte an ein lateinisches großes ›T‹, nur dass deutlich die Linien voneinander abgehoben waren. Julius blätterte wieder im Wörterbuch und wurde schon auf der zweiten Seite fündig. »Baum«, rief er: »Dieses Zeichen steht für Baum.«

»Dann habe ich Recht gehabt«, sagte Rupert. »Man könnte also übersetzen: ›Die Sprache der Bäume‹ oder ›Von der Art, mit Bäumen zu sprechen‹. So hätten das meine Mitbrüder im Geiste vor 1500 Jahren formuliert, auf Lateinisch, versteht sich.«

»Es ist also tatsächlich das Buch, das uns weiterhilft«, sagte Arthur erleichtert. Aber er fügte hinzu: »Aber wenn wir in diesem Tempo weiter übersetzen, werden wir Wochen brauchen, um seinen Inhalt zu erfahren.«

»Du hast Recht«, meinte Rupert, »aber wenn man etwas Übung hat, geht es schneller. Das kann ich aus eigener Erfahrung sagen. Und ich glaube, ich habe noch etwas …«. Er hob den Zeigefinger, als wollte er sich selbst ausschimpfen, dass er daran nicht gleich gedacht hatte.

»Was ist?«, fragte Julius, aber Rupert war schon wieder in den vielen Gängen der Bücherei verschwunden. Dieses Mal dauerte es etwas länger, bis er wieder im Lesesaal erschien. »Man sollte doch nie etwas ausmisten«, sagte er. »Der Platz in der Bücherei wird allmählich knapp«, erklärte er schließlich, »und deshalb habe ich in den letzten Jahren angefangen, Doppelexemplare auszumustern. Eigentlich hatte ich sie im Internet versteigern wollen. Aber Abt Bruno hat mir natürlich nicht erlaubt, einen Computer zu kaufen – das ginge doch zu weit, meinte er. Zumal wir dann auch ein Notstromaggregat gebraucht hätten, um Strom zu erzeugen. Und ob es hier am Talende genügend Internetempfang gibt, habe ich gar nicht mehr geprüft.« Er schmunzelte. »Aber so kommt es, dass noch einige frühere Ausgaben des Lehr- und Wörterbuchs zur frühen etruskischen Schrift in den Kisten im Keller lagen, wohin ich alle scheinbar überflüssigen Bücher ausgelagert hatte. So kann jeder von uns ein Exemplar benutzen, und jeder nimmt sich eine Zeile vor. Dann setzen wir die Zeilen zusammen, und es geht doch etwas schneller.«

»Etrusker?«, fragte Marie nach. »Du glaubst, dass wir es mit einer etruskischen Schrift zu tun haben?«

»Ganz ohne Zweifel«, meinte Rupert, »Allerdings räume ich ein, dass es einer wissenschaftlichen Sensation gleichkäme, wenn wir beweisen könnten, dass die keltische Bevölkerung Südwestdeutschlands schon um 700 vor Christus die Schrift gekannt hätte und dass sie diese Schrift von den Etruskern im heutigen Italien übernommen hätte. Dafür gibt es bis heute nicht einmal den Hauch eines Beleges.«

»Aber ausgeschlossen ist es auch nicht, da bin ich mir sicher«, meinte Marie. »Es ist doch bekannt, dass es damals schon einen bedeutenden Austausch von Kulturgütern gegeben hat. Mitten in den Wäldern der Alpen haben die Archäologen Muscheln von der Mittelmeerküste gefunden, und im heutigen England entdeckte man Flintstein, wie er nur in Kleinasien vorkommt. Wie sollte es da keine Kontakte gegeben haben zwischen Italien und Deutschland, zwischen Etruskern und Kelten? Eigentlich ist es doch eher verwunderlich, dass die Kelten sich anscheinend so lange der Schrift verweigert haben.«

»Es ist durchaus möglich, dass sie die Schrift kannten«, sagte Rupert nun, »aber dass sie sie aus bestimmten Gründen gar nicht übernehmen wollten. Wir kennen das aus Gallien, wo die Römer und Griechen zumindest an der Mittelmeerküste schon lange siedelten und regen Handel mit dem Binnenland trieben. Dennoch haben Celtillus und sein Sohn Vercingetorix auf die Schrift, die sie mit Sicherheit kennengelernt hatten, verzichtet. Die Druiden haben das vermutlich verboten. Aber die Kelten fühlten sich auch der Natur nahe; vielleicht glaubten sie, dass etwas so Abstraktes wie die Schrift sie wegführen würde aus der Natur und sie sich damit außerhalb des Universums stellten. So wie heute noch manche Menschen in entlegenen Gebieten Afrikas glauben, man raube ihre Seele, wenn man ein Foto von ihnen mache.«

Arthur musste lachen bei diesen Überlegungen. »Da verstehe ich aber die Welt nicht mehr. Soll mir doch mal einer erklären, wie Ariokan und seine Krieger der Natur nahe stehen. Das Gegenteil ist der Fall: Sie zerstören das Tal, sie haben die Luchse getötet, und nichts im Wald ist ihnen heilig.«

»Ja, das ist in der Tat sehr eigenartig«, sagte Rupert. »Aber es dürfte einen Grund geben, den wir nur nicht kennen. Die Kelten jedenfalls hatten große Ehrfurcht vor der Natur. Ich brauche dir schließlich nicht zu erklären, dass ihre Götter Hirschgeweihe trugen, sie Höhlen für Zugänge zur Unterwelt hielten und dass sie ihre Heiligtümer in Baumhainen errichteten. Aber genug jetzt mit der wissenschaftlichen Debatte«, rief Rupert aus: »Wir haben Wichtigeres zu tun. Legt los, ihr keltischen Übersetzer!«

Es war eine mühevolle Nacht, durch die sie sich kämpfen mussten. Zweimal kam Erik herauf, um nach ihnen zu sehen. Es sei alles ruhig, richtete er von Schubart aus, und sie hätten alles vorbereitet, soweit es etwas zum Vorbereiten gab. Gegen Mitternacht brachte ihnen einer der Mönche, Odo mit Namen, dunkles Roggenbrot und Ziegenkäse; auch einen warmen Tee hatte er dabei.

»Alles ist anders geworden über Nacht«, sagte er und wusste nicht, ob er darüber klagen oder sich freuen sollte. »Zum ersten Mal in vierunddreißig Jahren, die ich in Waldbronn lebe, fällt heute Nacht die Matutin aus. Und was fast noch gewichtiger ist: Pater Rupert lässt es zu, dass man Essen in seine Bibliothek trägt. Früher hätte er jeden mit einem Knüppel aus der Tür geprügelt, wenn nur die geringste Gefahr bestanden hätte, dass ein Krümel auf eines seiner kostbaren Bücher fällt. Tempora mutantur!«, rief Odo und machte sich auf den Weg zurück in die Küche, die ihre Kommandozentrale geworden war. Auch Ragnar hatte sich einmal heraufgewagt in dieses Heiligtum der Bücher, das ihm fremd war, vor dem er aber durchaus Respekt hatte. Arthur hatte ihm über den Kopf gestrichen und gemurmelt: »Glaubst du, wir schaffen es?«

Und Ragnar hatte sich mit den Vordertatzen gegen die Tischkante gestellt, um die Unordnung der vielen Bücher und Blätter zu betrachten. »Wenn jemand es schafft, dann ihr«, meinte er dann. »Und egal wie es ausgeht, es ist gut.«

Gegen vier Uhr morgens nickte Marie ein. Immer schwerer wurden ihre Lider, und irgendwann hatte sie nicht mehr die Kraft, sie wieder zu öffnen. Vielleicht eine Minute lang saß sie schlafend aufrecht auf ihrem Stuhl, dann sank ihr Oberkörper langsam nach vorne, und ihr Kopf blieb auf dem Wörterbuch vor ihr liegen, zwischen E wie Erde und H wie Haus. Arthur musste lächeln, wie Marie im Schlaf noch leise einige Worte murmelte, die aber niemand verstand. Von der Sitzbank im Erker holte er ein Kissen, hob Maries Kopf leicht an und schob es ihr unter. Ihre Schlafposition blieb unbequem genug.

Wie lange war es her, dass er jenes wohlige Gefühl in seinem Bauch gespürt hatte, wenn er an Marie dachte? In den letzten Tagen hatte er sich mit Marie nur gestritten, oder zumindest war keine Zeit gewesen, sich an ihr Lachen zu erinnern. Nun plötzlich, da er sie wie ein Kind schlafen sah, spürte er es wieder, diesen Wunsch, ihr nahe zu sein, ihre Wärme zu spüren, mit der Hand durch ihre Haare zu gehen. Wenn dies alles vorbei sein würde, dann würde er diesem Gefühl Raum geben, versprach er sich. Und er hoffte, dass dies bald der Fall sein würde.

Es wurde spät hell, erst nach sieben Uhr. Als Odo bereits wieder mit dem Frühstück erschien, entschieden Arthur, Julius und Rupert, dass sie ihre Arbeit vorerst beenden, Marie wecken, das Frühstück einnehmen und dann das Ergebnis ihrer Übersetzung zusammenlegen würden. Elf Seiten hatten sie geschafft, gerade ein Fünftel, und sie hatten nicht den Eindruck, entscheidend weiter gekommen zu sein. Die Buchstaben tanzten schon vor ihren Augen, so müde waren sie. Aber dann hatten sie ihre Bruchstücke doch untereinander gelegt. Und so lautete der Text in ihren Worten:

Von der Art, mit den Bäumen zu sprechen.
Am Anbeginn der Zeiten war nichts außer uns
Das Leben hob an
Durch uns allein
Das Tier noch Äonen entfernt
Der Mensch ein Traum nicht einmal
Wir haben die Erde besiedelt
Wir haben allem den Weg bereitet.
Grün ist die Welt
Wir durchziehen die Erde
Wir wachsen gen Himmel
Wir prägen die Welt.
Ohne uns könnte das Tier nicht sein
Ohne uns könnte der Mensch nicht atmen.
Wir schaffen den Odem, der alles belebt.
Am Anbeginn stehen wir und ohne uns wäre nichts.
Größer als jeder Bau eines Tieres,
mächtiger als alles, was der Mensch erschaffen.
In Jahrtausenden zählt das Alter der Ältesten unser.
Langsam sind unsere Atemzüge
Den Takt der Zeit, wir geben ihn vor.

Es war eine Ode an die Pflanzen und vor allem an die Bäume, mit dem das Buch anhob, aber so wahr es klang, was in diesen Zeilen zum Ausdruck kam, es war doch nicht das, was die Gefährten suchten. Stunden hatten sie damit verbracht, die Zeilen zu übersetzen, und waren doch nicht weiter als zuvor. Über mehrere Seiten führte die Lobpreisung hinweg.
Doch dann nahm der Inhalt allmählich einen anderen Verlauf, und alle drängten sich jetzt um Arthur, der die schwierigen archaischen Zeilen holpernd vorlas.

Erde, Wasser, Licht, Luft.
Das sind die Elemente, aus denen wir leben.
Das sind die Stoffe, die uns wachsen und gedeihen lassen.

In die Erde graben wir unsere Wurzeln.
Das Wasser durchströmt uns wie heilendes Blut.
Das Licht verwandelt alles.
Es wärmt die Welt, es weist den Weg, es wurzelt das Leben darin.
Die Luft ist das Nichts, das alles enthält.
Mit diesem Geist also kommet zu uns.
Zu flüchtig sind eure Laute für uns.
Wir müssen wandeln in eurer Zeit.
Beschleunigt das Licht in dunkler Zeit,
Sprecht zu uns durch das Licht.
Dann wachen wir auf, dann wachen wir auf.
Das Licht ist die Sprache, die wir verstehen.

Die vier schauten sich ratlos an. Hatten sie wirklich richtig übersetzt? Bei vielen Zeichen waren sie sich alles andere als sicher: Das Wort ›Geist‹ beispielsweise gab es in den Listen überhaupt nicht, und sie hatten nur geraten; und auch viele Beziehungen in den Sätzen waren letztlich von ihnen nur angenommen, aber nicht gesichert. Zum Beispiel hätte es genauso gut heißen können: ›Sprecht zu uns bei Licht‹ oder vielleicht sogar ›Das Licht spricht zu uns‹. Zumindest wussten sie jetzt, dass das Licht der Schlüssel war, um Zugang zu den Bäumen zu erhalten. Aber Licht fiel jeden Tag auf die Bäume, und welches Licht genau gemeint war und wie sie es einsetzen sollten, das blieb rätselhaft. Doch sie waren müde und erschöpft, und sie brauchten dringend eine Pause, bevor sie sich an die restlichen Seiten machen konnten, aus denen womöglich mehr Klarheit erwuchs.
»Wir sollten den Text in der Gemeinschaft besprechen«, schlug Arthur vor, »es kann durchaus sein, dass jemand eine Idee hat, wie die Sätze zu verstehen sind.«
»Das Licht soll die Bäume wecken«, sagte Julius grübelnd zu sich selbst. »Und es soll ihren Rhythmus beschleunigen. Das ist eine seltsame Vorstellung – wie könnte das nur gehen?«
»Wir könnten es einfach ausprobieren«, schlug Marie vor. »Womöglich handelt es sich um eine Art Morsealphabet, das die Bäume verstehen. Dreimal kurzes Lichtzeichen bedeutet zum Beispiel ›Hallo Eiche‹ oder so ähnlich.« Sie schmunzelte.
»Sehr witzig«, meinte Julius, »aber die Idee ist nicht schlecht.«
»Auf jeden Fall sollten wir keine Zeit verlieren und die anderen gleich zusammenrufen«, sagte Pater Rupert, der sich ein Gähnen nicht verkneifen konnte. »Wenn wir die Bäume noch zu Hilfe rufen wollen, dann müssen wir uns sputen.«
Arthur nickte. »Du hast Recht. Wir sind kaum weitergekommen, und die Zeit drängt. Es wundert mich sowieso, dass Zoller nicht längst zur letzten Schlacht angetreten ist.«
Als sie sich eine Viertelstunde später wieder im Kapitelsaal vereinigten, sah Arthur erst, welch kleiner und doch auch armseliger Haufen sie waren. Auch die anderen

wirkten müde, bis auf Ragnar, Barten und Schubart, die es verstanden, immer mal wieder einige Minuten zu schlafen und daraus genügend Kraft schöpften. Die Menschen besaßen diese Eigenschaft nur in geringem Maße. Arthur fühlte sich entmutigt und ratlos, und diesen Eindruck machten auch alle anderen.
Ragnar ergriff als erster das Wort, nachdem Julius die Übersetzung aus dem Buch der Bäume vorgelesen hatte. »Bedenkt, dass diese Zeilen vermutlich vor fast dreitausend Jahren geschrieben wurden. Damals habt ihr Menschen noch in Hütten aus Holz und Lehm gelebt; alles, was ihr brauchtet, kam direkt aus der Natur. Und es gab außer dem Feuer noch kein künstlich erzeugtes Licht. Die Sonne war die einzige Lichtquelle, und nach ihr richteten sich alle Pflanzen – die Bäume bildeten im Frühjahr neue Blätter, wenn die Sonne kräftiger schien, und sie hörten auf, die Luft zu filtern, wenn die Sonne unterging. Daran müssen wir denken, wenn wir überlegen, wie wir das Licht einsetzen sollen, um die Bäume auf uns aufmerksam zu machen.«
Ursula nickte. Sie kannte sich unter ihnen allen am besten aus mit dem Leben der Pflanzen und sagte: »Es soll in manchen Wüsten, wo die Bäume sehr langsam wachsen, Kiefern geben, die fünftausend Jahre alt werden. Für diese Bäume ist das Leben eines Menschen kaum mehr als ein Wimpernschlag. Wie sollten sie darauf achten, welche vergänglichen Worte diese Menschen von sich geben? Sie hören sie gar nicht, weil sie solche Geschwindigkeiten nicht wahrnehmen können. Ein Jahr ist ihnen wie uns ein Tag. Wenn sie aus ihren eigenen Sphären zu uns herabsinken sollen, dann müssen wir dafür sorgen, dass sie zumindest für kurze Zeit unseren Rhythmus annehmen – dass auch ihnen ein Tag wie ein Tag vorkommt. 365 Sonnenaufgänge und 365 Sonnenuntergänge an einem Tag, so sieht ihr Tag aus.«
Jetzt schaltete sich Franziska ein. »Du meinst, wir benötigen das Licht überhaupt nicht, um mit ihnen zu sprechen, sondern nur, um sie auf uns aufmerksam zu machen?«
»Das könnte ich mir vorstellen«, sagte Ursula. »Was tun wir, wenn wir uns Lebewesen auf anderen Planeten verständlich machen wollen? Wir senden Signale in den Weltraum, entweder in Form von Funkwellen oder eben in Form von Licht. Wir reden nicht ›Lichtisch‹, aber die Strahlen würden ausreichen, damit die anderen uns bemerken. Die Verständigung selbst würde anders funktionieren – wie, das könnte man erst entscheiden, wenn der Kontakt zustande gekommen ist.«
Allen erschien das nachvollziehbar. »Und wie schaffen wir es, 365 Tage in einen einzigen zu packen?«, fragte Barten. »Das hört sich irgendwie verrückt an.«
»Wir sollten es trotzdem sofort ausprobieren«, antwortete Arthur entschlossen. »Wer weiß, wie viel Zeit wir noch haben. Kommt, wir tragen Feuerholz hinaus und versuchen, dem Wald Lichtzeichen zu geben.«
»Das ist zu gefährlich«, mahnte Julius. »Wir wissen nicht, wann Zoller das Kloster gefunden haben wird. Wir sollten auf keinen Fall mehr das Kloster verlassen.«
»Aber es ist unsere einzige Chance, die Bäume als Verbündete zu gewinnen. Wir brau-

chen sie, denn ohne sie wird Zoller leichtes Spiel mit uns haben. Und Schubart steht auf dem Kirchturm, und Ragnar hat das beste Gehör von uns allen – wir werden Zoller und seine Krieger rechtzeitig hören, wenn sie durch den Wald anrücken.«
»Wieso bist du so sicher, dass Zoller nicht wieder einen seiner Tricks anwendet und uns alle überrascht?«, fragte Julius.
»Vielleicht tut er das. Aber eines ist sicher: Zoller muss zu Fuß herkommen – und das werden wir rechtzeitig bemerken.«
Alle schwiegen einen Moment. »Trotzdem sollten wir das Buch erst bis zum Ende übersetzen«, schlug Julius vor. »Im Moment können wir nur raten und ausprobieren – das Buch gibt uns womöglich Gewissheit.«
Arthur schüttelte den Kopf. »Diese Zeit haben wir nicht mehr – in wenigen Stunden könnte es schon zu spät dafür sein.«
»Dann sollten wir einen Baum nehmen, für den wir uns nicht in Gefahr begeben müssen«, insistierte Julius. »Wir können die Methode am Magnolienbaum im Kreuzgang oder am kleinen Apfelbaum vor meiner Zelle ausprobieren.« Er schmunzelte. Wie konnte er sich nur anmaßen, von seiner Zelle zu sprechen?
Aber Arthur war damit nicht einverstanden. »Wir brauchen einen wirklich alten Baum, vielleicht brauchen wir sogar einen richtigen Wald; das junge Gemüse wird uns, wenn es klappen sollte, nicht viel verraten können. Wir müssen das Risiko eingehen und zumindest die Linde vor dem Klostertor wählen. Sie ist mit Abstand der älteste Baum im weiten Umkreis.«
»Die Gefahr ist zu groß, Arthur!«, bestand Julius auf seiner Einschätzung. »Das ist Wahnsinn, was du vorhast.«
Aber Arthur setzte sich durch. »Ich bin mir sicher, dass es nur dort funktionieren kann. Ich werde deshalb hinausgehen, niemand muss mich begleiten.«
Julius gab sich geschlagen und seufzte. »Gut, dann sei es eben so. Aber alle anderen bleiben im sicheren Kloster.«
Ragnar nickte. »Genau. Nur Arthur und ich werden hinausgehen und das Licht entfachen. Ich habe die besten Instinkte und werde spüren, wenn etwas geschieht.«
»Ich werde ebenfalls mitgehen«, warf Erik ein. »Und ich will keinen Protest hören.«
»Lauter Dickschädel!«, rief Marie und schüttelte den Kopf.
Aber Erik hatte Recht, alle waren wichtig – während Erik und Arthur den Kontakt zu den Bäumen suchten, konnte sich Ragnar auf die Umgebung konzentrieren, die Ohren spitzen und das Gelände sichern. Er würde hören, wenn sich Männer näherten. Und sie würden Zeit haben, ins Kloster zurückzukehren.
Arthur holte seinen Bogen und den Köcher, Erik nahm das Schwert mit, das Kilian mitgebracht hatte – eine andere Waffe gab es im Kloster nicht. Einen Jutesack mit Holz trug er auf dem Rücken. Bruder Wilhelm hatte ganz kleine Spachtel dazugelegt, so dass das Feuer leicht zu entzünden sein würde. Er ging mit ihnen bis zur Pforte und schob den Riegel zurück. Ragnar drängte als erster hinaus und schnupperte in den

Wintertag hinaus. Alle Wolken waren über Nacht weggezogen, und heller Sonnenschein lag über dem Tal. Es war der erste schöne Tag seit dem Wetterumschwung, seit der herrliche Herbst direkt in tiefsten Winter übergegangen war. Der Himmel war nun von einem stählernen Blau, und der Schnee funkelte, als bestünde er aus lauter Diamanten. Die Bäume warfen lange Schatten in das unberührte Weiß, und manchmal löste sich Schnee in der Wärme der Sonne von einem Tannenast und fiel mit einem leisen Geräusch zu Boden. Es war ein Tag, an dem dunkle Gedanken keinen Platz zu haben schienen, so schön war der Wald und so freundlich wirkte die Welt.
Ragnar schnüffelte lange in die Luft und stellte die Ohren auf. Er sah etwas beunruhigt aus, als er sich nach einiger Zeit zu den anderen umdrehte, die noch immer an der Pforte standen und auf ein Signal von ihm warteten.
»Ich rieche nichts, und ich höre nichts, was verdächtig ist. Dennoch kommt mir die Sache seltsam vor.«
»Wie meinst du das?«, fragte Erik nach.
»Ich kann es nicht sagen. Ich bin mir sicher, dass niemand in der Nähe ist, der uns gefährlich werden könnte. Und doch habe ich den Eindruck, dass etwas nicht stimmt.«
»Dann sollten wir im Kloster bleiben. Ich vertraue deinem Gefühl unbedingt«, sagte Erik.
Aber Arthur machte einen energischen Schritt nach draußen. »Ich möchte es wenigstens versucht haben«, sagte er. »Die Linde ist keine dreißig Schritte von der Pforte entfernt. Was kann uns schon passieren – in fünfzehn Sekunden sind wir wieder im Kloster.« Er nahm seinem verdutzten Vater das Holz ab und machte sich durch den Schnee auf den Weg zu dem alten Baum, dessen dicke hornige Äste wie riesige Schlangen wirkten, die sich dem Himmel entgegenstreckten.
Ragnar und Erik schauten sich kurz an und marschierten dann hinter Arthur her. »Ragnar, du passt auf die Umgebung auf«, schärfte Erik dem Luchs ein. »Ich gebe uns zehn Minuten, dann kehren wir ins Kloster zurück. Ich habe kein gutes Gefühl.«
Ragnar nickte. Er ging einige Schritte den Weg entlang, den sie von Ursulas Hütte heruntergekommen waren, stapfte dann durch den hohen Schnee in den Wald hinein und wanderte etwas das Tal hinab. »Es scheint in Ordnung zu sein«, sagte er, »aber beeilt euch.«
Arthur hatte sich bereits direkt unter der Linde auf die Knie niedergelassen und räumte den tiefen Schnee an einer Stelle mit den Händen weg. Er bereitete das Feuer vor – zuerst legte er drei Hölzchen parallel zueinander auf den Boden, dann drei Hölzchen um neunzig Grad versetzt darüber, dann zwei größere Scheite ganz zuoberst.
Erik stieß das Schwert mit der Spitze in den Boden und ging neben ihm in die Hocke, sah sich aber immer wieder zu Ragnar um. »Hast du eine Idee, wie wir vorgehen sollen?«, fragte er dann Arthur.

»Wir machen das Feuer möglichst groß, würde ich sagen. Es muss möglichst hell sein.«
Erik nickte, war aber nicht wirklich überzeugt. Arthur sah ihn an. »Ihr habt Recht, vermutlich wird das nicht funktionieren, und wir nehmen ein hohes Risiko auf uns. Vor allem ist es an einem so hellen Tag wie heute schwer, das Licht eines Feuers zur Geltung zu bringen. Aber ich würde es mir nie verzeihen, wenn wir eines Tages erfahren würden, dass wir den Schlüssel in der Hand hatten und ihn nicht genutzt hätten.«
»Dann legen wir los«, sagte Erik und nahm die Streichhölzer, entzündete einen Span damit und schob ihn unter die kleinen Scheite. Das Holz war gut gelagert und schön trocken – es dauerte keine zwei Minuten und die Scheite hatten Feuer gefasst. Arthur legte das ganze Holz, das sie mitgebracht hatten, auf den Stapel. »Jetzt müssen wir kurz warten, bis alles gut brennt.«
Erik stand auf und zog Arthur zu sich herauf, fasste ihn an den Schultern und schaute ihm ernst ins Gesicht. »Arthur«, sagte er dann, »ich wollte dir schon lange etwas sagen, aber bisher hatte ich nie Gelegenheit dazu.«
Arthur schaute ihn fragend an.
»Ich bin sehr stolz auf dich«, sagte Erik schließlich, »auf dich und auch auf Julius. Ihr habt die Liebe, die ich für den Wald empfinde, übernommen, und ich kann gar nicht ausdrücken, wie sehr ich mich darüber freue. Es ist, als wäre etwas sehr Wichtiges von mir auf euch übergegangen, das mich überdauern wird. Das hat etwas sehr Beruhigendes. Dafür wollte ich euch danken.«
Arthur war noch immer überrascht. »Warum sagst du das? Du hast mir die Liebe zum Wald doch beigebracht. Wie sollte ich mich nicht um ihn kümmern?«
»Das ist nicht selbstverständlich. Viele Kinder tun gerade das Gegenteil von dem, was ihre Eltern wollen. Du bist nicht nur meinem Weg gefolgt, sondern hast den Wald so stark zu deiner Heimat gemacht, wie es mir nicht gelungen ist. Du bist weiter gegangen als ich. Es tut einem Vater gut zu sehen, dass seine Kinder aus dem gleichen oder sogar aus einem besseren Holz geschnitzt sind als er selbst.«
Arthur nickte zum Zeichen, dass er verstanden hatte. »Danke, dass du das sagst. Ich hätte mir keinen besseren Vater als dich vorstellen können. Ohne dich hätte ich das alles nicht kennenlernen dürfen.« Er zeigte mit ausgebreiteten Armen um sich. »Was könnte es Schöneres auf der Welt geben. Ich würde alles tun, um das Heiligental vor dem Untergang zu bewahren.«
»Ich auch«, sagte Erik. »Und ich möchte dir deshalb noch etwas sagen. Sollte mir irgendwann etwas geschehen, dann sollen du und Julius wissen: Egal, wohin ich gehen werde, ich werde bei euch sein. Am Bach auf der Sommerwiese werde ich sein, und ich werde das Wasser dieses Mal nicht überqueren, das verspreche ich euch. Ich werde euch weiter auf eurem Weg begleiten, und wenn ihr einmal Rat braucht und nicht weiterwisst, dann denkt daran, dass ich da bin. Setz dich einfach unter einen alten

Baum, und wir halten einen Plausch, wie wir das schon oft gemacht haben. Ich werde dich hören auf meiner Wiese, und gemeinsam werden wir eine Lösung finden, oder?«
»Natürlich werden wir das«, antwortete Arthur. »Aber ich möchte nicht, dass du so redest. Wir werden immer zusammen bleiben, Erik. Wir werden das Forsthaus wieder aufbauen, und wir werden noch oft gemeinsam durch den Wald ziehen. Ich freue mich schon darauf, an einem warmen Tag mit dir und Julius und Ragnar und Barten oben am Wasserfall zu sitzen, und wenn es uns zu heiß wird, dann springen wir in die Gumpen, wie wir beide es früher gemacht haben. Und vielleicht verträgst du dich irgendwann sogar wieder mit Franziska. Das wäre schön, wenn wir wieder eine richtige Familie wären.«
Erik nickte. »Ja, das wäre schön.«
Das Feuer hatte nun das ganze Holz erfasst, und die Flammen züngelten weit über einen Meter hoch. Im hellen Sommerlicht erkannte man sie allerdings nur vage; vielmehr sah man meist nur die heiße Luft flirrend aufsteigen. »Ich hoffe, es wird funktionieren«, sagte Arthur und nahm den braunen Umhang ab, den er sich von Bruder Wilhelm geliehen hatte. Er breitete ihn aus, griff sich mit beiden Händen je eine Ecke und wirbelte ihn in der Luft über dem Feuer so umher, dass die Flammen für einen Moment abgedeckt waren, wieder zum Vorschein kamen und wieder unter dem Umhang verborgen wurden.
»Ihr Bäume«, schrie Arthur nun, »wir rufen euch an in großer Not. Wir bitten euch, seht das Licht, das wir euch senden, und spürt, wie das Jahr sich beschleunigt für euch. Bitte, tut uns den Gefallen, uns Menschen und Tiere anzuhören. Wir brauchen eure Hilfe und euren Rat.«
Arthur schwang den Umhang so schnell über das Feuer, dass er bald ins Schwitzen kam vor Anstrengung. Fragend schaute er Erik an, doch der schüttelte nur den Kopf. Erik hatte in die Linde hinein geschaut und suchte an ihrem Stamm und ihren Ästen nach einem Zeichen. Doch nichts geschah. Die Linde verharrte unbeweglich, nicht einmal ein einziger Ast zitterte leicht. Und nichts und niemand sprach.
»Wir müssen es nachts versuchen«, sagte Erik dann. »Der Schein des Feuers ist nicht hell genug.«
Doch Arthur wollte nicht aufgeben und ließ den Umhang weiter kreisen, bis ihm die Arme beinahe vor Schmerz den Dienst versagten. »Bitte!«, schrie er noch einmal, als könne er die Bäume damit erweichen. »Ihr müsst uns helfen!«
Dann ließ er den Umhang sinken, und in seiner Enttäuschung merkte er nicht, dass ein Zipfel in die Glut des Feuers gerutscht war und sofort anfing zu brennen. Erik riss an der Decke, doch es war zu spät – in wenigen Sekunden fraß sich das Feuer durch den Stoff, bis Erik ihn fallen lassen musste. Arthur war wieder auf die Knie gesunken – er war völlig außer Atem, und er fühlte sich so leer.
»Was sollen wir nun tun?«, wollte er fragen.
Doch in diesem Augenblick brüllte Ragnar, der etwa zehn Meter von ihnen entfernt

am Waldrand aufgepasst hatte, so laut er konnte: »Rennt! Rennt! Rennt um euer Leben!«

Erik und Arthur hatten keine Zeit mehr, Ragnars Aufforderung nachzukommen. Bis sie begriffen hatten, dass etwas nicht stimmte, war es zu spät. Zwischen ihnen und der rettenden Klosterpforte entstand plötzlich ein Nebel, der zuerst nur wie ein leichter Schleier in der Luft lag, sich dann aber immer stärker verdichtete, dunkler wurde und Konturen annahm. Helme und lange braune Haare schälten sich aus dem Nebel heraus, Schwertschneiden, die in der Sonne blitzten, und Gesichter, die ihnen nur allzu vertraut vorkamen. Arthur erkannte den langen hageren jungen Mann, neben dem er hinter Ursulas Hütte gekauert hatte, ohne von ihm gesehen worden zu sein. Er erkannte Viktor und Oskar, die ihre Männer um sich scharten, kaum dass sie Gestalt angenommen und wieder bewegungsfähig waren. Und er erkannte Karl Zoller, der nun eine dunkle Lederhose, ein dickes wollenes Wams und darüber einen Brustpanzer trug, wie er für die römischen Truppen in der Spätzeit des Kaiserreiches typisch war. Irgendwann dürfte Zoller diesen Panzer einem römischen Soldaten abgenommen haben, dachte Arthur, und nun erschien ihm wohl der rechte Moment, diesen vorzüglichen Schutz einzusetzen. Den goldenen Torques hatte Zoller nicht abgelegt, sondern nur angehoben, als er den Panzer anlegte – bei jeder Bewegung schlug der Reif gegen das Metall, was einen seltsamen hellen Klang ergab, der Arthur einen Schauer über den Rücken jagte. Wie ein Totenglöckchen, dachte er.

»Sie sind nicht zu Fuß gekommen«, hauchte Arthur nun, der erkennen musste, welchen gewaltigen Fehler er begangen hatte. »Zoller hat die Zeitspirale in Gang gesetzt und in der Zeit auch den Ort getauscht. Wie konnte ich nur so dumm sein: Mit der Figur kann man sich nicht nur in der Zeit, sondern auch im Raum bewegen. Das hätte ich wissen müssen. Das hätte ich doch wissen müssen.«

Er zog seinen Bogen über den Kopf und griff den ersten Pfeil aus dem Köcher. »Schnell, Erik, zurück hinter die Linde«, rief er und gab seinem Vater einen leichten Schlag gegen die Brust, um ihn aus seiner Erstarrung zu lösen. Mit einem Satz zogen sie sich in den Schutz des mächtigen Stammes zurück.

Aber die Kelten hatten die drei Gefährten längst entdeckt. Sie waren vielleicht dreißig, und darunter waren Männer, die Arthur noch nicht gesehen hatte. Aber es blieb Arthur keine Zeit, darüber nachzudenken. »Riegel bilden«, schrie Zoller. Seine Augen funkelten vor Freude. Er brauchte vor allem den jungen Wiegand, denn ohne ihn würde der Widerstand in sich zusammenbrechen. Ohne den Herrn des Waldes, der erneut so kläglich versagt hatte. Die anderen würden sich leichter fassen lassen. Und dass er Arthur nun in einer Lage vorfand, in der sich dieser selbst kaum schützen konnte und in der kaum jemand da war, ihm beizustehen, hätte besser nicht sein können. Schnell musste Zoller nun sein, das war ihm klar. Arthur durfte keine Gelegenheit haben, die Figur zu benutzen.

Doch daran dachte Arthur gar nicht. Er war viel zu verwirrt und viel zu wütend wegen seines Fehlers, um einen klaren Gedanken fassen zu können. In welche Situation hatte er nur alle hineinmanövriert, musste er unablässig denken. Nur seinem Sturkopf war es anzulasten, dass sie alle drei in Lebensgefahr schwebten. Er hatte es vermasselt, weil er darauf fixiert gewesen war, seinen Plan, mit den Bäumen zu reden, umzusetzen. Er hätte Ragnars Skepsis ernst nehmen müssen. Schreien hätte er können vor Zorn über seine Dummheit und über seine Hilflosigkeit, in der er sich nun befand.

Die keltischen Krieger bildeten einen gewaltigen Haufen, und sie zogen sich nun auseinander und stellten sich so auf, dass eine mehrreihige Kampflinie entstand, die undurchdringlich war – der Rückweg ins Kloster war abgeschnitten. Sie hatten dieses Mal nicht nur ihre Schwerter dabei, sondern auch Speere, um auf einige Entfernung kämpfen zu können. Wie ein Spalier dünner Bäume sahen sie aus, diese Speere. Wie ein kleiner undurchdringlicher Wald.

Zumindest Ragnar hatte geistesgegenwärtig gehandelt und schloss sich, einen weiten Halbkreis nach hinten durchlaufend, Erik und Arthur wieder an. Geduckt lag er hinter dem Stamm im Schnee. »Wir können versuchen, in den Wald zu entkommen«, rief er. »Aber der Laubwald ist licht und gibt wenig Deckung. Und im tiefen Schnee sind wir nicht sehr schnell.«

Doch Zoller ließ ihnen keine Zeit, über einen Plan nachzudenken. Einige Männer sicherten die Seiten und den rückwärtigen Raum – sie sollten Alarm schlagen, falls es wider Erwarten doch Angreifer aus dem Kloster oder aus dem Wald geben sollte. Die anderen Männer machten sich daran, auf die drei versprengten Gefährten loszumarschieren. Ariokan blieb, mit Viktor und Oskar als Verteidiger, nahe dem Klostertor stehen. »Angriff!«, rief Zoller, und die Krieger setzten sich in Bewegung – nicht in geordneter Formation, wie es römische Truppen vermutlich getan hätten; vielmehr lösten sich die Reihen schnell auf, und jeder stürmte in seiner Geschwindigkeit auf die Linde zu, hinter der sich drei Gefährten verschanzt hatten. Deren letzte Sekunden schienen angebrochen.

Wie heiße Lava floss das Blut durch Arthurs Adern. Er musste sich beherrschen, um dem inneren Drang, einfach wegzurennen, nicht nachzugeben. Er hätte es sogar getan, wenn er eine Chance gehabt hätte, zu überleben. Flucht ist keine Schande; sie ist manchmal die einzig wahre Möglichkeit des Handelns. Aber er wollte nicht mit einem Speer im Rücken sein Leben aushauchen. Wenn er schon sterben musste, dann im Kampf; dann wollte er zumindest das kleine Heer Zollers etwas dezimieren, um den Gefährten im Kloster zu helfen bei der Verteidigung.

Er schoss den ersten Pfeil ab. Doch die keltischen Krieger hatten dazugelernt; sie trugen ihre Lebensglut nicht mehr an der Seite, wo Arthur sie vielleicht hätte treffen können. Vielmehr war sie am Gürtel im Rücken befestigt, und das hieß, unerreichbar für Arthur. Erik hatte das Schwert mit beiden Händen umfasst; auch er war bereit zu kämpfen, obwohl er wusste, dass er wenig ausrichten konnte gegen diese Übermacht, die nicht von dieser Welt war. Arthur hatte einen halben Schritt hinter dem Stamm hervor gemacht, um seine Pfeile besser abschießen zu können. Er hoffte, dass sie die Krieger zumindest für Augenblicke aufhalten könnten. Vielleicht gab ihnen das die Zeit, dass noch ein Wunder geschah.

Doch das Wunder blieb aus, und das Schlimmste geschah.

Ein jüngerer Kelte rannte jetzt auf Arthur zu. Im Lauf hob er seinen Speer, blickte ohne eine Gefühlsregung Arthur an und war keine fünf Meter mehr von ihm entfernt, als er den Speer auf seine tödliche Reise schickte. Es gab keinen Zweifel, dass dieser Speer sein Ziel treffen, Arthurs Brust durchbohren und ihn in die Anderswelt entführen würde. Keine Sekunde mehr, und es würde soweit sein. In genau diesem Moment ertönte ein gellender Schrei über den Vorplatz des Klosters, wie ihn nur ein Mensch in größter Gefahr oder in größter Verzweiflung ausstoßen konnte. Arthur sah im allerletzten Augenblick, dass Marie es war, die das Portal des Klosters weit aufgestoßen hatte und nun völlig ungeachtet des Kampfes hinausrannte und mit ansah, wie der Krieger seinen Speer abstieß. Sie schrie und schrie, dass sogar der junge Kelte ganz kurz innehielt und über seine Schulter nach hinten blickte, um sich zu vergewissern, dass dieser Schrei keine Gefahr für ihn bedeutete.

Dann warf er.

Dieser winzige Moment des Zögerns hatte ausgereicht, dass Erik zu einem gewaltigen Sprung ansetzen konnte. Weit stieß er sich ab, ließ unterwegs das Schwert fallen und griff mit beiden Händen nach vorne, als wolle er einen unsichtbaren Gegenstand aus der Luft fangen. Lange schwebte er, sich seitwärts neigend, durch die Luft, und es war lange genug, damit er die Flugbahn des Speeres kreuzen konnte und die Waffe nicht Arthur traf, sondern Erik. So heftig bohrte sich der Speer in Eriks Fleisch, dass der Schaft zitterte. Wie ein schweres Stück Holz donnerte der Körper Eriks zu Boden. Er rührte sich nicht mehr.

»Vater!«, schrie Arthur, der nicht glauben konnte, was die Wirklichkeit ihm zeigte. Er achtete nicht mehr auf die Krieger, sondern blickte auf den leblosen Körper direkt zu seinen Füßen. Er selbst müsste dort liegen, müsste tot sein, und seine Seele wäre unterwegs durch den Tunnel, unterwegs zur magischen Sommerwiese. Doch nun war es sein Vater, der sich für ihn geopfert und die letzte Reise angetreten hatte. Arthur fühlte, wie eine Kälte sich in ihm ausbreitete, als liege ein Eiskern in seiner Brust, der mit jeder Sekunde wuchs und in alle Regionen seines Körpers hineinwuchs.

In diesem Moment stürmten die Gefährten aus der Klosterpforte, allen voran Kilian und Franziska, deren schwarze Haare wie bei einer rachsüchtigen Amazone im Wind flatterten, gefolgt von Barten und allen Mönchen und Brüdern. Selbst Abt Bruno war zum Eingang gekommen, und jeder trug einen kleinen Wassereimer bei sich. Ein Scharmützel entstand, wie es die Kriegsgeschichte noch nicht gekannt hat. Der Überraschungseffekt lag nun auf Seiten der Gefährten; von hinten stürmten sie heran und warfen das Wasser in den Rücken der Feinde. Fast ein Dutzend der Krieger löste sich auf, und Barten riss von zweien das Glutkästchen mit der Schnauze herunter und tunkte es in den Schnee, wo das Feuer verlöschte. Ungläubig fasste sich einer der Kelten noch auf den Rücken, in der Hoffnung, er könne das Kästchen davor bewahren, eine Beute Bartens zu werden. Ganz groß waren seine Augen, und gewaltig die Todesangst, die sich darin spiegelte. Dann war er verschwunden. Der junge Krieger, dem Arthur an Ursulas Hütte in die Augen geschaut hatte, brachte sich dagegen mit einem beherzten Sprung in Sicherheit. Ihm gelang es, dem feuchten Tod zu entgehen. Julius hatte sich, nachdem er den Eimer von sich geworfen hatte, seine Schleuder gegriffen; und es gelang ihm sogar, bei einem Krieger die Schachtel des Lebens so genau zu treffen, dass sie durch den Aufprall des Kieselsteines in alle Winde zerstob. Ein gewaltiges Durcheinander entstand, alle Ordnung löste sich auf. Nur zwei behielten den Überblick: Zoller und Ragnar.

»Packt das Mädchen«, schrie Zoller. Er hatte gesehen, dass Marie in dem Tohuwabohu durch die Lücke gerannt war, die durch die verschwundenen Krieger entstanden war. Viktor und Oskar, die einzigen lebenden Kelten außer Zoller, stießen sofort nach vorne und nahmen das Mädchen von hinten in die Zange. Marie hatte keine Chance. Währenddessen drängten die übrigen Gefährten zurück zur Klosterpforte. Sie hatten keine Wassermunition mehr und würden keine zweite Gelegenheit bekommen, sich so überfallartig über die Krieger herzumachen.

Ragnar erfasste die Situation in weniger als einem Augenblick. Gleich würden Viktor und Oskar Marie abführen. Gleich würden sich die Reihen der Krieger wieder schließen und ihnen den Weg ins rettende Kloster ein zweites Mal versperren. Und gleich würden die Gefährten die Pforte erreicht haben und die Tür verschließen. Schon machte ein Teil der Krieger Anstalten, sich zu sammeln und den Flüchtenden nachzusetzen. Es war ausgeschlossen für Kilian und die anderen, den Eingang offen zu halten, obwohl Arthur, Ragnar und Marie noch draußen waren – sie hätten sonst alles verloren.

Ragnar packte Arthur, der über Erik zusammengesunken war und nichts mehr erfasste von dem, was um ihn herum vorging, unsanft im Genick. Er biss ihn in den Nacken und zwang ihn mit einem heftigen Ruck, sich herumzudrehen und ihn anzusehen. Seine Stimme war so kalt und aggressiv, wie Arthur sie bei Ragnar noch nie gehört hatte. »Du stehst jetzt auf und rennst um dein Leben hinüber zum Kloster. Hast du verstanden?« Und als Arthur noch immer nicht richtig reagierte, biss er ihn noch einmal, heftiger. »Ich sage dir: Renn! Sonst wirst du meine Zähne richtig kennenlernen.«

Wie in Trance kam Arthur auf die Beine. Er wusste nicht mehr, was er tat. Er fühlte nur den Schmerz, der keinen Namen hatte, und der in ihm wütete, als würde ein rasendes Tier ihm seine Eingeweide herausreißen. Er wünschte sich nichts anderes mehr als augenblicklich selbst zu sterben. Aber er hatte keinen Willen mehr und war unfähig, selbständig zu handeln. Er schnappte sich Eriks Trapperhut, der umgedreht einen

Meter entfernt von dem Toten lag; im Fallen war der Hut weggerollt, und die dunkel gestreifte Sperberfeder war abgeknickt. Dann tat er, was Ragnar ihm befahl. Er setzte sich in Bewegung und rannte über den Vorplatz. Doch der Luchs und der Junge kamen nicht weit. Viktor und Oskar versperrten ihnen den Weg, und Viktor überließ Marie, die wild um sich schlug und versuchte, den Männern in die Hand oder den Unterarm zu beißen, seinem Freund Oskar, der sie von hinten mit eisernem Griff umklammerte und wie immer grinste. Viktor war nun frei, Ragnar und Arthur anzugreifen. Doch statt sein Schwert auf sie herabsausen zu lassen, schwang Viktor es nur einmal elegant durch die Luft, um ihnen zu demonstrieren, wie leicht es für ihn wäre, sie zu töten. Dann sagte er, leise, aber deutlich vernehmbar zu Arthur: »Du hast uns im Wald betrogen, als du uns vorgespielt hast, Cernunnos zu sein. Dafür hättest du den Tod verdient. Aber auch du hättest uns damals töten können, als wir auf Knien vor dir lagen und den Kopf neigten vor dem scheinbaren Gott. Wir Kelten sind gerecht und erweisen der klugen List des Feindes die Ehre. Tut so, als würdet ihr mich angreifen – und ihr könnt passieren.«

Ragnar verstand sofort. Aus dem Stand sprang er Viktor an die Brust, und der strauchelte und fiel hinterrücks zu Boden. Ragnar schaute kurz auf Marie, die die Situation beobachtet hatte. Gab es eine Möglichkeit, sie Oskar zu entreißen? Aber Viktor gelangte schon wieder auf die Beine, und Ragnar sah in dessen Augen, dass er ihnen keine zweite Gelegenheit geben würde, zu entfliehen. »Geht«, stieß Marie heftig atmend hervor, »es ist besser, ihr beide lebt, als dass wir alle drei sterben. Geht!« Ragnar wandte seinen Blick ab. Er kam sich schäbig vor, aber er wusste, dass er keine andere Wahl hatte. Die Natur war unbarmherzig, und so blieb er bei seiner Entscheidung, mit Arthur zur Klosterpforte zu hasten, auch wenn dies den bittern Momenten dieses Tages einen weiteren hinzufügte.

»Jetzt sind wir quitt«, murmelte Viktor, als Ragnar und Arthur an ihm vorüber rannten. »Das nächste Mal sind wir wieder Feinde auf Leben und Tod.«

Als letzter drängte gerade Pater Rupert durch die Pforte. Es war erstaunlich, mit welcher Leichtigkeit und welchem Mut er an dem Ausfall teilgenommen hatte. Zu anderen Zeiten und mit einem anderen Geist hätte es Rupert durchaus zum Krieger bringen könnten. Oft sind es nur die Umstände und die eigenen Gedanken, die einen im Leben hierhin oder dorthin treiben und einen jungen Mann zu einem Kartäuser oder einem Ritter machen. Was also ist der Mensch, da doch so viele Möglichkeiten in ihm schlummern?

Als Rupert sah, wie Ragnar und Arthur heranstürmten, denen sich ein halbes Dutzend Krieger an die Fersen geheftet hatte, da kam der Mönch noch einmal heraus, und er packte Arthur an dessen Oberarm und zog ihn mit einem Ruck zu sich und durch die Pforte hindurch. Ragnar rettete seine Sprunggewalt – und Kilian, der schon hinter der Tür bereit gestanden hatte, schlug die Pforte mit brachialer Gewalt zu, damit nur kein Kelte mehr sein Schwert oder sein Bein dazwischen schieben konnte. Er legte den

Riegel um, und Pater Odo und Michael hängten die zwei schweren Balken wieder in die Kerben in der Klostermauer ein, die ein Aufbrechen der Tür von außen fast unmöglich machten. Zusätzlich stützten sie die Pforte mit Balken, die sie unter die Querhölzer stießen und in Löcher in der Erde einhakten, die sie zuvor ausgehoben hatten. Für den Moment waren sie sicher.
Niemand sprach ein Wort. Alle waren hinter der Pforte stehen geblieben – wie Geister sahen sie sich an, wie Geister fühlten sie sich. So leer, so flüchtig wie der Wind.
»Was ist mit Erik?«, fragte Franziska schließlich, die ihrem Sohn ins Gesicht gesehen und dessen Verzweiflung erkannt hatte. »Wo ist er?« Sie schrie fast, weil eine düstere Ahnung sie überkam. Sie hatte vermutlich nicht gesehen, was passiert war; aber tief in ihr drin wusste sie es.
Ragnar antwortete nicht. Und Arthur schüttelte nur leicht den Kopf, um anzudeuten, dass es keine Hoffnung gab. Dann drehte er sich um und ging zur Klosterkirche hinüber, deren Tür weit offen stand. Arthur wollte allein sein, denn er hielt es mit sich nicht aus – wie hätte er es mit anderen aushalten sollen? Und er wollte sehen, was Zoller mit dem Körper Eriks tun würde. Würden die Kelten ihn liegen lassen oder mitnehmen? Und was war mit Marie? Er empfand es als zusätzliche Bitternis, dass er nicht einmal am Leichnam weinen durfte, dass er den Körper jenen überlassen musste, die ihn getötet hatten. Langsam stieg er den Kirchturm hinauf, seine Beine waren schwer wie Blei, und sein Kopf konnte keinen klaren Gedanken fassen. Sollten sie ihn auch fassen und töten; es war ihm egal. Sollten sie das Tal fluten und alles zerstören; es kümmerte ihn nicht. Er hatte nicht einmal mehr Tränen; er war nur noch Schmerz.
Vom Turm aus sah Arthur, dass Zoller seine Männer anwies, Leitern zu bauen. Erik lag noch immer neben dem Stamm der Linde im Schnee, in sich verkrümmt, als wolle er die große Wunde mit seinem eigenen Körper umschließen. Doch der große rote Fleck, der den Körper umfloss und den Schnee schmolz, ließ keinen Zweifel daran, dass diese Wunde nicht mehr heilen würde. Nie mehr, bei niemandem, der Erik je geliebt hatte.
Schubart kam zu ihm hoch geflogen. Sie wusste, dass es keine Worte gab, die jetzt trösten konnten, zumal sie selbst im Mark erschüttert war und des Trostes bedurft hätte. »Geh hinunter, kleiner Arthur«, sagte sie deshalb nur sanft. »Julius und Franziska warten auf dich. Sie brauchen dich jetzt. Ich passe hier auf.«
Arthur nickte nur schwach. »Was werden sie mit Marie tun?«, fragte er noch, aber so leise, dass Schubart es nicht verstand. Er hatte Marie nicht mehr gesehen auf dem Vorplatz. Aber das musste nichts bedeuten, denn vom Turm aus konnte er nicht den gesamten Außenhof übersehen.
Franziska und Julius saßen auf der Steinbank in der Brunnenstube, als er in den Kreuzgang kam. Julius hatte den Kopf auf Franziskas Schoss gelegt und die Augen geschlossen. Es schien fast, als schlafe er; doch sein ganzer Körper wurde von Zuckungen durchbebt, die zeigten, dass alles in ihm in größtem Aufruhr war.

Arthur trat heran, doch er konnte sich nicht entschließen, sich neben seine Mutter zu setzen. »Ich bin schuld, dass er tot ist«, sagte er endlich. »Ich hätte nicht darauf dringen dürfen, hinauszugehen. Ich hätte wissen sollen, dass Zoller immer für eine neue List gut ist. Ich hätte uns alle nicht in Gefahr bringen sollen.«
Doch Franziska streckte nur ihren Arm aus und zog Arthur heran. »Komm her, Arthur«, sagte sie. »Du bist nicht verantwortlich für seinen Tod. Es sind die keltischen Krieger, die uns diesen Kampf aufgezwungen haben. Sie allein müssen sich dafür rechtfertigen. Du hast versucht, uns zu retten.«
Arthur nickte. Er kniete sich vor Julius nieder, der noch immer schluchzte und völlig außer sich war.
»Julius, ich muss dir etwas Wichtiges sagen«, meinte Arthur und rückte so dicht an seinen Bruder heran, dass sie sich an der Stirn berührten.
»Jetzt weiß ich, dass Erik geahnt hat, dass er sterben würde. Ein paar Minuten vorher hat er mit mir gesprochen wie noch nie zuvor. Ich soll dir ausrichten, hat er mich gebeten, dass er immer bei uns sein wird, wo immer er auch sein möge. ›Ich werde euch auf eurem Lebensweg begleiten und meine Hand über euch halten‹, hat er gesagt. Vielleicht hat er Recht: Er ist nicht tot, nur unsichtbar.« Doch dann übermannte auch ihn der Schmerz. Und es blieb nichts, was er noch hätte sagen können.

9. Flucht über den Damm

Sie hatten nicht viel Zeit, Erik zu betrauern. »Wir werden die Totenfeierlichkeiten nachholen, wenn wir in Sicherheit sind. Dies verspreche ich«, hatte Ragnar gesagt, der die Führung übernahm, solange Arthur nicht dazu fähig war.
Das Licht der Nachmittagssonne schien durch die bemalten hohen Fenster der Kirche auf sie alle herab; wie warm das Licht wirkte, und wie kalt ihnen doch allen war.
Ragnar wandte sich an Arthur, der abseits in einer Kirchenbank Platz genommen hatte und eng neben Julius saß.
»Arthur, was ist mit der Figur?«, fragte Ragnar. »Sie muss uns helfen.«
Mechanisch schob Arthur seine Hand unter sein Gewand und holte die Figur hervor. Auch jetzt fühlte sie sich warm an, und doch ging von ihr kein Trost aus, als Arthur das Band über den Kopf zog, die Figur in beide Hände legte und sie anschaute.
»Nimm du sie wieder«, sagte Arthur schließlich, »ich brauche sie nicht mehr. Ich wünschte, Zoller würde mich in dieser Sekunde vernichten.«
»Du solltest nicht so reden«, sagte Ragnar sanft. »Wir alle trauern um Erik, doch Marie ist noch immer in Lebensgefahr. Es ist unsere Pflicht, ihr zu helfen. Wenn alles vorbei ist, soll jeder den Weg suchen, den Schmerz zu bewältigen, der ihm zu gehen möglich ist.«
Abt Bruno hatte sich mit seinen Mönchen in den Altarraum zurückgezogen. Sie feierten gerade wegen der Gefahr einen kurzen Gottesdienst. Wann, wenn nicht jetzt, brauchten sie den Beistand Gottes? Sie stellten sich in einem Halbkreis auf, senkten die Köpfe zum Zeichen der Demut und hoben an, einige Lieder zum Preise Gottes zu singen. »Herr, meine Zeit steht in deinen Händen«, sang Pater Rupert mit seiner schönen Tenorstimme, und die anderen antworteten ihm: »Nun kann ich ruhig sein, ruhig sein in dir.«
Arthur ließen diese Worte kalt. Es gibt Momente im Leben, in denen nichts mehr hilft und in denen keine Hoffnung mehr besteht. Aber dann dachte Arthur plötzlich an die Worte seines Vaters, der ihm versprochen hatte, ihn nicht zu verlassen. Und als er sich an ihr Erlebnis auf der Wiese jenseits des Tunnels erinnerte und als er ihre Pläne, die sie geschmiedet hatten, noch einmal im Geiste durchging, da keimte ein kleiner Schimmer auf. Er dachte über diese Möglichkeit nach, die ihm soeben in den Sinn gekommen war. Ja, sagte er sich. Es könnte tatsächlich funktionieren. Ja, es gab eine Chance, seinen Vater wiederzusehen. Schon bald.

Und Rupert sang: »Gib mir ein festes Herz, mach' es fest in dir.«
Arthur hängte Ragnar die Figur um den Hals und sagte: »Du hast Recht, Ragnar. Wir müssen Marie helfen. Wir könnten die Tierfigur und den Turmalin einsetzen – vielleicht schaffen wir es zu zweit, Marie loszubinden und ins Kloster zurückzukehren.«
»Die Steine machen euch nicht unverwundbar«, warf Franziska ein. »Das Unglück ist schon groß genug. Ich lasse dich nicht noch einmal hinaus, Arthur. Du bleibst hier.«
Arthur schaute sie mit großen Augen an. Es war das erste Mal seit langer Zeit, dass seine Mutter ihm etwas befohlen hatte. Seit sie Erik verlassen hatte – wie seltsam sich dies jetzt anhörte –, hatte Franziska immer auf Augenhöhe mit ihm gesprochen und ihn höchstens um etwas gebeten. Nun war sie zurückgekehrt in ihre Mutterrolle. War sie auch zurückgekehrt zu ihren Söhnen, fragte sich Arthur in diesem Moment. So hatte sich Arthur ihre Rückkehr jedenfalls nicht vorgestellt, dachte er mit Bitterkeit. Aber das Leben ist so. Man kann noch so sehr planen und alle möglichen Wechselfälle bedenken, das Leben schafft es immer, einen zu überraschen – im positiven wie im negativen Sinn.
»Gibt es denn keine Möglichkeit, vorauszusehen, was Karl Zoller plant?«, fragte Ursula schließlich.
Arthur zuckte mit den Schultern. »Ich weiß nichts davon. Aber wir erahnen kaum, welche Kräfte tatsächlich in den Figuren schlummern. Wir wissen so wenig über sie.«
»Könntest du nicht einen Trank brauen, der die Krieger Zollers in Kartoffeln verwandelt?«, fragte Julius. Es sollte zynisch klingen. »Dann könnten wir sie ernten, weichkochen und den Schweinen geben.«
Ursula musste schmunzeln angesichts der Vorstellung, dass die Krieger draußen zu Gemüse erstarren würden. Dann sagte sie: »Das könnte ich, denn so etwas Ähnliches gibt es in der Tat. Man muss nur Baldrian, Hopfen, das Passionsblumenkraut und noch einige andere geheime Kräuter zusammenrühren, und schon schlafen alle, die den Tee getrunken haben, wie Babys. Man muss sie nur noch einsammeln.«
Weiter kamen sie in ihrem Gespräch nicht. Denn draußen war nun ein Lärm zu hören, der nichts Gutes verhieß. Zollers Männer schienen im Anmarsch zu sein.
»Sie sind über die Mauern«, schrie Schubart, die zu den durchsichtigen Kirchenfenstern hochgeflattert war. »Sie sind jetzt im Kloster.«
»Dann sind wir in der Kirche gefangen«, meinte Michael. »Wir müssen uns verdammt noch mal bald etwas einfallen lassen.«
Der Geruch von Rauch drang in die Kirche. Die Mönche hatten zu singen aufgehört, und Bruder Rupert holte in der Sakristei eine kleine Leiter, mit der er normalerweise die hoch hängenden Kerzen für den Gottesdienst entzündete. Nun stieg er vor einem kleinen Seitenausgang auf die Leiter und versuchte, durch das kleine Oberfenster über der Tür zu schauen. Er wollte selbst sehen, was geschah.
Der Rauch kam über den Kreuzgang von Küche und Refektorium herüber. Diese Räume lagen dem Eingang am nächsten, und vermutlich hatte Zoller zuerst dort nach

seinen Feinden gesucht. Nun ließ er alles in Brand stecken, um sie wie Füchse aus ihrem Bau zu treiben.

»Die Häuser brennen gut«, sagte Abt Bruno, und es lag keine Spur von Sarkasmus oder gar Resignation in seiner Stimme. »Alles ist aus Holz im Inneren. Bald wird das ganze Kloster brennen.«

»Es tut mir leid, Abt Bruno, dass wir so viel Unheil über euch gebracht haben«, sagte Arthur. »Schlimmer hätte es auch für euch nicht kommen können.«

»Was glaubst du, Arthur, was wir hier jahrzehntelang üben, worüber wir jeden Tag meditieren? Dass wir am Besitz festhalten und ihn als wichtigstes Gut ansehen sollen?« Abt Bruno lächelte. »Nein, natürlich nicht«, gab er sich selbst zur Antwort. »Wir lernen, dass äußerer Besitz wertlos ist und oft nur Ballast. In diesem Kloster haben Generationen von Kartäusermönchen eine religiöse Aura geschaffen, einen heiligen Ort – und insofern ist es schade um das Kloster. Und ich hoffe, dass sie wenigstens die Bibliothek verschonen, denn dort ist geistiger Besitz aufbewahrt, dessen Wert unermesslich ist. Aber wenn es Gottes Wille ist, das Kloster zu vernichten, dann müssen wir diesen Ratschluss akzeptieren. Letztlich besteht das Kloster aus Steinen. Und Steine gibt es genug in diesem Tal. Wir bauen das Kloster wieder auf, und wenn wir das Geld dazu nicht haben, dann bauen wir nur ein paar einfache Zellen. Vielleicht ist es sogar ganz gut, dass wir den Bequemlichkeiten der großen Anlage endlich mal für einige Zeit entkommen.«

Bruno lächelte noch einmal, und Julius staunte über so viel Gleichmut.

»Und jetzt«, sagte Abt Bruno weiter, »ist es wohl an der Zeit, dass wir verschwinden.« Michael schaute ihn verblüfft an. »Verschwinden? Wie meinen Sie das, Abt Bruno?« Auch Ragnar hatte aufgehorcht und trat einige Schritte näher an den Abt heran, der am Rande des niedrigen Podestes stand, das den Altarraum von Kirchenschiff trennte, und die Hände gefaltet hielt, als wolle er nun anheben, am Schluss des Gottesdienstes der Gemeinde den Segen zu spenden, auf dass Gott jedes einzelne Gemeindemitglied auf seinen Wegen behüte und beschütze.

Stattdessen machte Bruno aber eine Bewegung mit beiden Armen, mit der er alle einlud, zu ihm zu kommen.

»Nach dem Bauernkrieg, in dem sieben Mönche dieses Klosters den Tod gefunden hatten, war mein damaliger Vorgänger der Meinung, man müsse einen Stollen bauen, um im Notfall unbemerkt das Kloster verlassen zu können. Der Eingang liegt direkt unter dem Altar.«

Alle drängten sich nun heran, um zu sehen, worauf Bruno zeigte. Der Altar bestand aus einem großen bearbeiteten Stein, dessen ebene Oberseite als Tisch diente. Nach unten verjüngte er sich, und zahlreiche Blattornamente waren an der Vorderseite eingemeißelt worden. Hinter dem Tisch stand das große Christuskreuz mit dem Erlöser, dessen Kopf zur Seite geneigt und dessen Augen geschlossen waren. Trotz der vielen Wunden, die er trug, schien Jesus nur zu schlafen. Und es war, als würde er bald auf-

wachen und sagen: ›Viel zu lange habe ich geschlafen. Jetzt wird es Zeit, dass ich bei den Menschen mal nach dem Rechten sehe.‹
Ihre Aufmerksamkeit wurde nun auf den schweren Gitterrost gelenkt, der vor dem Altar in den Boden eingelassen war. Bruno rief zwei Brüder herbei, die mit den Händen in die teils rostigen Stäbe hineingriffen und versuchten, den Rost herauszuheben. Aber er rührte sich keinen Millimeter.
»Es ist schon lange her, dass wir zum letzten Mal den Gang inspiziert haben«, erklärte Abt Bruno. »Ich war damals noch Novize, und das liegt fast fünfzig Jahre zurück.«
Der Brandgeruch wurde nun immer stärker, und selbst durch die hohen Fenster waren nun Rauchschwaden zu erkennen, die vom Wind nach Osten getrieben wurden. Auch das Dachgebälk des angrenzenden Kreuzgangs hatte Feuer gefangen. Von allen Seiten drangen Schreie ins Innere der Kirche. Den Kriegern schien es eine Lust zu sein, die Räume zu durchsuchen, alles Wertvolle nach draußen zu schleppen und dann die Zimmer zu verwüsten oder ein weiteres Feuer in Gang zu setzen. Auch wenn sie dadurch ihr eigentliches Ziel – die Gefährten zu fassen – für kurze Zeit außer Acht ließen, schritt Zoller nicht ein. Er wusste, dass man in einem Kriegszug nur dann Disziplin erreichte, wenn die Männer hin und wieder die Möglichkeit erhielten, ihre Aggressionen auszuleben. Wer ständig vom Tode bedroht war, stand unter gewaltigem Druck. Und dieser Druck durfte sich nun entladen, indem die Männer das Kloster plünderten und zerstörten. Wobei keine Reichtümer zu finden waren: Außer den Gegenständen, die für die Liturgie verwendet wurden, gab es nichts materiell Wertvolles im Kloster. Das Ideal der Armut ließ persönlichen oder gemeinsamen Besitz nicht zu.
Das große Fenster oberhalb des Eingangs der Kirche zerbarst nun unter der enormen Hitze, die vom Kreuzgang her auf es eingewirkt hatte. Mit einem lauten Knall platzte das Glas, und die Scherben fielen klirrend in der Kirche zu Boden.
»Beeilt euch«, rief Abt Bruno den beiden Laienbrüdern zu. Diese stoben davon, um in der Sakristei nach etwas zu suchen, das sie als Brechstange oder zumindest als Hebel einsetzen konnten.
Pater Rupert war in der Zwischenzeit auf den ersten Platz des Chorgestühls niedergesunken, das den gesamten Altarraum umspannte. Sein Blick ging durch das zerstörte Fenster nach draußen, wo er direkt in die Hölle starrte: Zwanzig Meter hohe helle Flammen loderten aus dem Gebäude, das sich hinter dem Kreuzgang erhob. Der Dachstuhl war bereits vom Feuer zerfressen, alle Fenster ausgeschlagen, und die Außenseiten waren schwarz vom Russ. Zwischen den riesigen Flammen flatterten unzählige weiße Blätter durch die Luft, die, sobald sie vom Feuer erfasst wurden, kurz auflloderten und als Asche zu Boden sanken.
»Die Bibliothek«, hauchte Rupert nur, als sei damit alles gesagt. Tränen liefen an seinen Wangen hinab, und er schämte sich nicht dafür. Er hatte die Bibliothek während seiner gesamten Zeit im Kloster unter den Fittichen gehabt. Er hatte die Bestände neu katalogisiert und geordnet, er hatte wichtige fehlende Bücher nachgekauft, so-

fern es das Geld erlaubte, und er hatte Abertausende der Bücher gelesen und ihren Inhalt aufgesogen. Sehr viele kannte er so gut, dass er auswendig hätte sagen können, in welchem Regal sie standen und wie ihr Einband aussah. Nun verbrannte in einer Stunde zu Asche, was Mönche über mehr als eintausend Jahre hinweg zusammengetragen hatten. So weit war er also in seinem Streben nach Erlösung noch nicht, dachte sich Rupert nun, als dass er diesen Verlust einfach hinnehmen konnte. Viele der Bände waren Unikate gewesen, es gab sie nirgendwo anders mehr auf dieser Welt. Nie wieder könnte jemand nachlesen, wie die Gesetze der bretonischen Redonen gelautet haben, die ein römischer Soldat nach der Eroberung Galliens aufgezeichnet hatte, welche Briefe Bonifatius, der das wieder keltisch geprägte Christentum von England nach Deutschland brachte, nach Hause geschickt hatte, und wie die Namen der Götter lauteten, die man auch im Heiligental vor dreitausend Jahren verehrt hatte.

Und nur Pater Rupert dachte wohl in diesem Moment daran, dass nicht nur all die vielen tausend Bücher der Bibliothek sich in Hitze, Licht und Asche verwandelten, sondern auch das kleine Büchlein, das ihnen hätte verraten sollen, wie man mit den Bäumen spricht. Dieses Mal würde es niemand retten können. Sie hatten es, als sie am Morgen nach unten gegangen waren, auf dem Tisch liegen lassen. Niemand, auch kein Baum, war in der Lage, es von dort wegzuholen. Doch damit wollte Rupert die anderen in diesem Moment nicht behelligen. Es ging darum, ihr Leben zu retten. Alles andere war zweitrangig.

Die beiden Laienbrüder kamen zurückgerannt, einige Metallstäbe mit Hütchen am Ende in den Händen. Mit diesen langen Stangen löschten sie nach den Gottesdiensten die vielen Kerzen. Die Stäbe waren nicht allzu dick und drohten sich schnell zu verbiegen, als die Brüder sie nun in den Spalt an einer Längsseite des Rostes drückten. Kilian und Michael aber kamen ihnen zu Hilfe, und durch die vier Stäbe verteilte sich der Druck besser. Tatsächlich löste sich der Gitterrost etwas aus der Steinumrandung, in die er durch Staub und Rost hineingebacken war. Ein kräftiger Ruck noch, und sie konnten den Rost zur Seite schieben.

In der Zwischenzeit hatte Wilhelm Fackeln geholt, mit denen die Brüder manche Prozessionen der Mönche erhellten. Er entzündete eine der Fackeln und leuchtete damit in den Abgrund hinab, der sich ihnen auftat. Eine Treppe war nicht erkennbar, aber Wilhelm warf die Fackel in die Dunkelheit hinab, und so erkannten sie, dass kaum drei Meter unter ihnen Boden war.

»Schiebt den Rost der Länge nach hinunter«, befahl Abt Bruno. »So haben wir das damals auch gemacht. Er reicht bis zum Grund hinab.«

Tatsächlich war es nun ganz einfach, in den Raum unter dem Chor hinabzuklettern. Schubart huschte als erste hinunter; sie fühlte sich in der Dunkelheit ganz in ihrem Element. Arthur und Ragnar warteten ab, bis die Gefährten, die Mönche, Abt Bruno und die drei Laienbrüder hinabgestiegen waren.

»Jetzt du«, sagte Ragnar schließlich. Aber Arthur zögerte. »Es fällt mir schwer, Marie einfach zurückzulassen. Wir retten unsere Haut und machen nicht einmal einen Versuch, ihr zu Hilfe zu kommen.«

Ragnar nickte. »Mir geht es ebenso. Aber so bitter es ist: Wir wissen nicht einmal, ob sie noch am Leben ist. Es wäre Selbstmord, auf gut Glück hinauszugehen und nach ihr zu suchen.«

Arthur nickte schwach. »Ich weiß. Und trotzdem fühle ich mich wie ein Feigling.«

»Wir haben eine wichtige Aufgabe, daran sollten wir denken. Und wer weiß, vielleicht nimmt Zoller Marie mit, und es tut sich bald eine Gelegenheit auf, sie zu retten.« Ragnar glaubte selbst nicht daran, aber ein besserer Trost fiel ihm im Moment nicht ein.

»Was ist das für eine Aufgabe, die so viele Opfer kostet?«, fragte Arthur. »Das kann nur eine Aufgabe sein, die auch die Sieger zerstört.«

Dann wandte er sich ab und kletterte den Rost hinunter, hinein in die Dunkelheit.

Ragnar ließ sich nach Katzenart die Schräge hinab. Er stützte sich mit den Vorderläufen ab und machte dann zwei kurze Sprünge, schon hatte er den Grund erreicht.

»Helft mir, das Gitter herabzuziehen«, forderte Michael die anderen auf. »Das verschafft uns einen kleinen Vorsprung.« Scheppernd krachte der schwere Rost auf den Boden.

Früher war vermutlich dieser Raum als Krypta benutzt worden, wie es für romanische Kirchen üblich war. Doch die Mönche schienen den Ort schon vor langer Zeit aufgegeben zu haben. Nur undeutlich konnte man noch die Figuren an den Kapitellen erkennen; sie waren im Laufe der Jahrhunderte nie nachgearbeitet worden. An einer glaubte Julius Engel und Teufel zu sehen, die miteinander kämpften; auf einer anderen schien Christus selbst auf einem Thron zu sitzen, zu seinen Füßen knieten Mönche, wie man an den Falten des Gewandes erraten konnte. Ein Altarstein, wie Arthur ihn aus der Bernhardskapelle kannte, fehlte. Überhaupt war die Krypta völlig ausgeräumt.

Abt Bruno, der das fragende Gesicht Julius' sah, antwortete leichthin: »Wir Kartäuser halten nichts davon, schon im Leben ständig dem Tod Raum zu geben. Im Geiste denken wir über den Tod hinaus und bereiten uns auf das ewige Leben vor. Meine Vorgänger haben deshalb ganz praktisch gedacht: Jetzt ist die Krypta der Eingang in den geheimen Stollen.«

Er deutete auf eine niedrige Tür aus Holzplanken, die ihre besten Zeiten ebenfalls schon hinter sich hatte. Eine der Planken war so verfault, dass sie aus ihrer Verankerung gerutscht und zu Boden gefallen war, so dass ein großes Loch in der Tür klaffte.

»Wir haben den Gang nicht instand gehalten, weil wir nicht glaubten, dass wir ihn nochmals benötigen würden«, meinte Abt Bruno. »So kann man sich täuschen.«

»Wohin führt er denn?«, fragte Ursula, die sich furchtlos vordrängte und mit einem Ruck die Tür vollends öffnete. Sie leuchtete mit ihrer Fackel hinein und konnte erkennen, dass nur der Eingang so niedrig war. Nach wenigen Metern erreichte der Gang eine solche Höhe, dass ein Mensch aufrecht darin gehen konnte.

»Das weiß ich nicht«, antwortete Abt Bruno. »Wir sind, als ich das eine Mal hier war, nicht bis zum Ende gegangen. Mein damaliger Abt Kenzo drängte irgendwann darauf, dass wir umkehrten. Aber von der Richtung her müssten wir am heiligen See vorbei Richtung Alb gehen. Die Mönche sind davon ausgegangen, dass ein Angreifer in der Regel das Tal heraufzieht. Also haben sie den Fluchtstollen in die entgegengesetzte Richtung laufen lassen.«

»Aber bedeutet das, dass wir nicht wissen können, ob der Ausgang noch intakt ist?«, warf Barten ein. »Womöglich sind wir dann erst recht gefangen.«

»Das wäre denkbar«, meinte Bruno. »Die Begehung ist ein Risiko. Aber Leben ist immer ein Risiko.«

Er lächelte und schob sich durch den niedrigen Einlass hindurch in den Stollen. Bruder Wilhelm stellte sich neben der Tür auf und überreichte jedem, der vorüberging, eine Fackel, so dass sie genügend Licht haben würden. Ragnar sicherte erneut den Schluss.

Im Gang stützten alle paar Meter schwere Balken, die in den Felsen eingelassen waren, die Decke. Im Gegensatz zu einem modernen Bergwerk, dessen Gänge breit genug waren, um darin Loren fahren zu lassen, bot dieser Tunnel gerade einem Menschen Platz, hindurchzugehen. Ihn zu bauen, muss dennoch mühevoll gewesen sein, zumal in jenen Zeiten, als noch keine Maschinen zur Verfügung standen. Hier am Albtrauf bestand der Untergrund zudem fast ausschließlich aus Stein, und so hatten die Mönche mit Hacken und Brechstangen den Felsen zerkleinern und in Eimern oder kleinen Wannen nach draußen tragen müssen. Arthur wusste nicht, wie lange der Gang war – aber sicherlich hatte es Jahre oder vielleicht sogar Jahrzehnte gedauert, um ihn zu vollenden.

Nach etwa zweihundert Metern endete die Passage, die mit Balken abgestützt war. Vermutlich hatten die Erbauer auf diese Weise den Bereich direkt unter der Klosteranlage zusätzlich schützen wollen. Arthur glaubte nicht, dass man vor fünfhundert Jahren schon berechnen konnte, welcher Druck die Klostergebäude auf den Gang ausübten; aber er täuschte sich vielleicht.

Hinter sich hörte Ragnar nichts; die keltischen Krieger dürften die Krypta also noch nicht erreicht haben. Viel Zeit blieb den Gefährten sicherlich nicht. Er fühlte sich an die Zeit in der Habichtshöhle erinnert, in der er sich wie ein Gefangener vorgekommen war. Er hoffte deshalb nur, dass sie nicht wieder tagelang unter der Erde bleiben mussten.

Das Gehen war schwer im Gang, denn die Mönche hatten sich nicht die Mühe gemacht, jeden Felsbrocken am Boden aus dem Weg zu räumen. Die Gefährten mussten deshalb immer aufpassen, wohin sie ihre Füße setzten. Leicht hätte es passieren können, dass sie über eine Kante stolperten.

Schon nach kurzer Zeit bat Michael um eine Pause. Sein Bein schmerzte; da er mit den anderen mithalten und ihnen nicht zur Last fallen wollte, hatte er es doch sehr be-

anspruchen müssen. Jetzt ging es nicht mehr. Sie alle setzten sich auf einen Felsen oder ließen sich einfach auf dem Boden nieder, um ein wenig auszuruhen.
Ragnar ging einige Meter den Gang zurück, um besser zu hören, falls jemand ihnen folgte. Arthur setzte sich zu ihm; es tat ihm gut, die Nähe Ragnars zu spüren. Denn im Gegensatz zu ihm schien der Luchs sich immer im Griff zu haben und Herr der Lage zu sein. Aber es war eben keine dumpfe Disziplin, sondern die harte Schule des Lebens, die Ragnar so geformt hatte. Arthur dachte an jenen Moment, als er und Ragnar am Rat der Weisen auf die Mörder Lohars gestoßen waren. Selbst da hatte Ragnar den Rachegelüsten nicht nachgegeben. Wäre er ein Mensch gewesen, so hätte man ihn als Stoiker bezeichnen dürfen. Demütig nahm er die Dinge an, ohne deshalb aber passiv zu sein. Er formte sein Leben, wo er es konnte, und er ließ die Dinge geschehen, wo er sie nicht ändern konnte.
Insgeheim suchte Arthur Ragnars Nähe, weil er sich ihm noch verwandter fühlte, seit Erik gestorben war. Auch Ragnar hatte verloren, wen er am meisten liebte. Wenn einer ihn verstand und wenn er sich jemandem offenbaren konnte, dann ihm.
»Glaubst du, sie kommen uns nach?«, fragte Arthur und lehnte sich an das dichte Fell des Luchses, das jetzt im Winter so dick war, dass Ragnar vermutlich nicht einmal in arktischen Gefilden gefroren hätte.
»Ich denke schon«, antwortete Ragnar. »Zoller ist uns so dicht auf den Fersen, dass er uns nicht noch einmal entkommen lassen wird.«
Sie schwiegen, denn keiner von beiden wollte über Zoller reden. Nach einer langen Stille sagte Arthur schließlich: »Glaubst du als Luchs eigentlich, dass jemand all die Geschicke des Waldes und der Welt lenkt? Oder sind es nur Naturgesetze, die ohne tieferen Sinn ablaufen? Machen sich Luchse darüber Gedanken?«
Ragnar sah ihn verwundert an. »Wir Luchse glauben daran, in einer langen Reihe von Ahnen zu stehen. Wir glauben daran, dass die Regeln des Waldes für niemanden paradiesisch, aber für alle am besten sind. Der Wald ist hart, und viele Tiere überleben den Winter nicht. Aber der Wald ernährt uns alle auch und gibt uns Schutz und Behausung.«
Er hielt kurz inne, dann sagte er: »Aber das ist es nicht, was du wissen willst. Oder, Arthur? Du möchtest wissen, wie man überlebt, wenn der Schmerz übermächtig ist. Kann man dann an ein höheres Wesen glauben, das die Seele heilt?«
Arthur nickte.
»Du müsstest es besser wissen als ich. Du warst jenseits des dunklen Tunnels und hast jene Grenze geschaut. Welche Erkenntnis hast du mitgebracht?«
»Ich erinnere mich an nichts. Ich weiß nur, was Erik erzählt hat. Er hat ein Glücksgefühl gespürt, wie er es im Leben nicht für möglich hielt. Aber es hat sich ihm kein Gott gezeigt. Ich bin mir deshalb nicht sicher, ob der Himmel tatsächlich von höheren Mächten bewohnt wird. Aber ich wünschte, es gäbe ein solch allmächtiges Wesen, das alles lenkt. Ich wüsste dann, dass alles seinen Sinn hat. Das würde es leichter machen.«

»Ja, das verstehe ich. Aber ihr Menschen wünscht euch diesen Gott vor allem, damit er euch alles recht macht im Leben. Er soll euch behüten auf all euren Wegen, und das ist verständlich. Aber die Grundregel des Lebens lautet anders, du kannst sie jeden Tag und überall beobachten. Sie lautet: Alles hat seine Zeit, und alles kennt sein Gegenteil. Es gibt gute und schlechte Menschen, es gibt den Sommer und den Winter, es kommt der Morgen und es wird wieder Abend. Alles wird geboren, und alles muss sterben. Wer diese Regel annimmt, erträgt es leichter, wenn die dunkle Seite an Kraft gewinnt.«

»Ja, das sagt sich so einfach«, meinte Arthur, »und ich bin mir sicher, dass du es geschafft hast, stark und demütig zugleich zu sein. Aber ich schaffe es nicht, der Schmerz ist stärker als ich. Ich brauche jemanden, der mir hilft. Ich brauche jemanden, an den ich glauben kann.«

Ragnar stupste ihn mit der Nase an und rieb seinen Backenbart an Arthurs Wange.

»Glaube an dich und gib' dich nicht auf, egal was geschieht«, sagte er dann. »Und glaube, wenn du es möchtest, an euren Gott. Vielleicht gibt es ihn wirklich. Und vielleicht hebt er wirklich alle Gegensätze auf – am Ende des Lebens oder am Ende aller Zeiten. Wir alle, Tiere, Pflanzen und Menschen, hätten es verdient.«

Michael rief herüber, dass die Schmerzen nachgelassen hätten. Angesichts der Gefahr nutzte Arthur die Gelegenheit sofort. »Wir sprechen später weiter«, sagte er zu Ragnar. »Jetzt sollten wir uns beeilen.« Und er rief mit fester Stimme: »Alles auf die Beine! Wir marschieren weiter!«

Der Gang führte nun leicht, aber stetig bergauf. Arthur konnte sich nicht vorstellen, dass der Tunnel kilometerweit in die Erde hineinführen würde. Es war zu mühsam gewesen, den Fels auszuhöhlen; und ein Fluchtstollen diente schließlich dazu, einen Belagerungsring zu untergehen – dazu bedurfte es keiner allzu langen Gänge. Er sollte Recht behalten. Die letzten hundert Meter war der Weg sehr steil, teilweise musste man sich schon an den Felsen festhalten, um nicht wegzurutschen. Aber dann kamen sie in eine große, vermutlich natürliche Felsenhalle, die nach einer kurzen Biegung hinaus ins Freie führte. Wobei: Eigentlich endete der Tunnel nicht im Freien, sondern in einem ziemlich heruntergekommenen Bretterverschlag. Jemand hatte vor den Eingang der Höhle geschickt eine Hütte angebaut. Mittlerweile aber war nicht mehr viel übrig davon: Das Dach war an vielen Stellen eingebrochen, verursacht vielleicht von herabstürzenden Felsbrocken oder von der Schneelast vergangener Winter. Die linke Wand war in sich verdreht und nach außen gekippt; das Dach lag an dieser Stelle gefährlich wacklig auf einem letzten dünnen Balken. Vielerorts war das Holz so verwittert, dass es morsch wirkte; Arthur unterließ es lieber, die Standfestigkeit zu prüfen. Wer wohl in dieser Hütte gelebt hatte?

Die Antwort gab ihnen Abt Bruno, der nach vorne zu Arthur gekommen war und, die Hände in die Seiten gestemmt, einigermaßen fassungslos aussah – so, als hätte er einen seiner Mönche gerade beim Brechen des Schweigegelübdes ertappt.

»Du kennst diese Hütte?«, fragte Arthur.

»Allerdings«, sagte er. »Wir sind früher oft hergekommen. Oft sind wir am Donnerstagnachmittag, wenn die Mönche ihren wöchentlichen Spaziergang machten, heraufgepilgert. Es war ein Höhepunkt in unserem Wochenablauf.«
»Gepilgert?«, fragte Julius. »Was meinst du damit?«
»In dieser Hütte hat einer unserer Mönche, Pater Johannes, fast dreizehn Jahre lang gelebt. Ihm waren selbst die strengen Regeln der Kartäuser nicht streng genug, weshalb er als Eremit in dieser Höhle blieb. Er hat von dem gelebt, was die Natur ihm schenkte: Möhren im Frühjahr, Himbeeren und Blumenkohl im Sommer, Nüsse und Äpfel im Herbst. Nur ein ganz kleines Gemüsebeet hat er sich angelegt gehabt. Und er hat nie gekocht, sondern alles roh gegessen. ›So wie die Menschen vor einer Million Jahren‹, pflegte er immer zu sagen. ›Das ist gesund. Die Entdeckung des Feuers war für die Ernährung der eigentliche Sündenfall‹ – ich höre diesen Satz immer noch in meinen Ohren, obwohl es schon vierzig Jahre her ist.«
Besonders Ursula hatte interessiert den Erinnerungen Brunos gelauscht.
»Wie ging es Johannes damit?«, fragte sie.
»Sehr gut, glaube ich«, antwortete Bruno. »Wir jungen Mönche hingen an seinen Lippen, wenn er redete. Nur für uns brach er sein Schweigegelübde ein- oder zweimal im Monat. Und wir hörten ihm zu und sogen alles auf, wenn er über die innige Liebe zur Muttergottes, über den stillen Weg zu Jesus oder über seinen Einklang mit der Welt sprach. Er liebte diesen Ort über alles und hing doch nicht an ihm – das war die Quintessenz seiner Lehre. Man sollte alles, Menschen, Tiere und Dinge, so sehr schätzen, als wohne Gott in ihnen. Man sollte in jedem Moment seines Lebens bereit sein, seinem Nächsten zu helfen. Doch gleichzeitig sollte man an nichts hängen, sich an nichts klammern und fröhlich alles aufgeben, wenn es die Umstände bedingten oder der innere Weg es einem befahl. Die Dualität allen Seins, das war seine Lehre.« Bruno seufzte ein wenig. »Wir haben ihn bewundert dafür und strebten ihm nach. – Und nun dies!«
»Wie, nun dies?«, fragte Julius, der nicht verstand, was Bruno meinte.
»Ich habe geglaubt, dass Johannes nie ins Kloster gekommen sei in all jenen Jahren. Ich erinnere mich nur einmal, dass er an einer Osternachtliturgie teilgenommen hat. Nun, da ich erkennen muss, dass der Fluchtgang vom Kloster direkt in seine Hütte führt, muss ich davon ausgehen, dass Johannes ihn auch benutzt hat. Darauf deutet im Übrigen auch der Topf hin, der dort in der Ecke vor sich hin rostet. Er trägt eindeutig Spuren von Russ und hat vermutlich nicht nur einmal auf einem Feuer gestanden.«
»Du denkst, Johannes hat den Stollen genutzt, um heimlich ins Kloster zu kommen?«, fragte Ursula und musste in sich hineinschmunzeln. Das wäre eine Askese mit heftigen Rückfällen gewesen, musste sie denken.
»Ja, oder es kam jemand vom Kloster her, um ihm Lebensmittel zu bringen. Das würde auch erklären, warum Abt Kenzo den Stollen nicht bis zum Ende gehen wollte.

Er wollte verhindern, dass wir erfuhren, wohin der Gang führte. Womöglich steckten Kenzo und Johannes unter einer Decke.«
Der Abt musste laut lachen bei dem Gedanken.
»Es ist menschlich, sich ab und zu mal etwas zu gönnen«, warf Ursula ein und stimmte in das Lachen ein.
»Das ist in der Tat so, Ursula«, erwiderte Abt Bruno. »Und meinem Respekt gegenüber Johannes tut das keinen Abbruch. Niemand kennt diese Momente besser als wir Kartäusermönche, in denen wir schwach sind und uns nach Dingen sehnen, denen wir abgeschworen haben. Das Risiko, einer Versuchung zu erliegen, wird mit den Jahren kleiner. Aber es schwindet nie ganz. Du hast völlig Recht, Ursula: Wir sind Menschen. Und auch Jesus hat gesagt: ›Nichts Menschliches ist mir fremd.‹ Man muss milde sein mit seinen Schwächen. Denn sonst wird man hart und streng und manchmal auch verbittert. Und mit dieser Einstellung wird man das Himmelreich nicht finden, da bin ich mir sicher.«
Er schüttelte den Kopf: »Pater Johannes, was für ein Schelm!«, rief er. »Ich liebe ihn dafür nur noch umso mehr.«
Michael war mittlerweile zu einem Baumstumpf gehumpelt, um sich dort niederzulassen. Dabei entdeckte er ein einfaches Holzkreuz, das aus dem Schnee ragte – es sah ebenfalls schon sehr alt aus und stand in starker Schieflage im Boden.
»Ist Johannes hier auch begraben worden?«, fragte er.
»Ja«, antwortete Abt Bruno, »Johannes ist nicht mehr ins Kloster zurückgekehrt. An einem unserer Spaziergänge fanden wir ihn tot in seinem Bett liegen. Er hat gelächelt und sah sehr glücklich aus. Wir haben ihn hier begraben, weil wir uns sicher waren, dass er es so gewollt hätte. Sein Leib ruht hier, seine Seele ist im Himmel. ›Ein Mensch ist wie ein Wassertropfen, der von der Gischt aus dem Meer emporgehoben wird‹, hat er uns oft mit erhobenem Zeigefinger gesagt. ›Für einen Moment nimmt er Form und Gestalt an und meint, er sei einzigartig. Aber der Weg führt immer zurück ins Meer, und dort ist er Teil des großen Ganzen – nie wieder wird es diesen einen Tropfen erneut geben.‹«
»Das ist aber kein besonders christliches Bild«, warf Franziska ein. »Die Christen glauben doch an die Unsterblichkeit der einzigartigen Seele.«
»Ja, mag sein«, antwortete Bruno und lächelte. »Aber die Wege des Herrn sind unergründlich. Und alle unsere menschlichen Vorstellungen vom Himmelreich sind schwache Hilfskonstruktionen. Vielleicht hängen wir Menschen nur einfach zu sehr an unserem Leben und können uns nicht vorstellen, zumindest einen Teil von uns, die Seele, ganz aufzugeben. Aber kann es nicht sein, dass es nichts gibt, was seliger macht, als für immer in den großen Ozean zurückzukehren? Ich bin gespannt darauf, die Lösung zu erfahren.«
Arthur musste lächeln. Es war ihm, als habe Bruno das Gespräch zwischen ihm und Ragnar belauscht und gebe nun in aller Bescheidenheit seine Meinung dazu. Plötzlich

wurde ihm bewusst, wie sehr er diesen alten Mann mochte. Er hatte eine Gelassenheit und eine Weisheit, die es ihm sogar erlaubte, seinen Mönchen Freiheiten zu lassen, die er selbst nicht in Anspruch nehmen wollte. Vielleicht war Bruno gar nicht so weit entfernt von der Seligkeit Johannes', auch wenn dieser einen anderen Weg gewählt hatte. Aber der Wege in den Himmel sind viele, dachte Arthur. Jener von Erik und ihm führte durch den Wald.

»Ich glaube, wir sollten uns wieder um die Gegenwart kümmern«, warf er ein und blickte um sich, als wäre er gerade erst an diesem Ort eingetroffen. »Wo genau sind wir eigentlich?«

Da es Nacht war, konnte man nicht weit sehen, obwohl der Himmel weiter sternenklar war und der Mond zu ihnen herab schien. Die Hütte und die Höhle dahinter waren Teil eines Felsabbruches; vor ihnen fiel der Hang steil ab. Nur ein kleines Plateau hatte Johannes vor der Hütte von Felsen befreit; im Laufe der Zeit hatte sich fester Lehmboden gebildet.

»Wir sind direkt unterhalb des Albtraufs«, antwortete Abt Bruno. »Etwa fünfzig Meter weiter gibt es einen Durchbruch zwischen den Felsen; von dort kann man hinaufgehen auf die Ebene. Dort hatte Johannes auch sein Gemüsebeet angelegt.«

»Dann lasst uns hinaufgehen, bevor Karl Zoller nachkommt. Wir müssen beratschlagen, wie wir weiter vorgehen.«

Sie hatten den Durchschlupf schnell gefunden und kletterten hinauf. Das Mondlicht lag fahl über dem weiten Schnee – wären sie nicht in solcher Gefahr gewesen, so hätte man den Anblick zauberhaft nennen können. Alles war still und glitzerte geheimnisvoll.

»Wir brauchen ein neues Versteck«, ergriff Arthur das Wort, »eines, in dem wir zumindest für kurze Zeit sicher sind. Kennt jemand von euch ein solches Versteck?«

Niemand antwortete sofort. Dann warf Michael ein: »Warum gehen wir nicht doch nach Auen? Vielleicht sind wir gerade dort, wo viele Menschen sind, am besten geschützt. Außerdem könnten wir uns dann endlich erkundigen, wie es Häfner geht. Er wird enttäuscht sein, dass er in all den Tagen nicht ein einziges Lebenszeichen von uns erhalten hat.«

»Da hast du völlig Recht«, antwortete Arthur. »Aber die Stunden der Entscheidung sind nahe, und deshalb sollten wir ein Versteck wählen, von dem aus wir schnell und unbemerkt auf die Burg Hohenstein kommen. Von Auen aus müssten wir an der Baustelle vorbei – das wäre zu gefährlich.«

Michael blieb der Mund offen stehen. »Bist du verrückt?«, fragte er: »Du willst in die Höhle des Löwen gehen?«

Arthur nickte. »Ja, das will ich. Ich glaube, es ist unsere einzige Chance, Zoller zu besiegen, auch wenn ich noch keinen genauen Plan habe. Aber wir sollten versuchen, ihm das Lebenselixier zu stehlen oder es zumindest zu zerstören. Morgen Abend ist Samhain, morgen Abend muss Zoller die Zeremonie durchführen. Außerdem können wir Marie helfen – wenn sie noch am Leben ist, wird Zoller sie bei sich haben. Und es gibt noch einen dritten Grund, und für mich ist er sogar der wichtigste.«

Michael sah, wie Arthur die Tränen in die Augen schossen, und er beeilte sich, zu ihm zu treten und seine große Pranke um Arthurs Schulter zu legen.

»Noch einen dritten Grund?«, fragte er sanft. »Welcher könnte das sein?« Aber er ahnte bereits, was Arthur im Sinn hatte.

»An Samhain öffnen sich die Tore der Anderswelt für eine Nacht. Ich möchte dort sein, wenn Erik zu uns kommt.«

Julius war bei diesen Worten aufgesprungen und stieß Arthur voll plötzlicher Wut so heftig auf die Brust, dass der fast umgefallen wäre. »Wie kannst du so etwas sagen, du Idiot!«, schrie er. »Erik ist tot, und Samhain ist bloß ein keltisches Märchen. Er wird nie zu uns zurückkommen. Hör auf mit diesem Stuss!«

Aber Arthur ergriff die Hände von Julius und zog ihn ganz nah an sich heran. »Mag sein, dass du Recht hast, Julius. Mir ist genauso wie dir zumute, aber ich muss es versuchen. Ich muss einfach sehen, was passiert. Und wo sollen die Toten erscheinen, wenn nicht dort, wo diejenigen Menschen sind, die am meisten an Samhain glauben. Die Kelten, die Burg Hohenstein. Dorthin müssen wir gehen.«

Arthur blickte kurz auf seine Mutter, die ebenfalls Tränen in den Augen hatte. Wie erging es ihr eigentlich, dachte Arthur und schalt sich, dass er sie nie gefragt hatte. Irgendwie hatte er ganz selbstverständlich angenommen, dass ihr Schmerz nicht groß sein würde, denn sie hatte sich freiwillig von Erik getrennt. Aber als er nun in ihre Augen schaute, sah er etwas anderes – eine ganz große Sehnsucht, ein ganz großes Verlangen, ihrem Sohn nachzufolgen.

»Was schlägst du also vor?«, fragte sie. »Ich sehe dir doch an, dass du längst eine Idee hast.«

»Ja, die habe ich tatsächlich«, antwortete Arthur. »Wir müssen dorthin gehen, wo Karl Zoller uns am wenigsten vermutet – an einen Ort, den wir bereits aufgegeben haben, und an einen Ort, der so weit von hier entfernt ist, dass Zoller nicht annehmen wird, dass wir gerade dorthin gehen.«

»Nun sag' schon«, drängte Michael, »du hast ein seltenes Talent, uns alle auf die Folter zu spannen.«

»Ich schlage vor, wir gehen zum Forsthaus zurück – oder vielmehr zu unserer Waldburg. Dort passen zwar nur wenige hinein, aber von dort aus sind wir in zwei Stunden auf der Burg, und Zoller wird nicht annehmen, dass wir mitten durch das Heiligental spazieren, um dorthin zu gelangen. Das ist derzeit der sicherste Ort, glaube ich.«

»Aber wir können doch tatsächlich nicht durch das Tal gehen«, sagte Michael. »Es ist zu gefährlich.«

Arthur schüttelte den Kopf. »Es stimmt, dass noch viele Krieger Zollers irgendwo im Heiligental sein müssen, weil er nicht alle zum Kloster mitgenommen hat«, entgegnete er. »Aber vielleicht haben wir Glück und sie sind nicht auf der Jagd nach uns, sondern

bereiten schon die große Zeremonie vor. Und im Übrigen haben wir die Luchsfigur. Zoller ist durch den Raum gereist. Warum sollten wir das nicht ebenfalls versuchen? Die Figur scheint so viel zu können, von dem wir noch keine Ahnung haben.«
Alle waren einverstanden.
Bis auf Abt Bruno. »Halt«, sagte er, »einen kleinen Einspruch habe ich.«
Arthur schaute ihn erwartungsvoll an.
»Ich werde nicht mit euch ziehen«, sagte Bruno sanft. »Mein Platz ist im Kloster, und als Krieger werde ich euch ohnehin nicht sehr nützlich sein. Ich möchte gerne einige Zeit im Wald verbringen, bis ich sicher bin, dass Zoller abgezogen ist. Dann kehre ich durch den Tunnel zurück und werde anfangen, eine Zelle wieder herzurichten.« Er machte eine kurze Pause und schaute dann einen jeden seiner Mönche und Laienbrüder der Reihe nach an. »Aber jeder von uns ist frei, selbst zu entscheiden. Ich entbinde euch von eurem Gelübde, den Befehlen des Abtes zu folgen.«
Doch niemand erhob Widerspruch, alle stellten sich neben Bruno. Nur Rupert zögerte einen Moment, bis er schließlich sagte: »Ich habe schon länger mehr als ein halbes Bein außerhalb des Klosters gehabt, ehrwürdiger Abt, und ich bin euch dankbar, dass ihr meine Sprunghaftigkeit geduldet habt. Ich möchte mit den Gefährten gehen, wenn ihr es erlaubt – allerdings nur dann, wenn ich, sollte alles gut ausgehen, auch eine offene Tür zurück zu euch vorfinden werde.«
Abt Bruno nickte. »So sei es. Wann immer du möchtest, bist du uns wieder herzlich willkommen.«
»Im Herzen bleibe ich Kartäuser«, sagte Rupert und verbeugte sich tief vor Bruno.
»Auch wir danken euch«, sagte Arthur jetzt, »für eure Gastfreundschaft, für eure Opferbereitschaft, für euer Vertrauen. Wir stehen auf immer in eurer Schuld.«
Doch Bruno lächelte nur und sagte: »Es war mir eine Ehre, einen so hohen Gast wie dich beherbergt zu haben. Kehre wieder, wenn alles ausgestanden ist. Ich bin begierig, am warmen Ofen in der Küche deinen Geschichten zu lauschen.«
»Danke«, sagte Arthur und griff nach Brunos ausgestreckten Händen. »Ich danke euch.«
Dann stellten sich alle, die mit Arthur reisen wollten, im Kreis auf und berührten sich – Arthur hoffte, auf diese Weise den Sprung durch den Raum zu erleichtern, wenn alle miteinander Kontakt hatten. Ragnar sollte die Transformation ausführen, denn er war der rechtmäßige Eigentümer der Luchsfigur. Aber wie sehr sich Ragnar auch bemühte, die Gedanken und mit ihnen die Gefährten auf Reisen vorzustellen, es bewegte sich niemand von der Stelle.
»Vielleicht gibt es einen Trick dabei«, sagte Ragnar schließlich.
»Ja, oder wir sind schlicht zu viele, zumindest für den Anfang«, meinte Julius.
»Mag sein«, antwortete Arthur nachdenklich. Es dürfte tatsächlich wichtig sein, dass Ragnar und er sich noch viel vertrauter machten mit der Figur. Doch auch Arthur scheiterte, als der Luchs ihm schließlich die Figur übergab. Es schien deutlich schwieriger zu sein, den Raum als die Zeit zu überwinden. Das lag wohl daran, dass die Zeit

für die Gedanken noch nie eine große Barriere dargestellt hatte. Die Erinnerung war eines der kostbarsten Güter des Menschen.
Endlich brach Arthur seine Versuche ab, seufzte ein wenig und sagte: »Also gehen wir zu Fuß. Dann nehmen wir aber zumindest den schnellsten Weg, den es gibt.«
»Und der wäre?«, frage Michael misstrauisch.
»Wir gehen über den Kamm der Staumauer. So müssen wir nicht ins Tal absteigen und kommen direkt am Sattel des Hohensteins an; von dort ist es nur noch eine gute Stunde bis zur Waldburg. Wir müssen nur sichergehen, dass nachts niemand auf dem Damm ist – das wird Schubart besorgen, ohne die wir schon öfter ganz schön alt ausgesehen hätten. Wenn unten im Tal Patrouillen laufen, wird uns das nichts ausmachen.«
Michael staunte nicht schlecht, und auch Ragnar war überrascht von soviel Kühnheit. »Du gehst durch die Höhle des Löwen, solange der auf der Jagd ist. Nicht schlecht, mein Freund. Diesen Mut hätten nicht viele.«
»Wer nicht wagt, der nicht gewinnt«, meinte Arthur schnippisch. »Wenn ihr also alle einverstanden seid, dann sollten wir nicht länger säumen.«
Langsam bewegte sich der Zug am Waldrand entlang. Abt Bruno, seine vier verbliebenen Mönche und die drei Brüder schauten ihnen noch einige Minuten nach. Dann beeilten auch sie sich, in der entgegengesetzten Richtung ins Dickicht des Waldes zu kommen. Sie hatten keine Lust darauf, der rasenden Truppe Zollers zu begegnen, die jeden Moment aus Johannes' Höhle stürmen konnte.
Trotz des klaren Himmels war es nicht kalt in dieser Nacht; die Temperaturen lagen wohl nur knapp unter dem Gefrierpunkt. Das Wetter wechselte, und die Anzeichen dafür waren kaum zu übersehen. Tagsüber war auf vielen Tannen und Kiefern der schmelzende Schnee ins Rutschen gekommen und lag nun in kleinen Hügeln um die Bäume herum. Ein Wind ging in den Wipfeln, der wärmere Luft heranführte.
Auf dem Schnee lag nur eine dünne gefrorene Schicht; darunter war er pappig und nass. Das erschwerte ihr Vorankommen sehr. Sie wechselten deshalb bald in den Hang hinein, weil dort unter den Bäumen weniger Schnee lag. Um ihre Spuren etwas zu verwischen, nutzten sie jede Möglichkeit, um auf schneefreiem Terrain zu gehen. Als der Buchenwald ganz in einen Nadelwald überging, mühten sie sich unter den teils tief herabhängenden Zweigen hindurch. Und einmal kletterten sie sogar über eine felsige Abbruchkante. Michael maulte wie üblich leise vor sich und führte Gespräche mit sich selbst; er liebte solche Turnübungen überhaupt nicht.
Es beunruhigte Arthur, dass er nicht sicher sein konnte, ob Zoller und seine Männer wirklich noch hinter ihnen waren. Es wäre ihm lieber gewesen, er hätte den Tross gehört oder in der Ferne Fackeln gesehen. Dann wäre er sich sicherer gewesen, dass sie nicht doch in eine Falle liefen. Karl Zoller beherrschte das Reisen durch Raum und Zeit vermutlich virtuos – er hatte viel Zeit gehabt, es zu üben. Er konnte überall auftauchen. Jederzeit.
Sie widerstanden nach mehreren Stunden anstrengender Wanderung der Versuchung,

einen Abstecher zu Ursulas Hütte zu machen. Sie hätte nur wenig oberhalb auf der Ebene gelegen. Aber die Gefährten hatten keine Zeit. Sie mussten in der Waldburg sein, bevor der Morgen graute.

Kurz darauf kamen sie an der Dammkrone an. Der Hang war völlig verwüstet, links und rechts der Mauer waren alle Bäume gefällt und abtransportiert worden. Eine Schneise der Verwüstung. Von ihrer Position konnten sie den gesamten Verlauf der Staumauer verfolgen; sie blickten von der Seite auf die gewaltige doppelte Wölbung, die die Mauer von unten nach oben und von einer Seite zur anderen machte. Die riesige Blockade erschütterte Arthur; wieder war er fassungslos über die riesigen Ausmaße der Mauer. Unten am Tannenbühl und auch an vielen anderen Stellen im Tal brannten große Scheinwerfer, in deren Licht sie zahlreiche Arbeiter sahen. Anscheinend wurde auch nachts weitergearbeitet. Das verringerte die Wahrscheinlichkeit deutlich, dass sie die Staumauer unbemerkt passieren konnten.

Die Gefährten zogen sich in den Schutz einer alten Weißtanne zurück, deren unterste Äste fast bis auf den Boden reichten und sie unsichtbar machte. Dort warteten sie, bis Schubart von ihrem Erkundungsflug zurückkam.

»Überall im Tal sind Wachen, die an der Staumauer entlang gehen«, berichtete sie. »Am Tannenbühl werden gerade große Turbinen angeliefert und eingebaut, an anderen Stellen bringen Arbeiter irgendwelche Markierungen an der Staumauer an. Sie sind schon verdammt weit. Ich glaube, es wird nur noch wenige Tage dauern, bis das Tal geflutet wird.«

Arthur nickte bedrückt.

»Hast du auch den Weg über den Damm kontrolliert?«, fragte er.

»Natürlich«, antwortete Schubart, »was denkst du denn? Das ist doch das Wichtigste.«

»Na also, dann erzähl schon.«

»An den Einstiegen links und rechts sind Tore angebracht, damit man nicht einfach auf die Dammkrone spazieren kann. Die dürften sich aber überwinden lassen. Menschen habe ich keine gesehen, aber es ist nicht auszuschließen, dass in den Kontrollhäuschen jemand sitzt. An den Geländern sind alle paar Meter Scheinwerfer installiert – im Moment sind sie nicht angeschaltet, wie ihr selbst sehen könnt. Aber wir sollten vorsichtig sein. Wenn irgendjemand etwas Verdächtiges auffallen wird, dürften die Scheinwerfer sofort angestellt werden. Und dann stehen wir mitten auf dem Präsentierteller. – Noch Fragen, Herr Arthur?«

Schubart blickte etwas indigniert auf Arthur, denn sie mochte es nicht, wenn man sie gängelte oder bedrängte. Uhus hatten ihren eigenen Rhythmus, und der der Menschen war Schubart viel zu schnell.

Arthur lachte. »Ja, eine noch: Gibt es Kameras? Wir haben damit schon mal schlechte Erfahrungen gemacht.«

»Gesehen habe ich keine«, sagte Schubart pikiert. Darauf hatte sie tatsächlich nicht geachtet. »Aber das heißt nicht, dass keine da sind.«

»Schubart, du hast deine Sache wie immer gut gemacht«, sagte Arthur und gab sich zufrieden.
Er wandte sich den anderen zu. »Ich schlage vor, wir gehen zusammen in die Nähe des Eingangstores. Von dort schleichen wir in drei kleinen Gruppen einzeln über den Damm. Das ist sicherer – wenn eine Gruppe erwischt wird, können die anderen womöglich noch fliehen.«
Er schaute in die Runde, und alle nickten. »Da es meine Idee war, diese gefährliche Abkürzung zu benützen, werde ich als erster gehen. Michael und Barten begleiten mich, würde ich sagen. Michael braucht mit seinem Bein am längsten, also sollte er bei der ersten Gruppe dabei sein. Franziska, Ursula und Kilian – ihr geht als zweite. Am Schluss kommen Ragnar, Rupert und Julius. Schubart, du darfst auch dieses Mal fliegen. Warte auf uns hinter dem Ausstieg. Und halte die Augen offen!«
»Danke für den Tipp. Von alleine wäre ich nicht darauf gekommen«, murrte der Uhu. Immer diese Menschen mit ihren schlauen Sprüchen.
Und immer diese Tiere mit ihren falschen Vorstellungen. Für Uhus war die Tür am Eingang vielleicht ganz leicht zu umgehen – Menschen taten sich schon schwerer damit. Denn die gut zweieinhalb Meter hohe Metallpforte aus weißen Gitterstäben hatte scharfe Spitzen an ihrem oberen Ende, und zudem war darüber ein Stacheldrahtzaun angebracht. Nach rechts fiel die Staumauer steil ab, so dass man von dort nicht auf die Dammkrone klettern konnte. Und nach links war der Hang komplett mit einem Zaun gesichert, auf dem der Stacheldrahtzaun seine Fortsetzung fand.
Zum Glück gab es Barten. »Das haben wir gleich«, knurrte er und schnüffelte am Zaun entlang, als er mit Arthur und Michael am Zaun angekommen war. Dann fing er an, mit seinen scharfen Krallen ein Loch zu graben. Die beiden Menschen schoben die Erde zur Seite, die Barten herausschaufelte. Die anderen wollten ebenfalls herunterkommen, als sie sahen, dass Arthur Schwierigkeiten hatte, das erste Hindernis zu überwinden. Aber Michael gab ihnen Zeichen, in ihrem Versteck zu bleiben. Es könnte auffallen, wenn zehn von ihnen um den Zaun herum schlichen.
Selbst Barten brauchte eine Weile, um einen Durchschlupf zu graben, der groß genug für Michael war. Am Schluss hatte der Dachs auch eines der kleinen Fundament freigelegt, die den Zaunstangen Halt geben sollte. Arthur gelang es, dieses Fundament und damit auch den Zaun anzuheben; das genügte, damit sich Michael, wenn auch mit einiger Mühe, hindurchzwängen konnte. »Junge, Junge«, meinte er nur gequält, als er gerade eingekeilt zwischen Zaun und Boden lag. »Das ist ja wie bei der Grundausbildung in der Bundeswehr.«
Aber dann hatte er es geschafft, und Arthur ließ das Fundament an seinen alten Platz zurücksinken. Nun war der Weg frei.
»Barten, du hast die beste Nase von uns. Du gehst voran«, befahl Arthur.
Links und rechts war der Dammweg durch eine kleine Mauer begrenzt; darüber war ein einfacher Maschendrahtzaun installiert. Wenn sie sich flach hinlegten, könnten sie

sich vielleicht hinter dem Mäuerchen verbergen. Aber es war unmöglich, die gesamte Wegstrecke robbend zurückzulegen. Sie gingen also einigermaßen geduckt und am Anfang recht langsam, um sich zunächst mit der Örtlichkeit vertraut zu machen. Aber Arthur fiel nichts auf, woraus ihnen eine Gefahr hätte erwachsen können. Und auch Barten schlug vorerst nicht Alarm. Dennoch: Arthurs Bogen war schussbereit.

Nach einigen Minuten sahen sie, dass Franziska, Ursula und Kilian nachkamen. Arthur passierte gerade das erste Kontrollhäuschen, als die Gruppe über das gerodete Stück zum Zaun huschte. Er reckte den Daumen nach oben, um ihnen zu signalisieren, dass alles in Ordnung sei. Aber er war sich nicht sicher, ob sie seine Geste in der Dunkelheit sehen konnten. Michael prüfte währenddessen den kleinen Raum, an dessen Mauern sie für einen Moment Schutz gesucht hatten. Tatsächlich entdeckte er unter dem kleinen Dachvorsprung eine kleine Kamera und machte instinktiv einige Schritte hinter das Häuschen, um aus ihrem Blickwinkel zu geraten. Er zeigte Arthur und Ragnar das Gerät. Doch dann bemerkten sie, dass das kleine rote Licht an der Vorderseite, das normalerweise die Aktivität der Kamera anzeigte, nicht leuchtete. Ob bei dieser Marke die Diode ausschaltbar war oder ob die Kamera in der Tat nicht in Betrieb war, konnten sie nicht feststellen. Seltsam jedenfalls, dass der gesamte Damm derart unbewacht ist, dachte Michael. Vielleicht wiegte sich Zoller in solcher Sicherheit, dass er derlei Aktionen nicht für notwendig hielt. Häfner war weggesperrt, der restliche bürgerliche Widerstand in sich zusammengebrochen – und seine eigentlichen Feinde hetzte er gerade wie angeschossenes Wild durch den Wald. Und im Grunde, so musste sich Michael eingestehen, war es so. Im Moment hatte Zoller das Heft des Handelns in der Hand.

Sie schlichen weiter. Als sie fast in der Mitte des Dammes waren, spähte Michael hinab auf den Tannenbühl, der gut hundert Meter unter ihnen lag. Die gesamte Fläche vor dem Damm, wo bis vor kurzem noch die Obstwiesen Auens gelegen hatten, war nun asphaltiert. Die hohe Mauer, die großen Parkplätze, die gewaltigen Rohre, durch die der Wasserstand im Stausee reguliert werden würde und das langgestreckte Technikgebäude hatten die herrliche Landschaft in wenigen Wochen in eine tote Industriefläche verwandelt, auf der es kein Leben mehr zu geben schien – wenn man vom Gewusel der menschlichen Arbeiter absah. Eine feindliche Welt, dachte Michael, dem es als Förster fast den Magen umdrehte angesichts dieser Wüste.

Ein Geräusch riss ihn aus seinen Gedanken. Er drehte sich um und bemerkte mit einiger Überraschung, dass Franziska ihre Gruppe verlassen hatte und mit schnellem Schritt auf sie zukam. Er machte Arthur und Barten darauf aufmerksam und rief mit leiser Stimme hinüber: »Ist etwas passiert? Alles in Ordnung?« Doch Franziska antwortete nicht, und als sie nur noch zehn Meter von ihnen entfernt war, sah Barten, dass etwas mit ihr nicht stimmte. Sie ging schnell, aber es war manchmal so, als wehre sich das eine oder andere Bein gegen die Bewegung und als würde ihr Körper von kleinen Krämpfen durchschüttelt.

»Was ist los?«, fragte Barten, und als Franziska wieder nicht antwortete, sagte er mit fester Stimme: »Los, geht hinter mir in Deckung. Das gefällt mir nicht.« Arthur und Michael wichen etwas zurück, und Arthur hob zögernd seinen Bogen; sollte er ihn tatsächlich auf seine eigene Mutter richten? Aber Michael hatte Recht: Der Blick Franziskas war nicht der ihre. Er war furchteinflößend in seiner Starrheit. Michael umgriff seinen langen Stab, der ihm als Stütze und Waffe zugleich diente, mit fester Hand.

Franziska war ganz nah herangekommen, und Arthur überspülte eine große Angst, wie er seine Mutter nun vor sich sah. Es war, als stünde sie unmittelbar vor einem epileptischen Anfall; so jedenfalls stellte sich Arthur das vor. Ihre Glieder wirkten unkontrolliert, ihr Gesicht hatte einen verbissenen Ausdruck angenommen, und ihre Augen waren leer und ohne Tiefe.

»Mutter, was ist mit dir?«, fragte Arthur entsetzt und ratlos. Er verstand nicht, was geschah. Doch in diesem Moment schrie Franziska, mit so gepresster Stimme, als koste es sie eine gewaltige Anstrengung: »Rennt weg, Arthur! Ihr seid in größter Gefahr!«.

Arthur erstarrte. Denn plötzlich dröhnte Zollers schallendes Lachen über den Damm – und es kam direkt aus Franziskas Mund. Er hatte Besitz von Franziska ergriffen, er lenkte sie wie eine Puppe, und nun also war klar, warum sie bisher so leichtes Spiel auf ihrem Weg über die Staumauer gehabt hatten. Zoller hatte gewollt, dass sie weit hinausgingen, denn hier gab es fast keine Möglichkeit zu fliehen. Nun saßen sie in der Falle. Welche Zauberkräfte besaß dieser Keltenfürst denn noch, dachte Arthur verzweifelt.

Es war zu spät, Franziskas Aufforderung nachzukommen. Franziska hielt plötzlich ein Schwert in der Hand und rief mit Ariokans Stimme: »Endlich stehen wir uns einmal von Angesicht zu Angesicht gegenüber, Arthur. Bisher hast du dich ja immer versteckt oder bist davon gelaufen. Es freut mich, dass es endlich so weit ist. Herzlich willkommen auf meinem Staudamm.« Zoller hatte Franziska nun ganz im Griff, seine Bewegungen waren flüssig, und jetzt deutete er sogar eine kleine Verbeugung an, wie es ein höflicher Gastgeber zu tun pflegt. Aber es lag so viel Häme und so viel Hass in diesen Worten und in dieser Geste, dass Arthur erneut erschauderte, zumal dieser Hass, hätte man nur dem Auge getraut, von seiner Mutter auszugehen schien. Arthur spürte, dass er der alleinige Zielpunkt dieses Hasses war und dass Zollers Streben einzig darauf aus war, ihn auszuschalten. Es erdrückte ihn fast, die Last dieses Hasses auf seinen Schultern zu spüren.

Doch instinktiv spannte er seinen Bogen, und er hätte die Zeit gehabt, einen Pfeil auf die Reise zu schicken. Alles wäre so schnell gegangen. Aber der Kelte schüttelte leicht und selbstsicher den Kopf, als er Arthurs angedeutete Reaktion bemerkte. »Das solltest du nicht tun, kleiner Arthur«, sagte er und lächelte. »Denn du würdest nicht mich töten, sondern deine eigene Mutter. Ich bediene mich nur ihres Körpers; du kannst nur ihn treffen, nicht mich.«

Arthur ließ seinen Bogen sinken. Er hatte es geahnt, die ganze Zeit geahnt, dass etwas nicht stimmte mit Franziska. Und er hatte also vielleicht Recht gehabt mit der Hoffnung, dass seine Mutter die Familie nicht verlassen habe, weil sie Erik nicht mehr liebte. »Seit wann geht das schon?«, fragte er deshalb nur knapp. Er wusste, Zoller würde verstehen.

»Oh, schon eine ganze Weile«, antwortete der Keltenhäuptling süffisant. »Deine Mutter war eine ausgezeichnete Kundschafterin für mich.«

»Du hast ihren Willen unterworfen?«

»Es ist im Grunde ganz leicht. Deine Mutter ist seit langem unter meinem Einfluss – nur leider hat sie es geschafft, euch zu verlassen, bevor mein Zugriff total war. Aber jetzt ist sie wieder gefügig. Es war gut für mich, dass sie zu euch gestoßen ist. So war ich immer gut informiert.«

Arthur wusste nicht, ob er glücklich oder wütend sein sollte. Sie hatten also einen Spion in ihren Reihen gehabt, ohne es zu ahnen. Aber Arthur wusste nun auch, dass Franziska nicht gegangen war, weil sie ihn und Julius und vielleicht selbst Erik nicht mehr geliebt hatte, sondern gerade, weil sie sie so geliebt hatte. Ihre allerletzte Kraft hatte sie eingesetzt, um sie alle nicht zu gefährden. Es war ihr Liebesdienst gewesen.

In der Zwischenzeit waren Ursula und Kilian herangekommen – und Kilian hatte längst sein Schwert gezogen und war bereit für einen Angriff.

»Nein«, rief Arthur ihm zu, »ihr darf nichts geschehen.«

Zoller lächelte verschmitzt. »Sehr klug von dir, Arthur. Und nun lege deinen Bogen weg und gib mir die Figur der Tiere. Ich habe so lange nach ihr gesucht, so viele Jahrhunderte, dass ich begierig bin, sie zu sehen.«

Arthur schüttelte entschlossen den Kopf. »Niemals werde ich dir die Figur aushändigen. Eher werde ich sterben.«

»Das ist sehr heldenhaft von dir«, entgegnete Zoller. »Aber du wirst ohnehin sterben – entweder bevor du mir die Figur ausgehändigt hast, oder nachdem du das getan hast. Sei also nicht dumm. Gib sie mir jetzt, und ich werde dir ein kurzes und schmerzloses Ende bereiten.«

Kilian drehte sich um, um sich zu vergewissern, dass von hinten keine zusätzliche Gefahr drohte. Er sah keine weiteren keltischen Krieger, aber niemand konnte sicher sein, ob sie nicht plötzlich auf dem Damm auftauchten. Ragnar, Rupert und Julius hatten sich nun ebenfalls in Bewegung gesetzt und krochen gerade unter dem Zaun hindurch. Noch hatten sie nicht bemerkt, was auf dem Damm vor sich ging.

»Gib' mir die Figur«, wiederholte Zoller, nun in schärferem Ton.

»Warum bist du nur so versessen darauf, das Tal zu zerstören und uns alle zu vernichten, Zoller?«, fragte Arthur unvermittelt, ohne die Aufforderung des Keltenfürsten zu beachten. »Was hast du davon, wenn alles untergegangen ist? Es kann doch nicht nur das Geld sein, das dich reizt. Du hattest als Bauunternehmer und Bürgermeister schon dein gutes Auskommen.«

»Davon verstehst du nichts, junger Mann«, antwortete Ariokan barsch. »Was weißt du schon vom Leben mit deinen paar lächerlichen Jahren an Erfahrung. Ich wandle seit mehr als zweitausend Jahren auf dieser Erde, und glaube mir, ich habe alles gesehen und alles erlebt, was ein Mensch erleben kann. Es ist genug, und ich will heimkehren, im Guten oder im Bösen. Es ist mir längst gleichgültig.«

»Was heißt das, heimkehren?« Arthur war überrascht, dass er tatsächlich eine Antwort auf seine Frage bekommen hatte.

»Das geht dich nichts an«, wehrte Zoller ab und trat einen Schritt nach vorne. Er hob sein Schwert und berührte mit der Spitze Arthurs Kinn. Das Metall fühlte sich kalt an und Arthur durchzuckte das Bild, wie sich dieses kalte Metall in sein warmes Fleisch bohren würde oder wie dieses Schwert seinen Kopf vom Körper trennen würde. Das gefiel den Kelten doch besonders, wusste Arthur inzwischen: Den mumifizierten Kopf ihres Feindes hängten keltische Krieger gerne an den Sattel ihres Pferdes oder an den Eingang ihres Hauses. Die Krieger machte das noch stärker, weil sie glaubten, dass die Kraft ihres Feindes der ihrigen hinzugefügt werde. Die Körper der Feinde wurden auch oft in Heiligtümern ausgestellt. In Frankreich, hatte Julius ihm erzählt, sei ein solches Heiligtum ausgegraben worden: Die erbeuteten Schilde und Schwerter befestigten die Kelten an den äußeren Holzpalisaden des Heiligtums und ließen sie dort jahrelang hängen, bis das Metall verrostete und die Lederriemen so spröde wurden, dass die Waffen von selbst herunterfielen. Im Inneren hatten die Kelten die kopflosen Körper ihrer Feinde aufrecht an Stangen gebunden. Dort nahmen die Feinde noch einmal Aufstellung, um in Reih und Glied in ihre letzte Schlacht zu ziehen. Was für ein Anblick, diese verfaulenden und teilweise skelettierten Leichen auf dem Dach des Heiligtums. Später nahmen die Priester die Skelette ab und schichteten die langen Arm- und Beinknochen zu großen Würfeln auf und entzündeten in deren Mitte ein Feuer. In diesem Brandritual erneuerten die Kelten noch einmal ihre Kampfeskraft. Es war ein martialisches Ritual, aber es erklärte die Wildheit der keltischen Schlachten. Wer den menschlichen Leib so spaltete und ihn so verrotten sah, wer in den Gedärmen wühlte und die Knochen brach, für den hatte das Krachen der Schädel auf dem Schlachtfeld keinen Schrecken mehr, der schreckte nicht mehr davor zurück, mit einem Hieb den Brustkorb des Gegners zu zermalmen oder mit dem Schwert den Schädel des Gegenübers mitten durchs Auge zu durchbohren, für den hatte wohl die eigene Verwundung oder gar der Tod keine besondere Bewandtnis mehr. Der Körper verging – sie aber wanderten hinüber in die Anderswelt, wo sie Platz nehmen würden an der Tafel der großen Krieger. Das war nun auch der Weg, der Arthur vorgezeichnet war.

»Gib ihm die Figur«, hörte Arthur nun Ursulas Stimme, die ihn aus seinen Gedanken zurück in die Gegenwart holte. Sie waren neun gegen einen, und doch war auch Arthur klar, dass Zoller die besseren Karten hatte. Wie hätte er seine eigene Mutter töten können? Mittlerweile hatte auch die letzte Gruppe mit Ragnar, Julius und Rupert zu ihnen aufgeschlossen.

Arthur nickte. Er legte seinen Bogen auf den Asphalt der Dammkrone und holte die Figur hervor, die er die ganze Zeit als süße Last auf seinem Brustkorb gespürt hatte. Er umschloss sie noch einmal mit seiner rechten Hand, dann reichte er sie seiner Mutter, die Zoller war. Er schnappte sie schnell mit der linken Hand, während er mit der rechten weiter das Schwert auf Arthur gerichtet hielt.

»Gut so«, sagte er knapp. Es war Zoller anzusehen, dass er in eine heftige Erregung geriet, als er die Figur durch seine Finger gleiten ließ. So lange hatte er nach ihr gesucht, nun war er am Ziel. Was musste das für ein Gefühl sein? Die Sucht nach der Figur war vermutlich von Jahr zu Jahr gewachsen, und die Wut, sie nicht zu finden, in gleichem Maße. Nun lag sie in seiner Hand, und er war frei, sie zu benutzen. Zoller musste sich regelrecht zwingen, die Figur wegzustecken, um sich wieder auf den Kampf konzentrieren zu können. Seit zweitausend Jahren war Karl Zoller das erste Lebewesen, das zwei der Figuren zugleich besaß. Seine Machtfülle war jetzt beinahe unermesslich, und es war ihm ein Leichtes, die Kräfte so einzusetzen, dass er unverwundbar wurde. Und vor allem: dass er seinen wichtigsten Gegner wie mit einem Blitzstrahl niederstreckte.

Tatsächlich legte Zoller je eine Hand auf die Taschen von Franziskas Jacke, ohne dabei aber das Schwert wegzulegen. Arthur wusste, dass Zoller seine Gedanken nun auf ihn fokussieren würde und dass er nur noch wenige Sekunden zu leben haben würde. Wild schossen die Gedanken durch seinen Kopf. Würde er Franziska retten, wenn er starb? Würde Zoller seine Gefährten gehen lassen? Und wie schnell würde es gehen, bis er Erik wiedersah? In wenigen Augenblicken wäre es wohl so weit. So viel Adrenalin schien nun durch seinen Körper zu schießen, dass Arthur unfähig war, einen klaren Gedanken zu fassen. Das war vielleicht eine milde Einrichtung der Natur, dass sie den Körper voller Drogen pumpte, um dem Menschen den Moment des Todes leichter zu machen. Schon fühlte Arthur, wie etwas Kaltes ihn erfasste, wie ihm schwindelte, und wie seine Kräfte sich davon machten, als wären sie ein flüchtiges Gas, das aus seinem Gefäß entlassen wurde.

Doch Ragnar entschied an Arthurs statt. Er sprang von hinten gegen Franziskas Körper und biss sich in deren Hals fest. Normalerweise wäre ein Mensch unter diesem Biss zusammengesackt und hätte sich in Schmerzen gewunden, aber Karl Zoller hatte schon so viel an Kraft zugelegt, dass er dem Angriff standhalten konnte. Er schrie nicht einmal, war aber für einen Moment abgelenkt, und Arthur spürte, wie das Gefäß, aus dem die Lebensgeister herausströmten, sich wieder verschloss und der Schwindel etwas nachließ.

Und plötzlich handelte Arthur ohne nachzudenken. Es gab für ihn nichts mehr zu entscheiden, und ob er richtig oder falsch handelte, würde sich erst hinterher herausstellen. Er handelte instinktiv, wie ein Tier es tun würde, das in die Enge getrieben wurde.

Arthur riss den Bogen an sich, der neben ihm auf dem Boden lag. Auch Kilian und

Michael waren herangekommen, bereit, mit dem Schwert und der Stange zuzuschlagen. Eine solche Stange sah harmlos aus, aber sie konnte eine fürchterliche Waffe sein; gerade ein so kräftiger Mann wie Michael konnte damit leicht den Schädel eines Gegners mit einem Schlag zertrümmern. Aber Arthur war schneller.
»Halt!«, schrie er, »nicht angreifen!«
Die Bilder von der erbarmungslosen Kampfestaktik der Kelten kamen ihm wieder in den Sinn, von ihrer Brutalität und ihrer wilden Entschlossenheit, den Gegner zu töten. Und bestürzt nahm Arthur wahr, wie diese rauschhafte Wildheit anfing, auch ihn zu durchfließen. Es war plötzlich so viel Wut in ihm, Wut darüber, dass er immer unterlag. Wie konnte es sein, dass gerade die Bösen, dass gerade Zoller siegen konnte? Es war plötzlich ein Rausch in ihm, und er wusste nicht mehr, was er tat. Es war plötzlich Hass in ihm, wie er ihn noch nie gefühlt hatte. Er hasste Zoller, er hasste dessen feistes Grinsen und dessen schmieriges Verhalten, und er spürte einen großen Willen in sich aufsteigen, diesen Menschen zu vernichten.
Arthur dachte nicht mehr nach, er wurde nur noch bestimmt durch ein mächtiges, ja ein übermächtiges Gefühl. Und mit einer atemberaubenden Geschwindigkeit legte er einen Pfeil auf die Sehne, spannte den Bogen an und zielte, in nächster Nähe zu Zoller stehend, auf dessen Oberschenkel. »Es tut mir leid, Franziska«, rief Arthur im Wahn. »Ich verspreche dir, dass ich dich retten werde, und koste es mein Leben. Und wenn du allein es bist, Zoller: Dann fahr zur Hölle.« Und Arthur ließ den Pfeil los, dessen Kraft sich nicht durch eine längere Flugbahn abschwächen konnte – er bohrte sich mit solcher Wucht durch Franziskas Fleisch, dass die Pfeilspitze hinten wieder austrat. Und ohne sich zu besinnen und in einem Zustand, als sei er gar nicht mehr Herr über seinen Willen und seinen Körper, legte Arthur einen zweiten Pfeil auf und zerschoss auch den anderen Oberschenkel. Man hörte deutlich, wie dieser Pfeil nicht glatt das Fleisch durchschnitt, sondern knirschend am Knochen entlangschrammte. Zoller schrie auf vor blindem Schmerz. Die Wunden waren stark, und die Figuren hatten ihre Kräfte noch nicht ausreichend entfalten können, und so konnte Zoller diesen Schlag nicht parieren. Er ließ sein Schwert nicht los. Es schien ihm an die Hand geschweißt zu sein, eine Folge jahrzehntelanger Übung. Aber seine Beine versagten ihm den Dienst, und er stürzte zu Boden, und Franziska lag, die schwarzen Haare hingeströmt über den Beton, für einen Moment da wie eine gestürzte Medusa, deren Gesicht sich in grauenvollen Zuckungen verzerrte.
Arthur nutzte den Augenblick, kniete sich neben Zoller nieder und zog ihm mit einem knappen Griff die Tierfigur aus der Tasche.
»Nimm' auch die andere mit«, sagte Michael, »so einfach werden wir sie nie wieder bekommen.« Aber Zoller hatte sich bereits wieder gefangen, und er riss sein Schwert hoch und schrie: »Ihr sollt verdammt sein. Die Figur werdet ihr nie bekommen.« Und mit einer erstaunlich schnellen Bewegung ließ er das Schwert über seinen Körper sau-

sen und hätte Arthur schwer getroffen, wenn dieser sich nicht im letzten Augenblick nach hinten hätte fallen lassen.

»Ich könnte dich ohne Weiteres töten«, sagte Arthur mit noch immer bebender Stimme, nachdem er sich aufgerappelt hatte. Schon spürte er, wie er wieder Gewalt über sich erlangte, wie der Rausch nachließ und wie er wieder in der Lage war zu denken. Es war ihm unheimlich, wie da für eine Minute ein ganz anderer als er gekämpft hatte. Er hätte niemals geglaubt, dass er mit solcher Kaltblütigkeit und solcher Gnadenlosigkeit einen Menschen angreifen könnte. Anscheinend schlummerte in jedem Menschen die Möglichkeit, dass eine dunkle Macht die Oberhand erhielt. Anscheinend steckte in jedem Menschen ein Krieger. Es war nur die Frage, was passieren musste, um ihn zum Leben zu erwecken.

Er atmete schwer, aber nun war er wieder er selbst, als er zu Zoller sagte: »Ich lasse dich am Leben, weil ich nicht weiß, wie viel von Franziska in dir steckt. Und weil ich niemanden töte, der wehrlos ist. Gib mir die Figur.«

Zoller schüttelte den Kopf. »Du musst mich töten, oder vielmehr: Du musst deine Mutter töten, um sie zu bekommen. Schieß mir einen Pfeil direkt ins Herz. Es macht mir nichts aus.« Er lächelte sogar, wenn auch gequält.

Arthur stand auf, schaute noch einmal mit Ingrimm auf Zoller herab, der am Boden lag und mit seinem Schwert in der Hand fast ein wenig lächerlich aussah. Warum nur nahm er sich die Figur nicht, wenn nötig mit Gewalt, fragte sich Arthur? Doch er wollte Franziska keine weiteren Schmerzen zufügen. Ja, er hoffte sogar, dass Zoller später die Figur nutzen würde, um Franziskas Wunden zu heilen. Er wusste, dass dies nicht wahrscheinlich war; aber diese Hoffnung milderte die Qual, dass er seine eigene Mutter nicht nur schwer verletzt hatte, sondern sie nun in den Händen seiner Feinde zurücklassen musste.

Denn was hätte er sonst tun sollen? Mitnehmen konnten sie seine Mutter nicht, da der böse Geist Zollers in ihr dies verhindern würde. Und in diesem Moment kam Schubart herangerauscht, die nochmals ein kurzes Stück zurückgeflogen war, um zu erkunden, wo sich Zollers Krieger aufhielten.

»Sie sind in wenigen Minuten hier«, rief Schubart schon von weitem. »Beeilt euch!«

»Wir gehen«, sagte Arthur deshalb nach einigem Zögern. Er mochte nicht länger darüber nachdenken. Ragnar schaute Arthur fragend an, als wollte er sagen: ›Bist du dir sicher, dass wir sie zurücklassen?‹ Er spürte, dass Arthur keine andere Entscheidung mehr treffen würde, und so ließ er die Frage unausgesprochen.

Alle machten sich widerstrebend zum Abmarsch bereit, schulterten ihren Rucksack, und Kilian schob sein Schwert heftig in die Scheide zurück.

»Wenn sie stirbt«, spie Arthur Zoller schließlich entgegen, »dann Gnade dir Gott. Glaube mir, dann werde ich dir die Hölle auf Erden bereiten. Nutze die Figur ein einziges Mal für das Richtige. Für eine Umkehr ist es nie zu spät.«

Er wandte sich ab, ohne auf eine Antwort zu warten. Im Gefühl, die größte Schmach seines Lebens erlitten zu haben, stürmte er davon. Und er schaute sich nicht mehr um.

Es war heller Tag, als sie endlich die Waldburg erreichten. Sie alle waren nach der durchwachten Nacht und der überstandenen Gefahr so müde, dass sie beinahe im Stehen eingeschlafen wären. Die Anspannung war abgefallen, und ein schales Gefühl von Erschöpfung und Überreizung blieb zurück.
Wie froh war Arthur, als Schubart ihnen meldete, dass die keltischen Krieger ihnen nicht gefolgt waren. Das verschaffte den Gefährten eine Verschnaufpause, auch wenn sie nicht wussten, wieso Zoller ihnen diese zugestand. Er würde schnell wissen, wohin sie gegangen waren. Die Waldburg war kein Versteck, in dem sie lange bleiben konnten. Aber das war sowieso nicht geplant.
Die Menschen drängten sich in die kleine Hütte, die für Kinder gebaut war und nun fünf Personen beherbergen sollte. Sie räumten alles aus, auch die Regale mit den vielen Kostbarkeiten Arthurs, um mehr Platz zu bekommen. Früher hätte Arthur heftig dagegen protestiert; jetzt machte es ihm nichts mehr aus, seine Schätze Wind und Wetter preiszugeben. Die Zaubersteine seiner Kindheit: schmerzlich spürte Arthur nun, wie weit entfernt diese Kindheit lag. Längst hatte er seine Unschuld verloren, seine Sorglosigkeit und auch sein sonniges Herz. Er war erwachsen geworden. Dicht drängte er sich im Innern der Hütte an Julius, der die ganze Zeit, seit sie den Damm verlassen hatten, kein Wort gesprochen hatte. Stumm und in sich gekehrt war er den anderen gefolgt, jedem Blick ausweichend. Arthur verstand ihn auch ohne Worte, denn ihn quälten dieselben Fragen wie Julius. Er legte den Arm um seinen jüngeren Bruder und flüsterte ihm ins Ohr: »Wir werden Franziska nicht auch noch verlieren. Das verspreche ich dir.«
Nach einigen Stunden erwachte Arthur, und er ging sofort hinaus, um Ragnar abzulösen, der noch immer auf dem Dach der Felsen saß, in die die Waldburg hineingebaut war. Ich bin jetzt der Führer und muss meinen Pflichten nachkommen, dachte Arthur. Er durfte sich nicht immer nur auf die anderen verlassen. Selbst Schubart, die sonst kaum Schlaf nötig zu haben schien, hatte sich im Gipfel einer Tanne niedergelassen und die Augen geschlossen. Und Barten hatte nach kurzer Suche einen verlassenen Dachsbau gefunden und sich dorthin zurückgezogen.
»Du kannst jetzt ein wenig schlafen, Ragnar. Du musst unglaublich müde sein«, sagte Arthur.
»Ja, das bin ich«, antwortete der Luchs. »Müde, hungrig – und voller Sorge. Der Tag von Samhain ist angebrochen. Es könnte der Tag der Entscheidung sein.«
»Vielleicht«, meinte Arthur. »Vor allem ist es der Tag, an dem wir Marie, Franziska und Erik wiedersehen werden. Oder für immer verlieren.«
Am Nachmittag beratschlagten sie lange. Arthur und Julius hatten es gemeinsam geschafft, einige verkohlte Trümmer ihres Forsthauses wegzuräumen, um in den Keller

des zerstörten Gebäudes zu gelangen. Bis dorthin hatte sich das Feuer nicht ausbreiten können, weil der Keller ganz aus Steinen gemauert war. Zu ihrem Glück lag die Speisekammer weit entfernt vom Treppenhaus. Viele Gurken- und Marmeladengläser waren durch die Hitze zersprungen, die Kartoffeln und das Kraut hatte der starke Rauch ungenießbar gemacht. Aber die beiden fanden noch einige Dosen mit Sauerkraut und Fleischklössen, die zu gebrauchen waren. Es erschien Arthur als eine besonders stillose Form der Ernährung, sich aus Dosen zu bedienen. Aber jetzt im Winter gab der Wald wenig her, was sie hätte ernähren können. Der Rest ihrer Vorräte lagerte an der Habichtshöhle, und um Wild zu jagen, hatten sie keine Zeit. Der Wald schenkt freigiebig, dachte Arthur – aber er verweigert sich allen, die sich nicht vorbereitet haben. Er musste an sein Gespräch mit Ragnar im Stollen des Klosters denken: Das Leben bestand aus Gegensätzen. Auch der Wald war davon nicht ausgenommen.
Die stark gewürzten Speisen behagten Barten und Ragnar nicht besonders. »Macht euch das nicht krank?«, fragten sie später, als Arthur und Julius die Dosen über einem Feuer erwärmt hatten. Aber mangels Besserem aßen sie doch reichlich, auch wenn sich Ragnar dann aufmachen musste, um an einem Bachlauf kräftig zu trinken.
»Zu viel Salz«, schüttelte er sich.

10. Samhain

Gegen Abend brachen sie auf. Sie wollten bei Einbruch der Dunkelheit am Sattel sein, der hinauf zur Burg Hohenstein führte. Sie würden sich in die Burgruine schleichen und versuchen, während des Rituals das Lebenselixier zu zerstören. Schubart war für diese Aufgabe ausersehen worden, weil sie als einzige aus der Dunkelheit heranrauschen, das Gefäß zu Boden stoßen und wieder davonfliegen konnte. Diese Verwirrung wollten die Gefährten nutzen, um Franziska und Marie, sofern sie noch lebten, zu befreien. Arthur bereitete sich darauf vor, die Tierfigur und gleichzeitig den Turmalin einzusetzen, damit ihnen das gelingen würde. Er übte weiter daran, die Räume zu wechseln. Vielleicht hatten sie so eine Chance, den Kriegern zu entkommen. Und vielleicht, so hoffte Arthur, würde Erik ihnen beistehen in dieser ganz besonderen Nacht.

Doch sie hatten den Sattel noch gar nicht erreicht, als sie merkten, dass sie einem gewaltigen Irrtum erlegen waren. Auf der Burg war kein Licht zu sehen, kein Schein eines Feuers erhellte die hereinbrechende Nacht. Und als Schubart die Ruine überflog, konnte sie kein Leben in ihr erkennen.

»Dort ist niemand«, sagte sie, »das steht fest.«

Sie blickten sich ratlos an. Arthur ließ sich auf einen Felsbrocken nieder und fuhr sich mit den Händen seufzend durchs Haar. »Was sind wir nur für Strategen!«, rief er. »Wir waren uns so sicher, dass die Erneuerung des Lebens heute auf der Burg Hohenstein stattfinden würde. Wir haben es einfach als feststehend angenommen, weil Viktor uns gesagt hat, dass das Ritual schon immer so abgelaufen war. Jetzt kostet dieser Fehler vielleicht Franziska das Leben.«

»Aber Viktor hat nicht gelogen, als du ihn über das Geheimnis ihres langen Lebens ausgefragt hast«, meinte Ragnar. »Er und Oskar waren in Todesangst, sie haben die Wahrheit gesagt.«

»Das stimmt«, meinte Arthur, wusste aber nicht weiter.

»Dann muss in diesem Jahr etwas anders sein als in früheren Zeiten«, mischte sich Pater Rupert ein. »Zoller hat die Zeremonie aus wichtigen Gründen verlegt – entweder auf einen anderen Tag oder an einen anderen Ort.«

»Samhain ist ein heiliger Tag für die Kelten«, sagte Ursula, die sicher war, dass für ein solches Ritual kein anderer Tag in Frage kam. Auch sie hatte ihre Tage und Nächte, in denen sie bestimmte Samen in den Boden brachte – und sie würde nie davon abweichen, wenn nicht höhere Gewalt es gebot. »Heute Nacht vermischen sich die Lebenden und die Toten – das ist die einzige Nacht, in der sich Menschen, die längst tot sein müssten, weiteres Leben sichern können.«

»Dann gibt es nur eine Lösung«, meinte Rupert, der ganz Ursulas Meinung war. »Dann plant Karl Zoller in diesem Jahr eine ganz besondere Feier, zu deren Ehren er an einen anderen Ort gezogen ist.«

»Und was wäre der Anlass zu dieser besonderen Feier?«, fragte Barten.

»Menschenopfer«, antwortete Rupert. »Zum ersten Mal seit vielen Jahrzehnten oder womöglich gar Jahrhunderten hat Zoller die Gelegenheit, seine Zeremonie mit der Opferung von Menschen zu verbinden. Ich bin mir jetzt sicher, dass er vorhat, Franziska den Göttern zu Ehren zu töten. Und wahrscheinlich auch Marie – ich könnte mir gut vorstellen, dass er sie zu diesem Zweck am Leben gelassen hat. Aber solche Rituale dürfen nur an einem Ort geschehen, der eine besondere Heiligkeit besitzt.«

Arthur war wie vor den Kopf geschlagen.

»Natürlich, Rupert, du hast Recht«, rief er und sprang auf. »In diesem Jahr findet die Zeremonie an der Habichtshöhle statt! Und das ist auch der Grund dafür, dass uns Zollers Männer nicht verfolgt haben. Zoller brauchte sie, um die ganz große Zeremonie vorzubereiten und um alles vom Hohenstein zur Höhle bringen zu lassen.«

Sie schwiegen einen Moment, denn allen war klar, was das bedeutete. Sie würden noch einmal zwei Stunden vom Sattel bis zur Habichtshöhle brauchen – und das hieß, dass sie mit großer Wahrscheinlichkeit zu spät kommen würden. Zoller hatte sie ziehen lassen, weil er wusste, dass es umso besser für ihn war, je weiter sie nach Osten zogen, je weiter sie wegmarschierten von der Höhle, an der Arthur seine Mutter und seine Freundin verlieren sollte.

»Wir sollten den Sprung durch den Raum versuchen«, warf Julius ein. »Es wäre eine Möglichkeit, rechtzeitig zur Habichtshöhle zu gelangen.«

»Ihr wisst selbst, dass es noch nie geklappt hat«, sagte Arthur resigniert. »Ich schaffe es einfach nicht.«

»Es genügt, wenn wir die Zeit um drei Stunden zurückdrehen. Mehr ist nicht nötig«, meinte Julius. »Dann haben wir die Möglichkeit, zu Fuß zur Habichtshöhle zu kommen.«

»Und sowieso«, sagte Ragnar jetzt: »Du hast sehr wohl schon die Räume gewechselt – zumindest im Traum. Erinnerst du dich, als wir in der Krypta gefangen waren? Mit deinem Turmalin warst du in Gedanken fort.«

Arthur nickte. Vorher an der Hütte hatte er etwas ganz Ähnliches gedacht. Er hatte die Luchsfigur und seinen Stein nebeneinander gelegt. Sein Stein war von schwarzen Mineralien durchsetzt, ansonsten bestand er aus fast durchsichtigem Material, wie sehr heller Bernstein. Die Figur aber bestand aus ganz schwarzem Gestein. Gab es einen inneren Zusammenhang zwischen den beiden Steinen? Es war einen Versuch wert, obwohl er die Macht der Figur nicht zu oft anrufen wollte. Er würde sie heute Nacht noch brauchen, und ihm blieb immer eine eigenartige Furcht, diese Macht zu sehr zu versuchen und sie damit abzunutzen.

Sie stellten sich wieder im Kreis auf, hielten sich an Händen und Schultern, und Ragnar und Arthur versuchten abwechselnd, die Kraft der Tierfigur zu wecken. Doch es gelang auch dieses Mal nicht.

»Vielleicht liegt es gar nicht an uns«, sagte Arthur schließlich. »Zoller ahnt mit großer Wahrscheinlichkeit, dass wir versuchen werden, diesen Weg zu gehen und hat die Kraft seiner Figur dagegen gestellt. Wir sind vermutlich neutralisiert.«

»Dann eile du wenigstens mit dem Turmalin voraus«, meinte Ragnar. »Womöglich kannst du das Schlimmste verhindern.«

Arthur überlegte einen Augenblick. »Ich glaube nicht, dass ich alleine etwas ausrichten kann. Aber du hast Recht. Es ist besser, diese Möglichkeit wahrzunehmen. Es könnte sonst sein, dass ich mir ewig Vorwürfe mache.«

Er gab jedem einzelnen von ihnen zum Abschied die Hand und umarmte alle; denn es gab keine Gewissheit, die anderen wiederzusehen. Dann griff Arthur in seiner Hosentasche nach dem Turmalin, und die Energie floss ohne Widerstand und wie von Zauberhand in seine Beine. Er spürte eine solche Kraft, dass er glaubte, bis ans Ende der Welt laufen zu können. Also machte er sich auf, zunächst in langsamem Trab, dann immer schneller, bis er schließlich beinahe im Spurt den Sattel hinabrannte und auf den Heiligensee zusteuerte. Den Deckel seines Köchers hatte er geschlossen, damit die Pfeile nicht herausfallen konnten. Aber der regelmäßige Takt, mit dem sie bei jedem Schritt gegen Deckel und Boden hüpften, verlieh Arthur etwas Fliegendes, und bald wusste er nicht mehr, ob die Pfeile seinem Lauf folgten oder ob sie den Takt für seine schnelle Schrittfolge vorgaben. Er umrundete den Heiligensee, dann eilte er den Andersbach hinauf, ohne dabei außer Atem zu kommen, trotz der Steigung. Erst kurz vor der Höhle verlangsamte er seine Schritte, als er schon die Fackeln durch den dunklen Tannenwald scheinen sah.

Sie hatten sich also nicht getäuscht: Zoller war mit seinen Kriegern zur Habichtshöhle gekommen. Arthur schlich sich so nahe wie möglich zum Eingang hin; es war gut, dass er sich lange an diesem Ort aufgehalten hatte und nahezu jeden Baum und jeden Felsen kannte. Im Bett des Andersbaches gab es einen mannshohen Findling, der Arthur Schutz gewährte. Von dort konnte er beobachten, was an der Höhle vor sich ging. Karl Zoller hatte seinen Brustpanzer abgelegt und auch seine ledernen Kriegerhosen. Seine langen Haare waren gekämmt und nach hinten gebunden, und er trug eine einfache weiße Tunika, die ihm beinahe das Aussehen eines Kartäusermönchs verlieh. Aber die Kapuze fehlte: Er war der Druide, der in dieser Nacht die heiligen Handlungen vornehmen würde.

Zoller hatte eine erhöhte Position am Höhleneingang eingenommen, neben ihm standen Viktor und Oskar, und Zoller schien eine Ansprache an die vielleicht siebzig oder achtzig Krieger zu halten, die ihm noch geblieben waren. Arthur erkannte seinen jungen Kelten darunter, und auch den alten Mann, der leicht gebeugt gegangen war, konnte Arthur in der Menge sehen. Er hatte sich auf seinen Speer gestützt, um trotz seines krummen Rückens möglichst lange stehen zu können. Alle standen in einem Halbkreis, mit dem Rücken zu Arthur, unter dem Höhlendach. Jeder von ihnen hielt eine Fackel in der Hand, und als Zoller mit seiner Rede geendet hatte, begannen alle plötzlich ein fremdes Lied zu singen, das Arthur kalte Schauer den Rücken hinunterjagte. Nicht, weil es wild war, dumpf oder feindselig, nicht weil es die Männer aufpeitschte oder sie einstimmte auf die martialischen Riten, die folgen sollten – nein, es war ein beinahe ruhiges Lied, das aus den Kehlen der Männer dunkel und rau daherkam, aber doch von einer Innigkeit und Sehnsucht geprägt war, die Arthur zutiefst überraschte. Es lag so viel Freude und zugleich so viel Trauer darin, dass Arthur viel darum gegeben hätte, den Text zu verstehen. Er hatte sich die Zeremonie als eine Handlung von Wilden vorgestellt und war nun verblüfft, Menschen vor sich zu haben, die scheinbar tiefe Gefühle auszudrücken in der Lage waren. Wie töricht seine Vorstellung doch von diesem Volk der Kelten gewesen war. Plötzlich erhob sich aus diesem Gesang der Ton einer hohen Flöte, der über den tiefen Männerstimmen schwebte und Arthur wie eine Taube vorkam, die hoch in den Lüften flog und den Männern vorauseilte dorthin, wohin sich alle diese Menschen sehnten. Am Ende verstummten die Männer, und nur die Flöte flatterte noch eine Weile sehnsuchtsvoll durch den Nachtwind, bis auch ihr Ton verhauchte.

Dann war Stille, bis Ariokan wieder das Wort ergriff. Arthur war so berührt von diesem Vorgang, dass er entgegen jeder Vernunft weiter den Hang hinaufstieg, nur um verstehen zu können, was Zoller sagte.

Ariokan redete weiter in dieser fremden, gutturalen Sprache, die manchmal in Murmellaute abebbte, um dann wieder in offene, beinahe dröhnende Vokale auszubrechen. Arthur verstand kaum ein Wort; doch zu seiner Überraschung wechselte Ariokan nun in die heutige Sprache.

»Meine Vasallen, meine Freunde, heute ist ein großer Tag, und ich möchte, dass alle hier mich verstehen können«, sagte Ariokan gerade. »Vieles gibt es zu feiern heute, vor allem aber die Nacht von Samhain, an dem unsere Lieben zu uns zurückkehren werden. Wir freuen uns auf sie, denn sie verbinden uns mit der Heimat, die wir verloren haben. Auch in diesem Jahr werden wir ihnen ein Festmahl bereiten. Doch in diesem Jahr haben wir besondere Gäste, und wir werden dank der Krieger, die sich zu uns bemüht haben, besonders viele sein.«

Die Männer waren zur Seite gerückt, um mit der Zeremonie beginnen zu können. Jetzt erst fiel Arthur deshalb auf, dass unter dem Felsendach eine riesige Tafel aufgebaut worden war, so lang, wie der große Eingang der Höhle breit war. Weit mehr als hundert Menschen mochten daran Platz haben, und es waren Stühle und Bänke aufgestellt, und es standen Geschirr und Becher auf dem Tisch. Über Feuern, die links und rechts der Höhle brannten, standen große Dreispieße, an denen große Töpfe hingen. Am Kopfende der Tafel, wo ein erhöhter Stuhl darauf hindeutete, dass Ariokan dort Platz nehmen würde, stand eine gläserne Amphore in einer Vorrichtung. Eine dunkle Flüssigkeit war dort eingefüllt, und Arthur vermutete, dass es sich um das Lebenselixier handelte, das Zoller, Viktor und Oskar in dieser Nacht zu sich nehmen mussten.

Doch Arthurs Aufmerksamkeit war mit einem Male von etwas anderem in Beschlag genommen. Denn drei Stühle, zur rechten und linken des Throns, waren bereits besetzt: Marie, Franziska – und Jakob Häfner – hatten dort Platz genommen. Sie waren die Ehrengäste bei diesem Mahl, das für die Toten und für die Lebenden gegeben wurde. Arthurs Herz hüpfte vor Freude: Sie lebten also! Zoller hatte Franziska auf dem Damm nicht getötet, und auch Marie war diesem Schicksal entgangen. Erst jetzt wurde ihm klar, wie sehr er auch um Marie getrauert hatte. Es war ihm gar nicht bewusst gewesen, weil sein Denken und Fühlen sich nur um Erik und Franziska gedreht hatten. Nun spürte er, wie er Marie vermisst hatte.

Aber ihre Gesichter waren wie versteinert, und jenes von Jakob Häfner sah ganz eingefallen und krank aus. Es schien ihm im Gefängnis nicht gut gegangen zu sein; er wirkte zerrüttet und abwesend. Franziska dagegen schien starke Schmerzen zu haben; sie hatte die Augen geschlossen, aber immer wieder verzog sich ihr Gesicht, als würde eine neue Welle an Schmerzen durch sie hindurchfließen. Ariokan hatte sie nicht mit der Figur geheilt.

Sie alle wussten, was ihnen bevorstand.

»Wir laden unsere Toten ein, zu uns zu kommen und mit uns zu feiern«, sagte Zoller. »Wir alle sehnen uns danach und wollen alles tun, um den Fluch, der auf uns lastet, endlich zu lösen. Dafür wollen wir heute den Göttern ein besonderes Opfer bringen. Drei Menschen bringen wir ihnen dar, damit die Götter Nachsicht mit uns haben und unsere Verfehlungen verzeihen.«

Er hob die Arme, sprach einige Sätze, die nochmals eine andere Herkunft besaßen und offenbar nicht einmal von den Kriegern verstanden wurden, dann begann das Zeremoniell. Die Krieger gingen die kleine Rampe hinunter zu dem großen Scheiterhaufen, der vor der Höhle aufgeschichtet war. Im Vorübergehen warf jeder seine Fackel in das Holz, und bald darauf loderte ein Feuer meterhoch in den Nachthimmel, und die Luft flirrte derart vor Hitze, dass Arthur die Menschen dahinter nur noch schemenhaft erkennen konnte.

»Tretet zu uns«, rief Zoller, drehte sich zum Höhleneingang um, verbeugte sich tief und machte einen Schritt zur Seite, wie um Platz zu machen für die vielen Menschen, die nun den Weg aus der Anderswelt auf sich genommen hatten, um für eine Nacht auf die Erde zurückzukehren. Die Krieger schritten auf der anderen Seite der Höhle wieder unter das Vordach und setzten sich einer nach dem anderen an die Tafel. Jeweils ein Platz zwischen ihnen blieb frei, damit auch ihre Frauen, Eltern und Kinder, die längst zu Staub geworden waren, sich zu ihnen setzen konnten.

Als Zoller schließlich an den Kopf der Tafel trat, erhoben sich alle noch einmal, um ihrem Fürsten und den Toten die Referenz zu erweisen. Sie verbeugten sich vor ihren unsichtbaren Nachbarn nach links und nach rechts und toasteten Ariokan zu, der sie zurückbringen und erlösen sollte. Arthur schaute wieder auf den jungen Krieger, der weit weg von Zoller, am unteren Ende der Tafel, einen Platz zugewiesen bekommen hatte. Sein Rang schien niedrig zu sein, aber das schien ihm nichts auszumachen. Im Gegenteil, er wirkte froh, nur am Rande dabei sein zu müssen; seine Augen glänzten, und seine Gedanken waren anderswo.

Viktor und Oskar hatten sich hinter Ariokan gestellt, und sie waren es nun, die die gläserne Amphore emporhoben und allen Anwesenden präsentierten, während Zoller sagte: »Ihr kamt aus dem Feuer und bedürft dieses Getränkes nicht. Wir aber, die wir schon so lange durch die Zeiten wandeln, wir benötigen es, um weiterzuleben und um weiter unserer Mission zu folgen, bis dass sie erfüllt sei. Oftmals haben wir uns gewünscht, das Lebenselixier nicht mehr trinken zu müssen und schlafen zu dürfen, wie ihr so lange geschlafen habt. Aber wir sind verdammt zu leben, bis alles vereint oder alles zerstört ist.«

Daraufhin öffnete Viktor das Gefäß und goss Zoller, Oskar und sich selbst ein Glas des Saftes ein. Zoller sagte den Trinkspruch: »Woher fließt das Wasser? Wohin reist die Zeit? Wonach ruft das Herz? Nach Riusiava, wo unsere Heimat liegt.«

Die Unruhe in Arthur stieg. Denn die Gefährten waren noch weit entfernt und hatten keine Chance, ihn in den nächsten beiden Stunden zu unterstützen. Einige Krieger trugen nun bereits die Speisen auf; es konnte nicht mehr lange dauern, bis Zoller mit dem eigentlichen Opferritual beginnen würde.

»Greift zu!«, lud Zoller alle ein und ermunterte auch seine Gefangenen, ihr Henkersmahl einzunehmen. Ihre Hände, das erkannte Arthur, waren nicht gebunden, aber dennoch leistete niemand der drei Zollers Aufforderung Folge. Sie hatten sich in ihr Schicksal ergeben. Wer weiß, dachte Arthur, vielleicht beteten sie schon, dass es bald vorbei sein möge und dass die Zeremonie nicht zu erniedrigend und nicht zu schmerzhaft sein würde. Sie alle wussten, dass es zu dieser Befürchtung durchaus Anlass gab. Nicht selten verkündeten die Druiden bei den Opferritualen neue Prophezeiungen, und sie taten dies, indem sie den Flug der Vögel lasen, einem Ziegenbock die Kehle durchschnitten und den Blutfluss interpretierten – oder indem sie einem Feind ein langes Messer in den Unterleib rammten, dem Verblutenden den Bauch öffneten und aus den Gedärmen das Schicksal des Volkes weissagten. Die Zeit drängte, und Arthur musste handeln. Er durfte nicht warten, bis das Ritual begann, denn dann würde es zu spät sein.

Aber noch gewährte Karl Zoller seinen Gefangenen einen Aufschub. Denn nach dem Essen, bei dem sie kräftig dem Wein zugesprochen hatten, verteilte Viktor an alle Krieger kleine Tontafeln. Sie alle wussten, was sie damit zu tun hatten und suchten sich am Rande der Höhle ein kleines Stück Holz, das sie als Griffel benutzten.

»Freunde, wir brauchen weitere Verstärkung«, rief Zoller nun den Männern zu. »Der Staudamm ist bald beendet, aber noch leben unsere großen Feinde. Wir dürfen die Gefahr nicht eingehen, dass wir so nah am Ziel scheitern. Ich weiß, wie groß euer Opfer ist, dass ihr nun eure letzten Brüder und Söhne, eure Freunde und Väter bittet, um uns zu unterstützen in den letzten Tagen unseres Kampfes. Ich weiß, dass unser Stamm schon viele Männer verloren hat und dass die Zahl der Krieger, die wir noch zu uns holen können, nicht mehr groß ist. Ich danke euch, dass ihr trotzdem eure Verwandten anruft. In dieser Nacht, da sie uns sowieso nahe sind, werden sie uns leicht hören und finden können. Habt Dank für eure Treue und euer Opfer – unser aller Lohn wird sein, vereint zu sein mit denen, die wir lieben, vereint zu sein in unserer Heimat, Riusiava.«

Die Männer nickten nur, dann schrieben sie mit ihrem Stift einen oder zwei Namen in den weichen Ton. Arthur verstand nicht, was dies bedeutete, und schaute deshalb verblüfft auf Zoller, der hinunterging zum großen Feuer, das ständig Nachschub erhalten hatte und weiterhin ein gespenstisches Licht über die Habichtshöhle ausbreitete. Ein Krieger nach dem anderen trat nun an das Feuer heran, überreichte Zoller seine Tafel und kniete sich dann nieder. Zoller hielt die Tafel in beiden Händen, sprach einige Formeln, die Arthur nicht verstehen konnte und gab das Brettchen an den Krieger zurück, der sie dem Feuer überantwortete. Es war, als hätte man Zündpulver hineingeworfen, denn das Feuer nahm eine fast weiße Farbe an und prasselte laut, als würde ein Feuerwerk beginnen. Und dann erlebte Arthur selbst mit, was bereits zwei Mal hoch oben auf der Burg Hohenstein geschehen war: Aus dem Feuer traten keltische Krieger – in ihr Schlachtgewand gekleidet, mit Lederharnisch oder Kettenhemd, mit Helmen auf dem Kopf, mit hölzernem Schild und Langschwert in den Händen, traten sie mit entschlossenem Blick in die Gegenwart. Jeder Mann kniete vor Karl Zoller nieder, der seine Hand auf die Schulter des Neuankömmlings legte, ihn bei seinem Namen ansprach, ihn willkommen hieß und aufforderte, aufzustehen und seinen Dank entgegenzunehmen.

»Ewen vom Clan der Lenginger, ich heiße euch willkommen in meinem Heer und danke euch, dass ihr unserer Bitte gefolgt seid.«

»Iodoc vom Clan der Kengener, seid mir gegrüßt. Ich freue mich, euch wiederzusehen und stehe in eurer Schuld.«

»Servan vom Clan der Grabenier, heil euch in dieser Runde. Es ist eine Ehre, dass auch ihr zu uns gestoßen seid.«

Jeder der Krieger öffnete, nachdem er sich vor Ariokan verbeugt hatte, das berühmte Kästchen, und Zoller griff in die Glut des Feuers und befüllte mit der Hand das Gefäß. Die Hitze schien ihm nichts auszumachen. Er war der Herr des Feuers.

Die neu angekommenen Männer gesellten sich zu den Kriegern, die schon bisher Zoller gedient hatten. Es war ein freudiges Wiedersehen an allen Stellen: Die Männer lachten sich zu, als sie sich erkannten und nahmen sich lange in die Arme, wie

Freunde und Familienmitglieder, die sich lange nicht mehr gesehen hatten. Manche wollten ihren Sohn oder ihren Freund gar nicht mehr loslassen, und auf manchen Gesichtern schien Arthur sogar Tränen zu sehen. Wie hatte er nur so lange zweifeln können? Jetzt wurde ihm klar, dass die keltischen Krieger keine herbeigezauberten Maschinen waren und keine Männer aus der Retorte: Ariokan hatte nicht die Macht, Menschen zu erschaffen, sondern nur die Kraft, Menschen, die er kannte und die dazu bereit waren, herbeizurufen aus einer anderen Zeit. Es waren Männer, mit denen er in seiner Stadt zusammengelebt haben musste, die ihm vielleicht Untertan waren und die mit ihm schon in viele Schlachten gezogen waren. Jetzt rief er sie zu sich, für die letzte, die wichtigste Schlacht. Aber erneut stellte Arthur mit Erstaunen fest, wie wenig kampfesfähig viele der Männer waren. Es waren Knaben dabei, jünger als Arthur, und ihnen war alles andere als wohl bei dem, was gerade geschah. Das stand in ihren Gesichtern geschrieben. Und es waren sogar einige Frauen darunter, die in Männerhosen geschlüpft waren und ihr langes Haar unter dem Helm zusammengebunden hatten. Der Stamm Ariokans musste ziemlich dezimiert sein, dachte Arthur. Gegen ein richtiges keltisches Heer oder gar gegen die Römer hätte diese zusammengewürfelte Armee nicht den Hauch einer Chance gehabt.

Arthur wischte diese Gedanken beiseite. Das war nicht seine Sache. Er durfte nicht länger zögern. Samhain hatte begonnen, das Lebenselixier war getrunken, das Heer war aufgestellt – nun galt es für die Kelten nur noch, den Göttern zu opfern, damit diese in der Schlacht auf ihrer Seite kämpften.

Arthur drehte sich noch einmal um und spähte zwischen den Bäumen hindurch ins Tal, getrieben von der unvernünftigen Hoffnung, dass seine Krieger, deren Kampfeskraft auf andere Weise ebenso erbärmlich war wie jene der Kelten, vielleicht doch plötzlich aus der Dunkelheit auftauchen würden. Aber sie kamen nicht – und so musste Arthur alleine entscheiden, was er tun könnte, um seine Mutter, seine Freundin und seinen Weggefährten vor dem Feuer oder vor den Messern der Kelten zu retten. Er hatte keine Chance, alleine gegen weit mehr als hundert Männer und Frauen anzutreten, die sich nun an der Höhle zusammengefunden hatten.

Und so setzte Arthur alles auf eine Karte. Vielleicht würde er scheitern, aber er musste es versucht haben. Langsam zog er sich zurück, bis er den Lichtkreis des Feuers verlassen hatte und sich aufrichten konnte, ohne entdeckt zu werden. Unter den Fittichen einer Tanne hatte er das Depot an Fackeln entdeckt, das die Krieger mit heraufgebracht hatten, und Arthur steckte sich einige davon in sein Wams. Noch einmal ergriff er seinen Turmalin und hastete davon, in einem weiten Bogen an der Habichtshöhle vorbei, im Zickzack die steilen Hänge hinauf, bis er die Hochebene der Alb erreichte. Dort strebte er dem großen Felsblock zu, unter dem der nur ihnen bekannte zweite Eingang in die Habichtshöhle lag. Er musste noch einmal den Weg der Dunkelheit durchschreiten. Er musste heute Nacht mit den anderen Toten aus der Höhle treten. Er musste als der Herr des Totenreiches Ariokan die Stirn bieten.

Aber die Gedanken, die Arthur beim Anblick der Rituale durch den Kopf gezogen waren, ließen sich nicht verdrängen, während er schnell auf den Höhleneingang zurannte. Was Arthur gesehen hatte, verwirrte ihn tief. Eine seltsame Traurigkeit hatte ihn überkommen, und bestürzt stellte er fest, dass er für diese Männer, die nicht gerne in diese Welt gekommen waren und die vielleicht auch deshalb so voller Ingrimm waren, beinahe so etwas verspürte wie Mitleid. Arthurs letzte Sicherheit, dass er für eine gerechte Sache kämpfte, geriet in diesen Minuten ins Wanken, und wieder hörte Arthur dieses Lied der Kelten in seinem Kopf, das von solcher Sehnsucht erfüllt war. Wie konnte es sein, dass die gleichen Männer, die dieses Lied gesungen hatten, bereit waren zum Angriff, zum Töten, zum barbarischen Schlachten? Und wie konnte er sich selbst moralisch so überlegen vorkommen? Er erinnerte sich, wie er auf der Dammkrone gehandelt hatte: Eine gewaltige Aggressivität hatte ihn überspült und davongetragen, als er seinen Bogen gespannt und auf Zollers Beine gehalten hatte. Er hatte fast so etwas wie Wonne gespürt, als er Zoller schreien hörte und wusste, dass er ihn außer Gefecht gesetzt hatte. Er hatte in einem Rausch voller Wut und Überlegenheitswahn Grenzen überschritten, und das hätte er zuvor nie für möglich gehalten. Durften die keltischen Männer nicht auch überzeugt sein, für eine gute Sache einzutreten? Kannte er, Arthur, überhaupt deren Sache?

Endlich hatte er den Felsen erreicht, er entzündete eine der Fackeln und rollte sich unter dem Spalt hindurch, bis er sich wieder aufsetzen und über die Felsblöcke in den Höhlengang hinunterklettern konnte. Selbst unter diesen schwierigen Bedingungen kam er dank seines Turmalins gut voran; er flog beinahe über den Höhlenboden. Seine Unruhe wuchs dennoch, denn er wusste nicht, wie er den Siphon durchschwimmen sollte, ohne dass dabei seine Fackeln zerstört wurden; und es war nicht denkbar, dass er ohne Licht den Ausgang der Höhle erreichen konnte.

Doch er rannte weiter, getrieben von der Angst, zu spät zu kommen und Franziska, Marie und Häfner nicht mehr helfen zu können. Sie wollte er retten, deshalb stand er auf dieser Seite der Schlachtordnung.

Noch einmal beschleunigte er seinen Lauf, er nahm nichts mehr wahr, während er durch den Höhlengang hastete. Das vom Windzug in Bewegung gesetzte Fackellicht huschte über die Felsen, aber Arthur sah nicht, dass die Schatten so schnell wechselten, als seien sie lebendig. Er hörte seinen eigenen heftigen Atem nicht mehr und das leise Rauschen von Wasser nicht, das ihm die Nähe des Andersbaches ankündigte, und er spürte weder die Kälte noch den Schweiß auf seiner Haut. Die Schatten der Felsen, vom Licht der Fackel erzeugt, flogen über die Felsen, und doch veränderten sie sich plötzlich, ohne dass Arthur es bemerkte: Bisher waren sie stets zurückgeblieben, wenn Arthur weiterrannte, und der nächste Felsen vor ihm hatte einen neuen Schatten geworfen, der ebenfalls, den physikalischen Gesetzen unterworfen, den Höhlengang entlang wanderte und letztlich im Dunkeln aufging, als Arthur vorüber war. Jetzt aber lösten sich die Schatten von ihren materiellen Körpern und huschten neben und hin-

ter Arthur her. Es war, als spielten sie mit ihm, als ließen sie ihn ein wenig vorausrennen, um ihn dann mühelos einzuholen und ihm vorauszueilen, bis sie wieder abdrehten und ihm entgegenhuschten. Arthur spürte es nicht, dass sich etwas verändert hatte in der Höhle, und die Schatten rührten nicht an ihn, sondern glitten nur über die Wände, so schnell und in ständiger Veränderung, wie das Sonnenlicht im Sommer über eine Wasseroberfläche gleitet, wenn man im Ruderboot über einen See fährt und die Ruder und der Kiel das Wasser zerschneiden. Flüchtig und doch präsent waren diese Schatten, die Arthur begleiteten, so wie Delfine ein Schiff begleiten, das seinen Weg nimmt vom Festland zu einer fernen Insel im Meer.
Gleich musste er im Felsendom sein, und dann würde sich herausstellen, wie es nach dem Siphon weitergehen würde und ob es überhaupt weitergehen würde. Er verlangsamte nun allmählich seinen Schritt, um sich in Gedanken vorzubereiten auf die Passage, die nicht nur über sein Schicksal entscheiden würde. Dann erreichte er die Halle, in der nichts sich verändert hatte, seit er das letzte Mal hier gewesen war. Sofort begannen die Kristalle an der Decke zu funkeln, als das Licht der Fackel auf sie traf. Und erst jetzt, als er in der Mitte des Domes sthen blieb, bemerkte er, dass die Schatten nicht mit ihm stehen blieben, sondern weiter über die Felsen wanderten, dass sie sich im Licht der Kristalle badeten und dass sie sich nun sogar von den Wänden lösten und im Raum umhergeisterten und besonders häufig die kleine Brücke überflogen, die über den Andersbach führte. Doch bevor Arthur erschrecken konnte, spürte er eine Hand, die sich ihm von hinten auf die Schulter legte.
»Sei ganz unbesorgt, sie tun dir nichts«, sagte eine ihm vertraute Stimme, und als er sich mit einem Ruck umdrehte, stand sein Vater vor ihm und lächelte ihn an. Eine Woge des Glücks überspülte Arthur, er ließ seine Fackel fallen und nahm Erik in die Arme, der ihn mit Leichtigkeit hochnahm und an sich drückte, wie er es so oft getan hatte, als Arthur noch ein Kind gewesen war. Arthur hatte es immer geliebt, sich so an ihn zu schmiegen und sich von ihm herumtragen zu lassen. Auf den starken Armen des Vaters fühlte er sich sicher wie in Abrahams Schoss, und nichts konnte ihm etwas anhaben. Für einen ganz kurzen Moment war er noch einmal Kind, das alle Ängste bannen konnte allein dadurch, dass es sich an die Brust des Vaters drängte.
So groß war das Glücksgefühl: Es stimmte also, dass an Samhain die Toten auf die Erde zurückkehren konnten. Er hatte gesehen, wie Zoller sie gerufen hatte, und nun stand sein Vater, den eine Lanze durchbohrt und den Arthur hatte sterben sehen, leibhaftig vor ihm. Er war ganz unversehrt; Arthur konnte den muskulösen Körper Eriks spüren und betasten.
»Es ist so wundervoll, dich wiederzusehen«, brachte Arthur schließlich heraus, »du weißt nicht, wie sehr wir dich alle vermisst haben.« Noch einmal glitten Arthurs Hände über Eriks Gesicht, denn immer wieder wollte er sich vergewissern, dass es wirklich sein Vater war, der zu ihm getreten war und der ihn in seinen Armen hielt. »Ich bin so glücklich«, sagte er.

»Ja, das bin ich auch, Arthur«, sagte Erik lächelnd. »Aber ich möchte dir nicht noch mehr weh tun und dich nicht im Irrglauben lassen. So schön es ist, dich wiederzusehen: Für mich führt kein Weg zurück in eure Welt. Das musst du wissen. Ich muss es dir gleich sagen.«

Arthurs Herz verkrampfte sich. Natürlich hatte er es gewusst, aber er hätte diese Gewissheit gerne noch eine Weile verdrängt. »Wie lange kannst du bleiben?«, fragte er schließlich. Er wollte gefasst wirken und reden, wie ein Mann es tun würde.

»Bis zur Morgendämmerung ist das Tor offen«, antwortete Erik und lächelte wieder. »So lange gehen die anderen ein und aus, wie es ihnen beliebt.«

»Die anderen? Du meinst die Schatten?«

»Ja, die Schatten gehören Menschen, die einst gelebt haben. Nun fliegen sie zum Ausgang, um für eine Nacht unter jenen zu wandeln, die sie einst geliebt haben. So wie ich für eine Nacht zu jenen zurückkehre, die ich über alles liebe.«

»Und warum hast du deine alte Gestalt angenommen, während sie nur Schatten sind?«

»Beim allerersten Samhain nach dem Tod ist dies allen Verstorbenen möglich. Manchmal ist ihr Wunsch, sich ihrer Familie noch einmal zu zeigen, so groß, dass sie nicht einmal bis Samhain warten müssen. Dann gehen sie für einen Moment durch den Raum, wo die Frau oder der Sohn sitzt, und grüßen sie noch einmal. Die Menschen wissen nicht, ob sie in ihrer Trauer einer Täuschung erlegen sind. Aber die meisten sind sehr dankbar für diesen Augenblick.«

Arthur schwieg. War es ihm nicht selbst so ergangen, dass er Erik so sehr vermisst hatte, dass es ihn nicht gewundert hätte, wenn er ihn plötzlich durch den Wald hätte gehen sehen? Es wäre für ihn etwas völlig Natürliches gewesen.

»Und später?«, fragte Arthur und schaute Erik ängstlich an.

»Später sind wir Schatten, doch viele Menschen nehmen selbst diese Schatten bald nicht mehr wahr. Wir verblassen und lösen uns auf, wenn niemand mehr uns vermisst.«

»Ich werde dich immer vermissen«, sagte Arthur und spürte wieder den Schmerz in seiner Brust.

»Und ich habe dir und Julius versprochen, euch niemals zu verlassen. Dieses Versprechen halte ich. Solange ihr mich braucht, werde ich da sein. Und solange kann ich mich euch zeigen, zumindest einmal im Jahr, in der Nacht von Samhain. Ich werde dann immer am Höhleneingang auf euch warten.«

Arthur schmiegte sich noch einmal an ihn.

»Wie viele sind noch hier?«, fragte er dann und schaute sich um im großen Höhlendom, wo die Schatten durcheinander purzelten. »Und woher kommen sie?«

»Es sind unzählige, aber die meisten werden in der Höhle bleiben, weil niemand mehr da ist, der sich ihrer erinnert. Sie stammen aus allen Zeiten, es sind Bauern darunter und Gelehrte und Könige – aber als Schatten sind sie wie Kinder, mit fröhlichem

Gemüt und ganz ohne Sorgen. Ich mag sie. Sie sind ganz anders als man sich verstorbene Seelen vorstellt. Und …«, Erik hielt kurz inne. »… es sind nicht nur Menschen darunter. Auch die Tiere kommen hierher und gesellen sich zu uns. Bären, Wölfe, Rehe, Luchse – sie sind alle da.«
»Hast du auch einen jungen Luchs namens Lohar getroffen?«, fragte Arthur. »Es ist Ragnars Kind, und er wäre ebenso glücklich wie ich, wenn er sie hier sehen könnte.«
»Nein, Lohar bin ich noch nicht begegnet«, antwortete Erik. »Aber ich bin sicher, sie käme her, wenn Ragnar es wollte.«
Erik machte eine Pause, dann sagte er: »Du hast sicher noch viele Fragen. Aber ich denke, wir sollten uns beeilen, bevor Ariokan mit dem großen Ritual beginnt.«
Arthur nickte. »Du hast Recht. Aber zwei Fragen musst du noch beantworten, denn ich weiß nicht, ob später Zeit dafür sein wird.«
Erik forderte ihn mit einer Bewegung auf, seine Fragen zu stellen.
»War der Streit zwischen dir und Franziska wirklich? Ich meine, ist deine Liebe erloschen oder nicht? Also, wusstest du davon, dass Zoller Franziskas Geist gefangen genommen hatte?«
»Das sind ja schon drei Fragen auf einmal«, lachte Erik. »Und sie beinhalten schon die Antwort: Vieles ist nicht so eindeutig, wie es scheint. Vieles wird wirklich, obwohl man es sich nur einbildet. Und manches bleibt, auch wenn es verschwunden ist.«
»Du sprichst in Rätseln, Erik.«
»Mittlerweile weiß ich, dass Zoller daran schuld ist, dass Franziska uns verlassen hat. Damals wusste ich das nicht, und das hat viele dunkle Gefühle in mir ausgelöst. Sie haben mich bis zu meinem Tod nicht verlassen. Aber nun ist die Liebe zurückgekehrt, auch wenn sie einen anderen Charakter hat als früher. Mit dem Tod endet aller Gram. Ich würde ihr das gerne selbst noch sagen.«
Arthur war den Tränen nahe; er wusste, dass Franziska sich nichts mehr wünschen würde als ein Wort Eriks, das ihr zeigt, dass er Verständnis für ihr Tun hat und dass die Zeit gekommen ist, sich zu verzeihen.
»Und was ist deine zweite Frage?«, hakte Erik nach.
»Kurz vor deinem Tod hast du so eindringlich mit mir gesprochen, als hättest du vorausgesehen, dass du sterben würdest. Hast du es tatsächlich geahnt?«
»Nein, ich habe es nicht geahnt – ich habe es gewusst. Ich wusste, dass mein Ende nahe war, seit wir beide damals Cernunnos und Teutonnos gespielt haben, um Viktor und Oskar zu erschrecken. Weißt du noch?«
»Ja, natürlich, aber warum …«
»Woher sonst hätte ich so schön singen können, Arthur, wenn nicht durch die Gabe des Todes. Hast du dich das nie gefragt?«
Arthur war wie vor den Kopf geschlagen. »Natürlich war ich verwirrt, woher du so plötzlich diese Fähigkeit gehabt hast«, sagte er. »Aber ich habe es nicht mit deinem Tod in Verbindung gebracht.«

»Es ist eine Eigenart des Lebens, dass es jenen Menschen, die bald in eine andere Sphäre wechseln werden, ungewöhnliche Gaben verleiht. Ich habe diese Arien immer geliebt; sie schienen mir gut zur Erhabenheit des Waldes und zur Melancholie meines Gemütes zu passen. Vor allem dieses eine Lied, das vom endgültigen Abschied aus dem Land, das man liebt, erzählt, hat mich immer bewegt.«
Arthur verstand nun, weshalb Erik danach so erschöpft und traurig ausgesehen hatte. Er hatte seinen eigenen Tod vorhergesehen, und er hatte doch die Kraft gefunden, ihnen nichts davon zu sagen.
»Und was tun wir nun?«, fragte Arthur schließlich. Denn mit Worten war nicht mehr zu beschreiben, was er für seinen Vater empfand; und es war besser, darüber zu schweigen.
»Ganz einfach«, antwortete sein Vater: »Ich werde noch einmal singen.«
Arthur verstand nicht auf Anhieb und schaute Erik verwundert an.
»Ariokan und seine Krieger glauben an die Wiederkehr der Toten an Samhain. Und sie wissen, dass ich tot bin – Zoller war dabei, als die Lanze mich traf; er hat meinen Leichnam gesehen. Sie wissen also, dass es kein neuer Trick sein kann, wenn ich plötzlich vor ihnen erscheine. Wir werden Samhain wirklich machen, Arthur, so wirklich wie noch nie zuvor in der Geschichte der Welt. Und nun lass uns gehen.«
Sie mussten nicht in das kalte Wasser des Andersbaches hineinsteigen, um zum Ausgang der Höhle zu kommen. Erik nahm Arthur nur an der Hand, und es war, als existiere der Fels, als existiere das Materielle nicht mehr. Sie brauchten keine Fackel mehr, sie gingen einfach durch den Felsen hindurch, und sie erreichten das Portal in weniger als einem Wimpernschlag. Raum und Zeit waren keine Koordinaten mehr, die für sie Gültigkeit besaßen – auch Arthur war an der Hand seines Vaters zu einem Schatten geworden.
Doch am Portal kehrte Arthur schnell in die Realität zurück. Denn dort sah er, was er vorher, als er von außen auf das Geschehen geblickt hatte, nicht hatte sehen können: Hinter den ersten Felsen, die den Eingang verdeckten, war Eriks Leichnam auf einem niedrigen Holztisch aufgebahrt. Nur einen kurzen Augenblick lang schaute Arthur hin, dann wandte er das Gesicht ab. Aber es genügte, dass ihm das Blut in den Adern gefror. Eriks Augen waren offen, niemand hatte genügend Erbarmen gehabt, ihm die Lider zuzudrücken. Leer und kalt waren diese Augen, und Arthur konnte gar nicht begreifen, wie sehr sie sich verwandelt hatten, seit der beseelte Funke des Lebens aus ihnen gewichen war. Das Gesicht war eingefallen, und die Haut wirkte wächsern und erstarrt. Ein kleiner getrockneter Blutstrom war noch am rechten Mundwinkel zu sehen, und die Hände lagen ungefaltet auf dem Bauch, als wollten sie die große Wunde verdecken, aus der das Leben aus Erik entwichen war. Voller Blut war das Hemd, und voller Blut waren auch die Hände.
»Schau nicht hin«, sagte Erik zu seinem Sohn. »Es ist ihr Brauch, dass sie die Toten den Göttern opfern und sich nicht die Mühe machen, die Leichen vorher schön zu

machen, wie wir es tun. Aber das spielt keine Rolle. Was zählt, ist nicht der Leib. Was zählt, siehst du hier.« Und er zeigte auf sich und legte seine linke Hand auf die Brust, als Zeichen dafür, dass das Wesentliche unsichtbar war.
»Und nun sollten wir beginnen, nachdem du auch dieses gesehen hast. Halte dich im Hintergrund. Du wirst merken, wenn dein Zeitpunkt gekommen ist.«
»Mein Zeitpunkt wofür?«, fragte Arthur erschreckt.
»Der Zeitpunkt, um die anderen zu retten. Das nämlich kann nur ein Lebender. Und das bist du.«
Und dann richtete sich Erik auf und wirkte plötzlich noch größer, er breitete die Arme aus und verwandelte sich: Ihm wuchsen lange schwarze Haare und ein mächtiger Schnurrbart zierte sein Gesicht; der Oberkörper war nackt, aber der Hals wurde von einer großen Kette umschlungen, einem Torques, wie auch Zoller ihn trug, aber noch größer und prachtvoller. Am Gürtel seiner Lederhose steckte ein kurzer Dolch, der ganz aus Gold zu sein schien, und er hielt einen hohen ovalen Schild aus Metall in der Hand, auf dem ein Totenschädel prangte. Es war unverkennbar Erik, und doch schüchterte diese Gestalt selbst Arthur ein, die nun an seinem eigenen Leichnam vorüberschritt und, ohne einen Moment des Zögerns, hinaus ging auf den erleuchteten Vorplatz der Höhle.
Arthur drückte sich an einen Felsen, damit ihn gewiss niemand sehen konnte, wenn gleich alle auf den Eingang starren würden. Und dann begann Erik wieder zu singen, noch schöner als beim letzten Mal, mit einer noch erhabeneren Stimme, die nicht mehr von dieser Welt kam. Es war ein anderes Lied, das von einer grünen Insel weit draußen im See erzählte, wohin alle Menschen einmal segeln würden und die von einer solchen Lieblichkeit sei, dass nie jemand mehr zurück ans Festland möchte. »Holdestes Eiland, alle Eilande übertreffend, Ort des Genusses und der Liebe; die Göttin wird es als ihre Wohnstatt erwählen, und verlassen ihren himmlischen Hain«, sang Erik, und Arthur wurde es so warm ums Herz, dass er vor Freude und Sehnsucht hätte weinen können. Alle Gegensätze sind aufgehoben auf jener Insel, alle Wesen leben in Frieden miteinander, und Sorgen und Ängste sind von ihren Gestaden verbannt. »Sanftes Murmeln, süße Klagen, Seufzer, die das Feuer der Liebe entfachen; leise Zurückweisung, liebevolle Verschmähung werden alle Schmerzen sein, die du spürst.«
Draußen hatten sich alle Krieger erhoben, als Gott Lug, der ihnen die Ehre erwies, leibhaftig an ihrem Ritual teilzunehmen, auf den Vorplatz getreten war. Mit einem Schlag verstummten die Trommeln und das Geschrei der Krieger, während Viktor und Oskar Franziska, Marie und Jakob Häfner einzeln zu drei Pfählen am Eingang geführt hatten und dort, die Arme nach oben gestreckt, festbanden. Erik ging zwischen zweien der Pfähle hindurch, als er aus der Höhle kam, und sein langes Haar streifte das Gesicht von Franziska, als er vorüberschritt. Ihre Verletzungen schmerzten derart, dass sie sich nicht auf den Beinen halten konnte und immer wieder in das Seil fiel, bis

der Schmerz in den Armen so stark wurde, dass sie versuchte, sich wieder aufzurappeln. Sie hatte die Verletzungen, die er Zoller zugefügt hatte, übernommen, das sah Arthur jetzt – und sie litt furchtbar daran. Franziska erkannte Erik in ihrem Delirium nicht sofort, und selbst der unvergleichliche Gesang erreichte sie nicht. Erst als Erik im Vorübergehen kurz den Kopf wandte und Franziska in die Augen schaute, durchfuhr es sie wie ein Blitz, und sie starrte ihn ungläubig an. Auch in Marie erwachten die Lebensgeister; teilnahmslos hatte sie alles über sich ergehen lassen, nun kehrte Spannung in ihren Körper zurück, und sie schaute voller Erregung zwischen Franziska und Erik hin und her. Jakob Häfner dagegen schien bewusstlos; seine Augen waren geschlossen und die Knie eingeknickt. Leblos hing er an den Seilen, die allein ihn aufrecht hielten. Das Ritual war in vollem Gange. Ariokan hatte bereits das Messer in der Hand, mit dem er den drei Feinden das Leben nehmen wollte. Doch nun ließ er es sinken, als Gott Lug sich direkt vor ihm aufbaute und ihn drohend anschaute. Schnell beeilte sich der Keltenfürst, das Knie zu beugen und den Kopf zu senken, und alle Krieger taten es ihm gleich. Zwei Raben flatterten um Eriks Haupt und schwebten weit hinaus bis zu den letzten der Krieger, um auch ihnen zu bedeuten, dass der Gott alle sah und jeden rief.

Dann breitete Erik die Arme aus und ließ den Blick über die Menge schweifen. So berückend war sein Gesang, von so überirdischer Schönheit, so von Sehnsucht und Frieden und Freude erfüllt, dass niemand dem Bann widerstehen konnte, den Erik nun über die Kelten legte. Jeder fühlte in seinem Herzen eine solche Herrlichkeit aufsteigen, als sei dieses Lied nur für ihn im Himmel geschrieben worden, als werde es nun allein für ihn gesungen. Arthur ahnte, dass es ein kurzer Zauber sein würde, der auf die Kelten wirkte; sobald das Lied endete, würden sie aufwachen und sich die Augen reiben und den Kopf schütteln wie nach einem schweren Rausch. Aber noch dauerte das Lied fort, und auch Franziska und Marie waren nun dem Gesang erlegen und hätten sich ohne zu zögern Erik zu Füßen geworfen, um ihm zu danken für diese Musik. Selbst Arthur fiel es schwer, sich ihrer Strahlkraft zu entziehen.

Niemand achtete auf Arthur, der nun aufstand und mit festem Entschluss ins Freie hinausging. Er trat an die Pfähle und löste mit seinem Messer die Fesseln der Gefangenen. Franziska sank zusammen; die Schmerzen waren übermächtig gewesen, und Arthur erkannte jetzt auch, dass das rechte Bein dick angeschwollen und entzündet war – ihre Hose hatte einen großen Riss, und feuerrot breitete sich ein Mal auf dem Oberschenkel aus. Marie wenigstens konnte ihm helfen, indem sie mit großer Anstrengung ihre Arme ein wenig nach oben streckte, um das Seil zu entspannen. Häfner rührte sich gar nicht mehr. Arthur musste ihn mit einem Arm stützen, während er mit der anderen das Seil kappte, damit Häfner nicht hart zu Boden stürzte. Er lebte, wie Arthur feststellte, als er sein Ohr auf dessen Brust legte; aber das Herz war nur noch wie aus weiter Ferne zu hören. Mehr als ihn behutsam auf die Erde zu legen konnte Arthur im Moment nicht für ihn tun.

Marie wusste zunächst nicht, wie sie sich verhalten sollte und wollte in die Höhle flüchten. Doch Arthur bedeutete ihr, dass sie das Tal hinab Richtung Heiligensee gehen und furchtlos durch die Menge der Krieger schreiten solle. Er würde gleich nachkommen, machte er ihr Zeichen. Doch wie sollte er nun zwei Menschen, Franziska und Jakob, aus dem Heer der fremden Krieger heraustragen, fragte er sich. Es war kaum möglich, mit einer Person auf den Schultern die Flucht aufzunehmen. In ihm wuchs ein Zwiespalt, den er nicht auflösen konnte und der, egal, wie er sich entschied, einer Niederlage und einer Schmach gleichkam. Flehend sah Arthur auf Erik, und der gebot ihm mit einem Blick, Häfner bei ihm zu lassen. ›Ich nehme ihn mit mir‹, schien Eriks Blick sagen zu wollen. ›Dort wird er es gut haben.‹

Arthur verstand. Er kniete noch einmal kurz vor Häfner nieder, um ihn um Verzeihung zu bitten. Die Gefährten hatten ihn im Stich gelassen, diese Schuld wird ihnen bleiben. Arthur vergewisserte sich, dass Häfners Augen geschlossen waren; dann faltete er dessen Hände über dem Bauch und ließ seine Hand für einen Augenblick auf Häfner ruhen. Dann stand er auf und fasste Franziska um die Taille, um sie über die Schultern zu legen. Doch sie wehrte sich, sanft, aber bestimmt. »Ich kann nicht gehen, ohne eines noch zu tun«, sagte sie leise zu Arthur und stemmte sich mühevoll auf das weniger verletzte Bein und humpelte die zwei Schritte zu Erik hinüber. Sie stellte sich vor ihn, sah ihn lange schweigend an und legte ihm die flache Hand auf die Brust. Noch einmal wollte sie ihn spüren, noch einmal wollte sie ihn, als Geste des Vertrautseins und des Abschieds, berühren. Und Erik legte seine Hand auf die ihre und umschloss sie lange. Dann zog er sie ganz nahe an sich heran, und sie schauten sich einen Moment lang in die Augen, und sie sahen, dass alles, was sie getrennt hatte, weggewischt war; jetzt, da sie auf immer getrennt waren. »Wir scheiden ohne Groll«, hauchte Franziska. Und Erik sang: »Süßeste Insel, die Göttin wird sie als Wohnstatt erwählen.«

Jetzt ließ sich Franziska mühelos umfassen, und Arthur wunderte sich, wie leicht das Gewicht Franziskas war. So passierte er das Spalier der Männer. Marie war voraus gegangen. Niemand stellte sich ihnen in den Weg, denn die Krieger weilten noch in anderen Sphären und nahmen nicht wahr, was um sie herum geschah. Als die Höhle vom Wald fast schon ganz verdeckt wurde, drehte sich Arthur ein letztes Mal um. Erik sang noch immer, damit seine Gefährten einen Vorsprung bekamen. Doch bald würde er aufhören und sich anschicken, zurückzukehren in sein Reich. Es schmerzte Arthur, dass er ihn ziehen lassen musste. Aber es tat ihm gut zu wissen: Sie würden sich wiedersehen.

Als Arthur Marie eingeholt hatte, blieb keine Zeit für große Begrüßungen und lange Erklärungen. »Wir müssen uns beeilen. Die Krieger werden uns gleich folgen«, sagte Arthur. »Wir können später alles besprechen.«

»Was ist mit Häfner?«, fragte Franziska, die sich heruntergleiten ließ, um ihrem Sohn, der sie gerettet hatte, ins Gesicht zu sehen. »Ist er tot?«

»Nein«, antwortete Arthur leise und schüttelte den Kopf. »Aber er wird es nicht schaffen. Erik wird sich um ihn kümmern. Seid unbesorgt.«

»Es tut mir so leid«, meinte Franziska, der die Erschütterung ins Gesicht geschrieben stand. »Er war auf unserer Seite, und wir haben ihn völlig allein gelassen.«

Arthur wusste nicht, was er erwidern sollte, denn seine Mutter hatte Recht. »In jedem Kampf stirbt die Gerechtigkeit zuerst. Das sollten wir nie vergessen, wenn wir glauben, für eine gerechte Sache in den Krieg zu ziehen«, sagte er schließlich. »Aber nun lasst uns gehen. Wir haben wenig Zeit.«

»Und wohin gehen wir jetzt?«, fragte Marie, in deren Augen Arthur schon wieder die alte Lebenskraft flackern sah. Es elektrisierte ihn, wie leicht sie bereit war, sich in das nächste Abenteuer zu stürzen.

»Habt ihr Erik nicht singen hören? Wir gehen zur Insel, wir gehen natürlich zur Insel«, sagte Arthur, als sei es das Selbstverständlichste von der Welt.

Es war tiefe Nacht, als sie auf die Gefährten stießen, die sich vom Heiligensee zu ihnen heraufgemüht hatten. Aber der Himmel war weiter klar, so dass die Dunkelheit des Waldes nicht ganz so umfassend war wie in früheren Nächten. Die kahlen Eschen und Buchen warfen lange Schatten, die ein flüchtiges Labyrinth auf dem Schnee entstehen ließen. Alles war still, Füchse schnürten durch den Wald, ohne dass ein Mensch sie wahrnahm; Krähen schliefen in den Wipfeln, und Rehe hatten sich unter die Tannen zurückgezogen, um unter deren Zweigen nach Trieben und vertrockneten Früchten zu suchen. Ein Wind ging merklich durch die Äste; er brachte das neue Wetter aus Westen, und Arthur spürte, wie der Schnee noch pappiger geworden und selbst jetzt in der Nacht nicht mehr gefroren war. Es taute, der Winter würde einen Aufschub nehmen und vielleicht noch einmal vom Herbst träumen. Durch die Bäume hindurch konnte Arthur den Nachthimmel erkennen, der ihm unendlich hell erschien. Es war, als wären die Sterne zum Greifen nah, und es war, als würden sie blinken. Natürlich waren es nur die Luftverwirbelungen, die der Wind verursachte, die ihm diesen Eindruck vermittelten, aber es war doch, als würden die Sterne ein Signal aussenden, als gäben sie ihm Zeichen, ja beinahe, als würden sie läuten. Still, ganz still musste man sein, um die fernen Klänge zu vernehmen. Sein Herz wurde schwer, und eine große Sehnsucht erfüllte ihn, denn er musste wieder an Erik denken, der wieder so weit entfernt für ihn war wie diese Sterne. Aber zugleich war es, als würden ihm diese Sterne ein Geheimnis verraten, als würden sie ihn einweihen in den Urgrund des Universums. Mit Worten war es nicht zu benennen.

Ragnar zeigte sich als erster, als er erkannte, wer ihm da entgegenstürmte. »Es ist gut, euch wiederzusehen«, sagte Ragnar, der schnell erfasste, dass die Gefahr noch lange nicht gebannt war. »Du hast es also wieder einmal geschafft, Arthur.«

»Nein«, antwortete Arthur, »ich habe nur ganz wenig dazu beigetragen, Franziska und Marie das Leben zu retten. Es war Erik, der sie beschützt und gerettet hat.«

Das Erstaunen war in den Gesichtern abzulesen, aber Arthur vertröstete sie.

»Wir haben kaum zehn Minuten Vorsprung – und die Armee Zollers besteht nun aus weit mehr als hundert Männern. Im direkten Kampf könnten wir keine Minute standhalten. Wir müssen also wieder verschwinden, so schnell wie möglich.«
»Was ist mit Franziska?«, fragte Michael, der sich auf seinen dicken Pilgerstab stützte. »Wie schwer ist sie verletzt?«
»Das kann ich nicht sagen, wir hatten keine Zeit, die Wunden zu untersuchen und zu behandeln. Aber sie kann auf jeden Fall nicht selbstständig gehen.«
»Dann willst du sie weiter tragen?«, fragte Ragnar ungläubig.
»Ja«, antwortete Arthur, »der Turmalin hilft mir dabei. Anscheinend gehört es zu meinen Eigenschaften, auch Schweres leicht zu nehmen.« Er lächelte sogar ein wenig, und Franziska küsste ihn auf die Wange; dann hetzten sie weiter den Hang hinab.
Unterwegs kämpfte sich Julius an Arthurs Seite. Arthur rannte nun langsamer, als er es gekonnt hätte, um den Abstand zu den anderen nicht zu groß werden zu lassen. Aber Julius hatte dennoch Mühe, die Geschwindigkeit seines Bruders zu halten.
»Was werden wir jetzt tun?«, fragte er. »Wir können doch nicht einfach wie die Hasen vor Ariokan davonrennen. Es wäre nur eine Frage der Zeit, bis er uns eingeholt hätte.«
»Du hast Recht, Julius«, sagte Arthur. »Wir müssen es schaffen bis zur Insel im Heiligensee. Ich bin mir mittlerweile sicher, dass die dritte Figur dort zu finden ist. Aber ich habe keine Ahnung, wie wir sie finden können.«
Julius wirkte völlig konsterniert.
»Was macht dich so zuversichtlich, plötzlich den richtigen Ort zu kennen?«, japste er, der kaum noch Luft hatte, um das Tempo Arthurs zu halten. Kurz blickte er sich um. Die Reihe der Gefährten zog sich immer weiter auseinander. Pater Rupert war nicht gerade ein Waldläufer; er hatte doch zu viel Zeit in seiner Stube verbracht, und zwischen ihm und Ursula, die erstaunlich geschickt den Hang hinab rannte, wurde der Abstand immer größer. Ganz am Schluss ging Michael, dem Kilian aber nicht von der Seite wich.
»Die anderen bleiben zurück«, sagte Julius fast in einem flehentlichen Ton zu Arthur.
»Sie werden rechtzeitig am Ufer sein. Es ist gut, wenn wir etwas früher da sind – dann können wir schon mit den Vorbereitungen beginnen.«
»Vorbereitungen? Welche Vorbereitungen?«
»Was glaubst du, wie wir auf die Insel kommen? Einige von uns werden es vielleicht schwimmend schaffen. Aber Michael, Franziska oder auch Barten brauchen unsere Hilfe. Ich möchte, dass wir große Äste und Baumstämme ins Wasser ziehen, damit wir uns daran festhalten können. Und damit können wir gleich anfangen.«
Julius nickte – sein Atem ging so schnell, dass er nicht mehr sprechen konnte und das Gespräch vorerst beenden musste.
Sie brauchten eine knappe halbe Stunde, bis sie den Heiligensee erreichten. Auch Julius hatte abreißen lassen müssen. Arthur setzte Franziska an einem umgeknickten Baum vorsichtig ab. Sie wirkte erschöpft und schaute ihn wie aus weiter Ferne an, so,

als begriffe sie nicht recht, was vor sich ging. Arthur legte seine Hand auf ihre Stirn: Sie war heiß, stellte er mit Schrecken fest, sie brannte sogar.

Arthur war in Sorge, aber er konnte nichts tun. Und um sich abzulenken und um die Zeit zu nutzen, machte er sich an die Arbeit und rollte einen großen, in einem Gewitter abgerissenen Ast ins Wasser. Nun wandte er sich einem langen Baumstamm zu, der halb im Wasser lag, um ihn hineinzudrehen in den See. Da kam Julius atemlos angerannt, und Arthur bedeutete ihm, gleich mit anzupacken.

Der Mond stand direkt über der Insel im Heiligensee; er war weit über die Hälfte seiner Größe hinausgewachsen, hatte aber noch nicht die Helligkeit, die Sterne in seinem Umkreis zu überstrahlen. An der Stelle, an der der Andersbach in den See mündete, stand links und rechts hohes Schilfgras, und die Zweige hoher Eichen hingen weit ins Wasser hinaus. Das Bild war so berückend, dass Julius trotz der Hektik, die Arthur überkommen hatte, kurz innehalten musste. Das Mondlicht flirrte über das Wasser, das vom Wind in leichte Bewegung versetzt wurde, das Schilf säuselte, und darüber flüsterte ein Sternenhimmel, dessen Licht vom Ende des Universums zu kommen schien.

»Warum glaubst du, dass wir auf die Insel müssen, Arthur?«, fragte Julius noch einmal. »Dort sitzen wir doch in der Falle.«

»Wenn meine Annahme falsch ist, dann ist das tatsächlich so. Aber ich fühle es tief in mir, dass die dritte Figur mit der Insel in Verbindung steht.«

»Aber warum?«

»Warum? Die Menschenfigur war in einer Krypta aufbewahrt – einem heiligen Ort für Menschen. Die Tierfigur war im Felsendom versteckt worden – einem heiligen Ort für Tiere. Auch der Ort der Baumfigur muss deshalb heilig sein. Und wo in unserem Tal könnte dieser Ort sein? Wir dachten lange, der Rat der Weisen oben am Wasserfall müsste der richtige Platz sein. Aber die Eichen sind viel zu jung, um als Aufbewahrungsort für eine der Figuren zu dienen; wir Menschen erliegen leicht dem Irrtum, dass alles, was älter ist als wir selbst, uralt sei.«

»Aber Zoller hat doch sicherlich Dutzende von Male die Insel abgesucht – er hätte sie gefunden, wenn sie wirklich dort wäre«, wandte Julius ungeduldig ein. Es erschien ihm ein sehr riskantes Spiel zu sein, jetzt alles auf diesen einen Gedanken zu legen, jetzt alles auf eine Karte zu setzen.

»Das stimmt – aber Zoller konnte nicht mit den Bäumen reden. Wir können es. Oder vielmehr: Du kannst es.«

»Bist du verrückt, Arthur? Unser erster Versuch ist kläglich gescheitert. Und das Buch ist vernichtet. Wir können nicht mit den Bäumen reden!« Julius schrie. Es wurde ihm immer deutlicher, was Arthur vorhatte – und es wurde ihm immer klarer, wie verwegen dieser Plan war.

»Wir haben nur diese eine Chance, Julius«, entgegnete Arthur ruhig. »Es mag ein Strohhalm sein, nach dem wir greifen. Aber manchmal konzentriert sich alles im

Leben auf eine Situation – und wir müssen die Figur der Bäume finden, sonst ist alles vorbei. Wir können Zoller nicht in einer Schlacht gegenüber treten. Wir können ihm nicht mehr entkommen. Er wird uns folgen, egal, wohin und in welche Zeit wir gehen. Verstehst du, Julius? Es kommt jetzt auf dich an. Mein Fehler war, dass ich selbst es versuchen wollte, dass ich wieder einmal mit dem Kopf durch die Wand wollte. Jetzt weiß ich: Du kannst es, weil …«.
Julius stutzte. »Weil … was?«
»Weil auch Erik es dir zutraut. Er hat in der Höhle zu mir gesagt: ›Ich wünschte, Julius hätte mit dir kommen können, denn ich vermisse ihn. Grüße ihn innig und sage ihm, dass ich stolz auf ihn bin. Und dass er den Bund retten wird.‹«
Julius war sprachlos. Ein Kloß saß plötzlich in seinem Hals, und am liebsten hätte er losgeheult, so groß war mit einem Mal die Sehnsucht; wie gut es doch war, einen solch beschützenden Vater zu haben und wie groß war der Schmerz, ihn verloren zu haben.
»Wie war es?«, fragte Julius, als frage er nach einem großen Rätsel. »Konntest du ihn berühren? Hast du gespürt, dass er von woanders kam? Und hat er das wirklich gesagt?«
»Er war so lebendig wie du jetzt. Und es war ihm wichtig, dass ich dir das sage.«
Jetzt rollten die Tränen doch über Julius' Wangen, und er fragte schluchzend: »Wenn Zoller Männer, die lange tot sind, aus dem Feuer holen kann – warum können wir das nicht auch? Kannst du mit der Kraft der Figur Erik nicht zurückholen? Es wäre so schön …«. Und dann schniefte er und drehte sich weg, weil er nicht wollte, dass Arthur ihn so weinerlich sah. Kräftig stemmte er sich gegen den Baumstamm, und Arthur beeilte sich, ihm zu helfen, bis das Holz sich langsam bewegte, sich ins Wasser schieben ließ und dabei immer leichter wurde, je mehr der See ihm Auftrieb verschaffte.
Dann fasste Arthur seinen Bruder an der Schulter und sagte: »Er fehlt mir auch, und ich würde alles tun, wenn ich ihm helfen könnte, in unsere Welt zurückzukehren. Denn ich war es, der durch Unvorsichtigkeit und Dickköpfigkeit seinen Tod zu verantworten hat. Ich fühle mich schuldig deswegen.« Arthur machte eine kurze Pause und atmete tief durch. »Aber selbst wenn ich Erik aus dem Feuer holen könnte – ich glaube nicht, dass er es wollen würde. Oder denkst du, er will mit einem Glutkästchen durchs Leben gehen, das einen immer daran erinnert, dass man eigentlich nicht mehr in diese Welt gehört?«
»Die keltischen Krieger wollten es doch auch.«
»Ehrlich gesagt, bin ich da nicht mehr so sicher. Es war auffällig, wie sehr Karl Zoller jedem einzelnen gedankt hat für die Bereitschaft, den Weg in dieses Leben noch einmal auf sich zu nehmen. Ich glaube, sie haben es nicht freiwillig gemacht, sondern weil sie ihr Treueid an ihren Fürsten band.«
Durch die Nacht rauschte jetzt Schubart heran, die sich wie selbstverständlich auf

dem Stamm niederließ, den Arthur und Julius gerade in den See geschoben hatten. Es gefiel ihr offensichtlich, sich auf dem Wasser schaukeln zu lassen.
»Die anderen werden gleich da sein«, sagte sie, »aber Zollers Männer auch. Wenn ihr nicht so viel quatschen würdet, könntet ihr sie schon lange hören.«
Arthur und Julius verstummten, und tatsächlich wurde ihnen mit einem Schlag klar, wie nah die Krieger schon waren. Entfernt zwischen den Bäumen konnte man den Lichtschein der Fackeln erahnen, und zwischen dem Murmeln des Andersbaches, der sich in den Heiligensee ergoss, hörten sie das leise Klirren von Metall und den dumpfen Ton, den die Schritte von vielen Dutzend Männern erzeugten.
Arthur wandte sich wieder Julius zu.
»Denk' nach«, sagte er eindringlich zu ihm. »Ich soll der Herr dieses Waldes sein, haben Ragnar und Erik gemeint. Aber ich weiß: Ohne dich werde ich diesen Wald nicht beschützen können. Ohne dich wird der Wald untergehen. Denk nach, Julius. Was haben wir beim letzten Mal falsch gemacht?«
Jetzt kam Barten bei ihnen am Seeufer an, gleich darauf folgten Marie und Ursula. Arthur ging sofort auf Ursula zu; es war, als habe er ihre Ankunft mit Ungeduld erwartet.
»Franziska hat Fieber«, sagte er. »Ich mache mir große Sorgen ihretwegen. Kannst du nicht etwas für sie tun? Du bist doch eine Heilerin«, fragte er Ursula. Sie kniete sich neben Franziska nieder und fühlte deren Wangen und Puls. Doch dann schüttelte sie den Kopf. »Die Natur hat es so eingerichtet, dass das Fieber die Krankheit bekämpft; es ist eigentlich etwas Gutes. Aber bei Franziska ist die Temperatur sehr hoch, und die Entzündung ist stark. Wenn ich in meinen Keller könnte zu den Gefäßen mit meinen Kräutern, ja, dann könnte ich ihr vielleicht helfen. So weiß ich nicht, was ich tun soll. Es wäre wichtig, dass sie ins Warme kommt. Und dass sie sich ausruhen kann. Es tut mir leid, Arthur.«
Arthur nickte schwach. »Glaubst du, dass sie sterben wird?«, fragte er matt. »Dass auch sie sterben wird?«
»Das weiß niemand, Arthur. Aber es wäre auf jeden Fall ihr Tod, wenn du sie in diesem Zustand über den See auf die Insel mitnimmst. Das Wasser ist viel zu kalt für sie.«
Arthur schwieg lange, dann flüsterte er: »Dann hätte ich sie beide getötet. Dann hätte ich Vater und Mutter getötet. Ein Pfeil hätte genügt.«
Julius hatte sich längst neben seinen Bruder gestellt, um das Gespräch verfolgen zu können. Seine Lippen zitterten, und er ließ sich neben seiner Mutter nieder, weil er nicht glauben wollte, was Ursula sagte. Er wollte selbst die Hitze spüren, die Franziskas Körper ausstrahlte, und wie ein kleines Kind hoffte er, dass sie verschwunden sein würde, wenn er seine Mutter berührte. Doch das Wunder trat nicht ein, und Julius legte seinen Kopf ganz nahe an Franziska heran, und fast sah es so aus, als wäre er ebenfalls eingeschlafen, denn er rührte sich nicht mehr.
Marie trat neben Arthur, sie nahm ganz unbefangen seine Hand, wie vertraute Menschen sich an den Händen berühren, streichelte seinen Arm und sagte: »Du hast

getan, was du für richtig hieltest, Arthur, um den Wald und um uns alle zu beschützen. Du trägst keine Schuld. Du darfst dir keine Vorwürfe machen. Jetzt im Winter wirkt alles, was wir tun, unnütz und dunkel. Es ist dann so wenig Hoffnung in der Welt. Wäre unsere Zuversicht nicht größer, wenn es hell und warm wäre, wenn es wieder Sommer wäre? Ich sehne mich nach dem Frühjahr, wenn die Blätter sprießen und die Sonne scheint. Franziska wird dann wieder gesund sein. Darauf vertraue ich.«
Nun hatten auch Rupert, Kilian und Michael das Seeufer erreicht; Ragnar hatte sich zurückfallen lassen und das Ende des Zuges abgesichert. Michaels Bein war wieder recht gut hergestellt, aber er war schon früher kein schneller Läufer gewesen, und nun ermüdete er noch schneller. Er ließ sich nichts anmerken, aber Arthur sah doch, dass ihn die langen Märsche angestrengt hatten und er am Ende seiner Kräfte war.
Auch Ragnar war dies nicht entgangen. »Wenn ich es nicht besser wüsste, würde ich sagen: Wir sind ein armseliger Haufen von verwundeten, wehrlosen und ratlosen Kriegern auf dem Rückzug«, sagte er leise, so dass nur Arthur es hörte. »Es wäre gut, wenn wir bald einen Plan hätten.«
In diesem Moment löste sich Julius von seiner Mutter und stand langsam auf. Er schaute Marie eindringlich an und fragte dann: »Was hast du gerade gesagt, Marie? Wiederhole es noch einmal.«
Marie wusste nicht genau, was er meinte und warum er dies von ihr verlangte. Also sagte sie nur zögernd: »Ich habe gesagt, ich glaube daran, dass Franziska wieder gesund wird.«
»Nein, du hast davor gesagt, dass du dir wünschst, dass das Frühjahr kommt und dass die Blätter wieder sprießen. Oder?«
»Ja, kann sein. Ich habe das in übertragenem Sinne gemeint. Ich wollte sagen, dass wir die Hoffnung nicht aufgeben …«.
Aber Julius unterbrach sie. »Ich weiß. Aber du hast zugleich etwas sehr Wahres gesagt. Marie, verstehst du nicht? Das war der Fehler, den wir gemacht haben.«
Aber Marie verstand tatsächlich nichts. »Was meinst du denn?«, fragte sie eindringlich.
»Wir haben gleich zwei Fehler gemacht, als wir versucht haben, den Kontakt zu den Bäumen aufzunehmen. Erstens kann das tagsüber nicht funktionieren, weil die Bäume den Unterschied zwischen dem Tageslicht und dem Licht des Feuers nicht wahrnehmen.«
»Und zweitens?«, schaltete sich Arthur ein.
»Zweitens haben die Bäume nur ein Organ, mit dem sie auf Licht reagieren können – wie konnten wir nur so dumm sein!«
»Jetzt rede endlich Klartext«, schalt ihn Arthur aufgeregt. Er spürte, wie nahe Julius der Lösung gekommen war.
»Nur die Blätter eines Baumes können Licht wahrnehmen, nur die Blätter verwandeln das Kohlendioxid in der Luft mit Hilfe von Licht in Nahrung und Sauerstoff. Im Win-

ter ist es also gar nicht möglich, mit den Bäumen zu sprechen – oder höchstens mit Nadelbäumen, die ihre Blätter nicht abwerfen. Die Linde vor dem Kloster konnte uns also gar nicht verstehen. Sie schlief und hatte die Augen geschlossen.«

Arthur drückte Julius fest an sich und sagte laut, so dass alle es hören konnten: »Ich wusste, dass du die Antwort finden würdest. Nun rate uns, wie wir vorgehen sollen.«

»Wir müssten das Feuerritual wiederholen, jetzt gleich, solange es dunkel ist. Und wir müssten uns eine alte Tanne suchen, die uns verstehen kann. Aber dazu haben wir keine Zeit.«

Jetzt ergriff Ursula deshalb das Wort. »Julius hat Recht, dazu haben wir keine Zeit. Wir müssen so schnell wie möglich auf die Insel übersetzen, um Zollers Krieger noch etwas auf Abstand zu halten. Und wir müssen noch etwas anderes tun: Wir müssen in den Frühling reisen. Arthur, du musst uns mitnehmen auf deine Zeitreise.«

Sie sah ihn eindringlich an, und er verstand sofort. So könnten sie im Frühjahr das Ritual ausüben, was die Chancen erhöhen würde, dass die Bäume ihnen antworteten. Und es würde Franziska helfen: Sie müsste nicht durch das kalte Wasser schwimmen, und die Kälte des Winters würde ihr nicht mehr so stark zusetzen.

Arthur schüttelte aber den Kopf. »Ariokan hat die Kraft unserer Figur blockiert, das haben wir schon vorher auf dem Steiner Sattel festgestellt. Ich kann damit nicht einmal Franziska helfen. Es wird nicht funktionieren, selbst wenn ich wüsste, wie man gleichzeitig durch Zeit und Raum reist.«

»Es ist nur eine kurze Entfernung bis zur Insel«, sagte Ragnar. »Du wirst das schaffen. Und für den Rest sorge ich.«

Niemand konnte noch etwas sagen, da war der Luchs schon zwischen den Bäumen verschwunden. Er jagte hinauf, dem gegnerischen Heer geradewegs in die Arme.

»Was tust du?«, rief Arthur ihm verzweifelt nach. »Du wirst nicht heil aus dieser Sache herauskommen!« Aber Arthur wurde in diesem Moment klar, dass Ragnar diese Absicht gar nicht hatte. Er wollte nur Zoller solange ablenken, dass die Kraft der Figur für einen kurzen Moment flackerte. Dieses Zeitfenster würde vielleicht reichen, um die Gefährten zu retten. Dafür setzte er sein Leben aufs Spiel.

Arthur besann sich deshalb nicht lange. »So sei es also. Stellt euch wieder im Kreis auf und berührt eure Nachbarn zu beiden Seiten. Ich werde versuchen, uns um einige Monate zu versetzen – und ich werden versuchen, uns direkt auf die Insel zu bringen. Helft alle mit, und stellt euch in Gedanken eine warme Spätfrühlingsnacht vor, und wie wir unter den Bäumen der Insel sitzen. Ich gebe uns drei Minuten. Wenn bis dahin nichts geschieht, müssen wir schwimmen.«

Arthur nahm die Figur in seine Hände, ließ die Wärme des Steins durch seinen Körper fließen und konzentrierte sich auf seinen Wunsch; dann gab er die Figur an Julius weiter, der neben ihm stand. Der behielt sie nur für einen Moment, und so wanderte der heilige Stein der Tiere von einem zum anderen. Ursula legte sie Franziska in die Hände, um auch sie teilhaben zu lassen an der Kraft des Luchses. Und sie alle sollten

die Figur beseelen und deren Macht die Richtung geben; sie alle sollten wünschen, sich aufzumachen an die Gestade des Frühlings. Süßeste Insel!
Doch wie Arthur es nicht anders erwartet hatte, passierte nichts. Als die Figur in seine Hände zurückgekehrt war, hatten sie sich noch keine Sekunde aus der Gegenwart gelöst. Aber Arthur spürte etwas anderes – er spürte plötzlich die Nähe Ragnars. Es war ihm, als sei er mit ihm über ein geheimnisvolles Band vereint; die Figur musste die Grenze zwischen ihm und seinem Freund gelockert haben. Es war unglaublich, welche Kräfte in der Stele schlummerten. Arthur nahm wahr, wie Ragnar den Hang hinaufhastete, immer am Ufer des Andersbaches entlang, und erst dann etwas nach rechts auswich, als Ariokan mit seinem Heer herankam. ›Ich werde ihn anspringen und versuchen, die Figur aus der Tasche zu zerren‹, dachte Ragnar, und so dachte auch Arthur. Doch als der Keltenfürst schon ganz nahe war, in Sprungnähe, da spürte Arthur, dass plötzlich jemand anderes sprang. Für ihn, für Ragnar, sprang.
Lohar, fuhr es ihm durch den Kopf.
Ragnars Tochter war aus der Dunkelheit aufgetaucht, und trotz ihrer zierlichen Körpergröße gelang es ihr mühelos, den Keltenkrieger umzuwerfen und ihm so furchterregend ins Gesicht zu fauchen, dass Zoller für einen Moment vergaß, sich zu wehren. Dann riss sie mit ihren Fängen die Weste Zollers auf und schnappte sich die Figur. Ganz kurz hielt sie sie zwischen ihren Zähnen. Doch die anderen Krieger waren schon herangekommen, und sie durchbohrten Lohar mit unzähligen ihrer Speere. Unter der Wucht wurde Lohars Kopf herumgeschleudert, und die Figur flog in einem hohen Bogen in den Schnee. Das ist unser Augenblick, dachte Arthur – und konzentrierte seine Gedanken ganz auf den Übergang auf die Insel. Aber er sah weiter, was geschah. Die Männer erkannten, dass das Tier, das sie gerade mehrfach tödlich getroffen hatten, kaum etwas von seiner Kraft verlor und so lebendig wie eh und je wirkte; da ließen sie von ihm ab. Es brachte Unglück, mit Göttern und Geistern zu kämpfen.
Dann verblasste das Bild, und Arthur bekam noch schemenhaft mit, wie Lohar versuchte, die Speere abzuschütteln, die sie fast bewegungsunfähig machten. Dennoch lächelte sie, und es war ein so seliges Lächeln, dass Ragnar fast das Herz zerbrach. So viele Bilder rauschten durch seinen Kopf, vor allem aber waren es Wogen des Glücks, die ihn durchfluteten. Arthur verstand – so hatte er sich vorher in der Habichtshöhle gefühlt.
»Woher wusstest du, dass wir hier sind?«, dachte Ragnar, und er musste die Frage nicht aussprechen, damit Lohar sie verstand.
»Erik hat es mir erzählt. Und Schatten wissen sowieso fast alles.« Sie lächelte wieder, dann sagte sie zu jenem Luchs im Dunkeln des Waldes: »Ich bin froh, dass ich euch doch noch helfen konnte. Geh jetzt, bevor sie dich entdecken.«
Schon befreite sie sich aus der Umklammerung der Speere, jetzt ganz mühelos. Und wie selbstverständlich trottete sie davon in den Wald. Auch Ragnar löste sich aus sei-

ner Erstarrung und eilte, zuerst stockend und wieder den Rhythmus suchend, wieder den Hang hinab, hinab zum Heiligensee.

In diesem Moment begann die Luft am Ufer des Sees zu flirren wie an einem heißen Tag über einer Landstraße. Die Wirklichkeit verschwamm, die Bäume und der See und das Schilf und der Mond verschwanden im Nichts, und die Nacht ging in einen weißen hellen Strahl über, der wiederum nur Bruchteile einer Sekunde dauerte. Dann mündete alles in große Dunkelheit.

Arthur schaute sich um. Die Gefährten standen noch immer wie zuvor im Kreis, aber die Umgebung hatte sich verändert – und einer fehlte: Kilian war nicht in ihrer Runde. Die Kraft der Figur hatte also nicht ausgereicht, um sie alle zur Insel zu bringen, oder Arthur hatte es doch nicht richtig verstanden, die Kraft richtig zu lenken, oder Kilian hatte sich aus Versehen aus der Gruppe gelöst. Hoffentlich war er geistesgegenwärtig und vernünftig genug, um sich zu verstecken. Und hoffentlich würde Ragnar es ihm gleich tun. Die Gefährten konnten im Moment nichts für sie tun.

Es war noch dunkel, aber im Osten war bereits ein rötlicher Schimmer zu erkennen, der zwischen schwarzen schmalen Wolken den Morgen ankündigte. Die Gefährten standen in saftigem Gras, das ihnen fast bis zum Knie reichte. Die Kälte hatte sich verflüchtigt; der kühle Tau des Frühlingsmorgens kam ihnen beinahe angenehm vor, ihnen, die direkt aus dem Winter kamen. Vor allem aber hörten sie etwas, das sie so lange nicht mehr gehört hatten und das eine große Ruhe auf sie legte: Die Vögel zwitscherten, und es war, als zwitscherten sie um die Wette. Arthur hatte oft mit seinem Vater und Julius morgens auf einer Wiese gesessen und sich die Namen und die Gesänge der Singvögel eingeprägt. Da war der Gartenrotschwanz, der immer der erste unter den Sängern am Morgen war – er ließ sein kurz trillerndes Zwitschern, das in einem eindringlichen Ausruf endete, schon zwei Stunden vor Sonnenaufgang hören. Da war das Rotkehlchen, das so viele verschiedene Laute besaß. Und bald begannen die Amsel und der Zilp-Zalp mit ihren Liedern. Es war, als würden alle Vögel sie willkommen heißen – zurück im Frühling, zurück im Leben. Willkommen auf der heiligen Insel.

Auf der Insel waren Arthur und Julius nie gewesen; es war der einzige Ort im Heiligental, den sie nicht kannten. Sie war nicht groß, hatte die ungefähre Form eines zur Seite gekippten Dreiecks, und in drei Minuten hatte man das Eiland der Länge nach durchschritten. Für Arthur und Julius war es früher eine große Versuchung gewesen, die namenlose Insel im Heiligensee zu erkunden. Aber es war für kleine Jungs zu weit gewesen, um einfach hinüber zu schwimmen. Boote duldete Erik keine am See, und er hätte auch nicht erlaubt, dass die Kinder sich selbst ein Floss bauten. Denn er war der Ansicht, dass die Insel ein Rückzugsgebiet für seltene Pflanzen und Insekten bleiben und vom Menschen nicht gestört werden sollte. »Das ist der letzte völlig unberührte Ort in meinem Wald«, hatte er immer gesagt.

Umso überraschter war Arthur jetzt, dass die Insel gar keinen Wald beherbergte. Vom jenseitigen Ufer aus hatte man nur erkennen können, dass die Insel dicht bewachsen war und keine Nadelbäume dort standen. Nun erst wurde ihm klar, dass sich auf der Insel ein großer wilder Garten entwickelt hatte. Dicht aneinander wuchsen viele Obstbäume in die Höhe. Die Kirschbäume waren längst verblüht und bildeten schon kleine grüne Früchte aus, aus denen bald die roten Kirschen wachsen würden. An den Apfelbäumen waren die Blüten noch zu erahnen, doch auch ihre Zeit des Erwachens war bereits vorbei. Es musste also schon Mai sein, dachte Arthur. Sein Geburtstag war nicht mehr fern, oder vielleicht war er sogar heute. Aber es war der Zauber des Gartens, der ihn gefangen nahm. In vielen älteren Bäumen hatten sich Spechte und einige Käuze ihr Refugium geschaffen. Am nördlichen Ende der Insel erkannte Arthur eine gewaltige Linde, die direkt am Wasser stand, noch mächtiger als jene vor den Pforten des Klosters Waldbronn. Viele Zweige hingen über den See und bedeckten ihn wie mit einem Baldachin. Manche ihrer starken Äste waren abgebrochen und vermoderten am Boden; auch war der Stamm der Länge nach aufgebrochen, und die Rinde und das lebendige Mark bildeten einen großen Halbkreis, während das innere Holz verfault und verschwunden war. Selbst ein großer Mensch hätte sich mühelos ins Innere des Baumes stellen können. Sicher war die Linde älter als die Eichen am Rat der Weisen, vielleicht war sie sogar noch im ersten Jahrtausend nach Christus gekeimt.

Unter den Bäumen wuchsen Aberhunderte verschiedener Blumen, wie man sie von den heutigen Wiesen kaum noch kennt, unscheinbare wie die Getreidemiere mit ihren kleinen rötlichen Blüten, aber auch so wunderschöne wie die eigentlich ausgestorbene Orchideenart namens Spitzels Knabenkraut. Arthur hatte sich diesen Namen schnell eingeprägt, weil er so ungewöhnlich und so lustig war. Sobald es hell werden würde, kämen die Schmetterlinge von ihrem Schlafplatz, und die Wildbienen würden auf Nektarsuche gehen. Es war ein himmlischer Ort, dachte Arthur, an dem der Mensch tatsächlich nur störte. Alle Segnungen des Garten Edens waren hier zu finden.

Doch lange durften sie sich an diesem Garten nicht berauschen. Arthur war sicher, dass Zoller schnell durch Zeit und Raum reisen würde, um sie zu suchen. Es war klar, dass die keltischen Krieger bald auftauchen würden – vermutlich war dies nur eine Frage von Minuten. Im Moment war alles ruhig am jenseitigen Ufer. Die Krieger Ariokans konnten mit ihren Glutkästchen nicht schwimmen; der Keltenfürst würde also auf jeden Fall die Figur benutzen, um zu ihnen zu wechseln. Vielleicht dauerte es einen Moment, bis Zoller den Zeitpunkt entdeckt haben würde, an dem sich die Gefährten aufhielten. Dies könnte ihnen einen kleinen Aufschub gewähren.

Julius fasste sich als erster. »Du hast es geschafft, Arthur«, rief er. »Du hast uns tatsächlich durch Zeit und Raum gebracht.« Tatsächlich war Arthur so fasziniert gewesen vom Garten der Insel, dass er sich gar nicht bewusst geworden war, dass er erstmals die große Reise geschafft hatte. Aber Julius brachte ihn gleich auf den Boden der Tatsachen zurück.

»Leider hast du uns ein paar Stunden zu weit in den Morgen hinein gezaubert«, sagte er, ohne dass in den Worten ein Vorwurf zu erkennen war. »Es wird bald hell.« Er und

Michael waren schon damit beschäftigt, trockene Zweige zu sammeln – der dicke Förster hatte längst die Arbeit aufgenommen, er brauchte keinen Befehl dafür.

»Du übernimmst die Führung«, sagte Arthur ruhig zu seinem Bruder. »Es ist jetzt deine Zeremonie.«

Julius schaute sich um, wo er das Feuer entzünden wollte. Er ging hinüber zur Linde, denn sie war ohne Zweifel der älteste Baum auf der Insel. Dennoch blieb er unschlüssig. Als Ursula sah, dass Julius nicht genau wusste, welchen Baum er wählen sollte, um ihn, als erster Mensch seit mindestens zweitausendfünfhundert Jahren, zum Sprechen aufzufordern, sagte sie freundlich: »Ich würde den Holunder nehmen.«

Julius schaute sie verblüfft an. Tatsächlich wuchs an den Ufern und an vielen freien Stellen schwarzer Holunder; die Büsche waren so alt und beinahe so groß wie Bäume. In diesen Tagen blühten sie, und selbst in der Morgendämmerung war es ein beeindruckender Anblick, die unendliche Zahl der großen weißen Dolden zu sehen, die wie Inseln im grünen Meer der Blätter schwammen. Ihr schwerer Duft hing in der Luft – es roch dunkel nach Waldbeeren, süß nach Zimt und bitter nach Mandeln. Dieser Duft war nicht gerade das, was moderne Menschen in ein Parfüm packen würden. Aber doch intensiv, reich und verlockend.

»Warum gerade der Holunder?«, fragte Julius.

»Diese Pflanze hat erstaunliche Kräfte. Der Saft stärkt den ganzen Menschen, und die Altvorderen waren so von der heilenden Wirkung von Blüten, Rinde, Blättern, Früchten und Wurzel überzeugt, dass sie der Meinung waren, dass im Holunder gute Feen und Geister wohnten. Vielleicht haben sie ja Recht, und der gute Geist des Baumes spricht zu dir.«

Julius schaute sich erneut um, und jetzt sah er, dass ein besonders großer Holunderbaum auf einer kleinen Anhöhe stand, die zu allen Seiten gleich abfiel. Die Obstbäume waren dort zurückgeblieben, und so entfaltete dieser Holunder seine Pracht weithin sichtbar – wie ein kleiner majestätischer schneebedeckter Berggipfel sah er aus.

»Aber er ist nicht so alt, dass sein Ursprung in die alte Zeit zurückreicht«, warf Julius ein. »Das ist vielleicht der falsche Baum.«

Doch Ursula schüttelte den Kopf. »Kein Baum auf dieser Insel ist älter als tausend Jahre, selbst die Linde nicht. Entweder sie haben das Wissen von Baum zu Strauch und Strauch zu Baum weitergegeben – oder sie werden schweigen. Wir müssen es versuchen.«

Sie wartete nicht, bis Julius mit der Zeremonie begann. Ursula wandte sich ab, ging zurück ans Ufer und pflückte einige Holunderblüten von einem Busch. Dann sammelte sie etwas Holz und begann, abseits ein Feuer zu entzünden. Arthur schaute ihr kurz zu, dann begriff er: Ursula wollte die heilende Wirkung des Holunders für Franziska nutzen. Er trat zu ihr und sagte nur: »Ich bin froh, dass du bei uns bist. Und ich danke dir, dass du dich um Franziska kümmerst.«

Ursula lächelte ihr verführerisches Lächeln, das selbst dunkle Dämonen hätte bekehren können. »Ich mache einen Tee aus den Holunderblüten. Sie sind frisch und deshalb wirkungsvoll. Und ich reibe etwas von der Wurzel dazu, das erhöht die Kraft. Wenn wir Glück haben, wird ihr Fieber sinken. Ich bete darum.« Sie lächelte noch einmal, aber dann fügte sie hinzu: »Geh nur, ihr müsst das Ritual durchführen. Ich brauche dich nicht.«

Der orangefarbene Streif am westlichen Horizont war bereits stark angewachsen, längst lag die Insel in fahlem Morgenlicht. Es würde keine Viertelstunde mehr gehen, und die Sonne würde über dem Wald aufsteigen. Die Krieger mussten am Ufer angekommen sein, das war ihnen allen klar. Wie viel Zeit blieb ihnen noch, bis Zoller sie in der Zeit gefunden hatte? Arthurs Herz schlug schneller – er wusste, dass ihnen die Zeit davon lief. Würden Sie die Zeremonie noch durchführen können?

Julius entzündete das Holz, das er am kleinen Hang, direkt unterhalb des großen Holunders mit den anderen zusammen aufgeschichtet hatte. Es war kein großer Stapel, eher ein Holzstoß, wie man ihn für ein Lagerfeuer verwenden würde. Julius wollte die Flammen gut abdecken können mit der Decke, die Marie ihm gereicht hatte, und er wollte die Bäume nicht erschrecken, für die Feuer schließlich immer auch eine unheilvolle Bedeutung hatte. Alle anderen außer Franziska und Ursula stellten sich nun in wenigen Metern Entfernung zum Feuer und zum Holunderbusch in einem Halbkreis auf und verfolgten schweigend, was Julius tun würde.

Er nahm die Decke an beiden Ecken, schwang sie zunächst zur Übung einige Mal über seinen eigenen Kopf und begann dann, die Tage und den Atem der Bäume zu beschleunigen. Der Holunderbusch erstrahlte im warmen Licht des Feuers, und das Flackern des Lichtes huschte so behände über die Blätter und Blüten, als wäre eigenes Leben in ihm und als würde der Baum selbst sich zu wiegen beginnen. Die Wärme lag über dem Baum wie jene der Sommersonne. Und auch in den Gesichtern der Gefährten tanzten die Lichter des Feuers, und es war ihnen, als verschmölze ihre Wahrnehmung mit derjenigen der Bäume, während Julius nun anfing, die Decke immer und immer wieder über das Feuer zu führen, so dass der Schein der Flammen kurz von ihren Gesichtern und vom Leib des Holunders verschwand, um sofort wieder aufzuscheinen und sofort wieder ins Dunkle zurückzufallen. Hell und dunkel, gelb und schwarz, Tag und Nacht, Leben und Sterben, wie im Zeitraffer zogen die Tage vorüber, und Julius schnaufte vor Anstrengung und ließ doch in seinem Bemühen nicht nach. Er hatte sich in Trance geschwungen, und die Kraft des wandelnden Lichtes beseelte ihn. Und bald flossen Tag und Nacht und hell und dunkel in seiner Wahrnehmung so stark ineinander, dass er sie nicht mehr unterscheiden konnte und ein Drittes, ein hell pochendes, dunkel leuchtendes Drittes entstand, in dem für wenige Augenblicke alle Gegensätze aufgehoben waren.

Und aus dem leisen Sirren, das die Decke erzeugte, während Julius sie flach über das Feuer wirbeln ließ, entstand plötzlich ein Singen und Murmeln und Flüstern, und jetzt hörten sie alle deutlich, wie eine Frau mit junger Stimme fröhlich lachte, so fröhlich, als könne kein Wässerchen sie trüben und als gebe es keine Regentage.

»Jetzt wird es aber Zeit, ihr Lieben, dass ihr endlich kommt«, sagte diese fröhliche Stimme endlich, die direkt aus dem Holunderbusch kam. »Ich bin vor Neugier fast geplatzt, wann ihr es endlich begreifen würdet.«

Julius ließ die Decke sinken und schaute erschöpft, verblüfft und amüsiert auf den großen Holunder. Er hatte vieles erwartet, aber nicht, dass gerade eine junge Frau in diesem Baum wohnen würde. Phlegmatisch und langsam, grau und alt hatte er sich die Stimme vorgestellt, die aus den Bäumen zu ihnen reden würde. Und sie würde sprechen von Äonen und Ewigkeiten – nun hatten sie ein junges Ding vor sich, das voller Ungeduld war und ein stürmisches Temperament besaß wie ein junges Fohlen, das zum ersten Mal auf die Weide durfte.

»Wer bist du?«, fragte Julius schließlich und machte einige Schritte den Hang hinauf. »Hast du einen Namen?«

»Namen?«, fragte der Baum, »nein, so etwas kennen wir nicht. Aber ihr dürft mir gerne einen geben, wenn es euch danach drängt.«

Ursula war in der Zwischenzeit zu ihnen gekommen und verfolgte das Schauspiel mit großen Augen. Für sie war es, als erfülle sich ein großer Traum: Seit vielen Jahren lebte sie in der Natur und bemühte sich, mit ihr zu sprechen. Und nun erhielt sie tatsächlich eine Antwort.

»Dann möchte ich dich gerne Frau Holle nennen, wenn ich darf«, sagte sie.

»Frau Holle?«, fragte der Baum verwundert. »Wer ist denn das?«

»Es ist eine Märchengestalt in unserer Welt«, antwortete Ursula. »Sie wohnt in den Wolken und zugleich unter der Erde, so wie die Bäume auch. Und sie beschenkt jeden reichlich, der ihr mit Demut gegenübertritt, und sie bestraft jeden, der hochmütig zu ihr kommt.«

»Das gefällt mir«, antwortete der Holunder. »Frau Holle – ein bisschen altbacken für mein Alter, aber immerhin.«

»Bist du der Baum selbst, oder bist du eine Bewohnerin des Baumes?«, fragte nun Julius. Er war so aufgeregt, dass er am liebsten alles durcheinander gefragt hätte. »Und darfst du sprechen für alle Pflanzen dieses Waldes? Wir kommen nämlich zu dir, um dich nach der großen Figur der Bäume zu fragen.«

»Ich bin der Geist dieses Busches, ich bin der Geist aller Bäume, die je an dieser Stelle standen, und ich bin ein Teil des Waldes. Wir Pflanzen pilgern nicht zu heiligen Stätten, wie ihr dies tut, ihr Menschen. Und wir bewahren unsere Mythen nicht in Höhlen auf, wie ihr dies tut, ihr Tiere. Aber wir alle hier, vom kleinsten Gras bis zum höchsten Mammutbaum, sind über die feinsten Äderchen unserer Wurzeln miteinander verbunden und bilden eine Familie, in der jeder aus der Art schlagen darf. Wir Pflanzen sind langmütig und verzeihen viel.« Frau Holle lachte wieder: Es war ein befreites, ansteckendes Lachen; alle Gefährten blickten sich um und sahen sich fröhlich in die Gesichter.

»Mit eurem Brimborium hättet ihr sowieso kaum eine Chance gehabt, mit den ganz Alten unter uns zu sprechen. Das Feuer und die Decke waren viel zu klein, um ins Bewusstsein der großen Bäume zu dringen. Sie schlafen weiter und haben sich durch euch nicht stören lassen. Aber ich bin erwacht, weil ich sowieso einen leichten Schlaf habe, ziemlich neugierig bin und sowieso auf euch gewartet habe. Vor allem auf Arthur, den Herrn des Waldes.«

Arthur trat vor und ging einige Schritte das Hügelchen hinauf. »Gewartet? Wie meinst du das?«

»Die Geschichten, dass einer kommen wird und den alten Bund neu errichten wird, sind auch bei uns lebendig. Und außerdem …«.

»Was außerdem?«, frage Arthur hastig.

»Was glaubst du, wer den Turmalin ans Ufer des Sees geschwemmt hat? Der heilige Geist etwa?«

Sie kicherte wieder und steckte alle mit ihrer Lebensfreude an.

»Das heißt«, rätselte Arthur, »ihr Bäume habt schon immer von uns gewusst und habt uns mit dem Turmalin geholfen?«

»So ist es, mein Lieber«, sagte die Fee des Holunderbusches. »Wir hatten nur keine Möglichkeit, direkt mit euch Kontakt aufzunehmen. Ich bin froh, dass ihr es endlich geschafft habt.«

»Du hilfst uns also, die Figur der Bäume zu finden, damit wir die Zerstörung des Waldes verhindern und vielleicht sogar den Bund von Menschen, Tieren und Pflanzen neu errichten können?«, fragte Julius nun, der zu Arthur nach vorne gekommen war und den Arm um die Taille seines Bruders legte.

»Ah!«, machte Frau Holle, »jetzt muss ich mir den Herrn des Waldes zunächst mal aus der Nähe anschauen.« Sie lachte. »Adrett! Aber bei uns wirst du dich anstrengen müssen. Manche von uns tun sich nämlich schwer mit so jungen Hüpfern«, sagte sie. »Und überhaupt werden viele nicht glauben, dass du es wirklich bist, der neue Herr des Waldes.«

»Aber das ist doch nicht wichtig, ob ich es bin oder nicht«, sagte Arthur überrascht.

»Das denkst du«, sagte der Holunderbusch. »Aber da irrst du dich. Seit mehr als zweitausend Jahren hüten meine Vorfahren die Figur, die einst Teil des großen Bundes war. Das ist selbst für uns eine lange Zeit. Glaubst du wirklich, wir würden sie jedem dahergelaufenen Menschen geben, nur weil er nett lächeln kann und einen süßen Augenaufschlag hat?« Frau Holle lachte wieder, und Arthur wusste nicht, ob er sich geschmeichelt fühlen sollte oder ob fast eine kleine Beleidigung in den Worten steckte.

»Was willst du damit sagen?«, fragte er schließlich.

Es war nicht Frau Holle, die Arthur antwortete. Vielmehr ging ein Flüstern durch die Blätter der alten Linde, die etwas entfernt am Wasser stand, als sei ein Windhauch durch ihre Krone gefahren. Die Blätter bewegten sich sanft und säuselten, und die Äste hoben sich leicht gen Himmel, als streckten sie sich nach langer Ruhe.

»Kommt her zu mir, ihr Kinder«, sagte plötzlich eine andere Frauenstimme, die alt und etwas müde klang, aber doch so viel Ruhe und Freundlichkeit ausstrahlte, dass alle Gefährten sich unwillkürlich der Linde näherten.
»Kommt nur her, tretet heran«, sagte der alte Baum noch einmal. »Meine junge Nachbarin hat mich angestupst, weil sie behauptet, wichtige Dinge würden geschehen. Der Herr des Waldes sei zurückgekehrt, sagt sie.«
Julius und Arthur gingen zu der Linde hinüber, während die anderen einige Schritte zurückblieben. Im Osten zeichnete sich der Morgen ab, es würde nur noch Minuten dauern, bis die Sonne über den Horizont steigen würde. In dieser Zwischenzeit zwischen Nacht und Tag lag ein geheimnisvolles Licht über der Insel, das die Konturen der Linde schon gut erkennen ließ, aber in viele Schatten noch nicht hineinreichte. Groß und grau stand die alte Linde vor ihnen, als sei sie aus einer anderen Zeit aufgetaucht und als kehre sie bald dorthin zurück.
Arthur ergriff das Wort. »Ehrwürdige Linde, ich danke dir, dass du bereit bist, dich uns zuzuwenden. Es ehrt uns, zu jemanden sprechen zu dürfen, der in Jahrhunderten denkt und Zeiträume durchlebt hat, die für einen Menschen so lang sind, dass er sie sich kaum vorstellen kann.«
»Du bist es also«, sagte die Linde, »der den alten Titel für sich beansprucht? Es ist so lange her, dass der letzte Mensch hier war, der ihn zu Recht trug. Meine Mutter hat mir davon berichtet, die es von ihrer Mutter hörte, die es von deren Mutter erfahren hat. Seit der Bund zerstört wurde, bin ich die vierte Linde an diesem Ort. Du weißt, was wir erwarten vom neuen Herrn des Waldes?«
»Nein«, sagte Arthur erstaunt und verängstigt. »Was ist eure Erwartung?«
»Wir prüfen jeden, der den Titel tragen will, ob er dessen würdig ist. Auch du musst diese Prüfung bestehen, bevor der Wald dich anerkennt.«
Jetzt war es Barten, der herankam und sprach: »Ich gehöre zum Bund der Tiere, und ich kann bestätigen, dass Arthur der richtige ist, der die Liebe zum Wald besitzt und den Mut hat, ihn zu verteidigen. Er hat bereits bewiesen, dass er der Herr des Waldes ist.«
»Das mag sein«, sagte die Linde freundlich und ungerührt. »Ich glaube es dir gern. Aber niemand kann die alten Rituale umgehen. Die Bäume machen ihre eigenen Regeln, und auch ihr ungeduldigen Menschen und Tiere habt keine andere Wahl als euch diesen Gesetzen zu unterwerfen.«
»Worin besteht diese Prüfung?«, fragte Arthur. »Ich werde mich ihr gerne unterziehen, wenn du es für notwendig erachtest. Aber es stimmt: Wir Menschen sind ungeduldig. In diesem Moment steht unser großer Feind im Begriff, auf die Insel überzusetzen, um uns zu vernichten. Er ist auch euer Feind, denn er will die Figuren an sich reißen, um sie für seine niederen Zwecke zu benutzen. Er trachtet nicht danach, den Bund wieder aufzurichten, sondern danach, ihn endgültig zu zerstören. Wir bitten dich deshalb, uns zu helfen. Wir haben nur noch sehr wenig Zeit. Wir brauchen die Figur.«

Arthur trat ganz nahe an die Linde heran und legte seine Hand auf die raue Rinde des Baumes. Es war fast, als streichelte er sie. Dann machte er noch einen Schritt nach vorne und ging in die Höhlung hinein, die die große Wunde im Stamm hervorgebracht hatte. So riesig war sie, dass Arthur kein Ende der Spalte sah.
»Was ist mit dir passiert?«, fragte Arthur schließlich. »Hat dich einmal ein Blitz getroffen?«
Die Linde ließ ein leises Lachen erklingen. »Während wir leben, gibt es viele Gewitter, und der Blitz hat mehr als einmal in mich eingeschlagen. Aber im Gegensatz zu allen anderen Lebewesen können wir Bäume und Sträucher leben und sterben in einem und jeden Tag wiedergeboren werden. Manches an uns vergeht, so wie das Innere meines Stammes, und zugleich wachsen neue Triebe, aus denen eines Tages kräftige Äste werden. Und während wir dem Ende entgegentreiben, sind unsere Nachfolger schon da. Für uns ist der Tod etwas sehr Abstraktes.«
Arthur nickte. Die Linde hatte Recht, auf dieser Insel galten ihre Gesetze.
»Wie lautet die Prüfung?«, fragte Arthur deshalb und trat wieder aus dem Innern des Baumes nach draußen. Der Tau glänzte im Gras, nun da es ganz hell geworden war. Gelbe Schlüsselblumen bedeckten in riesigen Kolonien die Wiesen. Die Abertausende von Gänseblümchen hatte ihre weißen Kelche noch ganz geschlossen. Doch bald würden sie, sobald sie die ersten Strahlen fühlten, aufgehen und die Wärme empfangen.
»Sie ist einfach für denjenigen, der den Wald kennt«, sagte die Linde, »und es wird nicht lange dauern. Drei Übungen sind es nur, die du vollbringen musst.«
Arthur blickte kurz zu Michael hinüber, dem man ansah, wie unruhig er war.
»Dann sollten wir gleich beginnen«, sagte Arthur. Er legte Pfeil und Bogen neben sich auf den Boden und stellte sich alleine in den Schatten der Äste der Linde. »Wie lautet die erste Übung?«
»Dein Name ist Arthur, wurde mir gesagt. So kennst du natürlich jenen alten König gleichen Namens, der die edelsten Ritter um sich gesammelt hatte, um ein friedvolles Reich zu errichten. Weißt du, wie alle erkannten, dass er der rechtmäßige König war?«
»Natürlich«, antwortete Arthur. »Der Zauberer Merlin hatte das Schwert Excalibur, das aus den Tiefen des Sees kam, in einen Felsen gerammt, und nur der wahre König hatte die Kraft, es wieder herauszuziehen. Viele versuchten es und scheiterten. König Arthur aber kam und zog das Schwert heraus, als stecke es nur in lockerer Erde.«
»So war es in Wahrheit«, sagte die Linde. »Und solche Übungen wirst auch du erfüllen müssen. Unmöglich sind sie für alle, ganz leicht aber für den einen. Die erste lautet: Geh zu der Eibe dort drüben und nehme zu essen davon. Du weißt, dass alle Teile an ihr giftig sind. Nur der Herr des Waldes wird richtig wählen.«
Eiben gehören wie Lärchen zu den Bäumen, die unendlich alt werden können. Das wusste Arthur. Es soll Exemplare geben, die vor Christi Geburt ihren Lebenskreis begonnen hatten. Er kannte die Eibe schon deshalb gut, weil sein Bogen aus diesem Holz geschnitzt war. Die Aufgabe erschreckte ihn deshalb nicht, denn er glaubte, sie leicht

bewältigen zu können – er wusste, was er suchen musste. So ging er hinüber zu der Eibe, die wenige Schritte von der Linde entfernt zwischen einigen Felsen wuchs. Sie war eher noch ein Busch denn ein Baum. An dem schmalen Stamm war aber schon die glatte schuppige Rinde zu erkennen. Und die Nadeln wirkten jetzt im frühen Tageslicht noch etwas dunkler als sie ohnehin schon waren.
Arthur war bekannt, dass die Eibe in den heimischen Wäldern kaum noch wuchs. Die Förster mochten sie wegen ihrer Giftigkeit nicht und pflanzten sie nicht mehr an. Tatsächlich können Nadeln, Rinde und Samen einen Menschen töten. Arthur wusste aber auch, dass es einen Teil der Eibe gibt, der für den Menschen essbar ist: den kleinen roten Früchtemantel, der den Samen umhüllt. Danach suchte er an den Zweigen. Doch da durchfuhr es ihn heiß: Nirgendwo konnte er die Früchte erkennen, und es war ihm auch sofort klar, warum. Sie wuchsen erst im Herbst, und so würde er vergebens nach ihnen suchen. Damit aber konnte er die Aufgabe nicht erfüllen, denn wenn er etwas anderes von der Eibe kosten würde, müsste er unweigerlich sterben.
Ratlos schaute er um sich. »Kein Mensch kann heute von der Eibe essen, ohne zu sterben, auch der Herr des Waldes nicht«, sagte er schließlich laut. »Du verlangst etwas Unmögliches von mir, Linde.« Sein Herz raste.
Doch die Linde antwortete nicht. Sie schwieg und ließ Arthur im Ungewissen, was sie von ihm erwartete. Arthur brach einen kleinen Zweig von der Eibe ab und drehte ihn sinnierend in der Hand. Kein Mensch konnte von dem Baum essen. Dann zupfte er die Nadeln vom Zweig, bis er eine kleine Handvoll davon zusammenhatte. Schon wollte Julius, der das Geschehen gespannt verfolgt hatte, eingreifen, als Arthur fragte: »Muss ich die Prüfung alleine bestehen? Oder darf ich andere um Hilfe bitten?«
Dieses Mal antwortete die alte Linde. »Niemand kann alles wissen«, sagte sie, »es ist ein Zeichen von Weisheit, wenn man auf die Unterstützung anderer vertraut. Es ist dir freigestellt, davon zu profitieren.«
Arthur nickte. »Dann hol Ursula her«, sagte er zu Julius, »sie weiß mehr über die Wirkung von Kräutern, Samen und Nadeln als jeder andere von uns. Vielleicht kann sie die Frage beantworten.«
»Das ist nicht notwendig«, meldete sich Barten zu Wort. Er ging zu Arthur und stupste ihn mit der Schnauze an. »Zeige mir die Nadeln«, bat er.
Arthur ging in die Hocke und öffnete seine Hand, damit Barten die Nadeln begutachten konnte. »Die Linde hat gesagt, dass du richtig wählen sollst, und das hast du getan, als du die Nadeln genommen hast«, meinte Barten: »Sie hat aber nicht gesagt, dass du selbst die Nadeln essen musst.« Und bevor irgendjemand etwas sagen oder tun konnte, schleckte er alle Nadeln aus Arthurs Hand und schluckte sie hinunter. Für einen Moment blieben alle wie vom Donner gerührt stehen – wollte sich Barten opfern, damit die Aufgabe erfüllt werden konnte? Doch dann begann Arthur zu lachen und griff sich mit der Hand an die Stirn: »Barten, du hast Recht«, rief er laut: »Manchmal bin ich doch sehr begriffsstutzig.«

»Was meinst du damit?«, fragte Marie, die noch immer nicht verstanden hatte.
»Barten hat die Lösung gefunden: Ich wäre an den Nadeln gestorben, aber ihm schaden die Nadeln nicht – für manche Tiere, wie Hirsche oder Dachse, sind sie völlig ungefährlich. Ich war auf der ganz falschen Fährte.«
»Das warst du tatsächlich«, sagte die Linde jetzt. »Aber du hast die Aufgabe gelöst, weil ein guter König nicht glaubt, alles selbst können zu müssen. Nur ein schlechter König ist der Meinung, alles besser zu wissen.«
Arthur ließ sich endgültig auf die Knie sinken und umarmte Barten, der den Jungen aber schnell wieder abschüttelte: »Nur keine Sentimentalitäten jetzt«, sagte er. »Das ist kein großes Verdienst, ein paar Nadeln zu essen.«
Auch Julius musste lächeln, aber er blieb unruhig. »Arthur, schnell die zweite Aufgabe. Wir müssen die dritte Figur finden, bevor Zoller die Insel betritt.«
»Das habe ich begriffen«, sagte die Linde ohne einen Vorwurf in der Stimme. »So lautet die zweite Übung: »Besiege den Stärksten unter euch im Zweikampf. Waffen sind nicht erlaubt.«
Arthur stutzte. Warum sollte er als Herr des Waldes seine eigenen Freunde besiegen, fragte er sich. Er wollte in Einklang mit ihnen leben, nicht im Kampf. »Ist das nicht eine seltsame Aufgabe?«, wagte er deshalb zu fragen. »Ich will niemanden unterwerfen von meinen Gefährten, und ich hätte auch bei den meisten gar nicht die Kraft dazu.«
»Jeder junge Hund balgt sich mit seinen Geschwistern, um das Anschleichen und das Zupacken zu trainieren«, antwortete die Linde. »Jeder Junge übt spielerisch Hahnenkämpfe mit seinen Freunden. Und jeder Ritter erhielt früher eine Ausbildung im Kampf. Als Herr des Waldes musst du wehrhaft sein, und das wollen wir prüfen. Du hast keine Wahl als auch diese Prüfung anzunehmen.«
Arthur nickte kurz und ergab sich in sein Schicksal. Wer war der Stärkste unter ihnen? Ragnar war nicht da, vielleicht also Barten? Seine Muskelkraft war beeindruckend. Doch letztlich wählte Arthur Michael aus: Ihm gegenüber war Michael ein Riese, ein Fleisch- und Muskelberg, ein Koloss, den niemand umwerfen konnte. Wie also sollte ihm es gelingen?
»Ich entscheide mich für Michael«, sagte Arthur schließlich laut.
Michael hatte das fast schon erwartet und nickte nur kurz. »Na, dann mal los«, sagte er nur.
Sie stellten sich in wenigen Metern Entfernung voneinander auf und begannen, sich zu belauern. »Du darfst mich nicht freiwillig gewinnen lassen«, bat Arthur seinen Freund noch, »sonst zählt der Sieg nichts, oder?«
Die Linde bejahte. »Es muss ein ehrlicher Kampf sein. Und du musst siegen, um diese Prüfung zu bestehen. Wer als erster zu Boden geht, hat verloren.«
Arthur musste fast ein wenig lachen, so grotesk erschien ihm diese Aufgabe. Es war, als sollte er, wie einst der junge David, gegen den Riesen Goliath antreten, der ein immens erfahrener Kämpfer gewesen war und gegen den niemand je gewonnen hatte.

Wie hatte David es dennoch geschafft, fragte sich Arthur, aber dieser Teil der biblischen Geschichte wollte ihm nicht einfallen. Und er hatte auch keine Zeit mehr, darüber nachzudenken.

»Tut mir leid, Arthur«, sagte Michael. »Ich werde versuchen, dir nicht wehzutun. Aber streng dich an, mich aufs Kreuz zu legen. Streng dich um Himmels Willen an.«

Die beiden Freunde wanderten wie in einem unsichtbaren Kreis umher; immer, wenn einer einen Schritt nach links oder rechts machte, zog der andere nach. Aber keiner wagte es, den ersten Angriff zu starten.

Mit dem Mut der Verzweiflung rückte Arthur schließlich vor. Er machte zwei große Sprünge nach vorne und legte alle seine Kraft in seine Beine, sprang ab und trat Michael mit beiden Füßen fest in die Magengrube. Der Jäger jaulte auf, denn trotz aller schützenden Schichten um seinen Bauch hatte der Schlag ihn doch schwer getroffen.

»Du kleiner Gartenzwerg«, rief er, mit schmerzverzerrtem Gesicht, halb im Spaß, halb im Ernst. Doch der Ausruf war auch ein Ablenkungsmanöver. Michael nutzte nämlich die Gelegenheit, Arthur mit seiner rechten Faust zu packen – der war nach seinem Sprung auf den Rücken gefallen und konnte nun nicht schnell genug zurückweichen. Mit immenser Kraft zog Michael den vermeintlichen Herrn des Waldes an sich heran und umfasste ihn mit beiden Armen, so dass Arthur wie eine Nuss eingequetscht zwischen Michaels Armen und Brust feststeckte. Gleich würde der Nussknacker sein Werk vollenden und ihn zermalmt auf den Boden werfen.

»Arthur, lass' dir nichts gefallen«, rief Marie ihm zu, »du schaffst es, ich weiß es! Kämpfe, verdammt noch mal, kämpfe!«

Arthur nahm alle seine Kraft zusammen und holte mit der rechten Hand, die allein noch frei war, aus und stieß seine Faust, so kräftig er konnte, auf die Nase seines Freundes.

»'Tschuldigung«, rief er noch. Doch Michael hatte das kaum hören können. Zu laut war sein Schmerzensschrei. Ganz unwillkürlich öffnete er die Umarmung und fasste sich an seine Nase, um zu prüfen, ob sie gebrochen war. Arthur nutzte diesen Augenblick, um sich in Sicherheit zu bringen.

»Jetzt reicht's aber«, brummte Michael, und Arthur spürte, dass alle Freundlichkeit aus dessen Stimme gewichen war. »So haben wir nicht gewettet.«

Und Michael stürmte auf Arthur zu, nun mit echter Wut im Bauch. »Einen ehrlichen Kampf, den sollst du bekommen, junger Mann«, rief er und raste, so schnell ihn seine Beine trugen, hinter Arthur her. Es war schon etwas komisch anzusehen, wie der beleibte Michael den kleinen Arthur zu erwischen versuchte, denn es war ein Leichtes für Arthur, seinem Freund zu entkommen. Nach einigen Runden hatte es auch Michael eingesehen, und vielleicht hatte sein Verstand wieder etwas die Oberhand errungen, denn er blieb nun schwer atmend stehen und ruhte sich aus, während Arthur ihn argwöhnisch beäugte. Arthur ging im unsichtbaren Kreis nach links, so dass er in der Nähe der Linde zu stehen kam. Er hatte keine Chance im direkten Kampf. Mit Kraft allein konnte er nichts ausrichten. Aber er hatte keine Idee, wie er sonst die Oberhand erhalten sollte.

Michael dagegen hatte seinen Plan gefasst. Er ging mit ruhigen Schritten auf Arthur zu, der langsam zurückwich, um außerhalb der gefährlichen Zone zu bleiben. Er merkte erst nicht, was Michael vorhatte. Erst als er die Linde schon passiert und einen kurzen Blick über seine Schultern geworfen hatte, wurde ihm klar: Michael wollte ihn auf die Spitze der Insel und damit in die Enge treiben. Von dort konnte er nicht entkommen, außer durch einen Sprung ins Wasser. Aber hätte das nicht als Niederlage gegolten?

So weit durfte Arthur es nicht kommen lassen. Blitzschnell besann er sich, machte einige unerwartete Schritte nach vorne – und kletterte, bevor Michael die neue Situation begriffen hatte, am Stamm der Linde hinauf und weit hinein ins Geäst, wohin Michael ihm nicht folgen konnte.

Und nun fiel es Arthur wieder ein: David hatte sich einer Schleuder bedient, um Goliath zu besiegen. Während Goliath ein Schwert, einen Wurfspieß und einen Speer bei sich trug, hatte David nur fünf glatte Steinchen gesammelt – einer davon traf Goliath so schwer am Kopf, dass dieser zu Boden stürzte.

Das war die Idee. Schleuder und Steine hätte Arthur nicht benutzen dürfen, aber man konnte auch den eigenen Körper als Geschoss benutzen. Behände wie ein Eichhörnchen glitt er an den Ästen entlang und hüpfte zuletzt von einem Ast zum anderen, während sein Körper immer mehr Schwung aufnahm. Als er wieder am untersten Ast angekommen war, ließ er sich in die Hocke gleiten, umgriff die raue Rinde und ließ sich ins Nichts fallen. Wie der Klöppel einer Turmglocke schwang der Körper Arthurs durch die Luft – unterwegs krachten seine Beine so hart von hinten auf Michaels Kopf und Rücken, dass dessen massiger Leib dem Aufprall nicht standhalten konnte. Michael fiel kopfüber nach vorne; er versuchte, noch in die Knie zu gehen und damit die Wucht des Sturzes zu lindern. Aber das gelang ihm nicht. Schwer krachte er auf den Boden und blieb, alle vier Glieder von sich gestreckt, liegen.

Arthur jauchzte, ließ den Ast los und landete direkt neben Michael. Er nahm ein kleines Steinchen vom Boden auf und ließ es, als Zeichen des endgültigen Sieges, auf Michaels Rücken fallen.

»Du darfst David zu mir sagen«, lachte er – und legte sich dann der Länge nach auf Michael drauf und schmiegte sich an ihn. »Aber nur, wenn du mir nicht böse bist.«

Michael brauchte einige Sekunden, um seine Sinne zu sammeln. »Mein Kopf brummt, mein Rücken tut mir weh, und meine Nase ist wahrscheinlich so rot wie die eines Säufers«, jammerte er. Dann drehte er sich mit einem Ruck um und umklammerte Arthur, damit der nicht herunterfiel. So konnte er dem jungen Wiegand direkt in die Augen sehen.

»Mann o Mann, dass ich einmal solche Haue von dir bekomme, hätte ich nicht gedacht«, sagte er schließlich. »Und dass ich darüber glücklich bin, noch weniger – Herr David!«

Michael lachte, und Arthur stimmte mit ein. »Ist die Nase gebrochen?«, fragte er dann.
»Nein, ich glaube nicht, sonst wären die Schmerzen stärker. Aber mach das trotzdem bloß nicht wieder.«
Beide rappelten sich auf und gaben sich die Hand.
»Es war ein ehrlicher Kampf«, sagte Arthur.
»Und es gibt einen ehrlichen Sieger«, ergänzte Michael.
»So ist es«, meinte die Linde: »Kraft ist nicht alles, schon gar nicht für einen Führer. Mut und List sind wichtiger, wie wir gerade gesehen haben. Auch diese zweite Prüfung ist geglückt.«
Arthur war erleichtert – und insgeheim ein bisschen stolz, dass er einen so schwierigen Gegner wie Michael tatsächlich hatte besiegen können. Wurde aus ihm doch noch ein richtiger Krieger?
»Die dritte Übung dürfte die einfachste für dich sein«, sagte die Linde, »denn du bist ein ausgezeichneter Bogenschütze. Siehst du den Zaunkönig dort drüben im Busch? Nur der Herr des Waldes wird ihn aus dieser Entfernung treffen können. Das ist deine Aufgabe.«
Es war schwer, den Vogel im Dickicht des Strauches auch nur auszumachen, denn der Zaunkönig hatte einen kleinen, gedrungenen Körper und war mit seinem braunen Gefieder unscheinbar und gut getarnt. Nur der wippende Schwanz verriet ihn; manchmal standen die Schwanzfedern senkrecht in die Höhe, um dann wieder nach unten zu schnellen. Daneben war es sein Gesang, der unter den vielen Vogelstimmen, die den Morgen begrüßten, unüberhörbar war. Mochte der Zaunkönig in seinem Gefieder wenig Pracht zu bieten haben, so besaß er doch einen schmetternden unverwechselbaren Gesang, der vermutlich selbst am anderen Ende des Sees noch zu hören war.
Arthur hatte die Aufgabe vernommen, aber er ließ sich Zeit, seinen Bogen aufzunehmen. Er wusste nicht, ob er aus einer Entfernung von mehr als fünfzig Metern ein so kleines Ziel treffen könnte. Es war möglich, denn kaum jemand zielte besser als er; aber genau so gut könnte der Pfeil vorbeigehen, und die dritte Figur würde in weite Ferne rücken. Aber diese Furcht zu versagen war es gar nicht, was Arthur zögern ließ. Vielmehr verstand er nicht, warum die Linde ihm eine solche Aufgabe stellte, warum er ein Geschöpf töten sollte, nur um seine Kunstfertigkeit im Bogenschießen zu beweisen.
Er schaute ratlos zu Julius hinüber. Dann griff er sich einen Pfeil aus dem Köcher und legte ihn auf die Sehne. Er machte einen Schritt aus dem Schatten der Linde, um eine bessere Sicht auf den Zaunkönig zu haben, der nun sein ohnehin kurzes Leben aushauchen sollte. Arthur spannte den Bogen, kniff ein Auge zusammen und zielte auf den kleinen wippenden Fleck, den er nun in seiner Konzentration kaum noch als etwas Lebendiges wahrnahm. Im Bruchteil einer Sekunde könnte er die dritte Aufgabe erfüllt haben, und der Weg zur dritten, zur rettenden Figur wäre frei.

Noch einen Moment verharrte Arthur in dieser äußersten Meditation und Zielgerichtetheit, in der er eins war mit seinem Bogen – dann wich die Anspannung aus seinem Körper und aus seinem Bogen. Er ließ das Gerät sinken und schüttelte den Kopf.
»Es tut mir leid. Aber wenn ich unschuldige Lebewesen töten muss, um Herr des Waldes zu sein«, sagte er matt, »dann will ich es nicht werden. Der Vogel ist Teil des Waldes und der Natur und hat ein Recht auf Leben. Diese Aufgabe ist wider die Natur.«
Alles blieb still nach Arthurs Worten, niemand wagte etwas zu erwidern. Vielmehr warteten alle darauf, wie die Linde reagieren würde, der sich Arthur gerade verweigert hatte. In diesem Augenblick erhob sich der Zaunkönig von seinem Zweig und flog hinaus auf den See, wo ihn kein Pfeil der Welt mehr treffen konnte.
Der Baum ließ sich Zeit, bis er antwortete. Doch dann hörten alle die Frauenstimme, die mit großer Wärme und Freundlichkeit sagte: »Wir sind froh, dass du dich so entschieden hast, Arthur. Denn das war die richtige Lösung für diese Übung. Wer den Wald und alle seine Lebewesen wahrhaft liebt, der achtet auf sie und schadet ihnen nicht um eines vermeintlichen eigenen Vorteils willen. Du hast bewiesen, dass du das Wissen, den Mut und die Liebe besitzt, um dem Wald würdig vorzustehen. Du bist es. Unser König Arthur.« Und wie auf ein geheimes Zeichen setzten sich die Zweige und Blätter aller Büsche und Bäume auf der Insel in Bewegung, um Arthur die Ehre zu erweisen. Ein Rauschen erfüllte die Insel wie in einem Gewittersturm. Aber der Himmel war blank geputzt, blau erstrahlte er jetzt über dem Grün des heiligen Gartens. Gerade in diesem Moment kam auch die Sonne über den Wald, und die ersten Strahlen glitten durch die Bäume und setzten kleine helle Tupfer in das feuchte Gras. Auch die Gefährten stimmten ein, sie johlten und riefen, und Arthur stand in ihrer Mitte und senkte beschämt den Kopf. Der Herr des Waldes, das hatte er nie sein wollen. Er wollte, wie Ragnar oder Schubart, immer nur ein Teil des Waldes werden. Und so sagte er, in das laute Johlen hinein: »Jeder ist nur Gast im Wald, aber ich werde alles tun, um den Wald zu bewahren und zu schützen. Das verspreche ich.«
In diesem Moment ging ein leichtes Zittern durch den Stamm der alten Linde, und die Erde, die den Hohlraum im Innern bedeckt hatte, rieselte zur Mitte hin, als handele es sich um Körnchen im oberen Gefäß einer Sanduhr. Immer stärker rutschte die Erde nach innen weg und verschwand im Sog einer unsichtbaren Kraft, bis der Boden in der Tiefe versunken war.
»Der Weg in unser Heiligtum ist offen«, sagte die Linde: »Wir erlauben einem Menschen und einem Tier, es zu betreten.«
Die Gefährten drängten sich um den Stamm der Linde, und Julius, der vorne stand, sah, wie der Boden eine schmale Rampe bildete, die unter der Linde in die Tiefe hinabführte.
»Nimm deine Taschenlampe, Julius, und geh«, sagte Arthur, als sich sein Pulsschlag beruhigt hatte. »Du hast es geschafft, den Kontakt zu den Bäumen zu finden. Nun sollst du auch in das Heiligtum der Pflanzen hinabsteigen. Nimm Barten mit. Er

kennt sich unter der Erde am besten aus. Sei vorsichtig – vor allem, wenn du wieder zurückkommst.«

Julius schaute ihn fragend an. »Wie meinst du das?«

»Vergewissere dich, dass du nicht in eine Falle läufst oder direkt in Zollers Arme. Alles ist möglich. Zoller weiß, dass alles für ihn auf der Kippe steht.«

Julius nickte. Er kramte in seinem Rucksack nach seiner Taschenlampe, dann nahm er Arthur nochmals kurz in den Arm. »Passt auf euch auf«, sagte er, »und macht keine Dummheiten. Wenn ich die Figur finde und ihr seid in Schwierigkeiten, boxe ich euch heraus.«

Barten hatte sich schon an der Rampe aufgestellt und schnupperte in den abfallenden Gang hinein. Er brannte darauf, diese große Höhle kennenzulernen, und konnte es kaum erwarten, dass Julius ihm endlich folgte.

»Ihr wisst«, mahnte die Linde aber, »dass wir euch nicht folgen können. Wir müssen die Figur deshalb eurer Obhut übergeben. Setzt sie in unserem Sinne ein. Darauf vertrauen wir.«

»Das versprechen wir«, sagte Arthur. »Müssen Julius und Barten etwas beachten, wenn sie euer Heiligtum betreten?«

»Sie werden die Figur von selbst finden. Aber wundert euch nicht: Als der Bund vor langer, langer Zeit zerfiel, da wollten die Menschen die Figur der Bäume in ihre Gewalt bringen. Es war eine schreckliche Zeit, und in den Kämpfen wurde unsere Figur beschädigt. Sie blieb in diesem unvollständigen Zustand im Heiligtum, das beschützt wurde von meiner Urgroßmutter, meiner Großmutter, meiner Mutter und von mir. Ich hoffe, die Kraft reicht aus, um den neuen Bund zu schmieden.«

»Was meinst du damit, sie sei beschädigt?«, fragte Julius.

»Ihr werdet es sehen. Ein großer Splitter ist damals herausgebrochen. Wir haben ihn zwar wieder gefunden, aber die Figur besteht doch aus zwei Teilen.«

Arthur schaute hinüber zur Fee im Holunderbusch; sie sagte zwar nichts, aber am leisen Rauschen ihrer Zweige erkannte er, dass ihr nicht wohl war in ihrem Holz.

Er zog den Splitter des Turmalin heraus und hielt ihn auf der flachen Hand der Linde entgegen. »Ist das ein Teil der Figur?«, fragte er, kannte die Antwort aber längst.

Die Linde schwieg einen Moment, dann rief sie mit deutlich tieferem Ton, aus dem man nicht heraushören konnte, ob Zorn oder Überraschung die Überhand behielt: »Warst du das, meine Kleine?«

Der Holunderbaum seufzte. »Ich musste den Menschen doch irgendwie helfen. Da habe ich den Splitter genommen. Ihr habt so tief geschlafen, da wollte ich nicht stören«, rief sie mit aufgeregter spitzer Stimme. »Bitte, verzeiht mir.«

Ein lautes Rauschen entfuhr der Linde – es war ein Lachen, das ganz aus den Tiefen ihres Lebens zu kommen schien. »Die Zukunft gehört den Jungen«, sagte die Linde und lachte weiter. »Das ist auch bei den Bäumen nicht anders.« Und alle lachten mit.

»Nun geht«, sagte Michael, der schnell wieder ernst wurde. Barten ließ sich nicht lange bitten, und auch Julius machte sich auf den Weg. Am Eingang musste er sich kurz bücken, doch bald war er so tief unter der Erde, dass der Gang hoch genug war, um aufrecht gehen zu können. Überall bildeten kräftige Wurzeln natürliche Stützen; wie die Streben eines gotischen Gewölbes hielten sie das Dach des Ganges aufrecht. Wohin er führte, konnten Julius und Barten nicht erkennen, denn gleich nach dem Eingang erkannte er eine starke Biegung nach links.

Kaum waren sie verschwunden, verschloss sich der Boden wieder. Die Erde quoll wie Wasser von unten nach oben, glättete sich, und nach wenigen Sekunden war es, als hätte sich der Boden seit unendlicher Zeit nicht bewegt.

»Keine Sorge«, sagte die Linde sanft, »aber es ist besser, niemand Fremdes kann den Eingang erkennen. Eure Gefährten können von innen jederzeit zurück.«

Arthur hatte bereits begonnen, den Widerstand zu organisieren.

»Wir müssen uns eine gute Ausgangsposition verschaffen, falls es zum Kampf kommen wird«, rief er. »Wir nutzen die kleine Anhöhe und versuchen, uns dort eine Art Wagenburg zu bauen.«

Die Linde rauschte bei diesen Worten unwillig mit den Zweigen. »Die Insel ist heiliger Boden«, sagte sie, »es darf hier nicht zu Gewalttaten kommen. Das kann ich als Hüterin des Heiligtums nicht zulassen.«

Arthur hielt kurz inne und überlegte. Dann sagte er: »Das werden wir auf jeden Fall respektieren. Aber ich kann nicht dafür garantieren, dass Zoller sich an diese Gesetze hält – er hat bisher fast alle Regeln übertreten. Wir sollten uns deshalb zumindest auf die Situation einrichten, dass wir uns verteidigen müssen. Ich hoffe, dass du dies akzeptierst, Hüterin der Insel.«

»Wenn es euch beruhigt, so zieht euch auf die Anhöhe zurück. Ich hoffe nur, ein Kampf wird nicht notwendig sein.«

Pater Rupert und Ursula hoben Franziska gemeinsam hoch und trugen sie in den Schatten der Holunderbüsche. Die Sonne stand nun deutlich am Himmel, und man spürte, dass es ein warmer Frühsommertag werden würde.

»Wie geht es ihr?«, fragte Arthur, als Franziska wieder ins Gras gebettet war. Ursula hatte ihr einen der Rucksäcke unter den Kopf gelegt, damit sie bequemer lag. Franziska sah nicht mehr ganz so fiebrig aus wie vorher, die Haut hatte wieder eine natürlichere Farbe angenommen, aber ihre Stirn war weiter heiß, und noch immer war sie nicht zu sich gekommen.

»Es dauert, bis der Saft wirkt«, sagte Ursula. »Aber Rupert ist auch der Meinung, dass er helfen wird. Er hatte immer Holunder in seinem Kräutergarten.«

Rupert lächelte und fuhr Arthur kurz durchs Haar. »Das wird schon wieder, Junge«, meinte er. »Wir tun alles für sie, was in unserer Macht steht. Versprochen.«

Arthur wusste, dass dem so war. Dennoch spürte er wieder die Angst, auch Franziska zu verlieren, und für einen kurzen Augenblick wurde diese Furcht so übermächtig, dass sich Arthur setzen musste, weil ein Schwindel ihn erfasste.

Frau Holle freute sich dagegen, dass die Gefährten zu ihr zurück gekehrt waren.
»Zieht euch am besten ganz in das Innere meiner Büsche zurück«, sagte sie, »denn ich kann ganz schön kräftig mit den Zweigen ausschlagen. Da sollen diese komischen Krieger erstmal durchkommen.« Und zum Beweis ihrer Kampfeskraft zog sie alle ihre dünnen Stämme nach innen, so dass es aussah, als habe sie jemand mit einem kräftigen unsichtbaren Seil zusammengebunden. Unversehens schnellten dann alle Zweige nach außen, und tatsächlich wäre es niemandem gut bekommen, wenn er gerade neben einem solchen Ast gestanden hätte.
Aber da hörten sie schon die mahnenden Worte der Linde: »Das Gebot, niemandem etwas zuleide zu tun, gilt auch für dich, Frau Holle – oder wie immer du nun heißt.«
»Sie war schon immer etwas streng«, flüsterte der Holunderbusch. Aber er fügte sich und versprach, nur im äußersten Notfall einzugreifen.
Das Dickicht der Büsche bot den Gefährten etwas Schutz; sie fühlten sich dort ein wenig sicherer. Michael machte sich daran, seinen Stab zu kürzen, damit er ihn innerhalb der Sträucher durch die Luft schwingen konnte, ohne hängen zu bleiben. Marie rollte große Steine heran, die ihnen zusätzlich Deckung geben sollten. Und Schubart hatte sich wieder über der Insel erhoben, um verdächtige Bewegungen sogleich melden zu können. Allerdings glaubte keiner, dass Ariokan sich schwimmend oder per Floss der Insel nähern würde.
Doch was dann geschah, hätte niemand von ihnen vorhersehen können.

11. Das Gottesurteil

Am Ufer unterhalb der Anhöhe begann die Luft zu flirren, wie sie es selbst bei ihrer Zeitreise erlebt hatten. Michael umfasste seinen Stab fest mit beiden Händen, und Marie nahm zwei große Kieselsteine zur Hand, die sie als Waffe gebrauchen konnte. Niemand sprach, alle hielten den Atem an. Doch nicht Ariokan erschien, wie sie es erwartet hatten, und auch keiner seiner Krieger. Es war Kilian, der aus dem Nichts am Ufer anlandete. Der erste Augenblick war voller Freude, als die Gefährten sahen, dass Kilian zu ihnen zurückgefunden hatte. Doch dann erstarrten sie vor Schreck: Kilian stand nicht, sondern kniete in der Wiese, und er stützte sich mit beiden Händen auf sein keltisches Schwert, das vor ihm in der Erde steckte. Den Kopf hatte er tief gebeugt, als würde er demütig vor einem Altar oder einem König knien. Doch es war kein friedvolles Bild, denn Kilian blutete aus vielen Wunden. Sein Hemd war am linken Arm zerrissen, und ein Messer oder ein Schwert hatte ihm eine schreckliche Wunde am Oberarm zugefügt. Auch die Brust war voller Blut, und als Kilian jetzt den Kopf hob und zu ihnen hinaufsah, erkannten die Gefährten selbst im Gesicht mehrere Schnitte zwischen den wild zerzausten Haaren, die ihm in Strähnen ins Gesicht hingen.
Es war Michael, der unwillkürlich aufschrie, als er Kilian in diesem jämmerlichen Zustand auf der Wiese knien sah. Was Arthur aber am meisten erschreckte, war Kilians Blick: In ihm lag leiser Stolz, aber auch eine große Distanz und Entrücktheit, wie sie wohl Menschen vorbehalten ist, die sich bereits auf den Weg in die Anderswelt gemacht hatten. Kilian schaute zu ihnen herüber, und kurz schien es Michael, als wolle Kilian die Hand heben und winken. Sicher war Michael aber, dass Kilian nun ganz leicht lächelte und kurz nickte, wie, um sich von ihnen allen zu verabschieden.
Kaum eine Sekunde war vergangen, seit Kilian auf der Insel angekommen war, als die Trübungen der Luft noch einmal Erscheinungen ankündigten – und nun war es tatsächlich Ariokan, der mit annähernd zehn seiner Krieger, darunter Viktor und Oskar und jener junge Mann mit dem roten Flaum im Gesicht, den Weg auf die Insel gefunden hatte. Ariokan hatte alles inszeniert. Denn kaum hatte sich sein Körper ganz in der Gegenwart eingefunden, als er auch schon sein Schwert hob und es mit der ganzen Kraft, die sein massiger Körper hervorzubringen fähig war, durch die Luft sausen ließ. Ein kurzer sirrender Ton erfüllte die Insel.
Arthur wurde in diesem Augenblick klar, was geschehen war: Ariokan hatte sich des-

halb verspätet, weil Kilian ihn aufgehalten hatte. Kilian musste sich, als der Keltenfürst mit seiner Horde noch im Winter ans Ufer gestürmt kam, ihnen entgegengestellt haben, und er hatte den Schwertkampf gegen Ariokan aufgenommen. Es waren vielleicht nur Minuten, die Kilian die Krieger aufgehalten hatte, aber es waren die entscheidenden Minuten, in denen sie Frau Holle hatten wecken können, in denen Arthur seine Prüfung bestehen und in denen sie den Eingang zum Heiligtum der Pflanzen hatten öffnen können. Kilian hatte sie gerettet, um den Preis seines eigenen Untergangs.

Es war ein dumpfer Ton, als Kilians Körper nach vorne kippte und auf dem Boden der Wiese aufschlug. Michael war aufgesprungen und wollte in einer plötzlichen Aufwallung von Zorn, Wut und Schmerz hinunter rennen und Ariokan mit seinem Stab den Schädel zertrümmern. Aber genau dies hatte der Fürst mit seiner Inszenierung vorgehabt – dass die Gefährten die Nerven verloren, und dass die keltischen Krieger sie in ihrer Unordnung leicht besiegen und töten konnten. Arthur und Pater Rupert warfen sich auf Michael und versuchten, ihn zurückzuhalten, was angesichts der Masse Michaels und dessen unbändiger Wut nicht ganz einfach war. Er war völlig außer sich, vor allem, als Ariokan nun sein Schwert sinken ließ, einige Schritte, wie zur Provokation, auf sie zumachte und laut zu lachen begann.

»So werdet ihr alle enden«, rief er herauf. »Ihr habt nur noch eine Chance, lebend diese Insel zu verlassen – gebt mir eure Figur und zeigt mir, wo die Bäume ihre Statue aufbewahren.« Dann zündete er in aller Ruhe eine seiner Zigarren an. Ariokan fühlte sich bereits als Sieger.

Kilian war tot, daran gab es keinen Zweifel. Sein Körper rührte sich nicht mehr, und die Verletzungen waren so groß, dass niemand sie hätte überleben können. Arthur legte Michael, der nach der ersten heftigen Gegenwehr aufgegeben hatte und nun, weinend wie ein kleiner Junge, auf dem Boden saß, die Hand auf die Wange. Er wusste, was Michael fühlte. Dieser dicke Mann mit dem großen Herzen hatte Kilian wie einen Bruder gemocht, wie einen Bruder, den es zu beschützen galt, weil das Leben es nicht gut mit ihm gemeint hatte. Michael hatte dies als seine Aufgabe angesehen. Er wollte Kilian, gerade nach seinen falschen Verdächtigungen, den Respekt und die Zuneigung entgegenbringen, die dieser viel zu selten im Leben erfahren hatte. Und nun war dieser Bruder tot, und Michael hatte es nicht verhindern können.

Arthur war es, als habe man einen Eisklotz in seine Brust gelegt, dessen Kälte nun durch den Körper zog und alles zu lähmen begann. Unbewusst hatte er immer gedacht, dass ihnen nichts passieren könne, weil sie auf der richtigen Seite kämpften – die Guten sterben doch nicht, glaubte man immer. In den Büchern sterben die Guten nie. Aber der wahre Krieg fragt nicht nach gut und böse, nicht nach gerecht und ungerecht – blind fällt er alle an, die sich ihm in den Weg stellen. Erik war tot, Häfner war umgekommen, und jetzt musste sich auch Kilian auf den Weg in die andere Welt machen, ohne sich noch einmal umzudrehen. Arthur fühlte eine große Bitterkeit in sich, eine plötzliche Verzweiflung – und auch eine Scham, dass er Kilian so lange misstraut hatte und ihm lange nicht das Recht zugestanden hatte, zu den Gefährten zu gehören. Trotzdem hatte Kilian sein Leben für sie gegeben und den Kampf gegen Ariokan und dessen Krieger aufgenommen, obwohl er wusste, dass er keine Chance gegen sie haben würde. Spätestens jetzt im Tod hatte er sich das Recht erworben, zu ihnen zu gehören, unwiderruflich und auf immer. Und darauf gründete sich wohl der Stolz, den Arthur in Kilians Augen gesehen hatte.

»Übergebt uns die Figur – oder kommt und kämpft mit uns, ihr Memmen«, rief Ariokan noch einmal zu ihnen herauf. Und im Hochgefühl seiner Kraft reckte er sein Schwert in die Luft und schlug sich mit seiner linken Hand auf die Brust. »Gebt auf, dann lasse ich euch ziehen. Ansonsten werdet ihr enden wie euer Kumpan. Es ist doch ein jämmerliches Ende, so hingerichtet zu werden.«

Wieder wallte ein furchtbarer Zorn durch Michael. Wie konnte dieser Dreckskerl es wagen, so zu reden? Wie konnte er es wagen, sich am Ende noch lustig zu machen über den Weggefährten, nachdem er ihn in verbrecherischer Weise umgebracht hatte?

»Versucht, ruhig zu bleiben«, mahnte Arthur. »Das ist genau, was er erreichen will: dass wir kopflos hinausstürmen und uns abschlachten lassen. Wir tun vorerst gar nichts, wir bleiben hier. Verstanden?«

Die keltischen Krieger stellten sich in einer Reihe links und rechts von Ariokan auf, um die Schlachtordnung aufzunehmen. Sie hatten keine Speere dabei, sondern nur ihre Schwerter. Es waren genau neun Männer und eine Frau; auch Ariokan hatte also wohl nicht die Macht, unbegrenzt viele Menschen auf die Reise durch Raum und Zeit mitzunehmen. Aber es waren doch viel zu viele, um den Kampf mit ihnen aufzunehmen.

Nur sein Bogen verlieh ihnen einen Vorteil. In diesem Moment hätte Arthur den Keltenfürsten vielleicht sogar mit einem Pfeil treffen können, auch wenn Ariokan vorsichtig war und stets den Schild erhoben hatte, um sich zu schützen. Die Versuchung war groß, aber er hatte den Bäumen das Versprechen gegeben, auf der Insel keine Gewalt anzuwenden. Galt dieses Versprechen noch, da Ariokan es bereits auf so dramatische Art und Weise gebrochen hatte?

Als hätte die alte Linde Arthurs Frage gehört, erhob sich in ihren Zweigen wieder der Wind, und ein heftiges Rauschen ging durch ihre Blätter. Ariokan und seine Krieger wendeten unwillkürlich den Blick zu dem Baum hinüber, und in ihren Augen konnte man Erstaunen und Ungläubigkeit erkennen. Auch Frau Holle stimmte nun in das Rauschen ein, und die weißen Blütenstände des Holunders schwankten im Wind, als seien sie kleine Glocken, die Kilian ein stilles Geleit läuteten.

»Ihr habt diesen Ort auf die schlimmste aller Arten entweiht, keltische Krieger«, sagte die Linde nun. »Seit Jahrtausenden war diese Insel ein Ort des Friedens – und nun kommt ihr daher und mordet. Habt ihr keinen Respekt mehr vor dem, was euch hervorgebracht hat?«

Die Linde ließ den Wind noch stärker werden, so dass kräftige Böen durch das Gras und die Büsche fuhren.

»Warum seid gerade ihr von der Natur abgefallen?«, rief die Linde, und Wind und Worte waren kaum noch zu unterscheiden. Wie ein Teppich legten sich ihre Sätze über die Insel und wehten durch die Haare der Menschen. »Ihr Kelten habt immer die Natur geachtet, und ganz früher war diese Insel auch euer Heiligtum. Ihr kamt in Ehrfurcht hierher und habt in den Hainen den Göttern der Natur geopfert. Wie nur konnte es kommen, dass ihr völlig abgefallen seid von ihr und sie zerstört, wo immer ihr nur könnt?«

Die Linde erwartete keine Antwort – es war keine Frage gewesen, sondern eine Anklage.

»Und nun, ihr Menschen?«, rief sie. »Was glaubt ihr, wie lange könnt ihr euch gegen die Natur erheben? Was glaubt ihr, wie lange könnt ihr außerhalb der Natur leben?«

Ariokan hatte nur wenig gezögert. Für einen Moment war er sich nicht sicher gewesen, wie groß die Kräfte der Linde tatsächlich waren. Aber nun sah er, dass sie ihm nicht gefährlich werden konnten. Arthur erkannte, wie sehr es in Ariokan brodelte.

»Und was ist, wenn nicht wir uns gegen die Natur gestellt haben«, rief er vor Zorn bebend, während er die Zigarre wegwarf, »sondern die Natur sich gegen uns? Sie hat uns die Kinder geraubt und unsere Frauen ermordet. Sie hat uns gezwungen, die Heimat zu verlassen. Haben wir da nicht alles Recht, uns gegen sie zu erheben?«

Arthur verstand nicht, was Ariokan damit meinte. Aber er sah, dass der Keltenfürst außer sich war vor Wut; die Worte der Linde hatten an eine ganz tiefe Wunde gerührt.

»Wenn du der Geist der Natur bist, dann sage mir: War es gerecht, als du den fleckigen Tod über uns gebracht hast? War es gerecht, dass wir unsere Häuser niederbrennen und weggehen mussten? Ist es gerecht, dass ich seit fast zweitausend Jahren durch dieses verdammte Tal irre und nie ans Ziel gelange? Ich pfeife auf diese Natur, und ich werde diese Natur bekämpfen, bis ich sie besiegt habe oder bis ich untergegangen bin. Und ich pfeife darauf, ob dies ein heiliger Ort ist oder nicht. Diese Natur hat alles Recht verspielt, dass man ihre Regeln achtet. Der alte Bund, den die Menschen mit ihr geschmiedet hatten, ist zerbrochen. Für immer!«

Arthur erschauderte. Ariokan hatte so viel Wut in diese Worte gelegt, dass seine Augen blitzten und seine Lippen zitterten. Er schrie so laut, dass Speichel aus seinen Mundwinkeln sprühte. Er war entschlossen, diesen Weg bis zum Ende zu gehen; daran war nicht zu zweifeln. Und wie zur Bekräftigung hob Ariokan sein Schwert und rief: »Vorwärts, Männer! Nun bringen wir es zu Ende.«

Und er stürmte die kleine Anhöhe hinauf, doch seine Männer zögerten. Sie hatten die Worte der Linde sichtlich berührt. Letztlich aber siegte ihr Pflichtbewusstsein, und sie setzten sich in Bewegung. Schon ertönte lautes Kampfgeschrei aus ihren Kehlen. Auch Arthur ließ nun jede Hemmung fahren. Es hatte keinen Sinn, sich im Kampf an Regeln zu halten – sie wurden doch immer ausgehebelt. Einen Pfeil nach dem anderen zog er aus seinem Köcher und schoss sie auf seine Gegner ab. Doch Ariokan, Viktor und Oskar waren erfahrene Krieger. Sie hielten ihre Schilder leicht über sich, so dass die Geschosse ihnen nichts anhaben konnten. Einem der Geisterkrieger fuhr ein Pfeil mitten durch die Brust. Doch er hielt nicht einmal in seinem Lauf inne. Waffen konnten ihn nicht beeindrucken. Er war unverwundbar.

Schon hatte Ariokan den Holunderbusch erreicht, und die Gefährten waren in höchster Bedrängnis. Nichts und niemand konnte sie mehr retten. Arthur blickte noch einmal kurz hinüber zur Linde, hoffend, dass Julius und Barten zurückkommen mögen. Aber es war viel zu wenig Zeit verstrichen, um ernsthaft daran glauben zu können. Schon sah Arthur, wie Frau Holle ihre Ankündigung wahrzumachen gedachte und ihre Zweige regte. Doch da stand plötzlich Pater Rupert auf und drängte an den anderen vorbei nach vorne. Er ging direkt auf Ariokan zu, und zuerst dachte Arthur, dass der Mönch lebensmüde geworden sei und sich freiwillig in das Schwert der Kelten stürzen wollte. Doch Rupert blieb zwei Meter vor Ariokan stehen und rief mit lauter Stimme: »Ariokan, ich fordere ein Gottesurteil von dir. Ein Gottesurteil! Du weißt, dass du dies nicht verweigern kannst!«

Zur großen Überraschung Arthurs blieb Ariokan tatsächlich stehen, und auch seine Krieger verlangsamten ihren Schritt. In seinem Zorn führte Ariokan einen Scheinangriff auf Rupert aus; er ließ das Schwert vorschnellen und stoppte es wenige Zentimeter vor Ruperts Brust.

»Wer bist du, dass du so etwas forderst?«, fragte Ariokan so ruppig, dass Rupert unwillkürlich einen kleinen Schritt zurückwich. Aber Rupert antwortete, ohne zu zögern, und mit fester Stimme: »In jeder Schlacht steht es einem Gegner zu, ein Gottesurteil einzufordern, wenn das Blatt sich gegen ihn zu wenden droht. Der vermeintliche Sieger darf diesen Kampf Mann gegen Mann nicht ablehnen, denn sonst ruft er den Zorn der Götter hervor und gefährdet das Leben seiner Untergebenen. Du kannst gegen die Gesetze der Natur verstoßen, aber nicht gegen keltische Sitte, Ariokan, und das weißt du. Es ist dein Geisshi als Führer, deinen Vasallen Schutz zu bieten, und du würdest dieses Geisshi schwer verletzen, wenn du der Forderung nicht nachkommst. Denn die Götter würden sich an dir rächen für diesen Frevel.«

Die Gefährten schauten sich verblüfft an. Sie wussten nicht, was ein Geisshi sein sollte, aber Pater Rupert schien sich seiner Sache sehr sicher zu sein.

»Akzeptierst du ein Gottesurteil, Ariokan?«, rief er noch einmal.

»Die Götter haben sich längst von uns abgewandt«, sagte Ariokan, »ich fürchte ihre Rache nicht mehr.« Aber in seiner Stimme war nicht mehr jene Überzeugung zu hören, die er zuvor an den Tag gelegt hatte. »Das alte Band zwischen den Göttern und uns ist zerrissen. Ich brauche deshalb kein Gottesurteil. Ich werde euch alle töten und dieser Sache ein Ende bereiten.«

Doch in diesem Moment ließ Frau Holle einen ihrer Äste so plötzlich vorschnellen, dass er Ariokan heftig am Handgelenk traf und ihm das Schwert aus der Hand schlug.

Zugleich donnerte ein anderer Ast gegen seine Stirn; fast wäre er rückwärts den Hügel hinab gestürzt. Die anderen Krieger verfolgten das Geschehen, und man merkte ihnen nun deutlich an, dass sie eine Furcht beschlich, die größer war als ihr Kampfesmut.
»So solltest du nicht über die Götter sprechen«, sagte Pater Rupert.
Aber jetzt wandte sich Viktor an die Krieger und rief: »Lasst euch von diesem Hokuspokus nicht beeindrucken. Diese Memmen haben schon einmal versucht, uns auf solche Weise zu überlisten. Das ist kein Zeichen der Götter, das ist nicht einmal Zauberei. Es ist ein billiger Taschenspielertrick.«
»So?«, fragte Pater Rupert, der sich seiner Sache immer sicherer wurde. »Wundert es euch nicht, dass die Tiere auf unserer Seite sind? Dass ein Luchs und eine Eule für den Bund kämpfen, während ihr nur auf Zerstörung aus seid? Wundert es euch nicht, dass selbst die Bäume für uns sprechen und sich deren Worte gegen euch richten? Habt ihr noch nie überlegt, ob ihr vielleicht nicht doch auf der falschen Seite kämpft? Wir kämpfen für den alten Bund – und ihr seid auf der Seite der Vernichter.«
Es war der junge Krieger, der Arthur schon oft aufgefallen war, der nun, für alle überraschend, das Wort ergriff. Er stand ganz in der Nähe Ariokans, und es fiel ihm schwer, aus der Anonymität der Vasallen herauszutreten und Sätze zu sprechen, die seinem Herrscher nicht gefallen konnten. Aber dennoch sagte er, wenn auch mit brüchiger Stimme: »Ich weiß nicht, warum die Götter uns so schwer gestraft haben. Aber ich glaube, dass sie weiter existieren und die Geschicke lenken. Und der Mann in der seltsamen Kutte hat Recht: Es ist keltischer Brauch, ein Gottesurteil zu akzeptieren …«.
Er wollte weiterreden, aber Ariokan unterbrach ihn mit unverhohlener Wut: »Schweig, Gawin. Niemand hat dir erlaubt, das Wort zu ergreifen. Du bist mein Krieger und tust allein, was ich dir befehle.« Ariokan hatte sein Schwert wieder an sich genommen und richtete es auf Pater Rupert. Er machte aber einen Schritt zurück, um außerhalb der Reichweite des Holunderbusches zu kommen.
»Warum sollte Gawin schweigen?«, rief Pater Rupert, der spürte, dass sich das Geschick wenden könnte. »Wenn du im Recht bist, Ariokan, dann wirst du im Gottesurteil siegen. Du hast also nichts zu verlieren. Mit dem Gottesurteil beschützt du deine Krieger, und du kannst ihnen zugleich beweisen, dass die Götter auf deiner Seite stehen. Du solltest diese Chance nicht ausschlagen.«
Marie schob sich an Arthur heran und drängte sich an ihn. »Was ist das, ein Gottesurteil?«, fragte sie flüsternd, ohne Rupert und Ariokan aus den Augen zu lassen.
»Ich habe keine Ahnung«, gab Arthur zurück, »aber ich habe kein gutes Gefühl dabei.« Zugleich schaute er weiter auf Gawin, dessen Name er nun zum ersten Mal gehört hatte. Arthur hatte Hochachtung vor diesem jungen Mann, der den Mut aufgebracht hatte, seinem Führer zu widersprechen. Vielleicht würde ihnen dieser Mut das Leben retten, obwohl Gawin dies sicher nicht beabsichtigt hatte.
Ariokan schnaubte unwillig. Seine Männer, die einige Schritte hinter ihm standen, verloren ihre Wachsamkeit nicht und waren weiter bereit, ihre Aufgabe als Krieger zu

erfüllen, wenn der Gegner angreifen würde. Aber sie schienen nicht mehr bereit, von sich aus den ersten Streich zu führen. Ariokan war diese Wendung nicht entgangen, und er drehte sich zur Seite und rief ihnen zu: »Ihr Narren, ihr lasst euch den leichten Sieg aus den Händen nehmen. Längst hättet ihr diese Kinder und Tiere dorthin schicken können, wo sie hingehören, zu ihren törichten Gefährten in die Anderswelt.« Doch er erkannte keine Zustimmung mehr in den Gesichtern seiner Krieger.
Also sagte er nach einer kurzen Pause: »Ich fürchte mich nicht vor einem Gottesurteil. Jeder von diesen Schwächlingen kann gegen mich antreten. Ich bin bereit. Aber ich bestimme die Art der Waffen.«
Und er wandte sich abrupt ab und ging zurück zum Ufer, wo er sich aufbaute und erhobenen Hauptes darauf wartete, dass der Kampf beginne.
»Beratschlagt euch, wer mein Gegner sei«, rief er den Gefährten zu. »Ich gebe euch fünf Minuten Zeit. Sonst greifen wir wieder an.« Seine Männer sammelten sich hinter ihm, doch Ariokan würdigte sie keines Blickes, als sie an ihm vorübergingen. Nur Viktor schaute er kurz in die Augen und bedeutete ihm, die Führung zu übernehmen, solange er im Kampf sein würde.
»Verdammt noch mal, was ist ein Geisshi?«, fragte Michael Pater Rupert, nachdem der Gegner sich zurückgezogen hatte. »Ist das ein Fluch, der auf einem liegt? Selbst Ariokan war irgendwie davon beeindruckt.«
»Es ist uralte keltische Überzeugung, dass jeder Mensch ein Schicksal in sich trägt, das er erfüllen muss«, sagte Rupert. »Es ist nicht möglich, sich gegen dieses Schicksal zu wehren; ja, es ist sogar schädlich, weil die Götter es nicht hinnehmen, dass man ihre Pläne stört.«
»Und das hat eine so große Bedeutung, dass selbst einfache Krieger sich gegen ihren Fürsten stellen, wenn dieser sein Geisha, oder wie immer das heißt, nicht erfüllt?«, fragte Michael.
»Je höher ein Mensch in der Hierarchie aufgestiegen ist, umso größer und zahlreicher sind seine Geisshi, über die er nicht hinweggehen darf. Ein Fürst hat die Pflicht, in jeder Situation seine Untergebenen zu schützen, auch wenn er damit gegen seine eigenen Interessen verstoßen würde. Die Untergebenen erwarten dies – ein Fürst, der dagegen verstößt, verliert den Respekt und den Rückhalt seiner Leute. Es könnte das Ende seiner Herrschaft sein.«
»Schön und gut«, unterbrach Arthur den Redefluss Ruperts, der sich wohl fast in seiner Bibliothek wähnte und deshalb schon wieder zum Dozieren neigte. »Das war eine schlaue Idee von dir, Rupert. Wir hätten sonst den Angriff nicht überstanden. Aber wie soll es nun weitergehen? Weißt du das auch?«
Rupert musste den Kopf schütteln. »Nein, das weiß ich leider nicht. Meine Idee war aus der Not geboren, ich hoffte, einen Zeitgewinn zu erreichen. Aber nun muss das Gottesurteil auch ausgefochten werden. Und ich habe keine Ahnung, wie wir das bewerkstelligen sollen.«

»Was genau heißt das denn?«, mischte sich Marie ein. »Es ist ein Zweikampf Mann gegen Mann. Und dann?«

»Der Kampf wird so lange fortgeführt, bis einer unterlegen ist. Gnade wird nicht gewährt, der Kampf endet immer mit dem Tod eines Mannes.« Rupert hielt kurz inne, denn er wusste, was in den Köpfen von ihnen allen nun vor sich ging.

»Aber nicht nur das. Wer den Kampf gewinnt, auf dessen Seite stehen die Götter«, sagte Rupert. »Der Sieger hat deshalb das Recht, auch über das Schicksal aller anderen Gegner zu entscheiden. Früher wurden sie in die Sklaverei verkauft oder umgebracht.«

Michael nickte. »Und da es heute keine Sklaverei mehr gibt, wissen wir, was uns erwartet. Nicht gerade eine berauschende Aussicht.«

Arthur hatte nur noch halb zugehört. Er wünschte sich, Ragnar wäre da gewesen, um sich mit ihm zu beraten. Wo war er geblieben? Hatte er Kilian geholfen, hatte er mit ihm gekämpft und lag nun vielleicht schon tot am anderen Ufer?

Er wandte sich ab und ging einige Schritte hinüber zu Ursula, die auch in dieser Situation bei Franziska geblieben war. Seine Mutter hatte das Bewusstsein wiedererlangt, sie hatte die Augen geöffnet und lächelte sogar etwas, als sie Arthur kommen sah. »Es geht langsam aufwärts«, sagte sie, »und ich bin dir nicht böse. Du hast alles richtig gemacht.«

Es fühlte sich seltsam an und er konnte selbst nicht begreifen, was plötzlich mit ihm geschah: Aber eine große Ruhe war über ihn gekommen, kein Zorn und keine Furcht waren mehr in ihm, vielmehr ging eine Gelassenheit von ihm aus, die er sich selbst nicht erklären konnte. Er wusste sofort, dass er es sein würde, der diesen Kampf bestehen musste oder darin untergehen würde. Es war vielleicht sein Geisshi, sein Schicksal, dass er in diesen Zweikampf gegen Ariokan gehen musste. Es hatte so kommen müssen, dachte Arthur, dass er einmal ganz allein auf den Keltenfürsten treffen würde, und obwohl er sich völlig im Unklaren war, wie er gegen den gestandenen Krieger etwas ausrichten wollte, erfüllte ihn eine beinahe heitere Ruhe.

Er drückte Franziska noch einmal die Hand und strich ihr über die Wangen, dann ging er zurück zu den anderen und sagte:

»Ich weiß nicht, ob ihr es wirklich von mir erwartet. Aber natürlich werde ich es sein, der gegen Ariokan antritt. Niemand anderes kann es sein. Ich hoffe, ihr seht es auch so.«

Michael sah besorgt aus, als er antwortete: »Ich sehe es nicht so, Arthur. Es ist zu gefährlich, denn du verstehst vom Kämpfen zu wenig. Ich weiß, es bringt Unglück, vor einem Kampf vom Scheitern zu sprechen. Aber lass mich für uns kämpfen. Mein Zorn ist noch frisch, und ich sehne mich danach, ein Schwert in dieses fette alte Fleisch Ariokans zu treiben.«

Aber Arthur schüttelte den Kopf.

»Nein, Michael. Es ist meine Aufgabe, ich fühle es. Und mich kann man ersetzen, wenn ich scheitern sollte. Versprich mir, dass du im Tal bleiben wirst, wenn dies alles vorbei ist.«

Arthur versuchte zu lächeln, was ihm aber nur halbwegs gelang. Er war mit seinen Gedanken schon fortgezogen, und eine große Sehnsucht erfüllte ihn, diese Sache zu Ende zu bringen. Es war beinahe so, als würde etwas an ihm ziehen, ihn fortziehen, und er war bereit, nicht länger Widerstand zu leisten, sondern sich hinwegtragen zu lassen in ein ungewisses, aber verlockendes Anderswo. Wie ruhig er plötzlich war! Wie alles Wollen und Suchen und Hoffen und Denken nun ein Ende hatte, und eine Leichtigkeit ihn erfüllte, die süß und warm war. Es war gut so, wie es war, dachte Arthur. Nun erfüllte sich sein Schicksal, sein Geisshi.

»Versucht zu fliehen, wenn es nicht gelingt«, sagte er zu den Gefährten, während er einen nach dem anderen umarmte. »Hier ist die Figur. Vielleicht schafft ihr es, an einen Ort zu kommen, wo Ariokan euch nicht gleich findet.« Er nahm die Figur der Tiere von seiner Brust und ließ sie über Schubarts Kopf streichen.

»Ich habe sie lange genug getragen, obwohl ich nicht ihr rechtmäßiger Besitzer bin. Nun ist es Zeit, sie weiterzugeben. Sie darf auf keinen Fall in die Hände Ariokans gelangen. Flieg fort, Schubart, wenn es notwendig werden sollte.«

»Aber sie würde dich beschützen«, sagte Marie, »sie kann vielleicht das Schlimmste verhüten. Du musst sie weiter tragen.«

»Nein«, sagte Arthur, und er ließ seine Hand in seine Hosentasche gleiten. »Ich vertraue meinem Turmalin, der auch Teil einer Figur ist. Ich habe ihn schon so lange, dass er mir wie mein Eigenes vorkommt. Und ihn bitte ich, das Beste aus mir herauszuholen. Den Mut und die Schnelligkeit, die Wendigkeit und die Kraft. Mehr kann ich nicht tun. Der Rest liegt tatsächlich in Gottes Hand.«

Er zog den kleinen Stein heraus und hielt ihn mit seiner Hand umschlossen. Er spürte die Wärme, und er wusste, ohne hinzusehen, dass die durchsichtigen Anteile des Steines nun leicht zu leuchten begannen, während von den schwarzen Anteilen die Wärme ausging. Gut und böse, Tag und Nacht, Geboren werden und sterben – das alles lag in diesem Stein, dachte Arthur auf einmal. Zweierlei und doch eins. Das ist der Zustand, den man erreichen müsste. Das war der Zustand, in dem Arthur sich gerade befand. Er spürte das Gute und das Böse in sich, und er fühlte, wie nahe Leben und Sterben beieinander lagen. Aber es war keine Spannung mehr zwischen diesen Polen, sondern alles gehörte zusammen. Alles war eins.

Pater Rupert legte Arthur die Hand auf den Kopf und segnete ihn mit Worten, die Arthur nicht verstand, denn es waren lateinische Worte. »Gottes Segen sei mit dir, auf allen deinen Wegen«, murmelte Rupert. Dann machte er den Weg frei, und Arthur blickte noch einmal in Maries Gesicht. Sie stand direkt neben ihm, und er sah die Angst, die ihr die Augen geweitet hatte, und die Tränen, die an ihren Wangen hinunterliefen. »Arthur«, sagte sie leise, »ich werde immer bei dir sein, was auch geschieht. Aber ich glaube daran, dass du gewinnst. Das Gute muss doch gewinnen. Oder?« Sie schluchzte laut und verbarg ihr Gesicht in ihren Händen.

Arthur zog sie an sich heran und umarmte sie. Maries Kopf lag an seiner Brust, und er spürte, wie die Wogen des Kummers durch sie hindurchflossen.

»Wer vermag schon zu sagen, was das Gute ist«, flüsterte er ihr ins Ohr. »Aber ich werde aufpassen. Das verspreche ich dir.«

Dann ging er ganz langsam den kleinen Hang hinab. Die vielen Farben der Wiesenblumen tanzten vor seinen Augen, gelbe und blaue und rote Punkte strichen wie Kometen an ihm vorüber, und das Zwitschern der Singvögel an diesem warmen Frühsommertag erschien ihm wie ein abgestimmtes Konzert, bei dem jeder seine Rolle hatte, und nicht einmal das raue Krächzen eines Eichelhähers, das Arthur wahrnahm, störte darin.

Warum es nicht hinnehmen, wie es kommen wird, dachte sich Arthur, während er die wenigen Schritte zum Kampfplatz hinunterging. Die ebene Wiese am Ufer sollte der Ort sein, wo sich ihr Schicksal entschied. Warum es nicht annehmen und als Ratschluss Gottes begreifen, der alle unsere Wege lenkt? Der Geist des Menschen ist stark, und es fällt ihm schwer, etwas einfach geschehen zu lassen. Immer will er lenken, entscheiden, bestimmen. Vielleicht war dies die schwerste Übung von allen: es geschehen lassen, es demütig und heiter geschehen lassen.

Das Feuer rauchte noch, das Julius am Ende der Nacht entzündet hatte, um die Bäume aus ihrem anderen Leben in die Menschenzeit zu holen. Arthur kniete sich nieder und rieb seine Hände in der Asche, die am Rande des Feuers schon erkaltet war. Selbst die Zeit war nichts Festes, und auch wenn die Menschen meinten, sie messen und damit beherrschen zu können, so zeigte der langsame Rhythmus der Bäume doch, wie anders die gleiche Zeit wahrgenommen werden konnte. Nichts war wirklich, alles war nur, wie man es sah, wie man es dachte und wie man glaubte, es einschätzen zu müssen. Das zu durchdringen, war schwer und den meisten Menschen unmöglich. Arthur führte seine schwarzen Hände langsam über sein Gesicht und rieb sich die Asche auf die Wangen, die Stirn und das Kinn. Dann zog er sein Oberteil aus, die Weste aus dem Fell eines Rehs, die ihn immer mit dem Wald verbunden hatte. Auch das musste er nun ablegen, alles musste er nun hinter sich lassen. Auch die Brust und die Arme rieb er ein mit der Asche des Feuers, bald ähnelte er seinem Turmalin, der schwarze Striche und weiße Flecken beinhaltete und bei dem niemand sagen konnte, ob sich die weißen Kristalle in die schwarzen Quarze gemischt hatten oder ob die schwarzen Adern in den weißen Stein gepresst worden waren.

Nun riss Ariokan ihn aus seinen Gedanken. »Bist du bereit, Herr des Waldes?«, fragte der Keltenfürst mit hämischer Stimme. »Ich wähle das Schwert als Waffe für das Gottesurteil.«

Arthur hatte nichts anderes erwartet. Ariokan war ein Meister des Schwertkampfes, und vermutlich hatte er als Fürstensohn eine jahrelange Ausbildung in der Führung dieser Waffe erhalten. Arthur dagegen hatte überhaupt noch nie ein solches Schwert in der Hand gehalten, wenn man davon absah, dass er sich Kilians Schwert und dessen selbstverliebte geometrische Verzierungen einmal aus der Nähe angesehen hatte. Nun lag Kilian tot vor ihm, das Gesicht in das Gras gepresst, reglos und schon weit entfernt. Sicher hatte er den Andersbach bereits überquert. Sein Schwert aber steckte noch im Boden, wie Kilian es hineingerammt hatte. Der Griff schien wie aus vielen dünnen Eisensträngen gemacht, die einmal um den Griff herumliefen wie kleine Schlangen, die sich einen Baum hinaufwinden. Und in die Klinge war in keltischen Buchstaben ein Wort eingeritzt, das Arthur nicht lesen konnte. Die Zeichen waren so angeordnet, dass das erste unterhalb des Griffes stand; und erst kurz vor der Spitze endete das Wort. Warum hatte er Kilian nie danach gefragt, was das Wort bedeutete, wunderte sich Arthur. Aber er hatte den Waffen Kilians nie viel Beachtung beigemessen und sich nicht sonderlich für sie interessiert. ›Sieg‹ oder ›Tapferkeit‹, vermutete Arthur, könnte das Wort heißen.

Er ergriff das Schwert mit der rechten Hand und zog es mit einem Ruck aus dem Boden. So sei es also, dachte er. Mit einem keltischen Schwert bekämpfe ich nun die Kelten. Und dieses keltische Schwert wird mich beschützen, oder ein keltisches Schwert wird mich töten.

»Ich bin bereit«, rief er schließlich Ariokan zu, der noch immer breitbeinig am Ufer stand und ruhig, aber aufmerksam jede Bewegung Arthurs verfolgte. Marie wagte sich als erste aus dem Schutz ihres Holunders heraus, sie hielt es nicht mehr aus und wollte so nahe wie möglich bei Arthur sein. Sie ging einige Meter den Hang hinunter, und die Gefährten folgten ihr. Sie stellten sich nebeneinander auf, wie um Arthur Rückendeckung zu geben. Selbst Franziska hatte sich, gestützt auf Ursula und Michael, nach vorne gedrängt, um zu sehen, was geschah. Es war nicht gut, dass sie dabei war, dachte Arthur kurz. Wie sollte eine Mutter zuschauen können, wenn ihr Sohn in einen Kampf zieht, in dem er keine Chance hat? Aber Arthur war zu weit weg, um diesen Gedanken ganz in sein Bewusstsein dringen zu lassen.

Ariokan machte ebenfalls einige Schritte in die Wiese hinein, um seine Ausgangsposition einzunehmen. Und auch seine Krieger bildeten hinter ihm eine Reihe. Würden sie sich einfach gefangen nehmen lassen, wenn Arthur wider Erwarten doch siegen würde?

»Alle außer den Gotteskriegern haben ihre Waffen niederzulegen«, sagte aber genau in diesem Augenblick die alte Linde. »Ein Gottesurteil heißt, dass jeder den Ausgang des Kampfes akzeptiert. Ihr braucht eure Waffen also nicht mehr.«

Tatsächlich sammelten zwei der älteren Krieger die Schwerter und Messer ein, die sie alle bei sich trugen. Michael nahm Arthurs Pfeil und Bogen, seinen Stab und auch die Messer und trug sie hinüber zur Linde, wo er alles auf den gleichen Haufen legte wie die Kelten ihre Waffen. Niemand hätte mehr auf den ersten Blick zu sagen vermocht, welche Waffe welcher Seite gehörte.

Ariokan wartete nicht länger. Kaum hatten die zwei Krieger ihre Position wieder eingenommen, rannte er mit erstaunlicher Geschwindigkeit einige Schritte nach vorne und eröffnete den Kampf. Der Kelte war nicht sehr groß, aber massig, und so erschien es Arthur, als rase ihm ein wahrer Koloss entgegen. Nur gut, dass er vorher mit Michael geübt hatte. Ariokans Mund war weit geöffnet, ein tiefer, röhrender Schrei entfuhr seinem Körper, und mit unglaublicher Wucht stieß er sein Schwert nach vorne, als er nur noch einen Meter von Arthur entfernt war. Arthur konnte diesem Ansturm nichts entgegen setzen, und auch wenn er keinerlei Furcht spürte, so blieb ihm doch nichts anderes übrig, als zur Seite zu springen und mit einigen schnellen Schritten den alten Abstand wieder herzustellen.

»Du rennst ja wie ein Hase, Bürschchen«, rief Ariokan und lachte wieder dröhnend. »Vermutlich hast du auch ein Hasenherz.«

Die Krieger grölten und reckten die Arme in die Höhe. »Schneid ihm sein Hasenherz heraus«, rief einer der Männer, der einen Eisenhelm trug.

»Du solltest die Fähigkeiten eines Hasen nicht unterschätzen«, rief Arthur zurück. »Sie sind listig und schnell, und das kann selbst einem Löwen zum Verhängnis werden.«

»Hört, hört«, machte Ariokan und tat so, als sei er beeindruckt von Arthurs Erwiderung. »Dann zeig es mir, wie ein Hase einen Löwen auffrisst. Das möchte ich zu gerne sehen.«

Und er setzte sich wieder in Bewegung, doch dieses Mal stürzte er nicht plump auf Arthur zu, sondern schwang in seinem Vorwärtsdrang behände vom linken auf das rechte Bein, um jederzeit einen Ausfallschritt machen zu können. Arthur sah ihn kommen und wich zurück, und gerade noch rechtzeitig sprang er hinter einen der jungen Apfelbäume, um sich vor dem Hieb Ariokans zu schützen, der ihn von der Seite treffen sollte. Das Schwert blieb im Stamm des Baumes stecken, und Arthur nutzte geistesgegenwärtig diesen Augenblick, in dem Ariokan ungeschützt war, um einen Schritt nach vorne zu machen und Kilians Schwert in den Körper des Feindes zu bohren. Aber Ariokan hatte den Stich erahnt und drehte sich nach rechts einmal um die eigene Achse und nutzte die Hebelwirkung dieser Drehung zugleich, um seine Waffe aus dem Holz herauszudrehen.

»So, der Hase arbeitet auch noch mit faulen Tricks«, rief er. »Na warte, dich werde ich lehren, wie ein ehrlicher Kampf aussieht.«

Und ein drittes Mal griff er Arthur frontal an. Sein Sprung nach vorne kam so schnell, dass Arthur nicht mehr ausweichen konnte. Undeutlich hörte er, wie Marie hell aufschrie. Ohne sein Schwert bewusst zu lenken, führte er es in der Luft nach links, wo es auf Ariokans Klinge traf, die er zur Seite hin ablenken konnte. Doch die Wucht in Ariokans Hieb war so gewaltig, dass Arthur nach hinten taumelte. Gerade noch konnte er sich abfangen, erlangte aber erst nach zwei, drei Schritten das Gleichgewicht wieder.

»Gib' nicht auf«, rief Michael, »du kannst es schaffen, das weiß ich!«

Arthur wusste es nicht mehr. Hatte er jemals daran geglaubt, Ariokan besiegen zu können? Die Härte und Unerschrockenheit, mit der der Keltenfürst kämpfte, zerstörte den letzten Funken Hoffnung. Vielleicht machte dies den entscheidenden Unterschied aus zwischen einem guten und einem schlechten Kämpfer: der unbedingte Vernichtungswille. Arthur hatte keine Angst, weder vor Ariokan noch vor dem Tod, und sein Mut war ungebrochen. Aber es lag ihm nichts daran, Ariokan zu töten. Dem Keltenfürsten sah man es dagegen an, dass er in diesem Moment nur von einem Wunsch beseelt war: den Menschen sterben zu sehen, der sich seinen Zielen in den Weg gestellt hatte und der das besaß, was er am stärksten begehrte.

»Gleich ist es aus mit dir, König des Waldes«, lachte Ariokan in der Gewissheit des sicheren Siegers, »gib auf, und ich schenke dir einen schnellen und schmerzlosen Tod.« Arthur antwortete nicht mehr. Er wollte sich nicht mehr ablenken lassen von diesem Gerede, das ihn nur provozieren und verunsichern sollte. Er wollte sich sammeln, um nun seinerseits zum Angriff überzugehen. Er tat einen Moment so, als ließe er das Schwert tatsächlich sinken – die Schultern fielen ein, und der Oberkörper sackte nach vorne. Arthur sah, dass Ariokan die Geste registrierte und die Konzentration ein klein wenig lockerte. Diesen Wimpernschlag der Täuschung nutzte Arthur. Seine Absicht war es, das Schwert Ariokan von unten in den Bauch zu stoßen. Doch der Kelte war geistesgegenwärtig genug, nach hinten und zur Seite auszuweichen, wie ein Torero, der den Stier in einer kleinen Drehung vorbeilässt, um ihm dann von hinten den Degen zwischen die Schulterblätter direkt ins Herz zu stechen.

Arthurs Stoß ging ins Leere, und Ariokan hatte im Moment der Drehung sein Schwert erhoben und gegen den Rücken Arthurs geführt. Arthur glaubte schon, die Spitze an seiner Haut zu fühlen. Da aber strauchelte Ariokan in seinem Drehschritt und stürzte nach hinten ins Gras – er hatte den toten Körper Kilians übersehen. Zum zweiten Mal an diesem Tag hatte Kilian das Leben von Arthur gerettet. Selbst im Tode noch.

Ganz kurz stand der Schrecken in Ariokans Augen, als er auf dem Rücken am Boden lag, unfähig, sich zu verteidigen. Denn im Sturz war ihm das Schwert aus der Hand geglitten und lag nicht weit entfernt, aber vorerst unerreichbar einen Meter abseits. Doch Wut und Kampfeslust vertrieben diesen Schrecken, als Arthur sich anschickte, sein Schwert in Ariokans Brust zu rammen. Der Kelte wehrte das Schwert mit der flachen linken Hand ab und drängte es mit brachialer Kraft zur Seite. Die Schneide fuhr tief in die Hand des Kelten, und Arthur spürte durch den Stahl hindurch, wie sie die Knochen traf und spaltete. Aber kein Laut entfuhr Ariokan, obwohl sofort das Blut herausschoss. Er ließ Arthur keine zweite Chance, sondern drehte sich nach rechts, packte sein Schwert mit der unverletzten rechten Hand und war mit einem Sprung wieder auf den Beinen. Sein Körper bebte vor Zorn.

»Ein netter Scherz«, zischte Ariokan. Er zeigte auf Kilian, der zwischen ihnen am Boden lag. »Auf sein Schwert lässt er ›In Ewigkeit treu‹ schreiben, und dann macht er es noch wahr. Aber das war der letzte Trick, mit dem du dir den Sieg erschleichen wolltest.« Er schaute Arthur mit gefährlich blitzenden Augen an, dann wischte er das Blut an seiner linken Hand abschätzig an seiner Jacke ab, als wolle er zeigen, dass eine so winzige Verletzung ihn nicht beeindrucken würde. Er schlich sich in einem Halbkreis um Kilian herum und näherte sich Arthur lauernd, abwartend, bereit zum Sprung.

Arthur wich langsam zurück. Was sollte er tun? Die Distanz zwischen ihm und Ariokan wurde immer geringer, obwohl er weiter rückwärts ging. Hinter ihm teilte sich die Reihe der keltischen Krieger. Sie ließen ihn durch, und es war, als durchschritte er ein Tor. Arthur kam nahe an ihnen vorbei, er spürte ihren Blick. Manche schauten ohne Erbarmen auf ihn; es gab für sie keinen Grund, Mitleid mit dem Gegner zu haben. Sie hofften, das Gottesurteil würde zu ihren Gunsten ausgehen.

Plötzlich merkte Arthur, dass er das Seeufer erreicht hatte und seine Füße bereits im Wasser standen. Kühl fühlte es sich an, als das Wasser das Leder seiner Schuhe durchdrang und seine Haut berührte. Weiter zurück ging es nicht mehr. Er merkte, dass der Boden am Ufer nun steil abbrach. Er zog seinen rechten Fuß wieder zurück auf den sicheren Boden und trat auf einen kleinen Felsen, der neben ihm aus dem Wasser ragte. Dort würde er zumindest eine erhöhte Position einnehmen können und Ariokan auf Augenhöhe begegnen, vielleicht das letzte Mal. Er stand mit dem Rücken zur Wand.

Ariokan zögerte nicht, die Falle, in die Arthur geraten war, auszunutzen. Arthur hielt das Schwert mit beiden Händen umklammert. Der Schlag, den Ariokan nun ausführte, traf Arthurs Schwert mit solcher Gewalt, dass ihm die Waffe aus den Händen gerissen und in einem riesigen Bogen in den See hinaus geschleudert wurde. Mit der Spitze voran stürzte es senkrecht aus der Luft zum Wasser hin. Bevor der Stahl die Oberfläche durchschnitt, schien es Arthur, als stehe das Schwert für einen Augenblick auf dem Wasser still. Doch das war sicherlich nur Einbildung. Dann versank das Schwert im schwarzen Wasser des heiligen Sees.

Ariokan nutzte den Schwung seines Stoßes, führte das Schwert in einem Kreis über seinen Kopf und ließ es von oben auf Arthur herabsausen. Es schrammte an Arm, Brustkorb und Bauch entlang. Arthur hatte seinen Körper noch nach links drücken können, um dem großen Schlag auszuweichen. Aber die scharfe Klinge fuhr dennoch durch sein Fleisch wie durch Butter, traf schließlich hart auf seinen Beckenknochen und wurde erst dort wieder von ihm weggelenkt.

Der Schmerz breitete sich in gewaltigen Stoßwellen aus und wurde mit jedem Mal stärker. Arthur sackte zusammen, während er Ariokan noch einmal in die Augen schaute. Dessen Gesicht war verzerrt von der Anstrengung, die ihn der Kampf gekostet hatte, und von der Wut, die ihm das Schwert führte. In seinen Augen glomm der Triumph und eine Freude, die nahe am Wahnsinn lag.

Arthurs Sinne schwanden. Nur noch halb in der Wirklichkeit hörte er, wie die Kelten wieder zu johlen begannen und schrien: »Der Sieg ist unser. Wehe den Besiegten! Wehe den Besiegten!« Er hörte noch den Schrei von Marie und seinen Gefährten. Das Entsetzen, das in diesem Schrei lag, war fürchterlich.

Arthur sank zurück, taumelte und stürzte rückwärts in den See. Das moorige Wasser teilte sich, ließ Arthur passieren und schloss sich mit einer kleinen Welle wieder über ihm. Wie ein Stein sank er. Die Gefährten konnten nichts mehr von ihm sehen, und schon nach wenigen Augenblicken war es, als hätte Arthur nie die Wasser durchdrungen, als hätte er sich nie an diesem Ort aufgehalten. Er war fort.

Arthur wusste nicht, ob er noch lebte oder schon tot war. Er nahm nichts mehr wahr, außer dem gewaltigen dumpfen Pochen an seiner Seite, das auch die Kühle des Wassers nicht zum Stillstand bringen konnte. Bald schwand der letzte Rest von Tageslicht, und Arthur sank in eine Dunkelheit hinein, die vollkommen war. Die kleinen moorigen Partikel im Wasser schluckten alles Licht, und aus dem herrlichen warmen Frühlingstag wurde ein finsterer kalter Todestag. Arthur verlor jede Orientierung. Er konnte nicht mehr sagen, wo oben und wo unten war, und er wusste nicht, ob er noch auf dem Rücken schwamm. Er war in einem leeren Raum und schwebte seinem Untergang entgegen.
Doch nach der totalen Finsternis schien es ihm, als würde es plötzlich wieder heller. Schon glaubte Arthur, sich dem Tunnel zu nähern, den er bereits einmal durchschritten hatte. Aber er täuschte sich. Das gleißende Licht, heller als hundert Sonnen, blieb aus. Es war nur ein matter Schimmer, ein diffuses Licht wie jenes, das Glühwürmchen an einem unendlichen Nachthimmel aussenden, nur, dass dieser Schimmer größer wurde und einen langen Streifen in der Nacht des Heiligensees bildete.
Arthur wusste nicht, wie lange er durch das Wasser geschwebt war. Es erschien ihm wie eine kleine Ewigkeit, aber es konnten nur Sekunden sein, denn er atmete nicht, natürlich atmete er nicht unter Wasser, und er hielt dem Drang, nach Luft zu schnappen, der allmählich unwiderstehlich wurde, immer schwerer stand.
All dies blieb so undeutlich, so vage, so seltsam unwahr, dass Arthur nicht wusste, ob er sich den Schimmer nur einbildete, ob er überhaupt noch Sinneseindrücke erlebte oder ob ihm sein Geist nicht einen letzten Streich spielte und Bilder vorgaukelte, die es gar nicht gab. Und so wunderte er sich auch nicht, als er plötzlich das Gefühl hatte, etwas würde ihn an der Schulter packen und durchs Wasser ziehen. Sicher nur eine letzte Irritation seines sterbenden Gehirns. Doch dann war ihm, als durchstoße sein Körper eine dünne Haut, und er fühlte, wie seine Lungen sich unwillkürlich in Bewegung setzten und atmeten. Auch die Schwerkraft kehrte zurück; sein Körper sackte mit einem Ruck auf den Boden, wo er reglos liegen blieb. Ja, jetzt spürte er, dass er lebte. Der unbändige Schmerz an seiner Seite kehrte zurück. Eine große Kälte zog durch seinen Leib.
Da vernahm er plötzlich die Stimme Ragnars. War er also doch schon in der Anderswelt, wohin ihm Ragnar wie Kilian vorausgeeilt war?
»Gott sei Dank, er atmet noch«, sagte Ragnar. »Aber sieh, Barten, was für eine schreckliche Wunde er hat.«
Arthur bemühte sich, seine Augen zu öffnen. Aber er schaffte es nicht, obwohl er all seine Kraft und all seinen Willen hinein legte, um diese winzige Bewegung zu voll-

bringen. Wie kam es, dass er plötzlich an einem Ort war, wo das Wasser verschwunden zu sein schien? Und wie kam es, dass Ragnar und Barten bei ihm waren?
Dann spürte er, dass jemand – vielleicht Ragnar – ihm etwas Warmes auf die Brust legte. Die Kälte zog sich langsam zurück, und der Schmerz ließ nach. Der Gegenstand wurde wieder von seiner Brust genommen und über seinen ganzen Körper geführt. Es war wie ein Heizstab, der seine Glieder belebte und ihn in die wirkliche Welt zurückbrachte. Besonders lange blieb der Gegenstand an seiner verletzten Seite. Arthur merkte, wie das Pochen nachließ und wie er ganz allmählich wieder Herr seiner Sinne und seines Körpers wurde.
Nun gelang es ihm, die Augen zu öffnen. Ein Dämmerlicht erfüllte den Raum. Über sich sah er die Gesichter von Ragnar, von Julius und von Barten, die ihn sorgenvoll anschauten.
»Arthur, kannst du mich verstehen?«, hörte er seinen Bruder fragen. »Hörst du mich?«
Es dauerte, bis sein Körper ihm wieder gehorchte, dann nickte Arthur schwach und fragte: »Was ist passiert? Wie kommt Ragnar hierher?«
Er spürte, wie Julius ihm weiter mit dem Gegenstand über die Seite strich.
»Du bist im Heiligtum der Pflanzen«, sagte Barten mit seiner rauen Stimme. »Und das ist vermutlich der einzige Ort auf der Welt, an dem es Rettung für dich gab. Deine rechte Seite war aufgerissen, und du hast viel Blut verloren. Aber jetzt scheint es besser zu werden. Du hast mehr Glück als Verstand gehabt, dass wir dich gefunden haben.«
Arthur tastete mit den Fingern nach dem Gegenstand, den Julius noch immer über seinen Körper führte. Er fand die Hand seines Bruders, strich zärtlich über sie, dann suchte er weiter und spürte schließlich die Figur, die letzte der drei Figuren, die Julius und Barten tatsächlich im Schattenreich unter der Insel entdeckt hatten. Er spürte die wohlige Wärme, die von der Figur ausging. Und er konnte die längliche Form fühlen, die in unregelmäßigem Muster von Vertiefungen durchzogen war. Das sollte einen Stamm andeuten, einen Stamm mit seiner rauen Rinde. Nur an einer Stelle konnte er eine unnatürliche Einbuchtung fühlen; dort, wo sein Splitter herausgebrochen war. Er fühlte, wie die Figur sich nach oben weitete – wo bei den beiden anderen Figuren das Gesicht eines Menschen und der Kopf eines Luchses zu finden waren, schien bei der dritten Stele die Krone eines Baumes angedeutet zu sein.
»Was für ein Baum ist es?«, fragte Arthur unwillkürlich. »Welcher Baum wurde stellvertretend für die Welt der Pflanzen auf der Figur abgebildet? Ist es die Linde?«
»Nein, Arthur«, sagte Julius, »es ist doch die Eiche. Der Rat der Weisen hätte auch der richtige Ort sein können. Überall sind hier kleine Gänge zu finden, und ich bin mir sicher, es wäre möglich, von hier aus unter dem See hindurch bis zum Rat der Weisen zu gelangen. Vielleicht gäbe es von dort auch einen Eingang, wenn man die Eichen zum Sprechen gebracht hätte.«
Es beruhigte ihn, dies zu hören. Sein ganzes Leben lang war er fasziniert gewesen von

den alten Bäumen weit hinten im Heiligental, und er hatte gespürt, dass sie etwas Besonderes waren. Sicherlich hatten sie nicht selbst die Tage des alten Bundes erlebt, sicher hatten sie nicht mehr mit den Trägern der Figuren gesprochen. Aber das alte Wissen war doch an sie weitergegeben worden, so wie an die Linde und ein wenig sogar an den Holunderbusch.

Ganz vorsichtig richtete Arthur sich auf und sah sich um. Er befand sich in einer großen Halle, die von dunklen Säulen getragen wurde. Erst auf den zweiten Blick erkannte Arthur, dass es Wurzeln waren, die das Dach der Halle hielten. Sie wuchsen auf allen Seiten aus der Erde, vereinigten sich an vielen Stellen und strebten dann zum Mittelpunkt der Halle hin. Ein Geflecht aus großen und kleinen Wurzeln überspannte den Dom, und nur die Zwischenräume waren mit der Erde der Insel ausgefüllt. Nach allen Seiten führten Gänge steil in das Erdreich hinab; meist bildeten zwei stämmige Wurzeln, die schräg aus dem Boden wuchsen und nach oben hin ein Dreieck formten, den Eingang. Von der Decke hingen unendlich viele kleine Fäden herab; feine Wurzelhaare, die in ihrer Fülle wie ein Fell wirkten. Sie waren der Ursprung des Lebens für jede Pflanze. Mit ihrer Hilfe zogen sie Wasser und Nährstoffe aus dem Erdreich und transportierten es in alle ihre Teile.

Arthurs Blick wurde von der Säule angezogen, die in der Mitte der Halle stand. Wo sie die Hallendecke berührte, war der Fluchtpunkt aller Wurzeln. Dort flossen alle zusammen und bildeten den magischen Punkt, in dem sich alles vereinigte. Das Eigenartige an dieser Säule aber war, dass sie in ihrer Mitte fast vollständig unterbrochen war. Diese Wurzel, so dick wie der Stamm eines alten Apfelbaumes, war auf halber Höhe beinahe zweigeteilt; nur drei kleine hölzerne Stäbchen verbanden den oberen und unteren Teil der großen Wurzel und hielten so das Gewicht der Säule und der ganzen Halle. Die Gesetze der Physik schienen aufgehoben zu sein. Dieser Spalt in der Säule also war der Ort, an dem die Figur der Pflanzen aufbewahrt worden sein musste, die Julius in Händen hielt und von der dieses weiche Dämmerlicht ausging, das den gesamten Raum erfüllte. Nur sie konnte der Säule und den drei kleinen Stützen die Energie verliehen haben, den Regeln der Schwerkraft zu widerstehen.

Doch des Wundersamen war noch mehr. Als Arthur den Kopf auf die andere Seite wandte, sah er auch dort unzählige Wurzeln, die hinauf zur Decke strebten. Aber zwischen diesen Wurzeln war keine Erde und waren keine Steine – sondern nichts. Arthur streckte die Hand aus und fühlte wieder, wie er eine unsichtbare Haut durchstieß und wie sein Arm wieder in das Wasser des Heiligensees eintauchte. Es war, als befänden sich Glasscheiben zwischen den Wurzeln; es war, als sei der See in ein riesiges Aquarium gebettet. Nur gab es eben kein Glas, sondern eine unsichtbare Macht schützte die Halle davor, mit dem Seewasser geflutet zu werden. Zwischen der Halle und dem See bestand also eine Verbindung, aber es war unerklärlich, weshalb das Wasser nicht in die Halle hereindrang. So hatten die Bäume in ihrem Heiligtum die Elemente des Wassers und der Erde zusammengebracht.

Dann sah Arthur, wie Ragnar sich vor ihm niederließ und ihn fragend ansah. »Was ist passiert?«, fragte er mit leisem Grimm.

»Das wollte ich dich gerade auch fragen«, meinte Arthur.

Doch Julius schaltete sich ein. »Wir haben ihn mit der Figur der Bäume vom anderen Ufer zurückgeholt. Es war ganz leicht, sie funktioniert prächtig«, meinte er stolz.

»Für Kilian kam sie aber leider zu spät«, sagte Ragnar. »Ich habe an seiner Seite gestanden und mit ihm gegen die Kelten gekämpft, bis er und Zoller plötzlich verschwunden waren. Kurze Zeit später tauchten Julius und Barten auf und retteten mich.«

Arthur nickte. »Und ich habe einen Kampf mit Ariokan geführt«, sagte er und richtete sich langsam auf. Er ließ noch einmal die Hand über seine Seite gleiten, um zu prüfen, ob die furchtbare Wunde tatsächlich verheilt war. »Weil es ein Gottesurteil war, darf er alle unsere Freunde töten, da ich den Kampf verloren habe.«

Er stutzte. »Aber habe ich den Kampf verloren?«, fragte er schließlich.

Julius verstand sofort, was für sie alle auf dem Spiel stand. »Du musst zurück. Am besten nimmst du den Weg durch die Gänge. Wenn du dich beeilst, bist du in wenigen Minuten an der Erdoberfläche. Wir hatten ziemliche Mühe, zur Halle zu gelangen, weil viele Gänge eingestürzt waren. Barten hat die Gänge aber in einem atemberaubenden Tempo freigelegt«, meinte Julius. »Ohne ihn hätten wir Tage gebraucht, um den richtigen Weg zu finden.«

»Ich bin froh, solche Freunde zu haben«, sagte Arthur. »Das ist mehr wert als alle Macht dieser Erde.«

Er umrundete die zentrale Säule und strich mit den Fingern über die dünnen Stäbchen, die so aufgeladen waren mit Energie, dass sie weiter das ungeheure Gewicht der Halle tragen konnten, obwohl die Figur fehlte. Sie fühlten sich rau an und waren, wie Arthur überrascht feststellte, ebenso wie die Säule selbst allein aus Wurzelholz gefertigt. Wie lange Streichhölzer sahen sie aus, die man mit zwei Fingern durchbrechen konnte. Und doch trugen sie seit Jahrtausenden die Last dieses Heiligtums.

»Darf ich die Figur einmal in die Hand nehmen?«, fragte Arthur. »Sie fühlt sich so wunderbar an.«

Julius ließ die Figur in Arthurs Hand gleiten. Sie bestand wie erwartet aus schwarzen Schlieren und Flecken, die sich mit weißen Streifen vermischten. Diese Figur, das wurde Arthur klar, bildete den Ursprung der beiden anderen Stelen – die Tierfigur bestand aus weißem Turmalin, die Menschenfigur aus schwarzem. Von diesem Stein schienen sie beide abzustammen, so, wie die Gräser und Sträucher und Früchte und Bäume den Grund allen Lebens ausmachen. Ohne Wasser, ohne Erde und ohne Licht, so wie sie in dieser Halle zusammenkamen, konnte es keine Pflanzen geben, und ohne die Pflanzen als Nahrungsgrundlage hätten sich nicht die Tiere und Menschen entwickeln können. Das war in dem Stein angelegt. Es war die Urbotschaft, die von ihm ausging.

»Nimm sie wieder«, sagte Arthur zu Julius, »ich will etwas ausprobieren.«
Er schob seine Hand in seine Hosentasche und suchte zwischen den vielen kleinen Dingen, die sich dort angesammelt hatten, nach seinem kleinen Stein, dem Turmalin. Julius schaute mit großen Augen zu, wie Arthur den Stein an die beschädigte Stelle der Figur legte. Er passte so genau, dass man die Bruchstelle nicht einmal mehr erkennen konnte.
»Hast du es schon immer gewusst«, fragte Julius staunend, »dass du einen Teil der Figur besessen hast?«
»Nein«, antwortete Arthur, »ich habe es erst seit kurzem geahnt.«
»Ist es nicht wunderbar?«, fragte Julius. »Wir sind, wenn man von dem kurzen Moment auf dem Damm absieht, die ersten Lebewesen seit zwei Jahrtausenden, denen die Gnade vergönnt ist, bald zwei der Figuren gemeinsam in Händen zu halten. Wir haben es tatsächlich geschafft.« Sein Gesicht strahlte, er war von einer gewaltigen Freude erfüllt, wie ein Kind an Heiligabend.«
»Ja, ganz wunderbar«, sagte Barten trocken. »Ihr Menschen immer mit euren Sentimentalitäten. Ich denke vielmehr, dass du dich tatsächlich beeilen solltest, Arthur. Wer weiß, was dort oben gerade vor sich geht.« Er zeigte mit der Schnauze hinauf zur Erdoberfläche.
»Das stimmt, ich habe mich von der Faszination dieses Ortes viel zu lange gefangen nehmen lassen.«
Er eilte hinüber zu der Stelle, an der sich das matte Licht des Heiligtums in der Dunkelheit des torfigen Wassers verlor.
»Was machst du?«, fragte Barten. »Willst du nicht den trockenen Weg nehmen?«
»Nein«, antwortete Arthur, »durch das Wasser geht es schneller – und nur auf diesem Weg wird mein Erscheinen genügend Eindruck machen.«
»Dann nimm die Figur mit«, sagte Julius. »Sie kann dich beschützen.«
»Es ist besser, wenn ihr sie behaltet. Ich möchte nicht Gefahr laufen, dass Zoller sie doch noch bekommt.«
Er berührte die Stele in Julius' Hand noch einmal und bemerkte, dass sich die beiden Steine wieder ganz vereinigt hatten, obwohl Julius sie nicht zusammendrückte.
»Das ist die Aura des Herrn des Waldes«, sagte Julius, dem Arthurs Verwunderung nicht entgangen war. »Es ist, als ob die Teile wissen, dass die neue Zeit angebrochen ist.«
Ein heiliger Schauer lief Arthurs Rücken hinab.
»Geht ihr auf dem Weg zurück, den ihr gekommen seid – und beobachtet, was sich auf der Insel ereignet. Dann entscheidet selbst, was ihr tun wollt. Versucht auf jeden Fall, zu den anderen zu kommen. Wenn ihr beisammen seid, stehen euch beide Figuren zur Verfügung und ihr wärt Ariokan überlegen.«
Julius nickte. »Nun geh, bevor es zu spät ist.«
Arthur zögerte noch einen Moment. Es erfüllte ihn mit großer Scheu, die unsichtbare

Membran zwischen Halle und See zu durchdringen. Doch dann gab er sich einen Ruck und warf sich zwischen zwei starken Wurzeln hindurch in den See, der ihn sogleich mit seiner Kälte und Dunkelheit aufnahm. Arthur schloss die Augen, richtete sich auf und drückte sich wie ein Frosch mit kräftigen Stößen der Hinterbeine nach oben, während er die Arme eng an den Körper anlegte.

Er erreichte so eine Geschwindigkeit, die ihn, als er nach wenigen Sekunden an die Oberfläche stieß, bis zur Taille aus dem Wasser katapultierte. Ein lautes Rauschen und eine kleine Wasserfontäne begleiteten sein Auftauchen, und als er die Augen öffnete, sah er, wie alle auf der Insel sich mit Überraschung und Schrecken, mit ungläubigem Staunen und gläubiger Hoffnung, zum See hin drehten und das Schauspiel beobachteten, das sich ihren Augen bot.

»Er ist nicht besiegt. Er lebt«, rief Pater Rupert, der sich als erster aus seiner Starre löste.

Die keltischen Krieger hatten den Gefährten bereits Fesseln angelegt. Nur Schubart war nirgends zu sehen. Sie hatte sich wohl rechtzeitig davon gemacht, als klar war, dass Arthur sterbend auf den Grund des Sees sank. Von einem Pfeil getroffen oder von einem Schwert erschlagen, hätte sie niemandem mehr helfen können. Und nur deshalb hatte Zoller seine Feinde am Leben gelassen – um sie als Pfand zu nutzen.

Arthur schwamm langsam die wenigen Meter bis zum Ufer, zog sich über den kleinen Abgrund im Wasser auf den festen Grund und erhob sich zu voller Größe. Jeder sollte sehen, dass er unversehrt war, dass der Schlag, den Ariokan ihm zugefügt hatte, ihn nicht verletzt hatte und dass er heil und gesund vor ihnen stand. Das war seine einzige Chance.

Er konnte nur auf die Zauberkraft seiner plötzlichen Erscheinung vertrauen. Tatsächlich waren die Krieger so verblüfft, dass keiner auf die Idee kam, sich Arthur zu nähern oder ihn anzugreifen. In den Augen Gawins konnte er sogar Furcht erkennen; Furcht, gegen ein göttliches Gesetz verstoßen zu haben und an einem großen Frevel beteiligt gewesen zu sein. Denn wie konnte es sein, dass ein schwer verletzter Mann so lange unter Wasser bleiben konnte und nun ganz ohne Wunden wieder auftauchte.

Zoller aber fasste sich allmählich, obwohl auch ihm der Schrecken in die Glieder gefahren war. Nun schritt er langsam die kurze Strecke hinab zum Ufer, schnurstracks auf Arthur zu, während er zugleich sein Schwert wieder erhob und in eine Kampfhaltung überging. Seine linke Hand war wieder heil; auch Ariokan hatte die Kräfte seiner Figur für sich genutzt.

»Ihr seht, ich bin nicht tot«, rief Arthur mit lauter und fester Stimme. »Ihr seht, ich blute nicht und lebe so gut wie ihr. Unterwerft euch also dem Gottesurteil und lasst die Gefangenen frei. Dann sichere ich euch zu, dass wir euch nicht töten werden, ja dass wir euch sogar zu gegebener Zeit freilassen werden. Legt die Waffen nieder!«

Tatsächlich machten einige der Kelten Anstalten, ihre Schwerter ins Gras zu werfen. Aber Ariokan drehte sich zu ihnen um und zischte: »Ihr macht allein, was ich euch

sage. Viktor, behalte alle im Auge.« Er war sich anscheinend nicht mehr sicher, ob er seinen Mannen vertrauen konnte. Noch aber hielten sie still.
Dann wandte sich Zoller wieder Arthur zu und sagte so laut, dass alle es verstehen konnten: »Du lebst, das sehen wir. Aber das Gottesurteil sieht vor, dass der Kampf so lange fortgesetzt wird, bis einer aufgibt oder stirbt. Und ich gebe nicht auf, noch hast du mich nicht besiegt.«
Er machte einen weiteren Schritt auf Arthur zu und stand nun so nahe vor ihm, dass er ihn mit dem Schwert hätte treffen können.
»Also kämpfe, damit es ein Ende findet.«
Arthur fixierte Zoller. Aus dessen Gesicht las Arthur wilde Entschlossenheit – eher würde er untergehen, als sich dem Schicksal zu unterwerfen. Und Arthurs Schwert war im Wasser versunken. Er war wehrlos. Ariokan könnte ihn also mit einem Streich auslöschen.
Doch da erhob sich ein Rauschen in der alten Linde, und voller Zorn rief sie den keltischen Kriegern zu: »Ariokan ist längst verdammt in alle Ewigkeit. Aber ihr habt noch die Wahl zu entscheiden, auf welcher Seite ihr steht.«
Arthur nutzte die Verwirrung, um mit einigen Sprüngen zur Linde hinüber zu eilen und sich seinen Bogen zu schnappen. Mit einer geübten Bewegung legte er einen Pfeil ein. Es war Zeit, Ariokan zu töten. Darauf musste es letztlich doch hinauslaufen.
Doch es war nicht nötig, den Pfeil auf seine Reise zu schicken. Alle Krieger außer Viktor und Oskar warfen nun ihre Schwerter von sich und rückten von ihrem Herrn ab. Der junge Bogenschütze war als Toter in den See gestürzt und als Lebendiger wieder aufgetaucht. Auf seiner Seite kämpften Luchse und Uhus. Gott Lug war ihnen erschienen. Und selbst die Bäume hatten sich gegen Zoller gestellt. Sie sahen die übergroße Macht ihrer Feinde – und unterwarfen sich.
»Seid ihr solche Hasenfüße?«, rief Zoller voller Verachtung, »ich habe euch geschworen, dass wir siegen werden, dass wir gemeinsam den Bann brechen und nach Hause gehen. Und nun werft ihr eure Schwerter weg, weil ihr einen Baum sprechen hört?«
Es war Gawin, der aufzubegehren wagte.
»Der alte Bund schließt Tiere und Bäume ein, er ist die Gemeinschaft alles Seienden – bei dir aber sehe ich kein Tier, und zu dir sprechen die Bäume nur im Zorn. Die Kelten waren immer ein Volk, das in der Natur und im Einklang mit ihr gelebt hat. Unsere Heiligtümer waren in den Wäldern, und unsere Götter zeigten sich uns in Tiergestalt. Doch du hast nur das Böse des Bundes geweckt. Auch du bist abgefallen von ihm. Das haben wir nun endlich erkannt. Wir dienen dir nicht mehr – unser Eid gilt unter diesen Umständen nicht mehr.«
»Wie wagst du es, mit deinem Herrn zu sprechen?«, schrie Ariokan. »Ihr Narren! Wie wollt ihr die große Reise antreten, wenn nicht durch meine Macht?«
Gawin fand keine Gelegenheit mehr zu antworten. Denn in diesem Augenblick öffnete sich das Innere der Linde, die den Zugang zum Höhlenlabyrinth unter der Insel

verbarg. Julius trat hervor, in seinem Gefolge Barten und Ragnar. Julius hielt die Figur der Bäume wie eine Monstranz vor sich in den Händen und schritt damit feierlich aus dem hohlen Stamm ins Freie, wo er unter dem Baldachin der alten Linde stehen blieb und die Figur weit über den Kopf hob.

»Bist du verrückt, Julius?«, schrie Arthur. Er glaubte, nun sei alles verloren, weil Zoller die Figur leicht an sich nehmen konnte.

Aber alles veränderte sich in diesem Moment. Plötzlich erschien der Himmel blauer als sonst, und das Gras erstrahlte in intensivem Grün. Über den bisher ruhigen See strichen nun sanfte Wellen, die eine leichte Gischt an das Ufer spülten. In den Obstbäumen säuselte ein Wind, der sich anhörte, als hätten alle Elfen der Insel zu singen begonnen. Ein Hecht sprang hoch aus dem Wasser und schlug mit dem Schwanz, als wolle er grüßen. Nachtigallen ließen am helllichten Tag ihre Lieder ertönen. Arthur durchfuhr eine Glückseligkeit, als sei dieser Kampf um das Heiligental nur ein Traum gewesen, als läge er gerade zuhause im Forsthaus in süßem Traum und würde jeden Augenblick aufwachen, und Erik würde lachend hereinkommen und ihm einen guten Morgen wünschen. Das Alltägliche erschien plötzlich als das Erstrebenswerte, als das wahre Glück. Dann sah er, dass sich die Fesseln seiner Gefährten wie von Zauberhand lösten und zu Boden glitten. Selbst Oskar war nicht mehr gewillt zu kämpfen und warf mit großem Schwung sein Schwert in den See.

Ein großer Friede war über die Insel gekommen. Ein heiliger Moment. Zum ersten Mal seit mehr als zweitausend Jahren waren die drei Figuren beinahe wieder vereint. Schubart saß mit der Tierfigur versteckt in der alten Linde. Ariokan hatte die Menschenfigur vermutlich in einer seiner Taschen. Und Julius hielt die Pflanzenfigur hoch in den Sommerwind, damit sie die beiden anderen rief und sie sich ihrer Zusammengehörigkeit erinnerten. So, wie die Menschenfigur damals die Krankheit Eriks verstärkt hatte, wenn Zoller mit ihr in seiner Nähe war, so verstärkten alle drei Figuren, wenn sie sich nur nahe waren, das letzte Ziel des alten Bundes: den Frieden und die Einheit allen Lebendigen. Erst, wenn die drei Stelen zusammengefügt waren und Rücken an Rücken in ihrem vorgesehenen Triumvirat standen, würde dieser Frieden dauerhaft sein. Jetzt war er nur eine Ahnung – aber eine Ahnung, die so viel Schmelz und Süßigkeit in sich barg, dass jeder eine große Sehnsucht fühlte, diesen Frieden auf immer zu erlangen.

Jeder – nur nicht Ariokan. Zu lange schon hatte er die Richtung des Bundes ins Negative umgekehrt und das Böse kultiviert, als dass er jetzt in einer Sekunde bekehrt worden wäre. Aber er spürte, wie die Kraft der Menschenfigur nun, da sie neue Fäden zu ihren zwei verlorenen Polen spann, gegen das Dunkle in sich aufbegehrte, um ihrer wahren Natur zu folgen. Er spürte, wie die Figur ihm nicht mehr gehorchen wollte. Und er sah, dass seine Krieger ihn verlassen hatten. Er musste fliehen – oder er würde untergehen.

Und so hastete er, ohne sich weiter um die Glutkrieger zu kümmern, zu Oskar und

Viktor. Er berührte beide am Arm, und mit großer Anstrengung zwang er der Menschenfigur noch einmal seinen Willen auf. Er war beinahe froh, dass er nur noch zwei Getreue hatte, die er mitnehmen musste; für eine größere Gruppe hätte die Kraft der sich ihm widersetzenden Figur nicht mehr ausgereicht. Das Trio verblasste und war nach wenigen Sekunden verschwunden. So schnell hatte Ariokan seinen Entschluss umgesetzt, dass niemand ihn daran hinderte. Denn alle spürten nur im Überschwang der Gefühle diese Glückseligkeit, die sie durchflutete.

Doch so schnell, wie der Friede sie erfasst hatte, so schnell war er wieder verschwunden. Nachdem Zoller mit seiner Figur den Ort verlassen hatte, kehrten die alten Farben zurück, der See hörte auf zu flüstern, und ihre Seelen verloren die überirdische Helligkeit.

Ernüchtert schauten die Gefährten sich um, und verloren wirkten die acht Krieger, die gerade nicht nur ihren Führer, sondern auch ihr Ziel und ihre Hoffnung verloren hatten und für immer, halb Mensch, halb Geist, in einer fremden Zeit gestrandet waren. Arthur fasste sich als erster. Er schritt an den Kelten vorüber und gab jedem, zum Zeichen, dass alle Feindseligkeiten zwischen ihnen beendet seien, die Hand. Erst jetzt, da er ihnen lange ins Gesicht schaute, wurde ihm bewusst, wie sehr sie sich einig waren in ihrem Wunsch, die alte Ordnung wieder herzustellen – nur hatten sie lange Verschiedenes darunter verstanden. Unter den acht waren einige recht junge Männer, kaum älter als Arthur, und er hatte Mitleid mit ihnen, denn sie waren unvermittelt in eine Situation geworfen worden, die sie überforderte. War es ihm nicht vor wenigen Wochen selbst so ergangen? Irgendwie fühlte er sich diesen fremden Kelten plötzlich verwandt.

»Ihr habt Recht gehandelt«, sagte Arthur dann, »ihr habt zwar die Seiten gewechselt, aber ihr seid auf die Seite des Guten gekommen. Und wir sind euch zu Dank verpflichtet, denn ohne diesen mutigen Schritt wären wir nicht mehr am Leben. Dafür verspreche ich euch, mich für euch einzusetzen, so gut ich es vermag.«

»Wir wissen wenig über euch«, sagte Gawin, und in seiner Stimme schwang eine unverhohlene Distanz. »Und wir haben nicht euretwillen unserem Führer die Gefolgschaft verweigert, sondern weil wir endlich wieder unseren Göttern Gefolgschaft schuldig sind. Ihr müsst uns nicht danken, und wir erwarten keine Gegenleistung von euch.«

»Das verstehe ich«, antwortete Arthur. »Aber dennoch habt ihr uns einen Dienst erwiesen. Ihr seid deshalb bei uns willkommen. Schließt euch uns an, wenn ihr dies wünscht. Sobald Ariokan besiegt ist, wird dies ein freies Land sein, und ihr könnt hier frei leben.«

»Das ist nicht unser Ziel, denn wir gehören nicht in diese Zeit. Unser Ziel war es, unsere Heimat zu heilen. Aber diese Hoffnung haben wir gerade verloren, weil nur Ariokan einen Schlüssel dazu besaß. Jetzt können wir nur darauf hoffen, dass wir die Götter milde gestimmt haben und sie uns gnädig sind.«

Arthur schwieg. Er ahnte, in welchem Konflikt Gawin und seine Männer sich befanden.

»Sollte es eines Tages in meiner Macht liegen, so werde ich euch führen, wohin immer ihr wollt«, sagte er deshalb.

Gawin nickte. »Zuerst müssen wir vor Ariokan auf der Hut sein. Er hat heute viel von seiner Macht verloren. Dennoch wird er sich, wenn er kann, rächen. Und vermutlich sind ihm weiter mehr als sechzig Männer treu ergeben. Unsere Kameraden, die er drüben im Winter zurückgelassen hat, wissen nichts von den Ereignissen auf der Insel, und Ariokan wird ihnen nichts davon erzählen. Also müssen wir zunächst danach trachten, uns selbst zu schützen.«

»Dann bleibt bei uns. Das ist euer bester Schutz.«

»Nein, mein Vorschlag ist, dass wir uns in die Wälder zurückziehen. Vielleicht könnt ihr euch das nicht vorstellen, aber auch wir kennen uns sehr gut aus im Tal, das ihr Heiligental nennt. Bei uns hieß es Evonia.«

Arthur spürte dem Wort in Gedanken nach. »Ein schöner Name, ein sehr schöner Name.«

Es musste schwer für diese Männer sein, aus dem sicheren Gefüge ihrer Gefolgschaft herausgefallen zu sein, zumal sie aus einer anderen Zeit stammten und nur über eine kleine flackernde Glut mit ihrer Lebenskraft verbunden waren. Wie Geister wandelten sie über diese Erde und besaßen doch eine Seele.

»Tut dies«, sagte Arthur. »Ich jedenfalls biete euch meine Freundschaft an – und meine Hilfe, wann immer ihr sie nötig habt.«

Gawin blickte sich um. Er wollte sich, indem er seinen Schicksalsgenossen in die Augen blickte, vergewissern, ob er recht getan hatte. Er erkannte dort keinen Widerspruch, und so sagte er: »Zumindest die Hilfe nehmen wir dankend an. Wir benötigen ein großes Floss, um unbeschadet das Festland zu erreichen. Wenn ihr bei den Bäumen für uns bitten könntet, damit wir Holz für das Boot erhalten, so wären wir dankbar dafür. Wir wollen es an diesem Ort nicht ohne Erlaubnis holen.«

Sie alle arbeiteten Hand in Hand, um das Floß gemeinsam zu bauen. Es gab genügend altes Holz, das sich zu einem sicheren Gefährt zusammenbinden ließ. Arthur hätte die acht Krieger und Kriegerinnen leicht mit Hilfe der zwei Figuren, die sie nun besaßen, ans andere Ufer bringen können. Aber es war ihm lieber, die Zeit der gemeinsamen Beschäftigung zu nutzen, sich kennen zu lernen und Vertrauen aufzubauen. Auch den anderen Gefährten schien dies wichtig. Immer wieder beobachtete Arthur in den nächsten Stunden Gesten der Freundlichkeit, wenn Michael einem Kelten zur Hand ging, damit ein Knoten besonders fest saß, oder wenn Marie den jungen Gawin einfach nur anlächelte, um ihm zu signalisieren, dass sie ihm gut gesinnt war.

Es waren fremde Männer, die so ganz anders lebten als sie selbst. Und doch hatten sie ähnliche Sehnsüchte und ähnliche Gefühle – das verbindet alle Menschen auf der Erde zu allen Zeiten.

Michael, Rupert und Julius stießen das Floß schließlich kräftig vom Ufer ab, und Arthur gab den jungen Kelten mit Hilfe der Luchsfigur genügend Schutz mit auf den Weg, damit ihnen das Wasser nicht gefährlich werden konnte, selbst wenn sie gekentert wären. Die Krieger wandten sich der anderen Uferseite zu. So waren sie, wenn sie am Ufer anlandeten, näher an der Burg Hohenstein – und vor allem weiter weg von Ariokan, der sicher zunächst zu seinen Kriegern an der Mündung des Andersbaches zurückgekehrt war. Arthur hoffte, dass den Abtrünnigen nichts passieren würde.

Er und Ragnar schauten dem Boot lange nach. Dann sagte der Luchs: »Julius hat uns gerettet – seine Idee, die drei Figuren zusammenzuführen, war riskant, weil niemand wissen konnte, was passieren würde. Aber sein Mut ist belohnt worden. Er hat ein großes Herz. Er ist ein echter Wiegand.«

Arthur lächelte. »Sag ihm das selbst, und er wird vor Freude drei Nächte nicht schlafen können. Aber du hast Recht. Ich bin stolz darauf, dass er mein Bruder ist.«

»Nun sollten wir die günstige Gelegenheit nutzen«, meinte Ragnar: »Ariokan ist geschwächt, und wir besitzen zwei Figuren. Jetzt können wir ihn endgültig besiegen.«

»Das stimmt«, sagte Arthur. »Und das werden wir auch tun. Aber zunächst werden wir die Kräfte der Figur zu etwas anderem nutzen.«

Ragnar sah ihn fragend an.

»Und das wäre?«, meinte er überrascht.

»Wir werden den Staudamm zerstören. Gleich jetzt.«

Zunächst jedoch nahmen sie Abschied von Kilian. Michael hatte ihn auf seinen Armen auf die Anhöhe hinauf getragen und ins Gras gebettet. Pater Rupert und Ursula hatten den Leichnam gewaschen, die Haare gekämmt und, so gut es ging, die Kleidung gerichtet. Zwei von Gawins Kameraden hatten mit Michael an der Spitze der Insel, die ins Heiligental hineinreichte und an drei Seiten von Wasser umgeben war, ein Grab ausgehoben.

Es war später Nachmittag, als Pater Rupert mit der Zeremonie begann. Ursula hatte Blumen gesammelt, weiße Margeriten und orangene Ringelblumen, und daraus einen Kranz geflochten, den sie Kilian auf die Brust legte. Es waren schöne Worte, die Rupert fand, um Kilian zu würdigen. Er sprach von dessen Treue, dessen Mut und dessen Bereitschaft, sich bis zum Tod für seine Freunde einzusetzen. Nicht hoch genug sei dies anzurechnen. Aber bei Arthur blieb dennoch ein schales Gefühl zurück. Auch er hatte Kilian lange nicht vertraut und seinen Eintritt in den Kreis der Gefährten verhindert oder zumindest hinausgezögert.

Wie oft schon hatten Herrscher die Söhne ihrer Untertanen gerade im Namen eines angeblich höheren Sinns und höheren Ziels missbraucht und in den Tod geschickt? Wer konnte schon sagen, er kenne ein Ziel, für das man Menschen dem Tod aussetzen darf? Und wie konnte Arthur so sicher sein, dass die Ziele, die sie selbst verfolgten, hehrer, höher, richtiger waren? Vielleicht glaubte er nur, auf der Seite des Guten zu sein – und das Gute gab es gar nicht. Der Preis, den man bezahlt, wenn man sich für das vermeintlich Richtige einsetzt, ist auf jeden Fall hoch, manchmal vielleicht zu hoch, dachte Arthur nun, als er als letzter ans offene Grab von Kilian trat und einige Blumen, dann eine Handvoll Erde in die Grube warf. Vor ihm war hier Michael gestanden und hatte hemmungslos geweint. Das Leben ist der Güter höchstes nicht, hatte einmal ein Dichter geschrieben. Aber wenn Arthur in den vergangenen Wochen eines gelernt hatte, dann war es dieses: Das Leben ist eines der höchsten Güter überhaupt – man kann es gar nicht hoch genug achten.

Aber er wollte all dies jetzt gar nicht denken. Diese Minuten gehörten allein Kilian. Arthur ließ sich auf die Knie nieder und verbeugte sich am offenen Grab so tief, dass seine Stirn das Gras berührte. All die gemeinsamen Erlebnisse mit Kilian gingen ihm durch den Sinn, die Abende am Feuer und die gemeinsam durchgestandenen Kämpfe. Kilian war jemand gewesen, auf den man sich bedingungslos verlassen konnte. Das hatte Arthur, wie er sich nun schmerzlich eingestand, zu spät erkannt.

Die Dämmerung neigte sich ihrem Ende zu, und der Mond war schon jenseits des Sees über den Wald gestiegen, als Arthur den anderen seinen Plan erläuterte. Ihm war es ganz besonders wichtig, dass Frau Holle und die alte Linde ihr Einverständnis dazu gaben, denn unter Umständen würde den Pflanzen der größte Nachteil entstehen. Sie konnten nicht weglaufen und könnten womöglich dem Druck des Wassers nicht standhalten. Die alte Linde berief über ihr Wurzelwerk eine stille Konferenz der Bäume ein, den wahren Rat der Weisen, von dessen Diskussionen die Gefährten aber nichts mit bekamen. Es war eine Unterhaltung, die jenseits der Vorstellungen der Menschen und Tiere lag, auch wenn sie so wirklich war wie jedes ihrer Gespräche am Lagerfeuer.

»Wir sind einverstanden«, sagte die Linde schließlich, »dass ihr diesen Plan umsetzt und dass ihr dazu unsere heilige Figur benutzt. Alles andere hätte weit schlimmere Folgen. Es kann nicht in unserem Sinne sein, dass der Staudamm geflutet wird – dann würden wir alle im Wasser versinken und sterben.«

Arthur und Ragnar, als Vertreter der Menschen und Tiere, hatten sich unter das ausladende Blätterdach der Linde gestellt, während sie mit ihr sprachen. Einige Glühwürmchen schwebten lautlos zwischen den Zweigen umher und tauchten die nahe Umgebung in ein mattes Licht, in dem die grünen Blätter eine satte geheimnisvolle Farbe annahmen.

»Manches wird zerstört werden, ehrwürdiger Baum«, sagte Ragnar, »und manches wird vielleicht nie wieder so werden wie früher.«

»Das ist uns bewusst«, antwortete die Linde, »aber ihr solltet die Kräfte der Natur nicht unterschätzen. Schneller als viele glauben, erobert die Natur jeden scheinbar lebensfeindlichen Ort wieder zurück. Der Samen des Löwenzahns ist so stark, dass er den Beton der Menschen sprengen kann. Die Wurzeln der Fichte sind so fein, dass sie in jeden Riss eines Steines hineinwachsen und sich an ihm festhalten können. Und der

Wind trägt Erde und Samen in jedes weit entfernte Gebiet, so dass es sich binnen kurzer Zeit in eine blühende Landschaft verwandelt, so tot es vorher gewesen sein mag. Die Natur ist immer stärker.«

»Das ist eine gute Botschaft«, sagte Arthur. »Denn ein totes Gebiet werden wir zurücklassen müssen. Es wird wohl nicht möglich sein, die Trümmer des Staudamms zu beseitigen.«

»Das macht uns nichts. Im Gegenteil – die Trümmer werden einen Wall bilden, der das Heiligental noch besser abschirmt. Und schon in kurzer Zeit wird niemand mehr das Unnatürliche dieses Walls erkennen können, weil er von den Pflanzen erobert und zugewachsen sein wird. Ein grüner Wall, ein neues Felsenmeer. Das ist gut so.«

»Dann danken wir dir und euch allen für eure Unterstützung«, sagte Arthur. »Dies ist ein erhebender Moment, denn in dieser Sache arbeiten Bäume, Tiere und Menschen das allererste Mal zusammen, seit der Bund gebrochen wurde. Ich weiß nicht, ob es eine negative Bedeutung hat, dass dieses erste gemeinsame Werk ein Werk der Zerstörung ist. Aber es erwächst neues Leben daraus, da bin ich mir sicher.«

»Stirb und werde – so lautet der Kreislauf der Natur«, sagte die Linde. »Es hat alles seine Ordnung.«

»Dann schreiten wir zur Tat«, sagte Arthur. Er deutete eine Verbeugung an und ging mit Ragnar zurück zu den anderen. Mit ihnen war alles besprochen, Ragnar musste lediglich das Zeichen zum Aufbruch geben. Barten und Schubart würden den Wald rund um den Staudamm durchstreifen und alle Tiere warnen, damit sie sich hinauf auf die Hänge oder ins Talende retteten. Rupert und Michael würden hinab nach Auen gehen und die Arbeiter am Staudamm und die Menschen bitten, den Ort zu verlassen. Dass Karl Zoller ihren Plan noch vereiteln könnte, das hielt Arthur nicht mehr für wahrscheinlich. Ariokan verfügte zwar noch über einige Männer, die ihm treu ergeben waren. Aber er konnte gegen die Kraft der zwei Figuren nichts ausrichten. Vermutlich hatte er sich an einen geheimen Ort zurückgezogen, um seine Wunden zu lecken. Vielleicht war er zur Burg Hohenstein hinaufgegangen, zu seiner verfallenen Heimat. Ariokan war eigentlich schon besiegt, denn er hatte seine Macht verloren – im Grunde war er nur noch ein einsamer, schwacher und sehr alter Mann. Arthur fühlte keinen Triumph in sich; es war viel Glück – oder doch Schicksal – dabei gewesen, dass nicht umgekehrt Zoller die Oberhand behalten hatte. Es gab keinen Anlass zu Allmachtsgefühlen. Arthur fühlte nicht Freude in sich, sondern eine große Leere, dass alles so hatte kommen müssen. Wenn er an Erik dachte, an Kilian und an Jakob Häfner, so war ihm klar: Im Grunde waren auch sie Besiegte.

Aber jetzt wollte er es zu Ende bringen, und so rief er Ragnar und Julius zu sich. Sie gingen mit ihm, während Ursula, Franziska und Marie zu Ursulas Hütte hinaufwandern sollten, wo sich alle später treffen wollten.

Arthur marschierte mit seinen beiden Gefährten nordwärts, am Ufer des Sees entlang, bis sie an der Nordspitze des Sees, wo der Grünbach vom Wasserfall herab in den See mündet, angekommen waren. Dort lagerten sie und versuchten, zu schlafen, denn sie mussten den anderen Zeit lassen, im Wald und im Dorf die Botschaft von der nahenden Katastrophe zu verbreiten. Aber Arthur war viel zu aufgeregt, um an Schlaf auch nur zu denken. Julius ging es ganz ähnlich – und Ragnar hätte in einer solchen Situation sowieso nie ein Auge zugemacht.

Arthur kletterte auf eine hohe Schwarzfichte; Nadelbäume sind sehr bequem zu besteigen, da man fast wie auf einer Leiter von Ast zu Ast höher klettern kann. Er wollte noch einmal den Staudamm sehen, bevor der in Grund und Boden versank. Julius stieg ihm nach, wie Eichhörnchen hüpften sie von Ast zu Ast und lachten laut dabei. Es ist fast wie früher, dachte Arthur, und bekam einen Stich ins Herz. Doch es würde nie wieder sein wie früher.

Sie kamen völlig außer Atem in der Spitze der Fichte an. Arthur schob den Ast, der über ihm hing, beiseite, um freie Sicht Richtung Süden zu bekommen. Der Wind hier oben war spürbar lebhafter als am Boden. Er fuhr Arthur in die Haare, und an dieser luftigen Stelle, den einen Arm fest um den Stamm der Fichte geschlossen, fühlte er sich seinem Wald sehr nahe. Er spürte ihn, er sah ihn beinahe endlos vor sich liegen, er roch ihn. Es war ein so gutes Gefühl.

»Ist es nicht herrlich, unser Tal?«, sagte er, und Julius ging es ganz ähnlich, denn seine Augen leuchteten, und er konnte nur nicken, weil er einen Kloß im Hals hatte.

Im Westen stand der Mond hoch am Himmel und überzog das Tal mit mattem Silber. Der See glitzerte unter ihnen, in das Säuseln des Windes mischte sich das leise Rauschen des Baches unter ihnen. Arthur sog die Luft tief ein, die nach Harz und Fichtennadeln roch. Der Wald ruhte in dunklem Grün unter ihnen; es sah aus, als ob er atmete, wenn der Wind über die Bäume strich und sie in eine sanfte Bewegung versetzte.

Nur die graue riesige Mauer im Süden störte diese Harmonie. Sie war in den Monaten, die die Gefährten mit Hilfe der Figuren übersprungen hatten, fertig gestellt worden, und das Tal hätte längst geflutet werden können. Aber Zoller hatte gar keine Möglichkeit gehabt, sich darum zu kümmern. So ragte der Damm weiter wie ein fremdartiges Monument über den Wald empor und schien das ganze Tal zu erdrücken. Sie passte nicht hierher, und sie hatte sich in ihrer Größe völlig vergessen. Deshalb würde er diese Mauer zerstören.

»Bist du bereit?«, fragte Julius.

»Ja, das bin ich«, sagte Arthur, »und ich glaube, es ist Zeit.«

Sie stiegen vorsichtig wieder hinab und Arthur kniete sich neben Ragnar, der sie unten am Stamm bereits erwartete.

»Wir fangen an«, sagte Arthur, um dann hinzuzufügen: »Falls es nicht klappen sollte und mir etwas zustößt, dann übernimmst du die Führung, Ragnar. Versprichst du mir das?«

»Es wird funktionieren«, antwortete Ragnar gelassen, »aber ich verspreche es dir trotzdem.«

Er reichte Arthur die Luchsfigur, die Schubart ihm auf der Insel zurück gegeben hatte. Arthur holte aus seinem Lederbeutel die Figur der Bäume. Er hatte gefürchtet, dass sich ungewollt Wirkungen zeigten, wenn er sie zusammen bringen würde; aber es bedurfte dafür immer eines Gedankensimpulses.

Als Arthur die beiden Stelen zusammenbrachte, merkte er, wie gut sie sich ergänzten. Arthur behielt die Doppelfigur, deren inneres Glimmen stärker wurde, in beiden Händen und stieg langsam in das kalte Wasser, in dessen Kräuselungen sich weiter das Mondlicht spiegelte. Julius und Ragnar sahen zu, wie Arthur immer weiter in den See hineinging, bis das Wasser ihm bis zur Brust reichte. Das Licht der Figuren war so stark und mittlerweile so hell, dass es wie ein Leuchtfeuer aussah, das seine Strahlen in alle Richtungen sandte.

»Wandere, Wasser, wandere weit«, sagte Arthur mit leiser Stimme und richtete seine ganze Aufmerksamkeit auf den See. Dem Wasser wollte er Leben einhauchen, dem Wasser, dem Urgrund allen Lebens, dem unerklärlichen Element, das aus unzähligen Tropfen besteht und doch eins ist. Das Wasser wandelt seine Gestalt fortwährend, es kann jede Form annehmen und sie binnen eines Augenblicks wieder verlassen. Wasser ist weich und kann hart wie Granit werden. Jedes Kind kann die Wasseroberfläche durchstoßen, und doch trägt das Wasser riesige Ozeandampfer. Nichts ist so wandelbar wie Wasser. Kein Lebewesen kann ohne Wasser leben. Es ist der Ursprung auch dieses Waldes – und es würde nun den früheren Zustand des Tales wieder herstellen.

Immer lauter rief Arthur das Wasser an, wach zu werden und sich in Bewegung zu setzen. Und tatsächlich trieben immer mehr kleine Wellen vom Ufer weg Richtung Süden; bald bildeten die Wellen kleine Schaumberge, die rollend in sich zusammenstürzten, und schon kam die nächste Welle, die wieder ein klein wenig höher war, um gleich darauf von einer noch höheren abgewechselt zu werden. Auch über Arthur fluteten die Wellen nun hinweg, und da der ganze See in Wallung zu kommen schien, schien es für ihn immer schwieriger, sich aufrecht zu halten. Schon schlugen die ersten Wellen über seinem Kopf zusammen, aber Arthur hielt unerschütterlich die Figuren weiter in den Nachthimmel und rief: »Wandere, Wasser, weiter, weiter!«

Julius fürchtete, dass Arthur jede Sekunde von den Wellen weggespült und in den See hinausgetragen werden konnte. Aber die Figuren schienen Arthur die Kraft zu geben, sich gegen den Sog der Wellen zu behaupten. Er wurde zwar hin- und hergetragen wie eine Boje im Sturm, aber er schien am Grund des Sees auch wie angekettet zu sein. Immer wieder verschwand er für kurze Zeit unter den Wellen, und bald wurden die Figuren mit ihm verschluckt, aber letztlich tauchte er doch immer wieder auf.

Dann schien der See noch einmal den Atem anzuhalten, bis eine so hohe Welle entstand, dass sie alles Wasser mit sich riss und Julius sogar für einen Augenblick sehen konnte, wie Arthur breitbeinig auf dem nun trockenen Grund des Sees stand. Haushoch, turmhoch, himmelhoch erhob sich diese Welle und donnerte Richtung Süden, dorthin, wo der fertige Staudamm darauf gewartet hatte, geflutet zu werden.

Schon hatte die Riesenwelle die Insel im Heiligensee erreicht. Arthur hielt den Atem an. Er hatte den Wunsch in die Figuren hineinfließen lassen, dass die Flut nur von Menschen Geschaffenes zerstören und alles Natürliche unversehrt lassen sollte. Doch wusste er nicht, ob es ihm gelingen würde, dem Wasser diese Unterscheidungskraft mit auf den Weg zu geben. Die Insel verschwand völlig in der brüllenden, donnernden, gellenden Welle, und eigentlich hätte sie eine Verwüstung zurücklassen müssen, in der nichts Heiles mehr zu finden gewesen wäre.

Aber dann tauchten die Bäume wieder aus den Wassermassen auf, ohne dass sie entlaubt und gefällt waren. Mehr konnte Arthur auf diese Entfernung in der Dunkelheit nicht erkennen. Doch er hoffte und wünschte, dass auch Frau Holle und jeder einzelne Obstbaum den Taifun überstanden hat.

Noch immer lenkte er seinen Willen durch die Figuren hindurch auf das Wasser, noch stärker sollte die Kraft jedes einzelnen Tropfens werden, damit es ihnen gelingen möge, den dicksten Beton zu durchschlagen und die Staumauer zum Einsturz zu bringen. Der Nachthimmel war von seiner Position aus nicht mehr zu sehen, so hoch war die Welle angewachsen. Eine graue dunkle Wand brandete das Tal hinab; jeden Augenblick hätte sie in sich zusammenstürzen müssen, aber die Kraft der Figuren hielt sie aufrecht und machte sie noch höher.

Doch plötzlich spürte Arthur, dass die Welle nicht mehr unter seiner Kontrolle war. Ein Widerstand floss durch die Stelen, eine andere Energie mischte sich in den Fluss der Kraft, die Arthur in das Wasser gelenkt hatte. Wie zwei sich abstoßende Magnete fühlte es sich an – in seinen Händen kämpften zwei Kräfte gegeneinander. Als Arthur aufblickte, sah er, dass sich dieser Kampf auch auf die Welle übertrug. Sie verlor an Mächtigkeit, schien sich zu verlangsamen, ja sie schien sogar ihren Lauf umkehren zu wollen.

»Arthur, was machst du?«, schrie Julius voller Schrecken. »Die Welle kommt zurück!«

Arthur war klar, dass dies nur eines bedeuten konnte: Irgendwo da draußen stand der Keltenfürst Ariokan und lenkte die Kraft der ihm verbliebenen Figur in diese Welle, in die entgegengesetzte Richtung. Ariokan hatte den Vorteil, dass er seit langer Zeit die Figur in seinem Besitz hatte und unendlich oft mit ihr gearbeitet hatte. Er kannte jede Nuance, derer die Figur fähig war. Wie wichtig Ariokan die Staumauer war, das zeigte sich in dieser Tat: Er hatte keine wirkliche Chance, deren Zerstörung aufzuhalten, aber er setzte den letzten Rest seiner Macht dafür ein. Es war sein einziges noch verbliebenes Ziel, das Tal zu fluten und zu vernichten. Arthur hatte noch immer nicht völlig begriffen, warum.

»Es ist Zoller!«, schrie Arthur gegen das Tosen der Elemente an. »Er versucht, das Wasser zu stoppen.«

»Was können wir tun?«, rief Ragnar, der selbst in den See hineingerannt war – die Welle hatte so viel Wasser aus dem See mitgenommen, dass der Luchs sich neben Arthur aufstellen konnte, ohne zu versinken.

»Nichts, ihr könnt nichts tun«, sagte Arthur, der fühlte, wie der Widerstand in den Figuren wuchs. Er versuchte, sich noch stärker zu konzentrieren, sein ganzer Körper war angespannt, sein Gesicht verzerrt, und die nach oben ausgestreckten Arme mit den beiden Stelen begannen zu zittern. Er stellte sich die Staumauer noch deutlicher vor, er sah, wie die Welle gegen ihre Wand krachte, wie zuerst die Geländer und Wachhäuschen von der Dammkrone gerissen wurden, wie der Beton Risse bekam, wie er brach und tonnenschwere Brocken wie Meteoriten zu Boden schossen und wie schließlich die ganze Mauer unter dem Donnern eines Erdbebens in sich zusammenstürzte. Arthur vereinigte all seine Gedanken auf dieses Bild.
»Julius, klettere wieder auf die Fichte«, schrie Arthur, »und berichte, was du siehst.«
Julius fegte wie eine Katze den Baum hinauf.
Langsam spürte Arthur, dass die Kraft der Figuren ihm wieder zu Willen war. Seine Konzentration erhöhte die Intensität der Energie, und Arthur erhielt wieder die Oberhand. Ariokan konnte die Macht der zwei Figuren nicht brechen. Es war ein letzter Versuch gewesen, das Unabänderliche abzuwenden. Die Welle, die beinahe im Nachthimmel erstarrt war und wie eine graue Mauer regungslos vor ihnen gestanden hatte, setzte sich mit tiefem Grollen wieder in Bewegung, wieder talabwärts. Sie hatte den Staudamm fast erreicht, da schrie Julius von oben herab: »Arthur, was machst du? Du zerstörst den ganzen Wald! Die Welle reißt alles nieder, sie nimmt jeden Baum mit, sie verwüstet das ganze untere Tal!«
Arthur erschrak bis ins Mark. Die Figuren gehorchten seinem Willen wieder, aber sie waren zu einer tödlichen Gefahr für alles Natürliche geworden – nun war das Wasser zu einer Monsterwelle geworden, die nichts und niemanden schonte. Zoller hatte dem Wasser die Unschuld genommen. Arthur hatte beabsichtigt, der Welle die Kraft zu nehmen, nachdem sie den Damm zerstört hatte, um so auch Auen zu verschonen. Aber er wusste nun, dass sein Plan nicht funktionieren würde. Das Wasser hatte sich mit der Wut Ariokans aufgeladen.
»Und da stehen Männer auf dem Damm«, rief Julius herab. »Ich kann es nicht genau erkennen, aber da stehen Männer auf dem Damm, ganz viele Männer. Mein Gott, sie werden alle sterben!«
Arthur starrte zu Julius hinauf. Was sagte er da? Doch in diesem Moment barst die Mauer. Es war, als würde eine gewaltige Explosion das Tal erschüttern. Sie spürten, wie der Boden unter ihnen zitterte, und Julius musste sich fest an den Stamm krallen. Dort, wo der Damm in sich zusammenbrach, sahen sie helles Zucken in der Nacht, wie Blitze, die sich direkt über der Erde entluden. Kurzschlüsse. Die elektrischen Leitungen der Staumauer mussten wie brennende Fackeln durch die Luft segeln. Selbst von ihrem Standpunkt aus konnten Arthur und Ragnar sehen, wie die äußeren Enden des Dammes zu wanken begannen und für einen Moment in der Luft zu stehen schienen, bis auch sie mit Getöse zu Tal stürzten. Dann war nichts mehr zu erkennen von der Mauer. Das letzte Grollen verklang nach wenigen unheimlichen Sekunden.

»Was passiert weiter?«, rief Arthur zu seinem Bruder hinauf. Er versuchte, die Welle zur Ruhe kommen zu lassen, er versuchte, sie friedlich werden zu lassen und ihr den Weg in das Bachbett zu weisen. Doch es kam, wie Arthur befürchtet hatte.

»Das Wasser hat an Kraft verloren durch den Aufprall«, rief Julius von oben herunter, »aber es läuft noch immer eine große Woge mit rasender Geschwindigkeit das Tal hinab.«

Arthur wurde ganz schwindlig bei dieser Vorstellung. Hoffentlich waren Rupert und Michael in Auen erfolgreich gewesen und hatten die Menschen zum Verlassen ihrer Häuser bewegen können. Und hoffentlich waren alle Tiere der Aufforderung Bartens und Schubarts gefolgt und hatten sich in den hinteren Teil des Waldes aufgemacht. Viele hatten sie vorher selbst vorbeiziehen sehen. Aber selbst wenn sich alle gerettet hatten: Die Welle hatte Dutzende von Menschen in den Tod gerissen – er konnte nicht wissen, ob es Arbeiter vom Dammprojekt waren oder keltische Krieger, die Zoller zur Bewachung auf die Dammkrone geschickt hatte, wobei er ihren Untergang in Kauf genommen hatte. Und die Woge würde nun auch die Gebäude in Auen wie Puppenhäuser wegspülen und eine Spur der Verwüstung hinterlassen. Alles, was die Menschen in Jahrzehnten und teils in Jahrhunderten aufgebaut hatten, würde nun zerstört.

»Komm herunter, Julius«, rief Arthur voller Verzweiflung.

Noch einmal legte er all seine Inbrunst in die beiden Figuren. Er wies sie an, die Kraft des Wassers umzukehren, ihm alle Energie herauszusaugen, so dass es nur noch plätschernd seinem Ziel entgegenstrebte. Die Figuren gehorchten ihm durchaus, das spürte Arthur. Aber der Widerstand war weiter deutlich, und ein großer Teil des Wassers folgte nicht ihm, sondern einer anderen Macht. Mehrere Minuten rang er mit sich, mit den Figuren und mit dem Einfluss seines Widersachers. Dann wusste er, dass das Wasser Auen mit Wucht getroffen hatte.

Arthur ließ die Figuren sinken und kam langsam aus dem See herausgewatet. Ein Teil des Wassers war bereits wieder zurückgekehrt, schon stand er bis zu den Knien darin. Das Lenken der Figuren hatte alle seine Kraft gekostet, und das Wissen, versagt zu haben, ließ seine Erschöpfung noch größer werden.

»Ragnar, was habe ich getan?«, sagte er matt, während er sich am Ufer ins Gras sinken ließ. Er fühlte sich so müde in diesem Moment. Es war, als hätte ihm ein großer Seelenstaubsauger alle Kraft und alle Gefühle abgesaugt; seine Arme und Beine kribbelten vor Schwäche, sein Nacken schmerzte, und er fühlte sich so leer, als sei eine große Grippe im Begriff, sich seines Körpers zu bemächtigen. Er hätte auf der Stelle einschlafen können, so krank fühlte er sich. Er wollte vergessen. Einfach vergessen. Ragnar setzte sich neben ihn und legte seine linke Vorderpfote auf Arthurs Bein. Als Arthur die Nähe seines Freundes bemerkte, klammerte er sich an ihn, vergrub seinen Kopf in dem warmen, weichen Fell des Luchses und begann, lautlos zu weinen, wie ein Mensch, der keine Tränen mehr hat.

Ragnar ließ ihn weinen. Es tat gut, seinen Gefühlen freien Lauf zu lassen. Auch Julius setzte sich nur ruhig daneben, als er den Boden wieder erreicht hatte. Er strich Arthur durch das Haar und blickte hinaus auf den nächtlichen See, der sich allmählich wieder füllte. Von der Zerstörung, von der Katastrophe im unteren Tal war nichts zu sehen. Fast hätte man meinen können, es wäre nichts passiert.

Ragnar ergriff als erster das Wort. »Du darfst dir keine Vorwürfe machen, Arthur«, sagte er sanft. »Du kannst nichts dafür, dass die Welle diese Wirkung erzeugt hat. Das ist nicht deine Schuld. Dafür trägt allein Ariokan die Verantwortung.«

Arthur wehrte ab. »Nein, so leicht darf man es sich nicht machen, Ragnar. Ich habe die Welle erzeugt, weil ich unbedingt wollte, dass die Staumauer zerstört wird. Ich habe es in Kauf genommen, dass ich die Welle nicht beherrschen kann und dass sie Menschen tötet und ein ganzes Dorf dem Erdboden gleichmacht. Ich hätte wissen können, dass Ariokan versuchen wird, noch einmal sein Schicksal zu wenden. Ich war so überheblich.«

»Du hast das nicht gewollt, Arthur. Du hast den Wald und Auen nicht zerstört.«

»Glaubst du, eine Mutter würde mir verzeihen, deren Kind in den Fluten ertrunken ist? Glaubst du, es würde ihr als Erklärung reichen, dass ich es nicht gewollt habe?«

Arthurs Augen funkelten; es war Wut auf sich selbst. Wie hatte er nur alle in solche Gefahr bringen können?

»In letzter Konsequenz habe ich nicht besser gehandelt als Ariokan«, sagte er dann. »Auch ich habe die Figuren eingesetzt, um Zerstörung zu bringen. Auch ich habe ihre dunkle Seite angerufen, obwohl sie dafür geschaffen waren, das Gute in die Welt zu bringen. Auch ich habe sie missbraucht. Bin ich also besser als er?«

Ragnar und Julius schwiegen. Sie wussten, dass Arthur im Kern etwas Wahres gesagt hatte. Und doch hatte er recht gehandelt.

»Du hast das Gute versucht«, sagte Ragnar schließlich. »Jeder, der Verantwortung übernimmt und handelt, kann scheitern. Das ist schlimm, wenn dadurch andere beschädigt werden. Aber es ist immer noch besser als das Böse zuzulassen. Du hattest keine Wahl, Arthur. Das Schicksal hat dir keine Wahl gelassen.«

Arthur nickte widerwillig. »Ja, du hast Recht, Ragnar, wie immer. Aber eines ist mir klar geworden, als ich dort im Wasser stand und versucht habe, die große Kraft der Figuren zu lenken. Sie sind nicht bis in ihr Allerinnerstes beherrschbar. Sie sind geschaffen worden von Menschen, Tieren und Pflanzen, um alle Lebewesen zu versöhnen. Und das könnten sie auch. Aber es ist eben immer auch das Gegenteil davon in ihnen angelegt. Selbst wer sie mit bester Absicht nutzt, kann sich nie sicher sein, dass genau das geschieht, was er in sie als Wunsch hineingelegt hat.«

»Das lag doch vor allem daran, dass Zoller seiner Figur eine widerstrebende Aufgabe verliehen hatte«, analysierte Julius kühl. »Die Figuren waren nicht in Einklang, und deshalb sind sie außer Kontrolle geraten. Also: Wenn alle drei Stelen in einer Hand sind, dann kann eine solche Entgleisung nicht mehr vorkommen.«

»Nein, Julius, da bin ich mir nicht mehr sicher. Es genügt schon, wenn sich der Träger der Figuren seiner Gefühle selbst nicht ganz sicher ist. Auch das würden die Figuren verstärken – mit unvorhersehbaren Folgen.«

»Du stellst die Bedeutung der drei Figuren ganz in Frage?«, meinte Ragnar verwundert. »Seit Monaten kämpfen wir um sie und sehen jeden Tag, wie wichtig ihr Besitz dafür ist, wer siegt und wer unterliegt. Das ist mir zu philosophisch, Arthur.«

»Ich stelle ihre Bedeutung nicht in Frage«, antwortete Arthur. »Sie besitzen große Kräfte und können Wunder schaffen. Ich frage mich langsam nur, ob wir sie wirklich brauchen.«

Ragnar wollte etwas erwidern, aber seine Aufmerksamkeit wurde abgelenkt durch einen Schatten, der sich ihnen über den See hinweg näherte.

»Da kommt Schubart«, sagte er. »Sie kann uns berichten, was im Tal wirklich passiert ist.« Arthur richtete sich auf. Ein klein wenig Hoffnung glimmte in ihm auf. Aber als er in Schubarts Augen schaute, wusste er, dass diese Hoffnung vergebens war.

Der Uhu war aufgebracht und wirkte ganz durcheinander. Schubart war immer die Ruhe in Person gewesen, doch die Ereignisse der vergangenen Stunde hatten auch sie erschüttert.

»Mir sitzt jetzt noch der Schreck in den Gliedern«, rief sie, kaum dass sie auf der Wiese gelandet war. »Wenn man so nahe wie Barten und ich an der Staumauer war, dann musste man glauben, das letzte Stündchen hätte geschlagen. Es war eine furchtbare Detonation, als der Damm in sich zusammenfiel. Du hättest uns ruhig etwas mehr Zeit geben können, Arthur«, sagte sie etwas streng.

Arthur nickte nur matt. »Hast du die Männer auf der Staumauer gesehen, Schubart?«, fragte er, ohne auf ihre Anspielung einzugehen. »Wer waren sie? Und was ist mit ihnen geschehen?«

»Es waren Zollers Männer«, sagte der Uhu, und aus dem matten Tonfall war herauszuhören, dass es für sie keine Chance gegeben hatte, den Einsturz des Staudamms zu überleben.

»Ich weiß nicht, was sie dort oben gemacht haben. Es sah aus, als suchten sie etwas. Vielleicht glaubte Zoller, dass wir die Mauer wirklich mit Sprengstoff in die Luft jagen würden, und er wollte sicher gehen, dass wir noch nichts versteckt hatten. – Sie wurden davongespült und nichts und niemand hätte sie retten können.«

»Du glaubst, sie sind alle tot?«, fragte Arthur.

»Ja. Ich habe sie nicht mehr gesehen, nachdem sie in die Tiefe gerissen worden waren.«

»Wie viele waren es? Hast du eine genaue Zahl?«

»Nein, es ging alles so schnell. Aber selbst Viktor und Oskar habe ich auf der Krone gesehen; deshalb denke ich, dass alle Krieger Zollers dort waren.«

»Und er selbst?«

»Er lebt. Er war vermutlich nicht bei seinen Männern, denn kurz danach habe ich ihn

unterhalb der Burg Hohenstein gesehen; viele Einwohner Auens waren hinauf auf die Hänge geflohen, und Zoller hat sich schnell unter sie gemischt.«
»Er hat seine Männer in den Tod geschickt und sich selbst in Sicherheit gebracht?«, rief Ragnar. »Das ist unfassbar. Dieser Mann hat keine Ehre im Leib. Er ist ein Schurke, der es nicht verdient hat, länger zu leben.«
»Was hat er gesagt? Konntest du etwas hören?«
»Ja, ich bin ihm nachgeflogen, als ich ihn am Rande der Burg entdeckt hatte. Er muss mit seinen Kriegern dort die Hänge hinaufgestiegen sein und hat sie dann von der östlichen oberen Seite auf den Damm geschickt …«.
Arthur fiel ihr ins Wort. »Also von dort hat er die Polarität der Welle umgewandelt«, sagte er wie zu sich selbst. »Das war ein guter Platz, um die Welle kommen zu sehen und um sie auf ihrem Weg nach Auen zu kontrollieren.«
»Er hat die Menschen von Auen aufgewiegelt. Du seist an allem schuld, sagt Zoller«, meinte Schubart an Arthur gerichtet. »Du seist verrückt geworden von der Idee, den Damm wieder zu zerstören und hättest dafür den Tod von Hunderten von Menschen in Kauf genommen. Du seist ein Verbrecher, dem schnellstmöglich das Handwerk gelegt werden müsse, sagt Zoller.«
»Und glauben sie ihm?«, fragte Julius.
»Ja, das tun sie. Sie sind so wütend und schockiert darüber, dass ihr ganzes Dorf und ihr ganzes Tal zerstört sind, dass sie alles glauben würden, wenn sie nur einen Schuldigen für ihr Unglück haben. Es sieht aber auch wirklich schlimm aus«, meinte Schubart. »Bei vielen Häusern sind ganze Außenwände von der Flut eingerissen worden, und die Dächer sind eingestürzt. Nur die Kirche wirkt noch einigermaßen unversehrt.«
»Gab es weitere Tote im Dorf?«, wollte Arthur wissen.
»Ich glaube nicht, aber ich weiß es nicht«, sagte Schubart. »Es war ein fürchterliches Chaos, alles rannte, schrie und flüchtete aus dem Dorf. Vermutlich wissen die Einwohner selbst noch nicht genau, ob jemand fehlt. Aber Rupert und Michael haben wirklich gute Arbeit geleistet. Sie haben ein Feuerwehrauto aus dem Depot geholt und sind mit Martinshorn durch den Ort gefahren. Alle hatten deshalb die Gelegenheit, Auen rechtzeitig zu verlassen. Ich kann aber nicht sagen, ob es auch alle getan haben.«
Das wenigstens war eine einigermaßen gute Nachricht.
»Wie sieht es mit Rupert und Michael aus. Sind sie mit den Einwohnern von Auen gegangen?«, fragte Ragnar. Sie alle waren begierig, möglichst viel von Schubart zu erfahren.
»Nein, sie haben den Ort in die andere Richtung verlassen, hinauf zu Ursulas Hütte. Und das war auch gut so, denn Zoller hätte die Menschen auch gegen sie aufgehetzt, wenn sie bei ihnen gewesen wären. Wir haben das ganze Dorf gegen uns, Arthur. Das muss uns bewusst sein.«

Sie sagte es mit wohlwollender Stimme, aber Arthur hörte dennoch einen Tadel heraus.

»Ja, ich weiß«, sagte er, »und wahrscheinlich alle Tiere im unteren Tal auch. Ich habe auch ihren Wald zerstört.«

»Nein, da irrst du«, sagte Schubart. »Die Tiere haben selbst gespürt, dass etwas passieren würde und hatten sich schon auf den Weg auf die Hänge gemacht, als Barten und ich ankamen. Allen geht es gut, nur die Pflanzen konnten nicht entkommen. Aber die Tiere wissen sehr wohl, dass es wichtig war, den Damm zu zerstören. Nur die Menschen werden dich suchen, und sie werden nicht gut auf dich zu sprechen sein.«

Arthur nickte. Es tat ihm gut, dass zumindest die Tiere auf ihrer Seite geblieben waren und trotz allem akzeptierten, was er getan hatte.

»Das verstehe ich«, sagte er schließlich, »und ich werde mich meiner Verantwortung dafür stellen. Aber erst zu gegebener Zeit.« Die Wut in ihm, über sich selbst, über Ariokan und über die ganze von ihm verschuldete Katastrophe ließ ihm neue Kraft zufließen. Er spürte, dass er handeln musste, ein für allemal.

»Zuerst muss es mit Ariokan ein Ende haben«, sagte er deshalb. »Ich dulde nicht länger, dass er über das ganze Tal Unglück bringt. Wir werden ihn stellen. Jetzt sofort.«

»Was hast du vor?«, fragte Julius elektrisiert.

»Schubart, du fliegst bitte zu den anderen. Wir kommen bald nach – sobald wir die dritte Figur in Händen haben.«

»Ich komme mit«, sagte Julius sofort. »Dieses Mal lasse ich dich nicht allein.«

»Natürlich kommst du mit«, antwortete Arthur, »und Ragnar auch. Ich werde euch brauchen.«

»Wie willst du Zoller die Menschenfigur abjagen?«, fragte Ragnar. »Er wird sie hüten wie seinen Augapfel.«

»Mag sein. Aber wir wissen, dass er die Figur bei sich hat – er hat sie vor einer halben Stunde noch benutzt. Wir wissen, dass ihn keine Krieger mehr verteidigen. Und wir wissen, wo er sich aufhält. Also werden wir nun kurzen Prozess machen. Es ist genug.«

Es war tatsächlich fast ein Kinderspiel. Als Arthur, Ragnar und Julius, von der Kraft der Figuren beflügelt, im Wald unterhalb der Burg Hohenstein ankamen, hatten sich die meisten Auener schon wieder auf den Weg ins Tal gemacht. Sie hatten es eilig, nachzuschauen, ob ihre Häuser noch standen und ob sie irgendetwas aus den Trümmern retten konnten. Die Verfolgung der Schuldigen hatte Zeit. Sie würden die Wiegands und deren Bagage schon finden.

Ariokan hatte sich in die entgegengesetzte Richtung aufgemacht, er schnaufte den Hang hinauf zur Burg Hohenstein. Die Gefährten verstanden nicht, warum sich Ariokan aus dem Schutz der Auener begab; vielleicht wollte er auf der Burg Hohenstein den geheimnisvollen Trank holen, der ihn am Leben erhielt.

Mit seiner Leibesfülle kam Ariokan nicht schnell voran, und es war ein Leichtes für die drei Gefährten, sich ihm im Schutz des Dickichts zu nähern. Doch als Arthur in Zollers Gesicht schaute, erschrak er. Er sah keinen Fürsten, der an seinen Sieg glaubte und nur versuchte, sich neu aufzustellen. Sondern er sah einen Menschen, der zerfahren wirkte, ja verwirrt. Zoller redete beständig mit sich selbst, während er sich, ohne auf die Umgebung zu achten, den Hang hinaufmühte. Arthur konnte nichts verstehen, denn es musste sich um Ariokans alte keltische Sprache handeln, die er auch an der Habichtshöhle benutzt hatte. Immer wieder schüttelte er den Kopf, seine Augen waren unruhig und beständig in Bewegung. Er war ein geschlagener Mann. Doch Arthurs Wut überdeckte alles, die Wut auf diesen Menschen, der ohne Rücksicht auf andere seine Ziele hatte erreichen wollen und der nicht einmal davor zurückgeschreckt war, seine Vertrauten in den Tod zu reißen.

Ragnar musste es ähnlich gehen wie Arthur, denn er wartete nicht auf ein Zeichen seiner Freunde und suchte nicht einmal Blickkontakt zu ihnen, sondern sprang, als Ariokan vorüberhastete, blitzartig aus der Deckung. Dieses Mal hatte Zoller keine Gelegenheit, den Angriff abzuwehren. Der Sprung war so gewaltig und so präzise, dass Ragnar seine Zähne an Zollers Kehle setzte, bevor der auch nur die Arme hochreißen konnte. Er hätte nur noch zubeißen müssen, und Zoller hätte seinen letzten Atemzug getan. Ragnars Krallen bohrten sich durch das dichte Lederwams in Zollers Fleisch. Die Wucht des Angriffs war so groß gewesen, dass der Mann den Hang hinunter stürzte und er sich zusammen mit Ragnar mehrfach überschlug, der seine Krallen und seinen Biss nicht lockerte und an Zollers Körper zu kleben schien.

Arthur und Julius rannten den Hang hinab, und Arthur hätte nichts dagegen unternommen, wenn Ragnar nun seine langen Reißzähne in Zollers Kehle gedrückt hätte. Aber es war Julius, der einschritt. »Ragnar, lass' ihn noch einmal los. Wir müssen sicher sein, dass er die Figur bei sich hat.«

Der Luchs schaute Julius mit blitzenden Augen an. Der Drang, Zoller zu töten, war schier unwiderstehlich, und er rang mit sich selbst, ob er Julius' Befehl nachkommen sollte oder nicht. Sein Brustkorb hob und senkte sich heftig. Ariokan dagegen lag mit weit geöffnetem Mund da, seltsam starr, wie eine große aufgedunsene Puppe, und in seinen Augen stand Todesangst.

»Wir müssen ihn fragen können, falls er die Figur versteckt hat«, beharrte Julius. »Er ist der Einzige, der uns sagen kann, wo sie ist. Das Risiko ist zu groß. Lass ihn los.«

Es war ein Befehl, in einem Ton gesprochen, den man an Julius nicht kannte. Tatsächlich schien er der Einzige zu sein, der noch einen einigermaßen kühlen Kopf bewahrte und sich nicht von der Wut hatte übermannen lassen.

Die Blicke von Ragnar und Julius kreuzten sich und kämpften für einige Augenblicke miteinander – dann ließ der Luchs Zollers Kehle los und zog seine Krallen aus dem Fleisch Ariokans, dessen Kopf leblos zurücksank.

Mit hastigen Bewegungen fuhr Arthur über den Körper ihres Feindes und tastete jede Tasche ab. Zoller ließ alles über sich ergehen.

»Warum hast du das alles getan?«, fragte Julius. »Warum verwendest du so viel Kraft darauf, alles zu zerstören und alle zu vernichten?«

Zoller fiel es sichtlich schwer zu sprechen, sein Hals war zerschunden von Ragnars Biss. Er schien auch die ganze Dimension von Julius' Frage nicht begriffen zu haben, denn er bezog sie nur auf die Situation der letzten Stunden, als er keuchte: »Ich musste meine Männer auf die Staumauer schicken. Ich musste es einfach tun.«

»Warum musstest du es tun? Es gibt doch niemand, der dich dazu gezwungen hat.«

»Die Kette aus Menschen hat die Kraft meiner Figur verstärkt. Nur so hatte ich eine Chance, die Welle aufzuhalten.«

»Und dafür hast du das Leben deiner Männer aufs Spiel gesetzt?«, rief Arthur voller Zorn. »Zählt das Leben deiner Männer nichts?«

»Ihr versteht nichts, rein gar nichts. Ich musste es tun. Ich hatte keine Wahl.«

Julius wollte noch etwas erwidern. Aber in diesem Moment rief Arthur triumphierend: »Ich habe sie. Da ist sie!«

Arthur riss Ariokans Lederweste auf. Seine Hand wurde in Blut getränkt, aber es kümmerte ihn nicht. Mit Herzklopfen öffnete er die Tasche, die Ariokan im Inneren seiner Jacke angebracht hatte. Dort war die Figur gut geschützt, denn durch ein Lederband, mit dem sich die Tasche fest verknoten ließ, konnte sie auch im Kampfgetümmel nicht herausfallen.

Jetzt lag sie in Arthurs Hand, die Menschenfigur aus schwarzem Turmalin. Bei dem angedeuteten Menschenkopf waren die Augen geschlossen und der Kopf leicht nach unten gesenkt – es erschien Arthur wie eine Geste der Demut und Bescheidenheit, die der Schöpfer der Figur für die Ewigkeit gebannt hatte.

Arthur dagegen fühlte einen Rausch durch seine Adern fließen, in dem sich Triumph, Zorn, Trauer und Erschöpfung vermischten. Es war, als ob sich die Anspannung der vergangenen Wochen in diesem Moment noch einmal konzentrierte und zugleich entlud. Ihm schwindelte, und eine Welle der Gefühle brandete durch seinen Körper, in der er zu versinken drohte. Er und seine Gefährten hatten es geschafft: Ihnen war gelungen, was Ariokan in zwei Jahrtausenden versagt geblieben war – sie hatten die drei Figuren gefunden und zusammengeführt. Er, Arthur, trug jetzt alle drei bei sich. Sie konnten nun den neuen Bund errichten.

Doch dann spürte er, wie etwas anderes von ihm Besitz ergriff. Es war zunächst nur ein leichtes Schwingen, im Unterstrom der vielen anderen Gefühle. Aber es wurde immer stärker und setzte sich gegen alle anderen durch. Es kam aus der Figur Ariokans, es war ein Gefühl, mit dem sich die Figur über so lange Zeit hinweg aufgeladen hatte, in all der Zeit, in der Ariokan die Stele mit sich geführt hatte, und jetzt konnte Arthur auch benennen, welcher Art dieses Gefühl war: Es war Sehnsucht, eine große, stürmische, drängende Sehnsucht, in die sich Schmerz und Trauer mischten, weil diese Sehnsucht unerfüllt geblieben war.

Arthur war mit einem Ruck aufgesprungen, denn er erkannte sofort, was vor sich ging

und was passieren würde. Er versuchte, es zu verhindern, indem er den direkten Kontakt zu Zoller unterbrach. Aber zu spät! Die Sehnsucht des Keltenfürsten Ariokan, nach Hause zurückzukehren, in seine Zeit zurückzukehren, war so tief in die Menschenfigur eingebrannt, dass Arthur sich ihr nicht mehr entziehen konnte. Eine Figur hatte nicht ausgereicht, um Zollers Wunsch zu erfüllen – doch mit der Kraft der drei Figuren konnte man große Zeiträume, auch Jahrtausende überwinden.
Das geschah in diesem Augenblick. »Her zu mir!«, schrie Arthur, so laut er konnte. Er spürte bereits, wie er sich entfernte, wie ein übermächtiger Sog an ihm zerrte und ihn fortriss, wie er davongespült wurde aus dem Hier und Jetzt. Auch Ariokan begriff: mit letzter Kraft mühte er sich den Hang hinauf zu Arthur. Was er so lange in Gedanken immer und immer wieder durchlebt hatte, wurde nun Wirklichkeit – er hätte alles getan, um dabei zu sein, um die anderen begleiten zu können. Doch Ragnar biss Ariokan so heftig in den rechten Oberarm, dass Zoller zusammensackte. Er hatte keine Kraft mehr.
In den Worten Arthurs hatte Panik gelegen, so dass Julius dem Befehl sofort nachkam, und auch Ragnar eilte herbei. Arthur packte den Luchs und seinen Bruder mit je einer Hand, so fest er konnte. So wurden sie in den Strudel hineingesogen. Und sie versanken in der Tiefe der Zeit.

12. Riusiava stirbt

Als der Schwindel verflogen war und sie wieder klar sehen konnten, wussten sie nicht, wohin es sie verschlagen hatte. Sie standen immer noch an einem Hang, doch der Wald um sie herum war verschwunden. Eine große weite Fläche, die nur mit Gras und niederem Buschwerk bewachsen war, umgab sie. Ariokan war zurückgeblieben, keine Spur war von ihm sichtbar. Arthur schaute sich um, und dann verstand er: Sie hatten den Ort nicht gewechselt, sondern waren nur in eine andere Zeit katapultiert worden. Denn als er jetzt hinab sah, erkannte er sein Heiligental wieder. Da lag der See still in der Morgensonne, der Wald beherrschte wie immer den Talgrund, und man konnte sogar weit hinten den Wasserfall glitzern sehen. Nur hier, an diesem Hang, war der Wald abgeholzt worden, wie Arthur feststellte, denn an manchen Stellen ragten Baumstümpfe aus dem Boden. Und als er hinaufblickte zum Albtrauf, sah er den Bergvorsprung, auf dem die Burg Hohenstein errichtet war – selbst die große Öffnung im Fels unterhalb der Burg, die Charlottenhöhle, war zu erkennen. Allerdings stand nicht die Ruine der Burg Hohenstein auf dem Felssporn und auch nicht die unversehrte mittelalterliche Burg, sondern eine fremdartige Verteidigungsanlage lief um den gesamten Sporn herum. Es war eine Mauer aus Holz und groben Steinen, die die natürliche Berghalbinsel vor Angriffen schützen sollte: In regelmäßigen Abständen waren breite Stämme senkrecht in den Boden getrieben worden, an denen weitere Balken waagerecht angebracht waren; vermutlich handelte es sich um eine Rahmenkonstruktion aus Holz, die nicht sichtbar war. Zwischen den Stämmen hatte man den Raum aufgefüllt mit einer Steinmauer, die gut drei Meter hoch war. Darauf aufgesetzt verlief ein überdachter Wandelgang aus Holz, auf dem er mehrere Soldaten Wache halten sah. Sie trugen braune, eng anliegende Oberkleider, über das die Männer ein Lederwams gezogen hatten, ganz ähnlich, wie Zoller es zuletzt getragen hatte. Ein flacher Helm schützte ihren Kopf, und als Waffe hatten sie eine Lanze in der Hand, die sie um mindestens zehn Zentimeter überragte und deren Klinge lang und schmal war.
Kein Zweifel, sie waren in Ariokans Zeit zurück getragen worden – in eine Zeit vor Christi Geburt, in der noch fast ganz Europa mit dichten Laubwäldern überzogen war. Ragnar hatte sich instinktiv nah an den Boden geduckt; ihm war nicht geheuer, was geschah. Und es wäre gut gewesen, wenn Arthur und Julius es ihm gleich getan hätten. Denn die Wachen auf der Verteidigungsanlage hatten das merkwürdige Trio entdeckt

und schlugen Alarm. Eine Glocke ertönte, wenige Sekunden später tauchten weitere Männer auf dem Wehrgang auf. Schon prasselten die ersten Speere neben ihnen nieder, und die drei Gefährten mussten überstürzt aus der Reichweite der Waffen fliehen. Deckung war nirgends zu sehen, und so blieben sie auch dann nicht stehen, als sie nicht mehr getroffen werden konnten, sondern wandten sich dem Waldrand zu, der einige hundert Meter entfernt am Hang lag.

»Es sieht nicht so aus, als ob wir willkommen seien«, sagte Julius schließlich, als sie sich durch das Dickicht des Waldrandes schlugen und zwischen hohen Buchen stehen blieben.

»Das ist auch kein Wunder – schließlich sind das Ariokans Männer oder zumindest Männer aus seinem Stamm«, sagte Arthur.

Julius verdrehte die Augen.

»Du vergisst nur eines, Bruderherz: Alles, was geschehen ist zwischen Ariokan und uns, liegt in der Zukunft, und zwar in weiter Zukunft. Diese Männer können davon nichts wissen, sie können uns nicht einmal kennen.«

»Und doch sind sie auf der Hut und schießen auf alles, was sich bewegt«, sagte Ragnar. »Haben die nichts Besseres zu tun als auf ein harmloses Grüppchen zu schießen?«

»Wir sind vermutlich schon deshalb verdächtig, weil wir Unbekannte sind und in der Nähe der Burg herumschleichen«, meinte Julius, »und vielleicht haben wir das Pech, nicht in einer Friedenszeit gelandet zu sein.«

»Dann sollten wir schleunigst in unsere eigene Zeit zurückkehren«, sagte Ragnar. »Es war ein Versehen, das uns hierher gebracht hat, und wir haben hier nichts verloren. Lasst uns gehen.«

Ragnar schaute Arthur, der die Menschenfigur noch immer in seiner rechten Hand hielt, fordernd an. Er hatte nicht einmal die Zeit gehabt, sie sicher zu verstauen.

Doch Arthur zögerte.

»Mich würde schon interessieren, wie die Menschen damals lebten, und vielleicht erfahren wir mehr über den alten Bund. Warum sollen wir uns nicht ein wenig umsehen?«, meinte er schließlich. »Wir müssen ja nicht gerade die Burg stürmen; es gibt vielleicht weniger feindliche Siedlungen in der Umgebung.«

In diesem Moment hörten sie Schreie, die von jemandem stammen mussten, der nicht weit entfernt im Wald war. Wer auch immer es war: Er schrie um sein Leben.

Ragnar zögerte keinen Augenblick und huschte in die Richtung davon, aus der die Rufe gekommen waren. Lautlos und furchtlos wie immer. Auch ihn hatte nun die Neugier gepackt. Arthur und Julius folgten. Im Laufen nahm Arthur seinen Bogen ab und zog einen Pfeil aus seinem Köcher.

»Der Wald ist ganz anders als zu unserer Zeit«, rief Arthur, während sie sich durch die Büsche kämpften. Tatsächlich war der Wald viel aufgeräumter: Unter den Buchen fand sich kaum eine Buchecker – die Menschen oder deren Schweine ließen nichts verkommen. Alles heruntergefallene Holz war weg, weil die Menschen es zum Heizen verwendeten. Selbst das Laub war verschwunden, weil die Menschen es einsammelten und als Streu für ihr Vieh verwendeten. Andererseits war der Wald vielfältiger als zu ihrer Zeit: Das Unterholz wuchs so dicht, dass es tatsächlich für Menschen undurchdringlich war; nie kümmerte sich jemand darum, es zurückzuschneiden. Forstwege fehlten ganz, nur hin und wieder sahen sie Pfade, bei denen man nicht sicher sein konnte, ob sie von Menschen angelegt waren oder ob es sich um Wildwechsel handelte. Vor allem überraschte Arthur die Vielfalt der Bäume. Während heute der Wald von Buchen und Fichten dominiert wird und damit oft recht eintönig daherkommt, konnte Arthur hier viele Arten erkennen, Lärchen und Eiben, Ebereschen und Vogelkirschen, Ahorne und Ulmen. Was für ein Wandel hatte in den zweitausend Jahren stattgefunden. Man muss sich noch mehr um die Vielfalt kümmern, dachte Arthur. Er schrieb es sich in eine Ecke seines Gehirns, als Merkaufgabe, um diese später einmal umzusetzen.

Doch es blieb keine Zeit, länger über die Vergänglichkeit der Naturwälder nachzusinnen. Das Schreien wurde immer verzweifelter. Es war ein Mensch in Todesangst. Arthur verlangsamte seinen Lauf; er wollte kampfbereit sein, wenn er am Ort des Geschehens ankam. Julius tat es ihm gleich, und dann sahen sie Ragnar, der sich hinter einer mächtigen Eiche flach auf den Bauch gelegt hatte, voller Spannkraft im Körper, als würde er im nächsten Moment springen. Julius zog seine Schleuder aus dem Gürtel und legte einen der kleinen Steine ein, die er immer in einem Lederbeutel bei sich trug.

Was sich ihren Augen dann darbot, konnte Arthur zunächst gar nicht glauben. Ein Mensch war von zwei Tieren in die Enge getrieben worden und stand am Hang an eine gelbliche Felswand gepresst. Links und rechts führten natürliche Erdwälle steil bergauf, so dass es kein Entkommen für den Menschen gab. Arthur sah auf den ersten Blick, dass der junge Mann nur noch Sekunden zu leben hatte. Es waren ein riesiger brauner Bär und ein Luchs, die den Menschen bedrängten. Aber das war gar nicht das Erstaunliche. Denn es war kein Unbekannter, den die Gefährten vor sich sahen: Gawin schrie da um sein Leben. Er trug sogar das gleiche farbige Gewand, in dem Arthur ihn kannte; jenes wollene Wams mit den gelben und grünen Karos und den braunen, weit flatternden Hosen.

Eine Waffe, mit der sich Gawin hätte verteidigen können, sah Arthur nicht. Er war völlig schutzlos den Fängen des Bären und des Luchses ausgeliefert – und die schienen kurzen Prozess machen zu wollen. Auch der Luchs setzte wie Ragnar zum Sprung an; er schien nur noch den günstigsten Moment abzupassen, um seinem Feind an die Gurgel zu gehen.

»Ihr wartet hier«, flüsterte Ragnar. »Ich rufe, wenn ich euch brauche. Ich glaube, es ist besser, ich erledige das allein.«

Ragnar trat hinter der Eiche hervor und ging quer zum Hang zu der Felswand hinüber. Jetzt machte er sich nicht mehr die Mühe, leise zu sein, und so entdeckte ihn der

Luchs sofort. Der Bär und Gawin folgten dem Blick des Luchses, und in Gawins Augen konnte Ragnar erkennen, dass dessen Angst noch wuchs. Er glaubte, jetzt drei Angreifern gegenüber zu stehen.

»Ich grüße euch von Herzen«, sagte Ragnar, als er nur wenige Meter von den beiden Tieren entfernt stand, und deutete eine Geste der Demut an, indem er kurz den Kopf senkte. Ich komme in friedlicher Absicht, sollte das bedeuten.

Die Verblüffung war dem Bären und dem Luchs ins Gesicht geschrieben, als Ragnar vor ihnen stand.

»Wer bist du?«, fragte der Bär, »und was mischst du dich in unsere Angelegenheit?« Ein tiefes Murren begleitete diese Frage. Ragnar erkannte an der Antwort, dass der Bär in das Geheimnis des Anderswassers eingeweiht sein musste. Sonst hätte er Ragnar gar nicht verstehen können. Die Sprache allerdings war sehr fremdartig, und Ragnar musste sich alle Mühe geben, den Worten des Bären folgen zu können. Dass Wörter im Laufe der Jahrhunderte ihre Gestalt und Aussprache ändern, konnte Julius jetzt selbst erleben – es war, als würde der Bär einen furchtbar hinterwäldlerischen Dialekt sprechen. Dabei war es ihre Art zu sprechen, die nicht in diese Zeit passt. Gawin dagegen stand mit offenem Mund da. Er kapierte gar nichts.

Ragnar hatte noch nie in seinem Leben einen Bären gesehen. Seine Vorfahren hatten noch Geschichten erzählt von den großen Braunen, die mit ihnen das Revier teilten. Es waren immer Geschichten voller Respekt gewesen; die Luchse akzeptierten die Kraft und die Klugheit der Bären, aber sie waren, auch wenn die Bären andere Jagdtaktiken anwendeten, Konkurrenten um die Rehe und Hasen. Jetzt konnte Ragnar nachvollziehen, woher dieser Respekt kam. Der Bär war vier Mal größer als der Luchs an seiner Seite, und seine Krallen eine noch furchtbarere Waffe als die der Luchse. Wenn er sich aufrichtete, dann überragte er jeden Menschen weit an Größe. Einst war er das mächtigste Tier im Wald gewesen – bis zu dem Zeitpunkt, als die Menschen gelernt hatten, sich Speere, Pfeil und Bogen zu machen.

»Ich bin nicht von hier, sondern auf dem Durchzug in andere Jagdgebiete«, sagte Ragnar. »Es tut mir leid, eure Kreise zu stören. Aber ich verstehe nicht, warum ihr diesen Menschen angreift. In meiner Heimat gehen Luchse den Menschen aus dem Weg. Was hat er euch getan?«

Der Luchs machte einen kleinen Schritt auf Ragnar zu und sagte mit einer fast weichen Stimme, in die sich Verwunderung, aber auch Neugier mischte: »Du musst schon von sehr weit herkommen, um eine solche Frage zu stellen«, sagte der Luchs. »Oder willst du dich über uns lustig machen?«

Ragnar hatte es vermutlich gleich gemerkt, als er sich der Gruppe genähert hatte – Arthur und Julius konnten es jetzt erst an der Stimme hören: Der Luchs war ein weibliches Tier.

»Es stimmt, ich komme in der Tat von sehr weit her. Und ich verstehe vieles von dem, was hier geschieht, noch nicht. Es würde mich freuen, wenn ihr mich aufklären könntet. Und zwar, bevor ihr ihm etwas zuleide tut.« Ragnar deutete auf Gawin, der völlig verdattert das Gespräch verfolgte. Er hatte nicht Teil an der gemeinsamen Welt der Sprache, wie man ihm deutlich ansehen konnte. Vermutlich hörte er nur ein Maunzen und Grollen und fragte sich verzweifelt, was vor sich ging.

»Mein Name ist Ragnar«, fügte der Luchs hinzu.

»Ich heiße Naldir, und das ist mein Freund Kontar«, antwortete die Luchsin. »Hast du schon einmal etwas vom heiligen Bund gehört?«

»Entfernt«, antwortete Ragnar vage. »In diesem Tal sollen Menschen und Tiere ein besonderes Verhältnis haben, hörte ich.«

»So war es«, schaltete sich Kontar ein. »Aber das ist Vergangenheit. Die Menschen haben uns Tiere und auch die Bäume betrogen und wollten alle Macht an sich ziehen.«

»Ja«, sagte Naldir, »es gab Krieg deswegen, und dieser Krieg ist noch nicht zu Ende, auch wenn die Menschen nun ihre gerechte Strafe erhalten haben. Wenn wir einen Menschen treffen, töten wir ihn, denn er hat nichts Besseres verdient.«

»Ich verstehe«, sagte Ragnar. »Aber dieser Mensch ist fast noch ein Kind. Er hat noch Flaum um die Nase. Ihr solltet ihn leben lassen.«

Kontar war mit diesen Worten nicht zufrieden. »Bist du ein Spitzel der Menschen?«, fragte er, und das Grollen in seiner Stimme war um einiges angewachsen. »Oder du scheinst keine Ahnung davon zu haben, was sich in diesem Tal in den vergangenen Jahren zugetragen hat. Die Menschen haben viele unserer Heiligtümer zerstört. Sie haben uns verfolgt mit dem einzigen Ziel, uns auszulöschen, uns alle auszulöschen. Sie haben Fallen gestellt, sie haben uns mit Speeren gejagt, sie haben uns mit Hunden zu Tode gehetzt – und niemand von ihnen hat gefragt, ob jemand von uns noch zu jung zum Sterben war. Also erzähle uns nichts von Milde und Gnade. Geh deines Weges, das ist besser für dich.«

»Ich verstehe euch besser als ihr denkt. Denn dort, wo ich herkomme, ist es im Grunde noch schlimmer als bei euch. Man raubt uns den Wald, in dem wir leben können. Es gibt bei uns viel mehr Menschen als hier, und sie alle kommen in den Wald und bedienen sich. So werden wir immer weniger, und viele Arten gibt es längst nicht mehr.«

Ragnar hielt kurz inne. Er wollte nicht preisgeben, dass Bären schon seit mehr als zweihundert Jahren nicht mehr durch das Heiligental gestreift waren, und dass er selbst der Letzte seiner Art war. Manchmal, so dachte sich Ragnar, ist es besser, wenn man seine Zukunft, oder die seiner Art, nicht kennt.

»Aber dennoch sollte die Wut uns nicht blind machen«, meinte Ragnar weiter. »Auch unter den Menschen gibt es welche, die nicht einverstanden sind mit dem Morden oder die noch zu jung sind, um verantwortlich zu sein. Wie unschuldig dieser Junge ist, seht ihr schon daran, dass er so dumm war, ohne Waffe in den Wald zu kommen.«

Und nun wandte sich Ragnar direkt an Gawin, der bestürzt wirkte, als er Ragnar

plötzlich verstand, weil dieser in seiner Sprache zu ihm redete: »Wie alt bist du?«, fragte Ragnar, »und was hast du hier im Wald getan?« Er war sich nicht sicher, ob Gawin ihn verstand; das fremde Keltisch zu reden, fiel Ragnar schwer.
Gawin konnte aber nicht antworten, die Angst hatte ihm die Sprache verschlagen. Ragnar musste seine Frage deshalb wiederholen.
»Ich habe Holz gesammelt«, keuchte Gawin schließlich mit zitternder Stimme und zeigte auf ein Bündel an Ästen, das der Junge nicht weit entfernt hatte fallen lassen. »Meine Mutter …«, fügte er hinzu.
»Was ist mit deiner Mutter?«, fragte Ragnar nach.
»Ich wollte schauen, ob es schon Johannisbeeren gibt. Meine Mutter, sie liegt im Sterben, wie so viele von uns, und ich hätte ihr gerne einige mitgebracht. Sie hat sie früher immer so gerne gegessen.«
»Was heißt, wie viele von euch?« Es war Arthur, der diese Frage stellte. Er hatte, ohne nachzudenken, seine Deckung verlassen und war auf den kleinen ebenen Platz vor der Felswand getreten.
Julius folgte ihm. Er verbeugte sich tief vor den beiden Tieren. Und Arthur warf seinen Bogen und seinen Köcher zur Seite und sagte: »Ich heiße Arthur, und das ist mein Bruder Julius. Wir sind Freunde Ragnars, und auch wir bieten euch unsere Freundschaft an. Zugleich bitten wir darum, dass ihr Gawin nichts tut. Er hat ein gutes Herz.«
Gawin war völlig verwirrt, denn er verstand nicht, woher ihn diese fremden Jungen kennen und seinen Namen wissen konnten. Er hatte sie noch nie gesehen, und doch schienen sie so viel von ihm zu wissen. Zumindest aber begriff Gawin, dass sich seine Lage dramatisch zu seinen Gunsten gewandelt hatte. Er hatte drei Helfer gewonnen, die zwei Angreifern gegenüberstanden. Kontar und Naldir blickten misstrauisch auf Ragnar und seine beiden Gefährten. Es war ihnen nicht geheuer, was vor sich ging.
»Du bist also doch ein Spitzel«, sagte Kontar schließlich. »Ich hätte es gleich wissen müssen.«
»Nein, das ist er nicht«, sagte Julius in der Sprache der Bären. »Aber er hat erkannt, dass es letztlich allen schadet, wenn sich Menschen und Tiere bekämpfen. Wir drei stehen dafür, diesen Krieg zu beenden. Auch wenn wir zugeben, dass es schwer ist, dies gegen den Willen eines unverbesserlichen Teils der Menschen zu tun. Ragnar, vielleicht solltest du den Tieren die ganze Wahrheit sagen.«
Ragnar nickte. »Ihr habt vorher vom heiligen Bund gesprochen«, sagte er. »Weißt auch du, Gawin, was es bedeutet?«
»Natürlich« meinte der junge Mann, »jeder im Volk weiß es. Der heilige Bund ist untrennbar mit unserer Geschichte verbunden.«
»Dann kann ich offen sprechen. Wir sind mit Hilfe des heiligen Bundes aus einer fernen Zeit gekommen.«
»Auch das hört sich wie eine Lüge an«, fuhr Kontar dazwischen: »Denn der Bund ist zerstört.«

»Du irrst«, sagte Arthur jetzt, »der Bund ist zerstört, aber die Figuren haben euren Krieg überstanden. Und es kommt in ferner Zukunft eine Zeit, an der die drei Figuren wieder vereint und der Bund wieder errichtet werden könnte. Ich gebe zu, das hört sich verrückt an: Aber ihr könnt schon heute etwas dazu beitragen, wenn ihr diesen Jungen gehen lasst. Er wird in der Zukunft auf eurer Seite stehen.«

»Ich verstehe tatsächlich überhaupt nichts«, meinte Naldir jetzt und schaute Ragnar, ihren Artgenossen, mit großen Augen an.

»Ich werde es dir in allen Einzelheiten erklären, wenn du möchtest. Aber zuerst will ich die Frage wiederholen, die Arthur gestellt hat, denn auch wir verstehen noch viel zu wenig von dem, was bei euch geschieht. Wieso, Gawin, sterben so viele in eurem Volk?«

Gawin ließ sich auf den Boden nieder. Die Furcht hatte ihn müde gemacht. Er lehnte sich an die Felswand und schloss für einen Moment die Augen.

»Es begann vor etwa einem Jahr«, sagte er dann. »Unser Fürst Borkan hat alle Waffenträger der Umgebung zu sich gerufen und sie ermuntert, mit ihm in den Krieg zu ziehen. Er versprach ihnen keine Reichtümer, aber unendliche Macht: Er wollte den heiligen Bund auflösen, die drei Figuren zu sich auf die Burg holen und damit die Herrschaft über alle Lebewesen und selbst über den Tod an sich ziehen. Jeder der Waffenträger hätte drei Wünsche frei gehabt, wenn sie ihn unterstützten. Zuerst wollten sie nicht …«.

»Wie heißt euer Fürst?«, unterbrach Julius Gawin plötzlich.

»Borkan«, wiederholte Gawin. »Warum fragst du?«

»Aber …«, stammelte Julius, »gab es vorher einen Fürsten namens Ariokan? Ich meine, kennst du einen Ariokan?«

»Natürlich kenne ich ihn«, sagte Gawin, »aber er ist kein Fürst, er gehört nicht einmal in die Reihe der Häuptlinge. Er ist ein Waldmensch.«

»Ein Waldmensch?«, fragte Arthur verblüfft. Er konnte nicht glauben, was Gawin da sagte und dachte zuerst, er habe das Wort wegen des Dialekts falsch verstanden.

»Ja, ein Waldmensch. Er lebt mit seiner Familie weit außerhalb der Stadt, allein im Wald. Warum fragt ihr?«

Ragnar mischte sich jetzt ein. »Das ist im Moment nicht wichtig. Gawin, fahr fort mit deiner Geschichte. Warum wollten die Waffenträger Borkan zunächst nicht folgen?«

»Weil sie wussten, wie gefährlich das war«, übernahm nun Naldir. »Schon vor etwa zwanzig Luchs-Generationen hat es ein anderer Fürst versucht. Der Bund zerbrach für kurze Zeit, und die Folge war, dass alle Siedlungen der Menschen von fremden Völkern zerstört wurden. Selbst die großen befestigten Orte wie dieser Ort dort oben wurden ein Opfer des Feuers.«

»Ja, der Luchs hat Recht«, sagte Gawin. »Der damalige Fürst hieß Darkan, das ist etwa vierhundert Jahre her. Er hat als erster gegen den Bund verstoßen; er wollte nicht Teil der Schöpfung sein, sondern die Natur beherrschen. Als Strafe, so sagen die Druiden, kamen die Fremden aus dem Norden in unser Land und haben alles zerstört. Die Feinde brachten auch Darkan um, aber sie ehrten ihn als Führer, indem sie ihm draußen im Tal einen Dolmen bauten und ihn in einem Steinsarkophag beisetzten. Nur wenige unserer Vorfahren sind damals übrig geblieben, und es war ein Glück, dass die Tiere und Pflanzen den späteren Caldur verziehen und der Wiedererrichtung des Bundes zugestimmt haben. Aber es hat zweihundert Jahre gedauert, bis unsere Städte wieder so prachtvoll waren wie früher.«

»Caldur«, sagte Julius, »so nennt ihr also euer Volk. Und jetzt wissen wir auch endlich, wer tatsächlich als erster in der Krypta der Bernhardskapelle beigesetzt worden ist.«

Doch Kontar ging darauf nicht ein. »Nun hat es Borkan gewagt, den Bund erneut zu brechen«, donnerte er. »Dieses Mal wird es keinen neuen Bund mehr geben, das ist gewiss.«

Gawin schüttelte den Kopf. »Der Bär hat vermutlich Recht. Schon deshalb, weil keine Menschen mehr übrig sein werden, die einen neuen Bund eingehen könnten. Denn die Waffenträger haben sich irgendwann überzeugen lassen, zu verlockend war die Aussicht gewesen, drei Mal wünschen und für immer im Glück und im Überfluss leben zu können. Eines Nachts holten Borkan und seine Ritter die drei Figuren aus dem uralten Dolmen, in dem die dreieinige Figur aufbewahrt war. Oder vielmehr: Er versuchte es. Die Bäume des Waldes verhinderten, dass der Fürst mit den Figuren fliehen konnte – er nahm nur die Figur der Menschen an sich. Die beiden anderen brachten die Tiere und die Bäume in Sicherheit.«

Ragnar fixierte Naldir eindringlich. Sie verstand seine Frage, ohne dass er sie aussprach.

»Du weißt, dass wir den Aufenthaltsort der Figuren niemals verraten würden, schon gar nicht in der Gegenwart von Menschen«, sagte sie. »Aber wir kennen den Ort selbst nicht. Es waren nur wenige Eingeweihte, die diesen Platz bestimmt haben. Er wird ein Geheimnis bleiben, auch für die meisten von uns Tieren.«

»Danach begann der Krieg, von dem schon damals abzusehen war, dass er zu nichts führen würde«, sagte Gawin. »Die Menschen mordeten die Tiere, und die Tiere lauerten den Menschen auf, wo immer sie konnten. Aus dem Tal war ein Ort des Grauens geworden. Vor drei Monaten verebbte diese Schlacht dann weitgehend, weil wir Menschen plötzlich mit etwas noch Schlimmerem konfrontiert wurden: Die Strafe der Götter kam über uns.«

»Die Strafe der Götter?«, fragte Julius.

»Dieses Mal kamen keine menschlichen Feinde zu uns. Der Feind ist unsichtbar. Zuerst traf es einige Kinder in Rocuala, einer Siedlung, die eine Stunde von hier entfernt liegt, unten im Tal. Dort stehen viele unserer Töpfereien, die alle Orte in weitem Umkreis beliefern. Die Kinder bekamen Fieber. Schon nach wenigen Tagen waren sie kaum noch ansprechbar. Dann entwickelten sich große Geschwüre unter den Armen und in den Leisten, die schwarz wurden und schmerzten. Nach fünf Tagen waren die

Kinder tot. Seither hat sich die Krankheit rasend schnell ausgebreitet. Viele sind geflohen, viele sind gestorben. Die meisten von denen, die geblieben sind, können nicht mehr kämpfen. Sie warten nur noch auf ihren Tod«, sagte Gawin und stützte den Kopf in die Hände. Klammheimlich begann er nun doch zu weinen, wie ein kleiner Junge. »Es bringt kein Glück, sich von der Natur abzuwenden«, fügte er schluchzend hinzu.
Julius war unwillkürlich etwas zurückgewichen bei diesem Bericht Gawins. Wer konnte wissen, ob Gawin nicht schon selbst den tödlichen Keim in sich trug, da er doch seine erkrankte Mutter pflegte.
War es ein Zufall, dass genau jetzt diese Epidemie das Keltenvolk heimsuchte, da sie den heiligsten Kern ihrer Geschichte verraten hatten? Gab es tatsächlich Götter, die diesen Frevel ahndeten?
Auch Arthur hatte die Gefahr erkannt, die von Gawin ausgehen konnte. Er beeilte sich deshalb, diese seltsame Begegnung zu beenden.
»Kontar, Naldir – ihr habt selbst gehört, dass dieser Junge nicht gutheißt, was geschehen ist. Lasst ihn also gehen, wenn nicht auf seine Bitte hin, dann zumindest auf die Bitte Ragnars. Gawins Schicksal ist schwer genug.«
»Noch immer habe ich nicht genau verstanden, wer ihr seid und woher ihr kommt«, antwortete Naldir. »Aber der Krieg ist entschieden, die Menschen können uns nicht mehr gefährlich werden. Insofern wollen wir mehr Milde walten lassen als die Menschen es uns gegenüber getan haben.« Naldir schaute Kontar an, um herauszufinden, ob er mit ihrer Entscheidung einverstanden wäre. Als der Bär nickte, meinte Naldir in der Sprache der Menschen: »Gawin soll gehen. Wobei nach allem, was er erzählt hat, ein schneller Tod für ihn vielleicht besser gewesen wäre.«
Gawins Augen leuchteten bei diesen Worten. Er hatte nicht einmal die Hälfte des Gesprochenen verstanden, und er hatte nicht damit gerechnet, dass er aus dieser Situation noch einmal lebend davonkommen könnte. Jetzt aber rannte er schnell zwischen Kontar und Naldir hindurch, sammelte sein Brennholz auf und wollte den Hang hinauf in Richtung Burg davon stapfen.
»Halt«, rief Arthur ihm nach, »warte, Gawin. Ich komme mit dir.«
Nun waren es Julius und Ragnar, die ihren Ohren nicht trauen wollten.
»Bist du verrückt, Arthur?«, schrie Julius, »das wäre dein sicherer Tod. Du bleibst hier.«
Arthur zog Julius zur Seite, damit die anderen nicht hören konnten, was er sagte. Sofort erregte das wieder das Misstrauen Kontars, der grollte: »Was habt ihr da zu tuscheln? Wir waren offen zu euch – ich erwarte das Gleiche von euch.«
Arthur entschuldigte sich und meinte: »Ich verstehe dein Misstrauen. Aber es gibt einen einzigen Punkt, über den ich nicht gerne offen rede. Es ist zu gefährlich, wenn andere davon erfahren.«
»Du musst es ihnen sagen«, mischte sich Ragnar ein. »Sie haben wie wir darum gekämpft und haben deshalb ein Recht darauf, es zu erfahren.«

Arthur nickte schwach. »Ja, wie immer hast du Recht, Ragnar. Vielleicht bin ich schon ein wenig wie Borkan – ich denke vor allem an mich selbst.«
Er schwieg einen Moment und sagte dann: »Ihr dürft es niemandem sagen, darum bitte ich euch. Wenn sie in die falschen Hände geraten, ist es um uns alle geschehen. Also: Ich trage alle drei Figuren bei mir. Es ist eine lange Geschichte, die wir euch bald erzählen werden. Nur so viel: Die Figuren sind wieder in einer Hand. Bäume, Tiere und Menschen haben in einer anderen Zeit in der Zukunft gemeinsam dafür gekämpft, aber der Bund ist noch nicht neu errichtet. Und vielleicht können wir das auch gar nicht so einfach tun.«
»Warum?«, fragte Julius.
»Gawin hat von einem Felsengrab, einem Dolmen, gesprochen, in dem die Figuren früher aufbewahrt wurden. Vielleicht kann der Bund nur dort erneuert werden.«
»Nein«, sagte Naldir, »das ist nicht notwendig. Aber die Erneuerung muss im Rahmen einer ganz bestimmten Zeremonie geschehen. Sonst wird es nicht funktionieren.«
»Kennt ihr die Regeln dieser Zeremonie?«, fragte Julius.
Naldir schüttelte den Kopf. »Nur die Eingeweihten wissen, was zu tun wäre. Aber niemand weiß, wer die Eingeweihten sind, und niemals würden sie ihr Wissen weitergeben als am Ende ihres Lebens an ihren berechtigten Nachfolger.«
Arthur nickte. Dann holte er die drei Figuren heraus, damit alle sie berühren konnten. Auch Gawin legte das Holz beiseite und führte seine zittrigen Finger über die warmen Steine. »Mein Gott, wie schön sie sind«, sagte er. »Wenn man ihnen so nahe ist, kann man verstehen, warum sie so begehrenswert sind.«
Arthur ließ einige Augenblicke verstreichen, dann sagte er: »Ich werde Gawin in die Burg begleiten. Die Figuren werden mich vor der Ansteckung schützen. Das war es, was ich Julius vorher zuflüstern wollte. Ich möchte sehen, was auf der Burg geschieht. Vor allem aber möchte ich herauszufinden, ob die Druiden etwas über die Zeremonie wissen.«
»Das ist zu riskant«, sagte Julius, »du weißt doch überhaupt nicht, ob die Druiden die Hüter dieses Wissens sind. Und wenn Borkan erfährt, dass ein Mensch mit den drei Figuren auf der Burg weilt, wird er dich töten, um sie zu bekommen.«
»Borkan wird niemanden mehr töten«, sagte Gawin jetzt. »Er ist gestern selbst an der Krankheit gestorben. Heute Nacht wird das Totenritual stattfinden.«
»Da hast du es«, sagte Arthur. »Es ist die beste Gelegenheit, die sich bieten kann. Und gleichzeitig, so würde ich vorschlagen, gehen Ragnar und du mit Kontar und Naldir – sie wollen noch viel von euch wissen.«
Jetzt war es Naldir, die den Kopf schüttelte. »Das ist im Grunde keine schlechte Idee. Ich halte es aber nicht für richtig, dass Julius uns begleitet. Es hat so viel Hass zwischen uns und den Menschen gegeben, dass ich nicht für seine Sicherheit garantieren kann. Bei Ragnar sieht das natürlich anders aus.«
»Dann komme ich mit in die Burg«, sagte Julius mit einer Entschiedenheit, die keinen

Widerspruch zuließ. »Die Kraft der Figuren wird hoffentlich ausreichen, uns beide zu schützen.«

Sie sammelten unterwegs weiteres Holz, so dass es für Gawin und seine Mutter nicht nur für einen Abend reichte; zugleich sahen sie, die Bündel auf der Schulter tragend, nicht aus wie Tagediebe, als sie sich mit Gawin der Burg näherten. Es wäre sowieso nicht möglich gewesen, sich als Fremder in die Burg zu schleichen, denn das Haupttor war geschlossen und wurde gut bewacht – die Menschen blieben trotz ihrer verzweifelten Lage misstrauisch.

Vorher, als die Gefährten in der alten Zeit angekommen waren, hatten sie das Haupttor nicht gesehen, weil es auf der von ihnen abgewandten Seite lag. Jetzt umrundeten sie die Berghalbinsel von der Hochebene her und stellten dabei fest, dass das eingefriedete Gelände viel größer war als jenes der späteren Burg Hohenstein. Es nahm beinahe den gesamten Bergrücken ein und reichte bis zu jenem Steilabhang, den sie später Weißen Felsen nennen würden. Von dort verlief außerhalb der Festung ein Karrenweg, der hinaufführte zu diesem Tor, das fast vorne zur Talseite hin gebaut war. Es war verblüffend, dass in den zweitausend Folgejahren der Bergrücken immer wieder lange Zeit unbesiedelt bleiben sollte – aber dennoch knüpften alle neuen Generationen an die alten Bauten an, und so lag damals wie heute das Eingangstor fast an derselben Stelle.

Es sah allerdings völlig anders aus. Die Stein- und Holzmauer zog an dieser Stelle ungefähr zwanzig Meter nach innen, so dass das eigentliche Tor in einer Einbuchtung lag. Bei Angriffen konnten die Feinde damit nicht in großer Zahl das Tor berennen, und die Burginsassen konnten sie von drei Seiten mit Pfeilen und Lanzen bewerfen. Über dem eigentlichen Tor, das aus zwei eher niedrigen, aber breiten Balkentüren bestand, war ein Holzhaus gebaut worden, das den Wächtern nicht nur Obdach gewährte, sondern mit seiner Balustrade und dem Balkon darüber zahlreichen Kriegern einen Standplatz ermöglichte.

Was die Blicke Arthurs aber am meisten auf sich zog, waren die menschlichen Köpfe, die auf Pfählen rund um das Haupttor zur Schau gestellt waren. Von manchen war das Fleisch weitgehend abgefallen, und der weiße Schädel prangte in der Sonne. An anderen waren noch Haarbüschel und Hautfetzen zu sehen, an einem klaffte ein Ohr weit vom Kopf weg und schien jeden Augenblick herunterzufallen. Es war ein grauslicher Anblick – wo man sich bei mittelalterlichen Burgen eine Reihe von Fahnen vorstellt, wehten hier die Haare toter Menschen im Wind, und oft brachte dieser Wind auch einen Schwall faulen Gestanks mit sich.

Arthur und Julius waren entsetzt, während Gawin den Köpfen keine Aufmerksamkeit schenkte. Erst als er ihre Reaktion bemerkte, sagte er leichthin: »Das sind die Köpfe getöteter Feinde. Es ist ein alter Brauch bei uns, dass wir bei besonders hochrangigen Stammesangehörigen den Kopf abtrennen und ihn als Trophäe an der Burg ausstellen.

Manche Krieger hängen ihn sich auch über den Eingang ihres Hauses. Tok, tok, tok – und schon ist der Schädel mit einem Nagel befestigt.« Für ihn war diese Sitte vollkommen natürlich.

»Aber ist das nicht sehr grausam?«, fragte Julius: »Ich meine, Menschen tun so etwas doch nicht, oder?«

»Warum nicht?«, fragte Gawin zurück. »Bei uns ist der Tod sowieso immer zu Gast. In jedem Augenblick kann er sich zeigen: Viele der kleinen Kinder sterben, bevor sie ein Jahr alt sind; man kann schlechtes Wasser trinken und daran zugrunde gehen; man kann bei der Jagd von einem Bären angegriffen und tödlich verwundet werden; man kann vom Pferd stürzen und sich den Hals brechen – oder man kann im Kampf sterben. Viele von uns sterben jung, und jedes Kind hat den Tod schon vorüberschreiten sehen. Diese Köpfe schrecken uns nicht. Im Gegenteil: Sie gemahnen uns, dass die Anderswelt nahe ist, dass diese Welt und die Anderswelt immer ineinanderfließen.«

Julius war nicht zufrieden mit dieser Antwort.

»Das mag ja sein, aber muss man deshalb auf so barbarische Weise mit seinen Feinden umgehen. Es ist doch schon schlimm genug, dass man sie überhaupt tötet.«

Gawin zuckte mit den Schultern. »Ich weiß nicht, was das Wort barbarisch bedeutet. Wenn es heißen soll, dass wir nicht ehrenvoll mit unseren Feinden umgehen, so muss ich dir widersprechen. Es ist eine große Ehre für jeden Feind, auf einem solchen Pfahl zu enden, denn nur die ranghöchsten Krieger erhalten diesen Vorzug. Die anderen verbrennen wir.«

»Ich glaube aber nicht, dass eure Feinde Schlange stehen, um in den Genuss dieses Vorzuges zu kommen.« Julius konnte sich ein wenig Häme nicht verkneifen, zu sehr verwirrte ihn diese Tradition. Gawin aber blieb ernst; er konnte nicht verstehen, warum Julius ein solches Aufheben machte.

»Niemand lässt sich freiwillig töten«, sagte er. »Aber ein richtiger Krieger hat auch keine Angst vor dem Tod. Wir Caldur glauben, dass unsere Seele nach dem Tod sofort in einen anderen Körper wandert – und je mutiger wir im Leben waren und je mehr Ehre wir angesammelt haben, umso ehrenvoller wird auch das nächste Leben sein.«

»Und wem gehörten nun diese Köpfe?«, fragte Arthur.

»Den besten Platz in der Mitte über dem Tor hat Mangor bekommen, der Häuptling eines Stammes, der fünf Tagesreisen von hier seine Burg hatte.«

»Und was hat er angestellt?«

»Auch das ist eine seltsame Frage, mein Freund. Es gehört zum Leben dazu, dass es immer wieder zu Kämpfen zwischen den Stämmen kommt – ich kenne das nicht anders. Manchmal geht es darum, sich neue Sklaven zu fangen, manchmal wird Rache genommen für den Diebstahl von Vieh, und manchmal geht es nur darum, nach einem Händel die Ehre wiederherzustellen. Wer genügend Männer hat, kann es sich leisten, ins Gefecht zu ziehen.«

»Gehörst du auch jemandem?«, fragte Julius etwas unsicher.

Gawin lachte. »Endlich mal eine vernünftige Frage«, sagte er. »Meine Familie hat das Vorrecht, zu den Erzpächtern zu gehören. Das waren schon immer freie Leute, weil sie ein sehr wichtiges Handwerk ausführen.«

»Und was ist ein Erzpächter?« Julius hatte dieses Wort noch nie gehört.

»Die ganze Stadt auf diesem Bergrücken ist entstanden, weil es in der Gegend sehr viel Erz gibt, das geschürft, von seinen Schlacken befreit und dann im Ofen zu Eisen umgewandelt werden muss. Roheisen ist beinahe das wichtigste Material bei uns und vielleicht noch wichtiger als Gold. Mit Gold kann man schönen Schmuck herstellen, aber nur mit Eisen kann man Schwerter, Hämmer, Pferdegeschirr oder eine Fibel zum Schließen der Kleidung produzieren. Die Erzpächter, die ein Stück Land im Auftrag des Fürsten bearbeiten, sind deshalb angesehene Leute. Sie können niemals Sklaven oder unfreie Bauern sein. Aber jetzt lasst uns reingehen, die Wachen schauen schon ganz komisch, weil wir so lange hier draußen herumlungern.«

Tatsächlich rief einer der beiden Männer über dem Tor den jungen Gawin an. »Wer sind deine beiden Begleiter?«, fragte der Mann: »Und was wollen sie hier?«

»Es ist alles in Ordnung«, meinte Gawin. »Das sind zwei Verwandte. Sie kommen zu der Zeremonie heute Abend.«

»Sie wissen aber hoffentlich, was in der Burg vor sich geht«, rief der Wächter herunter. Als Gawin nickte, wies der Mann einen Burschen an, die Stiege hinabzuklettern und von innen den großen Balken wegzuschieben, der das Tor verschloss.

Die drei traten nun durch das Tor in den eigentlichen Siedlungsbereich der Festung. Arthur war überrascht: Er hatte sich eine dicht bebaute Stadt vorgestellt, aber was er sah, waren einzelne Gehöfte, die sehr viel freies Gelände um sich herum hatten, auf dem kleine Gemüsegärten eingerichtet waren. Mit Zäunen, die aus dem Flechtwerk kleiner Äste bestanden, hatte man die einzelnen Höfe voneinander abgetrennt. Dazwischen lagen lehmige Straßen, die im Moment ganz gut zu begehen waren. Die tiefen Furchen deuteten aber darauf hin, dass an regnerischen Tagen die Karren alle Mühe hatten, nicht im Schlamm stecken zu bleiben.

Ein zentrales Haus, das durch seine Größe, seinen Prunk oder seine bevorzugte Position als Wohnsitz des Fürsten zu deuten war, konnte Arthur vorerst nicht erkennen. Die meisten Gebäude waren klein, vielleicht drei auf sechs Meter groß; es waren Konstruktionen aus Fachwerk, wie man aus den frei liegenden Balken sehen konnte; die Zwischenräume waren mit Steinen ausgefüllt, verputzt und gekalkt worden. Fast alle Häuser erinnerten Arthur an Schuppen; sie waren mit Stroh gedeckt, nur einige wenige wiesen hölzerne Dachschindeln auf.

Gawin ging schnell durch die Straßen; er schien sich nicht länger als notwendig im Freien aufhalten zu wollen. Arthur spürte es: Über der Siedlung lag eine seltsame drückende Stille. Manchmal streunte ein Hund zwischen den Wegen herum, zwei Mal sah Arthur auch Schweine, die im Freien in einem Gatter gehalten wurden. Aber es waren keine Menschen unterwegs, was man sich in einer Stadt dieser Größe eigentlich kaum vorstellen konnte. Überall waren die Türen der Häuser geschlossen, teilweise lagen selbst jetzt am helllichten Tag die Holzläden vor den Fenstern. In einem Hof stand ein Holzanhänger, der noch zur Hälfte mit Heu beladen war von der ersten Ernte des Jahres. Aber niemand hatte das Heu mehr abgeladen, und schon mehrmals hatte es wohl hinein geregnet, denn es fing allmählich zu faulen an. Vor einer Haustür sah Arthur eine leere Kinderkrippe, in der noch eine Zudecke aus Filz lag; vielleicht war das Kind gestorben, und man hatte den Leichnam herausgenommen und die Wiege einfach stehen lassen.

Sie waren außerhalb der Festung eine halbe Stunde vom Weißen Felsen bis zum Haupttor marschiert – so lange zog sich die Siedlung hin. Zu normalen Zeiten mussten doch hier Hunderte, wenn nicht Tausende von Menschen leben, sagte sich Arthur. Aber er kannte natürlich die düstere Lösung für dieses Rätsel.

»Wie viele deines Stammes leben noch?«, fragte er deshalb Gawin, der in einen kleinen Weg zwischen zwei Zäunen einbog. Der Pfad lief auf den Eingang eines Hauses zu, das etwas abgerückt von der Straße lag, direkt an der äußeren Befestigungsmauer.

»Das weiß niemand mehr genau«, sagte Gawin mit trauriger Stimme, »denn jeden Abend werden wieder Dutzende von Leichen verbrannt. Es sind vielleicht noch fünfhundert – vor wenigen Monaten haben dreitausend Menschen in Riusiava gelebt, und wenn man die Dörfer im weiten Umkreis dazuzählt, waren es sogar 20.000. In wenigen Tagen wird alles zu Ende sein. Aber kommt hier herein, das ist unser Haus.«

»Riusiava«, sinnierte Julius. Das war der alte Name dieser Stadt.

Arthur und Julius mussten sich ducken, um nicht mit dem Kopf gegen den Türsturz zu schlagen. Die schwere Tür aus Eichenholz war mit hölzernen Spunden miteinander verzapft, und außen gab es lediglich einen einfachen Holzgriff, um die Tür zu öffnen und zu schließen. Nur von innen konnte man die Tür mit einem vorgelegten Balken sichern.

Das Innere des Hauses bestand aus zwei Räumen. Durch die Tür traten Arthur und Julius direkt in den Raum, in dem auch die Feuerstelle war. Sie bestand aus einem nur wenige Zentimeter hohen gemauerten Rechteck, fast in der Mitte des Raumes. Oben im Dach war eine Öffnung, damit der Rauch abziehen konnte, und von dort hing ein langer eiserner Griff herab, an dem sich ein Topf aufhängen ließ. Das Feuer brannte allerdings nicht, und Arthur konnte nirgendwo Brennholz entdecken. Vermutlich hatte Gawin in den vergangenen Tagen keine Zeit gehabt, in den Wald zu gehen; oder er hatte es aus der berechtigten Furcht vor Überfällen unterlassen.

Ansonsten war der Raum beinahe leer. Ein offenes Regal stand an der Stirnseite des Hauses, unter dem einzigen Fenster des Raumes. Auf dem Regal hatte die Familie ihr gesamtes Geschirr deponiert, das aus einigen tönernen Schalen, Töpfen und Tellern bestand, die teilweise glasiert und mit schönen farbigen Zickzackmustern bemalt waren. Daneben entdeckte Arthur zwei Gefäße aus dünner Birkenrinde – und zu seiner Verwunderung eine Amphore, die in einer Ecke halb in den Boden eingelassen war. Er hatte diese Gefäße nicht im rauen Südwestdeutschland erwartet; sie gehörten für ihn in die warme Welt Griechenlands.

Gawin ließ seinen Stapel Holz neben der Feuerstelle auf den gestampften Lehmboden fallen, als er aus dem Nebenraum Geräusche hörte. »Wer ist da?«, rief eine krächzende Frauenstimme. Gawin eilte sofort hinüber. »Ich bin es doch, Mutter, wer sonst sollte es sein.«

Arthur und Julius konnten nur ganz kurz einen Blick in den zweiten Raum erhaschen. Er war durch schwere Dielen vom Hauptraum abgetrennt, die aber nicht bis hinauf ins offene Dach reichten. Vielmehr hatten die Handwerker in gut zwei Meter Höhe einen Querbalken gelegt und von dort nach hinten mit weiteren Holzdielen eine Decke eingezogen. Der Schlafraum war damit deutlich niedriger als der große Raum. Im Winter dürfte dies praktisch sein, weil das Zimmer dann besser mit der eigenen Körperwärme zu beheizen war.

Spartanisch war das Wort, das Arthur angesichts dieses bescheidenen Lebensstils einfiel. Dabei wusste er sehr wohl, dass es nicht passte, denn einfach war dieses Leben nur aus Sicht des Menschen, der aus der modernen Zeit kam. Vermutlich haben die meisten Menschen, vor allem die Bauern, noch bis vor zweihundert Jahren so ähnlich gelebt wie Gawin und seine Mutter. Was brauchte man schon, außer einem Dach über dem Kopf, einer Feuerstelle, ein Bett – und den Arbeitsutensilien, die Arthur in diesem Haus aber nicht entdeckte. Die Verarbeitung des Erzes schien anderswo stattzufinden. Aus Sicht Gawins besaß seine eigene Generation vielleicht sogar Errungenschaften, die das Leben im Vergleich zu vorhergehenden Generationen sogar luxuriös machten.

»Was weißt du über die Kelten kurz vor der Zeitenwende?«, flüsterte Arthur seinem Bruder zu, der wie er im Raum umherging und mit offenem Mund diese andere Lebensform begutachtete. Gawin war im anderen Zimmer verschwunden und hatte die Tür von innen zugemacht.

»Wenig«, antwortete Julius achselzuckend. »Bei Pater Rupert habe ich mit Marie einige Bücher durchgeblättert, als wir auf der Suche nach Informationen über die keltische Schrift waren. Die Kelten verschwanden kurz vor Christi Geburt beinahe spurlos aus unserer Gegend. Bis heute – oder vielmehr: bis zu unserer Zeit – hat die Forschung nicht klären können, was damals eigentlich passiert ist. Man vermutet einen Zusammenbruch der Kultur, nachdem Cäsar Gallien unterworfen hatte und dadurch die alten Handelswege abgeschnitten waren. Auch kriegerische Ereignisse sind immer wieder diskutiert worden, aber in den Überresten der Städte waren nirgendwo Brandspuren zu finden. Die Siedlungen scheinen also nicht zerstört, sondern einfach verlassen worden zu sein. Natürlich dachten die Archäologen immer auch an Seuchen als Grund für das plötzliche Verschwinden der Kelten.«

»Damit lagen sie anscheinend goldrichtig, wie wir jetzt erkennen können«, warf Arthur ein.

»Ja, nur konnte niemand ahnen, auf welchem Hintergrund sich diese Epidemie ereignet hat. Die Menschen begreifen sie als Strafe der Götter, weil sie den Pfad der Natur verlassen haben. Das hat, ehrlich gesagt, eine gewaltige Dimension für die Geschichte der Menschen. Zu dieser Zeit war es, als der Mensch sich endgültig aus seiner Umgebung löste und sich über den Rest der Schöpfung erheben wollte. Die Geschichte der Welt wird seither auf andere Weise geschrieben.«

»Jetzt übertreib nicht. Aber es haben wirklich gar keine Kelten überlebt?«

»In unserer Gegend nicht. Als römische Truppen etwa fünfzig Jahre später von der Schweiz und von Gallien her Südwestdeutschland besetzten, fanden sie eine große Einöde vor. Nirgendwo gibt es Anzeichen dafür, dass die Römer kämpfen mussten, und nirgendwo haben sich aus den fünfzig Jahren davor größere Überreste gefunden, wie Töpfe, Fibeln oder sonstiges Gerät, auf die die Archäologen immer stoßen, wenn ein Gebiet besiedelt war. Die Kelten verabschiedeten sich aus der Geschichte – und das ist umso erstaunlicher, als sie sich zuvor fast zu einer Hochkultur entwickelt hatten. Die Menschen unterhielten wirtschaftliche Beziehungen nach ganz Europa: Bernstein von der Ostsee, Wein aus Marseille, Glasringe aus Gallien, modisches Geschirr aus Italien. Längst hatten sich Berufe ausgebildet und die Menschen gingen einem spezialisierten Handwerk nach. Es gab Schmiede, Dachdecker, Weber, Töpfer und natürlich Bauern.«

»Und Erzpächter, wie wir jetzt gelernt haben«, meinte Arthur.

Aus dem Nachbarraum drang ein Stöhnen. Kurz darauf öffnete sich die Tür und Gawin kam zurück.

»Ich mache Feuer und koche eine Suppe«, sagte er abwesend und mehr zu sich selbst als zu den beiden Brüdern.

»Wie geht es deiner Mutter?«, fragte Julius und kniete sich zu Gawin, der am Boden mit einem Flintstein Funken entfachte, ein Büschel flauschiger Binsen darüber hielt und sanft hineinpustete, bis sich das Gras entzündete. Gawin machte das so geübt, dass es nur wenige Sekunden dauerte, bis das Schilf brannte und er kleines Spaltholz darüber legen konnte.

»Sie wird bald sterben«, sagte Gawin, ohne den Kopf zu heben. »Ich koche eine Getreidesuppe, damit sie nicht hungrig auf die große Reise gehen muss.«

Julius schwieg lange, während Arthur versuchte, durch die leicht offen stehende Tür in das Schlafzimmer hineinzusehen. Aber es war ganz dunkel darin, und durch den Spalt fiel nur so wenig Licht, dass Arthur gerade eine Truhe erkennen konnte, in der Gawin wahrscheinlich seine Kleider aufbewahrte.

»Wo ist der Rest deiner Familie?«, fragte Julius. »Gibt es noch jemanden außer euch beiden?«

Gawin schüttelte den Kopf. Er war in sich zusammengesunken und hatte das Feuer ganz vergessen, das jetzt groß genug war, um ein Holzscheit darauf zu legen. Julius übernahm das für Gawin, und als er sich dazu etwas vorbeugte, sah er, wie Tränen an

Gawins Wangen entlang rollten und auf den Lehmboden fielen. Zu allen Zeiten, dachte Julius, ist der Schmerz groß, wenn man geliebte Menschen ziehen lassen muss. Egal, an welche Götter man sich hielt, egal, ob man an Wiederauferstehung oder ewige Verdammnis glaubte, egal, wie häufig der Tod zu Gast war – der Schmerz war immer da. Er ließ sich vielleicht mildern durch den Glauben, aber man konnte ihn nicht verschwinden machen. Er gehörte zum Menschsein dazu.

»Mein Vater«, sagte Gawin schluchzend, »ist vor fünf Jahren in einem der Scharmützel mit einem Nachbarstamm umgekommen. Florian, mein ältester Bruder, hat damals die Erzpacht übernommen, und ich habe ihm geholfen. Er ist vor vier Wochen gestorben, und davor haben wir schon meine beiden kleinen Schwestern Kira und Murcella verbrannt. Bald ist es zu Ende, und ich bin froh darum. Wer mag schon ganz alleine zurück bleiben?«

Arthur hatte sich während dieser Worte in das Schlafzimmer gestohlen. Zuerst konnte er nichts sehen, denn der Raum besaß keine Fenster. Arthur lehnte sich neben der Tür gegen die Holzwand und wartete, bis sich seine Augen an die Dunkelheit gewöhnt hatten. Das Rascheln von Stroh und schwere Atemzüge waren alles, was seine Sinne in diesen Sekunden erfassten. Dann schälte sich langsam die Truhe aus dem Dunkeln, und links neben der Wand war nun das Bett zu erkennen, in dem Gawins Mutter lag. Es war recht kunstfertig gebaut. Die Füße waren ebenso wie die vielen Sprossen in der Seitenwand des Bettes gedrechselt, und als Unterlage des Bettes diente tatsächlich Stroh, aber darüber war eine Decke aus Flachs oder Hanf gelegt. Die Frau, die in dem Bett lag, war noch nicht alt; jünger jedenfalls als seine Mutter Franziska, jünger vielleicht sogar als Ursula. Und doch wirkte sie wie eine Greisin mit ihren eingefallenen Wangen, dem wirren Haar und den fiebrigen Augen, die Arthur anstarrten. Er konnte nicht sagen, ob sie überhaupt noch wahrnahm, dass jemand sich ihr näherte, aber dennoch sagte er ganz leise: »Sie brauchen keine Angst zu haben. Ich will Ihnen helfen.« Beschwörend und leiser werdend wiederholte er es noch einige Male: »Keine Angst, ich helfe Ihnen.«

Er ließ sich auf die Knie nieder, als er vor dem Bett angekommen war, und holte den Lederbeutel hervor, in dem er die drei Figuren, jede einzeln eingeschlagen in ein kleines Tuch, aufbewahrte. Er vermied es dabei, Gawins Mutter, deren Name er nicht einmal kannte, ins Gesicht zu schauen. Denn nicht nur die schwarzen Flecken und die unförmigen Beulen waren schrecklich anzusehen, sondern noch viel mehr die Verzweiflung in den Augen der Frau.

Vorsichtig löste Arthur jede Figur aus ihrer Schutzhülle. Mensch, Luchs, Eiche. Das Glühen der heiligen Figuren wirkte nun, da sie zusammenlagen, noch intensiver, und ein großes Glücksgefühl überkam Arthur, als er auf dieses herrliche Kunstwerk und dessen pulsierenden warmen Schein schaute. Aber noch war die Zeit nicht reif für den neuen alten Bund, das spürte Arthur, noch fehlte ihnen der Schlüssel zur letzten Zeremonie. Er nahm die ausgezehrte zierliche Hand der Frau neben ihm und legte die Figuren hinein. Dann half er ihr, die Hand zu schließen und sie an ihren Körper heranzuführen, bis die Hand auf ihrer Brust ruhte.

»Ganz ruhig«, sagte Arthur leise, »nun wird alles gut.«

Er wusste nicht, ob es richtig war, was er tat. Wer gab ihm das Recht, dass er diese Frau rettete, Hunderte andere Menschen in den Häusern rings herum aber sterben ließ? Wie konnte er es wagen, sich zum Herr über Leben und Tod aufzuspielen, was nur Gott allein zustand? Aber er folgte seinem Herzen und tat, was es ihm sagte.

Er blieb bei der Frau sitzen und sprach auf sie ein, wie man ein kleines Kind beruhigt, das sich in den Finger geschnitten und einen großen Schreck bekommen hat.

Als Arthur später zurück in den Hauptraum kam, saß nur Julius am Feuer und rührte mit einem hölzernen Löffel in dem großen Topf, der an dem eisernen Griff hing. Julius zuckte mit den Schultern, als er Arthurs fragenden Blick sah: »Gawin ist raus gegangen. Er meinte, er wolle Brennnesseln pflücken gehen. Was hast du gemacht?«

Gerade in diesem Moment öffnete sich die Außentür und Gawin kam mit einem gefüllten Tuch unter dem Arm zurück. Er breitete es vor der Feuerstelle aus, holte einen weiteren Topf und schüttete Wasser hinein. Dort hinein warf er alles, was sich in dem Tuch befunden hatte: Blätter und junge Triebe der Brennnessel, die Gawin mit einem Holzlöffel kräftig unter Wasser drückte und umrührte.

»Man muss sie auswalken oder in Wasser geben«, sagte Gawin, »dann brennen sie nicht mehr. Zusammen mit Erbsen gibt das einen guten Brei. Normalerweise kochen wir noch etwas Fleisch mit, aber in der ganzen Stadt gibt es nichts mehr. Niemand schlachtet mehr, teilweise sterben die Schweine selbst an der Krankheit. Oder sie verhungern.«

Gawin ging zu dem Regal hinüber und nahm einen weiteren Topf in die Hand. Als er sich umdrehte, stand seine Mutter im Türrahmen und schaute ihn an. Vor Schreck ließ Gawin den Topf fallen, und Tausende von Erbsen kullerten über den Lehmboden in alle Ecken.

»Mutter, du sollst nicht aufstehen«, rief Gawin und ging rasch zu ihr hinüber. Aber sie wehrte seine Hilfe ab und sagte ruhig: »Etwas ist mit mir geschehen. Ich fühle mich gut. Ich bin wieder klar im Kopf, und ich bin hungrig.«

Gawin glaubte seinen Ohren nicht zu trauen. Aber der wirre Blick in den Augen seiner Mutter war verschwunden, und die schwarzen Flecken waren nur noch undeutlich auf der Haut zu sehen, wie fast abgeheilte kleine Blutergüsse. Da fing Gawins Körper an zu zittern. All die Last, all die Angst, all die Einsamkeit stieg in ihm hoch, all das Dunkle, das er sich nicht hatte eingestehen wollen, weil er stark hatte bleiben wollen. Er umarmte seine Mutter und drückte sie fest an sich, dann ging er zu Arthur hinüber und kniete sich vor ihm nieder, den Kopf tief gebeugt.

»Ich weiß nicht, was du getan hast«, sagte Gawin, »aber du bist mächtiger als jeder Fürst und zauberkräftiger als jeder Druide. Ich danke den Göttern, dass ich dir begeg-

net bin. Ich danke dir von Herzen. Mein Leben lang stehe ich in deiner Schuld. Was immer du mir gebietest, ich werde es tun. Dies ist mein Versprechen.«
Arthur nahm Gawin am Arm und zog ihn hoch.
»Du bist mir nichts schuldig, Gawin. Auch wenn es schwer zu verstehen ist: Ich muss dir dankbar sein. Denn in der fernen Zukunft hast du mir das Leben gerettet, und ich wäre heute nicht hier ohne deinen Mut.«
Gawin blickte ihn, noch immer mit Tränen in den Augen, verständnislos an. Arthur fügte deshalb hinzu: »Letztlich war es der Bund, der deine Mutter gerettet hat. Und der Bund allein ist es, der euch alle retten kann. Du hast gesagt, es werde heute Abend eine Totenzeremonie für Borkan geben. Haben wir dort eine Möglichkeit, mit einem Druiden zu sprechen? Wir müssen erfahren, ob wir den Dolmen aufsuchen müssen und wie die Zeremonie aussieht. Und wenn jemand unter euch Kelten das weiß, dann doch die Druiden. Oder?«
»Das ist so«, nickte Gawins Mutter. »Ich werde euch zum Totenritual begleiten. Denn ich, Tamira, bin eine Tochter des Druiden, der früher die Zeremonien geleitet hat. Ich weiß, wie man in das Heiligtum gelangt.«
Arthur nickte. »Das hört sich gut an. Wann beginnt das Ritual?«
»Bei Einbruch der Dunkelheit«, meinte Gawin. »Wir haben noch zwei Stunden Zeit. Bis dahin werden wir es uns gut gehen lassen. Der Eintopf ist in einer Stunde fertig. Und ich glaube, in der Amphore ist noch ein letzter Rest Wein. Und wenn er nicht reicht, hole ich mehr aus dem Nachbarhaus. Dort ist niemand, der den Wein noch trinken könnte.«

Sie mussten ziemlich weit gehen, um zu dem Ort zu gelangen, an dem das Zeremoniell stattfinden sollte. Das Heiligtum befand sich im hintersten Teil der befestigten Siedlung, direkt an der Stadtgrenze, die dem Weißen Felsen am nächsten lag. Aber es gab dort kein Tor, so dass jeder Besucher durch die ganze Stadt hätte gehen müssen, um zu diesem abgelegenen Bereich zu kommen. Nur gab es längst keine Besucher mehr. Unterwegs zeigte ihnen Gawin die Abbaustätten des Erzes – es waren große Gruben, aus denen die Caldur mit einfachen Geräten das Eisenerz gewannen. Dieses Gebiet war unbesiedelt – bis auf einige Hütten, die auf einer Seite ganz offen waren. Dort standen die Öfen, mit denen das Roheisen aus dem Erz herausgeschmolzen wurde.
Auf ihrem Weg waren sie nicht mehr alleine. Es war ein kleiner Zug von Verzweifelten und Gezeichneten, die dem Heiligtum entgegen strebten. Manche gingen an Krücken, manche mussten gestützt werden, eine Frau lag sogar auf einem Handkarren, der von einem Mann, vermutlich ihrem Ehegatten, geschoben wurde. Alle Überlebenden der Epidemie hatten sich aufgemacht, bei Borkans Bestattung dabei zu sein. Arthur wunderte sich darüber, dass den Menschen dieses Ritual so wichtig war. Aber er erklärte es sich so, dass sich alle diese Menschen selbst vergewissern wollten, dass jener tot war, der dieses Unheil über sie gebracht hatte. Gawin sprach unterwegs mit einigen Leuten,

die er kannte, und aufgeregt berichtete er seiner Mutter und den beiden Brüdern: »Es soll noch eine zweite Zeremonie geben. Die Druiden haben einen Plan, mit dem sie die Götter umstimmen und unser Volk retten wollen.«

»Und wie soll dieser Plan aussehen?«, fragte Tamira. »Ich kenne viele Zeremonien von meinem Vater, aber es gibt meines Wissens keine, die so stark wäre, um diese Strafe von uns zu nehmen.«

Doch Gawin konnte nichts weiter berichten; niemand wusste Näheres, aber alle waren wieder mit Hoffnung erfüllt.

Das Heiligtum hatte sich Arthur anders vorgestellt, eher wie einen römischen Tempel oder wie eine frühchristliche Kapelle. Es war so schwer, sich von den Vorstellungen im Kopf zu lösen – ein römischer Tempel oder eine frühchristliche Kapelle waren für die heute Lebenden uralt, aber in unseren Gefilden eben bei weitem nicht alt genug, um keltisch zu sein. Weiter zurück muss die Reise gehen, in eine Zeit, die noch keine Schrift kannte, in eine Zeit, als Menschen lebten, deren Gedanken wir nicht einmal erahnen können, von deren Gebäuden wir nichts kennen außer einigen steinernen Fundamenten.

Zu seiner Verwunderung sah Arthur vor der Festungsmauer einen kleinen Wald aus Linden- und Eichenbäumen, in den an einer zentralen Stelle ein Pfad hineinführte. Links und rechts dieses Eingangs waren große kupferne Schalen auf Baumstümpfe gestellt worden, in denen ein hohes Feuer brannte. Sie erleuchteten den kleinen Platz vor dem Hain. Davor aber war ein sorgsam aufgeschichteter Scheiterhaufen aus gleich dicken Holzbalken errichtet worden, die einmal der Länge und einmal der Breite nach aufeinander gelegt worden waren. Die Höhlung dazwischen war mit Reisig, dürren Ästen und Zweigen restlos ausgefüllt – sobald der Stoß angezündet war, würde er in wenigen Sekunden lichterloh brennen. Auf der obersten Balkenschicht lag der Leichnam eng in weißes Tuch eingebunden, so dass man die Form des toten Körpers gut erkennen konnte. Borkan musste ein großer, stattlicher Mann gewesen sein. Auf den Körper hatte man ein Schwert gelegt, dessen Klinge beinahe so lang war wie Borkan selbst. Nur mit zwei Händen hätte er dieses Schwert führen können, dachte Arthur. Wenn überhaupt – vielleicht war es nur eine Schauwaffe, speziell für das Totenritual angefertigt.

Die Menschen blieben einige Meter vor dem Scheiterhaufen stehen. Sie bildeten ein armseliges ungeordnetes Halbrund.

»Ich dachte immer, Fürsten würden in großen Grabhügeln bestattet«, sagte Julius. »Habe ich da etwas falsch verstanden?«

»Nein«, antwortete Tamira, »früher war dies tatsächlich so. Aber seit dem ersten Zusammenbruch des Bundes haben die Caldur diese Tradition aufgegeben. Um ihre Demut zu zeigen und um ihre Erkenntnis zur Schau zu stellen, dass selbst die Fürsten sich dem Kreislauf der Natur nicht entziehen wollen und können, haben sich immer mehr Herrscher verbrennen lassen. Die Mehrheit der Bevölkerung tat es ihnen nach.

Heute gibt es nicht einmal mehr Gräber. Die Asche der Toten wird in alle Winde zerstreut, und die Knochen werden in den Unterbau neuer Straßen eingebettet.«

»Wie bitte?«, fragte Arthur, der glaubte, sich verhört zu haben. »In Straßen?«

»Jeden Tag gehen wir über diese Straßen«, meinte Gawin. »Wir erfahren dadurch, dass unser Leben auf den Leistungen unserer Vorfahren aufgebaut ist und dass wir alle auf ihren Spuren wandeln. Ich wundere mich, dass euch dies seltsam vorkommt. Das ist doch ganz normal.«

»Nun ja«, meinte Arthur, »als normal empfinden wir das nicht gerade. Es wäre für uns sogar ein Verbrechen, die Körper unserer Vorfahren als Baumaterial zu verwenden.«

»Es ist kein Baumaterial. Es ist der lebendige Teil einer Straße oder eines Hauses, das ihnen eine Art Seele verleiht. Aber ich glaube nicht, dass Borkans Körper diese Ehre widerfahren wird. Er hat unser Volk in den Untergang geführt. Von ihm darf nichts bleiben. Er erhält deshalb keine Gaben mit auf seine Reise, kein Kettenhemd, keinen Torques und keinen Sklaven. Er soll dem ewigen Vergessen anheim fallen.«

»Und was ist mit dem Schwert?«, fragte Julius.

»Es ist Borkans Schwert, das zu Lebzeiten seine Fürstenwürde symbolisiert hat. Es wird ihm nun im Tod entzogen, und vermutlich dient es sogar dazu, den Körper des Fürsten endgültig zu zerstören.«

Julius konnte nicht mehr nachfragen, was Gawin meinte. Denn seine Aufmerksamkeit wurde abgelenkt, als zwei Männer in der Tracht der Wächter am Haupttor vor den Feuerschalen große Trommeln aufnahmen und begannen, einen langsamen dumpfen Takt anzuschlagen, der durch die hereinfallende Nacht hallte und die Siedlung noch düsterer wirken ließ als sie ohnehin schon war. Nach einigen Minuten in diesem Takt hoben die Umstehenden plötzlich an zu singen, ohne dass Arthur bemerkt hätte, dass jemand den Einsatz gab. Auch Tamira und Gawin sangen. Es war ein schweres Lied, das vom Anfang und vom Ende der Welt handelte und vom Leben eines Menschen, das so leicht wie eine Feder war und flüchtig wie ein Windhauch. »Das Leben geht, die Seele fliegt« – so lautete der Refrain. Und während sie zum letzten Mal die Worte sprachen und die letzten Trommelschläge ertönten, traten aus dem kleinen Wald zwei Männer. Sie hatten schwarze Kutten an und sahen wie Benediktinermönche aus; nur ihre langen grauen Haare, die zu einem Pferdeschwanz zusammen gebunden waren, und die schwarzen Striche, die auf der Stirn und auf den Wangen aufgemalt waren, passten nicht dazu.

Die beiden Männer traten vor den Scheiterhaufen, und der eine, dessen Haar beinahe bis zur Hüfte reichte, sagte mit lauter Stimme: »Es ist eine dunkle Zeit, in die wir hineingeboren wurden, Einwohner von Riusiava. Der Rat der Druiden besteht aus sieben Männern, doch wie ihr seht, sind nur wir beide übrig geblieben. Vielleicht ein letztes Mal werden wir heute das Totenritual bestreiten, bevor unser Volk untergehen wird im Dunkel der Geschichte. Schlimmer hätte es nicht kommen können. Es herrscht Krieg mit den Tieren. Und selbst der Wald, aus dem wir uns ernährt haben seit Anbeginn der Zeiten, ist unser Feind geworden.«

Die beiden Wächter schlugen bei diesen Worten je ein Mal auf ihre Trommeln. Daraufhin ergriff der andere Druide das Wort: »Auch alle Macht der Druiden reicht nicht aus, um den zerstörten Bund wieder aufzurichten. Die Tiere und der Wald trauen uns nicht mehr, und sie haben ihre Figuren in Sicherheit gebracht. Wir können nicht heilen, was Borkan zerstört hat.«

Erneut schlugen die Wächter die Trommeln, und ein Raunen ging durch die Menschen, weil sie ihre Hoffnung verfliegen sahen.

»Aber wir werden heute das alte Zeitalter beenden«, sagte der erste Druide, »wir werden mit der Herrschaft Borkans brechen, mit seinem Versuch, sich die Schöpfung untertan zu machen. Und wir werden ein neues Zeitalter ausrufen, das danach trachtet, den Bund wieder herzustellen. Mehr können wir nicht tun. Es sind die Götter, die dann entscheiden, ob wir würdig sind, zu überleben.«

Ein drittes Mal ertönten die Trommeln. Dann stellten die Wächter die Instrumente zur Seite und entzündeten an den Feuerschalen zwei Fackeln, die sie mit einer Verbeugung den Druiden übergaben. Ohne weiteres Zeremoniell schoben die beiden Männer die Fackeln zwischen den Balken hindurch und ließen sie in den Innenraum des Scheiterhaufens fallen. Das Reisig und das dürre Holz fassten sofort Feuer, und in letzter Sekunde stieg einer der Druiden eine kleine Leiter hinauf und nahm das Langschwert an sich. Er beeilte sich, dem Feuer zu entkommen und stellte sich dann zwischen Wald und Scheiterhaufen, das Schwert vor sich in die Erde gerammt. Innerhalb weniger Minuten brannte der Stapel so stark, dass die Flammen viele Meter hoch in den Nachthimmel leckten. Manche der Umstehenden wurden von der Hitze zurückgedrängt, manche aber warfen selbst noch Holz in das Feuer, als könnte es ihnen nicht schnell genug gehen, diesen Menschen verbrennen zu sehen.

Fast eine Stunde dauerte es, bis nichts mehr vom Scheiterhaufen zu sehen war außer den Überresten der dicksten Balken und außer den Knochen Borkans, die nun in der Glut lagen und teilweise in der Hitze zersprungen waren. Jetzt schickten sich die beiden Wächter an, mit langen Zangen den Schädel, die Rippen und die langen Knochen der Arme und Beine aus der Glut zu holen und auf einen kleinen Haufen zu legen. Der Druide mit den sehr langen Haaren, er schien der ranghöhere zu sein, nahm nun erneut das Schwert und schlug mit großer Wucht die Langknochen entzwei. Dann zertrümmerten die Wächter mit schweren Hämmern alle weiteren Teile, bis sie beinahe zu Staub zerstoben waren. Diesen Staub ließen sie zusammen mit einem Teil der Asche auf eine metallene Scheibe rieseln, die sie den Druiden übergaben.

»Verdammt seist du, Borkan, Fürst von Riusiava, bis an das Ende der Zeit«, rief der alte Druide mit lauter bebender Stimme. »Nicht einmal Staub soll von dir bleiben. Nichts soll mehr an deine Anwesenheit auf dieser Erde erinnern, und keiner soll deinen Namen mehr kennen.« Und bei diesen Worten warf der Druide ein Pulver auf die Scheibe – eine Stichflamme erschien, und als der Rauch sich gelichtet hatte, war nichts mehr auf dem Metall zu erkennen.

Arthur drängte Tamira, dass sie sich nun in den Wald schleichen müssten, um dort die Druiden zu treffen. Doch Gawins Mutter wollte abwarten. »Das Ritual ist noch nicht beendet«, meinte sie. »Wistan hat davon gesprochen, dass er ein neues Zeitalter ausrufen wolle. Heute Abend wird also noch etwas passieren, das bei einer normalen Totenzeremonie nicht passiert. Wir werden die Druiden nicht verpassen, das verspreche ich dir.«

Tatsächlich trat nun der höchste Druide wieder nach vorne und sagte: »Die Zeit Borkans ist vergangen, seine Existenz ist von dieser Erde getilgt. Nun gilt es, die Götter gnädig zu stimmen. Der Rat hat lange darüber nachgedacht, wie dies geschehen könnte, und er kam zu dieser Lösung, die ich euch verkünden will: Einer von uns, dem die Götter wohl gesonnen sind, muss ausziehen, den Bund zu erneuern. Er soll versuchen, die Tiere und den Wald umzustimmen. Wenn dies misslingt, soll er aus eigener Kraft die Figuren suchen und den Bund neu errichten. Damit die Götter sehen, dass dieser Auserwählte sich von der alten Zeit gelöst hat, darf er nicht aus unserer Mitte kommen, und er darf seine Aufgabe nicht von Riusiava aus lösen. Unser Ratschluss lautet: So lange muss der Erwählte sein Volk meiden, bis er seine Aufgabe erfüllt hat. Bricht er diese Auflage, so wird er auf ewig im Zwischenreich der Dämonen wandeln. Verlässt er das Tal, so wird er auf ewig im Zwischenreich der Dämonen wandeln. Stirbt er, ohne seine Pflicht erfüllt zu haben, so wird er auf ewig im Zwischenreich der Dämonen wandeln.«

Ein Aufschrei ging durch die Menge, manche legten vor Schreck die Hand vor den offenen Mund, und ein Mann wagte sogar zu rufen: »Was tut ihr ihm an!«

Arthur verstand nicht, was die Menschen so in Aufruhr versetzt hatte, aber Tamira erklärte es ihm und Julius: »Dies ist bei uns die schlimmste Strafe, die es gibt. Wer im Zwischenreich bleiben muss, dessen Seele kann nicht mehr in einen anderen Körper eingehen – man bleibt auf immer tot. Vor allem aber leben im Zwischenreich die grausamsten Geister, die man sich vorstellen muss. Wir haben keine Angst vor Schmerzen, doch die Folter, die im Zwischenreich wartet, kennt keine Grenzen. Wem diese Strafe droht, der kann nicht mehr leben und nicht mehr sterben. Es ist ein schrecklicher Zustand.«

Julius war ganz aufgeregt und fragte dazwischen: »Und wer ist diese Person, dem die Götter wohlgesonnen sind? Habt ihr eine Idee?«

Tamira sagte: »Es muss jemand sein, der glaubhaft vertritt, dass er den Bund nicht aus egoistischem Interesse wieder errichten will. Es muss jemand sein, der schon zu Borkans Lebzeiten gegen dessen Politik war. Und dafür kommt eigentlich nur einer in Frage.«

»Und wer ist das?«, fragte Julius.

Die Druiden hatten sich jetzt links und rechts des Ausgangs aus dem Wald aufgestellt. Es war, als träten sie, die höchsten Männer des Volkes, in vielerlei Hinsicht höherstehend als selbst der Fürst, zurück, um einem anderen Platz zu machen. Und aus dem

Wald trat nun ein junger stämmiger Mann, dessen Haare ganz abrasiert waren und der große goldene Torques um jeden seiner strammen Oberarme trug. Er hatte eine schwarze Hose ganz aus Leder an und eine ärmellose Weste, deren helles Blau so gar nicht in dieses düstere Ritual passte.

Arthur und Julius schauten sich ungläubig an. Konnte das wahr sein? Träumten sie nicht alles in einem wirren Traum, in dem alles wild durcheinander ging, das Vorher und das Nachher, das Gute und das Böse, das Wohlgefällige und das Hässliche? Aber es bestand kein Zweifel: Er war zwar viel jünger als zu jener Zeit, als sie ihn kennengelernt hatten, aber die untersetzte Statur, die markanten Gesichtszüge und auch die düstere Wut in seinem Blick machten ihn unverwechselbar – es war Ariokan, der aus dem Hain getreten war und nun über die Schale, die Borkans Asche enthalten hatte, auf die Menschen zuschritt.

»Bruder, jetzt verstehe ich gar nichts mehr«, sagte Julius. »Kannst du dir einen Reim darauf machen?«

»Du kennst Ariokan?«, fragte er deshalb Tamira.

»Natürlich«, antwortete sie. »Jeder kennt ihn. Er war der einzige Waffenträger, der sich Borkan widersetzt hatte, als der die Gefolgschaft einforderte im Kampf um die drei Figuren. Hier in der Burg haben wir Ariokan immer nur als Waldritter bezeichnet, weil er die meiste Zeit draußen im Tal verbracht hat und sich nur mäßig für die Ausbildung an den Waffen interessiert hatte, die jeder Junge von Stand durchlaufen musste. Dabei war er außerordentlich talentiert und konnte es mit manchem Ritter aufnehmen, der älter war als er.«

»Und warum hat sich Zoller …, also Ariokan, seinem Fürsten widersetzt?«, wollte Julius wissen.

»Ich glaube, weil er den Wald und die Tiere liebte. Er hielt es für falsch, den Bund zu brechen.«

»Und das hat Borkan akzeptiert?«, bohrte Julius nach.

»Natürlich nicht. Vermutlich hätte er ihn gerne heimlich töten lassen, um keine Scherereien mehr zu haben. Aber Ariokan war Borkans Neffe, und vielleicht wäre er sogar selbst einmal Fürst geworden, denn Borkan hatte keine Söhne. Vielleicht mochte Borkan seinen Neffen sogar, denn sie waren sich in manchem ähnlich – sie konnten beide aufbrausend sein und kannten dann keine Milde mehr. Ich habe mich oft gefragt, wie Ariokan zwei so unterschiedliche Seelen in sich tragen konnte.«

»Und was geschah dann mit ihm?«, fragte Arthur.

»Jeden anderen hätte Borkan töten lassen. Ariokan hat er nur verbannt. Er hat ihn einen Eid schwören lassen, sich niemals gegen ihn zu erheben – dann durfte er mit seiner Frau und den beiden Söhnen lebend die Burg verlassen. Er hat sich tief im Wald eingerichtet, weit weg von Riusiava. Er ist seither nie mehr hierher zurückgekehrt. Da hinten stehen Camilla, seine Frau, und Rufan, der ältere Sohn. Der jüngere ist nicht dabei; vielleicht ist die Krankheit selbst bis zu ihnen in die Einöde vorgedrungen.«

Camilla war eine schöne Frau, von hohem Wuchs und mit langen schwarzen Haaren. In ihrem Gesicht konnte man eine große Trauer erkennen, und ihr Sohn stand eng vor ihr, das Gesicht dem Geschehen zugewandt, von der Mutter umarmt, als wollte sie ihn nie wieder loslassen. Es gab Arthur einen kleinen Stich ins Herz, die beiden in ihrem Unglück zu sehen.

»Camilla wird es doppelt treffen«, sagte Tamira. »Denn sie darf ihren Mann nicht begleiten – wer erwählt ist, muss sich von allem Weltlichen lossagen und seine Familie zurücklassen. Und da Ariokan draußen im Wald leben muss, wird sie auf die Burg zurückkehren, wo die Gefahr, an der Krankheit zugrunde zu gehen, am höchsten ist. Oder sie verlässt das Tal ganz. Es tut mir leid um sie, denn sie ist ein guter Mensch und eine gute Mutter. Ich mag sie sehr.«

Konnte das alles wahr sein?

»Die Zeremonie wird bald zu Ende sein«, sagte Tamira zu Arthur. »Wir gehen gleich. Am besten ist es, nur du und ich versuchen, in den Wald zu kommen.«

Arthur nickte. Seine Aufmerksamkeit wurde vom Ende des Rituals in Anspruch genommen: Ariokan hatte sich auf die Knie niedergelassen und senkte demütig das Haupt. Die Druiden legten ihre Hände auf seinen Kopf, als ob sie ihn segnen wollten, und murmelten dabei Worte, die man nicht verstehen konnte.

»Sie geben ihm einen Teil ihres Wissens weiter, damit er seine Aufgabe leichter erfüllen kann«, erklärte Tamira. »Diese Magie wird ihm helfen, sich auf die Suche zu konzentrieren – um das Materielle wird er sich nicht kümmern müssen.«

Zuletzt verschwand einer der Druiden für kurze Zeit im Wald und kam mit einer Karaffe aus Glas zurück, die Arthur und Julius nur allzu gut kannten: Sie war randvoll mit jener Flüssigkeit, die Ariokan am Leben erhielt.

Ariokan stand auf und nahm das Gefäß in Empfang. In seinem Gesicht konnte Arthur noch immer Wut sehen, aber auch Verzweiflung und Resignation.

»Ist das nicht eine große Ehre für ihn, diese Aufgabe zu empfangen?«, fragte er Tamira.

»Im Grunde schon. Aber niemand würde diese Aufgabe freiwillig übernehmen, nur kann man sich ihr nicht entziehen – der Spruch der Druiden ist Gesetz, denn durch sie reden die Götter. Aber für Ariokan gibt es kein Entkommen mehr. Er kann sich nicht einmal selbst töten, wenn er der Aufgabe müde ist, weil er auch dann ins Zwischenreich ziehen müsste. Er ist dazu verdammt, die Figuren zu finden.«

»Wähle nun«, sagte der jüngere Druide, »zwei Krieger, die dich bei deiner Aufgabe unterstützen. Es ist guter Brauch, dass ein Erwählter nicht alleine ausziehen muss. Sie können mit dir gehen und haben Teil an deiner Unsterblichkeit.«

Erneut ging ein Raunen durch die Menge, und ein Teil der Männer wich unwillkürlich zurück. Niemand wollte den Blick Ariokans einfangen, jeder hoffte, dass dieses Schicksal an ihm vorübergehen würde.

Nur Rufan riss sich aus der Umarmung seiner Mutter los, sprang nach vorne auf den kleinen Platz und rief: »Wähle mich, Vater! Ich will mit dir ziehen!« Er war einige Jahre jünger als Arthur, und es war für jeden klar, dass er als Krieger nicht taugte. Zumindest noch nicht.

Ariokan schaute seinen Sohn an, und seine Lippen bebten. Er gab dem Druiden die Karaffe zurück, was vermutlich ein unerhörter Vorgang war. Aber er wollte die Hände freihaben, um Rufan noch einmal in die Arme schließen zu können.

»Niemand aus der Familie darf mich begleiten«, sagte Ariokan so leise, dass Arthur es kaum verstehen konnte. »Das weißt du doch, Rufan. Aber ich gebe dir das Versprechen, dass ich alles daran setzen werde, zu euch zurück zu kommen. Dieses Versprechen ist mir ebenso heilig wie das Versprechen, das ich heute den Göttern gebe, den Bund zu erneuern. Und nun geh. Wir werden uns wiedersehen.«

Ariokan gab Rufan einen leichten Klaps auf den Rücken und schubste ihn fort. Es war ihm anzusehen, wie schwer ihm das fiel. So ähnliche Worte hatte Arthur vor kurzem auch gehört, aus dem Munde seines Vaters.

Dann nahm Ariokan die Karaffe wieder entgegen und rief mit fester Stimme: »Ich erwähle Viktor und Oskar als meine Begleiter. Ihre Kinder und ihre Frauen sind tot. Sie können unbeschwert ihr Leben hinter sich lassen und mit mir gehen. Sie mögen vortreten.«

Tatsächlich hatten Viktor und Oskar die ganze Zeit in der Menge gestanden. Aber Arthur konnte nicht länger auf sie achten, denn nun zog Tamira ihn weg und führte ihn ein Stück zurück zur Siedlung.

»Niemand darf uns sehen, deshalb gehen wir zuerst in die falsche Richtung«, sagte sie. Nach einigen Minuten schwenkte Tamira nach rechts auf einen Pfad ein, der sie hinüber zur Festungsmauer führte. Dort waren sie außerhalb des Lichtkreises der großen Feuerschalen und konnten unbemerkt zum Hain zurückkehren, zumal es im nächtlichen Schatten der Mauer vollkommen dunkel war.

Die ersten Reihen des Waldes bestanden aus Tannen und Fichten, die mit ihren weit nach unten reichenden Zweigen jede Sicht in das Innere des Heiligtums verweigerten. Dort machte Tamira Halt und deutete auf einen kleinen Einlass zwischen zwei Tannen. »Die Druiden stehen zwar in Kontakt mit den Göttern, aber sie sind eben auch Menschen – und brauchen deshalb einen Ausgang aus dem Heiligtum. Hier ist er. Wir müssen nur warten, bis die beiden herauskommen.«

»Warst du schon einmal im Heiligtum?«, fragte Arthur.

»Nein, niemand außer den Druiden darf hinein, denn dort ist der Ort, wo sie mit den Göttern sprechen und deren Befehle entgegennehmen. Niemand würde es wagen, ohne Erlaubnis auch nur in die Nähe des Haines zu kommen. Und sowieso ist der Wald durch einen Zauber geschützt.«

Es war noch nicht lange her, da hätte Arthur über einen solchen Satz gelächelt. Was für ein Zauber sollte es schon sein, der einen hindern sollte, zwischen einigen Bäumen hindurchzugehen? Aber Arthur hatte viel gelernt in den vergangenen Wochen – er hatte gesehen, dass es mehr gab zwischen Himmel und Erde als eine Menschenseele sah und verstand. Und er hatte gelernt, dass Menschen und Ereignisse oftmals anders waren, als sie auf den ersten Blick aussahen. War es nicht auch mit Ariokan so, wie er jetzt feststellen musste? Arthur hatte einen Feind der Natur in ihm gesehen und doch hatte er, zumindest damals vor zweitausend Jahren, dieselbe Aufgabe wie er selbst übernommen. Was war nur geschehen, dass seine dunkle Seite gesiegt hatte?

Arthur war nun nahe am Ziel. Nahe an dem Punkt, an dem er alles zum Guten wenden konnte. Es überraschte ihn nicht, dass nun die beiden Druiden aus dem Hain traten; es war, als hätten sie gewartet, bis Arthur mit seinen Gedanken so weit war. Alles wurde ihm jetzt klar: Er brauchte die Druiden gar nicht mehr, er musste von ihnen nicht mehr erfahren, wie die Zeremonie des heiligen Bundes vonstatten ging. Er und Ariokan hatten dasselbe Ziel – nur hatte sich Arthur bisher nicht vorstellen können, dieses Ziel an dessen Seite zu erreichen. Er musste Ariokan nicht ausschalten, sondern ihn zurückführen zu dessen alten Idealen. Er war der Schlüssel für alles. Das Gespräch mit den Druiden war überflüssig, aber es war zu spät, einfach wegzugehen.

Als der Druide mit den langen Haaren sie sah, fauchte er: »Was macht ihr hier? Ihr wisst, dass ihr hier nichts zu suchen habt – schert euch fort. Oder ihr bekommt meinen Zorn zu spüren.«

Aber Tamira zeigte keine Scheu. »Ich bin es, Tamira. Wir müssen etwas sehr Wichtiges mit euch besprechen, deshalb haben wir es gewagt, hierher zu kommen. Grollt uns nicht.«

»Tamira?«, fragte Wistan verwundert. »Mir wurde zugetragen, dass auch du im Sterben lägest. Dann war das eine falsche Nachricht.«

»Nein, ehrwürdiger Wistan, das war es nicht. Aber es ist jemand gekommen, der mich heilen konnte und der vielleicht uns alle heilen kann. Deshalb sind wir hier.«

Wistan durchschnitt empört mit einer Hand die Nacht. »Heilen, sagst du«, rief er. »Niemand kann eine Strafe der Götter heilen, wenn Taranis selbst es nicht will.«

Der andere Druide fasste Wistan von hinten an der Schulter und sagte: »Beruhige dich, Wistan. Tamira ist offensichtlich wieder gesund. Also sollten wir uns anhören, was sie zu berichten hat. Wer ist dein Begleiter, Tamira?«

»Es ist Arthur, der Sohn eines großen Waldläufers und selbst jemand, den der Wald als Beschützer erwählt hat. Er kommt von weit her und bringt uns Nachrichten, wie wir den Bund erneuern könnten.« Sie machte eine kurze Pause, damit die beiden Druiden begreifen konnten, welche Ungeheuerlichkeit in diesen Worten lag. Dann sagte sie: »Jetzt sprich selbst, Arthur.«

Arthur deutete eine Verbeugung an und sagte: »Ich kenne eure Sitten nicht, deshalb bitte ich um Verzeihung, wenn ich mit meinen Worten gegen sie verstoßen sollte. Aber ich spreche rundheraus, weil wir nur wenig Zeit zu verlieren haben: Es gibt noch einen anderen, einen sicheren Weg, euer Volk zu retten. Dazu bräuchte ich aber eure Unterstützung.«

»Unterstützung?«, grollte Wistan. »Was meinst du damit. Sprich offen.«

»Ich bin auf der Suche nach dem Geheimnis der Zeremonie, mit der man den Bund erneuern kann. Wärt ihr bereit, dieses Wissen preiszugeben?«

Wistans Augenbrauen zogen sich zu einem dunklen Strich zusammen. »Was würde dir das nützen, da du doch zuvor im Besitz der drei Figuren sein müsstest?«, fragte er barsch.

»Ich weiß tatsächlich, wo sie sind.«

Wistan drehte sich zu seinem Begleiter um und schaute ihn fragend an. »Dorian, was redet dieser Junge für wirres Zeug?«

Dorian machte einen Schritt nach vorne und ließ sich vor Arthur in die Hocke gleiten, so dass er sogar zu ihm hinaufsehen musste: »Wie willst du wissen, wo die Figuren sind? Selbst wir wissen es nicht, obwohl wir einst zu den Hütern der Menschenfigur gehört haben. Sie ist verschollen, seit Borkan sie aus dem Heiligtum geraubt hat.«

»Das ist eine lange Geschichte, ehrwürdige Druiden, und es würde zu lange dauern, sie zu erzählen. Aber vertraut mir.«

»Wenn dem wirklich so wäre, Arthur«, meinte Wistan, »dann wäre es am besten, du würdest umgekehrt uns dein Wissen offen legen. Nur wir sind befugt, die Zeremonien vorzunehmen. Es ist völlig ausgeschlossen, dass wir einem Nichtdruiden und noch dazu einem Fremden darüber etwas mitteilen können.«

Arthur hatte diese Antwort erwartet. »Ich verstehe«, sagte er deshalb nur. Die Druiden mussten ihm misstrauen, sie konnten den innersten Kern ihres Wissens nicht einfach preisgeben, selbst in einer so dramatischen Lage nicht. Umgekehrt spürte Arthur, dass er seine Macht nicht abgeben wollte. Es war seine Aufgabe, den Bund zu errichten. Es war seine Berufung.

Arthur lenkte das Gespräch deshalb auf den anderen Gedanken, der ihm vorher gekommen war.

»Es ist doch ein Bund, der zwischen Menschen, Tieren und Bäumen geschlossen wurde«, sagte Arthur. »Also müsste es auch bei den Luchsen und Eichen jemanden geben, der die Zeremonie kennt. Oder?«

»Ja, das ist richtig«, antwortete Wistan. »Aber ich bin mir nicht sicher, ob diese Tiere noch leben und ob diese Bäume noch stehen. Borkan hat schlimm gewütet – und viele sind umgekommen oder geflohen. Vertraue uns dein Wissen an.«

»Besitzt ihr überhaupt noch das Vertrauen der Tiere?«, fragte Arthur deshalb. »Würden sie euch in ihrer Runde akzeptieren?«

»Das wissen wir nicht« räumte Dorian ein. »Vermutlich würde es schwer für uns werden, das ist leider wahr. Die Tiere sagen, wir haben es nicht mutig genug zu verhindern gesucht, als Borkan sich anmaßte, den Dolmen zu überfallen. Vielleicht haben sie sogar Recht.«

Arthur schwieg eine Weile. Dann sagte er: »Ich bitte um Verzeihung, aber ich erkenne jetzt meinen Irrtum, zu euch zu kommen. Ihr habt das Wissen um die Regeln der Ze-

remonie, aber ihr selbst könnt den Bund nicht neu errichten. Das kann nur jemand, der mit eurem Krieg nichts zu tun hatte. Das wird mir erst jetzt richtig bewusst.«
»So ist es«, bestätigte Dorian. »Aber genau aus diesem Grund haben wir Ariokan heute die Aufgabe übertragen.«
Arthur musste lächeln. Genau so war es: Ariokan war der Schlüssel.
»Dann habt ihr ihm auch die Regeln für die Zeremonie anvertraut. So ist es doch, oder?«, fragte Arthur jetzt.
Wistan schwieg, denn er fürchtete, dass in dieser Frage eine Falle liegen könnte. Er wollte schon anheben, eine vage Antwort zu geben, als Dorian ihm ins Wort fiel: »Natürlich haben wir ihm dieses Geheimnis mit auf den Weg gegeben. Wie sonst sollte er den Bund erneuern, wenn er lange für seine Suche brauchen sollte und dann niemand von uns mehr am Leben ist? Ariokan ist jetzt Ritter, Waldläufer, Fürst und Druide in einem. Er ist die Hoffnung unseres ganzen Volkes. Und wenn er den Bund erneuert, dann gilt dieser Bund – egal ob dies morgen oder in tausend Jahren sein sollte.«
Dorian hatte sehr wohl verstanden, was der wahre Grund für Arthurs Frage gewesen war. Und deshalb fügte er hinzu: »Wenn es stimmt, was du von dir behauptest, dann gehe zu ihm. Er hat alle Vollmachten.« Wistan schaute seinen Kollegen für einen Moment zornig an, aber dann schloss er kurz die Augen und murmelte: »So sei es also. Unsere Zeit ist vorbei, und vielleicht ist das gut so. Denn als Hüter des heiligen Bundes haben wir versagt. Geh zu Ariokan.«

13. Der neue Hüter des Bundes

Arthur schlief in dieser Nacht so gut wie schon lange nicht mehr. Die Unruhe der letzten Wochen war von ihm abgefallen; er wusste endlich, was zu tun war. Aber wie in einem Film liefen in dieser Nacht noch einmal Bilder jener Ereignisse an ihm vorbei, die ihn verwandelt hatten. Der tote Luchs auf der Pritsche des Jeeps, der Fund der Tierfigur in der Habichtshöhle, der Moment, als sein Vater starb, der gemeinsame Abend in Ursulas Hütte. Es waren Stunden, die tief in seine Seele graviert waren und die ihn zu einem anderen gemacht hatten.

Am Morgen verabschiedeten sich Arthur und Julius von Gawin und Tamira. Sie umarmten sich lange, denn ihnen war bewusst, dass sie sich, wenn überhaupt, nur noch ein Mal wiedersehen und dann wenig Zeit füreinander haben würden.

»Es ist schwer, an einem Tag Freunde fürs Leben zu gewinnen, und sie am nächsten Tag schon wieder verlieren zu müssen«, sagte Gawin.

»Und es ist fast noch schwerer«, fiel seine Mutter ein, »jemandem das eigene Leben und das seines Sohnes zu verdanken und ihm nicht einmal ein Geschenk machen zu können.«

»Das ist nicht notwendig«, sagte Arthur, als er mit seinem kleinen Rucksack schon im Türrahmen stand, und lächelte. »Diese Welt, die ich hier erlebt habe, ist Geschenk genug. Ich habe große Ehrfurcht vor eurer Kultur. Und … der Brennnesseleintopf war wirklich lecker.«

Auf dem Weg zum Tor trafen sie auf Camilla und Rufan. Die beiden waren gerade dabei, sich in einem der Häuser einzurichten – sie wollten also in Riusiava bleiben, wohl in der trügerischen Hoffnung, dass Ariokan nicht lange brauchen würde für seine Aufgabe. Von Wistan hatten sie ein Gebäude zugewiesen bekommen, das schon seit längerem leer stand. In ein Totenhaus hatte Camilla nicht einziehen wollen. Viel mitgebracht hatten sie nicht aus dem Wald, ein paar Felle, etwas Kleidung und einen kleinen Webstuhl, den Rufan auf dem Rücken hergetragen hatte.

»Hallo, Rufan«, sagte Arthur zaghaft.

»Was ist?«, antwortete der Junge barsch. Er kletterte gerade aus einem benachbarten kleineren Haus zu ihnen herab. Das Gebäude war auf sechs Stelzen gebaut und stand einen guten Meter über der Erde. Ein schräger Balken, in den Einkerbungen für die Tritte angebracht waren, half beim Erreichen der kleinen Tür. Vermutlich war es ein

Getreidespeicher – durch die Stelzen sollten es die Mäuse und Ratten schwerer haben, an das wertvolle Gut heranzukommen.

»Hallo«, sagte nun auch Julius. »wir sind Arthur und Julius. Du kennst uns nicht, aber wir kennen deinen Vater von …«. Julius zögerte kurz, entschied sich dann aber für die einfachere Variante: »… von früher. Unser Vater war auch viel im Wald unterwegs.«

Rufan nickte. Er machte nicht den Eindruck, als ob er sich für diese Erklärungen interessierte.

»Wir werden vermutlich bald deinen Vater nochmals treffen. Wenn du möchtest, kannst du uns etwas für ihn mitgeben. Einen Ring, eine Kette oder einen Brief. Deshalb haben wir dich angesprochen.«

Rufan schaute sie jetzt doch etwas verwundert an. »Was ist das, ein Brief?«, fragte er. »Ist das aus Eisen?«

Verdammt, dachte Julius. Er hatte gar nicht daran gedacht, dass die Kelten weder Schrift noch Papier kannten. »Ja, das ist so etwas wie ein Torques«, beeilte er sich zu sagen. »In unserer Gegend sagt man Brief dazu.«

»Aber niemand darf einen Auserwählten besuchen, das müsstet ihr doch wissen. Wer mit ihm spricht, verfällt derselben Strafe wie er selbst.«

»Das stimmt«, meinte Arthur. »Aber wir haben eine Möglichkeit, ihn zu sehen, ohne bestraft zu werden. Selbst von den Göttern nicht.«

Rufan zuckte mit den Achseln; welche Bedeutung sollte es für ihn haben, dass er seinem Vater so kurz nach dessen Abschied eine Nachricht zukommen lassen konnte. Er hatte allem Anschein nach genug mit sich selbst zu tun.

»Dann gebt ihm das hier«, sagte Rufan schließlich und kramte in einem Beutel, den er um den Hals trug, nach einem Gegenstand. »Er hat mir, als ich ein Kind war, zwei Krallen eines Luchses geschenkt – eine davon könnt ihr ihm bringen, als Zeichen unserer Verbundenheit.«

Arthur war überrascht. »Dein Vater hat Luchse gejagt, als ihr im Wald gelebt habt?«

»Nein«, schüttelte Rufan den Kopf. »Er hat überhaupt nicht gejagt, aus Respekt vor den Tieren. Ich weiß nicht, woher er die Krallen hat. Vielleicht hat er sie bei einem längst verwesten Luchs gefunden.«

Rufan drückte Arthur die Kralle in die Hand. »Und wenn ihr ihn wirklich trefft, dann sagt ihm dies: Dass ich so werden will wie er, so, dass er stolz auf mich sein würde.« Dann wandte er sich ab, weil Tränen in seine Augen stiegen und er sie vor den Fremden nicht zeigen wollte.

Julius zog Arthur fort, aber als Rufan schon die Tür des Hauses schließen wollte, drehte sich Arthur noch einmal um und fragte: »Rufan, wo habt ihr eigentlich im Wald gelebt?«

»An einem großen Stein im Osten von hier, dessen Dach wie eine Muschel aussieht. Vater hat ein Haus aus Stein davor gebaut. Warum willst du das wissen?«

»Nur so«, meinte Arthur. Irgendwie hatte er es geahnt. Er und Julius hatten ihre Waldburg auf den Überresten von Ariokans Waldhaus errichtet.

Ragnar hatte eine gute Zeit im Wald gehabt, wenn man dies unter den gegebenen Umständen sagen durfte. Kontar und Naldir hatten ihn hinauf in die Nähe des Wasserfalls geführt, wo die Tiere vor den Übergriffen der Menschen in Sicherheit waren und wo sie zusammen kamen, wenn es galt, Entschlüsse zu treffen. Ragnar traf dort weitere Luchse, sie waren ebenso wie die Bären und Wölfe noch häufige Tiere im Wald, und diese Gemeinschaft tat ihm gut. Der Letzte seiner Art zu sein, das hatte Ragnar oft wehmütig gestimmt, auch wenn er sich dies nicht eingestehen wollte. Dass es ihm nicht gelungen war, für das Überleben der Luchse im Heiligental zu sorgen, war die große Niederlage seines Lebens. Jetzt am Wasserfall konnte er diese Niederlage vergessen, und selbst der scheue und zurückhaltende Ragnar taute plötzlich auf – was war es auch für eine Wohltat, junge Luchse durchs Unterholz sausen zu sehen. Es erinnerte ihn an jene Zeit, als er selbst auf einen solchen Wurf übermütiger Babys hatte aufpassen müssen.
Auf die Menschen aber waren die Tiere nicht gut zu sprechen. Daran konnte Ragnar nichts ändern, der immer wieder daran erinnerte, dass man nicht alle einer Art über einen Kamm scheren sollte. »Habt ihr nicht auch eigensinnige Bären, zornige Wölfe oder verlogene Luchse unter euch?«, fragte er. »Mag sein«, lautete die Antwort, »aber wir haben nie versucht, uns über alle anderen zu erheben. Wir sind ein Teil der Natur geblieben – die Menschen nicht.« Und dazu fiel auch Ragnar keine Gegenrede ein.
Die Kundschafter unten im Tal hatten schnell gemeldet, dass Arthur und Julius im Anmarsch waren. Kontar gab ihnen freies Geleit, und zwei Dachse begleiteten sie hinauf zum Wasserfall. Die beiden erkannten ihren Wald unterwegs nicht wieder. Die Caldur kamen nicht bis hier herauf; der Weg war ihnen zu weit und zu beschwerlich. So war das Gebiet unberührt von Menschenhand geblieben, und nur einige Tierpfade führten hindurch. Der See war an fast allen Seiten von Schilf umgeben, das so hoch war, dass man die Insel überhaupt nicht sehen konnte. Arthur bedauerte dies; er war neugierig zu sehen, ob zu dieser Zeit schon Holunderbüsche und Linden die Insel erobert hatten. Der Wald war dicht an den Heiligensee herangerückt, und manche ausladende Eiche beschattete mit ihren Ästen das Wasser.
»Der Krieg ist vorüber«, sagte Julius zu den Tieren, als sie am Wasserfall angekommen waren: »Die Menschen haben keine Kraft mehr zum Kämpfen. Sie liegen im Sterben.« Es waren viele Tiere, die zur Zusammenkunft gekommen waren – Bären und Luchse, Wölfe und Dachse, Hirsche und Rehe, Eulen und Fasane. In diesen Stunden ruhte ihre Gegnerschaft, so wie an jenen Tagen, wenn sie in der Habichtshöhle das Ritual ihrer Herkunft feierten.
»Wir sind gekommen, um euch einen neuen Bund vorzuschlagen. Einen Bund, der fester sein wird als der bisherige und der durch niemanden mehr zerstört werden kann.«

»Wie soll dies geschehen?«, fragte einer der Wölfe, der ganz vorne saß. »Wann immer die Figuren an einem Ort sein werden, können sie gefunden und geraubt werden. Wir trauen den Menschen nicht mehr. Sie haben uns zu oft betrogen. Es liegt in ihrer Natur, über alle anderen herrschen zu wollen. Sie taugen nicht für einen Bund.«
Viele der Tiere nickten.
»Vielleicht habt ihr Recht«, sagte Arthur. »Aber ich werde Vorkehrung dafür schaffen, dass die Menschen nicht ein weiteres Mal den Bund brechen können.«
»Wie willst du das tun?«, fragte Naldir.
»Ihr habt mir gesagt, dass man keinen Dolmen für die Figuren braucht – es kommt auf die Zeremonie an und nicht auf den Aufbewahrungsort. Ich selbst werde deshalb einen neuen heiligen Ort für die Figuren finden, und nur ich werde wissen, wo er steht. Und sobald er fertig ist, werde ich euch für immer verlassen. So bleibt der Bund bestehen – und niemand besitzt die Macht, daran etwas zu ändern.«
Die Tiere schauten sich unsicher an. »Ich glaube nicht, dass das funktionieren wird«, sagte der Wolf. »Es wird immer Menschen geben, die so lange suchen, bis sie den Ort gefunden haben.«
»Nein«, antwortete Arthur. »Ich kenne einen Mann, der unsterblich war und zweitausend Jahre lang gesucht hat, ohne alle drei Figuren zu finden. Vor allem aber wird mein Ort einzigartig sein.«
Die Tiere schwiegen. Sie wussten nicht so recht, was sie davon halten sollten. Jetzt hob Julius wieder zu sprechen an.
»Was wäre die Alternative für euch Tiere? Wenn der Bund nicht mehr zustande kommt, dann werden dennoch irgendwann wieder Menschen in dieses Gebiet ziehen, auch wenn es jetzt fast entvölkert ist, andere Menschen, die vielleicht noch weniger Respekt haben werden vor der Natur, und diese Menschen werden wieder anfangen, euch zu jagen und zu töten. Sie werden in diesen hinteren Teil des Tales kommen und nach den Bären und Wölfen und Luchsen suchen, die sie als Konkurrenten empfinden. Genau deswegen haben eure Vorfahren vor fast eintausend Jahren doch den Bund mit den Menschen geschlossen – damit alle in der Natur in Frieden miteinander leben können.«
Ragnar hatte bisher still neben Naldir gesessen und zugehört. Nun erhob er sich und drehte sich zu den Tieren um. Er wollte doch die Wahrheit sagen.
»Ich kann das leider bestätigen. Ich bin mit Arthur und Julius aus einer anderen Zeit gekommen, die viele Generationen von hier entfernt in der Zukunft liegt. Und ich muss euch sagen, dass der Mensch viele von uns an den Rand der Ausrottung gebracht hat. Zu meiner Zeit war ich der letzte Luchs im Heiligental, und mit mir wird meine Art in dieser Gegend aussterben. Ich wäre froh gewesen, ein Bund hätte meine Familie geschützt. Denkt nach, ob ihr euer gerechtfertigtes Misstrauen nicht noch einmal überwinden könnt. Tut es für eure Kinder und Kindeskinder.«
Es war Kontar, der schließlich vortrat und sagte: »Was ist mit euch, Arthur und Julius?

Ragnar bürgt für eure gute Gesinnung, und ihr habt selbst gezeigt, dass ihr es ernst meint mit uns. Warum bleibt ihr nicht hier, als neue Hüter des Bundes auf Seiten der Menschen? Dann könnten wir vielleicht neues Vertrauen fassen. Dann wäre der Schritt leichter für uns.«

»Das verstehe ich«, sagte Arthur. »Aber wir gehören nicht in diese Zeit. Wir haben ein anderes Leben und eine andere Aufgabe. Doch vielleicht gibt es jemand anderen, dem ihr vertrauen könnt? Die Druiden haben Ariokan beauftragt, mit euch Kontakt aufzunehmen und zu vermitteln. Könnte er der neue Hüter werden?«

Kontar brummte. »Ariokan hat lange im Wald gelebt, und er hat uns immer respektiert. Aber welche Gewähr haben wir, dass es so bleibt?«

»Indem auch Ariokan nicht wüsste, wo der heilige Ort liegt. Dafür würden wir sorgen«, sagte Arthur mit Bestimmtheit.

»Und würde Ariokan diese Aufgabe übernehmen?«, fragte Naldir.

»Die Menschen haben ihm genau diese Aufgabe übertragen, weil sie so hoffen, die Götter milde zu stimmen. Und Ariokan brennt darauf, die Figuren zu finden. Er müsste sonst für immer auf der Erde wandeln.«

Arthur machte eine Pause, um alle Aufmerksamkeit nochmals auf sich zu ziehen. »Ich verrate euch kein großes Geheimnis mehr: Wir haben die Figuren in einer anderen Zeit gefunden und mitgebracht. Wir würden sie euch überlassen. Es ist die letzte Chance in den nächsten zwei Jahrtausenden, den Bund zu erneuern. Lehnt ihr ab, werden wir die Figuren mit uns nehmen.«

Kontar trat vor und stellte sich neben Ragnar, dem er lange in die Augen sah.

»Es spricht vieles dafür, dass wir deinem Plan folgen sollten«, sagte der Bär. »Wie würdest du vorgehen?«

»Es darf nur eine einstimmige Entscheidung sein, sonst hat der Bund von Anfang an keine Kraft und keine Chance zu bestehen. Ich würde mit allen sprechen – mit den Bäumen, mit den Menschen in meiner Zeit und auch mit Ariokan. Wenn alle zustimmen, erfolgt das Ritual an einem unbekannten Ort. Ariokan wird mir sagen, was ich zu tun habe.«

»Warum holst du Ariokan nicht einfach her, und er soll sich hier unseren Fragen stellen?«, fragte nun wieder der Wolf. »Er ist nur wenige Stunden von uns entfernt.«

»Das könnte ich tun«, sagte Arthur. »Aber es gibt noch einen anderen Ariokan, einen, der zweitausend Jahre lang die Erfahrung machen musste, wie es ist, ohne den Bund zu sein. In ihm ist so viel Bitterkeit, seine Aufgabe nicht erfüllt zu haben, und in ihm ist so große Sehnsucht, endlich Frieden zu finden. Er wird eine noch größere Leidenschaft als der jetzt lebende Ariokan mitbringen, den Bund zu verteidigen. Davon bin ich überzeugt. Ihn will ich herholen.«

»So sei es«, sagte Kontar. »Wer von euch ist dafür, dass wir ein letztes Mal den Weg des Bundes gehen?«, rief der Bär laut über alle Tiere hinweg. Und alle stimmten zu, auch der Wolf mit den hellblauen Augen. »Wer von uns Tieren der neue Hüter des Bundes sei, bestimmen wir später«, sagte er. »Geh du, Arthur, und sprich mit den anderen.«

Der Rat der Weisen – Arthur wollte unbedingt den Ort in der alten Zeit besuchen. Wie sah dieser Ort aus zur Zeit der Caldur, und warum hatte er immer den Eindruck gehabt, dieser Platz im Wald besäße eine besondere Aura?
Als Arthur dort ankam und ein Feuer entfachte, um mit den Bäumen zu sprechen, zeigte sich ihm die Antwort. Schon damals hatten große alte Eichen hier im Kreis gestanden – es waren andere Bäume, und diejenigen, die Arthur kannte, waren die Kindes- und Kindeskinder dieser Eichen. Aber der große Steinblock in der Mitte war schon da, auch wenn ihn Arthur erst nach einiger Zeit entdeckte, denn alles war zugewuchert im Innern des Kreises, und viele dicke Äste, abgeworfen von den Eichen im Laufe der Jahrhunderte, moderten dort vor sich hin.
Es waren freundliche Wesen, die mit Arthur sprachen. Sie besaßen die Milde des Alters und die Ruhe der Bäume, die von der Aufgeregtheit der Tage wenig mitbekamen. Ja, sagten sie, die Figur des Waldes war einst in unserer Mitte beheimatet, in jener Zeit, als der Bund zum ersten Mal zerbrochen war und die Bäume ihre Statue hierher in Sicherheit gebracht hatten. Jetzt war sie fort. Die Bäume hießen den Bruch des Bundes nicht gut. Sie hatten einst fast die gesamte Erde bedeckt von einem Ende zum anderen, aber der Mensch hatte in der Zeit vor dem Bund den Wald gerodet und Äcker angelegt – irgendwann würde der Wald verschwinden und nur noch kleine Haine übrig bleiben, armselige Inseln in einer verwüsteten Welt. Die Eichen mussten nicht lange beratschlagen. Sie stimmten Arthurs Plan zu.
Dann wanderte Arthur zurück in seine Zeit. Nur gute vierundzwanzig Stunden hatte er in der Keltenzeit geweilt und doch schien es ihm, als kehre er aus einer anderen Galaxie zurück. Die Gefährten waren alle in Ursulas Hütte versammelt, und Marie strahlte über das ganze Gesicht, als es unvermittelt an der Tür klopfte und Arthur in den Raum trat. Es dauerte lange, bis Arthur seine Geschichte erzählt hatte und bis die Gefährten wirklich glauben konnten, dass Ariokan eine ganz andere Seite hatte. Vor allem Michael blieb skeptisch. »Du hast selbst gesagt, dass er auch eine dunkle Seite hat, als Neffe Borkans. Wie können wir sicher sein, dass diese Seite nicht irgendwann siegt und er den Bund erneut bricht?«
»Der alte Ariokan, der irgendwo durch die Wälder irrt, weiß nicht, wo die Figuren sein werden, wenn er in seine Zeit zurückgekehrt sein wird. Aber eine letzte Sicherheit gibt es natürlich nicht. Die gibt es nie.«
Letztlich gaben auch die Gefährten ihren Segen, und Arthur bat Schubart, nach den von Zoller abgefallenen keltischen Kriegern zu suchen und sie zu bitten, zur Burg Hohenstein hinauf zu kommen. »Ich werde sie dort erwarten, und sie brauchen keine Falle zu fürchten«, setzte er hinzu.
Am Abend ging Arthur allein langsam den Weg hinüber zur Burg Hohenstein. Er ließ

sich Zeit, obwohl er wusste, dass er in die Nacht hineinkommen würde. Aber er wollte zur Ruhe kommen, bevor er sich in das letzte Gespräch hineinbegab. Sein größter Feind sollte der größte Hoffnungsbringer werden – das war so unfassbar, dass er es selbst nicht ganz begriff, und er hatte große Hochachtung vor den Gefährten, dass sie seinen Weg mit gingen, obwohl sie Ariokan nur von dessen dunkler Seite her kannten. Es war ein lauer, fast sommerlicher Abend. Er wanderte zunächst hinab zum Tannenbühl, wo schon wieder Grillen zirpten, obwohl erst vor kurzem die Flutwelle über den Ort gedonnert war. Die riesigen Betonblöcke, Überreste der Staumauer, lagen über ein weites Areal hinweg verstreut. Am Rande, wo das Wasser nicht alles umgepflügt hatte, streckten schon wieder einige Gänseblümchen ihren Kopf hervor, und Arthur konnte in der Dämmerung Schmetterlinge beobachten, die ein letztes Mal nach Nektar suchten, bevor sie sich für die Nacht unter einem Blatt einrichteten. Natürlich waren Schwalbenschwänze darunter, aber auch Zitronenfalter, und sogar zwei Schillerfalter mit ihrer intensiven Blaufärbung konnte Arthur erkennen. Etwas weiter lief ihm eine ganze Marderfamilie über den Weg, es musste ein Weibchen mit ihren drei Jungen sein. Die Mutter drängte sich unter einem Zaun hindurch, der von der Baustelle übrig geblieben war, und zwei der Jungen kamen ihr direkt nach. Nur das dritte Tier fand den Durchschlupf nicht und rannte aufgeregt am Zaun hin und her, während die Mutter laut keckerte, um auf die durch Arthur drohende Gefahr hinzuweisen. Er machte einen kleinen Umweg, um das Jungtier nicht noch mehr zu beunruhigen.

Dann ging es an den Aufstieg zur Burg Hohenstein, und als Arthur schnaubend von der Anstrengung an der Charlottenhöhle angekommen war, stand der helle Nachthimmel über ihm, und die Sterne kamen ihm heller vor als in allen früheren Nächten, die er draußen im Wald verbracht hatte. Das lag sicherlich auch daran, dass unten in Auen kaum ein Licht brannte, weil so viele Häuser unbewohnbar geworden waren, wie er sich schmerzlich eingestand. Aber es war auch, weil er sich dem Wald, dem Nachthimmel und der Welt hier draußen noch näher fühlte als sonst.

Er musste nicht lange nach Karl Zoller suchen. Dieser saß außerhalb der mittelalterlichen Ringmauer, dort, wo früher der heilige Hain der Kelten gestanden hatte und wo sich heute ein dichter Laubwald ausbreitete. Nichts erinnerte mehr daran, dass früher an dieser Stelle eine große Festungsanlage errichtet war und dass ein kleiner Pfad in die innerste Glaubenswelt eines Keltenvolkes geführt hatte.

Ariokan hatte sich auf den Boden niedergelassen und lehnte mit dem Rücken an einem Felsen. Seine Wunden bluteten nicht mehr so stark, aber seine Kleider waren von Blut durchtränkt, und er war zu Tode erschöpft. Er war an den Ort zurückgekehrt, wo das große Unheil seines Lebens begonnen hatte, um dort sein Leben auszuhauchen.

Er schaute kaum auf, als Arthur sich ihm näherte.

»Sei ohne Furcht«, sagte Arthur, als er sich zu ihm niedergelassen hatte. »Ich kenne deine Geschichte und weiß, dass ich mich geirrt habe.«

Ariokan blickte ihn wie von ferne lange an, dann schien er Arthur zu erkennen, und sagte: »Was willst du? Mir zuschauen, wie ich ins Zwischenreich einziehe? Ich bin zu müde, um noch dagegen anzukämpfen. Es ist nun alles egal.«

»Nein, Ariokan. Ich komme nicht, um zu triumphieren. Ich komme, weil ich dich retten will.«

»Mich retten?« Ariokan versuchte zu lachen, aber die Kehle schmerzte ihn, dort, wo Ragnar zugebissen hatte. »Du willst mich retten? Ich habe dir nach dem Leben getrachtet, und du hast versucht, mich auszuschalten. Warum solltest du mich retten wollen? Und will ich überhaupt gerettet werden? Ich bin so müde. Ich möchte nur noch schlafen.«

»Ich habe dir etwas mitgebracht, Ariokan«, sagte Arthur, und er zog die Luchskralle aus seiner Tasche und legte sie Zoller in die Hand. »Erkennst du sie?«

Ariokan ließ die Kralle in seiner Hand herumwandern, ohne sie anzuschauen; es tat ihm weh, den Kopf so stark zu neigen. Als er spürte, was er in der Hand hielt, führte er sie vor seine blutverkrusteten Augen und besah sie sich ganz genau. Er erschrak, als er die Kralle erkannte, und schaute Arthur mit großen, jetzt lebhaft gewordenen Augen an.

»Woher hast du diese Kralle?«, fragte er. »Wie kann es sein, dass du diese Kralle besitzt?« Arthur sah, wie aufgewühlt Ariokan plötzlich war, und wie sich dessen Augen mit Tränen füllten.

»Rufan hat sie mir gegeben. Ich war bei ihm am Tag, nachdem du deinen Auftrag erhalten hast.«

Ariokan sah ihn ungläubig an. »Du warst also tatsächlich in der Heimat?«, fragte er. Jetzt hielt nichts mehr die Tränen zurück, und Zollers fülliger Körper wurde von Krämpfen durchschüttelt. Währenddessen redete Arthur leise weiter.

»Rufan lässt dir ausrichten, dass er immer an dich denkt. Als Zeichen dafür hat er mir diese Luchskralle mitgegeben. Er war sehr stolz auf seinen Vater, damals, als Ariokan noch der Hüter des Waldes war. Wie konnte es nur geschehen, dass sich aus diesem Ariokan der Vernichter des Heiligentals entwickelt hat?«

Ariokan brauchte lange, um sich wieder ein wenig zu fangen. Die Qual, die er so lange in sich gebannt und durch seinen Zorn und seine Stärke unterdrückt hatte, brach nun aus ihm heraus, so vehement, dass sie drohte, ihn zu zerstören.

»Weißt du, wie lange zwei Jahrtausende sind? Weißt du, wie es ist, wenn man sich zwei Jahrtausende lang nach seiner Familie sehnt? Weißt du, wie es ist, wenn man erkennt, dass man keine Chance mehr hat, die Figuren zu finden und den Auftrag zu erfüllen? Weißt du, wie es ist, wenn man nicht einmal sterben darf? Es ist schrecklich, es ist unmenschlich, es ist nicht zu ertragen. Irgendwann hat das Dunkle angefangen, von mir Besitz zu ergreifen, als meine Verzweiflung, meine Wut und mein Hass groß genug geworden waren. Ich wusste, dass ich niemals in meine Heimat zurückkehren würde, dass ich meine Frau und meinen Sohn nie wieder in die Arme schließen könnte. Ich war verdammt, als Untoter auf Erden zu wandeln oder als Untoter in das Zwischenreich einzuziehen. Am Ende konnte ich mir nicht mehr vorstellen, dass das zweite schlimmer sein konnte als das erste.«

Arthur nickte langsam. »Ich verstehe. Und dann hast du den Plan entworfen, alles zu zerstören, um der Qual ein Ende zu machen.«

»Ja«, sagte Ariokan. »Wenn ich die Figuren nicht finden konnte, dann sollte sie niemand mehr finden. Und ich habe gehofft, dass der Fluch auf mir endet, wenn die Figuren untergehen im Wasser des Heiligentals, wenn das Tal in den Fluten versinkt und mit ihm die Figuren, wenn sie auf immer allem Weltlichen entzogen sind. Das war mein Plan. Dann kamst du – und plötzlich war die Gier da, es doch schaffen zu können, die drei Figuren doch in meinen Besitz zu bekommen. Ich habe die letzten Männer aus der Heimat hergerufen, obwohl sie dort viel dringender gebraucht worden wären, da doch alle im Sterben lagen. Ich habe viele von ihnen dem Tod ausgeliefert, obwohl ich sie doch hätte schützen müssen. Ich war wie im Rausch. Für mich waren die Stelen ein Fluch. Sie haben mein Leben und das vieler anderer zerstört.«

»Die Figuren verstärken das Gute oder das Böse. Es liegt an ihrem Besitzer, wie er sie einsetzt.«

»Ich hätte alles getan, um sie zu bekommen, so groß war die Sehnsucht nach dieser langen Zeit, endlich, endlich heimzukehren.«

Arthur öffnete sein Wams und nahm das Säckchen mit den drei Figuren von seiner Brust.

»Der Moment, nach Hause zu gehen, ist gekommen. Noch heute Nacht wirst du Camilla und Rufan wiedersehen.«

Wieder schüttelte ein Beben Ariokan, so heftig, dass er nicht mehr Herr über seinen Körper war.

Arthur drückte ihm die drei Figuren in die Hand und sagte leise: »Zuerst musst du wieder zu Kräften kommen. Denn deine Aufgabe ist noch nicht beendet.«

»Was hast du vor?«, schluchzte Ariokan.

»Du sollst in deine alte Funktion zurückkehren. Du wirst Waldläufer sein und für das Tal und alle seine Bewohner Sorge tragen. Zugleich werden die Druiden dich zum Fürsten krönen – und deine Aufgabe wird es sein, den Frieden zu halten und Rufan so auszubilden, dass er eines Tages in deine Fußstapfen treten kann. Er ist dessen würdig.«

»Und wer sagt dir, dass ich nicht eines Tages doch die drei Figuren an mich reißen werde? Ich traue mir selbst nicht mehr über den Weg.«

»Ich glaube, deine lange Lehrzeit wird dich vor dieser Gefahr schützen. Ich möchte, dass du all das Wissen aus den letzten zweitausend Jahren mitnimmst in die Heimat. Die Erinnerung an das Leid, das nach dem Bruch des Bundes nicht nur über dich persönlich, sondern über dein ganzes Volk gekommen ist, wird dich auf dem rechten Weg halten. Bedenke, welche Chance du hast: Dein Volk ist zum Untergang bestimmt – schon jetzt sind nur noch wenige am Leben. Du kannst es retten, du kannst es in aller

Welt zu jenem Volk machen, das in Einklang mit der Natur lebt. Größeren Ruhm kannst du nicht erwerben.«

Ariokan schwieg. Die drei Figuren flößten ihm neue Kraft ein, aber kaum fühlte er sich ein wenig besser, gab er sie an Arthur zurück.

»Es geschieht selten, dass ein Mann eine zweite Chance erhält. Ich möchte sie nutzen. Und deshalb ist es besser, dass die Figuren nicht in meinen Händen bleiben. Ich habe sie gespürt, ich habe gefühlt, dass meine Suche nun ein Ende hat. Das genügt.«

»So wird es sein, Ariokan. Ich werde als Hüter des heutigen Waldes den alten Bund errichten; danach wird niemand mehr wissen, wo sich die Figuren befinden. Ich brauche dafür nur dein Wissen, wie die Zeremonie vonstatten gehen soll. Wirst du mir dieses Wissen überlassen?«

Ariokan nickte. »Natürlich werde ich das. Ich bin bereit. Meine Zeit als wahrer Hüter des Waldes kann beginnen.«

»Dann gehen wir, denn wir werden schon erwartet. Deine Krieger, die vor dir zur Vernunft gekommen sind, nehmen wir mit.«

Arthur zeigte auf die acht Abtrünnigen, die in diesem Moment den kleinen Hang heraufkamen.

»Aber halt«, fiel Arthur da ein. »Eines muss ich vorher noch erledigen.« Und er rannte, so schnell er konnte, hinauf zum Haupttor der Burgruine, von wo er das Dorf Auen unten in der Dunkelheit erahnen konnte. Das vorletzte Mal legte er die Figuren in seine Hände und bat darum, dass Friede in die Herzen der Auener zurückkehrte. Ariokan hatte genug Geld auf irgendwelchen Bankkonten gehortet, das ausreichte, damit jeder Bürger sein Haus wieder aufbauen konnte, noch schöner als zuvor, wenn er es wollte. Arthur würde dafür sorgen; auch das Kloster Waldbronn sollte neu erstehen. Und er würde dafür sorgen, dass es neben der Bernhardskapelle einen Hain von Tannen und Eichen geben würde. Jeder sollte hingehen können und im Schatten der Bäume an heißen Sommertagen auf kleinen steinernen Sitzbänken ausruhen können.

Am Waldrand am Tannenbühl, wo nichts von einer Staumauer zu sehen war, lange vor der Geburt des Erlösers, begingen sie die feierliche neue Errichtung des Bundes. Alle waren da: die Menschen aus Riusiava, die großen und kleinen Tiere aus dem Heiligental, der mächtige Wald und Arthurs Gefährten, die alle ihren Anteil daran hatten, dass es so weit gekommen war. Alle durften sich nun »Wäldler« nennen, das eine Ehrenbezeichnung und kein Schimpfwort mehr war. Alle standen unter freiem Himmel, und Dutzende von einfachen Stühlen erinnerten daran, dass alle, die sie unterwegs verloren hatten, nicht vergessen waren. Erik, Kilian, Häfner und die vielen Kelten, die auf der Dammkrone, im Krieg der Arten und während der Epidemie ihr Leben verloren hatten. Sie alle waren in ihren Gedanken dabei.

Es war keine große Feier – die Natur braucht das nicht, sie ist immer einfach und unspektakulär; und der innerste Kern der Zeremonie sollte erst später stattfinden. Wichtig war in diesem Moment nur, dass die Partner des Bundes guten Willens waren und sich gegenseitig versicherten, den Frieden zu halten. Das taten am Ende der Feier die drei Hüter des Bundes: Feindor, ein Luchs, der Bruder Naldirs; eine große Linde am Waldrand, die für alle Bäume stand; und Ariokan, der ein einfaches weißes Hemd aus Flachs angezogen hatte und nicht einmal einen Torques trug. Es war wieder der junge Ariokan, der ihnen gegenüberstand; aber er trug das Wissen aus zweitausend Jahren Wanderung und Irrung in sich. Zum Dank hatte Ariokan Arthur die Luchskralle geschenkt, als sie in der Zeit der Caldur angekommen waren und er seinen Sohn und seine Frau nach so langer Zeit in die Arme geschlossen hatte.

Feindor hatte sich links der Linde aufgestellt, und Ariokan stand rechts von ihr, und jeder der drei hatte seine Figur vor sich auf einen Felsen gelegt. Alle durften an den Figuren vorbeigehen, jeder durfte sie berühren und einen Teil ihres Segens mitnehmen. Vor allem die Menschen machten großen Gebrauch davon – sie hatten die heilende Kraft am nötigsten. Zuletzt wurden die Figuren wieder Arthur übergeben.

Zur Mittagszeit hatte die Feier stattgefunden, denn so hell wie dieser Sommertag sollte er strahlen, der neue Bund. Dann löste sich das Fest auf mit dem Versprechen, dass die Hüter des Bundes sich einmal im Monat an diesem Ort treffen würden, und dass keine Falschheit mehr zwischen ihnen sei. Arthur half seinen Gefährten, in ihre Zeit zurückzukehren. Marie drückte er sogar kurz an sich, und sie ließ es, überrascht und erfreut, geschehen. Aber er zählte nicht zehn Gefährten, als sie sich im Kreis aufstellten, sondern elf: Naldir hatte sich entschlossen, Ragnar in dessen Welt zu begleiten. Er würde nicht mehr alleine sein im Heiligental, und vielleicht würde die Geschichte der Luchse im Tal doch noch einmal umgeschrieben werden. Arthur war glücklich, und Ragnar schien es auch zu sein.

Das Leben ging weiter. Es ging immer weiter.

Dann rollte Arthur die drei Figuren ein letztes Mal in die Tücher ein und verstaute sie in seinem Säckchen. Als alle fort waren und niemand mehr sehen konnte, in welche Richtung er ging, setzte er, zum ersten Mal seit Eriks Tod, den Hut seines Vaters auf; er war dessen jetzt würdig. Dann marschierte er los, um seine letzte Mission zu erfüllen, und die Sperberfeder wippte leicht bei jedem Schritt.

Der Tag war heiß, die hohen blühenden Gräser auf den Wiesen sahen noch goldener aus als sonst, der Himmel war leer geputzt, und ein stählernes Blau wölbte sich über das Tal. Arthur hatte es nicht eilig. Er ging lange ziellos durch den Wald. Er hatte Zeit. Fast zwei Stunden lang lag er unter einer Eiche im weichen Laub und döste vor sich hin. Es war ein gutes Gefühl, alles zu Ende gebracht zu haben, und er ertappte sich dabei, wie er wehmütig wurde, jetzt, da alles vorbei war und er zurückkehren würde in ein scheinbar normales Leben, ganz ohne Abenteuer. Aber war das Leben nicht immer ein Abenteuer?

Wind kam auf, der in die Blätter der Eiche fuhr und die Zweige in heftige Bewegung versetzte. Blätter lösten sich und rieselten auf Arthur herab, und er nahm zwei von seiner Brust und schob sie in die Hosentasche. Zwischen den Ästen sah er, wie Wolken heranzogen und sich langsam auftürmten – es würde noch ein Gewitter geben an diesem Abend.

Die Dämmerung setzte schon ein, als er schließlich an das Ufer des Heiligensees trat, dort an jener Stelle, wo der Andersbach in den See mündet und wo sie vor Zollers Truppen auf die Insel geflüchtet waren. Wie lange war das her? Zwei Tage? Zwei Jahre? Zwei Jahrtausende?

Das Schilf wogte, als wolle es einen besonderen Gesang zu dieser heiligen Handlung beisteuern. Immer wieder fuhr der Wind in Böen hinein und das Schilf raschelte und rauschte in wachsendem und fallendem Crescendo. Die Luft schien nun erfüllt von Leben, und in der blauen Stunde, die der Nacht voranging, verschwammen die Konturen der Bäume und Sträucher und Felsen, und es war nicht klar zu erkennen, wo eines anfing und das andere endete.

Die ersten Blitze zuckten draußen, wo sich das Tal weitete, wo einst Menschen den Ort Auen erbauen würden, aber der Donner war noch fern, als Arthur an einer Stelle das Gras auseinanderdrückte und sich eine kleine Stelle schuf, an der das Gras den Wind etwas abhielt. Trotzdem war es schwer, mit dem Feuerstein und den Binsen eine Flamme zu nähren. Doch Gawin hatte ihm einige Kniffe gezeigt, und Arthur war ein gelehriger Schüler gewesen, und so schaffte er es schließlich, ein kleines Feuer am Leben zu erhalten. Mehr brauchte er nicht.

Nun legte er die drei Figuren um dieses Feuer herum. Dann schnitt er sich mit einem Messer einige Haare ab und legte sie in den Raum zwischen zwei Figuren. Die Luchskralle kam in den nächsten und die Eichenblätter in den letzten der Zwischenräume. Wie eine kleine Sonne sah das Gebilde jetzt aus, mit dem Feuer als Kern und den Figuren als pulsierenden Strahlen.

»Anatau gavida teme murtima bar«, murmelte Arthur nun. Ariokan hatte ihn diese Worte gelehrt, aber der wusste selbst nicht, was sie bedeuteten. Vielleicht bedeuteten sie gar nichts in der Welt der Menschen, der Tiere und des Waldes. Vielleicht hatten sie nur dort, wo nie ein Lebewesen hinkommen würde, Bedeutung. Dann legte er die drei Dinge, eines nach dem anderen, ins Feuer. Blätter und Haare, und auch die Kralle begann augenblicklich zu lodern und war in wenigen Augenblicken verbrannt, ebenso wie die Blätter und Arthurs Haare. In der Vergänglichkeit vereinten sie sich. Arthur nahm die drei Figuren und stellte sie, Rücken an Rücken, in das Feuer. Er brauchte sie gar nicht mehr ineinander verhaken, das Feuer verschmolz sie augenblicklich, als wären sie nie drei gewesen, sondern immer schon eins. Als Arthur sie nach einigen Minuten wieder aus dem Feuer nahm, spürte er keine Hitze, sondern weiterhin nur die wohltuende Wärme, die immer von ihnen ausgegangen war. Nur war diese Wärme noch intensiver und Schauer des Wohlbehagens rieselten Arthur den Rücken hinab. Ein Glücksgefühl durchströmte ihn, das er am liebsten eingefroren hätte bis an das Ende seines Lebens.

Kein Zeichen von Russ trugen die Figuren, und Arthur konnte auch keine Fuge mehr zwischen ihnen erkennen, und er hätte nicht sagen können, wie diese Dreieinheit jemals wieder hätte gelöst werden können. Luchs, Mensch, Eiche. Sie gehörten untrennbar zusammen. Das war die eigentliche Botschaft des Bundes.

Er stand auf und hob die eine, die einzige Figur über sich in den tiefblauen Himmel. Brodelnde Wolken zogen rasch über ihn hinweg, auch Blitz und Donner waren nun eins. Blitze erhellten das Heiligental und warfen es in ein helles unwirkliches Licht. Donner folgte auf Donner, und ein heftiger Regen setzte ein, den der Wind vor sich her trieb und dessen Tropfen Arthur auf den Wangen schmerzten, mit solcher Geschwindigkeit trafen sie auf seine Haut. In wenigen Sekunden war Arthur völlig durchnässt, aber er stand weiter unbeweglich da, die große Figur in den Himmel gereckt, wo die Elemente über sie hinwegstreiften. In der Erde bewahrt, aus dem Feuer geboren, begrüßten nun Wasser und Wind den neuen Bund, der da heraufzog.

Arthur hätte später nicht sagen können, wie lange er am Ufer des Heiligensees stand und eins war mit der Natur. Er spürte nichts mehr, sondern er war Wind, Regen, Blitz und Donner, er war der Wald und das ganze Universum, und das Universum war er. Darin lag der tiefere Sinn des Bundes: zu erkennen, wer man war.

Für einen Moment fühlte Arthur den Drang, zurück zu gehen zu Gawin und Tamira, zu Kontar und Feindor, zu den Eichen am Rat der Weisen. Er hätte gerne gewusst, wie es war mit dem erneuerten Bund – wie der Wald ausgesehen hätte, wie die Menschen sich veränderten. War es das Paradies, das nun auf die Erde zurückgekehrt war?

Wie fühlte er sich an, der Bund alles Lebendigen?

Aber dort war nicht sein Platz. Er musste in seine eigene Zeit zurück und dort einen eigenen Bund errichten, der ohne die Figuren vielleicht nicht so kräftig war wie dieser hier, der aber doch das Heiligental schützen würde. Dafür würde er einstehen. Er würde das Erbe seines Vaters antreten, er würde mit Marie, mit Julius und mit Franziska das Forsthaus wieder aufbauen und dort mit ihnen einziehen. Er würde in seiner Zeit der Hüter des Waldes werden und nach den Regeln des Bundes leben.

Oder nahm die Weltgeschichte vielleicht nun einen ganz anderen Verlauf? Die Caldur waren rechtzeitig in den Bund zurückgekehrt und diejenigen, die die Seuche nicht dahingerafft hatte, würden ein neues Volk begründen. Vielleicht wird der Bund den Caldur sogar helfen, sich gegen die Römer zur Wehr zu setzen. Vielleicht würden sie ein anderes Schicksal haben als ihre Genossen jenseits des Rheins, die Gallier, vielleicht würden die Caldur ein freies, friedliebendes, naturnahes Volk bleiben. Wenn das so wäre, dann würde auch seine eigene Zeit anders werden, dachte Arthur. Vielleicht lebten noch immer die Kelten im Heiligental, vielleicht war er selbst ein Nachfahre von Ariokans Stamm, und vielleicht galt der Bund sogar noch zu jener Zeit, in die er nun zurückkehren würde. Es klang wie eine Verheißung, und Arthurs Herz schlug schneller.

Die Elemente tobten, und wie in einem Tornado schienen sie sich um die Figur zu drehen, die Arthur noch immer über seinen Kopf reckte.

Dann wünschte er sich zurück in die Zeit, in der Ragnar und Julius, Marie und Franziska, Ursula und Rupert, Schubart und Barten und natürlich sein alter Freund Michael auf ihn warteten. Sogleich spürte er, wie sein Körper sich auflöste in der Zeit und wie er ein letztes Mal durch die Jahrhunderte reiste. Bei ihm war die Figur, doch während er durch die Jahrhunderte taumelte, holte er weit aus und warf sie in großem Bogen von sich, weit hinaus in den See, weit hinaus in die Nacht.

Niemand konnte je sagen, an welcher Stelle im See die Figur auf die Wasseroberfläche traf und auf welchen Grund sie sinken würde, zu dunkel war es in diesem Augenblick und zu sehr hatte sich die Wirklichkeit im Tosen der Natur aufgelöst. Und erst recht konnte niemand sagen, in welcher Zeit die Figur in den See gefallen war. War es noch zur Zeit Ariokans? War es zehn Jahre später, oder vielleicht sogar Jahrhunderte? Auch Arthur konnte es nicht wissen, niemand konnte es wissen.

So sank die Figur zwischen den Orten und zwischen den Zeiten auf den Grund des Sees. Vielleicht würde irgendwann, in einigen Jahrhunderten erst oder nie, ein anderer kommen, wenn es nötig war und der Bund neuer Hilfe bedurfte, ein anderer, der womöglich ein Nachfahre Ariokans war und ebenfalls Arthur hieß, und der gute Geist des Heiligensees würde dem Ritter die Figur schenken, in seiner jetzigen Form, in Form eines Schwertes oder eines Ringes oder eines ledernen Buches, damit dieser Ritter den Bund erneuern und das Heiligental zu neuer Blüte bringen könnte.

Solange würde sie ruhen auf dem Grund des Sees, die dreieinige Figur.

Und am besten wäre es, wenn dies auf immer so bliebe.

Literaturverzeichnis

Die gesamte Handlung in diesem Buch ist natürlich frei erfunden. Und doch ist vieles wahr – ich habe mich bemüht, die Welt der Kelten, das Leben der Luchse, das Nahrungsangebot im Wald und die Praktiken der früheren Waldläufer einigermaßen authentisch darzustellen. Nur wenn der Fortgang der Geschichte es erforderte, bin ich manchmal davon abgerückt. Aus den folgenden Büchern habe ich mich über die Kelten und über den Wald informiert. Allen Autoren danke ich, dass ich ihr Wissen nutzen durfte.

Ade, Dorothee u.a.: Der Heidengraben – Ein keltisches Oppidum auf der Schwäbischen Alb. Hg. vom Landesamt für Denkmalpflege im Regierungspräsidium Stuttgart, Band 27. Stuttgart 2012.

Binder, Hans/Jantschke, Herbert: Höhlenführer Schwäbische Alb. Leinfelden-Echterdingen 2003.

Bittel, Kurt/Kimmig, Wolfgang/Schiek, Siegwalt: Die Kelten in Baden-Württemberg. Stuttgart 1981.

Böhlmann, Dietrich: Warum Bäume nicht in den Himmel wachsen. Eine Einführung in das Leben unserer Gehölze. Wiebelsheim 2009.

Bohnert, Jürgen u.a.: Die längste Höhle der Schwäbischen Alb. Auf Entdeckungsfahrt in die Wulfbachquellhöhle. Leinfelden-Echterdingen 1998.

Bothe, Carsten: Trapperwissen. Leben in der Wildnis. Stuttgart 2010.

Budiansky, Stephen: Wenn ein Löwe sprechen könnte. Die Intelligenz der Tiere. Reinbek bei Hamburg 2003.

Buzek, Gerhard: Das große Buch der Überlebenstechniken. Hamburg 2009.

Caesar, Gaius Julius: Der Gallische Krieg. Stuttgart 1989.

Die Welt der Kelten. Zentren der Macht – Kostbarkeiten der Kunst. Hg. vom Archäologischen Landesmuseum Baden-Württemberg, dem Landesmuseum Württemberg und dem Landesamt für Denkmalpflege im Regierungspräsidium Stuttgart. Begleitband zur Großen Landesausstellung Baden-Württemberg 2012. Stuttgart 2012.

Domont, Philippe/Zaric, Nikola: Waldführer für Neugierige. 300 Fragen und Antworten über Wälder und Bäume. Zürich 2008.

Heinrich, Bernd: Die Bäume meines Waldes. München 2000.

Hemgesberg, Hanspeter: Natürlich gesund mit Holunder. Blüten, Blätter und Beeren gegen Alltagsbeschwerden. Augsburg 1998.

Heup, Jürgen: Bär, Luchs und Wolf. Die stille Rückkehr der wilden Tiere. Stuttgart 2007.

Hochleitner, Rupert: Welcher Stein ist das? Stuttgart 2005.

Hofrichter, Robert: Die Rückkehr der Wildtiere. Wolf, Geier, Elch & Co. Graz/Stuttgart 2005.

Hofrichter, Robert/Berger, Elke: Der Luchs. Rückkehr auf leisen Pfoten. Graz und Stuttgart 2004.

James, Peter/Thorpe, Nick: Keilschrift, Kompass, Kaugummi. Eine Enzyklopädie der frühen Erfindungen. Zürich 1998.

Kimmig, Wolfgang: Die Heuneburg an der oberen Donau. Zweite völlig neu bearbeitete Auflage, Stuttgart 1983.

Laudert, Doris: Mythos Baum. Geschichte, Brauchtum, 40 Baumporträts. München 2004.

Lehmann, Johannes: Teutates & Konsorten. Reise zu den Kelten in Südwestdeutschland. Tübingen 2006.

Maier, Bernhard: Die Kelten. Ihre Geschichte von den Anfängen bis zur Gegenwart. München 2000.

Matignon, Karine Lou: Was Tiere fühlen. München 2006.

Meyer, Jürgen: Rätselhafte Spuren auf der Alb. Geheimnisvolle Ereignisse zwischen Neckar und Donau. Reutlingen 2007.

Nehberg, Rüdiger: Survival Handbuch für die ganze Familie. München 2008.

Nicolai, Jürgen: Greifvögel und Eulen. Bestimmen, Kennenlernen, Schützen. München 1993.

Percivaldi, Elena: Das Reich der Kelten. Wien 2006.

Reichholf, Josef: Der Bär ist los. Ein kritischer Lagebericht zu den Überlebenschancen unserer Großtiere. München 2007.

Rieckhoff, Sabine/Biel, Jörg: Die Kelten in Deutschland. Stuttgart 2001.

Schönfelder, Peter/Schönfelder, Ingrid: Der Kosmos-Heilpflanzenführer. Europäische Heil- und Giftpflanzen. Stuttgart 1995.

Seibt, Siegfried: Grundwissen Jägerprüfung. Das Standardwerk zum Jagdschein. Stuttgart 2005.

Solisti, Kathryn/Tobias, Michael (Hg.): »Ich spürte die Seele der Tiere«. Außergewöhnliche Begegnungen und Erfahrungen von Jane Godell u. v. a. Stuttgart 1997.

Strauß, Kilian: Die 12 wichtigsten essbaren Wildpflanzen. Bestimmen, sammeln und zubereiten. Weil der Stadt 2010.

Strauß, Kilian: Köstliches von Waldbäumen. Bestimmen, sammeln und zubereiten. Weil der Stadt 2010.

Tscharner, Gisula: Wald und Wiese auf dem Teller. Neue Rezepte aus der wilden Weiberküche. Baden und München 2009.

Wieland, Günther (Hg.): Keltische Viereckschanzen. Einem Rätsel auf der Spur. Stuttgart 1999.

Wood, Juliette: Die Lebenswelt der Kelten. Alltag, Kunst und Mythen eines sagenhaften Volkes. Augsburg 1998.

Württembergisches Landesmuseum Stuttgart (Hg.): Kunst im Alten Schloss. Stuttgart 1998.

Zimmer, Stefan: Die Kelten. Mythos und Wirklichkeit. Stuttgart 2004.

Zur Musik:
Bei dem Lied, das Erik am Rat der Weisen singt, hatte ich eine ganz bestimmte Arie im Ohr: Sie heißt »Verdi prati« und stammt aus der Oper »Alcina« von Georg Friedrich Händel. Meine liebste Interpretation stammt von dem Kontratenor James Bowman – seine Stimme hat ein einzigartiges Timbre.
Beim zweiten Gesang an der Habichtshöhle habe ich an die Arie »Fairest Isle« aus Henry Purcells Oper »King Arthur« gedacht. Auch bei diesem Lied habe ich eine bevorzugte Version: Sie wird von Veronique Gens gesungen und vom Orchester »Les Arts Florissants« gespielt.

Zum keltischen Oppidum auf dem Hohenstein:
In Wirklichkeit ist dieses Oppidum in vielem der Heuneburg an der Donau nachempfunden, die allerdings zur hier beschriebenen Zeit um 50 vor Christus schon Jahrhunderte verlassen lag. Manche Elemente entstammen deshalb der Geschichte des Oppidums Heidengraben, das in Sichtweise der heutigen Burg Teck liegt und eine der größten Siedlungen Europas war. Dort wurde in spätkeltischer Zeit wohl tatsächlich Erz abgebaut. Leider weiß man wenig vom Aufbau des Oppidums, weswegen ich auf der Heuneburg »fremdgegangen« bin. Man mag mir diese geografisch und chronologische Ungenauigkeit verzeihen. Auf der Burg Teck, die teils die Vorlage für die Burg Hohenstein bildete, sind bisher keine keltischen Hinterlassenschaften entdeckt worden.

Thomas Faltin

Jahrgang 1963, arbeitet seit vielen Jahren bei der Stuttgarter Zeitung. Er hat als promovierter Historiker mehrere Sachbücher geschrieben, zuletzt über das KZ Echterdingen am Stuttgarter Flughafen, und er hat als Journalist mehrere Preise gewonnen, darunter den renommierten Deutschen Lokaljournalistenpreis.

In seiner Freizeit verbringt er viel Zeit in der Natur – er streift auf der Schwäbischen Alb umher, kümmert sich um neun Bienenvölker oder joggt unentwegt den Neckar entlang.

Wie einst David Friedrich Weinland seinen »Rulaman«, so hat auch Thomas Faltin „Die Nacht von Samhain" zunächst als Abenteuergeschichte für die eigenen Kinder geschrieben. Eine Veröffentlichung war nicht geplant, doch es kam anders.

Mit seiner Familie lebt Thomas Faltin in Neckarhausen bei Nürtingen.

www.landhege-verlag.de

Herr, schmeiß Hirn ra!

Die schwäbischen Geschichten des Gerhard Raff

Im Jahr 1985 bei der Deutschen Verlags-Anstalt (damals noch in Stuttgart!) erschienen und jetzt in der **25. Auflage** vorliegend, steht dieses Buch mit dem unterdessen zum geflügelten Wort gewordenen, millionenfach zitierten Titel selbst in Bücherschränken von Bundespräsidenten, britischen Thronfolgern, bekannten Astronauten und bedeutenden Nobelpreisträgern. Der für seine „freche, aber segensreiche Gosch & Feder" bekannte Verfasser ist mit dem „Hirn" über Nacht zum Best- und Longsellerautor geworden.

25. Auflage / € 15,50 / ISBN 978-3-943066-14-2

Gerhard Raff
Kann auch Hochdeutsch

Gerhard Raff, der „meistgelesene Dialektautor der Gegenwart" hat seine „freche, aber segensreiche" Feder erneut kräftig gespitzt und das blitzgescheite „Gerhard Raff ... kann auch Hochdeutsch" geschaffen – mit Rücksicht auf seine teilweise der Gnade der schwäbischen Geburt nicht teilhaftig gewordene Leserschaft erstmals in „purschtem Hochdeutsch".

Im Musterländle können sie halt alles: manchmal sogar Hochdeutsch!

Mit wunderbaren Zeichnungen von Professor Dieter Groß
270 Seiten, gebunden

19,90€ / ISBN 978-3-943066-22-7

BERNSTEIN

Dieser prachtvolle Farbbildband präsentiert die spektakulären Bernstein-Fotografien des österreichischen Künstlers Otto Potsch aus Wolkersdorf bei Wien.
Es ist eine faszinierende Erlebnisreise in die Urgeschichte unserer Erde: zum Anfang der Zeit!

Die Meisterfotografien von Otto Potsch werden so zu einer Reise durch Raum und Zeit, in der sich Anfang und Zukunft wie selbstverständlich zu durchmischen scheinen. Die beigefügte CD „Die andere Dimension" mit Kompositionen von Otto Potsch komplettiert dieses einzigartige Buch zu einem eindrucksvollen Erlebnis: wahrhaft für alle Sinne!

Fotobildband, Umfang 96 Seiten,

24,50 € Österreich: 25, 20 €, Schweiz 34,90 CHF
ISBN 978-3-943066-30-2

Ferdinand Graf Zeppelin

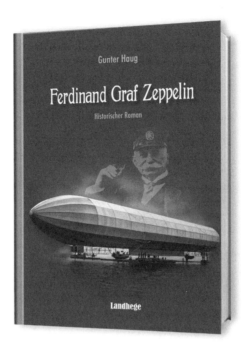

Ferdinand Graf Zeppelin (geboren 8. Juli 1838 in Konstanz – gestorben am 8. März 1917 in Berlin): sein Name ist zur Legende geworden. Gunter Haug schildert in seinem historischen Tatsachenroman die abenteuerliche Lebensgeschichte eines Visionärs, der trotz zahlreicher katastrophaler Rückschläge immer wieder aufgestanden ist – bis er seinen großen Traum endlich verwirklicht sah, den Traum vom lenkbaren Luftschiff. Im Volksmund nannte man ihn „Den Narr vom Bodensee", Kaiser Wilhelm II. verspottete Zeppelin als den „Dümmsten von allen Süddeutschen", um ihm nur drei Monate später den höchsten Orden des Deutschen Reiches zu verleihen.

Ein Buch, das man gar nicht mehr aus der Hand legen mag!

Gunter Haug „Ferdinand Graf Zeppelin", Historischer Roman
464 Seiten

19,90 € / ISBN 978-3-943066-06-7

In stürmischen Zeiten

Die turbulente Jugend von König Wilhelm I. von Württemberg

In Schlesien geboren. Als Kind gewaltsam von seiner Mutter getrennt. Aufgewachsen an der burgundischen Pforte. Ständig im Streit mit dem despotischen Vater. Fahnenflucht aus der Armee. Vom König als Hochverräter gebrandmarkt. Skandalöse Liebschaften. Verzweifelte Ehefrauen. Und dennoch wurde Wilhelm I. zum Begründer des modernen Württemberg.

Der bedeutendste Monarch des Landes – der kein Schwäbisch konnte...

Broschiert: 270 Seiten

9,90 € / ISBN-13: 978-3943066289